Lehrbuch für die Prüfung zum amtlichen

Sportküsten-schifferschein

Ralf Brauner · Lutz Böhme · Frank Kleine Jäger

Lehrbuch für die Prüfung zum amtlichen

Sportküsten-schifferschein

DSV-VERLAG

Bibliografische Information der Deutschen Nationalbibliothek
Die Deutsche Nationalbibliothek verzeichnet diese Publikation in der Deutschen Nationalbibliografie; detaillierte bibliografische Daten sind im Internet über http://dnb.d-nb.de abrufbar.

ISBN 978-3-88412-443-7
Herausgeber: DSV-Verlag

Illustrationen: Jochen Meyer, Katja Rüppell
Layout: Jochen Meyer, Katja Rüppell

Printed in Germany 2010

Vertrieb: Delius Klasing Verlag, Siekerwall 21, D-33602 Bielefeld
Tel.: 0521/559-0, Fax: 0521/559-115
E-Mail: info@delius-klasing.de
www.delius-klasing.de

Fotos: Lutz Böhme 121, 123, 130, 133, 134, 183, 185, 194, 198, 215, 225; Neele Brauner 29, 32; Ralf Brauner 2, 11, 12, 13, 15, 16, 18, 21, 23, 26, 30, 31, 32, 34, 37, 39, 40, 44, 45, 48, 50, 51, 55, 57, 58, 68, 70, 71, 74, 76, 77, 79, 82, 83, 97, 102, 104, 107, 109, 110, 114, 124, 141, 184, 189, 192, 193, 195, 221, 222, 226, 227, 228, 229, 233, 235, 236, 237, 238, 239, 243, 244, 246, 248, 251, 252, 259, 260, 262, 269, 271, 274; Udo Domke 251; Kadematic Seenotrettungsgeräte GmbH 46, 47; Karl Heinrich Kopperschmidt 11; Katja Rüppell 9

Vorwort

Wer den Sportküstenschifferschein (SKS) erwerben will, ist längst der Faszination des Wassersports erlegen und möchte mit diesem freiwilligen amtlichen Führerschein nachweisen, über alle erforderlichen Kenntnisse für das Führen einer Yacht in der 12-sm-Zone zu verfügen. Der Erwerb des SKS hängt dabei neben aller praktischen Erfahrung wesentlich von der guten Vorbereitung auf die theoretische Prüfung ab.

Bei der Wissensvermittlung geht dieses Lehrbuch deshalb auch neue Wege: Der amtliche Fragen- und Antwortenkatalog des SKS findet sich nicht nur am Ende dieses Buches, sondern zugleich parallel zum erläuternden Lehrbuchtext abgedruckt. Auf diese Weise entfällt einerseits das mühselige Umblättern vom jeweiligen Kapitel zum Ende des Buches, um zu erfahren, was direkt prüfungsrelevant ist und im Gedächtnis „hängen bleiben" muss. Zum anderen lässt sich der Prüfungsstoff viel besser aufnehmen, wenn er unmittelbar am Text erklärt wird. Darüber hinaus bietet eine solche Darstellung dem Kursleiter die Möglichkeit, von den Themen her den gesamten Prüfungsstoff zu behandeln.

Die Abfolge der Kapitel selbst orientiert sich am Ablauf eines Törns: Sie beginnt beim Vertrautmachen mit dem Schiff (Seemannschaft), wendet sich dann den notwendigen Kenntnissen am Kartentisch zu (Navigation), geht über zu den Regeln, die den Verkehr auf See betreffen (Schifffahrtsrecht), um schließlich zum meteorologischen Wissen, der Wetterkunde, zu gelangen.

Der Themenumfang des Sportküstenschifferscheins baut auf dem Wissen des Sportbootführerscheins See (SBF-See) auf, doch beinhaltet er viele weitere Aspekte für das sichere Führen einer Segel- und Motoryacht auf den Seeschifffahrtsstraßen und im Küstenrevier. Das Buch enthält aber zugleich das jeweilige Basiswissen der Navigation, Seemannschaft usw., um die Einzelbereiche thematisch geschlossen darzustellen. Damit können auch Führerscheinbewerber, die vielleicht schon vor längerer Zeit den Sportbootführerschein See erworben haben, auf diese Weise problemlos wieder einsteigen.

Zahlreiche Grafiken und Abbildungen veranschaulichen komplexe Zusammenhänge und unterstützen deren Verständnis.

Unser besonderer Dank gilt der Mitarbeit von Dr. Martin Kühnel, der als Lektor das Werk von Anfang an in jeder Hinsicht umfassend begleitete.

Für die Prüfung wünschen wir allen Führerscheinbewerbern viel Erfolg und natürlich „Mast- und Schotbruch"!

Die Autoren, September 2006

Inhalt

Seemannschaft

Die Seemannschaft ist die Grundlage des gesamten Handelns an Bord. Sie umfasst das komplette seemännische Wissen, welches für eine sichere Schiffsführung notwendig ist.

1. Seemannschaft

Die *Seemannschaft* ist die Grundlage des gesamten Handelns an Bord. Sie ist eng verknüpft mit den Bereichen Navigation, Schifffahrtsrecht und Wetterkunde und umfasst daher das komplette seemännische Wissen, welches für eine sichere Schiffsführung notwendig ist. In Verbindung mit ausreichender Erfahrung ist sie die Voraussetzung dafür, auch in schwierigen Situationen zurechtzukommen und die richtigen Entscheidungen zu treffen.
In der Praxis bedeutet das zunächst, sich zuerst mit dem Schiff vertraut zu machen, bevor es auf den Törn geht. Das wird den meisten Aspiranten zum Sportküstenschifferschein so ergehen, wenn sie sich auf ihren 1- oder 2-wöchigen Törn begeben, doch gilt das grundsätzlich für jeden Törn, egal ob mit Charter- oder Eigneryacht.

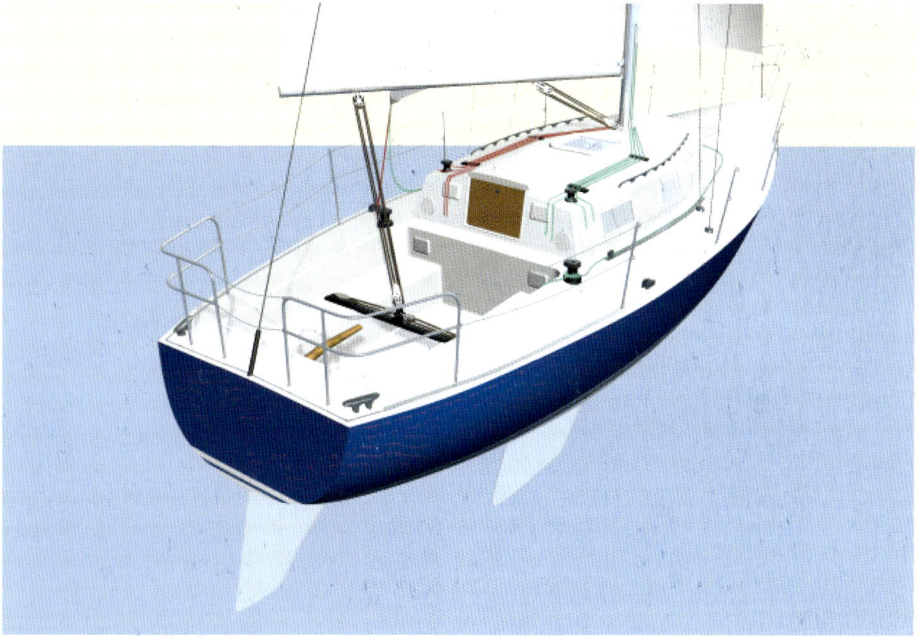

Eine moderne Yacht

Da der Teilbereich Seemannschaft in diesem Buch so behandelt wird, wie es einem Törnablauf entsprechen sollte, steht also auch die Yacht selbst am Anfang („Die Yacht"). Dann folgt das Vertrautmachen mit den Einrichtungen am Liegeplatz und der Technik (Motor, Toilette etc.). Anschließend ist es erforderlich, auf jeden Fall alle Sicherheitseinrichtungen und deren Handhabung („Sicherheit an Bord") zu überprüfen.
Vor dem Verlassen des Hafens stehen noch zwei weitere Dinge an: Zum einen wären die Vorbereitungen zur Navigation, zum Schifffahrtsrecht und zum Wetter abzuschließen, so wie sie hier in den anderen Kapiteln des Buchs beschrieben werden. Also kurz gesagt: Es muss sich auch umfassend mit der Umgebung (Schifffahrtswege im Revier, lokales Wetter usw.) vertraut gemacht werden.
Zum anderen sind noch Anlegemanöver unter Motor oder Segeln mit der Crew zu üben („Im Hafen"). Der sichere Umgang mit Tauwerk und Knoten sollte ebenfalls allen Crewmitgliedern gut von der Hand gehen.
Anschließend kann der Hafen verlassen werden und der Törn beginnt („Auf See"). Außerhalb des Hafens ist insbesondere das „Person-über-Bord-Manöver" zu üben. Dann ist die Crew fit, und der Törn kann sicher durchgeführt werden.

Die Yacht

Yachtbau

Beim Betreten der Yacht sind die Rumpfform und der Baustoff oft auffällige Merkmale. Die Form des Rumpfes ist eine für die Fahreigenschaften des Bootes entscheidende Größe. Zusammen mit dem zu verdrängenden Gewicht des Bootes beeinflusst sie die maximale Bootsgeschwindigkeit, die Stabilität des Bootes gegenüber Dreh- und Kippbewegungen

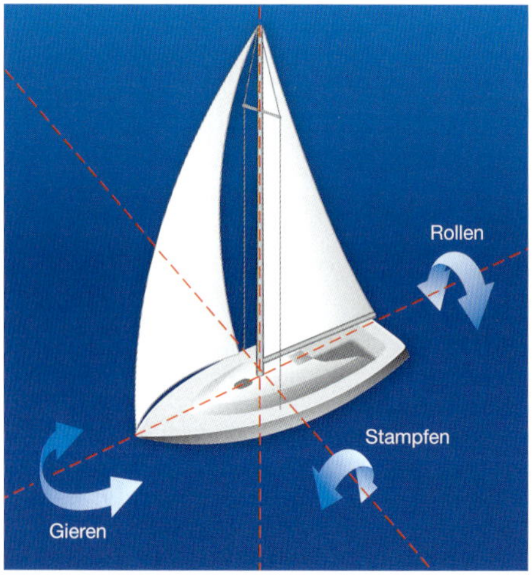

Bewegungen um die Längs- und Querachse

und damit die Seetüchtigkeit der Yacht. Unterschieden werden die verschiedenen Rumpfformen anhand der unterschiedlichen Längs- und Querschnitte sowie der Formgebung von Bug und Heck.

Vom Auftrieb des Bugs hängt es ab, ob Stampfbewegungen verhindert werden oder wie weit der Bug in die Welle eintaucht. Ein schlanker und weniger fülliger Bug hat eher die Tendenz, in die Welle einzutauchen oder zu unterschneiden.

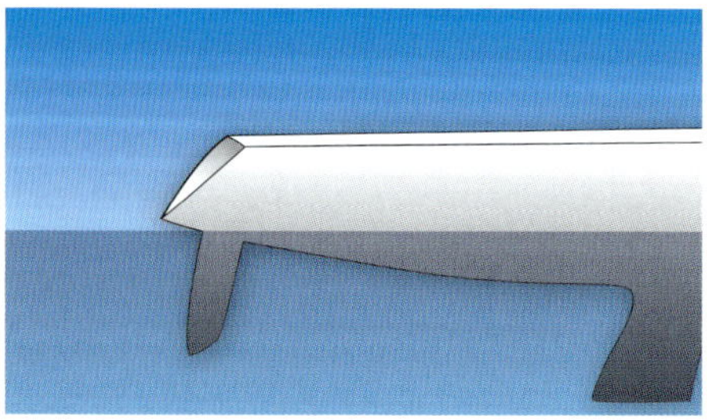

Yachtheck mit einfallendem Spiegel

Dabei spielt auch das Gewicht eine wichtige Rolle.

So wird ein leicht gebauter schmaler Bug wesentlich weniger Stampfbewegungen produzieren als einer aus einem schwereren Baumaterial wie etwa Stahl.

Auch die Form des Hecks beinflusst die Seegangs- und Fahreigenschaften. Bei höherem Seegang erhöht ein breites Heck den Auftrieb und vermindert das Risiko einer „einsteigenden“ Welle. Sehr verbreitet im heutigen Yachtbau ist das moderne Yachtheck mit einfallendem Spiegel.

Die *Spantform* beschreibt den Querschnitt durch den Rumpf. Im Yachtbau häufig verwendet wird der Trapezspant und S-Spant, aber auch der Rundspant und Knickspant werden eingesetzt.

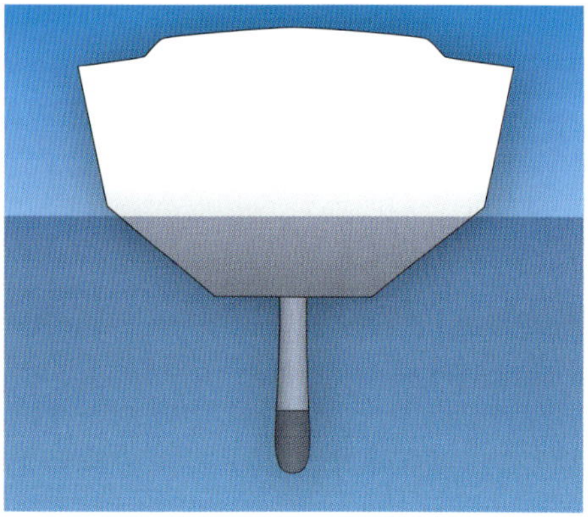

Knickspant

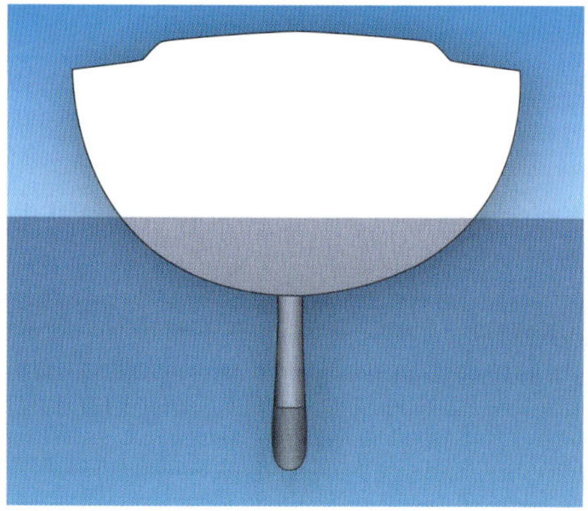

Rundspant

Trapezspant

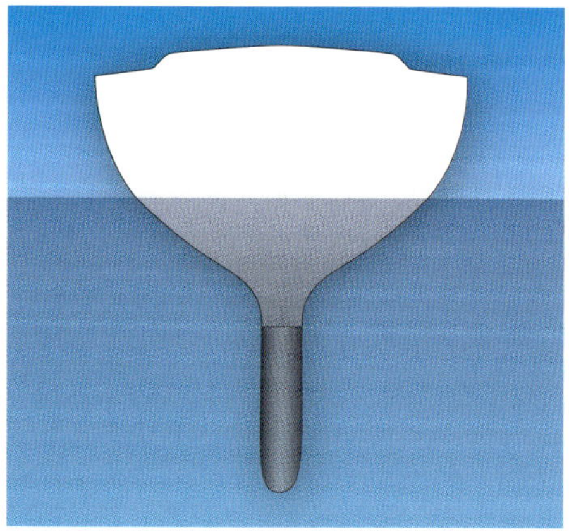

S-Spant

Segelyacht mit Trapezspant

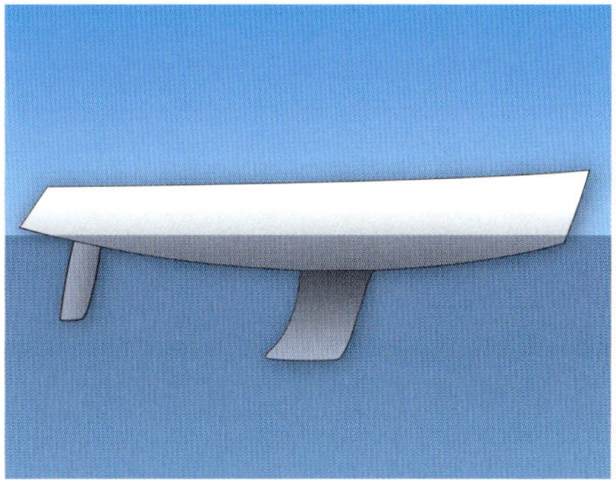

Ein geteilter Lateralplan verspricht eine bessere Wendigkeit

Beliebt bei Stahlyachten ist der Knickspant

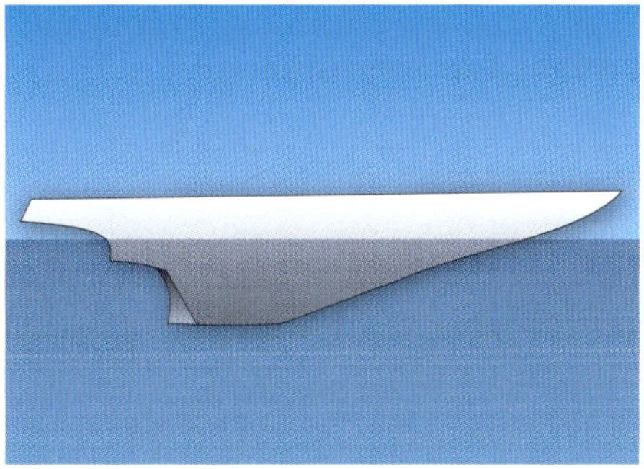

Ein lang gestreckter Lateralplan ist kursstabiler, aber weniger wendig

Neben der Querschnittsform hat die Form des Unterwasserschiffs des Bootes in Längsrichtung – der *Lateralplan* – einen großen Einfluss auf die Seegangs- und die Fahreigenschaften. Der Lateralplan wirkt als Fläche des Unterwasserschiffes der seitlichen Abdrift des Bootes durch Wind und Welle entgegen. Wird eine Yacht gekrängt, so verringert sich der Lateralplan und die Abdrift wird größer. Eine Yacht mit einem lang gestreckten, symmetrischen Lateralplan führt zu einer hohen Kursstabilität, wodurch sich die Yacht auch bei viel Wind und höherem Seegang leichter auf Kurs halten lässt. Gegenüber dem asymmetrischen Lateralplan ist die Reibung bei dieser Rumpfform jedoch höher und damit auch das Geschwindigkeitspotenzial geringer. Ein asymmetrischer oder auch geteilter Lateralplan zeichnet sich durch eine geringere Reibung aus und erlaubt damit auch höhere Geschwindigkeiten.

↘ SM1* Nr. 43

Warum wird die Versetzung einer Yacht durch den Wind mit zunehmender Krängung größer?

Der Lateralplan wird kleiner, dadurch verringert sich der seitliche Widerstand des Schiffes im Wasser.

* Das Kürzel SM1 kennzeichnet die Fragen, die zum Bereich „Seemannschaft I (Antriebsmaschine und unter Segel)“ gehören.

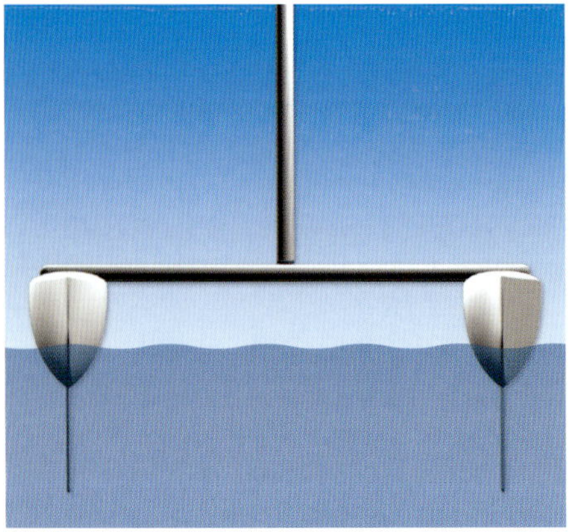

Katamaran

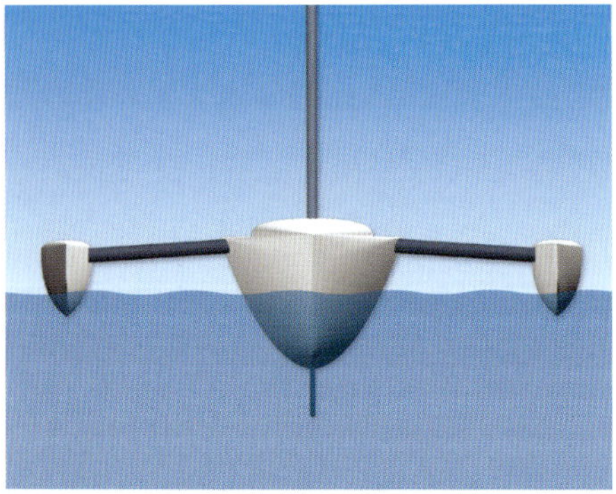

Trimaran

Neben Einrumpfyachten (Monohull) begegnet man auch Yachten mit mehreren Rümpfen (Multihull), den Katamaranen und Trimaranen. Oft haben sie nur kurze flachgehende lange Kiele, daher benötigen sie oft zusätzliche Lateralfläche durch ein oder mehrere Schwerter. Gegenüber einer Einrumpfyacht kann die Mehrrumpfyacht eineinhalbmal bis doppelt so schnell sein.

Ein Katamaran hat wenig Lateralfläche, daher werden zusätzlich Schwerter benötigt. Vorteil: Dadurch ist der Tiefgang geringer

Die wichtigsten Maße einer Yacht sind:

Länge über alles (Lüa): Länge eines Schiffes, gemessen zwischen dem hintersten und vordersten festen Punkt des Schiffes, ohne Bug- und Heckkorb.

Länge der Wasserlinie (LWL): Beschreibt die Länge in Längsrichtung, mit der das Boot im Wasser schwimmt, und ist abhängig von der Beladung. Sie ist maßgeblich für die Geschwindigkeit des Bootes, aus ihr ergibt sich die theoretische Rumpfgeschwindigkeit.

Konstruktionswasserlinie (CWL): Diese ist unabhängig von der Beladung des Bootes und ergibt sich aus der Konstruktion. Daher ist sie eine theoretische Größe.

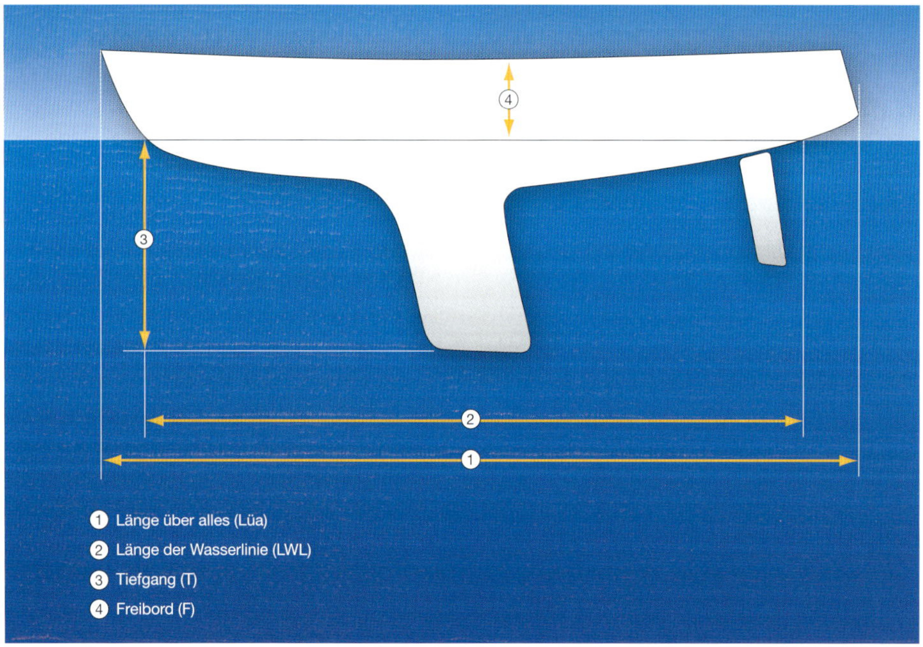

Die wichtigsten Konstruktionsmaße einer Yacht

Breite über alles (Büa): Sie entspricht der breitesten Stelle des Rumpfes.
Freibord (F): Der Freibord beschreibt die Rumpfhöhe bis zur Wasserlinie. Steigt die Rumpfhöhe zu den Bootsenden hin an, besitzt die Yacht einen positiven Deckssprung (D). Bei einem negativen Deckssprung ist der Freibord mittschiffs am höchsten.
Mit der Länge der Wasserlinie berechnet sich die *Rumpfgeschwindigkeit (RG)*. Sie ist die auf Booten maximal erreichbare Geschwindigkeit in Knoten nach folgender Formel:

$$RG = C \cdot \sqrt{LWL}$$

Für eine Verdrängeryacht beträgt C = 2,43, für eine Gleit(Motor-)yacht ergibt sich C ≈ 10. Für eine Verdrängeryacht mit einer Wasserlinie von 9 Metern Länge ergibt sich somit eine Rumpfgeschwindigkeit von circa 7,3 Knoten ($RG = 2{,}43 \cdot \sqrt{9} \approx 7{,}3$ kn), für eine Gleit(Motor-)yacht immerhin 30 kn. Gleityachten müssen einen starken Motor haben, damit sie in den Gleitzustand kommen.
Halbgleityachten sind ebenfalls stärker motorisiert. Sie kommen jedoch bauartbedingt nicht vollständig ins Gleiten und verursachen somit oft stärkeren Wellengang. Bei stärkerem Seegang schlagen Halbgleit- und Gleityachten oft hart im

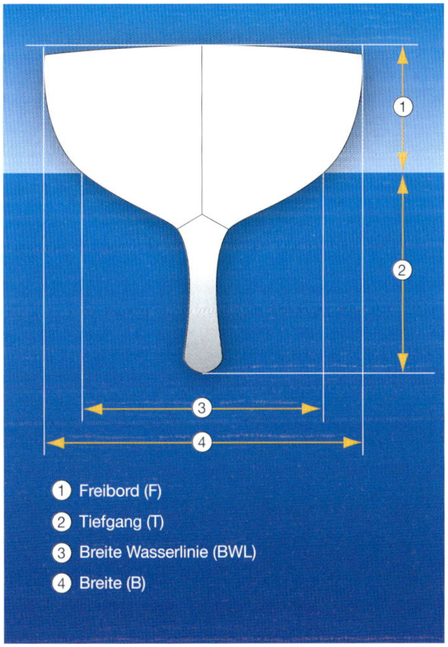

Die wichtigsten Konstruktionsmaße einer Yacht

Für Verdrängeryachten ist die Rumpfgeschwindigkeit entscheidend. Nur bei genügend Wind und Seegang können bei Halbwind- bis Vorwindkursen höhere Geschwindigkeiten erreicht werden

↘ SM2* Nr. 30

Was verstehen Sie unter „Rumpfgeschwindigkeit" und wovon ist sie abhängig?
Rumpfgeschwindigkeit ist die rechnerische Höchstfahrt eines Verdrängers. Sie ist abhängig von der Wasserlinienlänge.

↘ SM2 Nr. 2

Was versteht man unter einem Gleiter (schnelle Schiffe) und welche Fahreigenschaften hat solch ein Motorboot?
Schnelle Schiffe, deren Gewicht überwiegend von Auftriebskomponenten getragen wird (flache und breite Konstruktion) und die auf glattem Wasser bei höherer Geschwindigkeit in Gleitfahrt kommen. Bei Seegang können die Boote hart aufschlagen, sodass die Konstruktionen stark beansprucht werden.

↘ SM2 Nr. 3

Was versteht man unter einem „Verdränger" und welche Fahreigenschaften hat solch ein Motorboot?
Konventionelle Schiffe – unabhängig vom Tiefgang –, deren Gewicht ausschließlich vom hydrostatischen Auftrieb getragen wird und deren Geschwindigkeit dementsprechend beschränkt ist (Rumpfgeschwindigkeit).

* Das Kürzel SM2 kennzeichnet die Fragen, die zum Bereich „Seemannschaft II (Antriebsmaschine)" gehören.

SM2 Nr. 4
Was versteht man unter einem „Halbgleiter“ und welche Fahreigenschaften hat solch ein Motorboot?
Halbgleiter sind Motorboote mit geringem Tiefgang, sehr hoher Formstabilität und schneller Fahrweise bei starker Motorisierung.

SM2 Nr. 89
Welcher Kurswinkel ist bei schwerer See am besten geeignet, das Aufschlagen des Bootes zu verringern?
Ein Kurswinkel von 20 bis 25° bezogen auf die Seegangsrichtung ist am besten geeignet, hartes Aufschlagen zu verringern.

SM2 Nr. 28
Was verstehen Sie unter „Trimm“?
Der Trimm ist der Unterschied zwischen dem vorderen und dem achteren Tiefgang.

SM2 Nr. 29
Nennen Sie mögliche Trimmlagen einer Motoryacht.
Ist der vordere Tiefgang größer als der achtere, ergibt dies einen vorlichen Trimm. Ist der achtere Tiefgang größer als der vordere, ergibt dies einen achterlichen Trimm. Sind beide gleich, liegt eine Yacht auf ebenem Kiel.

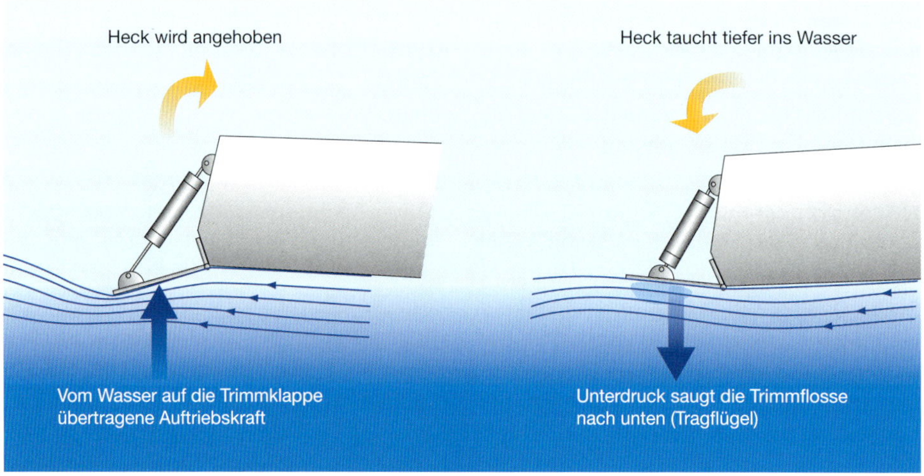

Mit den Trimmklappen wird eine Motoryacht getrimmt

Vorschiffsbereich auf und die Konstruktion/Yacht wird stark beansprucht. Ein Kurswinkel von 20 bis 25°, bezogen auf die Wellenzüge des Seegangs, verringert dabei erfahrungsgemäß das harte Aufschlagen.
Gleityachten und Halbgleityachten besitzen Trimmklappen am Heck. Der Trimm ist der Unterschied zwischen vorderem und achterem Tiefgang. Mit den Trimmklappen kann ein achterlicher, neutraler und vorlicher Trimm eingestellt werden. Beim achterlichen Trimm ist das Heck ins Wasser getaucht.

Baustoffe und Bauweisen
Die heute im modernen Bootsbau für Sportboote infrage kommenden Herstellungsmaterialien sind:
- glasfaserverstärkter (GFK) und kohlefaserverstärkter (CFK) Kunststoff
- Holz (Vollholz oder Bootsbausperrholz)
- Metall (Stahl oder Aluminium)

Die zwei verbreiteten Verfahren zur Herstellung von *GFK*-Rümpfen sind das Handauflege- und das Faser-Harz-Spritzverfahren. Bei beiden wird zunächst ein pigmentiertes Polyesterharz in die Negativform gespritzt oder gestrichen – das *Gelcoat*. Es ist die spätere Außenhaut und bildet die äußere Schutzschicht des glasfaserverstärkten Kunststoffs. Sollten Beschädigungen auftreten, sind diese unverzüglich zu beseitigen, da sonst Wasser ins Gewebe gelangen kann.
Beim Handauflegeverfahren folgt im Wechsel das Aufbringen von Harz und das Einlegen von Glasmatten oder Rovinggewebe mit anschließender Entlüftung, bis die erforderliche Schichtdicke erreicht ist. Für das Faser-Harz-Spritzverfahren wird eine Mischung aus Harz und kurzen

Glasfasern mit einer Spritzpistole unter hohem Druck in die Form gesprüht.
Um höhere Festigkeiten zu erzielen, werden GFK-Rümpfe mit *CFK* in stark beanspruchten Zonen verstärkt. Statt Glasfasern werden hier für die Matten Kohlenstofffasern verwendet. CFK hat eine etwa drei- bis neunfach höhere Steifigkeit als etwa Titan, Aluminium oder Stahl. Daher wird CFK auch für den Bau von Masten eingesetzt.
Mit der *Sandwichbauweise* können sehr steife Rümpfe und Decks erstellt werden. Typische Baustoffe sind Holz (z. B. Balsaholz) oder Schäume als Kernmaterial und GFK als äußere Deckschicht. Diese Bauweise wird teilweise im Rumpf, bevorzugt aber im Deck eingesetzt. Die Sandwichkonstruktion hat im Vergleich zum Massivlaminat ein geringeres Gewicht, größere Steifheit und Verwindungsfestigkeit.
Obwohl der Kunststoffbau sehr verbreitet ist, bietet er nicht nur Vorteile. Ist keine Sperrschicht gegen Wasser im Unterwasserbereich vorhanden, kann Osmose auftreten: Es bilden sich 1 bis 10 mm große, mit Wasser gefüllte Blasen aus, die das Laminat in der Festigkeit beeinträchtigen.

Holz ist das klassische Bootsbaumaterial. Aufgrund der faserartigen Struktur kann Holz Feuchtigkeit aus der Umgebung absorbieren, sodass es quillt oder schrumpft. Holzrümpfe müssen gut gepflegt und regelmäßig mit einer Lackierung vor Feuchtigkeit geschützt werden.
Neben Vollholz wird auch wasserfest verleimtes Sperrholz im Bootsbau eingesetzt. Der moderne Holzbau bedient sich der Formverleimung, dabei werden als Klebstoff Epoxydharze verwendet.

Aluminium findet im Bootsbau eine wachsende Verbreitung. Aluminium rostet nicht und ist sehr haltbar. Aufgrund der Oberflächenoxidation entsteht eine Schutzschicht. Trotzdem bildet diese Schicht keinen dauerhaften und vollständigen Schutz, denn sie ist kaum belastungsfähig und wird leicht beschädigt.

Stahl wird ebenfalls als Werkstoff für Rümpfe eingesetzt. Stahl kann gut verarbeitet werden und besitzt neben einer hohen Lebensdauer auch eine hohe Festigkeit. Ein Problem sind das hohe Gewicht und die Korrosionsanfälligkeit. Die Anfälligkeit gegen Rost kann aber mit modernen Verfahren unter Verwendung von Epoxydfarben minimiert werden.

Bei Stahlyachten ist die Korrosionsanfälligkeit manchmal ein Problem

↘ SM2 Nr. 1
Welche Bootsbau-Werkstoffe finden im Sportbootbau für den Rumpf überwiegend Verwendung?
1. GFK = glasfaserverstärkter Kunststoff,
2. Stahl,
3. Aluminium,
4. wasserfest verleimtes Sperrholz,
5. Massivholz.

↘ SM1 Nr. 1, SM2 Nr. 5
Was versteht man im Bootsbau unter Gelcoat?
Die äußere Schutzschicht eines Bauteils aus glasfaserverstärktem Kunststoff.

↘ SM1 Nr. 2 , SM2 Nr. 6,
Was versteht man beim GFK-Bootsbau unter Sandwichverfahren (GFK = glasfaserverstärkter Kunststoff)?
Zwischen zwei GFK-Schichten wird eine Zwischenlage zur Versteifung einlaminiert, z. B. aus Balsaholz.

↘ SM1 Nr. 82, SM2 Nr. 68
Warum müssen Schäden im Gelcoat unverzüglich beseitigt werden?
Das Laminat unter der Gelcoatschicht nimmt sonst Wasser auf und wird dadurch geschädigt.

↘ SM1 Nr. 3, SM2 Nr. 7

Welchen Vorteil hat die Sandwichbauweise gegenüber der Massivbauweise bei GFK-Yachten (GFK = glasfaserverstärkter Kunststoff)?

Große Steifheit, Verwindungsfestigkeit, geringes Gewicht, gute Isolierung.

↘ SM1 Nr. 4, SM2 Nr. 8

Beschreiben Sie die Vor- und Nachteile von Stahl als Baumaterial für Yachten.

Vorteile: zuverlässiges, problemloses Baumaterial mit sehr hoher Festigkeit und langer Lebensdauer. Nachteile: hohes Gewicht, Rostanfälligkeit.

↘ SM1 Nr. 53

Wozu dienen „Opferanoden" und wann sollten sie ausgewechselt werden?

Sie dienen dem Schutz gegen Schäden durch Elektrolyse. Verbrauchte Anoden müssen nach einer Saison ersetzt werden, nicht erst wenn sie verbraucht sind.

↘ SM1 Nr. 54

Wie schützt man auf Kunststoffyachten den Propeller gegen Elektrolyse?

Durch eine Zinkanode auf der Propellerwelle.

Die Opferanode sitzt direkt auf der Welle

Auf allen Yachten mit unterschiedlichen Baustoffen kann Elektrolyse auftreten. Besonders an Propellern, Ruderbeschlägen, Aluminium- und Stahlrümpfen fließen unterhalb der Wasseroberfläche elektrische Ströme von „unedleren" zu „edleren" Metallen. Dadurch können Teile aus den Metallen regelrecht „herausgefressen" werden, was das Bauteil dadurch unbrauchbar macht. Vorbeugend können Opferanoden verwendet werden, die regelmäßig nach der Saison ersetzt werden müssen. Die Wellenanlage oder Saildrive und Propeller werden ebenfalls durch eine Opferanode geschützt.

Stabilität

Auf jeder Yacht lässt sich nach dem Betreten spüren, dass sie selbst bei Windstille und glattem Wasser allein schon durch Körpergewicht mehr oder weniger krängt. Mit Krängung wird die Drehbewegung um die Längsachse bezeichnet.

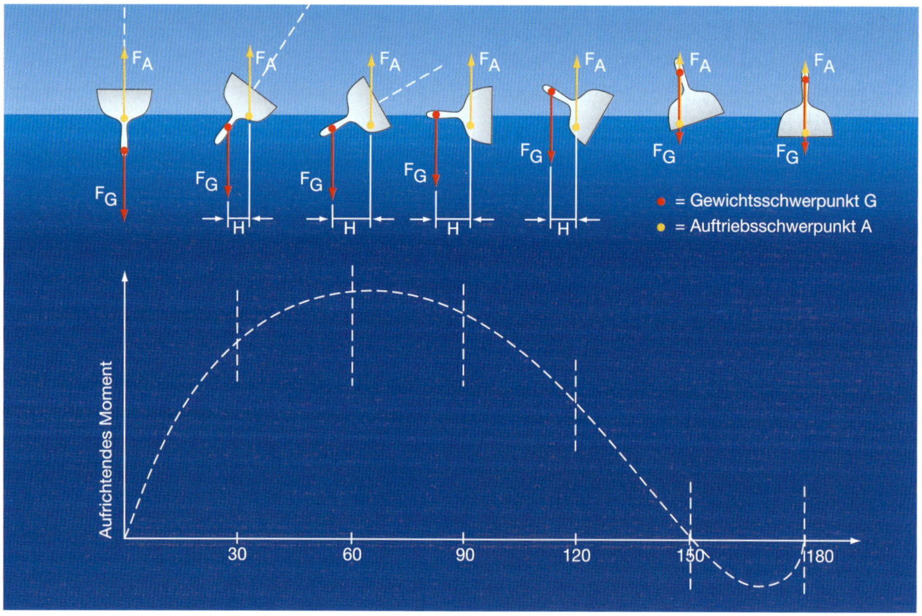

Stabilität einer Yacht (gewichtsstabil)

Vor allem aber durch Wind oder Seegang kann eine Yacht gekrängt werden oder andere Drehbewegungen durchführen, wie etwa Rollen, Gieren (um die Längsachse) oder Stampfen (um die Querachse), siehe Abb. Seite 10.
Die Stabilität beschreibt die Fähigkeit eines Bootes, sich nach einer aufgezwungenen Kippbewegung um die Längsachse (Krängung) wieder in eine aufrechte Lage zu bringen und dieser Kippbewegung einen Widerstand entgegenzusetzen.
Von besonderem Interesse ist deshalb die Querstabilität, das heißt die Fähigkeit von Booten, der Krängung durch Wind oder Wellen entgegenzuwirken. Sie ist maßgeblich für die Beschreibung der Kentersicherheit. Grundsätzlich wird zwischen der Formstabilität und der Gewichtsstabilität unterschieden. Bei der Formstabilität wirkt die breite Rumpfform der Krängung entgegen (Jollen), bei der Gewichtsstabilität ist es ein tief liegender Ballast, der Kiel.
Aber welche Kräfte wirken auf eine Yacht und wie lässt sich die (Quer-)Stabilität beschreiben? Zur Vereinfachung soll angenommen werden, dass das Schiff im glatten Wasser bei Windstille liegt. Auf See würden zusätzlich Seegang und Wind zu Kippbewegungen beitragen.

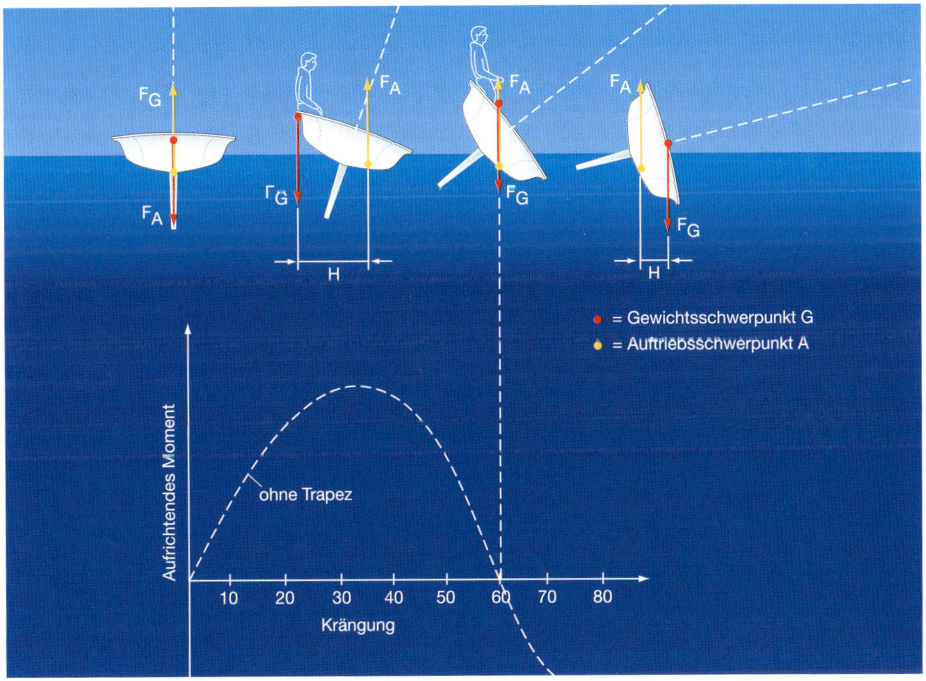

Stabilität einer Jolle (formstabil)

SM1 Nr. 36, SM2 Nr. 23
Was versteht man unter der „Stabilität“ eines Schiffes?
Unter Stabilität eines Schiffes versteht man seine Eigenschaft, in aufrechter Lage zu schwimmen und sich aus einer Krängung wieder aufzurichten.

SM1 Nr. 38, SM2 Nr. 25
Wovon hängt eine in ruhigem Wasser vorhandene Stabilität zusätzlich in schwerem Wetter ab?
Die Stabilität in schwerem Wetter hängt zusätzlich von Wind und Seegang, besonders von brechenden Wellen ab.

SM1 Nr. 39, SM2 Nr. 26
Was versteht man unter
1. Formschwerpunkt (F)?
2. Massenschwerpunkt (Gewichtsschwerpunkt, G)?
Welche Kräfte wirken in den beiden Punkten?

1. Im Formschwerpunkt F kann man sich die Masse des vom Schiff verdrängten Wassers vereinigt denken. In F wirkt die Auftriebskraft senkrecht zur Wasseroberfläche nach oben.
2. Im Massenschwerpunkt G kann man sich die Masse des Schiffes einschließlich Ausrüstung und Besatzung vereinigt denken. In G wirkt die Gewichtskraft senkrecht zur Wasseroberfläche nach unten.

SM1 Nr. 40, SM2 Nr. 27

Was geschieht bei einer Neigung des Schiffes, z. B. durch seitlichen Winddruck, solange sich die Lage des Massenschwerpunktes (Gewichtsschwerpunktes) nicht verändert? (Begründung!)

Der Formschwerpunkt F wandert zur geneigten Seite aus, weil dort ein größerer Teil des Bootskörpers unter Wasser gelangt. Die Wirklinie der Auftriebskraft bekommt dadurch einen seitlichen Abstand zur Wirklinie der Gewichtskraft. Es entsteht ein Kräftepaar, der seitliche Abstand zwischen den Wirklinien ist der Hebelarm. Es entsteht ein aufrichtendes Moment, welches gleich dem Produkt aus Gewichtskraft und Hebelarm ist.

SM1 Nr. 37, SM2 Nr. 24

Wovon hängt die Stabilität eines Schiffes in ruhigem Wasser ab? Nennen Sie Beispiele für äußere Momente, welche die Stabilität beanspruchen.

Die Stabilität eines Schiffes hängt ab von:

1. seiner Geometrie (Form),
2. der Gewichtsverteilung im Schiff (Ausrüstung, Crew, Ballast).

Beispiele für eine Beanspruchung der Stabilität sind krängende Momente durch Seitenwind, Trossenzug oder Drehkreisfahrt bei schnellen Motoryachten.

Die Beschreibung der Querstabilität erfolgt mittels zweier Punkte. Der *Gewichtsschwerpunkt (G)* liegt bei Kielyachten unterhalb der Wasserlinie. An ihm wirkt das Gesamtgewicht des Bootes. Der *Formschwerpunkt (A)* ist der Schwerpunkt des im Wasser eingetauchten Bootsvolumens. An ihm wirkt die Auftriebskraft senkrecht nach oben. Der aufrichtende *Hebelarm (H)* ist der waagerechte Abstand zwischen G und A.

Wird die Yacht gekrängt, wandert der Formschwerpunkt zur geneigten Seite nach außen. Aus dem Gewichtsschwerpunkt und dem Hebelarm H wird ein aufrichtendes Moment erzeugt. Wir erkennen aus der Abbildung, dass das aufrichtende Moment den größten Wert bei ca. 70° erreicht (siehe Seite 16).

Bei Jollen (formstabil) ist das anders. Durch die breite Rumpfform nimmt zwar das aufrichtende Moment am Anfang sehr stark zu (hohe *Anfangsstabilität*), aber schon bei ca. 35° nimmt das aufrichtende Moment bereits wieder ab. Die *Endstabilität* ist im Vergleich zur Yacht (gewichtsstabil) sehr gering. Jollen können daher leichter kentern.

Im ruhigen Wasser hängt die Stabilität von der Form ab, aber auch von der Gewichtsverteilung im Schiff (Ausrüstung, Crew, Ballast). Darüber hinaus kann die

Segelyacht bei mittleren Windstärken und leichter Krängung

Wird der Wind stärker, muss gerefft werden, damit die Krängung nicht zu groß wird

Stabilität durch Wind (speziell Seitenwind), Trossenzug oder bei schnellen Motorbooten auch bei Drehkreisfahrt beansprucht werden.
Auch Seegang kann die Stabilität verändern. Im hohen Seegang (Brecher) können Kielyachten über die Endstabilität hinaus gekrängt werden und kentern. Liegt das Boot kieloben, ist es durchgekentert. Die meisten Kielyachten werden sich aber selbst aus dieser Position wieder aufrichten.

Klassifikation und CE-Zeichen

Sportboote können, wie auch in der Berufsschifffahrt üblich, klassifiziert werden. In Deutschland hat z. B. der Germanische Lloyd Klassifikations- und Bauvorschriften für Wassersportfahrzeuge entwickelt. Nach diesem Regelwerk kann Einzel- und Serienbauten eine Klasse erteilt werden.
Nach einer EU-Richtlinie müssen seit 1998 alle Sportboote zwischen 2,5 und 24 Meter Rumpflänge einheitliche technische Anforderungen erfüllen, was auch für gebrauchte Yachten gilt, welche aus einem Nicht-EU-Land importiert werden. Davon ausgenommen sind aber z. B. Rennyachten.
Um Sportboote zu kennzeichnen, wird am Rumpf sichtbar (Steuerbordseite des Spiegels) das *CE-Zeichen* angebracht. Es beinhaltet in codierter Form:

- Herstellerland
- Hersteller
- Seriennummer
- Monat/Jahr der Herstellung
- Modelljahr

Dazu muss auch noch eine Herstellerplakette angebracht sein. Sie enthält Informationen über:

- Herstellernamen
- Bootskategorie
- zulässige Höchstlast – maximale Personenzahl und Zuladung
- CE-Zeichen mit Prüfstelle
- zusätzliche Angaben wie etwa die Motorisierung

Mit der *Kategorie* legt der Hersteller fest, in welchem Fahrtgebiet, bis zu welcher Windstärke und charakteristischen Wellenhöhe (siehe Kap. 4) das Fahrzeug sicher genutzt werden kann.
Es gibt folgende Kategorien:

- **A** Hochsee: ausgedehnte Fahrten, Windstärke über 8, signifikante Wellenhöhe über 4 Meter.
- **B** Außerhalb der Küstengewässer: außerhalb der Küstengewässer bis einschließlich Windstärke 8, signifikante Wellenhöhe bis einschließlich 4 Meter.
- **C** Küstennahe Gewässer: Fahrten in küstennahen Gewässern, Flussmündungen und Seen bei bis zu 6 Windstärken und 2 Meter signifikanter Wellenhöhe.
- **D** Geschützte Gewässer: Fahrten auf kleinen Seen, Flüssen und Kanälen, bis zu einschließlich 4 Windstärken und 0,5 Meter signifikanter Wellenhöhe.

Wer sich mit seiner Yacht außerhalb der zugelassenen Kategorie aufhält, muss bei Schäden/Schiffbruch/Havarien eventuell mit Schwierigkeiten bei den Versicherungsleistungen rechnen.

↘ SM1 Nr. 5, SM2 Nr. 9
Was bedeutet der Begriff „Kategorie" im Zusammenhang mit dem CE-Zeichen für Wassersportfahrzeuge?
Mit der Kategorie legt der Hersteller fest, in welchem Fahrtgebiet, bis zu welcher Windstärke und bis zu welcher charakteristischen Wellenhöhe das Fahrzeug sicher betrieben werden kann.

↘ SM1 Nr. 6, SM2 Nr. 10
Welche Kategorien können im Zusammenhang mit dem CE-Zeichen für Wassersportfahrzeuge vergeben werden?

1. A Hochsee,
2. B Außerhalb von Küstengewässern,
3. C Küstennahe Gewässer,
4. D Geschützte Gewässer.

↘ SM1 Nr. 7, SM2 Nr. 11
Was bedeutet die im Zusammenhang mit dem CE-Zeichen für Wassersportfahrzeuge angegebene Kategorie „B Außerhalb von Küstengewässern"?
Das Fahrzeug ist ausgelegt für Fahrten außerhalb von Küstengewässern, in denen Windstärken bis einschließlich 8 Bft und signifikante Wellenhöhen bis einschließlich 4 m auftreten können.

Yachttechnik

Motor und Antriebsanlage
Auf Yachten sind Dieselmotoren und Ottomotoren mit Benzinkraftstoff (Super- oder Normalbenzin) weit verbreitet. Beim Dieselmotor wird die angesaugte Luft so verdichtet und dadurch erwärmt, dass der eingespritzte Dieselkraftstoff sich durch Eigenzündung in der komprimierten Luft entzündet. Beim Otto-/Benzinmotor wird ein zündfähiges Luft-Benzin-Gemisch im Vergaser erzeugt und mit einer Zündkerze gezündet.
Der Vorteil der Dieselmotoren gegenüber Ottomotoren ist ein ca. 20 bis 30 Prozent niedrigerer Kraftstoffverbrauch. Auch ist mit Benzin an Bord ein erhöhtes Gefahrenpotenzial verbunden (Explosionsgefahr). Der Benzinmotor ist zudem in der Zündanlage störempfindlicher.
Hinsichtlich ihrer Anordnung auf der Yacht werden Innen- und Außenbordmotoren unterschieden.
Ein weiteres Unterscheidungsmerkmal ist die Anordnung der Antriebswelle. Die Übertragung der Motorkraft auf Welle und Propeller erfolgt mit einem mechanischen oder hydraulischen Getriebe, meist mit Drehzahluntersetzung. Das Getriebe dient zum Ein- und Auskuppeln des Propellers, zum Umsteuern von Vorwärts- auf Rückwärtsfahrt. Bedient wird das Wendegetriebe mit einer Einhebel- oder Zweihebelschaltung. Verbreitet ist die Einhebelschaltung: Hier werden Gas und Getriebe gleichzeitig bedient. Bei der Zweihebelschaltung steht je ein Hebel für Gas und Getriebe zur Verfügung.

Die klassische Verbindung zwischen Motor und Propeller ist die gerade, *starre Welle*. Auf Sportbooten wird die Antriebswelle im Rumpfdurchbruch in einem Stevenrohr

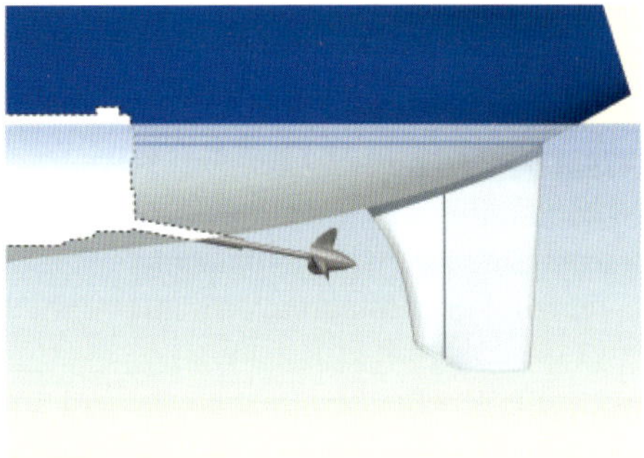

Der Antrieb mit einer starren Welle

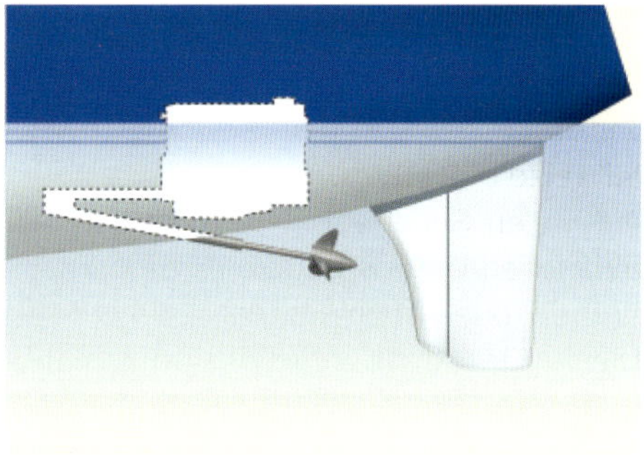

Der V-Antrieb

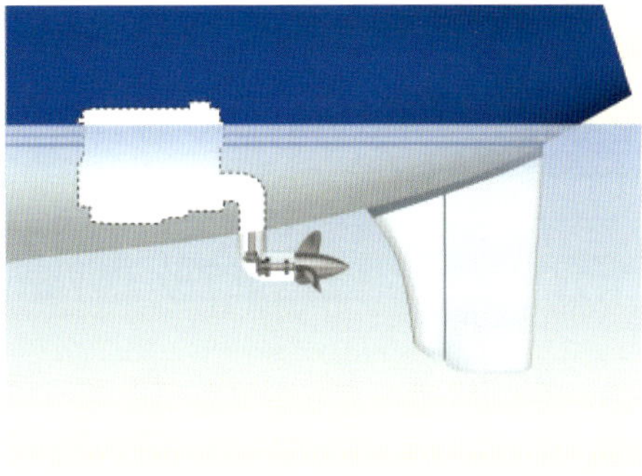

Weit verbreitet – der Saildrive

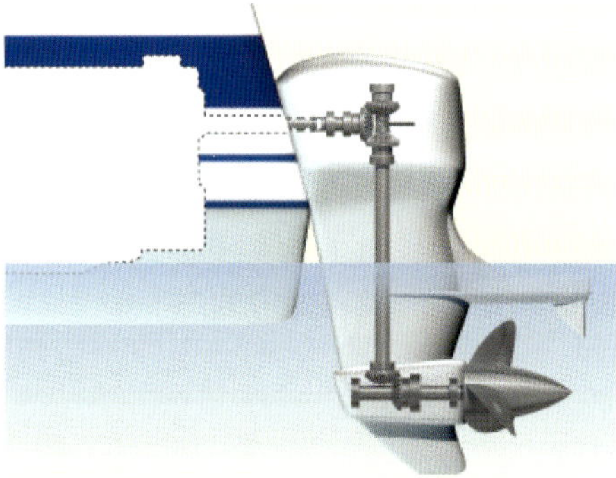

Der Z-Antrieb bei Motoryachten

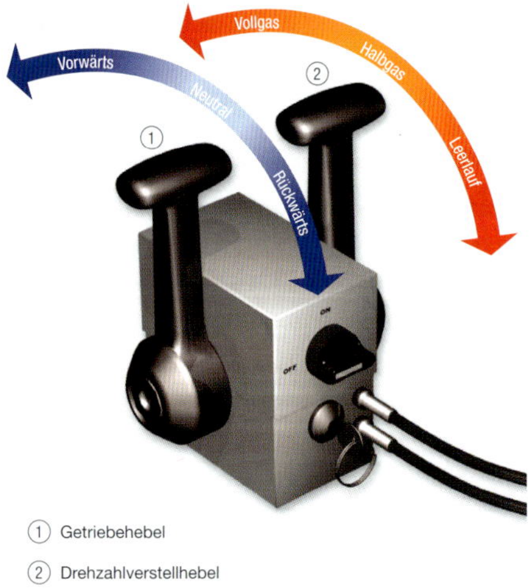

Bei der Zweihebelschaltung steht je ein Hebel für Gas und Getriebe zur Verfügung.

geführt oder von einem Bock gehalten. Sie wird durch den Bootsboden bis kurz vor das Ruderblatt am Heck geführt und teilweise durch Halterungen abgestützt.
Auf vielen Segelyachten mit einem relativ flachen Unterwasserschiff wird der *S-Antrieb* oder auch *Saildrive* verwendet. Dieser Einbau ist kompakt und sehr vibrationsarm. Beim Saildrive haben Propeller und Ruder oft einen großen Abstand, weshalb der Radeffekt kaum ausgeprägt ist. Auch das Ruder wird durch den großen Abstand von Propeller und Ruder nicht direkt angeströmt, die Yacht reagiert „verzögert".
Kann der Motor aus Platzgründen nicht im mittleren Bereich der Yacht installiert werden, wird in erster Linie der *V-Antrieb* verwendet. Der im Heckbereich angeordnete Motor ist über zwei in einem spitzen Winkel und entgegengesetzt laufende Wellen mit dem Propeller verbunden. Der *Z-Antrieb* wird als Innenbordmotor auf Motorbooten eingesetzt

Ein Saildrive mit Klapppropeller

SM2 Nr. 52

Erklären Sie die Arbeitsweise in Bezug auf die Zündung beim Ottomotor und Dieselmotor.

Beim Ottomotor wird das zündfähige Benzin-Luft-Gemisch im Vergaser durch Einspritzung erzeugt und mit Fremdzündung durch die Zündkerze gezündet.
Beim Dieselmotor wird die angesaugte Luft hoch verdichtet und so erwärmt, dass der eingespritzte Dieselkraftstoff sich durch Eigenzündung in dieser komprimierten Luft entzündet.

SM2 Nr. 31

Erklären Sie die wesentlichen Vorteile des Dieselmotors gegenüber dem Benzinmotor.

1. Der zum Betrieb erforderliche Kraftstoff (Diesel) ist weniger feuergefährlich als der für einen Benzinmotor.
2. Er hat einen geringeren Kraftstoffverbrauch.

SM2 Nr. 32

Erklären Sie die wesentlichen Nachteile des Benzinmotors gegenüber dem Dieselmotor.

1. Das Benzin-Luft-Gemisch birgt Explosions- und Brandgefahr im Schiff.
2. Die Zündanlage kann störempfindlich gegen Feuchtigkeit und Nässe sein.
3. Der Motor hat einen höheren Kraftstoffverbrauch als der Dieselmotor.

SM1 Nr. 57, SM2 Nr. 33

Wozu dient das Wendegetriebe eines Motors?

1. Zum Ein- und Auskuppeln des Propellers,
2. zum Umsteuern des Propellers auf Rückwärtsfahrt,
3. zur Drehzahluntersetzung.

SM2 Nr. 34

Wodurch unterscheiden sich Einhebel- und Zweihebelschaltung?

1. Bei Einhebelschaltung werden Gas und Getriebe gleichzeitig bedient.
2. Bei Zweihebelschaltung werden Gas und Getriebe mit 2 Hebeln getrennt bedient.

SM1 Nr. 97

Welchen Nachteil hat ein „Saildrive-Antrieb" insbesondere bei Hafenmanövern?

Durch den großen Abstand zwischen Propeller und Ruder wird dieses nicht direkt angeströmt. Das kann die Manövrierfähigkeit beim Anfahren etwas verschlechtern.

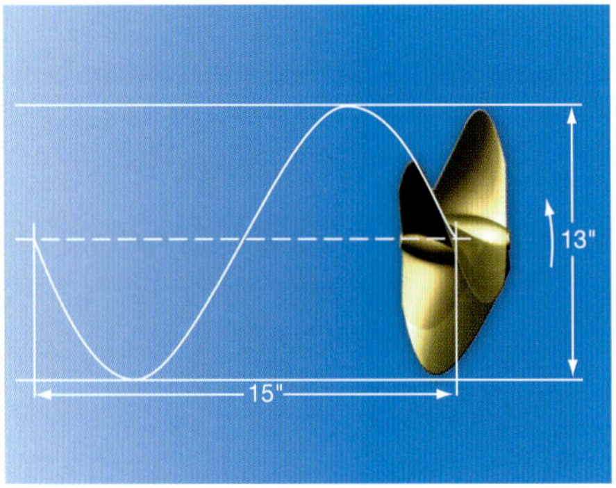

Die Steigung des Propellers – sie ist die Wegstrecke, die der Propeller bei einer Umdrehung in einem festen Medium zurücklegen würde, ähnlich einer Schraube, die ins Holz gedreht wird

Mit dem *Propeller* (Schiffsschraube) wird die Energie vom Motor in Schub umgesetzt. Bei Propellern werden die Steigung, der Durchmesser, die Zahl und Größe der Flügel angegeben. Propeller für Bootsmotoren werden aus Bronze, Aluminium oder Edelstahl gefertigt. Die Angabe der beiden Maße Durchmesser und Steigung erfolgt in Zoll (1 Zoll ≈ 25,4 mm).
Definiert ist die Steigung als der Weg, den ein Propeller bei einer Umdrehung in einem festen Medium zurücklegen würde – ähnlich einer Schraube, die ins Holz gedreht wird.
Unterschieden werden Propeller auch nach ihrer Drehrichtung: Es gibt linksdrehende und rechtsdrehende Propeller. Bestimmt wird die Drehrichtung des Propellers vom Heck des Bootes aus gesehen. Ein linksdrehender Propeller dreht sich entgegen dem Uhrzeigersinn, ein rechtsdrehender im Uhrzeigersinn.

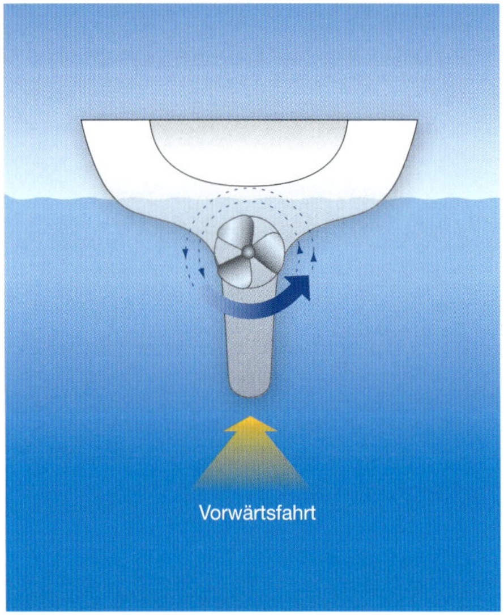

Der Radeffekt wirkt, wenn auch nicht so effektiv, auch bei Vorwärtsfahrt

Durch die Drehung des Propellers ergibt sich der sogenannte Radeffekt, der seitliche Versatz des Hecks. Während er sich bei der Vorwärtsfahrt jedoch nur wenig bemerkbar macht, spielt er beim Aufstoppen und bei der Rückwärtsfahrt eine große Rolle. So ist z. B. beim Anlegen einer Yacht mit rechtsdrehendem Propeller die Backbordseite zu bevorzugen, da das Heck beim Aufstoppen (mit eingelegtem Rückwärtsgang dreht der Propeller nach links) an die Pier gezogen wird.

Propeller gibt es in den verschiedensten Bauarten. Neben *Festpropellern* mit meist zwei oder drei Flügeln (bei Motoryachten auch mehr) werden *Falt-*, *Drehflügel-* und *Verstellpropeller* eingesetzt.

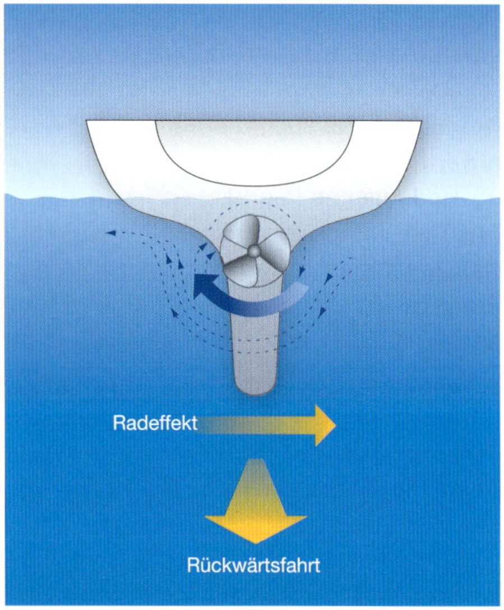

Ein linksdrehender Propeller zieht bei Rückwärtsfahrt das Heck nach Steuerbord

Festpropeller besitzen während des Segelns einen höheren Strömungswiderstand als Faltpropeller. Faltpropeller klappen während des Segelns die Flügel ein. Dabei ist zu beachten, dass sie oft einen geringeren Wirkungsgrad haben oder diesen erst bei hohen Drehzahlen entwickeln. Faltpropeller werden als zwei- und dreiflügelige Propeller gefertigt. (Achtung: Nach Stoppen des Motors Rückwärtsgang einlegen, sonst dreht der Faltpropeller weiter mit!) Daneben gibt es noch die Drehflügel- und Verstellpropeller. Wird der Drehflügelpropeller nach Stoppen des Motors nicht mehr benötigt, bringen sich die Flügel in eine strömungsgünstige Stellung. Beim Verstellpropeller kann die Steigung mechanisch verstellt werden.

Darüber hinaus ist in diesem Zusammenhang noch das *Bugstrahlruder* zu erwähnen, welches auf vielen, meist größeren Yachten eingebaut ist. Es liefert bei Manövern eine wertvolle Hilfe beim Drehen, Ab- und Anlegen in engen Häfen.
Dazu ist im vorderen Bereich des Unterwasserschiffes oft ein Tunnel mit einem Propeller (meist Elektroantrieb) vorhanden, mit dem ein Querschub erzeugt wird.

Ein Faltpropeller mit zwei Flügeln

Der Propeller des Bugstrahlruders liefert Querschub und wirkt unterstützend beim An- und Ablegen

↘ SM1 Nr. 67, SM2 Nr. 72
Mit welchen 4 Angaben werden Propeller auf Yachten beschrieben?
Anzahl der Flügel, Größe ihrer Fläche, Durchmesser und Steigung.

↘ SM2 Nr. 71
Was verstehen Sie unter „Radeffekt" des Schiffspropellers (Schraube)?
„Radeffekt" ist die seitliche Versetzung des Hecks durch die drehende Schraube.

↘ SM1 Nr. 65
Welche Propeller werden auf Yachten mit Einbaumotor eingesetzt?
Festflügelpropeller, Faltpropeller, Drehflügelpropeller und Verstellpropeller.

↘ SM1 Nr. 66
Was müssen Sie beim Aufstoppen unter Maschine mit einem Faltpropeller beachten?
Der Propeller entfaltet sich eventuell erst bei relativ hoher Drehzahl und der Wirkungsgrad ist geringer als beim Festflügelpropeller.

↘ SM1 Nr. 98, SM2 Nr. 76
Was ist ein Bugstrahlruder und wozu dient es?
Eine im Bug einer Yacht befindliche Röhre mit einem Propeller, mit dem ein Querschub und damit ein Drehen des Buges bei geringen Vorausgeschwindigkeiten erreicht werden kann.

↘ SM1 Nr. 99, SM2 Nr. 82
Bei welchen Manövern können Sie ein Bugstrahlruder sinnvoll einsetzen?
1. Beim An- und Ablegen.
2. Beim Drehen auf engem Raum.

SM2 Nr. 36

Welchen Vorteil hat die Zweikreis-Kühlung gegenüber der Einkreis-Kühlung?

Im Zweikreis-Kühlsystem wird im inneren geschlossenen Kühlwasserkreislauf Süßwasser gefahren. Dem geschlossenen Kühlwassersystem können Zusätze (z. B. Frostschutzmittel) zugegeben werden. Ablagerungen durch Fremdwasser werden verhindert. Durch eine thermostatische Regelung des Wärmeaustausches zwischen innerem und äußerem Kreislauf erreicht der Motor schneller seine Betriebstemperatur, diese wird auch konstant gehalten.

SM2 Nr. 49

Welche Maßnahmen treffen Sie nach dem Abstellen des Motors?

1. Kraftstoffventil schließen.
2. Hauptstromschalter (Batterie) ausschalten.
3. Seeventile schließen.

Nr. 35

Erklären Sie die Grundstruktur des Zweikreis-Kühlsystems bei der Motorkühlung.

Das Zweikreis-Kühlsystem besteht aus einem geschlossenen inneren Süßwasserkreislauf mit eigenem Kühlwassertank und einem offenen Seewasserkreislauf. Beide Kreisläufe sind in einem thermostatgeregelten Wärmetauscher wärmetechnisch miteinander verbunden. Der innere Süßwasserkreislauf durchfließt den Motor.

Ein wesentlicher Bestandteil der *Maschinenanlage* ist die *Motorkühlung*, denn die bei der Verbrennung entstehende Wärme muss auch abgeführt werden. Das geschieht auf Yachten durch Wasserkühlung. Dazu werden, angetrieben von einer Kühlwasserpumpe, die Kühlwasserräume im Zylinderblock und in den Zylinderköpfen mit Wasser durchströmt.
Generell wird zwischen der Einkreis- und der Zweikreiskühlung unterschieden. Bei der *Einkreiskühlung* (auch direkte Kühlung) wird frisches Seewasser kontinuierlich von der Kühlwasserpumpe angesaugt

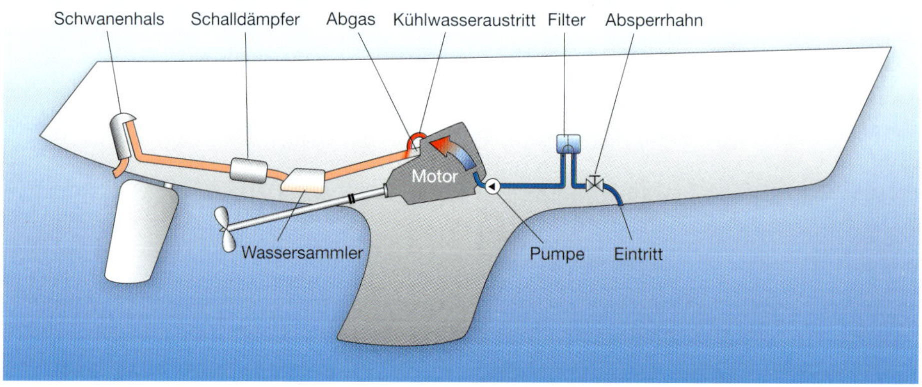

Einkreiskühlung – das Seewasser wird durch die Kühlkanäle des Motors gepumpt

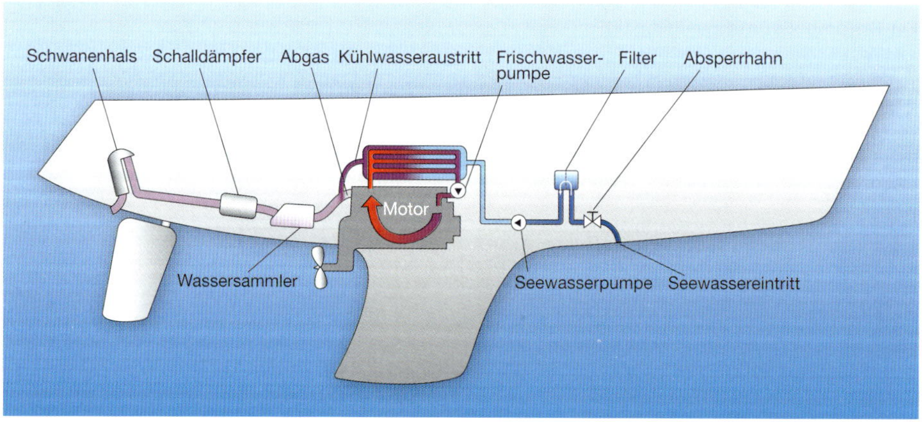

Zweikreiskühlung – der Motor gibt die Wärme über den inneren Kühlkreis (Süßwasser mit Frostschutzmittel) und einen Wärmetauscher an den zweiten, äußeren Kühlkreis (Seewasser) ab

und durch die Kühlkanäle des Motors gefördert. Die Zuleitungen zum Motor sind mit Filtern zu versehen, damit aus dem Wasser keine Verunreinigungen in die Kühlkanäle gelangen können. Die Einkreiskühlung hat einen einfachen Aufbau, nachteilig sind aber die Anfälligkeit gegen Verunreinigungen und die Bildung von Ablagerungen, die zu einer Verschlechterung der Kühlwirkung führen können.
Bei der *Zweikreiskühlung* ist das Kühlwassersystem in zwei Teilsysteme aufgeteilt. Die Verbrennungswärme des Motors wird durch einen geschlossenen inneren Kühlkreis (Süßwasser mit Frostschutzmittel) ausgekoppelt. Über einen Wärmetauscher wird die Wärme vom inneren Kühlkreis an den zweiten, äußeren Kühlkreis (Seewasser) abgeführt. Dieser Vorgang wird über einen Thermostat geregelt.
Der Vorteil der Zweikreiskühlung besteht in der weitaus geringeren Störanfälligkeit, denn hier können Ablagerungen in den Kühlräumen des Motorblocks vermieden werden. Außerdem kommt der Motor durch den Wärmeaustausch zwischen innerem und äußerem Kreislauf schneller auf Betriebstemperatur und diese kann besser geregelt werden.
Das Seeventil, worüber bei der Einkreis- und der Zweikreiskühlung das Seewasser angesaugt wird, ist bei längerem Verlassen der Yacht zu schließen.

Kraftstoffanlage und *Tank* sind weitere zentrale Bestandteile des Motors. Tanks werden üblicherweise aus rostfreiem Stahl oder Kunststoff gefertigt. Der Einfüllstutzen befindet sich an Deck. Während des Tankens werden die im Tank befindlichen Gase über die Tankentlüftung nach außen geleitet und bei sinkendem Kraftstoffpegel dient sie der Belüftung des Tanks.
Einfüllstutzen, Schlauchverbindung zum Tank sowie Tankentlüftung müssen gasdicht mit der Bordwand verbunden sein, sodass kein Kraftstoff oder zündfähiges Gemisch ins Bootsinnere gelangen kann. Direkt hinter dem Tank in der Kraftstoffleitung zum Motor befindet sich häufig ein Absperrhahn, mit dem ein Auslaufen des Kraftstoffs für den Fall einer Leckage in der Kraftstoffleitung oder eines Brandes verhindert werden kann. Dieselkraftstoff ist zwar schwerer entflammbar als Benzinkraftstoff, er ist jedoch auch schwerer zu löschen und die Brenndauer ist länger.
Nach dem Absperrhahn folgen in der Zuleitung zum Motor ein oder mehrere Dieselfilter und der Wasserabscheider. Der Wasserabscheider sammelt Kondenswasser aus dem Tank. Um die Bildung von Kondenswasser zu minimieren, sollte der Tank möglichst immer vollgetankt sein.

Folgende Vorsichtsmaßnahmen sollten vor und während des Tankens eingehalten werden:

- Motor ausschalten.
- Sämtliche Zündquellen (Rauchen und offenes Feuer) vermeiden.
- Elektrische Aufladung zwischen Tankpistole und Einfüllstutzen vermeiden.
- Maßnahmen gegen Überlaufen von Kraftstoff vorbereiten.

↘ SM1 Nr. 69

Wozu dient ein Wasserabscheider in der Kraftstoffleitung?

In ihm sammelt sich das Kondenswasser aus dem Tank; dadurch werden Startschwierigkeiten vermieden.

↘ SM1 Nr. 70

Warum sollten Sie bei seltener Motorbenutzung den eingebauten Tank eines Dieselmotors möglichst vollgetankt halten?

Um Kondenswasserbildung zu verringern, was zu Startschwierigkeiten führen kann.

↘ SM1 Nr. 55

Welche Sicherheitsmaßnahmen sind vor und beim Tanken von Diesel zu treffen?

1. Maschine abstellen,
2. offenes Feuer löschen (Rauchen einstellen),
3. Maßnahmen gegen Überlaufen treffen.

↘ SM2 Nr. 45

Welche Vorsichtsmaßnahmen müssen beim Tanken und Umfüllen von Brennstoffen getroffen werden?

1. Maschine abstellen,
2. offenes Feuer löschen (Rauchen einstellen).
3. Keine elektrischen Schalter betätigen.
4. Alle Öffnungen schließen.
5. Tragbare Tanks möglichst außerhalb des Bootes befüllen.

→ Motor- und Betriebsstörungen

- Bevor ein eingebauter Motor in Betrieb genommen wird, muss der Hauptstromschalter eingeschaltet sein. Die Kraftstoff- und Kühlwasserventile müssen geöffnet sein. Das Getriebe sollte sich in der Stellung „neutral" befinden.

- Nach dem Anlassen sollten Kühlwasserdurchlauf, Öldruckkontrolle und Ladeanzeige sowie Motorengeräusche/Vibrationen und Auspuffgase kontrolliert werden.
  Eine weiße Verfärbung der Auspuffgase deutet auf Kondensat im Auspuffsystem hin, eventuell ist die Zylinderkopfdichtung defekt oder der Zylinderkopf gerissen.
  Sind die Auspuffgase blau gefärbt, so deutet das darauf hin, dass Schmieröl verbrannt wird. Beim Zweitaktmotor könnte das Benzin-Öl-Gemisch zu fett sein, beim Viertakter deutet es auf defekte Kolbenringe und Ölabstreifringe hin.
  Schwarze Auspuffgase können durch unvollständige Verbrennung hervorgerufen werden. Es kann eine Überlastung des Motors vorliegen, der Luftfilter verschmutzt sein, der Kraftstoff von schlechter Qualität, die Einspritzpumpe nicht richtig eingestellt oder der Motor hat noch nicht seine Betriebstemperatur.

- Zeigt die Öldruckkontrolle einen niedrigen Öldruck an, so kann das an einem zu geringen Ölstand liegen. Weitere Ursachen können sein: ein verstopftes Ölsieb in der Ölwanne, ein verstopfter Ölfilter, eine defekte Ölpumpe, ein defektes Öldruckventil oder ein defektes Anzeigegerät.

- Leuchtet die Warnlampe auf (oder ertönt ein akustisches Signal), wenn der Motor in Betrieb ist, dann ist der Regler der Lichtmaschine eventuell defekt, aber auch lose oder oxidierte Kabelverbindungen oder ein defekter Keilriemen für die Lichtmaschine könnten eine Ursache sein.

- Sollte sich der Motor nicht am Bedienfeld abstellen lassen, so kann das durch Unterbrechung der Kraftstoffzufuhr oder durch Verschließen des/der Luftansaugrohre geschehen.

- Ursachen für einen nicht startenden Motor können eine defekte/schwache Batterie, mangelnder Kraftstoff, die Kraftstoffpumpe, der Kraftstofffilter, Luft in der Kraftstoffleitung oder ein defekter Anlasser sein. Einige Dieselmotoren müssen vorgeglüht werden, diese Phase darf nicht zu kurz sein. Beim Benzinmotor ist zusätzlich der Vergaser zu überprüfen.

- Sollte nach dem Einkuppeln der Motor stoppen, dann können der Propeller und die Welle durch Tauwerk oder Treibgut blockiert sein. Ist das nicht der Fall, muss mit einem Defekt im Getriebe oder auch mit einer verbogenen Propellerwelle gerechnet werden.

- Steigt die Kühlwassertemperatur bei laufendem Motor an, könnte dies an Fremdkörpern/Verstopfung in den Leitungen oder defekten Impellern liegen oder das Seeventil ist verstopft/verschlossen. Bei Motoren mit Saildrive befindet sich der Kühlwassereinlauf im Unterwasserteil, dieser kann durch Folien, Plastiktüten oder Pflanzenteile die Zufuhr von Kühlwasser hemmen. Manchmal hilft es, abwechselnd vor- und rückwärts zu fahren, um die Fremdkörper vom Kühlwassereinlass zu lösen.

Der Motor sollte gut zugänglich sein

↘ SM1 Nr. 58

Welche Maßnahmen sind vor dem Anlassen eines eingebauten Motors zu treffen?

1. Hauptstromschalter einschalten,
2. Kraftstoff- und Kühlwasserventile öffnen,
3. Getriebe auf „neutral“ stellen.

↘ SM1 Nr. 59, SM2 Nr. 37

Was sollte nach dem Anlassen der Maschine kontrolliert werden?

1. Kühlwasserdurchlauf,
2. Öldruck und Ladung,
3. Motorengeräusche und
4. Auspuffgase.

↘ SM2 Nr. 44

Welche Fehlerursachen kann eine weiße Färbung der Auspuffgase haben?

Verdampfung von Wasser durch z. B.

1. Kondensat im Auspuffsystem bei noch kaltem Motor,
2. gerissenen Zylinderkopf,
3. defekte Zylinderkopfdichtung.

↘ SM2 Nr. 51

Welche Fehlerursachen kann eine blaue Färbung der Auspuffgase haben?

Zweitaktmotor: zu fettes Benzin-Öl-Gemisch. Es ist zu viel Schmieröl im Gemisch.

Viertaktmotor: zu viel Schmieröl, Ölabstreifringe bzw. Kolbenringe defekt.

In beiden Fällen verbrennt/verdampft Schmieröl.

↘ SM2 Nr. 43

Welche Fehlerursachen kann eine schwarze Färbung der Auspuffgase haben?

Unvollständige Verbrennung durch:

1. kalten Motor,
2. verschmutzten Luftfilter,
3. schlechte Kraftstoffqualität,
4. verstellte Einspritzpumpe,
5. Überlastung des Motors.

↘ SM2 Nr. 59

Was könnte zu möglichen Motorschäden bis hin zum Kolbenfresser führen?

- Zu wenig Kühlwasser, Dampfblasen im Kühlwasserschauglas,
- Kühlwassertemperatur zu hoch,
- zu niedriger oder stetig fallender Öldruck,
- zu wenig oder nicht geeignetes Öl,
- fallende Drehzahl, zitternde Nadel im Drehzahlmesser, klopfende Motorgeräusche.

↘ SM2 Nr. 47

Welche Maßnahmen sind vor dem Anlassen eines Benzinmotors zu treffen?

1. Hauptstromschalter einschalten.
2. Motorraum mit Bilge entlüften.
3. Kraftstoff- und Kühlwasserventile öffnen.
4. Getriebe auf „neutral“ stellen.
5. Kühlwasser prüfen (Zweikreis-Kühlsystem).

↘ SM2 Nr. 46

Welche Maßnahmen sind vor dem Anlassen eines Dieselmotors zu treffen?

1. Hauptstromschalter einschalten.
2. Kraftstoff- und Kühlwasserventile öffnen.
3. Getriebe auf „neutral“ stellen.
4. Kühlwasser prüfen (Zweikreis-Kühlsystem).

↘ SM1 Nr. 60, SM2 Nr. 38

Was können erste Störungsanzeichen im Motorbetrieb sein?

Ungewöhnliche und fremde Motorengeräusche, Vibrationen, Verfärbung der Abgase, Aufleuchten der Ladekontrolle bzw. Öldruckkontrolle und die entsprechenden akustischen Warnungen.

↘ SM2 Nr. 48

Wie kontrollieren Sie den ordnungsgemäßen Betrieb des Motors?

Kontrolle der Anzeigegeräte auf:

1. Öldruck und Öltemperatur,
2. Kühlwassertemperatur,
3. Motorendrehzahl und
4. Batterieladung.

Außerdem auf Motorgeräusche, Vibrationen und Farbe der Auspuffgase achten.

↘ SM1 Nr. 61

Wie können Sie einen Dieselmotor abstellen, wenn die vorgesehene Abstellvorrichtung defekt ist?

1. Kraftstoffzufuhr unterbrechen.
2. Verschließen des Luftansaugrohres/der Luftansaugrohre.

↘ SM2 Nr. 41

Welche Ursachen können zu einer Anzeige eines zu geringen Öldrucks führen?

1. Ein verstopftes Ölsieb (Ölwanne),
2. ein zu geringer Ölstand,
3. ein verstopfter Ölfilter,
4. eine defekte Ölpumpe,
5. ein defektes Öldruckventil,
6. ein defektes Anzeigegerät.

↘ SM2 Nr. 42

Welche Ursachen kann das Aufleuchten der Warnlampe der Batterie-Ladekontrolle während des Betriebes zur Folge haben?

1. Die Kabelverbindungen sind unterbrochen (oxidiert, lose oder gebrochen).
2. Der Keilriemen zum Antrieb der Lichtmaschine ist defekt und es erfolgt keine Stromerzeugung.
3. Der Regler oder die Lichtmaschine können defekt sein.

↘ SM1 Nr. 62

Der Dieselmotor Ihres Bootes startet nicht. Welche Fehler, die Sie selbst überprüfen können, könnten die Ursache sein?

1. Anlasserdrehzahl zu gering (Batterie zu schwach),
2. kein Kraftstoff im Tank,
3. Luft in der Kraftstoffleitung,
4. falsche Bedienung der Kaltstarthilfe (eventuell Vorglühen zu kurz),
5. Anlasser defekt.

↘ SM2 Nr 39

Der Dieselmotor Ihres Bootes startet nicht. Welche Teile der Kraftstoffanlage sollten überprüft werden?

1. Kraftstofffüllung,
2. Kraftstoffabsperrhahn,
3. Kraftstoffschläuche,
4. Kraftstofffilter,
5. Kraftstoffpumpe.

↘ SM2 Nr. 40

Der Benzinmotor Ihres Bootes startet nicht. Welche Teile der Kraftstoffanlage sollten überprüft werden?

1. Kraftstofffüllung,
2. Kraftstoffabsperrhahn,
3. Kraftstoffschläuche,
4. Kraftstofffilter,
5. Kraftstoffpumpe,
6. Vergaser.

↘ SM1 Nr. 63

Der Motor Ihres Bootes bleibt beim Einkuppeln stehen. Nennen Sie mögliche Ursachen.

1. Propellerwelle durch Tauwerk o. Ä. blockiert,
2. Schwerlauf des Getriebes wegen defekter Zahnräder, Lagerschaden, dicken Öls
3. verbogene Propellerwelle.

↘ SM2 Nr. 54

Während der Fahrt lässt plötzlich die Motordrehzahl abrupt nach und der Motor geht beim Zurücklegen des Gashebels gänzlich aus.
Was kann die Ursache sein?

Es ist möglicherweise ein schwimmender Fremdkörper (Leine, Trosse, Plane, Persenning o. Ä.) in den Propeller geraten und behindert bzw. blockiert ihn.

↘ SM1 Nr. 64, SM2 Nr. 50

Während Sie unter Maschine laufen, steigt plötzlich die Kühlwassertemperatur stark an. Ihre Yacht ist mit einem Saildrive-Antrieb ausgestattet.

1. Welche typische Ursache hat der Temperaturanstieg, wenn eine technische Störung unwahrscheinlich ist?
2. Wie können Sie die Störung einfach beheben?

1. Fremdkörper (Folienstücke, Plastiktüten, Pflanzenteile o. Ä.) haben den Kühlwassereinlass verstopft.
2. Mehrmals abwechselnd vor- und zurückfahren, sodass sich die Fremdkörper vom Kühlwassereinlass lösen.

Beim Betanken sollten bestimmte Vorsichtsmaßnahmen eingehalten werden

Um Umweltverschmutzungen beim Tanken zu vermeiden, sollte die Tanköffnung beispielsweise mit Ölbindetüchern umlegt werden. Das Tanken an Zapfsäulen ist zu bevorzugen, da beim Betanken mit Kanistern Kraftstoff über den Trichter laufen kann. Sonst empfiehlt es sich, bei der Methode mit Kanistern größere Trichter oder Schlauch mit Pumpe zu verwenden. Das Tanken sollte nur im Hafen vorgenommen werden, da Seegang den Vorgang noch erschwert. Auf jeden Fall ist eventuell überlaufender Kraftstoff sofort zu beseitigen, da Explosionsgefahr besteht.

Explosionsgefahr besteht auch, wenn der benzinbetriebene Außenbordmotor des Beibootes in einer nicht belüfteten Backskiste gefahren wird, da es sich bei Benzindämpfen um ein leicht entzündliches Gemisch handelt. Es empfiehlt sich daher die Lagerung an Deck; Vergaser und eingebauter Tank sollten nach Möglichkeit leer sein.
Alle Kanister mit Ersatzkraftstoff für die Hauptmaschine/Außenborder sollten so gelagert werden, dass eventuell austretender Kraftstoff oder Dämpfe nicht ins Innere gelangen.
Nach dem Abstellen des Motors empfiehlt sich daher insbesondere bei Benzinmotoren immer, das Kraftstoffventil zu schließen und den Hauptstromschalter der Batterie auszuschalten.

↘ SM1 Nr. 56

Wie können Sie beim Tanken Umweltverschmutzungen vermeiden?

1. Tanköffnung mit Ölbindetüchern umlegen,
2. möglichst an Zapfsäulen mit Zapfhahn tanken,
3. beim Tanken aus Kanistern großen Trichter mit Schlauch benutzen,
4. Nachfüllen aus Kanistern bei Wind und bewegter See möglichst vermeiden.

↘ SM1 Nr. 68

Was sollten Sie beachten, wenn Sie den kleinen Außenborder mit eingebautem Tank Ihres Beibootes an Bord verstauen? (Begründung!)

1. Tank und Vergaser müssen leer sein.
2. Lagerung an Deck oder in einer Backskiste mit Außenentlüftung, niemals unter Deck.
3. Restbenzin und entweichende Benzingase bilden mit Luft ein leicht entzündliches Gemisch.

↘ SM2 Nr. 49

Welche Maßnahmen treffen Sie nach dem Abstellen des Motors?

1. Kraftstoffventil schließen.
2. Hauptstromschalter (Batterie) ausschalten.
3. Seeventile schließen.

SM1 Nr. 71

Welche Motor-Ersatzteile bzw. Schmierstoffe sollten Sie mindestens an Bord haben?

1. Impeller für die Wasserpumpe,
2. Reservekeilriemen,
3. Motorenöl,
4. Dichtungsmaterial.

SM2 Nr. 53

Weshalb sollte dringend vermieden werden, dass beim Dieselmotor der Kraftstofftank leer gefahren wird?

In die Einspritzpumpe/Kraftstoffleitung würde Luft gelangen. Startversuche nach dem Tanken wären erfolglos. Vor dem Tanken müssten die Leitung und die Einspritzpumpe entlüftet werden. Ablagerungen sowie Kondenswasserbildung durch Temperaturschwankungen können entstehen.

Trotz fachgerechter Behandlung muss immer mit *Motorstörungen* gerechnet werden. Kommt es auf See oder im Hafen zum Ausfall der Maschine, kann aufgrund der dadurch bedingten Manövrierunfähigkeit schnell eine gefährliche Situation eintreten.
Grundsätzlich ist es die Aufgabe des Schiffsführers, den einwandfreien Zustand des Bootes und des Motors sicherzustellen. Dies umfasst auch die regelmäßige Wartung und Kontrolle des Motors und des Tanks.
Bei Ausfall der Maschine ist systematisch nach der Ursache des Fehlers zu suchen. Das Bordwerkzeug sollte eine gewisse Grundausstattung enthalten, mit dem einfache Reparaturen selbst durchgeführt werden können. Zusätzlich sollten ebenfalls die wichtigsten Motor-Ersatzteile (Impeller für Kühlwasserpumpe, Reservekeilriemen, Schläuche, Dichtungsmaterial, Filter) und die notwendigen Betriebsstoffe wie Motoren- und Getriebeöl und Schmierfett an Bord sein.

Eine der häufigsten Ursachen, warum ein Dieselmotor zum Stehen kommt, ist Kraftstoffmangel. Nicht selten tritt dieser durch einen verstopften Vor- oder Hauptfilter ein! In diesem Fall oder dann, wenn der Absperrhahn verschlossen oder nicht genügend Diesel im Tank vorhanden war, ist ein direktes Starten des Motors in der Regel nicht möglich. Der Motor muss zunächst entlüftet werden. Zwar besitzen viele Motoren eine Selbstentlüftung, oft aber muss die vom Tank bis vor die Einspritzpumpe vorhandene Luft über die Entlüftungsschraube durch Betätigung des Handpumpenhebels der Kraftstoffpumpe entlüftet werden. Springt der Motor nicht an, ist auch noch zwischen der Einspritzpumpe und den Einspritzdüsen zu entlüften.

Elektrische Anlage

Sämtliche Stromverbraucher der *elektrischen Anlage* werden an Bord über den *Akku*/die *Batterie* (bzw. Batterien) versorgt. Stromverbraucher sind unter anderem der Anlasser für den Motor, Innenbeleuchtung, Navigationsgeräte und Positionslampen. An Bord findet man typischerweise eine 12-Volt-Anlage, auf größeren Yachten auch 24-Volt-Anlagen. Alle Batterien sind kentersicher zu laschen, z. B. in Batteriekästen.

Auf dieser Yacht werden neben einer Starterbatterie zwei Verbraucherbatterien gefahren. Zwei Hauptschalter dienen zur kompletten Abschaltung der elektrischen Anlage

An dem Schaltpaneel lassen sich einzelne Komponenten der elektrischen Anlage bedienen

Geladen wird die Batterie von der Lichtmaschine bei laufendem Motor. Im Hafen wird oft ein Landanschluss (220 V) gelegt, um mit einem Ladegerät die Batterie zu laden und um 220 Volt an Bord über Steckdosen zu nutzen. Beim *Laden* ist darauf zu achten, dass Batteriekästen bzw. -räume ausreichend be- und entlüftet werden können. Herkömmliche Bordbatterien bestehen aus mehreren Zellen. Sie sollten wartungsfrei und unempfindlich gegen Schiffsbewegungen sein. Die Batterie ist mit verdünnter Schwefelsäure (oder Gel) gefüllt und hat in der Regel eine Ruhespannung von ca. 12,7 Volt in geladenem Zustand. Batterien müssen regelmäßig auf ihren Ladezustand hin überprüft und gegen Verrutschen gesichert werden. Lose Polklemmen können großen Schaden verursachen und durch Funkenbildung sogar zum Schiffsbrand führen. Um den Stromverbrauch an Bord zu kontrollieren, sind die *Batteriekapazitäten* zu berücksichtigen. Die *Batteriekapazität* wird in Amperestunden (Ah) angegeben. Hierbei ist jedoch zu beachten, dass meist nur 60 % der Nennkapazität zur Verfügung stehen. Das ergibt sich daraus, dass zum einen eine Batterie nicht über 80 % geladen werden kann. Zum anderen dürfen Batterien auch nicht zu tief entladen werden, nur bis maximal 20 % ihrer Nennkapazität. Das ist aber in jedem Fall nicht zu empfehlen, da Bordbatterien besonders gegen Tiefentladung sehr empfindlich sind. Auf jeden Fall sind die Herstellerangaben zu beachten! Daraus ergibt sich, dass von der angegebenen Nennkapazität 40 % abgezogen werden müssen.

↘ **SM2 Nr. 55**

In welchen Bereichen werden an Bord Batterien eingesetzt?

Zum Starten und für das Bordnetz.

↘ **SM2 Nr. 56**

Was ist beim Laden von Batterien dringend zu beachten?

Die Batteriekästen bzw. -räume müssen ausreichend be- und entlüftet sein.

↘ **SM1 Nr. 72, SM2 Nr. 57**

1. **Was bedeutet die Angabe einer Batteriekapazität „2 x 60 Ah“? (Begründung!)**
2. **Welche Nettokapazität steht in dem Fall zur Verfügung? (Begründung!)**

1. Es handelt sich um 2 Batterien (Akkus) mit jeweils 60 Amperestunden, insgesamt also 120 Ah Nennkapazität.
2. Dem entspricht eine Nettokapazität von etwa 72 Ah, da ein Akku kaum über 80 % seiner Nennkapazität geladen werden kann.

Zur Kontrolle des Stromverbrauchs sind sogenannte Batteriemanager geeignet. Das sind Geräte mit Anzeigen für Ladung, Entladung und Spannung der Batterien. Mit ihnen kann auch der Stromverbrauch an Bord überwacht werden. Sind beispielsweise an Bord zwei Verbraucher mit jeweils 2 Ah im Betrieb, so beträgt der Gesamtverbrauch 4 Ah. Werden diese 10 Stunden betrieben, sind immerhin 40 Ah verbraucht.

Im gesamten Bereich der elektrischen Anlage muss mit Korrosion gerechnet werden, was zu Funktionseinschränkungen durch schlechte Kontakte führen kann. Wichtig ist es daher, die Kontakte eventuell mit feinem Schleifpapier oder Sprays zu reinigen. Anschließend können sie mit Kontaktspray oder anderen Pflegemitteln konserviert werden.

Blitzschutz an Bord

Gemäß der DIN 600092-507 und den Empfehlungen des Germanischen Lloyd sollten folgende Sicherheitsmaßnahmen berücksichtigt werden: Stehendes Gut (Mast, Stagen, Wanten) und alle weiteren größeren metallisch leitenden Schiffsteile (Motor, Bug- und Heckkorb, Aufbauten etc.) müssen miteinander verbunden und zum Kiel geerdet werden.

Für die Erdung zwischen Mast und Kiel sollte beispielsweise eine Kupferleitung mit einem Querschnitt von mind. 25 mm^2 gewählt werden.

Yacht mit Pinne und Pinnenausleger

Yacht mit Radsteuerung

Ruderanlage

Elementar für das sichere Führen einer Yacht ist die Ruderanlage. Auf Yachten weitverbreitet sind das Halbbalanceruder, das freistehende Balance-/Spatenruder, das Ruder mit Skeg und bei Langkielern das Festruder am Kiel. Bei kleineren Yachten/Jollenkreuzern oder besonderen Konstruktionen für flache Gewässer werden das Steckruder und das Klappruder verwendet. Gesteuert wird direkt mit der Pinne oder einer Radsteuerung.

Bei einer Radsteuerung wird die Kraft auf das einzelne Ruderblatt (oder auf mehrere) über einen Mechanismus aus Steuerseilen und einer Kette übertragen. Dabei dreht das Steuerrad ein Zahnrad, über das eine Kette läuft. Die Kette ist mit den

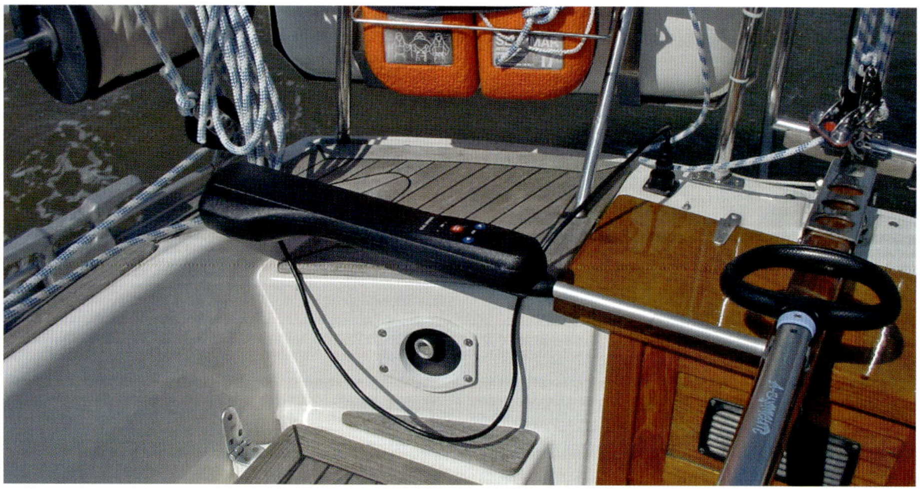

Hier übernimmt eine Selbststeueranlage die Pinne. Für Radsteuerungen gibt es auch verschiedene Systeme

Steuerseilen verbunden, welche über Umlenkrollen mit dem Quadranten auf der Ruderwelle verbunden sind.
Weitere Möglichkeiten der Kraftübertragung sind die Verwendung eines Rudergestänges, das an einer Gelenkwelle befestigt ist, oder eine Hydrauliksteuerung. Bei der Hydrauliksteuerung wird über die Drehung des Steuerrades der Hydraulikzylinder angetrieben, der wiederum das Ruder über den Koker bewegt.
Für den Fall, dass die Radsteuerung ausfällt, ist eine Notpinne mitzuführen.
Bei Motoryachten gibt es oft zwei Fahrstände mit Radsteuerung. Der Innenfahrstand bietet Schutz vor Wetter. Allgemein können dort Schallsignale schlechter wahrgenommen werden, deshalb sollte insbesondere bei verminderter Sicht der Außenfahrstand besetzt werden.

Kochen/Gasanlage

Zum Kochen an Bord sind auf Yachten *Flüssiggasanlagen* weitverbreitet. Neben Flüssiggas gibt es Alternativen wie etwa Spiritus und Petroleum.
Der Brennstoff Flüssiggas ist ein Gemisch aus Butan und Propan. Sowohl bei der Lagerung der Gasflaschen als auch beim Gebrauch der Gasgeräte müssen bestimmte technische Regeln eingehalten werden, um Gasexplosionen an Bord zu vermeiden. Besonders gefährlich wird es, wenn Flüssiggas im Schiffsinneren austritt. Flüssiggas ist schwerer als Luft und sammelt sich z. B. in der Bilge. Zusammen mit Luft bildet es ein explosives Gemisch.
Die Installation, Wartung und Benutzung

↘ SM1 Nr. 73, SM2 Nr. 58

Geben Sie die benötigte Strommenge (in Amperestunden) an, um bei einer 12-Volt-Anlage zwei Verbraucher mit je 24 Watt 10 Stunden betreiben zu können (mit Angabe der Berechnung)!

Benötigte Strommenge je Verbraucher: 24 : 12 = 2 Ampere mal Anzahl der Verbraucher mal Stunden ergibt: 2 x 2 A x 10 h = 40 Ah.

↘ SM1 Nr. 81, SM2 Nr. 67

Ein funktionsfähiges elektrisches Gerät arbeitet an Bord nicht. Nennen Sie häufige Ursachen und was kann zur Behebung getan werden?

1. Schlechte Kontakte und Korrosion.
2. Kontakte fest anziehen, korrodierte Stellen mit feinstem Schleifpapier säubern, Kontaktspray verwenden.

↘ SM1 Nr. 8, SM2 Nr. 12

Beschreiben Sie den Aufbau einer Radsteuerung mit Seilzügen.

Das Rad dreht ein Zahnrad, über das eine Kette in der Steuersäule nach unten verläuft. Die Kette ist mit den Steuerseilen verbunden, welche über Umlenkrollen zum Ruderquadranten führen.

↘ SM2 Nr. 77

Wann sollte aus Gründen der Sicherheit auf Motoryachten der Außenfahrstand besetzt werden?

1. Bei verminderter Sicht zum Wahrnehmen der Schallsignale.
2. Bei Manövern in engen Gewässern zur besseren Rundumsicht.

↘ SM1 Nr. 33, SM2 Nr. 20

Warum ist Flüssiggas (Propan, Butan) an Bord einer Yacht besonders gefährlich?

Es ist schwerer als Luft, sinkt nach unten und bildet mit Luft ein explosives Gemisch; es kann sich im Schiffsinneren (z. B. in der Bilge) sammeln.

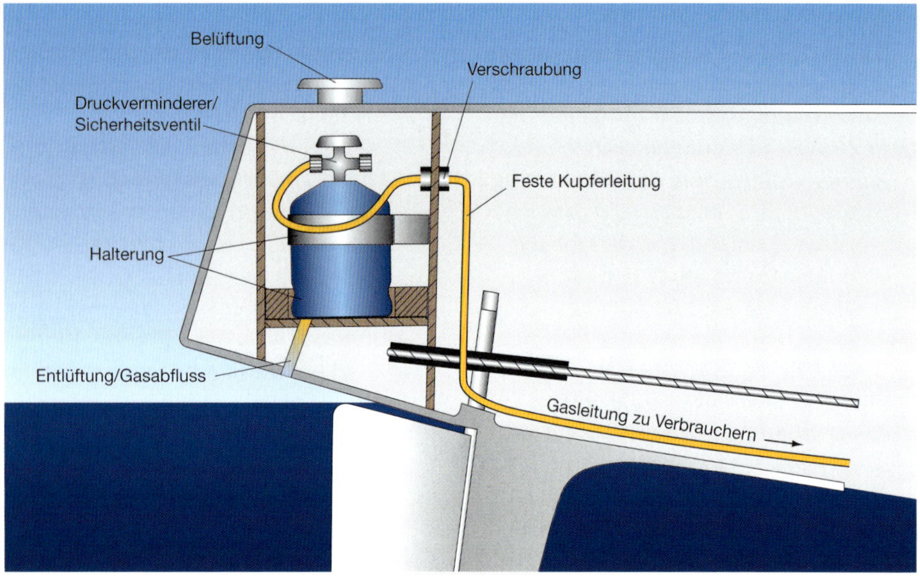

Die Installation einer Flüssiggasanlage auf einer Yacht

Der Gasherd in der Pantry

von Flüssiggasanlagen auf Sportbooten muss nach den *Technischen Regeln – Flüssiggasanlagen in Wassersportfahrzeugen – DVGW Arbeitsblatt G 608* erfolgen. Flüssiggas wird in der Regel in Gasflaschen (Pfandflaschen) vertrieben, die an Bord an einem gut gelüfteten Ort sicher befestigt werden müssen (z. B. in separater Backskiste). Der Aufbewahrungsort muss mit einem Abfluss nach außen versehen sein. Der an der Gasflasche befestigte Druckregler sowie weitere Sicherheitseinrichtungen wie ein Absperrhahn sind ebenfalls an diesem Aufbewahrungsort untergebracht. Typische Befüllmengen der Gasflaschen sind 5 oder 10 kg.

Als Werkstoff für die Rohrleitungen zu den Verbrauchern (Gaskocher etc.) kommt nicht rostendes Material oder Kupfer infrage. Am Ende der Rohrleitung sollte vor den Verbrauchern ein Absperrhahn montiert sein. Innerhalb des Maschinenraums dürfen keine Rohrverbindungen verlegt sein. Schlauchleitungen zu den Gasgeräten sollten so kurz wie möglich ausgeführt sein und dürfen nicht unterbrochen werden.

Die an Bord verwendeten Gasgeräte müssen den geltenden Sicherheitsrichtlinien entsprechen und mit einer Flammenüberwachungseinrichtung oder Zündsicherung versehen sein.

Sie müssen sicher befestigt und vor Inbetriebnahme auf Dichtheit überprüft werden. Die gesamte Gasanlage sollte in regelmäßigen Abständen (alle zwei Jahre oder nach Änderungen) überprüft und gewartet werden. Ist die Anlage außer Betrieb, sollten sämtliche Absperrhähne verschlossen werden. Im Winterlager ist die Gasflasche von Bord zu nehmen.

Nach dem Kochen sollte immer das Hauptabsperrventil verschlossen werden, außerdem der Absperrhahn nach der Kupferleitung. Zusätzlich zum Hauptabsperrventil werden oft auch elektrische Gasfernschaltungen verwendet. In der Kajüte wird hierbei mit einem Schalter das Ventil auf- oder abgesperrt. Zusätzliche Sicherheit bieten Gaswarngeräte. Diese melden über Geber in der Bilge eventuell ausgetretenes Gas.

Bord-WC

Allen Crewmitgliedern muss der Umgang mit dem Bord-WC vertraut sein, damit nicht ungewollt Wasser ins Schiff gelangen kann (z. B. Schwanenhals nicht ausreichend über der Wasserlinie!), denn auf vielen Yachten sind die Yacht-WC unterhalb der Wasserlinie installiert.

Für die Benutzung des Yacht-WC werden zunächst die Seeventile für die Spülung/das Seewasser und die Fäkalien geöffnet. Nach Benutzung wird über eine Handpumpe Seewasser angesaugt. Sind das Becken und der Fäkalienschlauch gespült, wird an der Pumpe ein Hebel betätigt. Nun wird kein weiteres Seewasser angesaugt, sondern nur noch das Becken leer gepumpt.

Nach der Benutzung sind beide Seeventile wieder zu verschließen. Die Fäkalien werden meist nicht direkt außenbords gepumpt, oft befindet sich ein Fäkalientank zwischen Pumpe und Seeventil.

Bei manchen Toiletten erfolgt die Absaugung über die Erzeugung eines Vakuums. Besonders auf kleineren Yachten werden

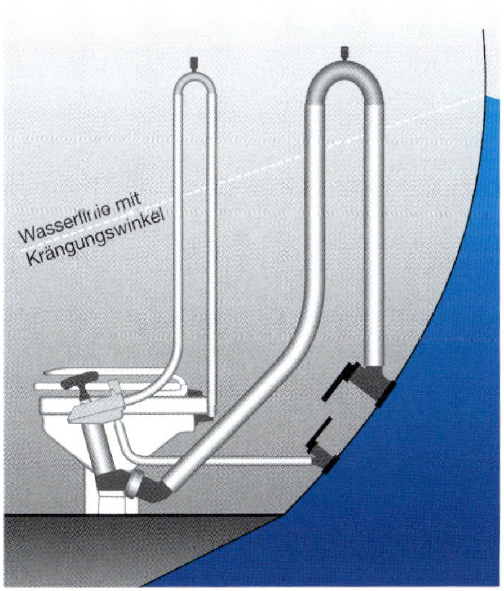

Das Yacht-WC ist oft unter der Wasserlinie installiert. Daher sind unbedingt Seeventile nach Benutzung zu verschließen

auch Chemie-WC eingesetzt. Neben einigen Nachteilen (Geruchsbelästigung) bieten diese aber den Vorteil, dass keine Borddurchlässe/Seeventile notwendig sind.

Grundsätzlich gehören nur Fäkalien und eventuell spezielles Toilettenpapier ins Klo, denn verstopfte Abflüsse, Schläuche oder nicht mehr zu betätigende Seeventile stellen ein Sicherheitsrisiko dar!

Bedienelemente eines Yacht-WC:

- Seeventil und Spülwasserschlauch (Seewasser)
- Handpumpe für die Toilettenspülung
- Hebel zur Unterbrechung der Seewasserzufuhr, Handpumpe dient nur noch zum Abpumpen (des Wassers im WC-Becken)
- Abwasserschlauch (via Fäkalientank) zum Seeventil

Bedienung eines Yacht-WC:

1. Seeventil für Seewasserspülung öffnen. Ohne Fäkalientank ist auch das Seeventil mit dem Fäkalienschlauch zu öffnen.
2. Handpumpe betätigen, sodass das Becken gespült wird und die Fäkalien abfließen. Becken und Schläuche ausreichend spülen.
3. Seewasserzufuhr unterbrechen (Hebel an der Pumpe umlegen).
4. Becken mit Handpumpe leer pumpen.
5. Seeventile für Zu- und Abfluss schließen.

SM1 Nr. 129, SM2 Nr. 110

Warum sollte die Crew in die Funktion des Bord-WC eingewiesen werden?

Weil durch unsachgemäße Bedienung Wasser ins Bootsinnere gelangen kann.

SM1 Nr. 34, SM2 Nr. 21

Welche 4 Bedienelemente besitzt ein mit Handpumpe betriebenes Bord-WC auf einer Yacht?

1. Seeventil und Spülwasserschlauch (Seewasser),
2. Handpumpe für Toilettenspülung,
3. Hebel zur Unterbrechung der Seewasserzufuhr (Handpumpe dient dann nur noch zum Abpumpen),
4. Abwasserschlauch (via Fäkalientank) zum Seeventil.

SM1 Nr. 35, SM2 Nr. 22

Beschreiben Sie in 5 Schritten die Bedienung eines Bord-WC auf einer Yacht.

1. Seeventil für Seewasserspülung öffnen,
2. Handpumpe betätigen, sodass das Becken gespült wird und gleichzeitig die Fäkalien abfließen – ausgiebig spülen,
3. Seewasserzufuhr unterbrechen (Hebel umlegen),
4. Becken mit Handpumpe leer pumpen,
5. Seeventile für Zu- und Abfluss schließen.

Rigg

Der für eine Segelyacht charakteristischste Bestandteil ist das Rigg oder auch die Takelage. Es besteht aus:

- Mast,
- Großbaum, Spinnakerbaum (auch Teile der Spieren),
- stehendem Gut
- laufendem Gut.

Die Anordnung von Masten und Segeln sowie deren Anzahl beschreibt die *Takelung*. Häufig besitzen Segelboote nur einen Mast.

Die Slup ist die verbreitetste Takelungsart für Yachten. Diese besitzt ein Groß- und ein Vorsegel, welche beide an einem Mast gefahren werden.

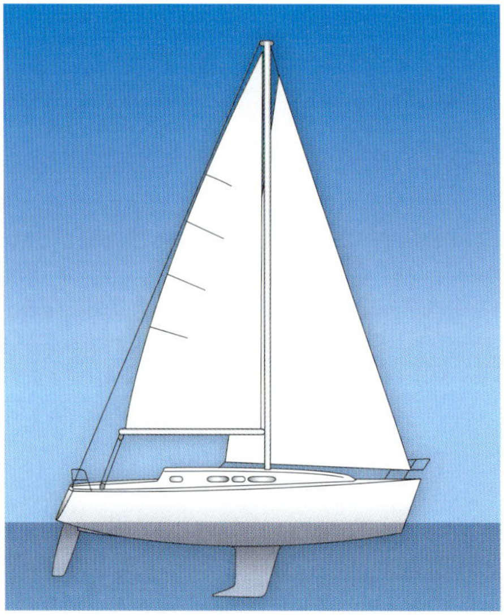

Slup

Kutter

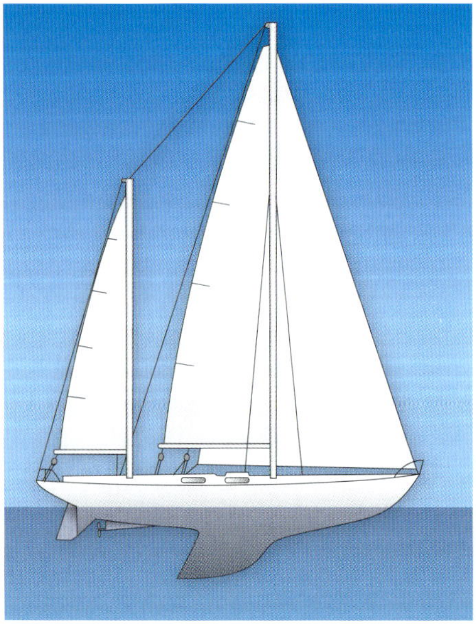

Ketsch

Schoner

Yawl

Die Sluptakelung ist sehr verbreitet

Eine Yacht mit Ketschtakelung

Bei der Kuttertakelung kann neben der Fock ein weiteres Vorsegel (Klüver) gesetzt werden.

Bei Segelbooten mit zwei Masten wird unterschieden zwischen einer Ketsch, einer Yawl und einem Schoner. Die Ketsch und die Yawl haben einen zweiten, kleineren Mast. Dieser Besanmast steht bei der Ketsch innerhalb der Konstruktionswasserlinie, bei der Yawl außerhalb.

Der Schoner ist ebenfalls ein Zweimaster, wobei aber der hintere Mast der höhere ist.

Masten moderner Yachten werden heute in der Regel aus eloxiertem Aluminium gefertigt. Der Großbaum ist mit dem am vorderen Ende montierten Lümmelbeschlag mit dem Lümmellager am Mast verbunden.

Das *stehende Gut* verbindet den Mast mit dem Rumpf, verwendet werden Stahldrahtseile oder massive Stahlstangen (Rodrigg).

Die Stagen halten den Mast in Längsrichtung. Vor- und Achterstag sind mit dem Masttopp verbunden.

Wanten fixieren den Mast in Querrichtung und werden mit den Püttings am Rumpf befestigt. Zur Vergrößerung des Winkels zwischen Oberwant und Mast laufen die Oberwanten über eine Saling oder auch mehrere. Die Unterwanten stützen den Mast unterhalb der Saling und verhindern eine seitliche Verformung des Mastes. Statt der vorderen Unterwanten wird auch oft ein Babystag zum Riggtrimm verwendet.

↘ **SM1 Nr. 9**

Wie nennt man die Teile des „stehenden Gutes", die den Mast nach vorn, achtern und seitlich verankern?

Stagen und Wanten.

Backstagen werden in Höhe des Vorstags (7/8-Rigg) oder im oberen Drittel (toppgeriggt) am Mast befestigt. Sie bringen zusätzliche Stabilität. Beim Segeln muss das Backstag in Lee (also auf der Seite des Großbaums) losgeworfen werden.

Zum *laufenden Gut* zählen alle Leinen und Drahtseile, die benötigt werden zum

- Setzen,
- Bedienen und
- Bergen der Segel sowie diverser Flaggen und Signalzeichen.

Das stehende Gut einer Segelyacht

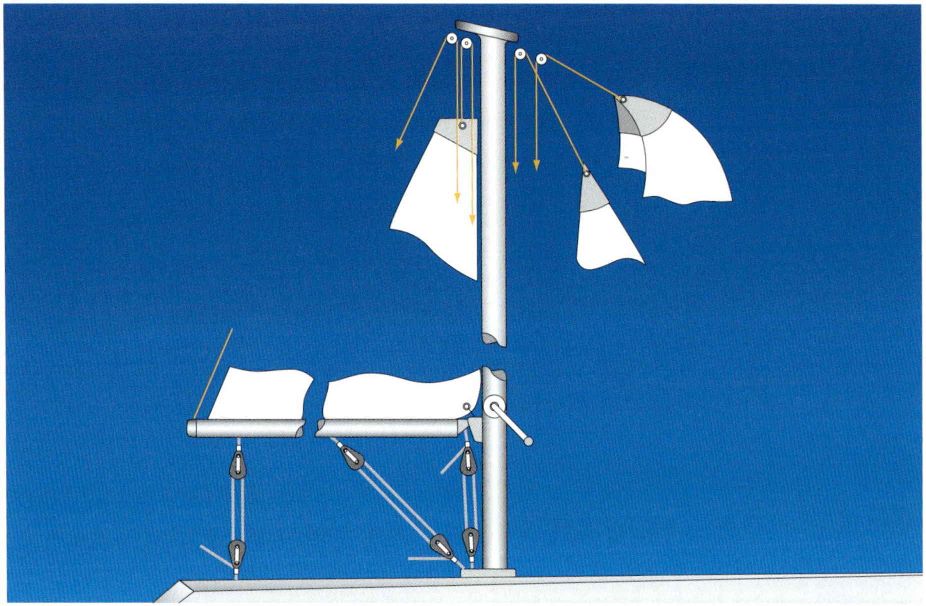

Zum laufenden Gut zählen alle Leinen und Drahtseile, die zum Setzen, Bedienen und Bergen der Segel benötigt werden

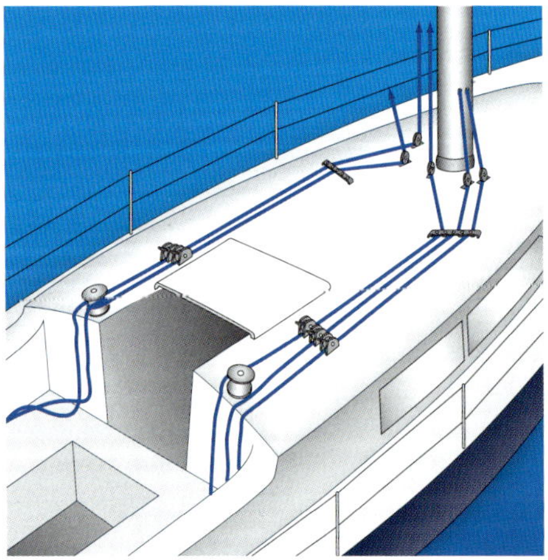

Die Fallen sind ins Cockpit umgelenkt

Segel

Segel werden heutzutage nahezu ausschließlich aus synthetischen Fasern hergestellt. Dacron ist die wohl bekannteste Polyesterfaser, Nylon eine sehr leichte Faser. Außerdem werden noch Sandwich Mylar, Kevlar und Karbon eingesetzt, hauptsächlich im Regattasport.

Nach Benutzung sind alle Segel grob von Salzwasserresten zu reinigen und anschließend trocken zusammenzulegen. Sonneneinstrahlung macht das Material mürbe, deshalb sollte man beispielsweise das Großsegel im Hafen immer mit der Baumpersenning bzw. dem -kleid schützen und Vorsegel nicht auf dem Vordeck längere Zeit liegen lassen. Werden beim Zusammenlegen der Segel Beschädi-

gungen festgestellt, sollte man die Segel bei nächster Gelegenheit einem Fachbetrieb übergeben. Auf See können Segel auch notdürftig repariert werden, dazu sind neben selbstklebendem Segeltuch ein Segelhandschuh, Segelnadeln, Segelgarn, Wachs und Zange mitzuführen.
Die Lebensdauer moderner Yachtsegel wird nicht nur durch die vorher beschriebene Pflege erhöht, wesentlich ist es auch, dass das Killen der Segel vor allem bei stärkerem Wind vermieden wird.
Die Seiten bzw. Ränder des Segels sind das *Vorliek*, das *Unterliek* und das *Achterliek*. Im Achterliek ist eine Liekleine eingenäht, mit der das Killen (Flattern) des Segels reduziert werden kann.

Diese Yachten fahren Segel aus Dacron

Segel aus Kevlar findet man insbesondere auf Regattayachten

↘ SM1 Nr. 10

1. Wozu dienen Backstagen?

2. Bei welchen Takelungen werden sie vor allem gefahren?

1. Zum zusätzlichen Abstagen des Mastes nach achtern.
2. Bei 7/8-Takelung und anderen nicht toppgetakelten Yachten.

↘ SM1 Nr. 11

Was ist das „laufende Gut“?

Tauwerk, das zum Setzen, Bergen oder Bedienen der Segel oder anderer Teile der Takelage dient.

↘ SM1 Nr. 12

Was gehört zur regelmäßigen Pflege der Segel?

1. Nasse Segel trocknen,
2. Segel vor Sonnenlicht schützen,
3. Salzwasserreste abspülen
4. Beschädigungen umgehend beseitigen.

↘ SM1 Nr. 27

Welches Werkzeug sollten Sie zur Segelreparatur an Bord haben?

Segelhandschuh, Segelnadeln, Segelgarn, Wachs, Zange und selbstklebendes Segeltuch.

↘ SM1 Nr. 15

Warum soll man das Schlagen eines Segels vermeiden, vor allem bei stärkerem Wind?

Um Beschädigungen zu vermeiden.

Yacht mit Selbstwendefock

Die Selbstwendefock ist praktisch auf Revieren mit viel Verkehr, denn man benötigt für eine Wende kein zusätzliches Crewmitglied

Die Fock hat eine kleinere Fläche als eine Genua

Der *Kopf* bezeichnet die obere Spitze des Segels. Am Großsegel befindet sich hier das *Kopfbrett*, welches zur Erhöhung der Stabilität und der Befestigung des Großfalls benutzt wird. Der Hals ist die vordere untere Ecke des Segels. Das *Schothorn* ist die hintere untere Ecke des Segels, wo die Schot geknotet wird.
Segellatten werden zur Versteifung des Achterlieks des Großsegels verwendet. Insbesondere bei wenig Wind kann so ein Einklappen des Achterlieks vermieden und eine größere Segelfläche geführt werden. Beim durchgelatteten Großsegel verlaufen die Segellatten vom Achterliek bis zum Mast, parallel zum Baum. Beim nicht durchgelatteten Großsegel stützen sie nur den achteren Bereich des Profils. Sollte beispielsweise die unterste Latte/Lattentasche beschädigt sein, dann kann nach Entfernen der Segellatte ein Reff eingebunden und zunächst weitergesegelt werden.

Viele Yachten sind als Slup getakelt, somit stehen Großsegel, Vorsegel und oft ein Spinnaker oder Ähnliches zur Verfügung.
Bei den *Vorsegeln* werden Fock, Selbstwende-Fock und Genua unterschieden. Segel, die den Mast in Längsrichtung nicht überlappen, werden heute als Fock bezeichnet. Die Selbstwende-Fock wendet von selbst. Dazu befindet sich eine bogenförmig verlaufende Travellerschiene an Deck.
Die Genua – sie überlappt im Gegensatz zur Fock den Mast – wird typischerweise in vier Größen (Genua I, II,III und IV) gefer-

tigt, wobei die Genua I die größte Segelfläche besitzt. Genua II und III besitzen ein kräftigeres Tuchmaterial, da sie bei höheren Windgeschwindigkeiten eingesetzt werden. Für schweres Wetter ist eine Sturmfock an Bord. Grundsätzlich sollten alle Segel für schwereres Wetter im Unterliek höher geschnitten sein, damit überkommende Seen weder Rigg noch Segel zu stark belasten.

Die Fläche des Vorsegels kann durch den Wechsel des Vorsegels verkleinert werden. Einfacher aber ist das Vorsegel-Rollreff, welches aus dem Cockpit heraus bedient wird. Dabei wird das Vorsegel um ein Profilrohr gewickelt, das sich um das Vorstag dreht und mit einem Seilmechanismus (oder einer Hydraulik) bedient wird. Auf diese Weise kann die Fläche des Vorsegels stufenlos verändert werden.

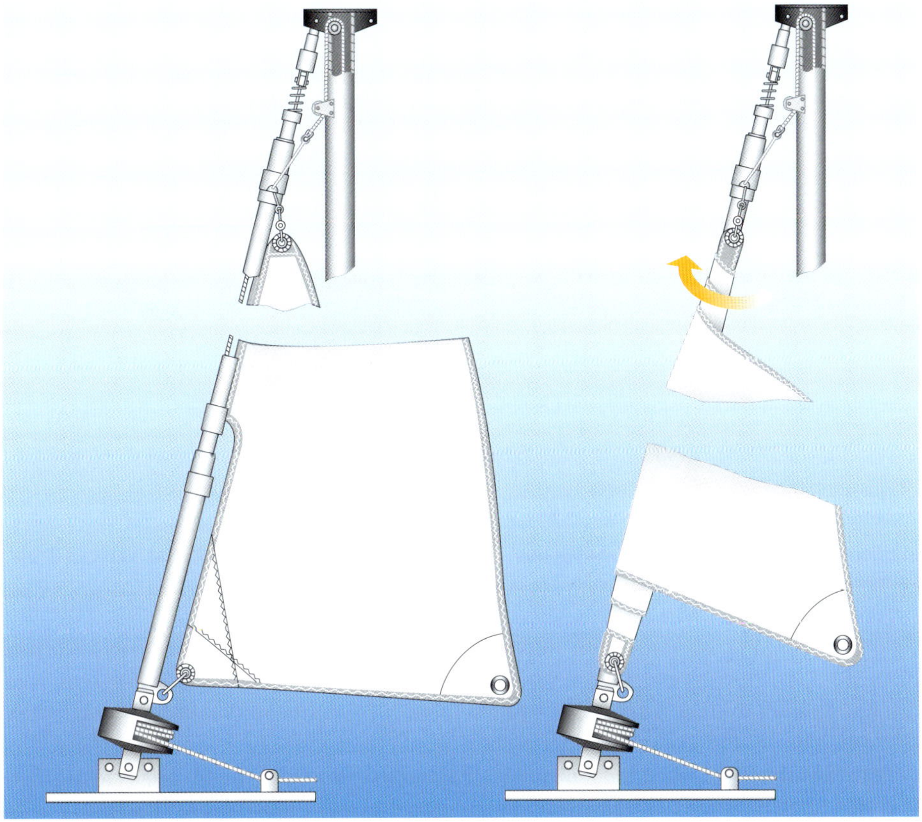

Mit der Rollfock kann das Vorsegel stufenlos verkleinert werden

SM1 Nr. 16

Wozu dienen Segellatten?

Zur Profilierung des Segels, damit das Achterliek nicht einklappt.

SM1 Nr. 18

Welche Segel sollte eine Segelyacht in der Küstenfahrt mindestens an Bord haben?

1. Reffbares Großsegel,
2. reffbare Rollfock oder Vorsegel verschiedener Größen,
3. Sturmfock.

SM1 Nr. 13

Warum sollten Vorsegel für schweres Wetter im Unterliek hoch geschnitten sein?

Damit überkommende Seen nicht ins Segel schlagen und so Rigg und Segel belasten.

SM1 Nr. 19

Wozu dient eine Vorsegel-Rollreffeinrichtung?

Mit ihr wird das Vorsegel um das Vorstag gerollt und kann so stufenlos verkleinert werden.

Das Hauptsegel ist das *Großsegel*; typischerweise ist nur eines an Bord. Getrimmt wird mit dem Unterliekstrecker, der Großfallspannung oder der Cunningham(-talje). Die Cunningham dient zur Regulierung der Vorliekspannung, die bei stärkerem Wind und beim Wechsel von einem Raumschotkurs auf einen Amwindkurs dichter geholt wird.

Nimmt der Wind stärker zu und die Yacht krängt stark, muss die Segelfläche verkleinert werden. Für das Großsegel werden dazu unterschiedliche Reffsysteme verwendet, meist aber das Bindereff. Üblicherweise wird das Bindereff mit zwei oder drei Reffreihen ausgestattet. Auf vielen Yachten ist inzwischen auch das Rollreff verbreitet, dabei wird das Großsegel entweder im Mast oder im Baum aufgerollt und kann somit stufenlos verkleinert werden.

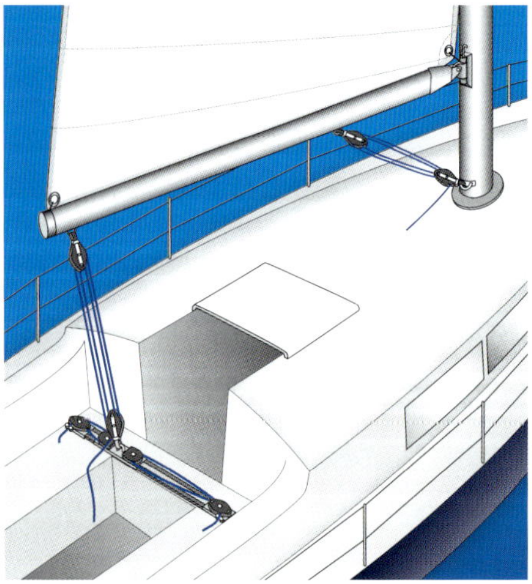

Das Großschotsystem einer Yacht mit Traveller

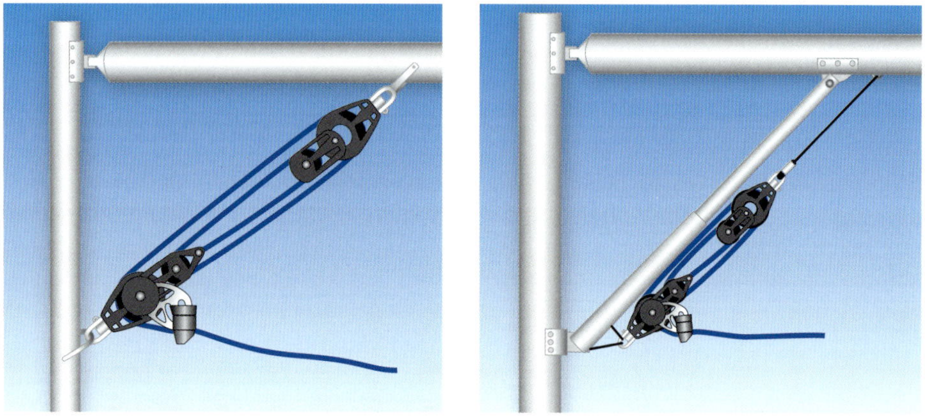

Ein Baumniederholer bestehend aus einer Talje oder mit zusätzlichem Kicker. Der Kicker verhindert, dass beim Reffen oder Bergen des Großsegels der Großbaum unkontrolliert auf das Deck fällt

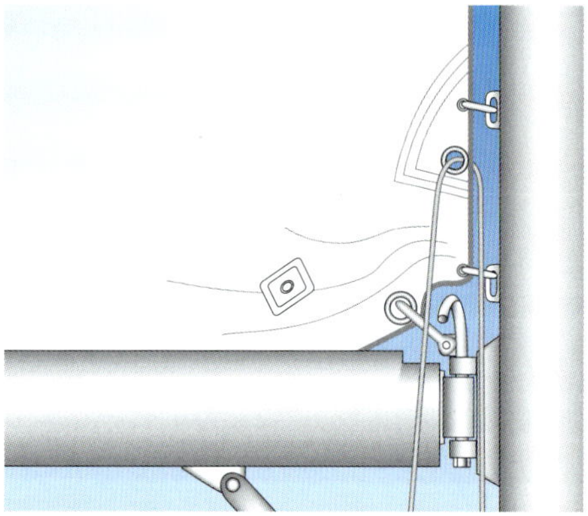

Mit dem Cunningham kann das Vorliek des Großsegels getrimmt werden

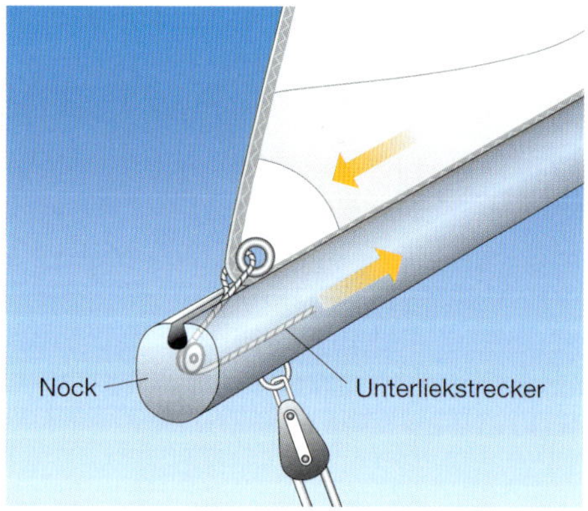

Mit dem Unterliekstrecker lässt sich das Profil des Großsegels trimmen.

Beim Reffvorgang ist darauf zu achten, dass die Dirk durchgesetzt ist oder der Baumniederholer den Großbaum stützt und somit Deck und Crewmitglieder nicht verletzt werden. Dann wird das Fall gefiert und der Segelhals wird in den Reffhaken am Lümmelbeschlag eingesetzt. Das Fall wird wieder dichtgeholt und das Schothorn des Reffs wird mit der Reffleine zum Baum gezogen. Ist das Reff eingebunden, kann das lose Tuch noch eingebunden werden. Vorsicht aber beim Ausreffen! Nicht gelöste Reffbändsel können zu Rissen führen.

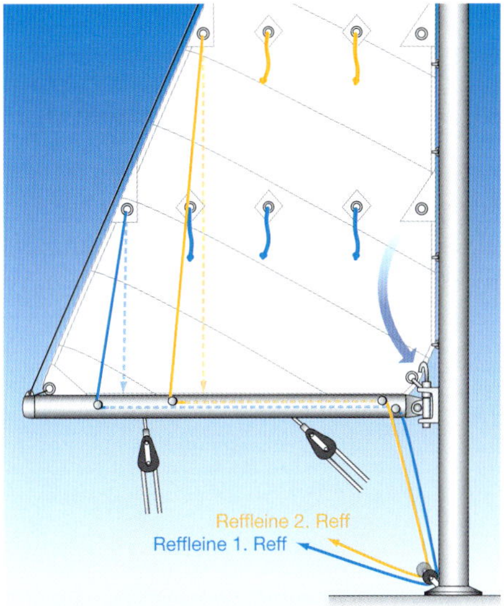

Das Bindereff ist an Bord von vielen Yachten zu finden und kann oft um zwei Stufen verkleinert werden

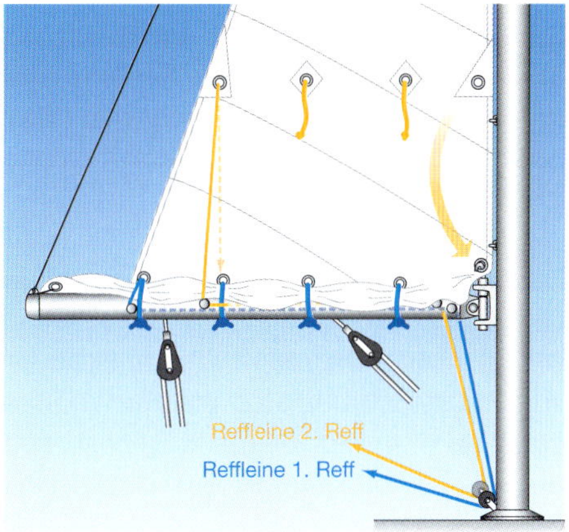

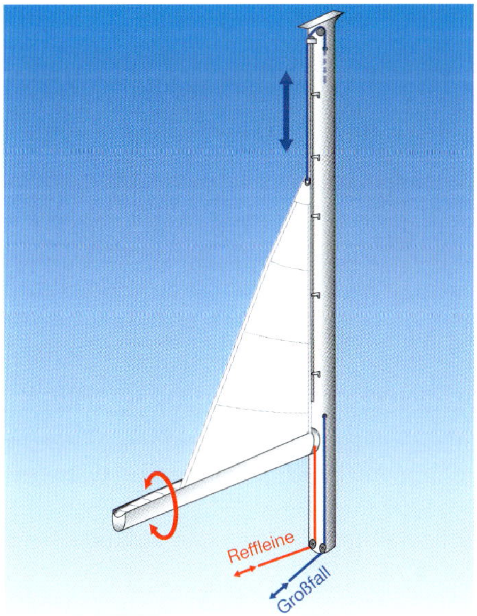

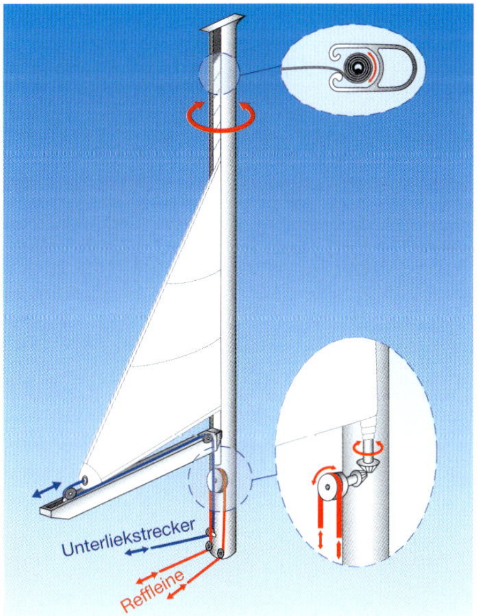

Beim horizontalen Reffsystem kann das Großsegel im Baum stufenlos aufgewickelt werden, beim vertikalen Reffsystem im Mast

SM1 Nr. 17

Wozu dient ein „Cunningham-Stropp“?

Zur Regulierung der Vorliekspannung des Großsegels, um es so zu trimmen.

SM1 Nr. 20

Wozu dient eine Großsegel-Rollreffeinrichtung?

Mit ihr wird das Großsegel entweder im Mast oder im Baum aufgerollt und kann stufenlos verkleinert werden.

SM1 Nr. 86

Beschreiben Sie die Schritte für den Reffvorgang mit dem Bindereff.

1. Sicherstellen, dass Dirk angeschlagen ist oder Baum durch stützenden Baumniederholer in der Höhe gehalten wird,
2. Fall fieren und Segel etwas herunterholen,
3. Segelhals in Reffhaken am Lümmelbeschlag einhaken und festsetzen,
4. Fall wieder dichtholen,
5. Segelschothorn (hintere Reffkausch) mit Schmeerreep oder Reffleine nach achtern auf den Baum holen
6. eventuell loses Segeltuch auftuchen und mit Reffbändseln/Reffleine einbinden.

Das Schothorn eines Trysegels wird mit Schoten gefahren

Wird der Wind noch stärker und erreicht Sturmstärke, wird das Großsegel komplett geborgen und ein *Trysegel* angeschlagen. Es handelt sich dabei um ein kleines Sturm-Großsegel, welches am Mast oft in einer extra angebrachten Schiene und mit losem Unterliek gefahren wird. Das Schothorn wird wie eine Fock auf Blöcke geschotet.

Das Segel auf raumem oder Vorwind-Kurs ist der *Spinnaker*.
Mit dem Spinnakerbaum, der nahezu quer zur Einfallsrichtung des wahren Windes steht, wird dieses Segel möglichst weit aus dem Windschatten des Großsegels herausgestellt.

Auf dieser Regattayacht wird der Spinnaker gewechselt

Bei schwerem Wetter werden Trysegel und Sturmfock angeschlagen

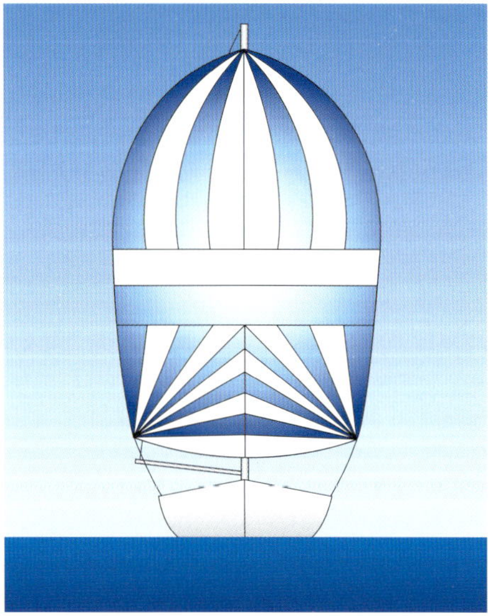

Der Spinnakerbaum wird auf Halbwind- und Vorwindkursen eingesetzt

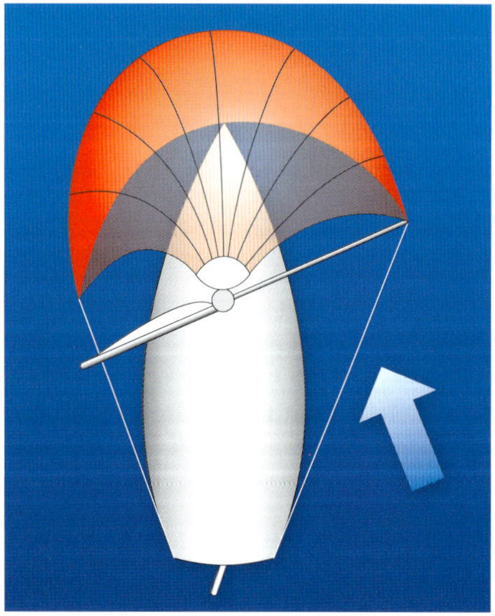

Der Spinnaker wird mit dem Spinnakerbaum aus dem Windschatten des Großsegels geholt

Yacht mit Gennaker

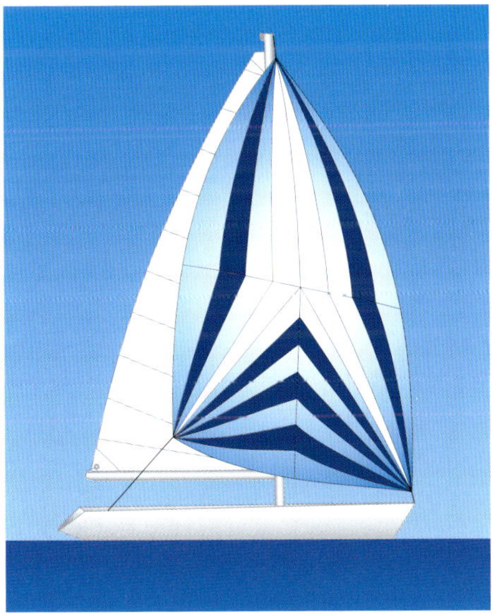

Ein Gennaker kann auch ohne Spinnaker-/ Gennakerbaum gefahren werden

Neben dem Spinnaker wird auch der *Gennaker* eingesetzt.

Er ist eine Mischung aus Genua und Spinnaker und kann mit oder ohne Spinnakerbaum gefahren werden.
Der Schnitt ist stark asymmetrisch. Oft wird auch der ebenfalls asymmetrische Blister eingesetzt. Er wird grundsätzlich ohne Spinnakerbaum gefahren – der Segelhals wird im Vorschiffbereich angeschlagen, der Kopf mit dem Spinnakerfall gesetzt und das Schothorn mit den Schoten angeholt.

Sicherheit an Bord

Sicherheit an Bord einer Yacht umfasst sowohl die Ausrüstung als auch das Training für eventuelle Notfälle

Einweisung

Vor Fahrtantritt ist es grundsätzlich die Aufgabe des Schiffsführers/Skippers, die gesamte Crew in die Sicherheitseinrichtungen einzuweisen, sodass jeder in der Lage ist, diese auch zu bedienen.
Das beginnt z. B. beim Anlegen der Rettungsweste, denn diese sollte nicht erst bei schlechterem Wetter angepasst werden.
Der Schiffsführer trägt die Verantwortung für die Sicherheit des Bootes und der auf ihm fahrenden Besatzung. Er hat sicherzustellen, dass das Boot vollständig ausgerüstet und die Mannschaft in der Lage ist, auch schlechtes Wetter durchzustehen.

↘ SM1 Nr. 14

Was ist ein Trysegel und wie wird es gefahren?

Ein Schwerwettersegel, das anstelle des Großsegels mit losem Unterliek gefahren wird.

↘ SM1 Nr. 124, SM2 Nr. 105

Was ist vor Reisebeginn beim Seeklarmachen zu überprüfen und zu beachten? Nennen Sie mindestens 6 Beispiele.

1. Seetüchtigkeit der Yacht,
2. Zahl und Zustand der Segel,
3. Treibstoffvorrat,
4. Navigationsunterlagen,
5. Sicherheitseinweisung der Besatzung,
6. Rettungsmittel,
7. Seenotsignale,
8. Trinkwasser- und Proviantvorräte,
9. Funktionsfähigkeit des Motors,
10. Funktionsfähigkeit der elektronischen Navigationsgeräte,
11. Lenzeinrichtungen,
12. Feuerlöscher,
13. Boots- und Personalpapiere,
14. Betriebsfähigkeit der UKW-Seefunkanlage.

→ **Die Einweisung der Crew sollte erfolgen in:**

- Handhabung und Wartung der Sicherheitsausrüstung
- Rettungsweste und persönliche Sicherheitsausrüstung
- Rettungsfloß
- Signalmittel
- Lenzpumpen
- Seeventile und Bord-WC
- Bedienung der Kocheinrichtung
- Sturmsegel
- Motoranlage
- Elektroanlage
- Feuerlöscher, Feuerschutz und Brandabwehr
- Schwerwetter-Verhaltensregeln, Bootsführung, Sturmsegel, Treibanker
- Person-über-Bord-Manöver/Vorsichtsmaßnahmen und Bergung
- Erste-Hilfe-Ausrüstung
- Gebrauch der Kommunikationseinrichtungen (UKW-Seefunk, GMDSS etc.)
- Rundfunkgerät
- Erkennen und Verhalten bei Seekrankheit

Die Crew ist in die Handhabung der Rettungswesten eingewiesen. Nachdem alle Sicherheitseinrichtungen an Bord besprochen sind, kann der Törn geplant werden

Informationen zur Sicherheit und Ausrüstung an Bord sind in folgenden Publikationen zu finden:

- *Sicherheitsrichtlinien für die Ausrüstung und Sicherheit von Segelyachten/Mehrrumpfbooten* (Kreuzer-Abteilung des DSV)
- *Sicherheit im See- und Küstenbereich* (BSH)
- *Sicherheit auf dem Wasser* (Bundesministerium für Verkehr, Bau und Stadtentwicklung)

Ausrüstung

Auf Sportbooten ist folgende *Sicherheitsausrüstung* mitzuführen:

- Für jedes Crewmitglied muss eine geeignete Rettungsweste vorhanden sein. Rettungswesten werden nach den europäischen Normen in der 150- und in der 275-Newton-Klasse gefertigt. Die Westen, die erst beim Eintauchen ins Wasser durch eine CO_2-Patrone gefüllt werden, sind mindestens jedes Jahr auf ihre Funktionstüchtigkeit zu überprüfen. Die technischen Bestandteile der automatischen Rettungswesten müssen regelmäßig durch autorisiertes Fachpersonal gewartet werden. Im Regelfall beträgt das Wartungsintervall zwei Jahre, der Zeitpunkt der nächsten Wartung ist auf einer Plakette an den Westen deutlich sichtbar angebracht.
- Auch sollten Sicherheitsgurte/Lifebelts mit entsprechenden Sicherheitsleinen an Bord sein. Diese werden zusätzlich zur Rettungsweste angelegt. An Deck verlegte Lifelines/Strecktaue aus Stahl oder Gurtband führen vom Cockpit bis zum Vorschiff. So ist das Vorschiff auch ohne Umpicken (Karabinerhaken) erreichbar. Sonst sollte die Sicherheitsleine im Cockpit nur an dafür vorgesehenen Augbolzen/Befestigungspunkten eingehakt werden. Nach Möglichkeit sind Reling, Bug- oder Heckkorb als Befestigungspunkte zu vermeiden.

Es können auch ohnmachtsichere Feststoffschwimmwesten eingesetzt werden

Eine aktivierte Rettungsweste – die technischen Bestandteile der automatischen Rettungswesten müssen regelmäßig durch autorisiertes Fachpersonal gewartet werden

↘ SM1 Nr. 126, SM2 Nr. 107
In welche technischen Einrichtungen/ Ausrüstungen muss der Schiffsführer die Besatzung vor Reiseantritt unbedingt einweisen?
Nennen Sie mindestens 6 Beispiele.

1. Ankergeschirr,
2. Lenzeinrichtung,
3. Feuerlöscheinrichtungen,
4. Motoranlage,
5. Seeventile,
6. UKW-Seefunkanlage,
7. MOB-Taste vom satellitengestützten Navigationsgerät (z. B. GPS),
8. Seenotsignalmittel,
9. Notrudereinrichtung.

↘ SM1 Nr. 31, SM2 Nr. 18
Wo finden Sie amtliche Informationen über die Ausrüstung und Sicherheit von Sportbooten, die auch bei der Beurteilung von Sportbootunfallen herangezogen werden?

1. „Sicherheit im See- und Küstenbereich, Sorgfaltsregeln für Wassersportler“, herausgegeben vom BSH,
2. „Sicherheit auf dem Wasser, Leitfaden für Wassersportler“, herausgegeben vom Bundesministerium für Verkehr, Bau und Stadtentwicklung.

↘ SM1 Nr. 125, SM2 Nr. 106
Was gehört zur Sicherheitseinweisung der gesamten Besatzung vor Reisebeginn?
Nennen Sie mindestens 6 Beispiele.
Einweisung in Gebrauch und Bedienung

1. der Rettungswesten und Sicherheitsgurte,
2. des Rettungsfloßes,
3. der Signalmittel,
4. der Lenzpumpen,
5. der Seeventile und des Bord-WC,
6. der Kocheinrichtung,
7. der Feuerlöscher,
8. der Motoranlage,
9. der Elektroanlage,
10. des Rundfunkgerätes und der UKW-Seefunkanlage,
11. Verhalten bei „Mensch-über-Bord“,
12. Erkennen und Verhalten bei Seekrankheit.

↘ SM1 Nr. 128, SM2 Nr. 109
Warum sollten alle Crewmitglieder Lage und Funktion sämtlicher Pumpen und Ventile kennen?
Damit sie im Bedarfsfall jeder bedienen kann.

↘ SM1 Nr. 117, SM2 Nr. 98
Worauf müssen Sie bei Ihren Automatikrettungswesten hinsichtlich der Funktionssicherheit achten?
Auf regelmäßige Wartung. Wartungsfälligkeit erkennbar an der farbigen Serviceplakette.

↘ SM1 Nr. 114, SM2 Nr. 95
Was gehört u. a. zur Sicherheitsausrüstung z. B. einer 10-m-Yacht? Nennen Sie mindestens 6 Ausrüstungsgegenstände.

1. Lenzpumpen und Pützen,
2. Lecksicherungsmaterial,
3. Feuerlöscher,
4. Werkzeug und Ersatzteile,
5. Seenotsignalmittel,
6. Handlampen,
7. Funkeinrichtung,
8. Anker,
9. Erste-Hilfe-Ausrüstung,
10. Radarreflektor
11. Rettungsmittel.

↘ SM1 Nr. 115, SM2 Nr. 96
Was gehört zur Sicherheitsausrüstung der Besatzung in der Küstenfahrt?

1. Rettungsweste und Sicherheitsgurt (Lifebelt) für jedes Besatzungsmitglied,
2. Rettungsfloß (Rettungsinsel),
3. Rettungskragen mit Tag- und Nachtsignal
4. Erste-Hilfe-Ausrüstung mit Anleitung.

↘ SM2 Nr. 92
Welche Maßnahmen können gegen das Überbordfallen getroffen werden?

1. Sicherheitsgurte anlegen und einpicken.
2. Anbringen von Strecktau oder Laufleinen von Bug zum Heck.
3. Crew auf Befestigungspunkte (Einpickpunkte für Karabinerhaken) hinweisen.

→ Nachts und bei schwerem Wetter sollten sich alle Crewmitglieder grundsätzlich mit Rettungsweste und Lifebelt/Sicherungsleine an Deck bewegen.

Das Crewmitglied trägt eine Rettungsweste und den Lifebelt/Sicherheitsgurt

- Mindestens zwei Feuerlöscher sollten gebrauchsfertig und an geeigneten und voneinander getrennten Stellen im Boot leicht zugänglich sein. Empfehlenswert ist möglichst ein ABC-Pulverlöscher (feste und flüssige Brände) und ein CO_2-Löscher für geschlossene Motorräume.
- Positionslaternen mit entsprechender Zulassung müssen vorhanden sein und entsprechend den Kollisionsverhütungsregeln geführt werden.
- Für Yachten werden grundsätzlich zwei voneinander unabhängige Bilgelenzpumpen empfohlen, von denen eine über Deck und eine unter Deck bedienbar ist. Damit sie nicht verstopfen können, sollten Saug-/Lenzkörbe montiert sein, die regelmäßig auf eventuelle Verstopfungen zu untersuchen und gegebenenfalls zu reinigen sind. Die zugehörigen Pumpenhebel sollten fest montiert oder in unmittelbarer Nähe der Pumpe gehaltert sein. Eine der Pumpen sollte eine Hand-/Membranpumpe sein, damit beim Ausfall der elektrischen Anlage trotzdem gelenzt werden kann.
- Neben den Pumpen sollten zwei Pützen an Bord sein, jede mit mindestens 9 Litern Fassungsvermögen.
- 2 Anker mit Kette bzw. mindestens 6 Meter Kette und langer Trosse müssen mitgeführt werden, wovon der Erstanker in Bereitschaft und der Zweitanker sicher unter Deck gestaut sein sollte.
- Zur Ausrüstung gehört eine Schlepptrosse, deren Länge mindestens der fünffachen Schiffslänge entsprechen sollte.
- Handlampen, von denen eine zum Morsen geeignet ist, spritzwassergeschützt, mit Ersatzbatterien und -birnen.
- Verbandskasten und Handbuch. Zu empfehlen sind folgende Handbücher: *International Medical Guide for Ships* (World Health Organization), *Medizin auf See* (DSV-Verlag).

- Nebelhorn: Bei Verwendung eines elektrischen oder durch Pressgas bzw. Druckluft betriebenen Nebelhorns ist zusätzlich ein mechanisches oder ein Mundnebelhorn mitzuführen. Ab 12 m Länge müssen Yachten mit baumustergeprüften Schallsignalanlagen und Schiffsglocken ausgerüstet sein.
- Radarreflektor: Achtflächige Radarreflektoren müssen einen Mindestdurchmesser von 457 mm haben. Besser noch sind Aktiv-Radarreflektoren, denn diese senden Radarimpulse von Radargeräten fremder Schiffe verstärkt zurück.
- Satz internationaler Signalflaggen und das „Internationale Signalbuch“ (ISB).

Über die angegebene Sicherheitsausrüstung hinaus gehören folgende Dinge zur *Notausrüstung*:
- Not-Positionslaternen
- Sturm- und Schwerwettersegel, möglichst von leuchtender Farbe, ein Trysegel, eine Sturmfock
- eine Notpinne für die Radsteuerung
- Werkzeug und Ersatzteile für Reparaturen an Rumpf und Rigg, Segeln, Motor, elektrischer Anlage und Schlauchleitungen
- Werkzeuge, um im Notfall das stehende Gut vom Rumpf trennen zu können (Bolzenschneider für stehendes Gut entsprechend der Wantenstärke, Eisensäge für Niromaterial mit Ersatzblättern), Schraubenschlüssel und verschiedene Zangen, ein großer Hammer zur Freilegung eines Lecks, Leckdichtungsmaterial; eventuell Axt

↘ SM2 Nr. 70
Welche Sicherheitsmaßnahmen müssen auch bei ruhigem Wetter bei Nachtfahrten beachtet werden?
1. Bei jeder Tätigkeit an Deck Rettungswesten und Sicherheitsgurt tragen.
2. Nur mit am Schiff eingepickter Sicherheitsleine über Deck gehen.

↘ SM1 Nr. 22, SM2 Nr. 14
Welche Lenzvorrichtungen und -möglichkeiten sollten auf jeder seegehenden Yacht vorhanden sein?
Zwei voneinander unabhängige Bilgenpumpen, von denen eine über Deck und eine unter Deck bedienbar ist, sowie 2 Pützen mit Leinen.

↘ SM1 Nr. 21, SM2 Nr. 13
Wozu dient der Lenzkorb am Ansaugstutzen einer Lenzpumpe und wie erhalten Sie damit ihre Funktionsfähigkeit?
Der Lenzkorb verhindert Verunreinigungen und Verstopfungen der Lenzpumpe. Er muss regelmäßig überprüft und gereinigt werden.

↘ SM1 Nr. 32, SM2 Nr. 19
Warum müssen auf Yachten zusätzlich zu elektrisch oder motorgetriebenen Lenzpumpen auch Handlenzpumpen vorhanden sein?
Weil sie auch bei Strom- oder Motorausfall betätigt werden können.

↘ SM1 Nr. 30
Womit muss insbesondere eine Yacht mit Radsteuerung zusätzlich ausgerüstet sein, und warum sollten alle Mitsegler mit dieser Einrichtung vertraut sein?
Mit einer Notpinne. Sie muss ggf. in kürzester Zeit einsatzbereit sein.

↘ SM1 Nr. 26
Für welche unterschiedlichen Reparaturbereiche sollten Sie Ersatzteile und Werkzeug an Bord haben?
1. Segelreparaturen,
2. Reparaturen an Rumpf und Rigg,
3. Motorreparaturen,
4. Elektroreparaturen
5. Reparaturen an Schlauchleitungen.

↘ SM1 Nr. 28
Ihr Mast ist gebrochen, eine Bergung ist nicht möglich. Welche Werkzeuge benötigen Sie, um die Takelage zu kappen?
Bolzenschneider, Metallsäge mit Ersatzblättern, Schraubenschlüssel und verschiedene Zangen.

SM1 Nr. 29
Welches Kleinmaterial und Kleinwerkzeug muss an Bord jederzeit greifbar sein?
Zeisinge, Bändselwerk, Tape, Reserveschäkel, Schäkelöffner, Bordmesser und Kombizange.

SM1 Nr. 116, SM2 Nr. 97
Wie erhalten Sie Kenntnis über das nächste Wartungsdatum eines Rettungsfloßes?
Die runde, auf der Insel klebende farbige Serviceplakette oder das bei der letzten Wartung mitgelieferte Zertifikat geben Auskunft über den nächsten Wartungstermin.

Das Rettungsfloß wird in einer Halterung am Heckkorb gefahren. Im gelben Behälter befindet sich eine aufblasbare Markierungsboje

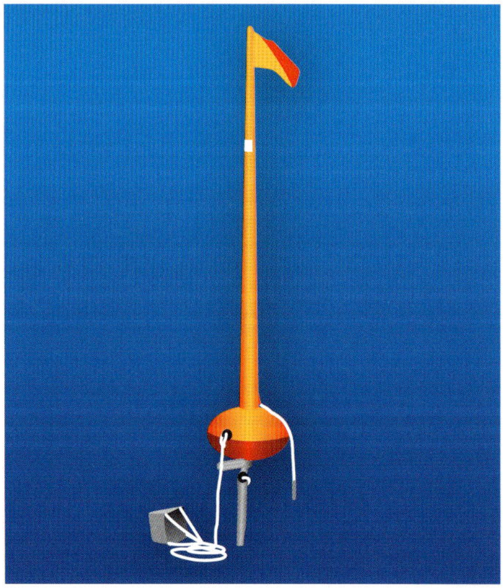

Eine aufgeblasene Markierungsboje – sie hilft, eine Person über Bord besonders bei Seegang leichter im Ausguck zu behalten

- Ersatztauwerk, Blöcke, Reserveschäkel, Ersatzwantenspanner, Tape, Bordmesser, Kombizange
- Ersatzkurbel für Winschen
- Bootsmannstuhl
- Blitzschutz
- Messer, am besten für die gesamte Crew
- Rettungsfloß in Übereinstimmung mit den SOLAS-Vorschriften für die gesamte Crew, muss mit einem für das Jahr gültigen Zertifikat und Prüfplakette des Herstellers oder eines autorisierten Kundendienstes versehen sein. Das Rettungsfloß sollte am besten an Deck gestaut sein, sonst ist es, z. B. aus einer Backskiste heraus, nur verzögert einsetzbar.
- Rettungsboje mit einem Treibanker oder Lifesling, ausgestattet mit einem selbstzündenden Licht und Signalflöte
- Markierungsboje innerhalb der Reichweite des Rudergängers und klar für den sofortigen Gebrauch ausgestattet mit einer Pfeife, einem Treibanker, einem selbstzündenden Licht und einer Stange mit Flagge
- Pyrotechnische Seenotsignale, optische Signale nicht älter als 3 Jahre, verstaut in wasserdichtem Behälter (Signale gemäß SOLAS. Es wird empfohlen: 12 rote Fallschirmsignale, 4 rote Handfackeln, 4 weiße Handfackeln, 2 orange Rauchsignale/Rauchfackeln. Fallschirmsignale brennen etwa 30 Sekunden und sind bei einer Steighöhe um 300 Meter etwa 12,5 Seemeilen sichtbar.) An Bord kann auch eine Signalpistole mit

entsprechender Munition eingesetzt werden. Des Weiteren sollten noch Seewasserfärber und die Signalflaggen N und C mitgeführt werden

- Seenotfunkboje (EPIRB), je nach Fahrtgebiet
- UKW-Seefunkanlage: Auch wenn die Ausrüstung von Yachten gemäß GMDSS (Global Maritime Distress and Safety System) nicht vorgeschrieben ist, sollten Ausrüstungsempfehlungen bei Anschaffung neuer Geräte beachtet werden; der Schiffsführer muss über die entsprechenden Befähigungsnachweise verfügen (nur im Notfall darf ein Crewmitglied ohne Befähigungsnachweis ein UKW-Sprechfunkgerät benutzen!).

Eine UKW-Seefunkanlage sollte eine Mindestleistung von 25 Watt haben; eine Notantenne ist erforderlich, wenn die normale Antenne bei Segelyachten auf dem Mast montiert ist (Mastbruch!).

Ebenfalls sollte ein wasserdichtes UKW-Handfunkgerät vorhanden sein, welches im Notfall an Deck und im Rettungsfloß genutzt werden kann. Achtung: Ein Mobiltelefon hilft im Notfall oft nur bedingt weiter. Zwar ist von deutschen Mobilnetzen mit der Kurzwahl 124 124 direkt das MRCC (Maritime Rescue Coordination Centre) in Bremen erreichbar, doch nur in Küstennähe (Reichweite Mobilfunknetze), vor allem aber können benachbarte Schiffe nicht alarmiert werden! Andere Schiffe in der näheren Umgebung können ebenfalls nicht erreicht werden, da die Rufnummern im Allgemeinen nicht bekannt sind!

Eine UKW-Seefunkanlage hilft im Notfall weiter

↘ SM1 Nr. 119, SM2 Nr. 100
Welche Seenotsignalmittel sollten Sie an Bord haben? Nennen Sie mindestens 6 Beispiele.

1. Handfackeln, rot,
2. Handraketen, rot,
3. Rauchfackeln oder Rauchtopf, orange,
4. Signalpistole mit Munition,
5. Seewasserfärber,
6. Signalflaggen N und C,
7. Signallampe,
8. Seenotfunkboje.

↘ SM1 Nr. 139, SM2 Nr. 120
Wann darf ein UKW-Sprechfunkgerät auch ohne entsprechenden Befähigungsnachweis benutzt werden?
In Notfällen.

GMDSS

Das GMDSS ist ein weltweites Seenot- und Sicherheitssystem für die Schifffahrt. Mithilfe des GMDSS können beispielsweise Schiffe in Not weltweit einheitlich mit speziellen Techniken automatisch die zuständige SAR (Search and Recue)-Zentrale erreichen. Das System dafür ist das DSC (Digital Selective Calling). Mit einem UKW-Gerät mit DSC lassen sich unter anderem Notalarme (mit Position) an alle Funkstellen absetzen.

Ebenfalls der Notalarmierung dienen EPIRBs. Diese Seenotfunkbaken senden automatisch Notsignale (Schiffskennung, Position), sobald sie aktiviert sind. Für die Übermittlung auf 406 MHz werden gegenwärtig die Satellitensysteme INMARSAT, COSPAS-SARSAT und COSPAS-SARSAT kombiniert mit LEOSAR/GEOSAR genutzt. Ab dem Jahr 2007 wird die Nutzung von INMARSAT voraussichtlich nicht mehr möglich sein. Mit den geostationären Satelliten von INMARSAT wird eine Abdeckung bis zu 70° nördlicher oder südlicher Breite erreicht, weshalb z. B. Nordnorwegen oder Spitzbergen außerhalb liegen. Die Position wird über den in die EPIRB eingebauten GPS-Empfänger mitgeliefert. Die Alarmierung beim MRCC erfolgt innerhalb weniger Minuten.

Beim COSPAS-SARSAT-System dauert die Alarmierung bis zu zwei Stunden. Da hier aber polumlaufende Satelliten genutzt werden, deckt dieses System auch die Polregionen ab. Beim COSPAS-SARSAT kombiniert mit LEOSAR/GEOSAR werden sowohl geostationäre als auch polumlaufende Satelliten genutzt.

Im Rahmen des GMDSS erfolgt mittels NAVTEX (Navigational Warnings by Telex) die Übermittlung von nautischen Warnnachrichten, Wetterwarnungen, Notmeldungen etc. weltweit. NAVTEX beschränkt sich mittels einer Funkfernschreibtechnik auf den küstennahen Bereich. Für den Empfang von NAVTEX sind spezielle Decoder erforderlich.

Bergung einer Person über Bord

Prinzipiell sollte vor dem Auslaufen vom Schiffsführer erläutert werden, wie eine eventuell über Bord gegangene Person aufgenommen werden kann.

Wenn der Seegang gering ist, sodass das Boot nicht stark stampft, kann der Überbordgegangene über eine am Heck befestigte Badeleiter (Klappleiter) an Bord genommen werden. Das Heck mit dem Durchstieg im Heckkorb für die Badeleiter bietet sich an, da die Person nicht noch über die Seereling hinweg gehoben werden muss. Voraussetzung ist dafür allerdings auch, dass sie selbst noch aktiv mithelfen kann und beispielsweise nicht ohnmächtig ist.

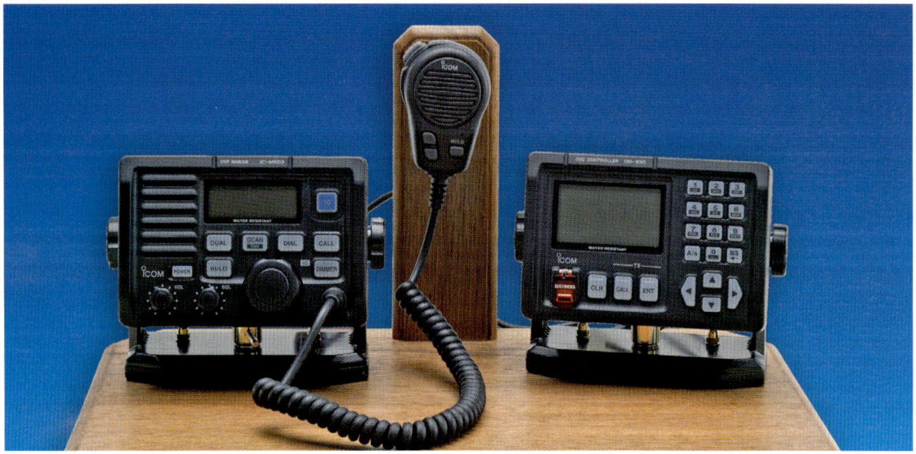

Über UKW-Seefunk mit DSC-Controller lassen sich problemlos Notalarme absetzen

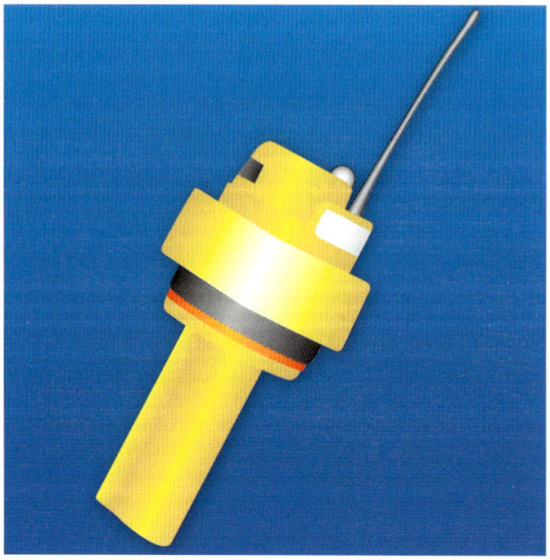

EPIRB zur Notalarmierung

Das Manöver kann unter Segeln gefahren werden, jedoch könnten schlagende Segel die Arbeiten erschweren

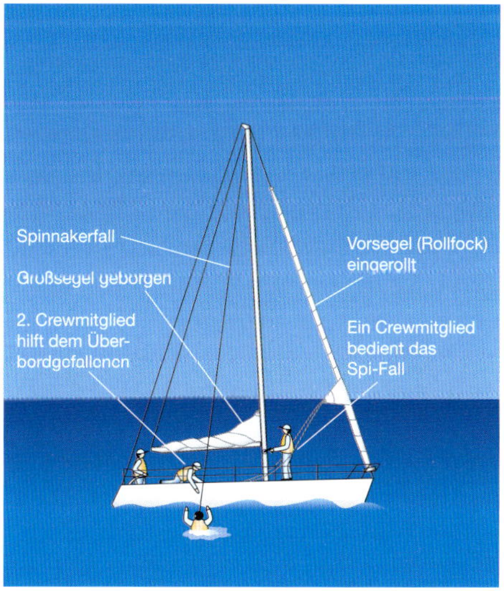

Mit dem Großfall kann man auch versuchen, die Person an Bord zu bekommen. Hier besteht aber auch eine große Verletzungsgefahr

Für die Person über Bord entfernt sich die Yacht rasch. Unnötige Panik kann durch rechtzeitiges Einleiten eines Manövers minimiert werden

Die Person kann auch über die Seite geborgen werden, zum Beispiel mit einer mobilen Badeleiter oder einer Trittschlinge aus Tauwerk. Günstige Orte dafür sind mittschiffs oder das hintere Drittel des Bootes, da hier die Stampfbewegungen der Yacht am geringsten sind. Wichtig ist, sofort eine Leinenverbindung zum Überbordgegangenen herzustellen (z. B. eine spezielle Rettungsweste mit befestigter Rettungsleine). Als Hilfsmittel zum Bergen können beispielsweise die Großschottalje oder spezielle Rettungstaljen dienen. Auch ein Spinnakerfall kann benutzt werden. Gut bewährt haben sich in diesem Zusammenhang Rettungswesten, in die bereits ein Auge eingearbeitet ist, welches sonst für den Lifebelt verwendet wird, oder ein Bergegurt.

↘ SM2 Nr. 90

Welche Hilfsmittel können Sie einsetzen, um einen Überbordgefallenen an Deck zu bekommen?

Bewegliche (und gesicherte) Badeleiter, beschwerte Trittschlinge, Rettungstalje, Bergegurt.

↘ SM1 Nr. 109

Welche Hilfsmittel können Sie einsetzen, um einen Überbordgefallenen an Deck zu bekommen?

Bewegliche (und gesicherte) Badeleiter, eventuell Großschot, beschwerte Trittschlinge, Rettungstalje, Unterfangen mit kleinem Segel, Bergegurt, Dingi.

SM1 Nr. 120, SM2 Nr. 101
Welche Feuerlöscheinrichtungen sollten an Bord vorhanden sein?

1. Feuerlöscher (ABC-Pulverlöscher und eventuell CO_2-Löscher),
2. Pütz zum Löschen von Bränden fester Stoffe,
3. Feuerlöschdecke,
4. Löschdurchlass für geschlossene Motorräume, der das Löschen von Bränden mit CO_2-Löschern ohne Sauerstoffzutritt ermöglicht.

SM1 Nr. 121, SM2 Nr. 102
Welche Feuerlöscharten sind für Sportboote geeignet?
Wie und wo sind sie an Bord unterzubringen?

1. Der ABC-Pulverlöscher, für geschlossene Motorräume der CO_2-Löscher.
2. Der Feuerlöscher muss gebrauchsfertig und leicht erreichbar sein, CO_2-Löscher nicht im Schiffsinneren unterbringen (Erstickungsgefahr bei Leckage).
3. Er soll in der Nähe der Maschinenräume, der Kombüse bzw. der Koch- oder Heizstelle montiert sein.

Unterstützend kann auch ein kleines Segel eingesetzt werden, welches unter die Person gezogen wird und dann an Bord geholt wird. Auch der Einsatz des Beibootes kann hilfreich sein, wenn die Bordwand relativ hoch ist.
Ist der Überbordgegangene bewusstlos, ist die Unterstützung eines mit Leinen gesicherten Crewmitglieds, das sich mit in das Wasser begibt (nur im äußersten Notfall), oft die einzige Rettungsmöglichkeit.
Auf der Leeseite wird das Bergen durch das Schlagen der Segel und des Großbaums erschwert. Auch kann der Überbordgegangene durch das Versetzen der Yacht nach Lee unter die Wasseroberfläche gedrückt werden.
Auf der Luvseite lässt sich zwar ungestörter arbeiten, jedoch erschweren Abdrift und das etwas höhere Freibord (durch Krängung) die Bergung des Überbordgegangenen. Aus der Erfahrung von Seenotrettungsgesellschaften bei vielen Rettungseinsätzen mit kleineren Rettungsbooten lässt sich aber schließen, dass die Aufnahme in Luv generell der in Lee vorzuziehen ist.
Aber in jedem Fall sollte aus der Situation heraus entschieden werden. Unter anderem müssen dabei Seegang, Besegelung, Zustand der Person im Wasser als auch die Höhe des Freibords berücksichtigt werden.

Aber auch die über Bord gegangene Person sollte zu ihrer Rettung beitragen:

- Wichtig: Nicht in Panik geraten!
- Nachgeworfene Rettungsmittel benutzen. Wird eine Markierungsboje ausgeworfen, sollte man sich nicht von ihr entfernen.
- Nicht dem Boot nachschwimmen und
- unnötige Bewegungen vermeiden. Beides führt zur schnelleren Auskühlung des Körpers. Aus diesem Grund auch nicht die Kleidung ausziehen.

Zum Ablauf des Person-über-Bord-Manövers selbst siehe den entsprechenden Abschnitt im Kapitel „Auf See“.

Feuerbekämpfung

Ein Feuer an Bord stellt eine hohe Gefahr dar. Löschmittel sollten daher stets gebrauchsfertig und leicht erreichbar sein. Dann können sie schnell und effektiv eingesetzt werden. Jedem Crewmitglied sollte die Benutzung anhand der Bedienungsanleitung vertraut sein, denn im Notfall muss sofort gehandelt werden; außerdem kann auch der Schiffsführer ausfallen. Löschmittel sollten grundsätzlich in der Nähe des Maschinenraums sowie von Koch- und Heizstellen verfügbar sein. Bei der Anbringung des Feuerlöschers ist darauf zu achten, dass er vor Feuchtigkeit und Korrosion (schlechter Platz: Montage am Niedergang – Spritzwasser!) geschützt ist. *Gasförmige Löschmittel (CO_2)* sind sehr gut in abgeschlossenen Räumen wie etwa dem Motorraum. Viele geschlossene Motorräume auf Yachten haben daher einen Löschdurchlass. Dabei wird das Feuer ohne Sauerstoffzufuhr mit CO_2 erstickt. Wegen der Erstickungsgefahr sollten CO_2-Löscher nicht im Schiffsinneren gelagert werden.

Pulverlöscher entziehen der Umgebung Sauerstoff und eignen sich zur Bekämpfung von Flüssigkeits- und Feststoffbränden. Im Sportbootbereich sind sie am weitesten verbreitet (ABC-Löscher mit mindestens 2 kg Löschmittel). Der Inhalt von Feuerlöschern reicht in der Regel nur für eine Dauer von 8 bis 15 Sekunden.
Schaumlöscher sind insbesondere bei Flüssigkeitsbränden sehr effektiv. Entfernte Brandherde und Brände der elektrischen Anlagen (Kurzschlussgefahr) lassen sich jedoch schlecht bekämpfen.
Mit der *Pütz und Wasser* lassen sich Brände von festen Stoffen bedingt löschen. Wasser ist als Löschmittel nicht immer geeignet und im Fall eines Brandes oft nicht schnell verfügbar. Bei Flüssigkeitsbränden (Öl) ist der Einsatz von Wasser als Löschmittel sogar gefährlich, da Wasser auch Sauerstoff enthält und dieser zu großen Stichflammen führen kann. Beim Löschen eines Brandes der elektrischen Anlage besteht zudem erhöhte Kurzschlussgefahr.
Eine Feuerlöschdecke dient an Bord lediglich zum Löschen kleinerer Brände, zum Beispiel im Bereich der Pantry.

Generell sollte zur *Brandbekämpfung* die Luft- und Brennstoffzufuhr unterbrochen werden, der Gasabsperrhahn ist zu schließen. Der Feuerlöscher ist erst direkt am Brandherd einzusetzen, um die Löschmittel, die bereits nach kurzer Einsatzzeit verbraucht sein werden, möglichst effizient zu nutzen.
Damit die Funktionsfähigkeit jederzeit gewährleistet ist, sind die Prüftermine in den vorgeschriebenen Intervallen einzuhalten, was anhand der Prüfplakette ersichtlich ist.

Dieser Feuerlöscher ist gut zugänglich in der Navigationsecke unter Deck angebracht

↘ SM1 Nr. 123, SM2 Nr. 104
Wie wird ein Brand an Bord wirksam bekämpft?
1. Alle Öffnungen schließen,
2. Brennstoffzufuhr (Hauptschalter) unterbrechen,
3. Feuerlöscher erst am Brandherd betätigen,
4. Feuer von unten und von vorn bekämpfen,
5. Löschdecke einsetzen,
6. Flüssigkeitsbrände nicht mit Wasser bekämpfen.

↘ SM1 Nr. 122, SM2 Nr. 103
Wie wird die ständige Funktionssicherheit eines Feuerlöschers sichergestellt?
1. Durch Einhaltung des vorgeschriebenen Prüftermins, ersichtlich aus der Prüfplakette.
2. Der Feuerlöscher muss vor Feuchtigkeit und Korrosion geschützt werden.

SM1 Nr. 93

Wie verhalten Sie sich nach einem Mastbruch, was müssen Sie veranlassen?

1. Nach Möglichkeit den Mast an Bord nehmen und sichern.
2. Falls nicht möglich, Mast und Wanten kappen, um Rumpfschäden zu vermeiden.

SM1 Nr. 85

Was tun Sie, wenn Ihr Großsegel unter der untersten Lattentasche einreißt?

1. Untere Latte entfernen.
2. Segel bis über den Riss reffen.

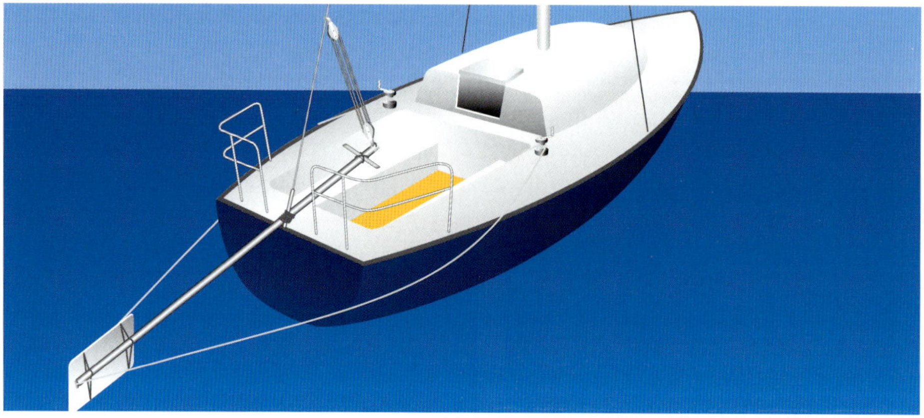

Mit dem Spinnakerbaum/Bootshaken und einem Brett kann ein Notruder gebaut werden

Schäden am Ruder, am Rigg und an den Segeln, Leckbekämpfung

Ein *Ruderschaden* kann durch Grundberührung/Treibgut oder eine mechanische Überbelastung (Bruch der Pinne, Riss der Steuerseile) entstehen. Bei einer Radsteuerung ist die vorhandene Notpinne zu montieren. Der richtige Umgang damit sollte vorab geübt werden. Für eine gebrochene Pinne sollte an Bord Ersatz vorhanden sein. Ist das Ruder unterhalb der Wasserlinie beispielsweise durch Treibgut stark beschädigt oder nicht mehr vorhanden, muss ein Notruder gebaut werden. Ein über Steuerleinen geführter Spinnakerbaum und daran befestigte Bretter (Bodenbretter o. Ä.) bieten sich dazu an.

Auf Sportbooten sind die zumeist aus Leichtmetall gefertigten Masten so dimensioniert, dass auch bei Starkwind und Sturm keine Überbelastung auftritt. Voraussetzung ist jedoch eine angemessene Segelfläche.

Ursachen für den *Bruch des Mastes* sind in der Regel Materialermüdung durch unzureichende Wartung oder falscher Trimm des Mastes. Der gebrochene Teil des Mastes wird jedoch durch das stehende Gut gehalten und hängt oft außenbords an der Schiffswand, was insbesondere bei Seegang zu großen Schäden am Rumpf führen kann. Ist eine sichere Befestigung oder Übernahme des Mastes unmöglich, müssen Wanten und Stagen mit dem Bolzenschneider/der Metallsäge gekappt werden.

Die häufigste Ursache für den *Bruch des Großbaums* ist falsches Halsen (Patenthalse). Eventuell kann der Spinnakerbaum an Bord als Ersatz verwendet werden.

Kommt es zum *Bruch eines Wants* oder Stags, muss schnell reagiert werden, um größeren Schaden zu vermeiden. Die notwendige Entlastung des Riggs wird erreicht durch eine Kursänderung und entsprechende Manöver:

Ist eines der Luvwanten gebrochen, besteht höchste Mastbruchgefahr. Die Schoten müssen sofort gefiert und anschließend muss gewendet werden, um den Mast zu entlasten. Vorübergehend kann ein Fall anstelle des gebrochenen Wants befestigt werden. Beim Bruch des Achterstags hilft meist rasches Anluven und Bergen der Segel. Anstelle des gebrochenen Achterstags kann die Dirk oder das Großfall provisorisch verwendet werden. Bricht das Vorstag, sollte zur Entlastung des Mastes und des Vorlieks des Vorsegels sofort abgefallen und auf einem Vorwindkurs gesegelt werden.

Materialverschleiß und Überlastung sind die häufigsten Ursachen dafür, dass *Schäden an Segeln* auftreten. Segelrisse verlaufen fast immer parallel zur Segelnaht und entstehen oft im Bereich der Lieken und an Stellen, die an der Saling oder den Wanten scheuern. Besonders leichte Segeltuche können reißen, wie z. B. bei einer Genua, wenn deren Schot in der Wende zu spät losgeworfen wird und das backstehende Segel in die Saling drückt.

Ein Schaden am Rigg ist bei dieser Yacht aufgetreten. Die Crew hat mit guter Seemannschaft das Rigg gesichert. Der Großbaum ist an Deck gelascht und unter Trysegel und Fock geht es weiter

Bereits kleine Risse im Segel können dazu führen, dass das Segel der Länge nach reißt. Sie müssen zunächst provisorisch mit Spezial-Klebeband und anschließend, nach dem Törn, professionell repariert werden. Bei einem Riss im unteren Bereich eines Großsegels kann der beschädigte Teil des Segels weggerefft und die Latten entfernt werden.

Auch die Möglichkeiten der *Leckbekämpfung* sollten vor Antritt der Reise mit der Crew durchgesprochen werden.

Folgende Maßnahmen sind schnellstmöglich durchzuführen:

- jedes Crewmitglied durch Meldung informieren
- eventuell Fahrt aus dem Schiff nehmen
- Inbetriebnahme der Lenzpumpen (elektrische und manuelle Pumpen)
- Lokalisierung der Leckstelle
- provisorisches Abdichten der Leckstelle mit Bordmitteln
- Küste bzw. flaches Wasser ansteuern und, wenn Seegang und Strömung es zulassen, Boot auf Grund setzen
- eventuell das Boot so trimmen (krängen), dass weniger Wasser einströmt

↘ SM1 Nr. 131, SM2 Nr. 112

Wie verhalten Sie sich, wenn Ihr Schiff leckgeschlagen ist?

1. Meldung abgeben.
2. Je nach Erfordernissen Fahrt aus dem Schiff nehmen.
3. Lenzpumpen betätigen, Lecksuche, Leck mit Bordmitteln abdichten.
4. Küste bzw. flaches Wasser ansteuern.
5. Fahrzeug so trimmen, dass Leckstelle aus dem Wasser kommt bzw. möglichst wenig unter Wasser ist.

↘ SM1 Nr. 132, SM2 Nr. 113

Was tun Sie, wenn Ihr Schiff leckgeschlagen ist und das Wasser im Schiff trotz aller Maßnahmen weiter steigt?

1. Notzeichen geben, Funkmeldung abgeben, ggf. Radartransponder einschalten.
2. Verlassen des Bootes vorbereiten, Rettungswesten anlegen, Rettungsfloß klarmachen.
3. Wenn möglich, ruhiges Flachwasser anlaufen und Schiff auf Grund setzen.

SM1 Nr. 80, SM2 Nr. 66
Was ist an Land beim Reinigen eines mit Antifouling behandelten Unterwasserschiffes zu beachten?
Umweltschutzbestimmungen beachten, d. h., das Schiff nur auf einem entsprechend ausgerüsteten Reinigungsplatz abspritzen und Wasser und Schmutz auffangen, also nicht in die Kanalisation leiten.

SM1 Nr. 53, SM2 Nr. 166
Wozu dienen „Opferanoden“ und wann sollten sie ausgewechselt werden?
Sie dienen dem Schutz gegen Schäden durch Elektrolyse. Verbrauchte Anoden müssen nach einer Saison ersetzt werden, nicht erst wenn sie verbraucht sind.

SM1 Nr. 127, SM2 Nr. 108
Welche Sicherheitsmaßnahmen sind vor jedem Auslaufen durchzuführen? Nennen Sie mindestens 6 Beispiele.
1. Wetterbericht einholen,
2. Kontrolle der Sicherheitsausrüstung,
3. Kontrolle von Motor und Schaltung,
4. Kontrolle der nautischen Geräte,
5. Kontrolle der Bilge,
6. Überprüfen des Wasser- und Kraftstoffvorrats,
7. Kontrolle der Schall- und Lichtsignaleinrichtung,
8. Kontrolle der Navigationslichter,
9. Bereitlegen der aktuellen Seekarten und nautischen Veröffentlichungen.

Die Ursachen für das Auftreten eines Lecks sind in der Regel undichte Rumpfdurchbrüche, wie z. B. von WC-Leitungen, Kühl- und Schmutzwasserleitungen sowie Durchbrüche von Logge und Lot. Die Kollision mit einem anderen Boot oder mit Gegenständen unter oder an der Wasseroberfläche (Felsen, Seezeichen oder Treibgut) sowie schwere See stellen weitere Gefahrenquellen dar.
Wichtig: Nach jeder Kollision mit Treibgut oder Grundberührung ist das Schiff nach Leckstellen abzusuchen, da potenziell die Gefahr des Sinkens besteht.

Ein kleines Leck kann gestopft werden mit flexiblem Dichtmaterial, das sich an die Leckform anpasst (Tücher, Lappen). Holzpfropfen eignen sich besonders zum Abdichten von Rumpfdurchbrüchen und Leitungen.
Größere Lecks können mit einem speziellen Leckschirm abgedichtet werden. Kissen, Kojenpolster oder überzählige, aufgeblasene Rettungswesten können verkeilt oder abgestützt gegen das Leck gepresst werden. Bei ruhigem Wasser kann die Abdichtung mit einem Segel (z. B. Sturmfock) von außen erfolgen.

Wartung im Winterlager
Viele der vorher beschriebenen Kontrollen und Wartungsarbeiten sind auch nach Saisonende unbedingt durchzuführen, wenn das Schiff ins Winterlager kommt. So können Rettungsfloß oder auch Rettungswesten bei Fälligkeit rechtzeitig zur Inspektion gebracht werden.

Im Winterlager ist insbesondere der Unterwasserbereich auf Schäden zu kontrollieren. Die Yacht hat ihren Anstrich mit Antifouling bereits erhalten

Ist die Yacht an Land, ist unter anderem das Unterwasserschiff zu reinigen. Dabei ist darauf zu achten, dass gemäß Umweltschutzbestimmungen Wasser und Schmutz nicht in Gewässer und Kanalisation gelangen. Die Yacht sollte daher nur auf einem Platz, der ausdrücklich dafür vorgesehen ist, gesäubert werden.

Nach der Reinigung sind Ruderanlage und Propeller zu kontrollieren, und die Yacht ist auf sonstige Beschädigungen zu untersuchen. Der Motor ist gemäß Betriebsanleitung zu konservieren. Gasflaschen und Kanister mit Reservekraftstoff sollten von Bord genommen werden. Auch das Rigg und die Segel sollten gründlich auf eventuelle Schäden untersucht werden.

Zur neuen Saison wird ein Anstrich mit Antifouling vorgenommen, Opferanoden sind auszutauschen. Die Gasanlage sollte im Wartungsintervall geprüft werden.

Im Hafen

Bevor der Törn beginnt, ist die Yacht zu überprüfen auf:

1. Seetüchtigkeit der Yacht,
2. Zahl und Zustand der Segel,
3. Treibstoffvorrat,
4. Navigationsunterlagen, Wetterbericht,
5. Sicherheitseinweisung der Besatzung,
6. Rettungsmittel,
7. Seenotsignale,
8. Trinkwasser- und Proviantvorräte,
9. Funktionsfähigkeit des Motors,
10. Funktionsfähigkeit der elektronischen Navigationsgeräte,
11. Lenzeinrichtungen, Bilge,
12. Feuerlöscher,
13. Boots- und Personalpapiere,
14. Betriebsfähigkeit der UKW-Seefunkanlage.

Die Crew ist neben der Sicherheitseinweisung auch in folgende technische Einrichtungen/Ausrüstungen einzuweisen:

1. Ankergeschirr,
2. Lenzeinrichtung,
3. Feuerlöscheinrichtungen,
4. Motoranlage,
5. Seeventile,
6. UKW-Seefunkanlage,
7. MOB-Taste vom GPS,
9. Seenotsignalmittel,
10. Notrudereinrichtung.

Nun wird noch jedes Crewmitglied zu bestimmten Aufgaben bei besonderen Situationen eingeteilt. Es wird eine „Rolle" erstellt, beispielsweise für den Seenotfall oder bei der Leckbekämpfung. Diese ist im Logbuch zu dokumentieren. Neben dem Schiffsführer ist ein Stellvertreter zu benennen, der ebenfalls wie der Skipper über die entsprechenden Befähigungsnachweise verfügt.

Ist die gesamte Crew mit der Yacht, ihrer Technik, Sicherheit und Ausrüstung hinreichend vertraut, kann der Törn beginnen: Nach der Auffrischung der wichtigsten Knoten und der Kontrolle des Riggs wird mit ein paar wichtigen Manövern im Hafen begonnen. Jedes Manöver sollte mit der Crew vorab besprochen werden, und jedes Crewmitglied wird für eine Position eingeteilt. Für Manöver im Hafen und zum Festmachen sollten mindestens 4 Festmacherleinen und 4 Fender an Bord bereitgelegt werden.
Neben den Festmacherleinen sollte aber auch Reservetauwerk zur Verfügung stehen wie z. B. eine Wurfleine, Schlepptrosse und Ankerleine.
Für das Tauwerk kommen unterschiedliche Kunstfasern zum Einsatz; sie weisen eine hohe Bruchlast auf und haben ein geringes Gewicht. Zudem sind sie sehr elastisch. Nachteilig ist aber die Anfälligkeit bei erhöhter Reibung und die gegen Sonneneinstrahlung (UV-Licht zersetzt das Material).

Bei längeren Liegezeiten kann daher selbst das beste Tauwerk durch Schamfilen in Lippklampen, an Pollern oder an der Pier beschädigt werden. Eventuell kann hier mit kurzen Stücken Plastikschlauch,

SM1 Nr. 96
Welche Vorbereitung haben Sie für ein Anlegemanöver zu treffen?
1. Crew für Manöver einteilen.
2. Leinen und Fender bereitlegen.

SM1 Nr. 24, SM2 Nr. 16
Wie viele Fender und Festmacherleinen sollten Sie mindestens an Bord haben?
4 Festmacherleinen und 4 Fender.

SM1 Nr. 25
Was sollte auf jeder Yacht außer Festmacherleinen, Fallen und Schoten an Tauwerk vorhanden sein?
Reservetauwerk, Wurfleine, Schlepptrosse und Ankerleine.

SM2 Nr. 17
Was sollte auf jeder Motoryacht außer Festmacherleinen an Tauwerk vorhanden sein?
Reservetauwerk, Wurfleine, Schlepptrosse und Ankerleine.

SM1 Nr. 74, SM2 Nr. 60
Wie muss Tauwerk beschaffen sein, das für Festmacherleinen, Anker- und Schlepptrossen verwendet wird?
Es muss bruchfest und elastisch sein.

SM1 Nr. 75, SM2 Nr. 61

Wodurch können Sie verhindern, dass Festmacherleinen durch Schamfilen in Klüsen oder an Kanten an der Pier beschädigt werden?

Durch einen gegen Verrutschen gesicherten Plastikschlauch, der über den Festmacher an der Scheuerstelle gezogen wird, hilfsweise mit Tuchstreifen.

SM1 Nr. 77, SM2 Nr. 63

Wodurch können Sie verhindern, dass bei Tauwerk aus unterschiedlichem Innen- und Außenmaterial die Seele in den Mantel rutscht?

Durch einen genähten Takling.

SM1 Nr. 83, SM2 Nr. 69

Welche Daten sollten mindestens an Bord im Logbuch dokumentiert werden?

1. Namen und Funktionen der Crewmitglieder,
2. Beginn und Ende einer Fahrt
3. in angemessenen Zeitabständen: Position, Kurs, Geschwindigkeit, Strömung, Wetter, Luftdruck.

SM1 Nr. 76, SM2 Nr. 62

Was müssen Sie hinsichtlich der Festigkeit bedenken, wenn Sie Leinen zusammenknoten?

Beim Knoten können Festigkeitsverluste bis zu 50 % auftreten.

die über die Leinen gezogen werden, oder Tuchstreifen Abhilfe geschafft werden. Beschädigtes Tauwerk kann eventuell mit einem Takling repariert werden.

Beim Tauwerk kommt geflochtenes und geschlagenes Tauwerk zum Einsatz. Geflochtenes Tauwerk besitzt eine Seele und einen Mantel. Damit Seele und Mantel am Ende nicht rutschen, können diese durch Erwärmen miteinander verschmolzen werden (Feuerzeug o. Ä.). Besser aber ist ein genähter Takling.

Bei Tauwerk ist je nach Einsatz ein unterschiedliches Dehnungsverhalten erwünscht. Während es bei Fallen wenig Reck haben sollte, ist Elastizität bei Festmachern, Anker- und Schlepptrossen von Vorteil. Für beide Einsatzzwecke ist aber eine gute Bruchlast erforderlich.

Auf jeden Fall sind vor dem Ablegen noch die nötigen Eintragungen im Logbuch vorzunehmen. Darin sind die Namen und Funktionen der Crewmitglieder einzutragen sowie der Beginn des Törns und nach dem Anlegen auch das Ende des Törns. In angemessenen Zeitabständen sind bereits im Hafen beginnend Wetterzustand, Luftdruck, Position, Geschwindigkeit, Strömung/Tide und Kurs zu notieren.

Knoten

Seemännische Knoten oder Steke sind schnell herzustellen, halten zuverlässig und lassen sich im entlasteten Zustand leicht wieder lösen. Bei der Bruchlast von Tauwerk ist jedoch zu beachten, dass Knoten diese um bis zu 50 % herabsetzen können.

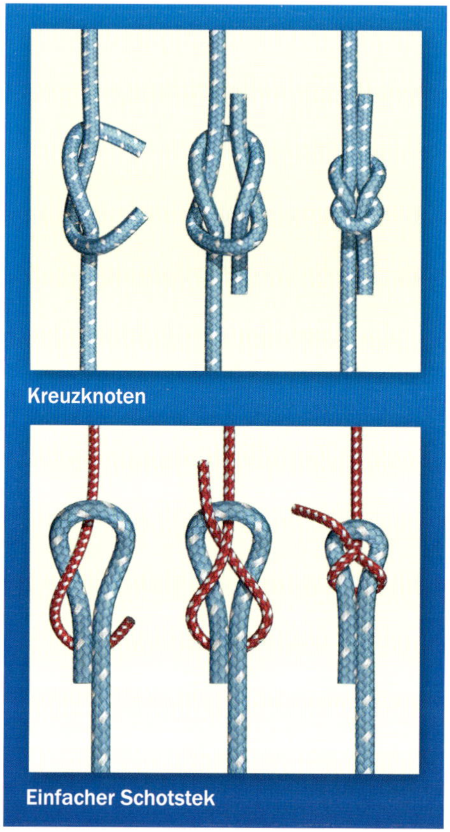

Kreuzknoten

Einfacher Schotstek

Der *Kreuzknoten* dient der Verbindung zweier gleich starker Enden. Er muss so gelegt werden, dass die beiden losen Parten auf einer Seite liegen. Bei nassem und glattem Tauwerk besteht aber die Gefahr, dass er sich unter Zug von selbst löst.

Besser ist da der *Schotstek*. Mit dem Schotstek werden typischerweise zwei ungleich starke oder aus unterschiedlichem Material gefertigte Enden verbunden. Über diese Festlegung hinaus wird er je-

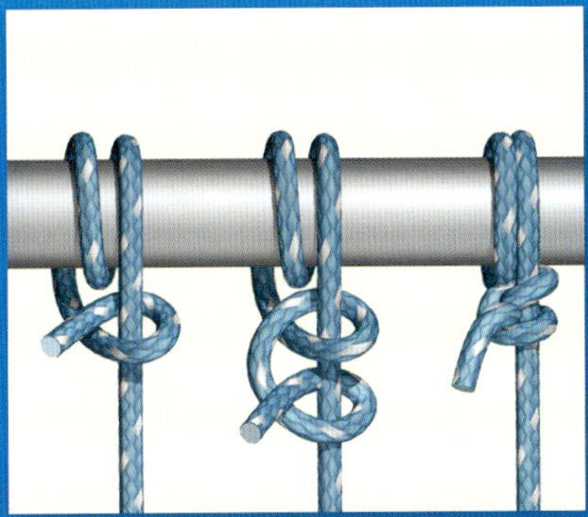

Rundtörn mit zwei halben Schlägen

Palstek

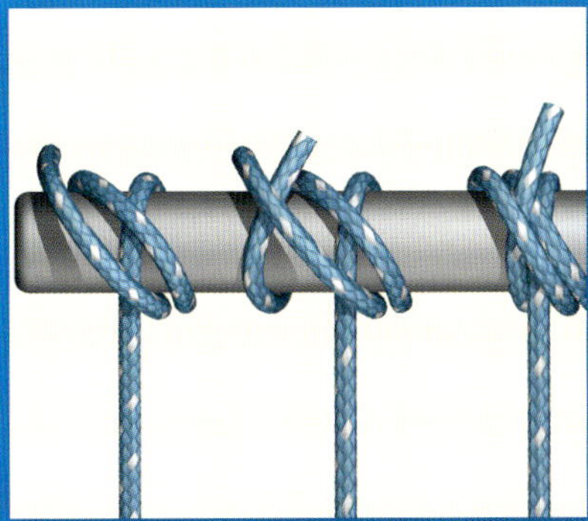

Stopperstek

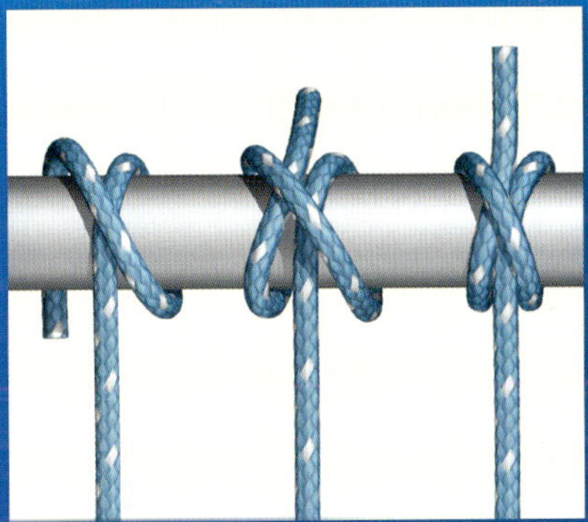

Webleinstek

Achtknoten

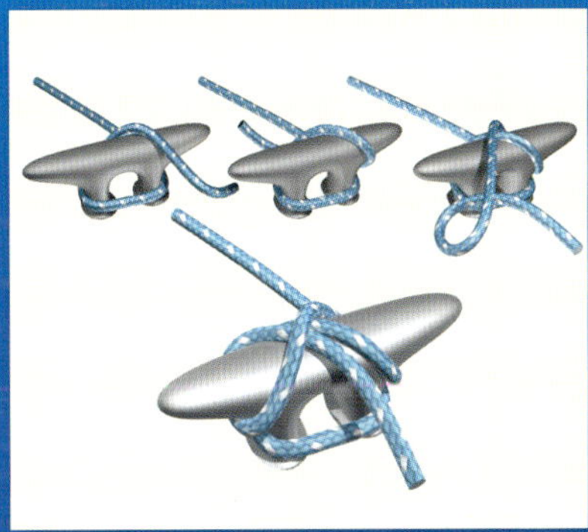

Belegen einer Klampe

doch auch zur Verbindung gleich starker Enden verwendet. Es gibt den einfachen und den doppelten Schotstek. Der doppelte Schotstek ist immer dann zu verwenden, wenn der Unterschied zwischen der Stärke der zwei Enden sehr groß ist. Dabei ist zu beachten, dass die Bucht mit dem stärkeren Ende gelegt wird.

Der *Rundtörn mit zwei halben Schlägen* dient dem schnellen und in der Regel kurzzeitigen Festmachen von Booten an Ringen, Stangen oder anderen Gegenständen.

Zum Festmachen eines Endes an runden Gegenständen, wie Handläufen, Reling, Stangen oder Ähnlichem, wird der *Webleinstek* benutzt.

Mit dem *Palstek* lässt sich ein beliebig großes Auge herstellen, das sich nicht zusammenzieht. Dieser Knoten wird sehr häufig gebraucht und ist an Bord einer der wichtigsten. Insbesondere wird er zum Festmachen an Pollern und Dalben verwendet, aber auch zum Verbinden der Schot mit dem Segelhorn. Auf Sportbooten wird der Palstek so gesteckt, dass das kurze Ende außerhalb des Auges liegt.

Der *Achtknoten* wird in das Ende von Leinen und insbesondere Schoten gelegt, wodurch ein Ausrauschen verhindert wird. Der *Stopperstek* wird verwendet, um eine Leine an einer stärkeren Leine (Trosse) oder Stange zu befestigen.

Das richtige *Aufschießen* des Tauwerks ist ebenfalls wichtig, damit dieses an Bord ständig einsatzklar ist.

Festmacherleinen oder andere Enden werden in Buchten zusammengelegt und durch einige quer um die Buchten gelegte Törns zusammengehalten. Wichtig ist der letzte Törn, der durch die Buchten hindurch und anschließend über das aufgeschossene Ende gesteckt wird.

Das *Belegen einer Klampe* kommt im Umgang mit der Yacht ständig vor. Die Klampe dient dem Belegen von Fallen, Schoten und vor allem Festmacherleinen. Das lose Ende wird zunächst mit einem Rundtörn um die Klampe gelegt. Anschließend werden zwei oder drei Kreuzschläge und ein Kopfschlag gelegt. Der Kopfschlag muss so gelegt werden, dass die zwei quer laufenden Parten parallel zueinander liegen und sich damit bekneifen.

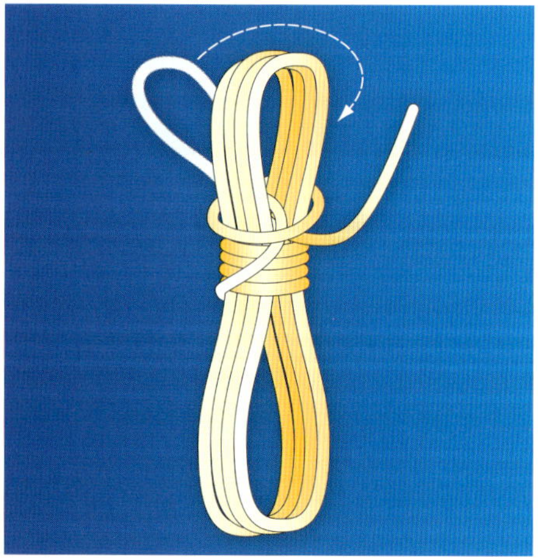

Eine gut aufgeschossene Leine ist immer einsatzbereit

Manöver unter Motor

Bei den Manövern, die mit der Antriebsmaschine gefahren werden, sind neben den vorherrschenden Wind- und Stromverhältnissen auch schiffsspezifische Gesichtspunkte zu berücksichtigen. Die Steuerwirkung und damit die Manövriereigenschaften sind je nach Antriebsart und Ruderanlage auf Yachten sehr unterschiedlich.

Eine besondere Rolle spielt hierbei auch der *Radeffekt*. Auf Segelyachten werden überwiegend linksgängige Propeller eingesetzt. Motoryachten haben vorwiegend rechtsgängige Propeller. Bei *Rückwärtsfahrt* wird das Heck seitlich versetzt, und zwar:

- Linksgängiger Propeller: Versatz nach Steuerbord
- Rechtsgängiger Propeller: Versatz nach Backbord

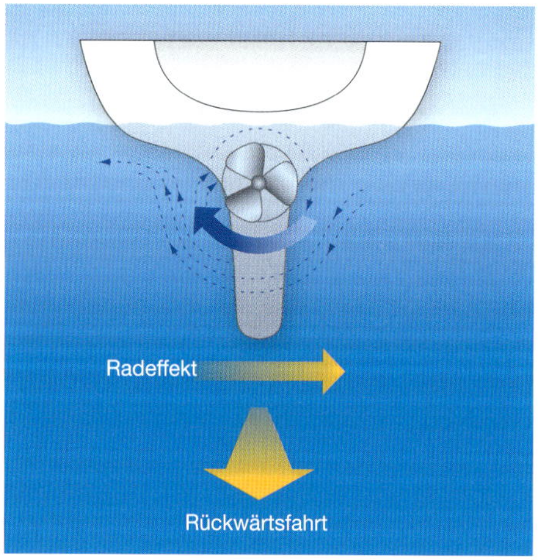

Ein linksdrehender Propeller zieht bei Rückwärtsfahrt das Heck nach Steuerbord

Viele Segelyachten besitzen heute einen Saildrive. Dabei ist zu berücksichtigen, dass der Radeffekt durch den näher an der Schiffsmitte sitzenden Propeller weit weniger stark ausgeprägt ist. Daher kann er beim Anlegen auch nicht unterstützend eingesetzt werden.

Ist ein Bugstrahlruder vorhanden, kann es bei fast jedem Manöver unterstützend eingesetzt werden.

Bei Motoryachten mit zwei Motoren und Propellern ist kein Radeffekt vorhanden. Wenn die Drehrichtungen der Propeller gegenläufig sind, heben sich die Radeffekte gegenseitig auf. Dafür gibt es manövriertechnisch einen wesentlichen Vorteil. Wenn man einen Propeller vorwärts und einen rückwärts drehen lässt, kann fast auf der Stelle gedreht werden.

Bei einer Drehung über Steuerbord ist das Ruder hart Steuerbord zu legen, der Backbordmotor läuft voraus und der Steuerbordmotor rückwärts.

Im Folgenden werden einige Standardsituationen (An- und Ablegen) vorgestellt. Zu beachten ist aber, dass je nach Einschätzung des Schiffsführers die Manöver situationsgebunden anzupassen sind.

Grundsätzlich aber gilt: Auch wenn es beim Anlege- oder Ablegemanöver nicht sofort klappt, weil vielleicht unvorhersehbar eine Windbö das Schiff erfasst, darf das Manöver nie durch „reichlich“ Maschinenunterstützung oder Körpereinsatz (Verletzungsgefahr!) beendet werden. Stattdessen empfiehlt sich ein neuer Anlauf: Er erspart unnötige Aufregung, Be-

schädigungen am Schiff oder schlimmstenfalls Personschaden.
Ohnehin sollte langsam gefahren werden, im Hafenbereich ist die Geschwindigkeit von 3 Knoten nicht zu überschreiten.

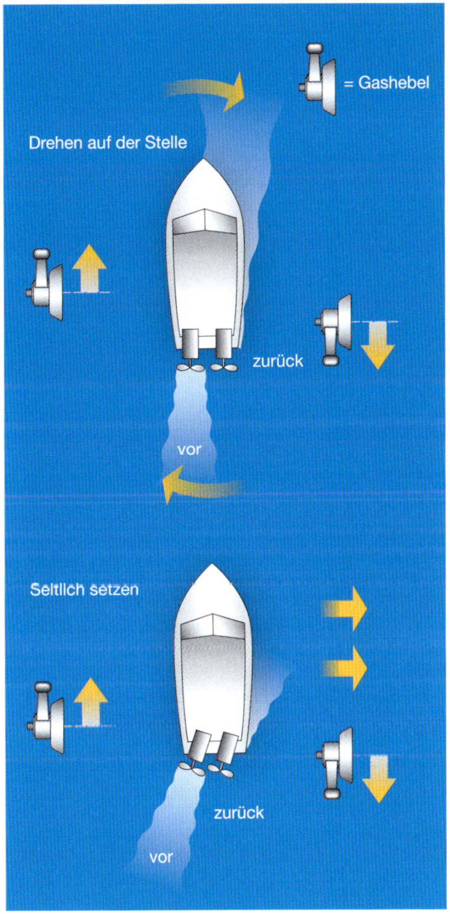

Bei einer Motoryacht mit zwei Propellern kann fast „auf dem Teller" gedreht werden, wenn man einen Propeller vorwärts und einen rückwärts drehen lässt

SM2 Nr. 71
Was verstehen Sie unter „Radeffekt" des Schiffspropellers (Schraube)?
„Radeffekt" ist die seitliche Versetzung des Hecks durch die drehende Schraube.

SM2 Nr. 73
Wie wirkt der rechts- bzw. linksdrehende Propeller auf das Schiffsheck bei Rückwärtsfahrt?
Ein rechtsdrehender Propeller versetzt das Heck bei Rückwärtsfahrt nach Backbord, ein linksdrehender nach Steuerbord.

SM2 Nr. 74
1. **Wie drehen bei einem Zweischrauber in der Regel die Propeller?**
2. **Welchen manövriertechnischen Vorteil haben Yachten mit 2 Propellern?**

1. Gegenläufig.
2. Mit 2 Propellern kann man nahezu auf der Stelle drehen, indem man einen Propeller vorwärts und einen Propeller rückwärts arbeiten lässt. Die Manövrierfähigkeit wird dadurch verbessert.

SM2 Nr. 75
Warum gibt es bei einem Zweischrauben-Schiff (in der Regel) keinen Radeffekt?
Die Drehrichtungen der Schrauben sind gegenläufig. So heben sich die jeweiligen Radeffekte gegenseitig auf.

SM2 Nr. 81
Beschreiben Sie das Fahrmanöver mit einem Zweischrauben-Schiff bei einer Drehung auf engem Raum über Steuerbord.
Ruder hart Steuerbord, Steuerbordmaschine rückwärts, Backbordmaschine voraus.

SM1 Nr. 100, SM2 Nr. 83
Sie liegen längsseits mit der Steuerbordseite an einer Pier. Beschreiben Sie ein Ablegemanöver unter gleichzeitigem Einsatz von Bugstrahlruder und Maschine.

1. Hebel für Bugstrahlruder nach Backbord legen, sodass der Bug von der Pier weggedrückt wird (nach Backbord schwenkt) und gleichzeitig
2. Ruderlage deutlich nach Steuerbord und langsame Fahrt voraus, sodass das Heck nach Backbord ausschwenkt.

So wird das Schiff fast parallel von der Pier abgedrückt.

SM2 Nr. 80
Welche Vorbereitung haben Sie für ein Anlegemanöver zu treffen?

1. Crew für Manöver einteilen,
2. Leinen und Fender bereitlegen.

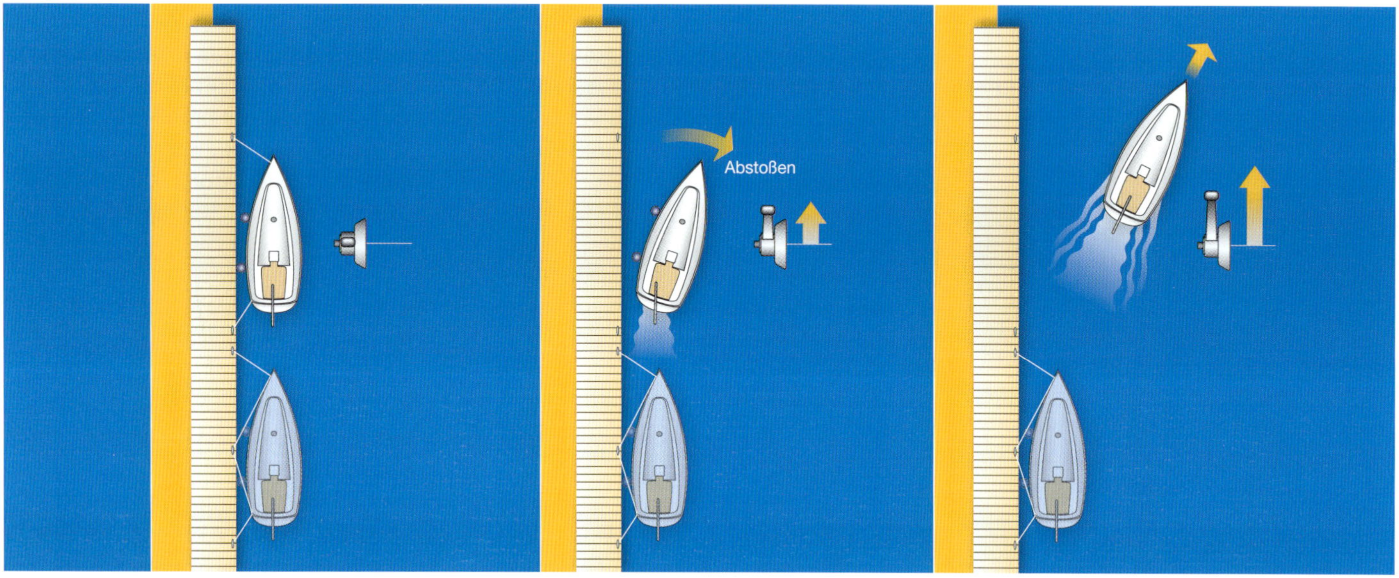

Das Ablegen ohne Wind und Strom kann ohne Leinen durchgeführt werden

Ablegen

• Ohne Wind und Strom

Die einfachste Variante des Ablegens vom Steg oder von einer Pier ist, wenn der Wind flau und Strom nicht vorhanden ist. Ist die Yacht nicht zu groß, können sämtliche Leinen gleichzeitig eingeholt und die Yacht per Hand vom Steg abgesetzt werden.

Bei größeren Yachten oder abhängig von der Situation sollte aber auch eine Spring zum Eindampfen eingesetzt werden. Liegt eine mit einem Bugstrahlruder ausgerüstete Yacht mit der Steuerbordseite längsseits am Steg, dann kann durch Lage des Hebels für das Bugstrahlruder nach Backbord sowie Ruderlage nach Steuerbord und leichte Fahrt voraus fast parallel vom Steg abgesetzt werden.

• Wind oder Strom von vorn

Kommen Wind oder Strom von vorn, werden zum Ablegen alle Leinen bis auf die auf Slip gelegte (nicht fest belegte) Achterspring gelöst.

Mit eingelegtem Rückwärtsgang setzen wir leicht achteraus und der Zug der Achterspring dreht den Bug vom Steg weg. Zum Schutz des Rumpfes werden Fender am Heck von Hand geführt. Nachdem sich das Schiff um ca. 20 bis 30° gedreht hat, wird die Achterspring eingeholt und die Maschine setzt langsam voraus.

Dabei sollte gefühlvoll gefahren und nicht zu hart Ruder gelegt werden, damit das Heck nicht gegen die Pier/den Steg kommt oder andere Yachten beschädigt.

• Wind oder Strom von achtern

Ist nur unzureichend Platz zum Ablegen (weitere Schiffe) vorhanden, oder Strom und Wind sind sehr stark, dann sollte das Manöver wie folgt durchgeführt werden: Zum Ablegen werden alle Leinen bis auf die Vorspring gelöst. Dabei ist der Vorwärtsgang eingelegt. Dann wird leicht Ruder gelegt und mit leichter Vorausfahrt wird in die belegte Vorspring „eingedampft".

Der Zug der Spring dreht das Heck vom Steg weg, wobei der Bug abzufendern ist. Nachdem sich das Schiff um ca. 20° gedreht hat, wird der Rückwärtsgang der Maschine eingelegt, die Vorspring eingeholt und das Schiff setzt achteraus.

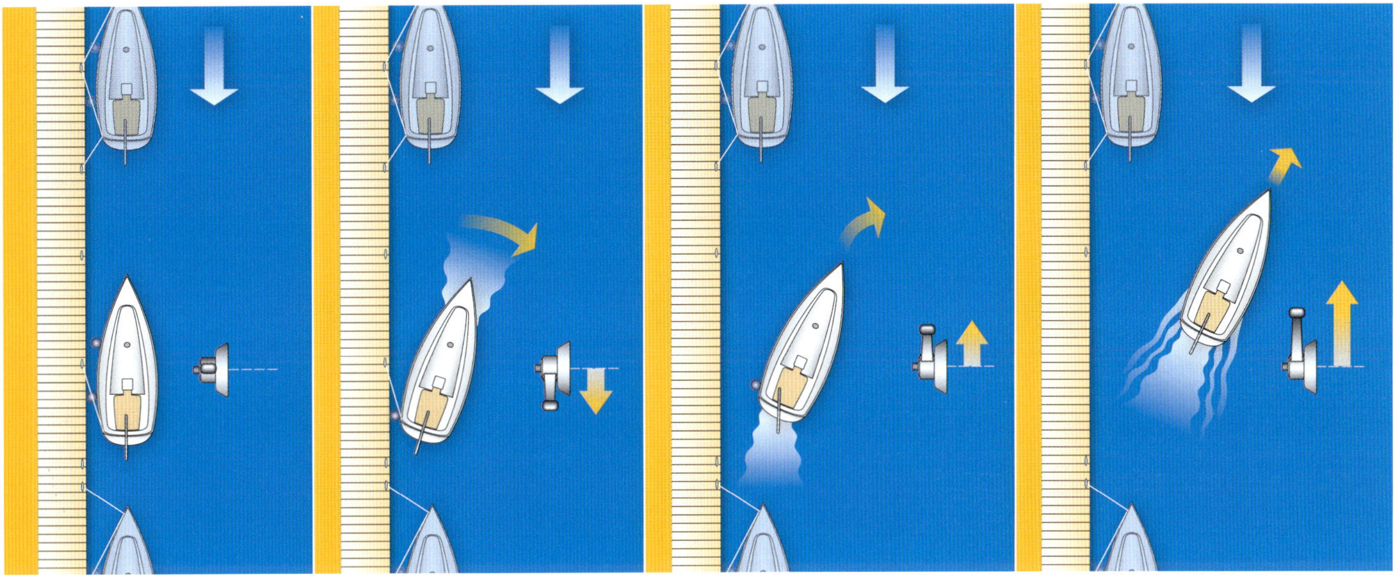

Beim Ablegen mit Wind oder Strom von vorn wird mit der Achterspring gearbeitet

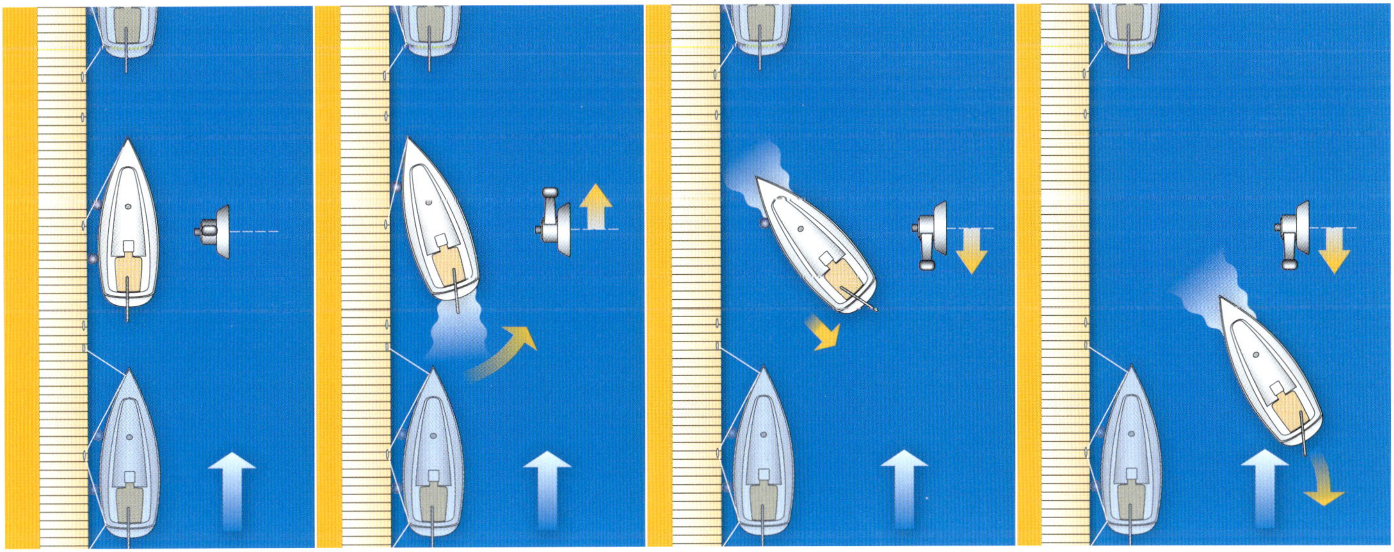

Ablegen mit Wind oder Strom von achtern

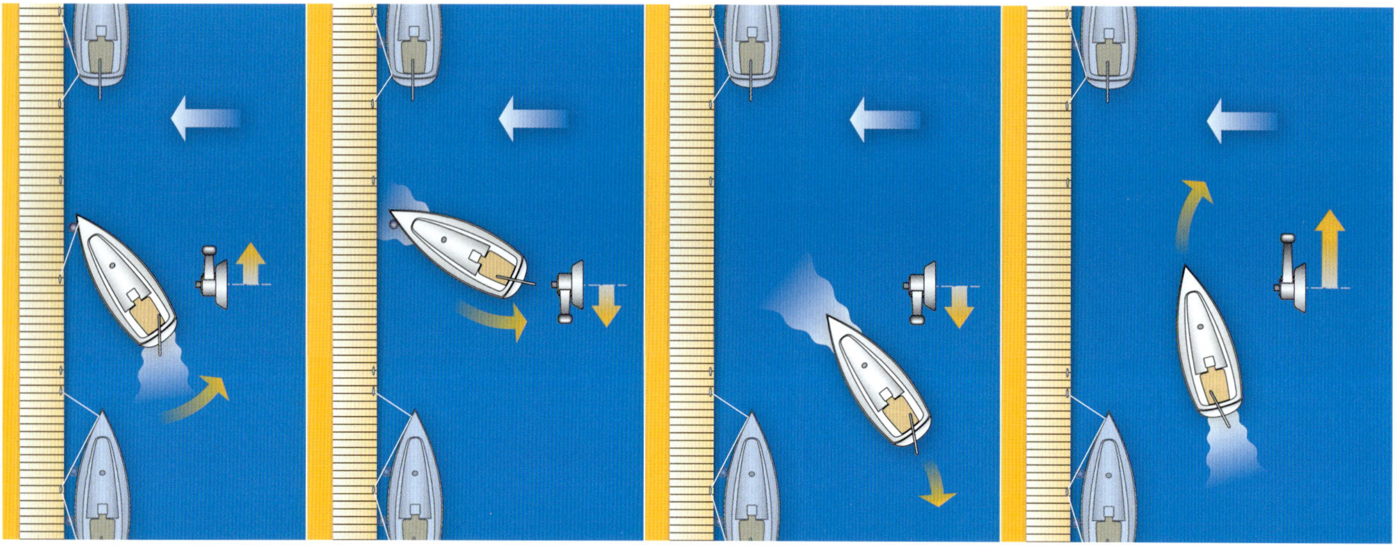

Nach Möglichkeit sollte der Liegeplatz so gewählt werden, dass man nicht auflandig liegt. Zum Ablegen sollte dann aber die Vorspring verwendet werden

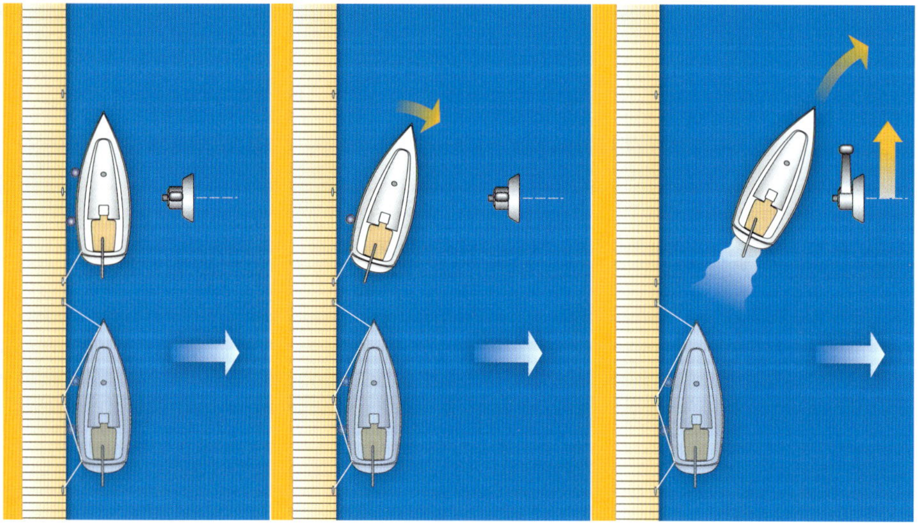

Beim Ablegen mit ablandigem Wind kann die Achterleine verwendet werden. Am Heck sollte bei Bedarf zusätzlich abgefendert werden

- Auflandiger Wind oder Strom

Generell ist nach Möglichkeit ein Liegeplatz zu vermeiden, wo Wind (aktuelle Situation und Vorhersage beachten!) oder Strom auflandig ist. Ist das nicht der Fall oder hat der Wind gedreht, kann das Ablegemanöver besonders in engen Häfen sehr „anspruchsvoll" werden.
Vor allem muss darauf geachtet werden, dass das Schiff schnell vom Steg freikommt, insbesondere bei stärkerem Wind. Nach dem Eindampfen in die Vorspring (Schiff ist um ca. 30° gedreht) wird in einem Bogen achteraus gesetzt. Wiederum in ausreichendem Abstand wird Fahrt voraus aufgenommen.

- Ablandiger Wind oder Strom

Alle Leinen bis auf die etwas gefierte Achterleine werden gelöst. Durch den Wind dreht das Schiff mit dem Bug vom Steg weg. Ist das Schiff frei vom Steg, wird die Achterleine eingeholt und Fahrt aufgenommen. Dabei ist darauf zu achten, dass nicht durch zu starke Ruderlage mit dem Heck die Pier oder Nachbarschiffe berührt werden.

- Verlassen einer Stegbox mit Pfählen

In der Regel liegt das Schiff in einer Stegbox mit dem Bug in Richtung Steg. Es ist mit zwei Vorleinen am Steg und zwei Achterleinen an Pfählen festgemacht. Zunächst sollten die Fender eingeholt werden, damit sie beim Ausfahren nicht zwischen Pfahl und Schiff quetschen und das Ablegen behindern.
Beim Ablegen werden beide Vorleinen oder diejenige in Luv vom Schiff aus über einen Poller/Ring oder eine Klampe zum Schiff zurückgeführt. Mit dieser Leine lässt sich insbesondere bei stärkerem (Seiten-)Wind ein Ausbrechen des Bugs vermeiden, wenn mithilfe der Maschine oder der Achterleinen langsam zurückgesetzt wird.
Befindet sich das Schiff nahe den achterlichen Pfählen, können die Leinen heruntergenommen werden. Beim Übernehmen der Leinen sollte man vorsichtig sein, dass dabei keine Enden über Bord gehen und in die Schiffsschraube geraten! Befinden sich 2/3 der Schiffslänge außerhalb der Stegbox, kann allmählich Ruder gelegt werden. Hat sich das Schiff gedreht und der Platz vor dem Bug ist ausreichend, wird der Vorwärtsgang eingelegt.

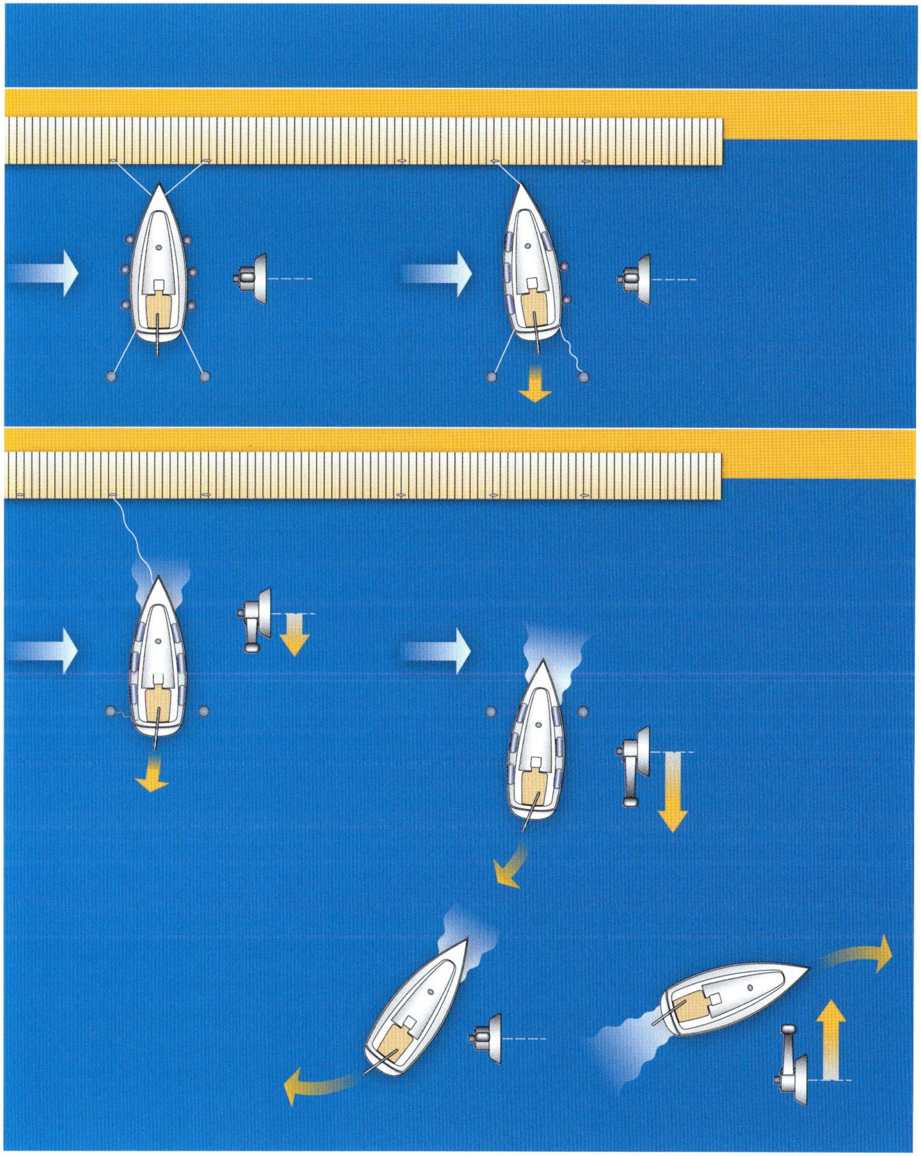

Beim Ablegen aus der Stegbox mit Wind von der Seite sollte die Bugleine in Luv mitgefiert werden, damit der Bug nicht wegdriftet

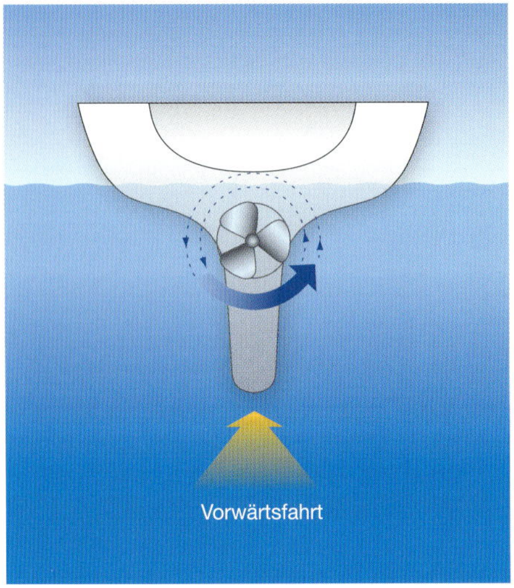

Der Radeffekt wirkt, wenn auch nicht so effektiv, auch bei Vorwärtsfahrt

In kleineren Häfen sollte das Wenden auf engem Raum dem Rudergänger vertraut sein

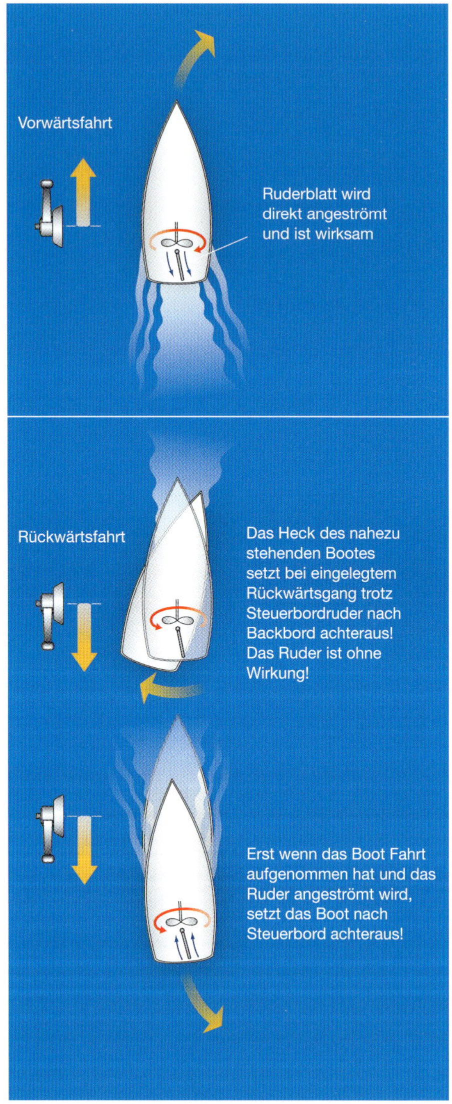

Bei der Vorausfahrt wird das Ruder vom Propeller direkt angeströmt. Bei Rückwärtsfahrt wirkt das Ruder erst, wenn die Yacht etwas Fahrt achteraus hat

Wenden auf engem Raum
In engen Hafenbecken oder an Anlegestellen muss das Schiff oft auf engem Raum gedreht werden. Hier ist die Kenntnis der Wellendrehrichtung und des Radeffekts von Bedeutung.
Eingeleitet wird das Manöver nach der Seite, nach der der Propeller dreht: bei linksdrehendem Propeller nach Backbord, bei rechtsdrehendem Propeller nach Steuerbord.

Ist der Raum zum Wenden kleiner als der Wendekreis des Schiffes, wird durch kräftiges, kurzzeitiges Vorausgehen mit stark gelegtem Ruder die Drehung eingeleitet. Das Schiff nimmt nur wenig Fahrt auf, wird jedoch mit dem Heck seitlich versetzt. Rechtzeitig vor Objekten voraus wird der Rückwärtsgang eingelegt. Durch kräftiges, kurzzeitiges Achterausgehen kann der Radeffekt voll genutzt werden, und das Heck wird weiter in die gewünschte Richtung seitlich versetzt. Während des Achterausgehens wird das Ruder erst dann umgelegt, wenn das Schiff Fahrt achteraus macht. Das gilt auch bei Fahrt voraus.
Das Vor- und Achteraussetzen wird so oft wiederholt, bis das gewünschte Ziel direkt angesteuert werden kann.
Wird zum Wenden auf engem Raum der Radeffekt nicht berücksichtigt und in die „falsche“ Richtung gedreht, sind Probleme absehbar, weil das Heck des Schiffes während des Achteraussetzens seitlich ungünstig versetzt wird und sich der Wendekreis damit deutlich vergrößert.

Beim Wenden auf engem Raum ist der Radeffekt zu berücksichtigen

Beim Anlegen ohne Wind oder Strom wird die Vorspring eingesetzt

Beim Festmachen in Tidenhäfen ist besonders auf die Länge von Leinen zu achten und ob die Yacht in den Untergrund einsinken kann

Anlegen

• Ohne Wind und Strom

Schiffe mit linksdrehendem Propeller legen bevorzugt mit ihrer Steuerbordseite an, denn bei eingelegtem Rückwärtsgang wird das Heck nach Steuerbord versetzt. Man nähert sich in einem spitzen Winkel (ca. 20°) mit langsamer Fahrt der Anlegestelle. Die Festmacher sind vorbereitet und die Fender zur Anlegeseite ausgebracht.

In geringem Abstand zum Steg begibt sich ein Mitglied der Crew an Land und belegt die Vorspring. Gleichzeitig wird die Fahrt des Schiffes durch einen kurzzeitigen, kräftigen Schub der Maschine achteraus aufgestoppt. Dabei wirkt der Radeffekt, und das Heck bewegt sich in Richtung Steg. Nun wird leicht in die Vorspring eingedampft, und anschließend werden Vor- und Achterleine sowie Achterspring belegt.

Angelegt werden kann aber auch ohne Hilfe der Vorspring, indem zunächst Vor- und Achterleine übergeben werden. Jedoch empfiehlt sich bei größeren Yachten der Einsatz der Vorspring, insbesondere dann, wenn mit der durch den Radeffekt bedingten „ungünstigen“ Schiffseite anlegt werden muss.

Wird an einer Pier mit einer Spundwand oder vorspringenden Pfählen angelegt, ist ein Fenderbrett zu benutzen. Somit ist besonders in Tidehäfen und bei Starkwind sichergestellt, dass die Fender nicht zwischen zwei Pfähle rutschen und die Bordwand an die Pier gerät. Beim Festmachen in Tidehäfen sollten lange Lei-

Im Päckchen festgemacht, sind Manöver mithilfe einer Spring zu vermeiden

nen eingesetzt werden, damit sie für den Tidenstieg und -fall ausreichend sind. Ist der Hafen oder die Situation unbekannt, ist die Yacht nicht zu verlassen, damit die unterschiedlichen Verhältnisse je nach Tide angepasst werden können. Es ist in jedem Fall zu prüfen, ob genügend Wassertiefe bei Niedrigwasser vorhanden oder ob die Yacht sonst sicher aufsetzen bzw. in den Untergrund (weicher Schlick) einsinken kann.

Wird längsseits an eine Yacht oder ein Päckchen gegangen, sind Manöver mit einer Spring nach Möglichkeit zu vermeiden, da sich dann der bzw. die Nebenlieger mit in Bewegung setzen und andere Schiffe beschädigen könnten. Beim Liegen im Päckchen ist darauf zu achten, dass die Boote etwas versetzt liegen, damit sich die Yachten bei stärkerem Schwell nicht in der Takelage behaken.

SM1 Nr. 106, SM2 Nr. 86

Worauf müssen Sie achten, wenn Sie in Tidengewässern längsseits einer Pier festgemacht haben?

1. Die Wassertiefe muss auch bei Niedrigwasser ausreichen oder sicheres Aufsetzen muss gewährleistet sein.
2. Die Leinen müssen für den Tidenstieg oder -fall ausreichend lang sein. Bei größerem Tidenhub darf das Fahrzeug keinesfalls unbeaufsichtigt bleiben.

SM1 Nr. 78, SM2 Nr. 64

Wie sind längsseits liegende Fahrzeuge festzumachen? Ergänzen Sie die Skizze und benennen Sie die Leinen.

1. Achterleine,
2. Achterspring,
3. Vorspring,
4. Vorleine.

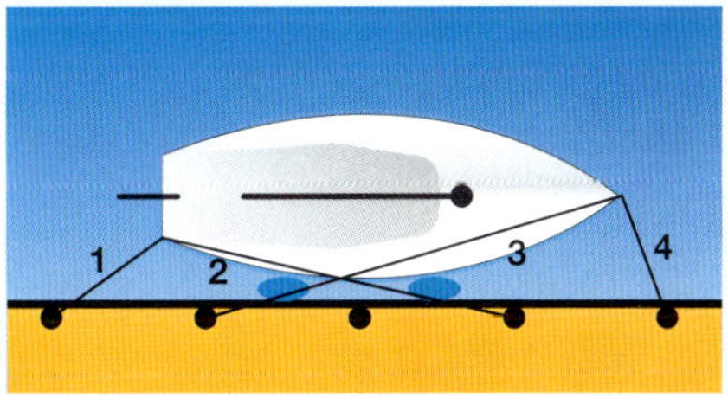

SM1 Nr. 79, SM2 Nr. 65

Wie können Sie mithilfe von zwei Fendern und einem Fenderbrett Ihr Boot festmachen, wenn die Pier mit vorspringenden Pfählen versehen ist? Ergänzen Sie die Skizze mit Leinen.

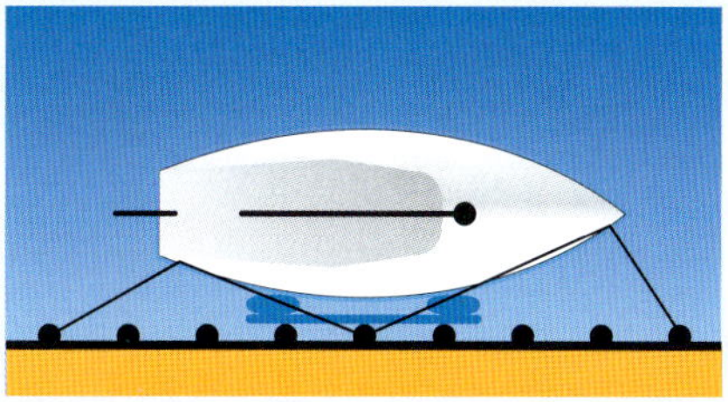

SM1 Nr. 89

Wenn gleich große Boote im Päckchen oder in der Box zusammenliegen, kann es zu Berührungen und Schäden in der Takelage kommen. Wie ist das zu verhindern?

Boote versetzt legen, damit Masten nicht auf gleicher Höhe sind oder im Wechsel Heck–Bug zur Pier legen.

SM1 Nr. 90

Worauf ist beim Liegen in einer Box in Bezug auf benachbarte Boote zu achten, wenn Schwell in den Hafen läuft?

Dass benachbarte Boote mit ihren Masten versetzt liegen und nicht gegeneinanderschlagen.

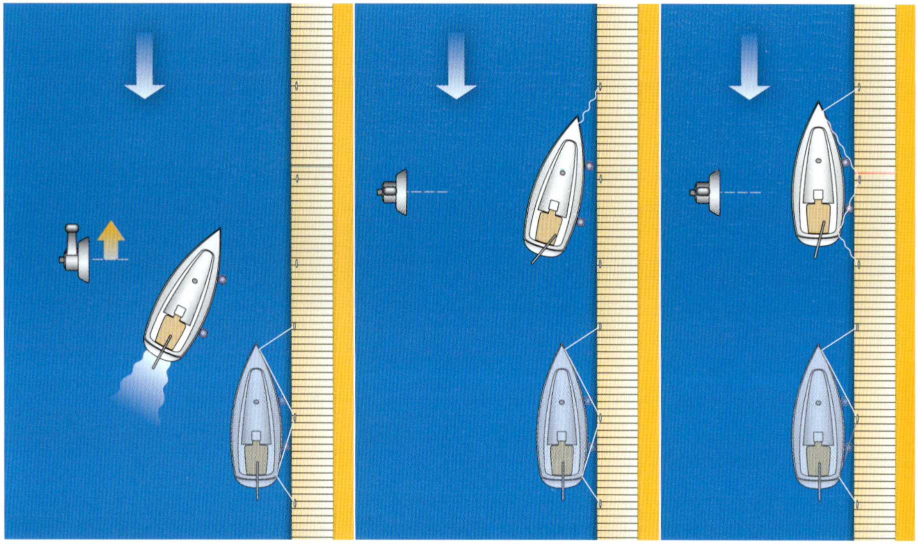

Beim Anlegen mit Wind oder Strom von vorne kann mit der Vorleine angelegt werden. Je nach Situation kann auch die Vorspring zum Einsatz kommen

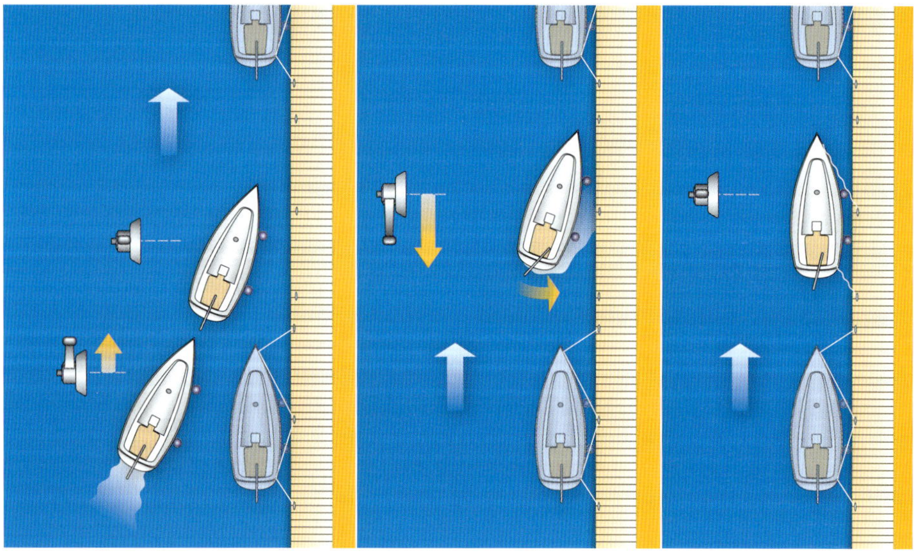

Anlegen mit Wind oder Strom von achtern

• Wind oder Strom von vorn

Weht der Wind oder setzt der Strom von vorn, ist sich dem Steg in einem spitzen Winkel (10 bis 20°) zu nähern. Die Fahrt wird so bemessen, dass das Schiff in Höhe des Stegs zum Stehen kommt. Gegebenenfalls wird mit der Maschine aufgestoppt.

Die Vorleine wird an Land belegt. Auch bei starkem Wind kann so das unbeabsichtigte Achteraussetzen vermieden werden. Dann werden die anderen Leinen belegt.

Alternativ kann auch die Vorspring zuerst belegt werden und mit geringer Fahrt voraus und leichter Ruderlage eingedampft werden.

• Wind oder Strom von achtern

Das Schiff nähert sich mit geringem Fahrtüberschuss in spitzem Winkel (10 bis 20°). Mit eingelegtem Rückwärtsgang wird die Fahrt aufgestoppt und das Heck an den Steg geholt. Die Achterleine wird belegt. Wenn möglich, zeitgleich auch die Vorspring belegen. Danach werden die Vorleine und die Achterspring ausgebracht.

Alternativ kann auch rückwärts an die Anlegestelle herangefahren werden. Zunächst wird die Achterleine und dann die Vorleine gesetzt. Anschließend folgen die Springleinen.

• Auflandiger Wind oder Strom

Generell sollte nach Möglichkeit vermieden werden, mit auflandigem Wind anzulegen. Man liegt auf Fender an der Pier oder Nachbarschiffen im Päckchen. Das darauf vielleicht notwendige Ablegemanöver mit starkem auflandigem Wind kann unter Umständen sehr „aufwendig" werden.

Entscheidet man sich aber zum Anlegen, sollte man sich dem Steg in einem deutlich großen Winkel (ca. 50°) nähern.

Auch in diesem Fall sollte die Schiffsgeschwindigkeit reduziert werden. Die Vorleine wird klariert und Fender werden am Bug und an den Seiten ausgebracht. Rechtzeitig wird gestoppt und das Schiff kommt in Höhe des Steges/der Pier in einem Winkel von 30 bis 40° zum Stillstand. Die Vorleine wird an Land belegt. Mittels Radeffekt und durch die Windkraft kommt das Heck ebenfalls an den Steg. Nun können die Achterleine und Springleine belegt werden.

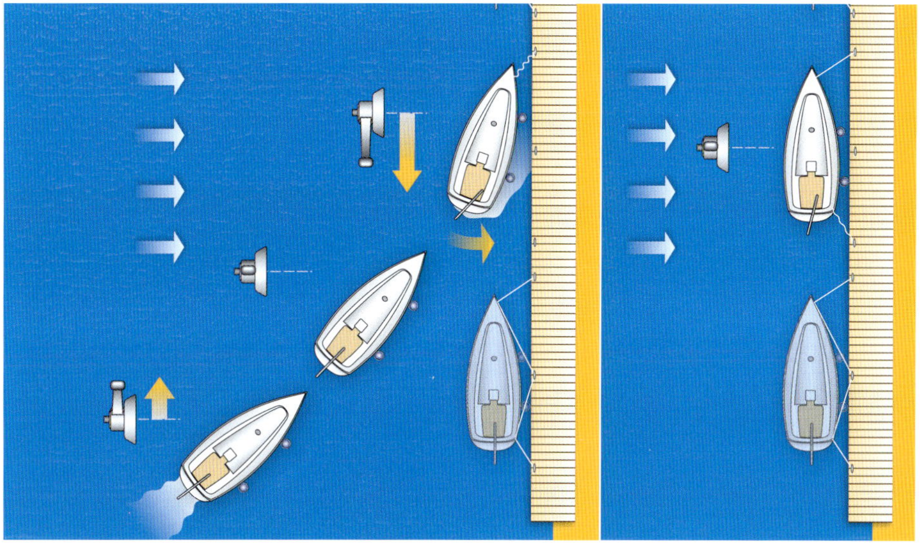

Anlegen mit auflandigem Wind sollte möglichst vermieden werden, denn bei stärkerem Wind wird das Ablegen nicht einfach

• Ablandiger Wind oder Strom

Beim Anlegen mit ablandigem Wind oder Strom muss beachtet werden, dass das Schiff ausreichend nah an den Steg gebracht wird. Die Annäherung erfolgt wiederum in einem Winkel zum Steg von ca. 50°.

Kurz vor dem Steg wird die Fahrt mit eingelegtem Rückwärtsgang aufgestoppt. Die Vorspring wird an Land belegt und mit geringer Vorwärtsfahrt wird das Heck in Richtung Steg gedreht. Dann folgen Vor- und Achterleine sowie Achterspring.

Dabei ist zu beachten, dass nicht zu weit vor dem Steg aufstoppt wird, sonst wird bei geringer Fahrt der Bug durch den Wind herumgedrückt, und das Anlegemanöver muss wiederholt werden.

Beim Anlegen mit ablandigem Wind wird, wie hier gezeigt, zunächst die Vorspring an Land belegt

• Anlegen in der Stegbox
Das Anlegen in der Stegbox erfordert einen etwas höheren Aufwand, da insgesamt vier Festmacherleinen auf beiden Schiffsseiten zu belegen sind, was bei kleiner Crew manchmal etwas schwierig ist.

Alle Leinen werden vorbereitet, die achteren Leinen werden mit einem Palstek versehen. Die Fender befinden sich an Deck und mit geringer Fahrt wird zwischen die Pfähle gefahren. Ist das Schiff mit Teilen seiner Schiffslänge in die Stegbox eingefahren, werden beide Achterleinen über die Pfähle gelegt und auf Slip mitgeführt. In jedem Fall ist es wichtig, dass bei seitlichem Wind der Luvpfahl mit einer Achterleine versehen wird! Die Fender werden nach Passieren der Achterpfähle so bald wie möglich ausgebracht. Wären die Fender bereits beim Einsteuern in die Pfähle ausgebracht, könnten sie quetschen und das Einfahren behindern. Auch die Reling könnte dann durch den starken Zug der Fenderleinen beschädigt werden.

Kurz vor dem Erreichen des Stegs wird die Fahrt des Schiffes durch einen kurzen Schub der Maschine rückwärts aufgestoppt und die Vorleinen werden an Land gebracht.

Vor- und Achterleinen werden so belegt, dass das Schiff mittig in der Box mit Abstand zum Steg liegt, damit bei Veränderung des Wasserstands oder achterlichem Wind der Bug nicht gegen den Steg setzt.

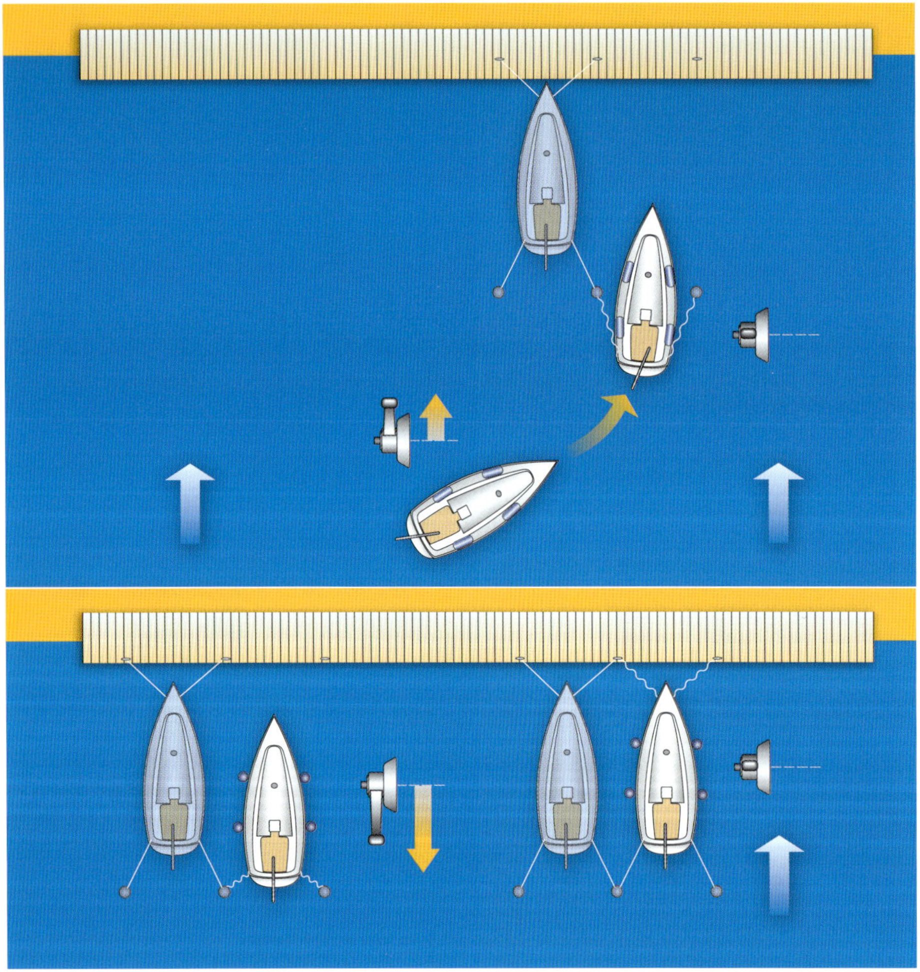

Beim Anlegen in einer Stegbox sind die Fender zunächst an Deck. Bei achterlichem Wind müssen unbedingt die Heckleinen übergelegt werden, damit das Heck in der Box nicht driftet

Beim Anlegen in einer Stegbox mit Pfählen sind die Leinen ausreichend lang auszuwählen

Achtung: Die beim Anlegen auf Slip mitgeführten Achterleinen dürfen nicht in die Schraube geraten. Kann nur eine der beiden Achterleinen beim Einfahren in die Stegbox belegt werden (zu breite Stegbox), sollte die luvwärtige gewählt werden. Die noch fehlende Achterleine kann mit dem Beiboot oder durch Zurücksetzen mit den auf Slip geführten Vorleinen anschließend gesetzt werden.

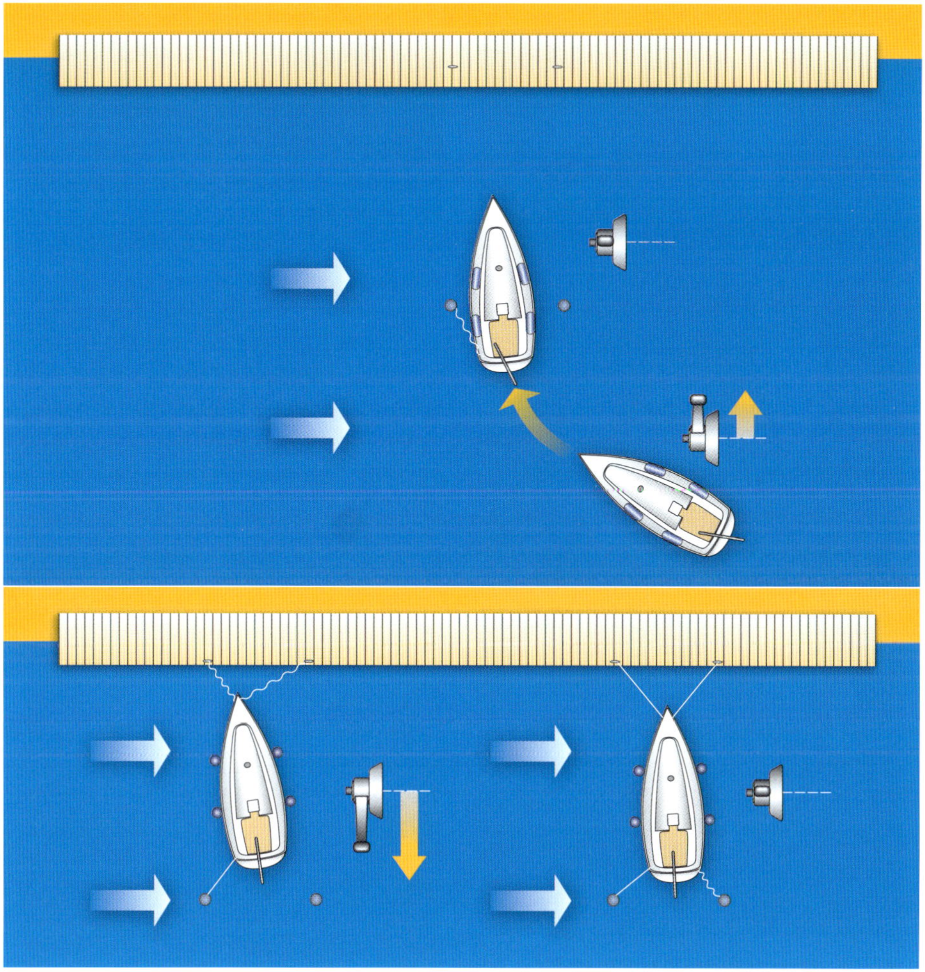

Beim Anlegen in einer Stegbox mit Wind von der Seite sind Bug- und Achterleine in Luv sehr wichtig

↘ SM1 Nr. 95, SM2 Nr. 79

Sie wollen in eine Box einlaufen. Wie bereiten Sie die Achterleinen vor und machen sie fest?

Achterleinen mit Auge versehen (z. B. Palstek), möglichst früh über die Pfähle legen, bei seitlichem Wind zuerst über den Luvpfahl.

↘ SM2 Nr. 80

Welche Vorbereitung haben Sie für ein Anlegemanöver zu treffen?

1. Crew für Manöver einteilen,
2. Leinen und Fender bereitlegen.

Beim Anlegen mit dem Buganker ist unter anderem wichtig, dass der Anker in einem rechten Winkel zur Pier ausgelegt wird, damit weder der eigene Anker noch die eigene Ankerkette sich mit denen der Nachbarschiffe verhaken oder vertörnen

Diese Yacht liegt mit Buganker und Heckleinen an der Pier

• Anlegen an der Pier mit Buganker

Das Anlegen mit Buganker und Heckleinen an der Pier ist oft im Mittelmeer zu finden. Wichtig ist dabei, dass der Anker in einem rechten Winkel zur Pier ausgelegt wird, damit weder der eigene Anker noch die eigene Ankerkette sich mit denen der Nachbarschiffe verhaken oder vertörnen („unklar kommen").

Bei Seitenwind ist das Manöver nicht ganz einfach, auf jeden Fall ist der Radeffekt zu berücksichtigen. Ist eine Lücke gefunden, wird das Schiff je nach Radeffekt schräg angestellt und dann wird mit Rückwärtsfahrt auf die Lücke zugefahren. Je nach Wassertiefe ist rechtzeitig der Anker zu fieren. Zwischen den benachbarten Yachten kann die Fahrt fast aus dem Schiff genommen werden, die Ankerkette ist langsam steif kommen zu lassen. In geringem Abstand von der Pier wird abgestoppt und die Heckleinen werden belegt.

Nun wird die Ankerkette noch so weit angeholt, dass das Boot auch bei kräftigem

Wind nicht auf die Pier gedrückt werden kann. Nach einigen Stunden ist die Länge der Kette noch einmal zu prüfen. Besonders in Häfen mit moddrigem Grund setzt sich der Anker noch ein wenig.

• An- und Ablegen mit Muringleinen
Besonders im Mittelmeerraum werden Muringleinen verwendet. Dabei wird mit Bug oder Heck zuerst an einer Pier festgemacht. Dann wird mit der Aufholleine, welche an der Pier befestigt ist, die Muringleine zu dem bislang noch nicht befestigten Ende des Schiffs, Heck oder Bug, geführt und dort belegt. Oft handelt es sich dabei um eine „schmierige“ Angelegenheit, denn die Muringleinen liegen bei Nichtgebrauch auf dem Grund und sind oft bewachsen. Arbeitshandschuhe helfen da weiter.

Yachten mit Muringleinen am Bug

Eine weitere Variante: Nicht nur in Skandinavien liegt man mit Heckanker

Das An- und Ablegen kann bei Seitenwind schwierig werden, da die Yacht bis zum Aufholen der Muringleine abdriften kann. In größeren Marinas hilft bei diesen Situationen oft das Hafenpersonal unterstützend mit Schlauchbooten.

Manöver unter Segeln

Anlegen

Das Anlegen unter Segeln sollte mit einer größeren Yacht nur von einer geübten Crew durchgeführt werden. Besonders in engen Häfen können schnell andere Yachten durch ungewollte Manöver beschädigt werden. Besondere Vorsicht ist auch beim Abdrücken mit Hand und Fuß geboten – hierbei gab es schon die schlimmsten Verletzungen!

Versagt der Motor den Dienst, dann bleibt nichts anderes übrig, als unter Segeln anzulegen. Zuvor aber sollte anhand eines Hafenhandbuchs geprüft werden, ob tatsächlich genügend Raum für Manöver vorhanden ist. Sonst empfiehlt es sich vielleicht, vor dem Hafen zu ankern oder

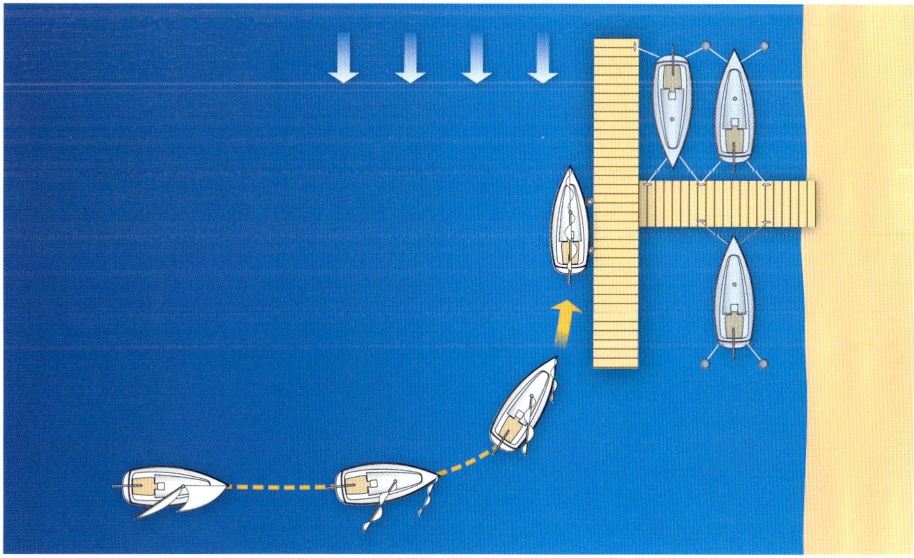

Weht der Wind parallel zum Steg/zur Pier, dann lässt sich das Anlegemanöver unter Segeln leichter ausführen

auf und ab zu segeln, um Schlepphilfe anzufordern. Relativ einfach ist aber das Manöver, wenn der Wind parallel zu einer Pier oder einem Steg weht. Dann kann ein Aufschießer gegen die Windrichtung gefahren werden. Zunächst sollte die Schot des Vorsegels gefiert oder das Vorsegel komplett geborgen werden (einrollen). Mit dem Großsegel kann die Restfahrt kontrolliert werden. Ein Treibanker an Bord kann unter Umständen wirkungsvoll als Bremse eingesetzt werden.
Ein Crewmitglied auf dem Vordeck schätzt die Entfernung und teilt diese dem Steuermann mit.
Mit einer am Schiff belegten Leine begibt sich ein Crewmitglied bei geringem Abstand an Land, Springen sollte nach Möglichkeit aber vermieden werden. Praktisch sind „Helfer" an Land, die Leinen entgegennehmen können.

Ablegen
Das Ablegen unter Segeln kann sich mit einer Yacht in engen und verwinkelten Marinas sehr schwierig gestalten. Ist die Stegbox unter Segeln verlassen, stellt sich alsbald die nächste Schwierigkeit – womöglich muss mit der (großen) Yacht zwischen engen Stegen aufgekreuzt werden. Besser ist es dann, sie mit Leinen an das Stegende zu verholen oder ablandig an einer Pier zu liegen. Dort werden mit Bug in den Wind (Bugleine) die Segel gesetzt.
Die Yacht wird anschließend abgesetzt (mithilfe der Fock), und der Hafen kann verlassen werden.

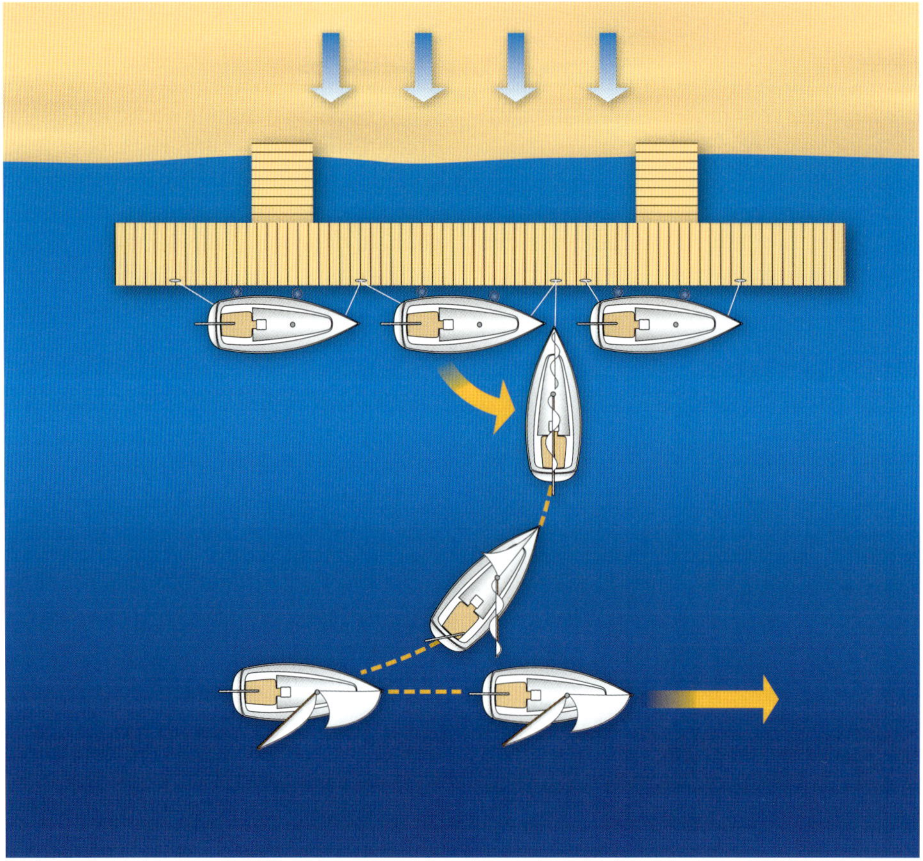
Liegt man ablandig, ist das Ablegen unter Segeln weniger kompliziert

Sind Groß- und Vorsegel gesetzt, lässt sich das Schiff gut kontrollieren. Wird das Manöver nur mit dem Vorsegel ausgeführt, kann die erhöhte Leegierigkeit die Steuerfähigkeit beeinflussen.

Yachtgebräuche/Flaggenkunde

Yachtgebräuche sind Spielregeln, die der seemännischen Tradition entstammen und für ein „reibungsarmes" Zusammenleben im Hafen und auf See notwendig sind. Jeder sollte sie berücksichtigen. Dazu gehört beispielsweise, sich in fremden Häfen unverzüglich beim Hafenmeister zu melden, um einen Liegeplatz zu erfragen und das Hafengeld zu bezahlen.
Ist es erforderlich, im Päckchen zu liegen, wird vor dem Anlegen um Erlaubnis ge-

fragt. Grundsätzlich ist eine Yacht nicht abzuweisen, das ist unhöflich. Man braucht sich nur vorzustellen, selbst einmal in diese Situation zu geraten! Die Crew außen liegender Schiffe sollte beim Überqueren anderer Schiffe ausschließlich über das Vordeck dieser Schiffe laufen – keinesfalls über das Achterschiff oder durch das Cockpit. An der freien Bordseite sollten auf längsseits angelegten Booten Fender ausgelegt werden, um anderen das Anlegen zu erleichtern. Das Auslegen des Beibootes an der freien Bordseite gilt als äußerst unfreundlich! Bei einer größeren Anzahl von Schiffen im Päckchen sind zusätzliche Landleinen auszubringen.
Einlaufenden Schiffen wird beim Anlegen geholfen und die Leinen sind mit anzunehmen.

Hafenmanöver unter Maschine sind zur Vermeidung von Schwell mit möglichst geringer Fahrt zu fahren. Während der Hafenmanöver sollten alle Anweisungen

Die Nationalflagge einer Yacht wird am Heck geführt

an die Crew in „normaler" Lautstärke erfolgen. Der Schiffsführer überzeugt nicht durch lautstarkes Brüllen! Nachts sollte jeder Lärm vermieden werden, so auch laute Musik.

Zur Seemannschaft zählt auch der Umgang mit Flaggen. Flaggen sind in erster Linie Signal- und Erkennungszeichen (Nation, Verein, Buchstabe des Flaggenalphabetes etc.). Beim Setzen von Flaggen ist zu beachten, dass sie bis dicht unter den Kopf des Flaggenstocks oder die Saling vorgeheißt werden und die Flaggenleine keine Lose hat. Nichts sieht schlimmer aus als eine halb hochgezogene Gastlandflagge unter der Saling!
Die Nationalflagge muss von jeder Yacht, deren Eigner Deutscher ist und der innerhalb Deutschlands wohnt, geführt werden (Küstengewässer und Seeschifffahrtsstraßen). Sie darf auch nicht durch eine andere Flagge, wie z. B. die Europaflagge, ersetzt werden. Zu führen ist sie am Heck an einem Flaggenstock, der nach achtern geneigt ist, damit die Flagge auch bei Windstille zu erkennen ist.
Die Gastlandflagge wird vor der Einfahrt in den Hafen eines Gastlandes oder beim Grenzübertritt unter der Steuerbordsaling gesetzt. Der Stander des Segelclubs oder -vereins sollte nach Möglichkeit im Topp des Mastes gefahren werden. Alternativ zum Masttopp kann er auch unter der Backbordsaling gefahren werden.
Signalflaggen werden nach den Vorschriften des *Internationalen Signalbuches* geführt.

Rigg und Segel sind optimal getrimmt

Auf See

Rigg- und Segeltrimm

Vor dem Verlassen des Hafens sollte der grundsätzliche *Riggtrimm* durchgeführt sein. Darunter ist zu verstehen, dass sämtliche Wanten über eine ausreichende Spannung verfügen und mit Splinten oder Ähnlichem gesichert sind. Auf See sollten nur noch Achterstag, Babystag oder Backstagen verstellt werden. Ein Blick in den Mast gibt über den groben Trimm Gewissheit!

Hier ist das Achterstag nur wenig angeholt. Das Vorstag hängt durch, und das Profil des Vorsegels wird bauchiger

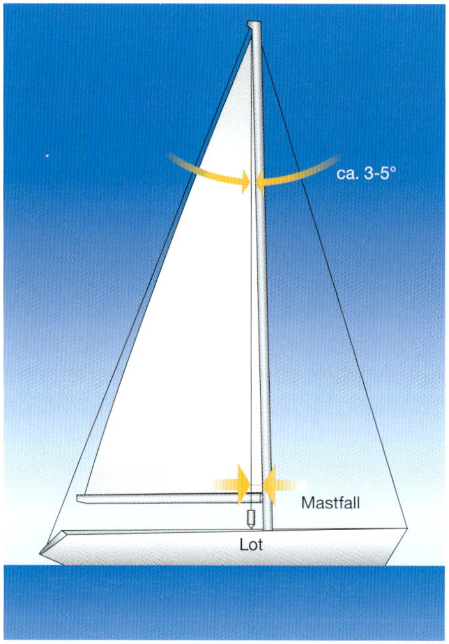

Der Mastfall kann mit einem Lot ermittelt werden

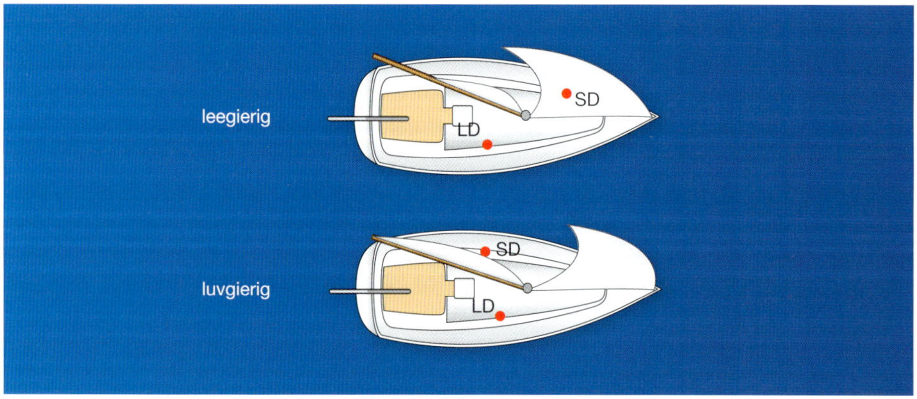

Liegt der Segeldruckpunkt (SD) vor dem Lateraldruckpunkt (LD), ist die Yacht leegierig. Luvgierig ist die Yacht, wenn der Segeldruckpunkt hinter dem Lateraldruckpunkt liegt

Das *Achterstag* sollte bereits so weit vorgespannt sein, dass der Vorstagsdurchhang möglichst gering ist. Der Vorstagsdurchhang beschreibt das seitliche Durchhängen des Vorstags, insbesondere auf dem Amwindkurs. Bei einem zu starken Vorstagsdurchhang verformt sich das Profil des Vorsegels, es wird bauchiger.
Mit dem Achterstag wird auch die achterliche Mastbiegung kontrolliert. Der nach achtern gebogene obere Teil des Mastes formt das Großsegel flacher und bringt dadurch einen besseren Vortrieb.
Der *Mastfall*, d. h. der Neigungswinkel nach achtern, ist abhängig von der eingestellten Länge des Vorstags. Die Vergrößerung des Mastfalls bewirkt, dass das Schiff luvgieriger ist.

Unter *Luv-* beziehungsweise *Leegierigkeit* einer Yacht versteht man die Tendenz anzuluven oder abzufallen, obwohl das Ruder mittschiffs ist. Typischerweise sind Yachten leicht luvgierig konstruiert, damit sie bei zunehmendem Winddruck selbstständig in den Wind schießen. Die Luv- bzw. Leegierigkeit wird durch einen Hebelarm erzeugt, der sich aus dem Segeldruckpunkt SD und dem Lateraldruckpunkt LD ergibt.
Im Segeldruckpunkt SD konzentrieren sich die Windkräfte der gesamten Segelfläche. Der Lateraldruckpunkt LD ist das Zentrum der der seitlichen Abdrift entgegenwirkenden Kraft. Liegt der Segeldruckpunkt senkrecht über dem Lateraldruckpunkt, segelt das Boot geradeaus. Liegt der Segeldruckpunkt davor, dann fällt das

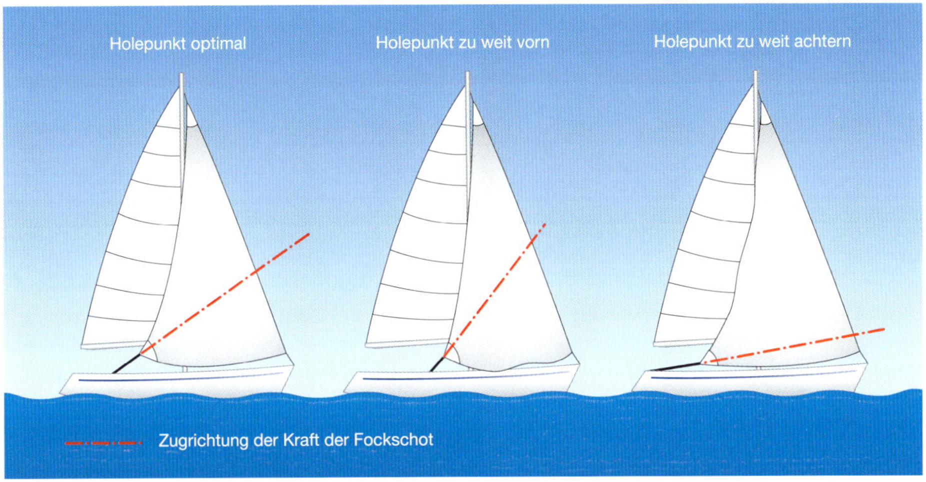

Der Holepunkt des Vorsegels ist richtig einzustellen

Boot ab, es ist leegierig. Ist es luvgierig, liegt der Segeldruckpunkt hinter dem Lateraldruckpunkt. Ist eine Yacht luvgierig, dann wirkt sich das auf den Ruderdruck aus – er nimmt zu. Bei einer Leegierigkeit muss die Yacht durch Ruderlegen ständig zum Wind hin gesteuert werden.
Krängt eine Yacht, dann ist außerdem der Hebelarm zu berücksichtigen, der sich dadurch ergibt, dass der Segeldruckpunkt nach Lee wandert. Die Vortriebskraft der Segel (vereinigt im Segeldruckpunkt!) lässt die Yacht luvgierig werden.
Ist die Yacht luv- oder leegierig, dann empfehlen sich folgende Maßnahmen:

Trimm bei Luvgierigkeit:
- Vorsegel vergrößern und/oder
- Großsegel reffen,
- Traveller nach Lee oder Großschot fieren,
- Crewgewicht nach Luv verlagern.

Trimm bei Leegierigkeit:
- Vorsegel verkleinern und bei gerefftem Großsegel: Großsegel ausreffen,
- Crewgewicht nach Lee verlagern.

Mit einem optimalen *Trimm der Segel* wird der optimale Vortrieb erreicht. Beim *Vorsegel* sind die Holepunkte (Schotschlitten) so einzustellen, dass die Zugkraft der Schot gleichmäßig auf die Segelfläche bzw. Unter- und Achterliek verteilt wird. Wird der Holepunkt zu weit nach achtern versetzt, wird das Unterliek stark belastet und das Achterliek entlastet, dadurch killt das Achterliek. Ist dagegen der Holepunkt zu weit nach vorn gesetzt, wird das Unterliek killen. Wirft das Vorliek des Vorsegels Falten, dann ist das Fall nicht genügend durchgesetzt.

SM1 Nr. 44

Welchen Einfluss hat zunehmende Krängung auf den Trimm eines Segelbootes? (Begründung!)

Die Luvgierigkeit nimmt zu, weil der Segeldruckpunkt nach Lee auswandert.

SM1 Nr. 45

Sie segeln am Wind, Krängung und Ruderdruck nehmen stark zu.

1. **Wie bezeichnet man das Verhalten des Bootes?**
2. **Mit welchen Mitteln können Sie die Krängung und den Ruderdruck vermindern?**

1. Luvgierigkeit.
2. Traveller nach Lee setzen und/oder Großschot (etwas) fieren, Großsegel reffen.

SM1 Nr. 48

Das Unterliek Ihres Vorsegels killt. Was ist die Ursache?

Der Holepunkt der Schot liegt zu weit vorne.

SM1 Nr. 49

Das Achterliek Ihres Vorsegels killt. Was ist die Ursache?

Der Holepunkt der Schot liegt zu weit achtern.

SM1 Nr. 47

Das Vorliek der Fock wirft Falten. Welches ist die häufigste Ursache?

Das Fall ist nicht genügend durchgesetzt.

↘ SM1 Nr. 50

Wozu dienen Windfäden am Segel?

Sie machen den Strömungsverlauf am Segel sichtbar, um das Segel optimal trimmen zu können.

↘ SM1 Nr. 52

Mit welchen 6 Teilen des laufenden und stehenden Guts können Sie ein Großsegel trimmen?

Großschot, Traveller, Unterliekstrecker, Cunninghamstrecker, Großfall, Achterliek.

↘ SM1 Nr. 84

Worauf müssen Sie vor dem Setzen des Großsegels achten? Welche Gefahr besteht nach dem Setzen des Großsegels, solange der Wind von vorne kommt?

1. Großschot und Baumniederholer müssen ausreichend Lose haben.
2. Das Großfall muss frei laufen und darf nicht vertörnt sein.
3. Verletzungsgefahr durch schlagenden Großbaum.

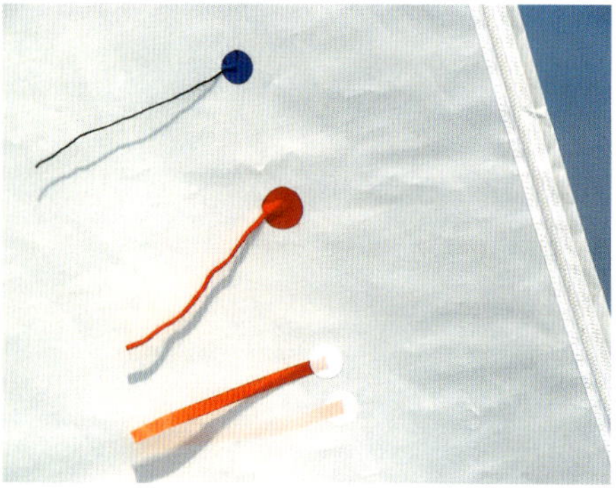

Windfäden dienen zur Kontrolle des Segeltrimms

Ob ein Vorsegel im vorderen Bereich optimal angeströmt wird, kann mit Windfäden kontrolliert werden.
Diese 10 bis 20 cm langen Wollfäden oder schmalen Streifen aus leichtem Spinnakertuch sind in einem geringen Abstand hinter dem Vorliek auf beiden Seiten des Vorsegels angebracht. Ist das Segel optimal angeströmt, dann müssen die Fäden auf der Luv- und Leeseite des Segels waagerecht anliegen.
Flattern die Windfäden auf der Leeseite, ist die Schot des Vorsegels zu dicht geholt oder es wurde zu stark abgefallen. Liegen die Fäden auf der Luvseite nicht an, muss die Schot dichter genommen oder etwas vom Wind abgefallen werden. Liegen die Windfäden entlang dem Vorliek sowohl in Lee als auch in Luv nicht gleichmäßig an, dann ist das Segel nicht richtig getrimmt.
Der Trimm des *Großsegels* erfolgt im Wesentlichen mit *Großschot*, *Unterliekstrecker*, *Großfall* bzw. *Cunningham*, *Traveller* und *Baumniederholer*. Windfäden, die in

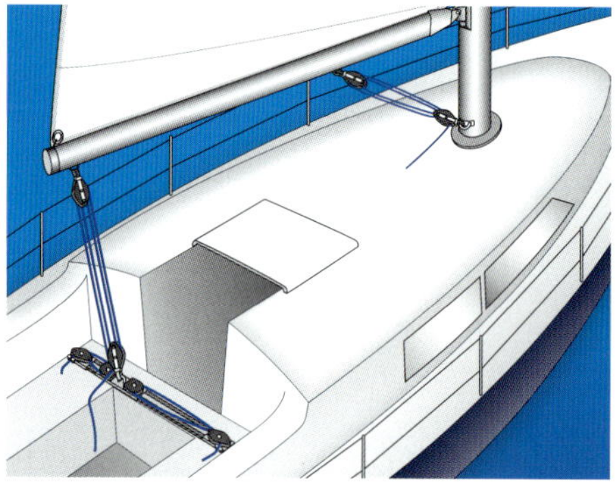

Das Großschotsystem einer Yacht mit Traveller

Das Großsegelprofil wird mit Unterliekstrecker, Großfall, Großschot, Traveller, Baumniederholer und Cunningham getrimmt

das Achterliek des Segels eingenäht sind, können dabei zur Kontrolle des Trimms verwendet werden. Der Achterliekstrecker ist so einzustellen, dass das Liek nicht killt.

Zum Setzen des Großsegels ist zu beachten, dass Großschot und Baumniederholer ausreichend gefiert sind und das Fall klar läuft. Die Großschot sollte besetzt sein, denn der schlagende Großbaum bedingt Verletzungsgefahr. Für den Trimm auf unterschiedlichen Kursen gilt allgemein:

Trimm für Vorwind- und Raumschotskurs:

- Segel wird etwas bauchiger eingestellt durch Lösen des Unterlieks.
- Baumniederholer ist durchgesetzt, um das Steigen des Großbaums zu vermeiden.
- Traveller ist nach Lee versetzt.

Trimm für Amwindkurs:

- Vor- und Unterliek werden durchgesetzt – das Großsegel wird flach getrimmt.
- Baumniederholer kann lose gefahren werden (bleibt aber belegt), er nimmt keine Kraft auf.
- Traveller wird bei kräftigem Wind etwas nach Lee versetzt, bei leichtem Wind sollte er mittschiffs oder etwas nach Luv gefahren werden.

Bei Starkwind sind generell die Segel flach zu trimmen, also Spannen des Achterstags, Vorliek und Unterliek durchsetzen und Traveller nach Lee.

Der Baumniederholer/Kicker ist für den Raumschotskurs durchgesetzt

SM1 Nr. 46

Welche Funktion hat ein Unterliekstrecker und wie kann mit dem Unterliekstrecker der Trimm des Großsegels beeinflusst werden?

Er reguliert die Spannung des Unterlieks. Je nach Zugkraft wird der untere Teil des Großsegels flacher oder bauchiger.

SM1 Nr. 51

1. **Wann sollte ein Großsegel flach getrimmt sein?**
2. **Wie kann ein Großsegel flach getrimmt werden?**

1. Bei Starkwind.
2. Dichtholen von Unterliek- und Vorliekstrecker, Dichtholen der Großschot, Durchsetzen des Großfalls, Spannung des Achterstags erhöhen, Traveller nach Lee.

SM1 Nr. 88

Warum muss beim Segeln vor dem Wind oder mit raumem Wind der Baumniederholer entsprechend der Windstärke durchgesetzt werden?

Um das Steigen des Baumes zu verhindern.

SM1 Nr. 41

Erklären Sie mithilfe eines Vektorparallelogramms aus „wahrem Wind (wW)", „Fahrtwind (Fw)" und „scheinbarem Wind (sW)", warum beim Einfallen einer Bö (Windzunahme) der „scheinbare Wind" raumt. Welcher Vorteil ergibt sich dadurch beim Kreuzen?

Verhältnisse vor Einfall der Bö:

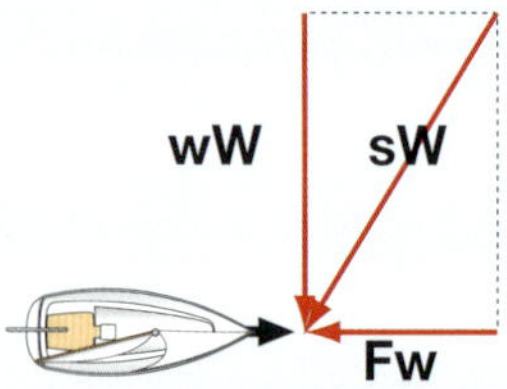

Verhältnisse bei Einfall der Bö:

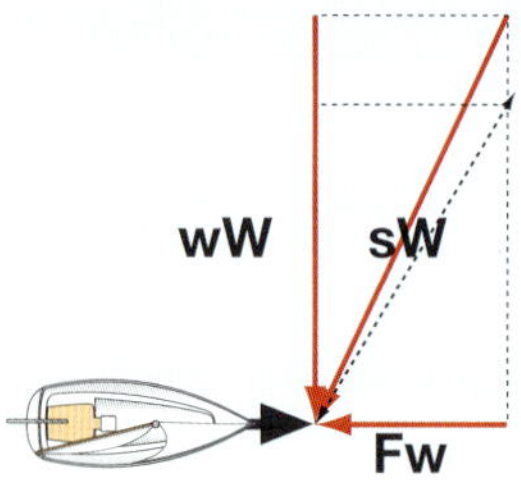

Der „scheinbare Wind" fällt etwas achterlicher ein, er „raumt", und das Segelboot kann etwas höher an den „wahren Wind" gehen.

Besonders beim Einfall einer Bö ist der Trimm der Segel zu beachten oder der Kurs kann leicht verändert werden. Wird der wahre Wind durch den Einfall der Bö verstärkt, so ändert sich der scheinbare Wind. Er fällt achterlicher ein und somit können die Segel kurzzeitig gefiert werden oder es kann angeluvt werden. Diesen Effekt wird man aber nicht immer nutzen können, denn nicht immer fallen Böen in der Richtung der vorherrschenden Windrichtung ein!

Der veränderliche scheinbare Wind wird besonders deutlich bei unterschiedlichen Segelstellungen. Bei Amwindkursen ist der scheinbare Wind stärker als bei Raumschot- oder Vorwindkursen.

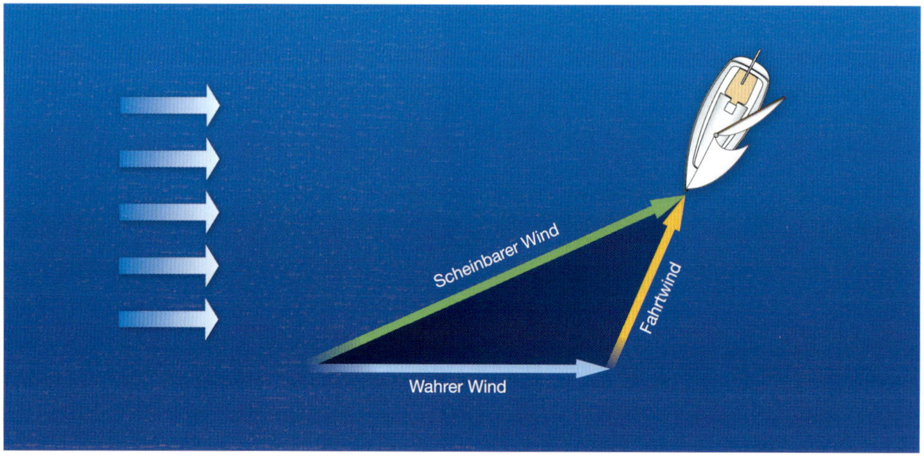

Bei einem Amwindkurs erhöht sich der scheinbare Wind je nach Windeinfall um den Fahrtwind

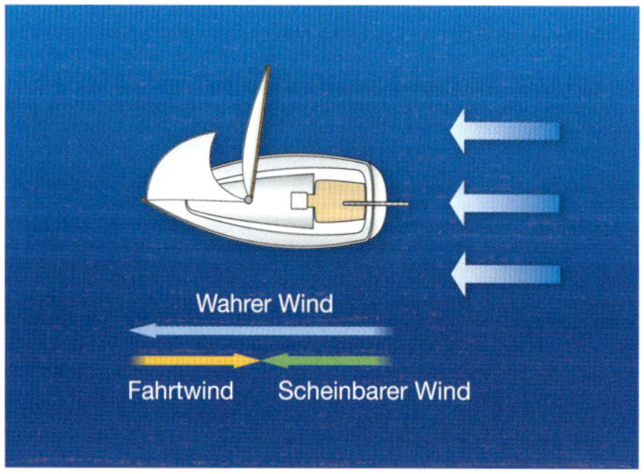

Beim Vorwindkurs wird der wahre Wind um den Fahrtwind reduziert

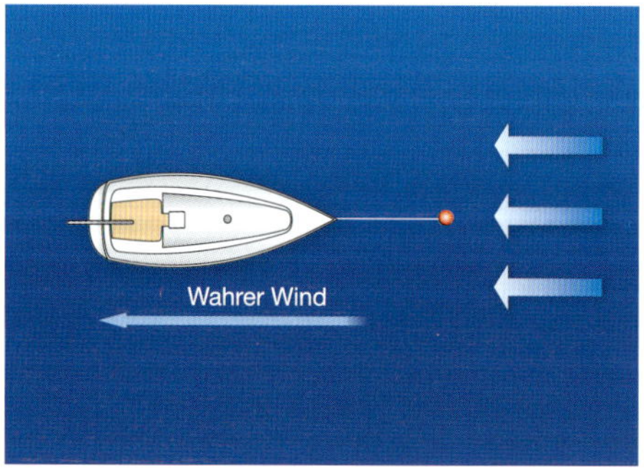

Liegt das Schiff an der Boje festgemacht, wirkt der wahre Wind

Segelmanöver

Einfach, aber wichtig bei der Ausführung sind die Manöver *Anluven* und *Abfallen*.

Anluven ist eine Kursänderung und bedeutet, eine Drehung in Richtung Wind zu segeln. Beim Abfallen wird eine Kurs-

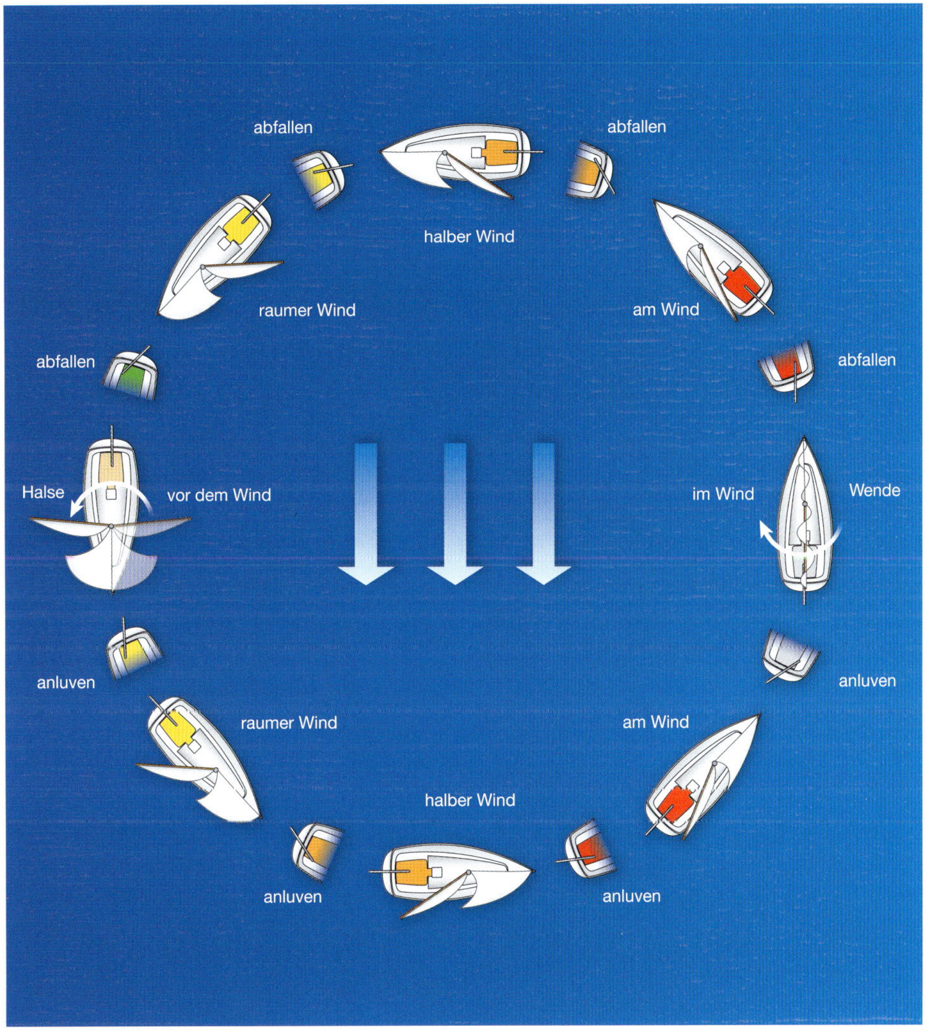

Verschiedene Kurse zum Wind

SM1 Nr. 42

Auf Amwindkurs mussten Sie reffen. Ein entgegenkommendes Boot gleicher Größe segelt ungerefft. Wie erklären Sie das?

Der „scheinbare Wind“ ist unterschiedlich stark. Er ist auf Amwindkursen stärker und auf Raumschots- oder Vorwindkursen schwächer als der „wahre Wind“.

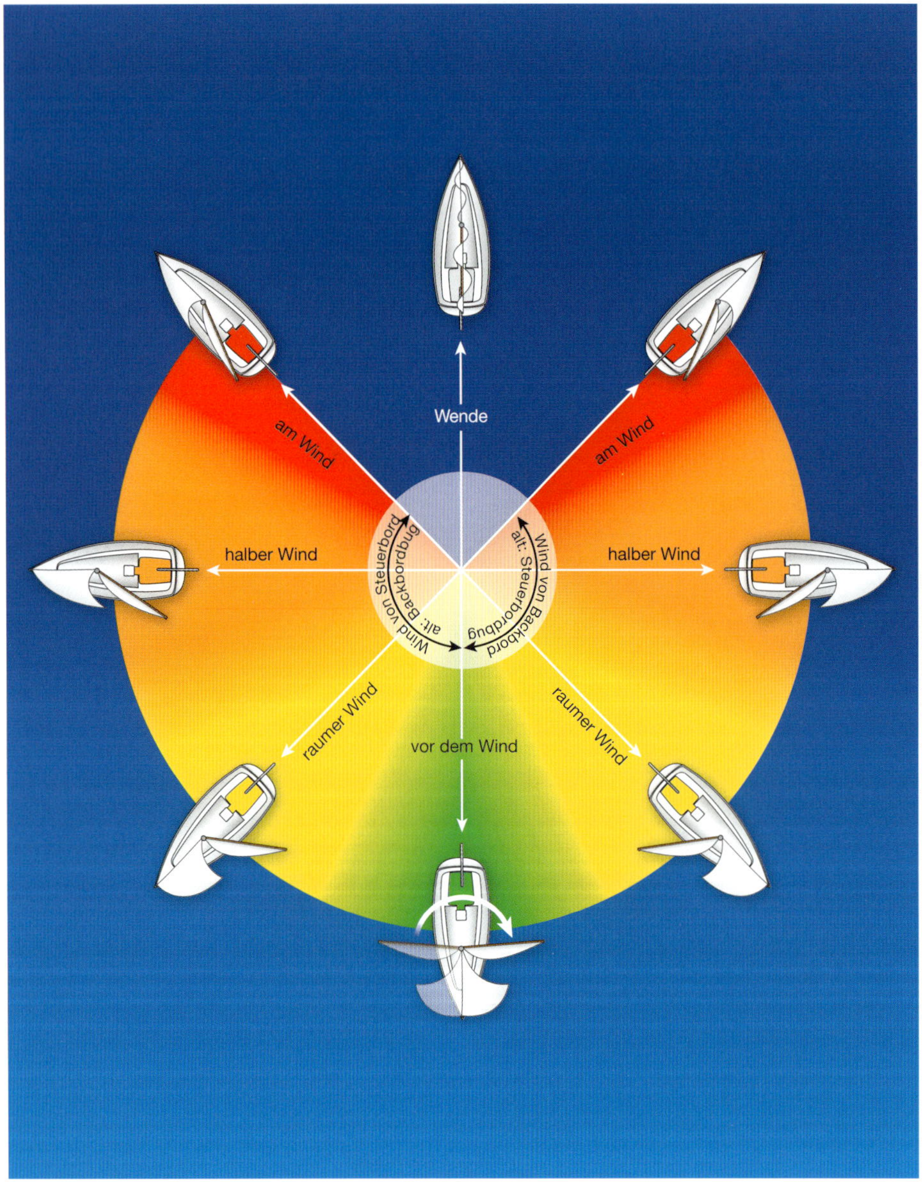

Verschiedene Kurse zum Wind

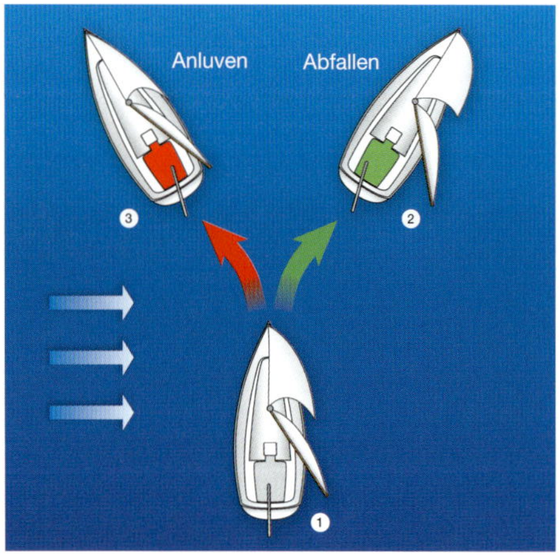

Anluven und Abfallen

änderung ausgeführt, die eine Drehbewegung vom Wind weg beschreibt.

Beim *Wenden* wird die Yacht mit dem Bug durch den Wind gedreht. Bei dieser Kursänderung ist sie auf einem Amwindkurs, dreht durch den Wind und segelt anschließend wieder am Wind. Je nach Windstärke, Geschwindigkeit, Bootstyp und Seegang muss das Wenden unterschiedlich schnell durchgeführt werden. Wird häufiger gewendet, um ein Ziel in Luv zu erreichen, bezeichnet man das als *Kreuzen*.

Im Gegensatz zum Wenden dreht beim *Halsen* das Boot mit dem Heck durch den Wind, und die Segel wechseln von der einen auf die andere Bootsseite. Ausgehend von einem Raumschotskurs wird abgefallen bis auf Vorwindkurs. Anschließend werden die Segel auf die neue Leeseite geholt, und dann wird wieder angeluvt bis auf Raumschotskurs.

Das Manöver der Halse sollte mit Vorsicht ausgeführt werden. Wechselt der Großbaum bei nicht angeholter Großschot mit schneller Geschwindigkeit die Seite, dann ist es eine *Patenthalse*. Dabei besteht große Verletzungsgefahr, insbesondere im Bereich von Kopf und Brust. Das Überholen des Großsegels während der Halse – das Schiften – sollte somit sorgsam ausgeführt werden. Auf dem Raumschotskurs ist die Großschot vollständig dichtzunehmen. Mit der Ansage „Rund achtern" leitet der Steuermann die Halse ein. Ist das Großsegel auf der neuen Seite, kann nun zügig die Großschot gefiert werden, damit der Ruderdruck minimiert wird.

Unter Regattabedingungen wird die *Regattahalse* gefahren. Allerdings sollte

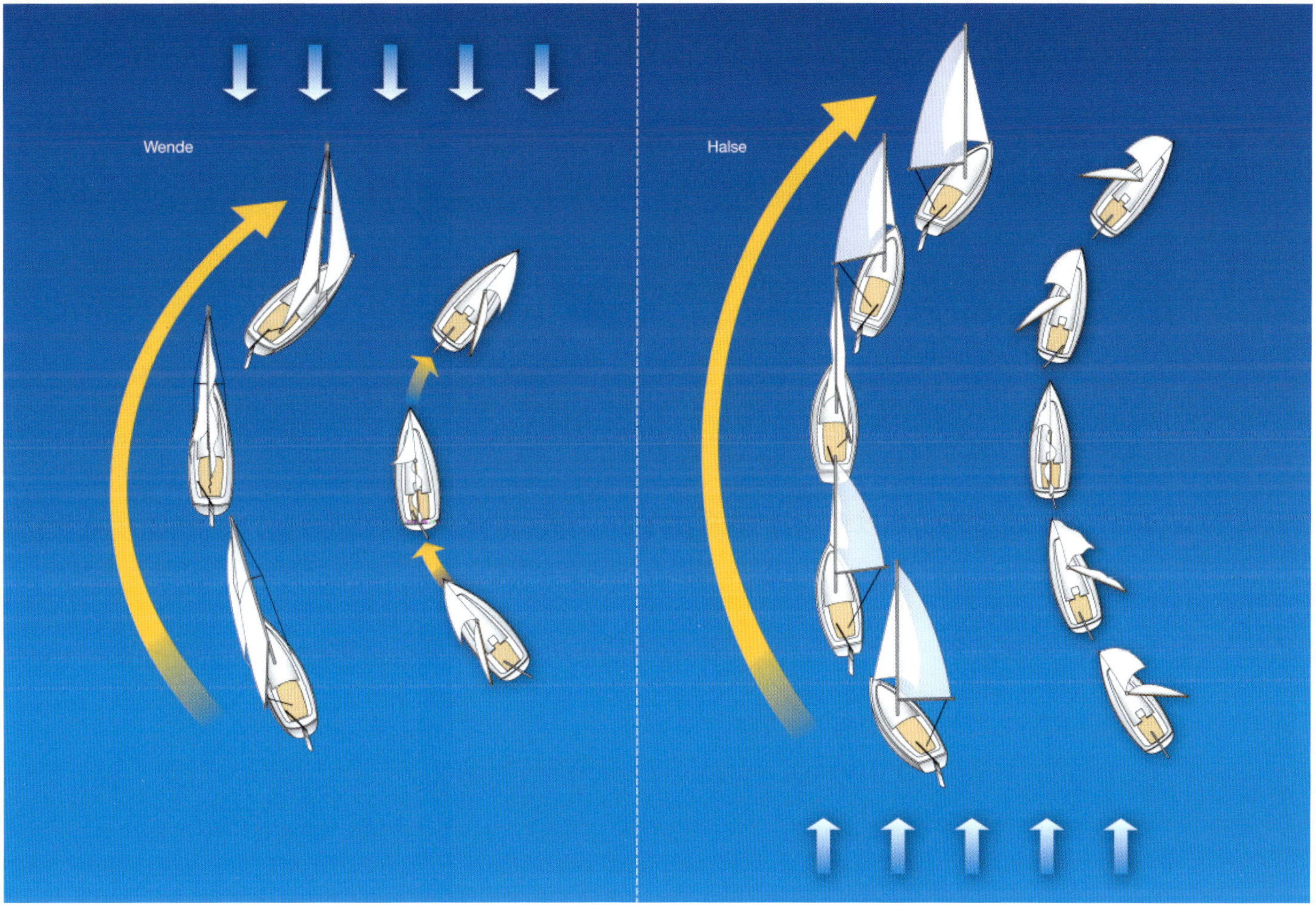

Bei dem Manöver der Wende geht der Bug durch den Wind, bei der Halse dreht das Heck durch den Wind

SM1 Nr. 104

Mit welchem Manöver können Sie bei Starkwind das Halsen vermeiden (Name)? Vervollständigen Sie die Skizze durch Einzeichnen der Kurslinie und geben Sie die erforderlichen Manöver an.

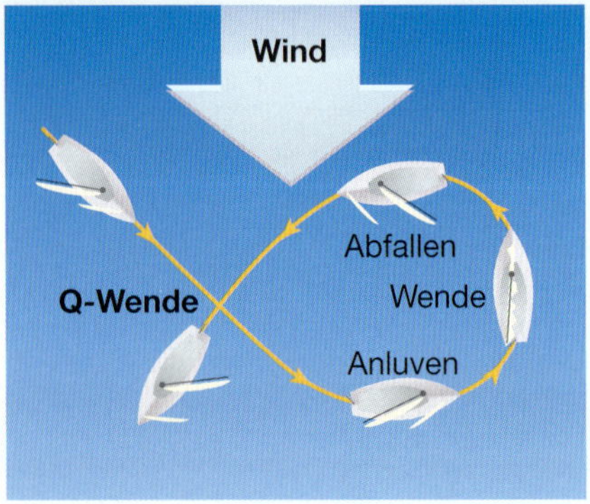

SM1 Nr. 87

1. **Wozu dient ein „Bullenstander"?**
2. **Wie wird er gefahren?**

1. Er soll das ungewollte Überkommen des Großbaums bei achterlichen Winden verhindern.
2. Von der Baumnock zum Vorschiff.

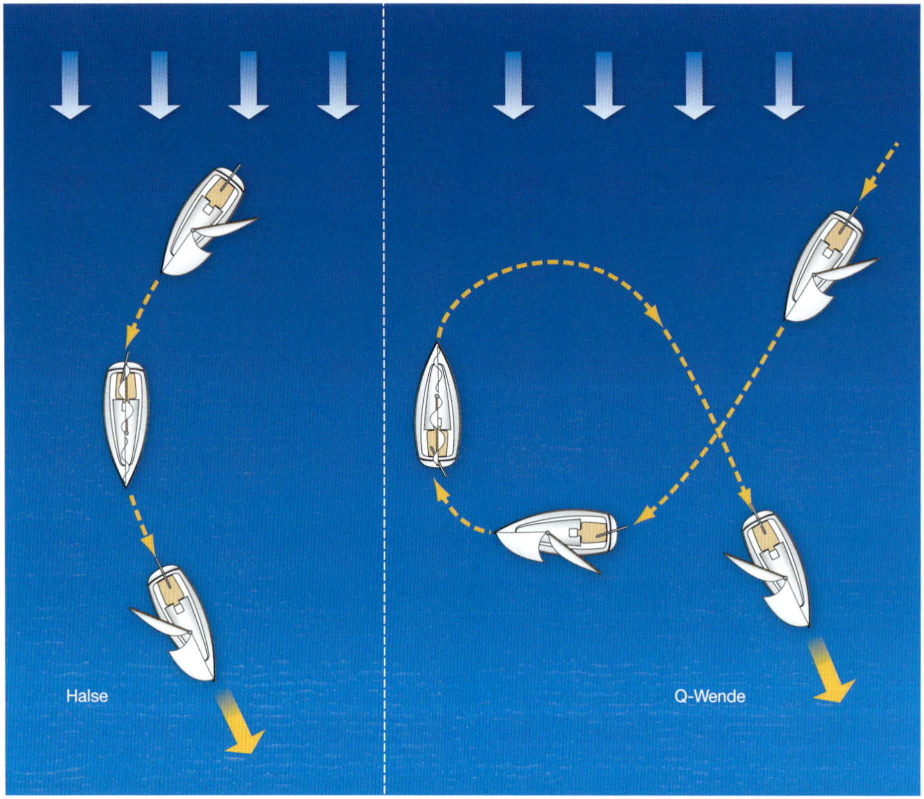

Mit der Q-Wende kann insbesondere bei stärkerem Wind oder Seegang die Halse umgangen werden

das Manöver nur von einer geübten Crew durchgeführt werden. Der Unterschied zum herkömmlichen Halsen besteht darin, dass die Großschot beim Schiften nicht dichtgeholt wird. Stattdessen greift der Steuermann/ein Crewmitglied auf dem Vorwindkurs in die Großschot und holt das Segel per Hand mit Schwung über. Vom Prinzip her entspricht die Regattahalse einer kontrollierten Patenthalse. Sie eignet sich aber nur für leichte bis mittlere Windstärken, da sonst das Material (Großbaum, Lümmelbeschlag, Rigg etc.) zu stark belastet wird.

Ist der Wind zu stark oder der Seegang zu hoch, ist statt einer Halse das Manöver der *Q-Wende* zu bevorzugen. Damit kann das Halsen umgangen werden. Auf Raumschotskurs segelnd, wird zunächst ange-

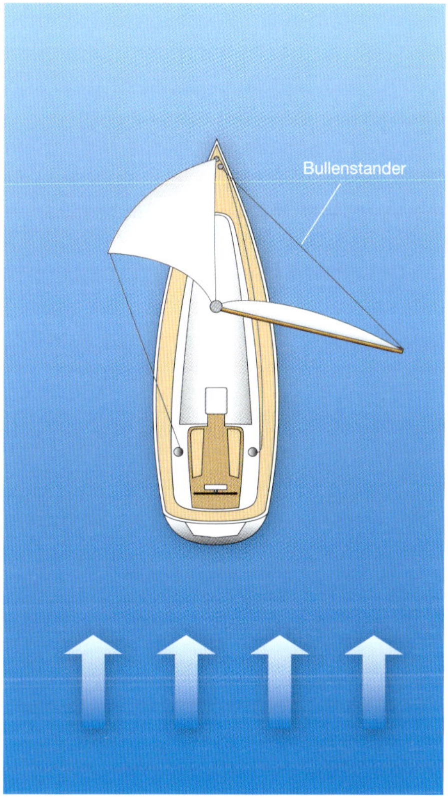

Mit dem Bullenstander wird der Großbaum gegen das plötzliche Überkommen gesichert

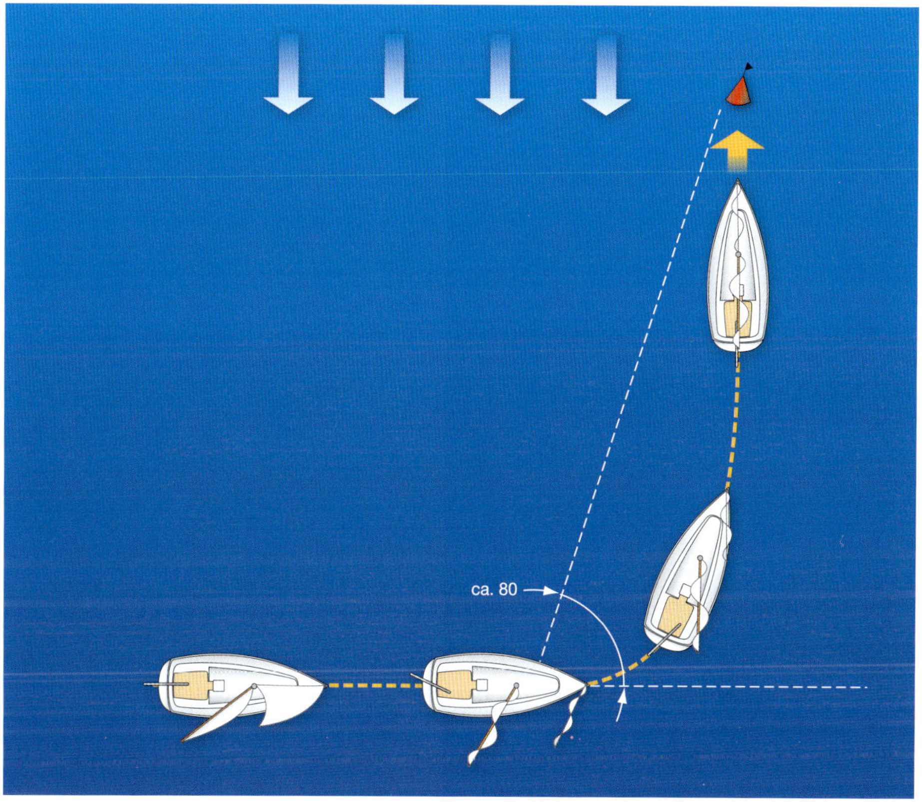

Aufschießer gegen den Wind

luvt bis auf Amwindkurs. Während des Wendens dreht der Bug durch den Wind. Anschließend wird wieder auf Raumschotskurs abgefallen und die Schoten werden eingestellt.

Wird auf einem Raumschotskurs oder mit achterlichem Wind gesegelt, sollte der Großbaum mit einem Bullenstander gesichert werden. Er verhindert das ungewollte Überkommen des Großbaums und die damit verbundene Verletzungsgefahr. Typischerweise wird der Bullenstander als Leine vom Ende des Großbaums (Nock) bis zum Vorschiff gefahren und dann nach achtern umgelenkt. Er sollte nicht fest belegt sein, sondern über Umlenkblöcke auf einer Winsch gefahren werden. So ist er bei Manövern kontrolliert bedienbar.

Mit dem *Aufschießer* wird das Schiff unter Segeln abgestoppt und damit die Fahrt herausgenommen. Die günstigste Ausgangsposition für den Aufschießer ist der Halbwindkurs, da von diesem leicht angeluvt und abgefallen werden kann und so der Abstand nach Luv zum gewählten Zielpunkt gut zu kontrollieren ist. Durch stetiges Anluven dreht die Yacht in den Wind, wobei die Schoten vollständig gefiert sein müssen. Die Yacht liegt anschließend im Wind, und die Segel schlagen (killen).

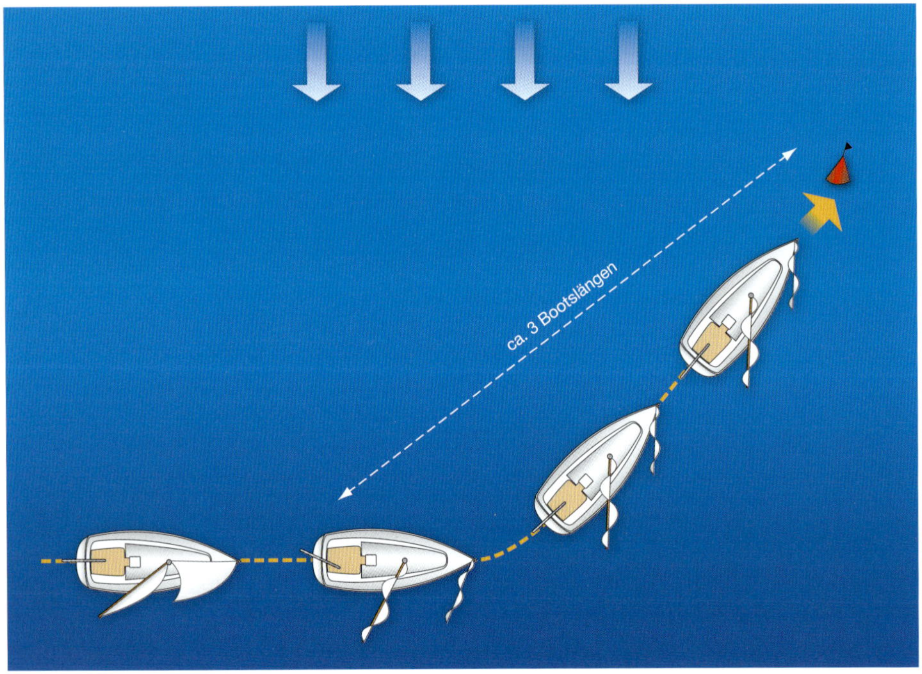

Mit einem Nahezuaufschießer kann die Restfahrt mit den Segeln besser kontrolliert werden

Wenn die Segel stark killen, besteht Verletzungsgefahr, insbesondere bei Seegang. Es empfiehlt sich dann, das Vorsegel einzurollen und nur mit dem Großsegel das Manöver zu fahren oder einen *Nahezuaufschießer* zu fahren. Beim Nahezuaufschießer wird auf einem Amwindkurs abgestoppt. Auf dem Halbwindkurs wird bereits in einem seitlichen Abstand zum Zielpunkt von etwa drei Schiffslängen (abhängig auch hier vom Seegang etc.) angeluvt und die Schoten werden vollständig gefiert.

Ist die Geschwindigkeit nicht mehr ausreichend, um das Ziel zu erreichen, können wir die Schoten kurzzeitig anholen und die Fahrt wieder etwas erhöhen. So kann die Auslaufstrecke besser „dosiert" werden.

Abgestoppt werden kann eine Segelyacht auch durch *Beidrehen*. Ausgehend von einem Amwindkurs wird das Wendemanöver eingeleitet. Anders als beim Wenden muss das Vorsegel nach dem Drehen durch den Wind jedoch back stehen gelassen werden – die Vorschot bleibt belegt. Im Allgemeinen muss das Ruder zugleich nach Luv gelegt werden, um der Leegierigkeit entgegenzuwirken. Die Yacht liegt dabei nicht im Wind, sondern in einem Winkel von ca. 60 bis 80° zum Wind und macht kaum noch Fahrt durchs Wasser. Verbleibt die Yacht nach dem Beidrehen in der Segelstellung, so nennt man das Beiliegen.

Das Beidrehen/Beiliegen ist besonders bei höherem Seegang zu empfehlen, da die Yacht sehr ruhig liegt und seekranke Crewmitglieder beispielsweise das Bord-WC aufsuchen können. In Luv bildet sich eine Wirbelzone ähnlich dem Kielwasser aus, wodurch der Seegang und zum Teil brechende Wellen gedämpft werden.

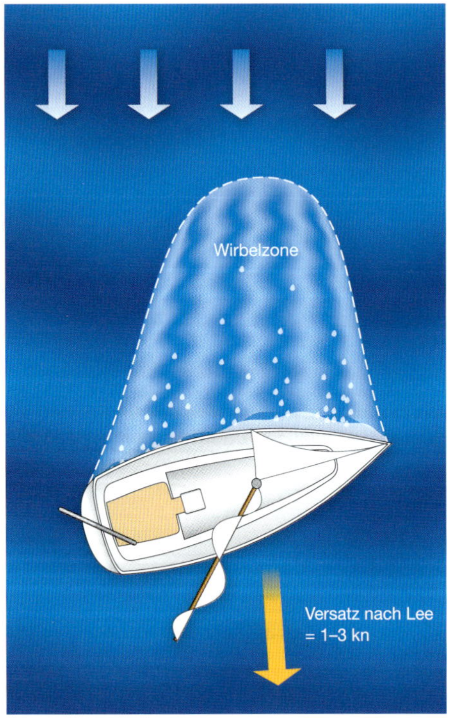

Beim Beiliegen bildet sich in Luv eine Wirbelzone aus, wodurch der Seegang zum Teil gedämpft wird

Besonders bei der Übernahme einer unbekannten Yacht sollte jedes Crewmitglied Manöver wie Anluven, Abfallen, Wende, Halse, Q-Wende und Rettungsmanöver üben, damit man für einen eventuellen Ernstfall wie etwa schlechtes Wetter oder einen Notfall vorbereitet ist.

Um den *Spinnaker* an Bord einzusetzen, ist eine gewisse Zusatzausrüstung an Bord einer Segelyacht erforderlich. Gesetzt wird der Spinnaker mit dem am Kopf befestigten *Spinnakerfall*. Der Segelhals wird auf der Luvseite des Bootes mit dem *Spinnakerbaum/Achterholer* ausgebaumt und über den Achterholer mit der Winsch kontrolliert. Das andere Ende des Spinnakerbaums wird mit an der Mastschiene eingepickt.

Von oben wird der Spinnakerbaum durch den *Toppnant* gehalten, der *Niederholer* verhindert das Steigen des Spinnakerbaums nach oben. Beide werden in der Regel vom Cockpit aus bedient. Auf

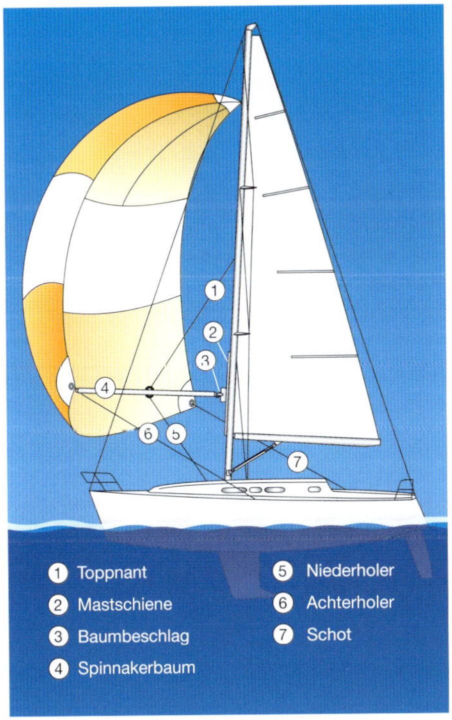

Für das Spinnakersegeln ist eine gewisse Zusatzausrüstung (Toppnant, Niederholer etc.) erforderlich

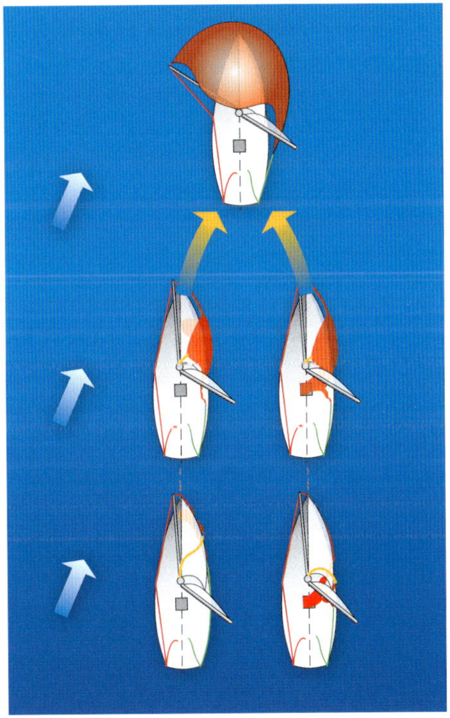

Der Spinnaker wird hinter dem Großsegel hochgezogen, auf größeren Yachten aus einer Segeltasche/einem Segelsack in Lee im Bugbereich

SM1 Nr. 92

Sie übernehmen in einem Hafen eine Ihnen unbekannte Yacht. Wie machen Sie sich zu Reisebeginn mit den Segeleigenschaften vertraut?

Ich fahre diverse Manöver – Wende, Halse, Q-Wende, verschiedene Rettungsmanöver – mit unterschiedlicher Geschwindigkeit und Besegelung.

der Leeseite wird die Spinnakerschot in das Schothorn gebunden und über eine Umlenkrolle zur Winsch geführt. Da der Spinnaker symmetrisch geschnitten ist, vertauschen Achterholer und Schot die Rollen, je nachdem auf welchem Bug gesegelt wird.

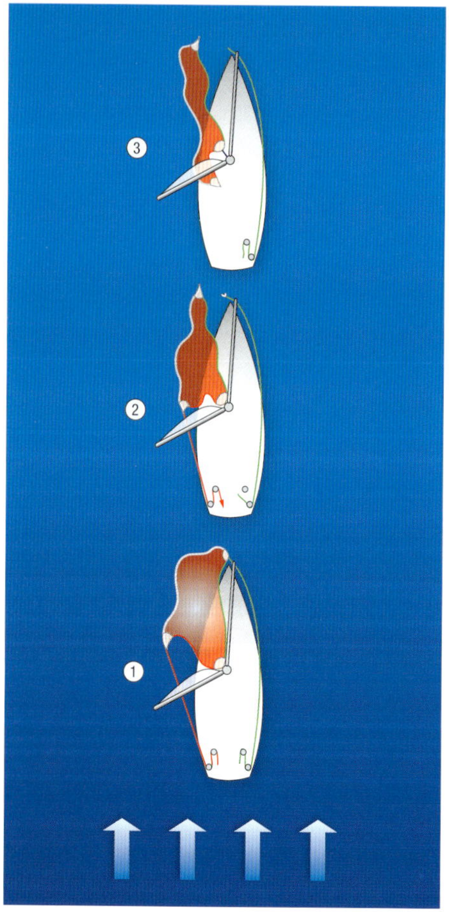

Der Spinnaker wird hinter dem Großsegel geborgen

Der Spinnaker sollte vor dem Setzen sorgfältig im Spinnakersack gepackt sein, damit er nicht vertörnt herauskommt. Oft bilden sich sonst beim Setzen des Spinnakers ein oder mehrere Knoten durch Verdrehen aus, was von Weitem dann dem Aussehen eines Stundenglases ähnelt. Die Schot und der Achterholer werden um die Reling, die Wanten und das Vorstag geführt, und Toppnant und Niederholer sind in den Spinnakerbaum eingepickt. Der Spinnakerbaum wird in eine waagerechte Stellung angetoppt, der Achterholer läuft durch den Spinnakerbaum, und der Niederholer sollte belegt sein.

Der Spinnaker wird in Lee gesetzt und im Windschatten des Groß- und Vorsegels geborgen. Günstig ist dabei ein Raumschots- oder der Vorwindkurs.

Ist das Fall durchgesetzt, kann zunächst der Achterholer und dann die Schot angeholt werden. Der Spinnaker wird getrimmt und das Vorsegel anschließend geborgen.

Zum Bergen wird ein für Spinnakerschoten spezieller Schäkel im Achterholer geöffnet und das Schothorn ist frei. Danach fasst ein Crewmitglied zum Bergen des Spinnakers in die Schot in Höhe des Schothorns.

Das Spinnakerfall wird nun gleichmäßig gefiert und der Spinnaker so schnell wie möglich vom Unterliek ausgehend eingeholt. Dabei ist darauf zu achten, dass das Fall nicht zu schnell gefiert wird und das Segel ins Wasser gerät.

Beim Trimm des Spinnakers ist darauf zu achten, dass der Spinnakerbaum mit dem Achterholer so weit wie möglich seitlich ausgestellt wird, bis das Luvliek zu killen beginnt. Gleichzeitig wird die Spinnakerschot mitgefiert, damit das Profil des Spinnakers nicht zu flach ist. Der Spinnakerbaum sollte etwa im rechten Winkel zum wahren Wind gefahren werden. Da die Holepunkte der Spinnakerschot und des Achterholers weit achtern liegen, sollte insbesondere bei stärkerem Wind oder Seegang ein Barberholer – ein Block, mit dem die Schot mittschiffs umgelenkt wird – verwendet werden. Dadurch wird der Spinnaker flacher getrimmt.

Mit dem Barberholer kann der Zugwinkel der Spinnakerschot verändert werden

Person-über-Bord-Manöver
Ein Crewmitglied, das über Bord geht, befindet sich in unmittelbarer Lebensgefahr. Besonders bei hohem Seegang und schlechter Sicht sollte man sich nicht zu weit mit dem Schiff entfernen, sonst gerät die Person außer Sicht.
Deshalb sollte das Person-über-Bord-Manöver zügig eingeleitet werden, damit wird auch die Panik des Überbordgefallenen verringert.
Damit das Manöver reibungslos funktioniert, sollte jedes Crewmitglied in der Lage sein, es zu fahren oder die sonst notwendigen Positionen einzunehmen.

> → Das Person-über-Bord-Manöver ist ein sehr wichtiges Manöver und muss deshalb regelmäßig von der Crew mit einem Boje-über-Bord-Manöver geübt werden!

Auf einer neuen Yacht/Charteryacht sollte jeder die Möglichkeit erhalten, das Handling mit einem oder mehreren Person-/Boje-über-Bord-Manövern zu üben.
Die Notsituation wird von demjenigen, der sie als Erster bemerkt hat, mit dem Ausruf „Person/Boje über Bord“ für alle Crewmitglieder signalisiert. Alle Mitsegler an Bord bestätigen dies durch die Rückmeldung, damit allen die Gefahrensituation bewusst ist.

Folgende Punkte sollten beachtet werden, wenn eine Person über Bord gegangen ist:

1. Ruf: „Person über Bord!“
2. Rettungsmittel nachwerfen. Die für diesen Zweck an Bord befindlichen Rettungsmittel, wie beispielsweise Rettungskragen oder Rettungsring mit Leine sollten schnellstmöglich ausgebracht werden.
3. Sichtkontakt/Ausguck halten. Es muss sichergestellt werden, dass die Person über Bord zu keiner Zeit aus den Augen verloren wird. Ein Crewmitglied wird ausschließlich mit dieser Aufgabe betraut und zeigt während des gesamten Manövers mit ausgestrecktem Arm in Richtung des Überbordgegangenen.
4. Die Maschine wird gestartet
5. Person-über-Bord-Manöver einleiten. Nicht zu weit entfernen, denn mit zunehmender Entfernung steigt das Risiko, den Überbordgegangenen aus den Augen zu verlieren. Deshalb muss versucht werden, das Manöver nicht zu weit zu fahren. Auch sollte nicht zu weit nach Lee gesegelt werden, denn man muss die verlorene Höhe auf dem Amwindkurs wieder zurückgewinnen.
6. Notmeldung abgeben – ein Crewmitglied begibt sich unter Deck und sendet einen (DSC-)Notruf.
7. Markierungsboje ausbringen.
8. MOB-Taste beim GPS drücken – zusammen mit der Markierungsboje kann insbesondere bei Nacht oder schlechter Sicht der Bezugspunkt/die Position zur über Bord gegangenen Person gesichert werden.

↘ SM1 Nr. 110, SM2 Nr. 91
Welche Sofortmaßnahmen sind einzuleiten, wenn jemand über Bord gefallen ist?
1. Ruf: „Mensch über Bord!“
2. Rettungsmittel zuwerfen,
3. Ausguck halten, Mensch im Auge behalten,
4. Maschine starten,
5. „Mensch-über-Bord-Manöver” einleiten,
6. Notmeldung abgeben,
7. ggf. Markierungsblitzboje werfen,
8. ggf. MOB-Taste eines satellitengestützen Navigationsgerätes drücken,
9. Bergung durchführen.

↘ SM1 Nr. 112, SM2 Nr. 93
Nennen Sie die grundsätzlichen Schritte und ihre Ziele zur Rettung einer über Bord gegangenen Person.
1. Maschine starten,
2. Suche, Herstellung eines Sichtkontaktes zur über Bord gegangenen Person,
3. „Mensch-über-Bord-Manöver“, Annäherung an die im Wasser treibende Person und Herstellung einer ersten Leinenverbindung,
4. Bergung, sicheres und schnelles Anbordnehmen der Person,
5. Erste Hilfe, Betreuung,
6. ggf. Notalarm abgeben.

SM1 Nr. 113, SM2 Nr. 94

Mit welchen Hilfsmitteln können Sie den Bezugspunkt (internationaler Begriff: Datum) für die Suche nach einem Überbordgefallenen sichern?

1. Markierungsblitzboje,
2. MOB-Taste eines satellitengestützten Navigationsgerätes (z. B. GPS).

SM1 Nr. 94

Von welchen Faktoren ist die Länge eines Nahezuaufschießers zu einer im Wasser treibenden Person abhängig?

Geschwindigkeit, Wind, Seegang, Strömung und Form und Gewicht des Bootes.

9. Die Bergung wird nach Erreichen der Person durchgeführt – an Bord wird die Person betreut bzw. Erste-Hilfe-Maßnahmen werden eingeleitet.

Situationsgebunden kann insbesondere die Reihenfolge der Punkte 4 bis 8 variieren.

Welches Person-über-Bord-Manöver gewählt wird, hängt von der Situation ab. Ein Standard ist schwer zu empfehlen. Ist die Entscheidung über das Manöver getroffen, muss es entschieden ausgeführt werden. Diskussionen erübrigen sich in der Situation!

Das Person-über-Bord-Manöver lässt sich sowohl nur unter Segeln ausführen als auch mit Maschinenunterstützung. Bei Flaute oder situationsgebunden kann auch nur der Motor zur Hilfe genommen werden.

Eine sichere Form des Person/Boje-über-Bord-Manövers ist die bevorzugte Variante mit *(Q-)Wende* und *Nahezuaufschießer*. Sie bietet sich insbesondere an, wenn das Boot zum Zeitpunkt des Überbordgehens auf einem Halbwind-, Raumschots- oder Vorwindkurs segelt. Es kann aber auch ausgehend vom Amwindkurs gesegelt werden.

Bei diesem Manöver wird das Halsen vermieden, welches gerade bei starkem Wind eine erhöhte Gefahr bedeutet. Ist die Person über Bord gegangen, ist auf Halbwindkurs zu gehen und nach einigen Schiffslängen das Wendemanöver zu segeln. Nach dem Wenden befindet sich der Überbordgegangene nahezu auf gleicher Höhe wie das Boot. Das Boot fällt wieder auf Halbwindkurs ab. Der Überbordgegangene befindet sich nun etwas in Luv – dies erleichtert den Sichtkontakt.

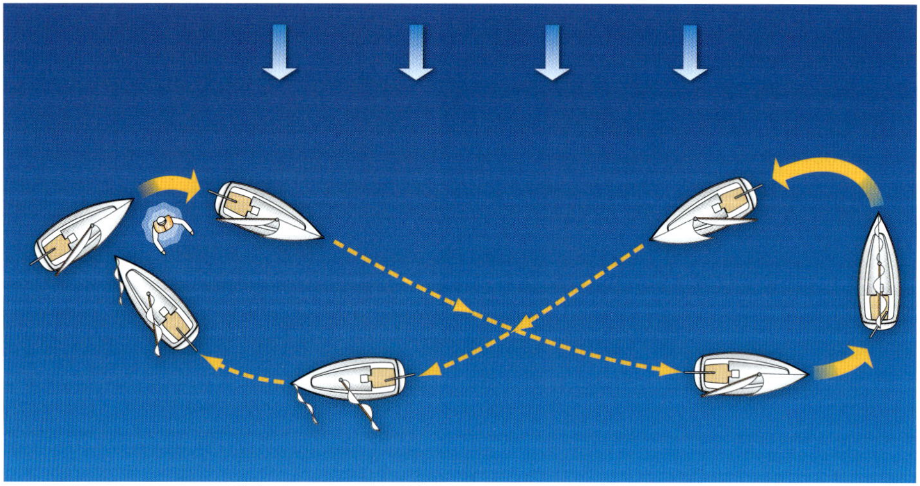

Das Person-über-Bord-Manöver mit einer Q-Wende

In einem Abstand von 2 bis 3 Schiffslängen wird ein Nahezuaufschießer gesegelt und die Schoten werden vollständig gefiert. Aufgrund der Bremswirkung von Wind, Seegang, Strömung sowie Form und Gewicht der Yacht kommt sie in Höhe des Überbordgegangenen zum Stehen. Anschließend wird dieser geborgen.

Zur Annäherung an den Überbordgegangenen sollte ein Aufschießer vermieden werden, denn die mögliche Fehleinschätzung der Distanz kann dazu führen, dass das Manöver misslingt und er nicht erreicht wird!

Das Person-über-Bord-Manöver sollte möglichst mit Maschinenunterstützung gefahren werden, dann kann die Annäherung an die Person auch besser dosiert werden. Jedoch muss bei Erreichen der Person auf jeden Fall ausgekuppelt werden!

Befindet sich das Boot zum Zeitpunkt des Überbordgehens auf dem Amwindkurs, kann das Rettungsmanöver aber auch mit einer *Halse* gefahren werden. Dabei wird ausgehend vom Amwindkurs nach einigen Bootslängen auf den Halbwindkurs abgefallen. Durch stetiges Abfallen wird das Halsen eingeleitet.

Nach dem Schiften des Großsegels wird wieder angeluvt und ein Halbwindkurs gesteuert. Der Überbordgegangene befindet sich etwas in Luv. Wie bei dem Person/Boje-über-Bord-Manöver mit Wende wird nun ein Nahezuaufschießer gesegelt.

Der Vorteil dieser Manövervariante liegt in ihrem schnelleren Ablauf, wenn von

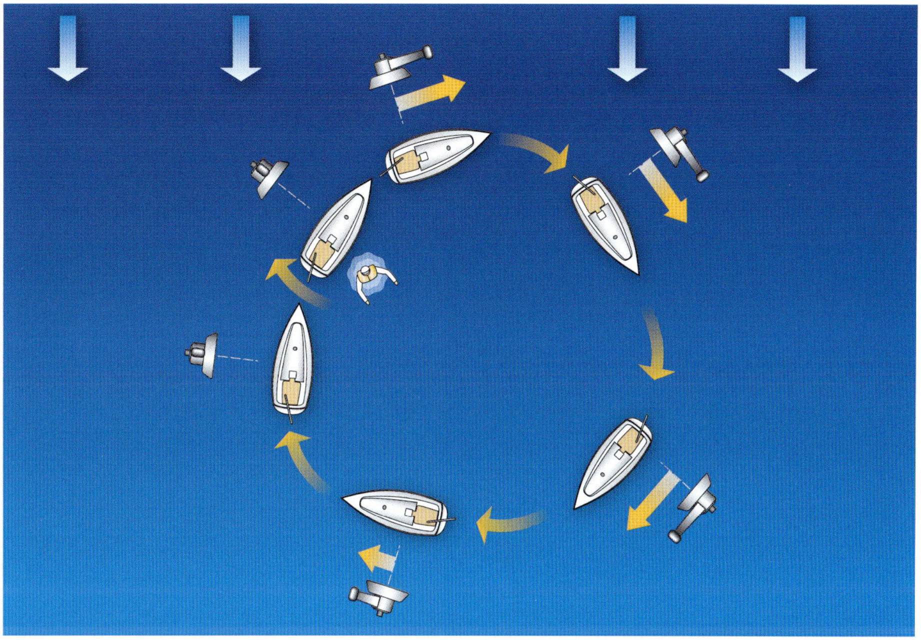

Beim Person-über-Bord-Manöver unter Maschine kann die Person mit einem Drehkreis schnell wieder erreicht werden. Beim Annähern an die Person ist der Propeller ausgekuppelt

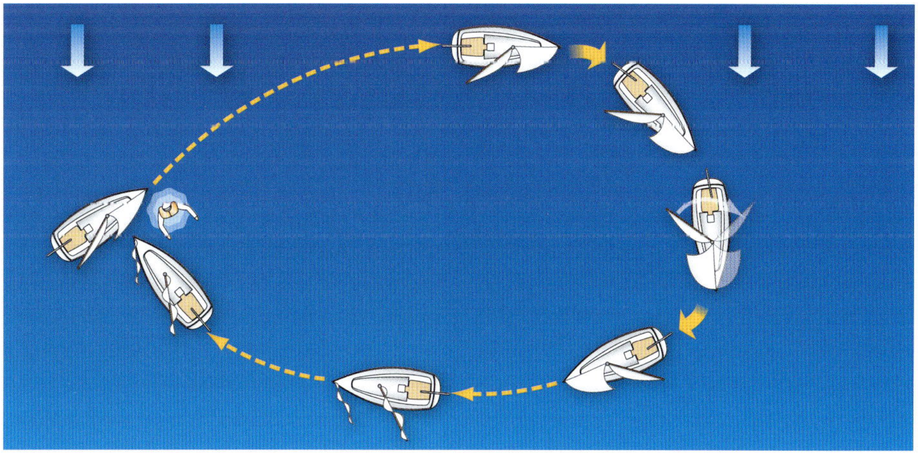

Der Situation angepasst, kann das Person-über-Bord-Manöver mit einer Halse gefahren werden

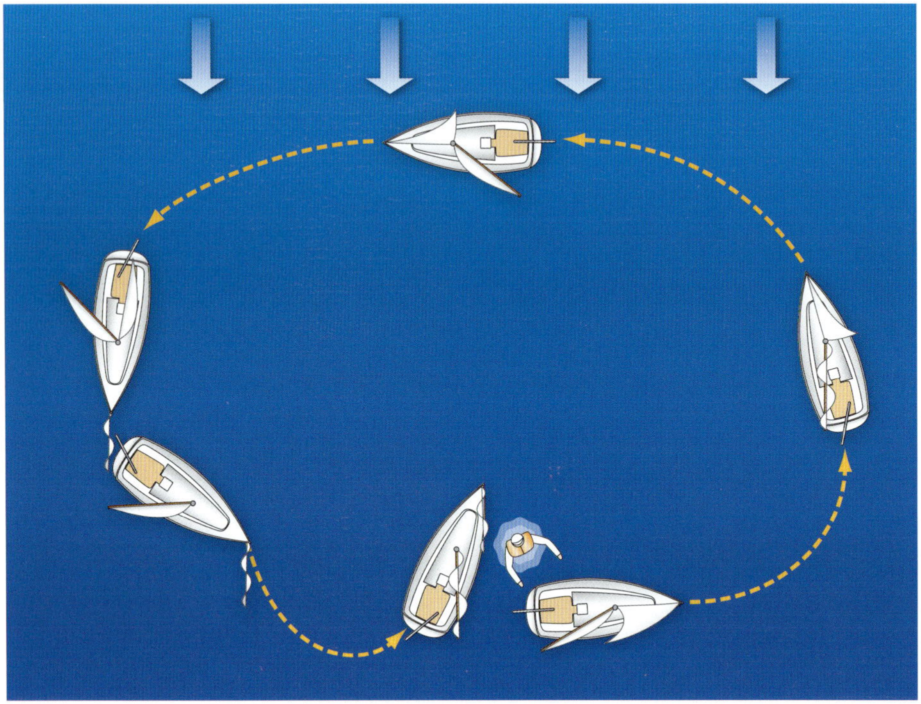

Person-über-Bord-Manöver mit Quick-Stop-Manöver

einem Amwindkurs ausgegangen wird. Das heißt, der Überbordgegangene kann schneller wieder aufgenommen werden. Demgegenüber existiert jedoch der große Nachteil, dass das Halsen bei stärkerem Wind oft riskant ist.

Das *Quick-Stop-Manöver* ist ein Manöver, welches in der Praxis schon oft erfolgreich angewendet wurde, um eine über Bord gegangene Person an Bord zu nehmen.
Ausgehend von einem Amwind- oder Halbwindkurs wird nach ca. 1 bis 2 Schiffslängen beigedreht. Nach dem Beidrehen befindet sich das Boot in Luv des Überbordgegangenen und treibt in seine Richtung. Befindet sich der Überbordgegangene in Höhe des Bootes, muss ein Kontakt zu ihm hergestellt werden und die Restfahrt kann durch Fieren der Schoten herausgenommen werden.
Eventuell muss der Weg zur Person über Bord auch verlängert werden, dann wird wie in der Abbildung dargestellt noch zusätzlich eine Halse gefahren.
Das Quick-Stop-Manöver hat den großen Vorteil, dass sich nur unwesentlich von dem Überbordgegangenen entfernt wird.

Nachteilig ist, dass der genaue Zeitpunkt des Beidrehens einige Übung voraussetzt, damit die Yacht durch Wind- und Seegangsverhältnisse nicht ungewollt vertreibt.

→ Welches Manöver der Rudergänger/Skipper fährt, muss schnell entschieden werden.

Abschließend sei noch ein Manöver erwähnt, welches sich ebenfalls in der Praxis bewährt hat. Versucht wird, möglichst schnell einfach nur zurückzufahren, dabei aber eine Halse zu vermeiden. Dieses Manöver bietet sich besonders dann an, wenn beispielsweise unter Spinnaker vor dem Wind oder auf Raumschotskurs gefahren wird.
In dem Fall wird einfach angeluvt und auf die über Bord gegangene Person zugehalten, eventuell muss noch eine Wende gefahren werden. Vielleicht reicht die Restfahrt nicht aus, doch mit Maschinenunterstützung ist die Person schnell wieder erreicht! Wenn sich dabei der Spinnaker in der Takelage verfängt, ist das nebensächlich. Wichtig ist, dass der Überbordgegangene schnell wieder erreicht wird!

Verhalten bei schwerem Wetter
Törns bei schwerem Wetter sollten nach Möglichkeit vermieden werden. Sollte es aber einen plötzlichen Wetterwechsel geben, sind bestimmte Maßnahmen zu er-

Schlechtes Wetter zieht auf, die Crew sollte sich darauf rechtzeitig vorbereiten

greifen. Schon ein aufziehendes *Gewitter* kann den Törn unangenehm werden lassen, wenn die Crew unvorbereitet ist.
Die Crew sollte sich darauf einstellen, dass die Segel rechtzeitig zu verkleinern sind oder geborgen werden müssen. Schlechtwetterkleidung mit Sicherheitsgurten und Rettungswesten sind zu tragen. Da bei einem Gewitter durch starken Niederschlag die Sicht stark vermindert wird, ist die Position zusätzlich zu den regelmäßigen Eintragungen in Karte und Logbuch zu vermerken. Das gilt natürlich auch für plötzlichen Nebel. Auch in dieser Situation sollten ähnliche Maßnahmen getroffen werden. Zudem ist ein Ausguck zu besetzen und wenn vorhanden, sollte das Radar eingeschaltet werden. Entsprechende Schallsignale sind abzusetzen. Eine Yacht sollte jederzeit auf einen *Sturm* vorbereitet sein. Das bedeutet: Die entsprechenden Segel sind einsatzklar zu halten, Lifelines an Deck (Taue vom Cockpit zum Bug auf beiden Seiten, auch Strecktaue genannt) ermöglichen es, sich mit dem Lifebelt für Arbeiten auf das Vorschiff zu begeben. Alle Gegenstände an Deck wie etwa Beiboot, Spinnakerbaum usw. sind sicher zu laschen und die Sicherheitsausrüstung (Rettungsfloß, Treibanker etc.) ist zu überprüfen. Entsprechende Schwerwetterkleidung ist zu tragen. Unter Deck sind die Kojen so einzurichten (eventuell Leesegel), dass auch bei stärkerem Seegang eine Schlafposition gefunden werden kann. Ebenfalls un-

↘ SM1 Nr. 91

Sie sind mit Ihrer Segelyacht auf See. Was veranlassen Sie bei einem Gewitteraufzug?

1. Vorsegel rechtzeitig verkleinern,
2. Großsegel klar zum Reffen oder Bergen,
3. Schlechtwetterkleidung, Sicherheitsgurte und Rettungswesten anlegen,
4. Position in Karte eintragen.

↘ SM1 Nr. 111

Welche Maßnahmen können gegen das Überbordfallen getroffen werden?

1. Sicherheitsgurte anlegen und einpicken.
2. Anbringen von „Streck“- oder Laufleinen vom Bug zum Heck.
3. Crew auf Befestigungspunkte (Einpickpunkte für Karabinerhaken) hinweisen.

↘ SM1 Nr. 118, SM2 Nr. 99

Was ist auf Deck einer Yacht ein Strecktau (auch Laufleine genannt) und wozu dient es?

Ein neben der Fußreling verlaufender Draht, Gurt oder eine starke Leine zwischen Cockpit und Vorschiff, straff gespannt zum Einpicken der Sicherheitsleine (Lifebelt).

↘ SM1 Nr. 140, SM2 Nr. 121
Worauf ist zu achten, wenn Crewmitglieder seekrank sind?
1. Aufenthalt im Cockpit beaufsichtigen und Crewmitglieder gegen Überbordfallen sichern,
2. Flüssigkeitsverlust ausgleichen (Wasser),
3. Crewmitglied anhalten, zur Küste oder zum Horizont zu schauen,
4. mit Arbeiten beschäftigen.

↘ SM1 Nr. 102, SM2 Nr. 84
Warum kann das Anlaufen eines Hafens bei auflandigem Starkwind bzw. schwerem Wetter gefährlich werden?
Gefahr durch Grundseen bzw. Kreuzseen. Möglichkeit von Querstrom.

↘ SM2 Nr. 85
Sie werden in Küstennähe von einem Sturm überrascht. Wie verhalten Sie sich mit einer Motoryacht?
1. Möglichst rasch versuchen, Hafen oder Landschutz anzulaufen.
2. Ggf. Motoryacht mit langsamer Fahrt gegen die See halten.
3. Sicherheitsmaßnahmen für die Besatzung treffen.

↘ SM1 Nr. 107, SM2 Nr. 87
Sie kreuzen bei frischem Wind und mitlaufendem Strom (Wind gegen Strom) nach Luv auf. Welche Auswirkungen hat ein gegen den Wind setzender Strom auf den Seegang?
Durch den Strom entsteht eine kurze, steile und kabbelige See.

ter Deck sind leichte warme Mahlzeiten und heiße Getränke vorzubereiten (Thermoskanne), kalte Getränke und Mahlzeiten sind bereitzulegen. Alkoholische Getränke sollten nie dabei sein, denn Alkohol führt neben Müdigkeit, Konzentrations- und Gleichgewichtsstörungen noch zu vielen anderen nachteiligen Begleiterscheinungen. Crewmitglieder, die leicht seekrank werden, sollten ihre Medikamente rechtzeitig einnehmen. Die *Seekrankheit* kann (fast) jeden ereilen; erfahrungsgemäß hilft dagegen der Aufenthalt an Deck und die Sicht auf den entfernten Horizont, damit der Gleichgewichtssinn einen festen Bezugspunkt hat. Auch eine Beschäftigung wie etwa Rudergehen hat schon oft die Seekrankheit vertrieben. Hat es einen doch erwischt, dann ist der Flüssigkeitsverlust durch Nachführen von Getränken auszugleichen. Auch eine leichte Mahlzeit wie etwa Zwieback hilft. Seekranke Crewmitglieder sind insbesondere bei Aufenthalt an Deck vor Auskühlung zu schützen. Oft bewährt hat es sich, unter Deck zu schlafen, um dann einen neuen Start an Deck zu machen.

Ist man im Sturm auf See, dann sollte gründlich geprüft werden, ob ein *Hafen sicher angelaufen* werden kann.

Durch geringere Wassertiefen vor dem Hafen können sich gefährliche Brecher und Grundseen bilden. Liegt der Hafen hinter einem Kap, sind auch Kreuzseen durch mehrere Wellenzüge möglich. Dazu kann noch der Einfluss von Oberflächenströmungen kommen, besonders wenn der Wind gegen den Strom läuft. Dabei entstehen kurze und steile Wellen. Direkt vor dem Hafen muss in dem Bereich der Molen auch mit Querströmungen gerechnet werden.

Eine für alle Situationen gleichermaßen gültige Taktik, um einen *Sturm an Bord* einer Yacht *abzuwettern*, gibt es nicht. Auf jeden Fall ist genügend Abstand zu einer Leeküste einzuhalten. Denn bei schwerem Wetter verschlechtern sich die Kreuzeigenschaften von Yachten und im schlimmsten Fall droht dann die Strandung. Genügend freier Seeraum führt somit erst gar nicht dazu, dass man auf Legerwall gerät.

In der Praxis haben sich als günstige Taktiken das Beiliegen, das Lenzen vor Topp und Takel, das Liegen vor Treibanker und das aktive Segeln mit der Sturmbesegelung herausgestellt. Beim Beiliegen (siehe Abschnitt Segelmanöver) kann man unter Umständen das Schiff mit festgestelltem/gelaschtem Ruder sich selbst überlassen, wenn genügend freier Seeraum vorhanden ist. Nach Möglichkeit sollte aber ein Ausguck an Deck bleiben, um Kollisionen zu vermeiden, denn Radargeräte können Yachten im hohen Seegang leicht übersehen. Wenn keine Segel mehr gefahren werden können, kann man ohne Segel vor dem Wind ablaufen, was auch als Lenzen vor Topp und Takel bezeichnet wird.

Damit die Bootsgeschwindigkeit nicht zu hoch wird, kann diese durch Nachschleppen von Leinen reduziert werden. Damit ist auch die Gefahr minimiert, dass das Heck querschlägt. Eine weitere Möglichkeit ist das Liegen vor Treibanker, der

an den Bugklampen mit einer kräftigen Trosse befestigt wird. Dadurch wird bei richtiger Trossenlänge der Bug im Wind gehalten und die Yacht hat eine geringere Driftgeschwindigkeit.
Bei vielen leichten Yachten modernerer Bauart kann unter Sturmbesegelung auch bei schwerem Wetter noch aktiv gesegelt werden. Dabei empfiehlt sich je nach Seegang und Brechern ein Amwind- bis Halbwindkurs. Bei Nacht wird das etwas schwieriger, da dann die See schwerer einzuschätzen ist.

Festkommen/Grundberührung

Hartes Auflaufen auf eine Untiefe kann bei Segelyachten zur Lockerung der Kielbolzen und zur Deformation des Rumpfes führen, wenn der Kiel im hinteren Bereich des Unterwasserschiffes eindrückt. Besonders bei Motoryachten sind dabei Beschädigungen der Ruderanlage und des Propellers sowie der Wellenanlage nicht selten.
Nachdem die Yacht hinsichtlich einer Beschädigung überprüft wurde, wird zunächst versucht wieder freizukommen. Segelyachten sollten dazu möglichst weit gekrängt werden durch die Verlagerung des Gewichts der Crew auf eine Bootsseite oder durch Ausreiten in den Wanten. Auch kann der seitlich ausgestellte Großbaum durch ein oder zwei Crewmitglieder belastet werden. Der Großbaum sollte aber gegen Schlagen gesichert werden, z. B. mit der Großschot und einem Bullenstander. Durch das Ausbringen eines Ankers mit dem Beiboot kann die Yacht ebenfalls gekrängt und ins tiefere Wasser gebracht werden. Wichtig ist dabei, den Anker möglichst weit auszubringen, damit er auch bei größerer Belastung nicht ausbricht.

Bei Grundberührung kann zunächst versucht werden, mit Rückwärtsfahrt freizukommen. Eine Segelyacht kann durch Krängen (Segel, Gewicht auf den Großbaum) ihren Tiefgang verringern

SM1 Nr. 103

Warum kann eine Leeküste bei schwerem Wetter einer Segelyacht gefährlich werden?

Wenn die Yacht sich nicht freikreuzen kann, droht Strandung.

SM1 Nr. 101

Wie können Sie im freien Seeraum auf einer Segelyacht einen Sturm abwettern?

1. Durch Beiliegen; Lenzen vor Topp und Takel, dabei Leinen achteraus schleppen; Liegen vor Treibanker oder
2. unter Sturmbesegelung aktiv segelnd und nach Möglichkeit brechende Seen aussteuernd.

SM1 Nr. 105

Was erreicht man mit dem Ausbringen eines Treibankers bei schwerer See?

Man hält bei richtiger Leinenlänge den Bug im Wind und verringert die Driftgeschwindigkeit.

SM1 Nr. 133, SM2 Nr. 114

Welche Folgen können Grundberührungen und harte Stöße, z. B. bei Anlegemanövern oder Kollisionen mit treibenden Gegenständen, haben?

1. Eine Beschädigung der Bordwand kann eintreten.
2. Es kann Sinkgefahr entstehen.

Beim Freischleppen wird die Segelyacht durch dosierten Zug auf das Großfall gekrängt

Ist man mit dem Revier und den Tiefenverhältnissen nicht vertraut, sollte die Untiefe mit rückwärts laufender Maschine auf dem zuvor gefahrenen Kurs verlassen werden.
Scheitert ein Freikommen mit den vorher beschriebenen Verfahren, muss fremde Hilfe angefordert werden, da sonst die Gefahr der Strandung besteht und ein Totalverlust droht.

Mit fremder Hilfe ist im einfachsten Fall durch Schlepphilfe wieder freizukommen. Dabei sollte eine Segelyacht gekrängt werden, z. B. durch die Verlagerung des Crewgewichts.

Verlassen des Schiffs/Seenot

Ist das Schiff stark leckgeschlagen oder ein Brand an Bord macht das Verlassen des Schiffs erforderlich, dann sollte jedes Crewmitglied wissen, welche Dinge zu tun sind. Es sollte möglichst ohne Panik gehandelt werden. Der Schiffsführer entscheidet, wann Notsignale gegeben werden oder ein Notruf abgesetzt wird. Er stellt fest, wann das Schiff verlassen wird.
Ist der Seenotfall eingetreten, dann sollten folgende Punkte beachten werden:

- Alarmierung über die UKW-Seefunkanlage/DSC-Controller vornehmen oder andere Notsignale geben.
- EPIRB-Boje aktivieren, Radartransponder aktivieren.
- Wärmende Kleidung anziehen.
- Spätestens zu diesem Zeitpunkt Rettungswesten und Sicherheitsgurte anlegen.
- Rettungsfloß klarmachen zum Aktivieren, die Verbindungsleine zum Schiff ist zu kontrollieren.
- Wasserdichten Behälter mit Seenotmitteln, UKW-Handsprechfunkgerät, Logbuch, Fernglas, eventuell Hand-GPS, Tauwerk, Taschenmesser bereitstellen.
- Erste Hilfe und Medikamentenkoffer bereitstellen.
- Zusätzliche Trinkvorräte (kein Alkohol!) und Nahrung zusammenstellen für das Rettungsfloß.
- Eventuell Schlauchboot oder Beiboot mit Paddel und weiteres Zubehör zusammenstellen.
- So lange wie möglich auf der Yacht bleiben!

→ Grundsätzlich gilt: Ein Schiff sollte nur dann verlassen werden, wenn es keine andere Möglichkeit mehr gibt! Erst dann sollte in das Rettungsfloß umgestiegen werden, was sich bei Seegang schwierig gestalten kann. Das Schiff darf nicht zu früh verlassen werden, da die Überlebensmöglichkeiten auf dem Schiff größer sind und es besser geortet werden kann.

Alle Maßnahmen sollten so weit wie möglich bereits vorbereitet sein.
Rechtzeitig vor dem Verlassen des Schiffs ist das *Rettungsfloß* zu aktivieren. Dazu wird das Rettungsfloß aus der Halterung gelöst und fällt aus der Heckkorbhalterung selbstständig heraus. Sollte es an einem anderen Platz an Deck gefahren werden, muss es aktiv ins Wasser ausgebracht werden. An der mit der Yacht verbundenen Halteleine ziehen (mehrere Meter Länge!), bis das Rettungsfloß aktiviert wird.
Sollte das Rettungsfloß nach dem Aktivieren gekentert sein, kann man zunächst versuchen, es von Bord aus aufzurichten. Sonst muss ein erfahrenes Crewmitglied ins Wasser und das Rettungsfloß aufrichten. Dann folgen die anderen Crewmitglieder. Wichtig ist es, trocken in das Floß zu gelangen, so wird die Gefahr für eine Unterkühlung bei längerem Aufenthalt minimiert. Eventuell kann man auf das Dach springen, um dann in die Öffnung zu gelangen.

Man sollte möglichst trocken in das Rettungsfloß gelangen

SM1 Nr. 138, SM2 Nr. 119
Wann dürfen Notzeichen gegeben werden?
Nach Feststellung des Notfalles auf Anordnung des Schiffsführers; bei unmittelbarer Gefahr für das Schiff oder die Besatzung, die ohne fremde Hilfe nicht überwunden werden kann.

SM1 Nr. 136, SM2 Nr. 117
Warum sollte ein sinkendes Schiff im Notfall so spät wie möglich verlassen werden?
1. Die Überlebensmöglichkeiten sind auf dem Schiff größer.
2. Ein Schiff ist besser zu orten.
3. Einstieg in das Rettungsfloß und Aufenthalt können sehr schwierig sein.

SM1 Nr. 134, SM2 Nr. 115
Welche grundsätzliche Verhaltensweise sollte beachtet und welche Maßnahmen sollten ergriffen werden, wenn Ihr Schiff in Seenot kommt?
1. Ruhe bewahren und überlegt handeln.
2. Notalarm abgeben, ggf. Radartransponder einschalten.
3. Rettungsfloß klarmachen.
4. Rettungsweste und Sicherheitsgurt anlegen.
5. So lange wie möglich an Bord bleiben.
6. Wärmende Kleidung anziehen.

SM1 Nr. 135, SM2 Nr. 116
Welche Maßnahmen treffen Sie, bevor Sie von Ihrem Fahrzeug in ein Rettungsfloß übersteigen?
1. Rettungsweste und Sicherheitsgurt anlegen.
2. Wärmende Kleidung anziehen.
3. Nach Möglichkeit vorher reichlich warme Flüssigkeit trinken.
4. Soweit noch nicht geschehen, Proviant, Wasser, Seenotsignalmittel und ggf. Seenotfunkbake, Radartransponder und UKW-Handsprechfunkgeräte in das Rettungsfloß bringen.

An der deutschen Nord- und Ostseeküste ist die DGzRS (Deutsche Gesellschaft zur Rettung Schiffbrüchiger) mit ihren Rettungseinheiten ständig in Alarmbereitschaft

Der Aufenthalt im Rettungsfloß ist keinesfalls angenehm, da im Floß nur wenig Platz ist. Das Rettungsfloß wird sich selbst bei nur geringem Seegang stark bewegen, was bereits nach kurzer Zeit Seekrankheit auslösen wird.
Bei stärkerem Seegang muss der Eingang verschlossen werden, damit wird allerdings auch die Luftzufuhr stark minimiert, im schlimmsten Fall droht Erstickungsgefahr.
Aus dem Rettungsfloß heraus werden bei Annäherung anderer Schiffe oder eines Hubschraubers Notsignale eingesetzt. Man sollte mit den an Bord befindlichen Signalmitteln sparsam umgehen und sie nur dann einsetzen, wenn sie auch wirklich gesehen werden können!

Oft steht nach dem Verlassen des Schiffs oder noch davor schnell Hilfe bereit. An der deutschen Nord- und Ostseeküste, aber auch länderübergreifend ist es die DGzRS (Deutsche Gesellschaft zur Rettung Schiffbrüchiger), die für die Koordinierung von Notfällen und mit ihren Fahrzeugen Tag und Nacht bereitsteht.
Kommt ein Berufsschiff zum Abbergen, muss von dem Rettungsfloß oder der havarierten Yacht aus über ein Bergenetz oder eine Jakobsleiter die Bordwand hochgestiegen werden. Muss eine verletzte oder geschwächte Person geborgen werden, wird eine Trage abgefiert. Das aber ist schon bei geringem Seegang kein leichtes Manöver mit hoher Verletzungsgefahr.
Oft auch kommt die Hilfe aus der Luft. Suchflugzeuge orten das Rettungsfloß oder die havarierte Yacht, ein Hubschrauber ist in der Lage, mit einer Rettungsschlinge Personen abzubergen. Die Rettungsschlinge wird mit dem Windenseil abgefiert. Hat man die Rettungsschlinge erreicht, wird sie um den Körper gelegt (unterhalb der Rettungsweste!). Alternativ kann auch mit Kopf und beiden Armen in die geschlossene Rettungsschlinge eingestiegen werden. Achtung: Nie das Windenseil an Bord belegen! Zum Auffieren werden die Arme nach unten gedrückt und die Hände sind vor dem Bauch zu verschränken.

Beim Abbergen vom Hubschrauber aus ist es von Vorteil, über ein stationäres UKW-Funkgerät oder Handfunkgerät zur Koordination mit der Besatzung des Hubschraubers Kontakt zu haben

Ankern

Der Anker verbindet die Yacht sicher mit einem festen Punkt am Grund. Dieser steht aber nicht nur für die ruhige Ankerbucht zur Verfügung, auch im Notfall sollte er schnell einsetzbar sein.

Generell werden zwei Typen unterschieden: Gewichts- und Patentanker.

Gewichtsanker entwickeln ihre Haltekraft in erster Linie durch ein hohes Eigengewicht. Die Form und Größe der Flunken ist von geringerer Bedeutung. Der *Stockanker* ist der klassische Vertreter der Gewichtsanker. Vorteilhaft sind seine Allround-Eigenschaften, da er sich in nahezu jeden Grund eingräbt. Nachteilig sind sein hohes Gewicht und die aufwendige Handhabung. Der *Pilzanker* und der *Klappdraggen* zählen ebenfalls zu den Gewichtsankern.

Patentanker erreichen ihre Haltekraft aufgrund ihrer speziellen Konstruktion und Form. Im Vergleich zu Gewichtsankern erreichen sie bei gleichem Gewicht deutlich höhere Haltekräfte und können daher leichter gebaut werden. Nachteilig ist jedoch, dass ihr geringes Gewicht ein Eingraben in den Grund erschwert. Patentanker halten gut auf Sand, Schlick, weichem Ton und Lehm. Ist der Ton oder Lehmboden eher hart, sind sie nur mäßig geeignet.

Schwierigkeiten bekommen alle Patentanker wie der *Danforth-Anker*, *Bruce-Anker* und *CQR-Anker* bei steinigem, verkrautetem und schlammigem Grund. Der *Pflugschar-* oder *CQR-Anker* (Coastal Quick Release) besitzt nur eine, dafür je-

↘ SM1 Nr. 137, SM2 Nr. 118

Erklären Sie die Handhabung der Hubschrauberrettungsschlinge im Einsatz!

1. Bei offener Rettungsschlinge: zuerst den Karabinerhaken einpicken.
2. Mit dem Kopf und beiden Armen in die Rettungsschlinge einsteigen.
3. Die Arme müssen nach unten gedrückt werden und die Hände sind zu schließen.
4. Das Windenseil muss frei hängen, es darf nicht an Bord befestigt werden.

↘ SM1 Nr. 143, SM2 Nr. 124

Welcher Ankergrund ist für die üblichen Leichtgewichtsanker

1. gut geeignet?
2. mäßig geeignet?
3. ungeeignet?

1. Sand, Schlick, weicher Ton und Lehm,
2. harter Ton und Lehm,
3. steinige, verkrautete und stark schlammige Böden.

↘ SM1 Nr. 145, SM2 Nr. 126

Welchen Ankergrund sollten Sie nach Möglichkeit meiden?

Steinige, verkrautete und stark schlammige Böden.

↘ SM1 Nr. 148, SM2 Nr. 129

Sie wollen auf verkrautetem Grund ankern. Ihnen steht ein Leichtgewichtsanker und ein Stockanker zur Verfügung. Welchen benutzen Sie und warum?

Den Stockanker, weil er sich insbesondere auch aufgrund seines höheren Gewichtes besser eingräbt.

↘ SM1 Nr. 151, SM2 Nr. 132

Welche Ankerarten finden überwiegend auf Sportbooten Verwendung? Nennen Sie 3.

1. Patentanker,
2. Stockanker (einklappbarer Stock),
3. Draggen (klappbare Flunken),
4. Pflugscharanker.

↘ SM1 Nr. 152, SM2 Nr. 133

Nennen Sie 3 Ankertypen, die vom Germanischen Lloyd als Anker mit hoher Haltekraft anerkannt sind.

Bruce-Anker, CQR-Anker, Danforth-Anker, D'Hone-Anker.

SM1 Nr. 142, SM2 Nr. 123
Warum sollte beim Verwenden einer Ankertrosse ein Kettenvorlauf benutzt werden?
Damit der Zug auf den Anker nicht zu steil wird.

SM1 Nr. 141, SM2 Nr. 122
Wozu dient ein Reitgewicht (Gleitgewicht, Ankergewicht) beim Ankern?
Es soll die Ankertrosse auf den Grund ziehen, damit der Anker nicht durch einen zu steilen Winkel aus dem Grund gebrochen wird. Es wirkt ruckdämpfend.

SM1 Nr. 146, SM2 Nr. 127
Wie können Sie die Haltekraft eines Ankers erhöhen, wenn Sie auf engem Raum (z. B. zwischen zwei Stegen) nicht die erforderliche Kettenlänge stecken können?
Mit einem Reitgewicht, um so den Anker besser am Boden zu halten.

SM1 Nr. 147, SM2 Nr. 128
Sie ankern in einer Bucht. Wie können Sie bei zunehmendem Wind die Haltekraft Ihres Ankers verbessern?
1. Mehr Trosse oder Kette stecken,
2. Reitgewicht verwenden.

Im Bug dieser Yacht ist neben dem CQR-Anker auch ein Bügelanker vorhanden

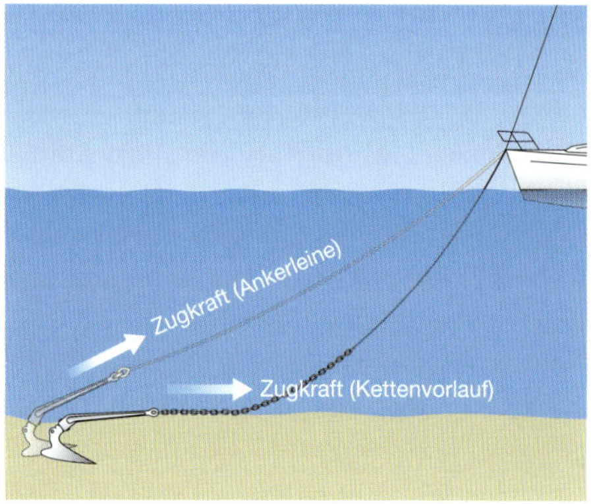

Die Ankerleine zieht mit einem Kettenvorlauf flacher

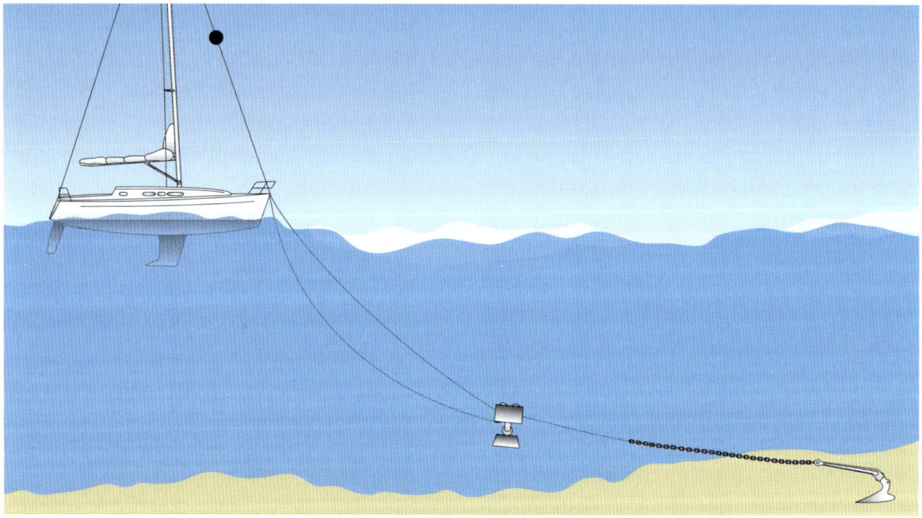

Das Reitgewicht bewirkt einen flacheren Zug auf die Ankerleine und dämpft das Einrucken

doch sehr effektive Flunke in Form einer doppelten Pflugschar. Beim Ankern legt er sich zunächst auf eine Seite. Wird er auf Zug belastet, richtet er sich auf und gräbt sich fest in den Grund. Er wird auf Yachten in der Regel direkt am Bug in einer Halterung geführt und lässt sich schnell ausbringen.

Zum *Ankergeschirr* gehören sowohl der Anker als auch die Ankerkette oder ein

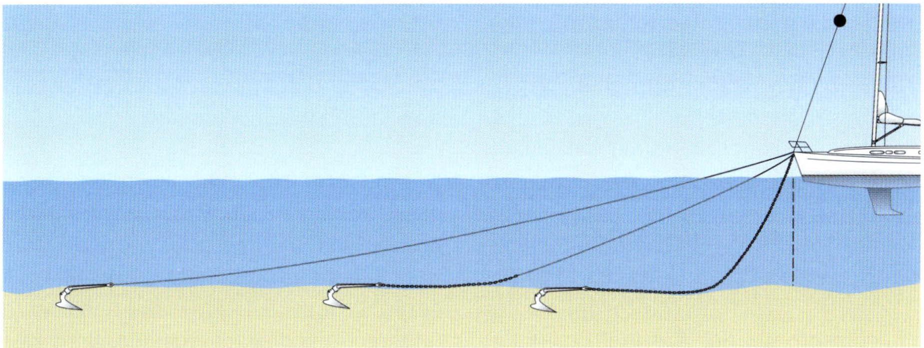

Bei der Verwendung einer Ankerkette muss weniger Länge gesteckt werden als bei der Ankerleine mit oder ohne Kettenvorlauf

3 bis 5 Meter langer Kettenvorlauf mit einer Ankerleine. Der Kettenvorlauf bewirkt durch das Gewicht, dass der Zug auf den Anker nicht zu steil wird. Statt eines Kettenvorlaufs wird heutzutage oft auch eine Ankerleine mit einem Bleikern verwendet. Nachteilig bei der Verwendung einer Ankerleine ist, dass sie leichter an Steinen am Grund schamfilen kann.

Die optimale Wirkung erzielt der Anker, wenn der Ankerschaft auf dem Grund liegt und sich so eingraben kann. Dies wird durch das Eigengewicht der Ankerkette oder des Kettenvorlaufs erreicht, sodass die Zugkraft nahezu parallel zum Grund am Anker angreift. Wird eine Ankerkette verwendet, besitzt die durchhängende Kette eine dämpfende Wirkung und verringert ein hartes Einrucken.

Ein *Reitgewicht* kann insbesondere beim Ankern mit Ankerleine und Kettenvorlauf eingesetzt werden. Durch das zusätzliche Gewicht hängt die Ankerleine stärker durch und sie wird mehr zum Grund gezogen. Der flachere Winkel bewirkt, dass der Anker nicht so leicht aus dem Grund gebrochen werden kann.

Anker und Ankerkette werden mit einem Wirbelschäkel verbunden. Die Ankerkette wird im Kettenkasten durch einen Taustropp gesichert, damit dieser im Notfall gekappt werden kann. Die Ankerleine ist mit einem Augspleiß und Schäkel mit dem Kettenvorlauf zu verbinden, ein Knoten würde die Bruchlast der Ankerleine um 50 % reduzieren.

Die Länge von Ankerkette oder Kettenvorlauf mit Ankerleine ist abhängig von mehreren Faktoren:

- Wassertiefe,
- Anker- und Bootsgewicht,
- Wind- und Stromverhältnissen,
- Wellengang.

Sind Anker- und Bootsgewicht aufeinander abgestimmt, gelten etwa folgende Richtwerte für die Länge:

- Ankern mit Kette: 3- bis 4fache Wassertiefe,

↘ SM1 Nr. 153, SM2 Nr. 134

1. Welches sind die Vorteile einer Ankerkette gegenüber einer Ankerleine?

2. Wie kombiniert man auf Yachten häufig die Systeme?

1. Die Kette unterstützt das Eingraben, verkleinert den Schwojeraum, wirkt ruckdämpfend, kann nicht an Steinen durchscheuern und erhöht die Haltekraft des Ankers.
2. Es wird zwischen Anker und Leine ein Kettenvorlauf von 3 bis 5 m gefahren.

↘ SM1 Nr. 154, SM2 Nr. 135

1. Warum soll eine Ankerleine nicht an den Anker geknotet werden?

2. Warum muss die Ankerkette mit einem Taustropp am Schiff bzw. im Kettenkasten befestigt werden?

1. Knoten reduzieren die Bruchlast einer Leine um bis zu 50%.
2. Damit die Kette im Notfall schnell gekappt werden kann.

SM1 Nr. 149, SM2 Nr. 130
Wozu dient eine Ankerboje?
1. Sie zeigt die Lage des Ankers an.
2. Mit der Trippleine kann das Bergen eines unklaren Ankers unterstützt werden.

SM1 Nr. 144, SM2 Nr. 125
Wozu dient eine Ankerboje?
Was müssen Sie bei der Auswahl eines Ankerplatzes beachten?
1. Der Ankerplatz sollte Schutz vor Wind und Wellen bieten.
2. Auf ausreichenden Platz zum Schwojen achten.
3. Mögliche Winddrehungen einplanen.

SM1 Nr. 155, SM2 Nr. 136
Sie wollen in einer Bucht ankern, in der das (ausreichend tiefe) Wasser unterschiedliche Färbungen zeigt. Wo wählen Sie den Ankerplatz? (Begründung!)
Ich ankere auf hellem Wasser. Begründung: Der Grund ist hier sandig, der Anker hält gut. Dunkler Grund weist auf Bewuchs hin, wo der Anker schlecht hält.

SM1 Nr. 130, SM2 Nr. 111
Warum sollte die Crew vor Reisebeginn in die Funktion des Ankergeschirrs und die Durchführung eines Ankermanövers eingewiesen werden?
Damit jeder den Anker sicher ausbringen und einholen kann.

- Ankern mit Leine und Kettenvorlauf: 5- bis 6fache Wassertiefe,
- Ankern nur mit Ankerleine: 7- bis 10fache Wassertiefe.

Bei Starkwind oder Sturm muss die Länge der Ankerkette oder -leine erhöht werden.

An den Anker kann eine *Ankerboje* angebracht werden. Diese zeigt die Lage des Ankers an und hilft den hinzukommenden Ankerliegern bei der Auswahl des Ankerplatzes. Mit der (Tripp-)Leine, welche Anker und Ankerboje verbindet, kann der Anker auch geborgen werden. Das erweist sich besonders dann als vorteilhaft, wenn sich der Anker unter anderen Ketten oder Steinen verhakt hat. Nachteilig ist, dass die Ankerbojen nachts nicht beleuchtet sind und somit von anderen Yachten überfahren werden könnten.

Der richtige *Ankerplatz* sollte sorgfältig ausgewählt werden, möglichst geschützt gegen Wind, Meeres- oder Gezeitenstrom und Seegang. Außerdem sind die Wassertiefe (Gezeiten!) sowie der Abstand zu anderen Ankerliegern zu berücksichtigten (Schwojkreis). Eventuelle Wetterveränderungen mit Winddrehungen (Fronten, Seewind) sind einzuplanen.
Dazu gibt die Seekarte Hinweise zum Ankergrund. Aber wie gut der Ankergrund

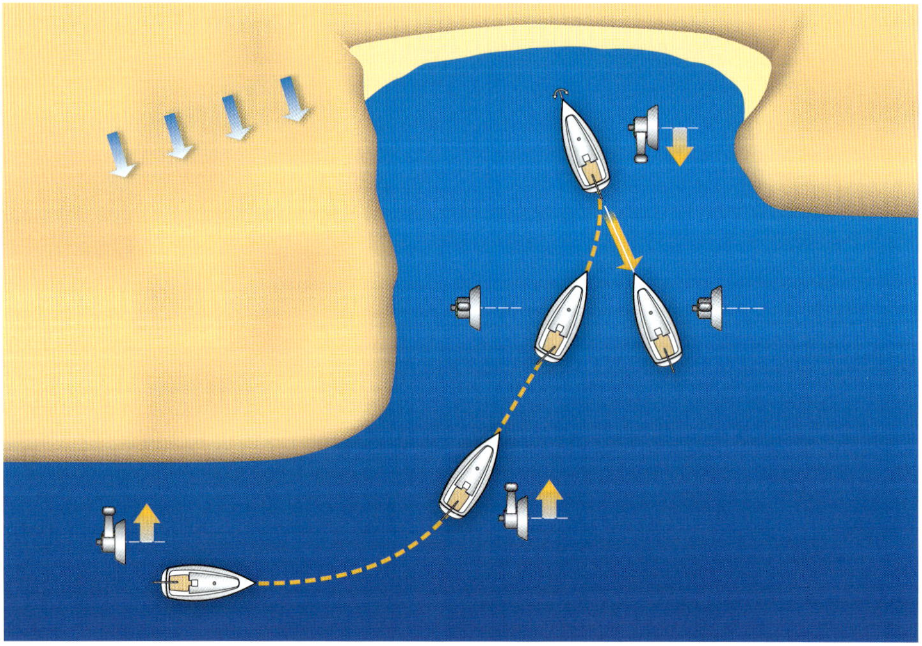

Das Ankermanöver kann unter Segeln und unter Maschine gefahren werden

ist, kann oft schon optisch überprüft werden. Böden mit Sand (helles Wasser) oder Kraut/Gras (dunkleres Wasser) können meist unterschieden werden.
Das *Ankermanöver* wird in der Regel unter Maschine ausgeführt, aber auch unter Segeln stellt es bei ausreichend Platz kein Problem dar.
Jedes Crewmitglied sollte in der Lage sein, dieses Manöver durchzuführen. Zunächst ist zu prüfen, ob die Ankerkette frei laufen kann und das Ende der Kette im Ankerkasten oder an einer Klampe befestigt ist. Wird ein Kettenvorlauf mit einer Ankerleine verwendet, kann diese an Deck klargelegt werden.

Yachten ankern im Tidenrevier

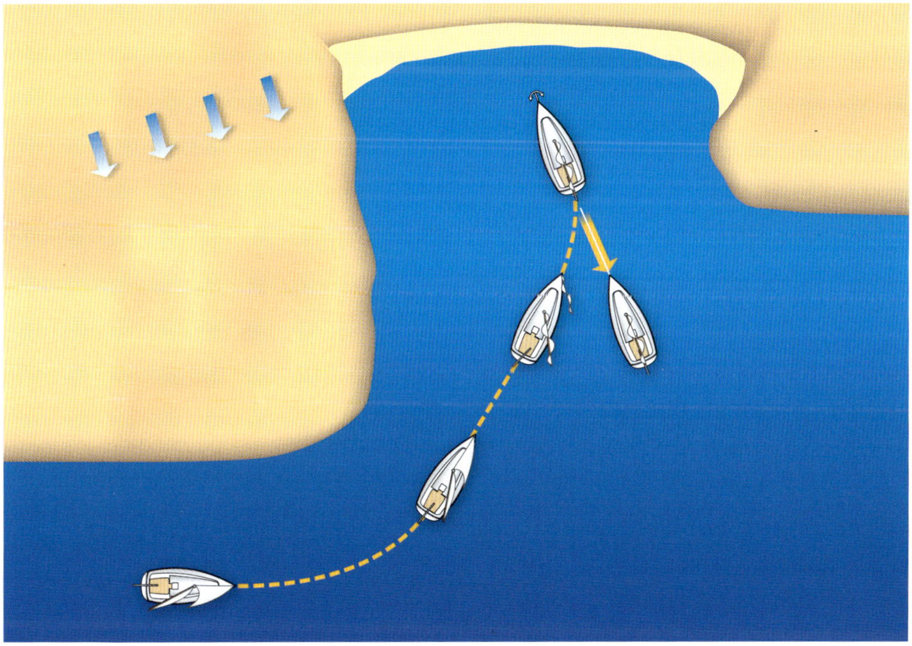

Das Ankermanöver kann unter Segeln und unter Maschine gefahren werden

↘ SM2 Nr. 138

Beschreiben Sie die Vorbereitung eines Ankermanövers.

- Auswählen eines geeigneten Ankerplatzes anhand der Seekarte bzw. des Seehandbuches (Meeresgrund/Wassertiefe geeignet?),
- Ermitteln der Wind- und/oder Stromrichtung und -stärke,
- Klarmachen des Ankergeschirrs und des Ankersignals,
- mit langsamster Fahrt – Kurs gegen Strom bzw. Wind – einen Ankerplatz ansteuern.

↘ SM2 Nr. 139

Beschreiben Sie wichtige Elemente eines Ankermanövers.

- Geeigneten Ankerplatz festlegen/planen,
- Ansteuerung planen (in der Regel gegen Wind und/oder Strom),
- bei langsamer Fahrt rückwärts über Grund Anker fallen lassen,
- Kette/Leine in Abhängigkeit vom Wetter/Strom bis auf das 3- bzw. 5fache der Wassertiefe stecken,
- Ankerball/Ankerlicht setzen,
- Ankerposition feststellen, dokumentieren und ausreichend kontrollieren.

SM1 Nr. 156, SM2 Nr. 137

Warum darf der Anker nicht zusammen mit seiner Leine am Ankerplatz über Bord geworfen werden?

Die Leine könnte mit dem Anker vertörnen und dadurch das Eingraben des Ankers verhindern. Der Anker würde dann nicht halten.

SM1 Nr. 150, SM2 Nr. 131

Wie erkennen Sie, ob der Anker hält?

1. Vibration von Kette oder Trosse prüfen,
2. Einrucken des Ankers prüfen,
3. durch wiederholte Peilungen und ggf. Schätzungen des Abstands zu anderen Schiffen oder zu Landmarken,
4. falls GPS vorhanden ist, die Ankeralarmfunktion einschalten.

SM1 Nr. 23, SM2 Nr. 15

Warum sollten Sie mehr als einen Anker an Bord haben, möglichst unterschiedlicher Art?

1. Als Ersatz bei Verlust,
2. zum Verwarpen oder Verkatten,
3. um unterschiedliche Ankergründe berücksichtigen zu können,
4. um bei schwerem Wetter oder in Tidengewässern vor 2 Ankern liegen zu können.

Mit Landpeilungen lässt sich feststellen, ob der Anker hält

Zum Ankerplatz wird gegen die Richtung des wahren Windes gefahren. Nach dem Aufstoppen ist der Anker bis zu einer Länge von ca. der 3fachen Wassertiefe zu fieren.
Dabei soll das Boot wenig Fahrt achteraus machen, entweder durch gelegten Rückwärtsgang oder Strom/Wind. So wird der Anker auch nicht durch die Ankerkette/-leine „begraben". Mit wenig Fahrt achteraus lässt man die Ankerkette mit ausreichend Länge steif kommen, damit sich der Anker besser eingräbt (auskuppeln!). Nachdem der Anker gefasst hat, wird noch mal der Rückwärtsgang eingelegt, und mit etwas Gas wird der Anker noch weiter eingegraben. Danach wird die Kette teilweise wieder eingeholt, damit der Schwojkreis nicht zu groß wird oder der Anker durch zu starkes Schwojen ausbricht.
Die Überprüfung, ob der Anker hält, wird anhand der *Peilung* eines festen Gegenstandes an Land vorgenommen. Ändert sich die Peilung nicht – die Peilung steht –, hält der Anker fest. Auch lässt sich anhand von Vibrationen auf Kette oder Ankerleine überprüfen, ob dieser hält. Schleift der Anker über dem Grund, sind die dadurch verursachten Vibrationen zu spüren.
Nun sind noch die entsprechenden Tag- und Nachtsignale (Ankerball/Ankerlicht) zu setzen, und die Ankerposition wird in der Seekarte und im Logbuch eingetragen. Ist eine Peilung nur schwer möglich, kann auch der GPS-Ankeralarm einge-

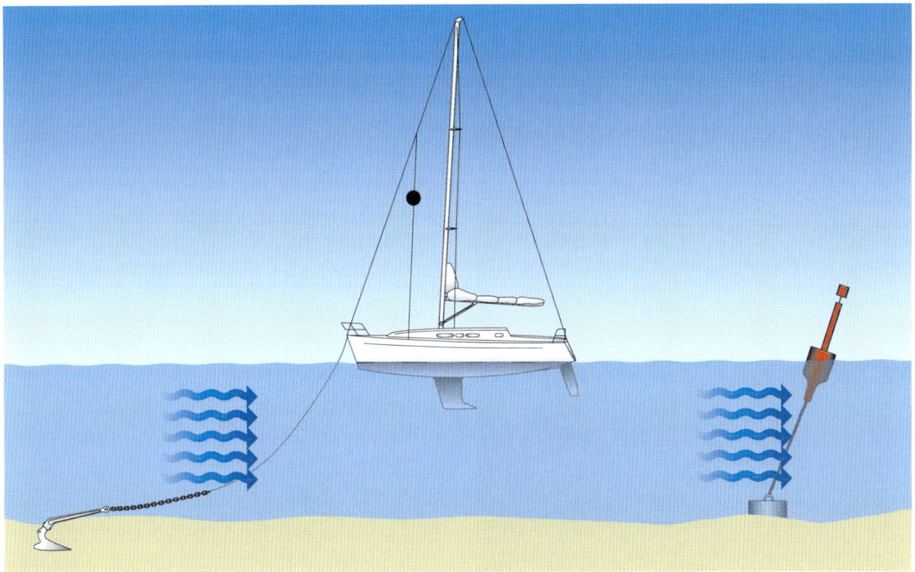

Beim Ankern im Gezeitenrevier ist bei Tidenwechsel zu prüfen, ob sich der Anker erneut eingegraben hat

setzt werden. Den Regeln guter Seemannschaft entsprechend ist eine Ankerwache zu besetzen.
An Bord sind nach Möglichkeit zwei Anker unterschiedlicher Art mitzuführen, Somit ist bei Verlust eines Ankers Ersatz vorhanden, und es kann jeweils der für den Ankergrund am besten geeignete eingesetzt werden. Im Gezeitenrevier kann ein zweiter Anker entgegengesetzt ausgebracht werden (Vermuren), damit sind je nach Tide beide Strömungsrichtungen berücksichtigt. Werden zwei Anker an der Ankerleine hintereinander ausgebracht, dann wird es als Verkatten bezeichnet. Insbesondere bei stärkeren Winden und schlechtem Ankergrund empfiehlt sich dieses Ankermanöver.

Ein weiteres Manöver mit dem Anker ist das Verwarpen, dabei wird nach dem Setzen des ersten Ankers ein weiterer Anker ausgebracht, was typischerweise mit dem Beiboot vorgenommen wird. Damit lässt sich die Yacht beispielsweise verholen.

Zum Verlassen des Ankerplatzes wird der Anker kurzstag geholt. Das bedeutet, man verholt sich zum Anker mit Maschinenunterstützung und holt dabei die Ankerkette ein. Dabei löst sich oft schon der Anker aus dem Grund. Geschieht das nicht, muss er ausgebrochen werden. In der Regel ist dies mit geringem Kraftaufwand möglich. Wenn das Boot jedoch längere Zeit bei stärkerem Wind oder Strom vor Anker lag, ist das manchmal schwierig. Da die Kraft der Ankerwinde dazu meist nicht ausreicht, ist der Anker durch „Überfahren“ auszubrechen.
Ist der Anker frei, wird er eingeholt, gewaschen und verstaut oder in der Ankerhalterung fixiert.

Schleusen

Schleusen dienen dazu, den Übergang von einem niedrigen zu einem hohen Wasserstand (oder umgekehrt) herzustellen. Die Öffnungszeiten der Schleuse, die zu benutzenden UKW-Kanäle und weitere Detailinformationen können nautischen Unterlagen entnommen werden. Das Schleusenmanöver selbst ist auf jeden Fall mit der Crew vorab zu besprechen, die Positionen für das Manöver (Fender/Leinen) sind zu verteilen.
Das Einfahren in die Schleuse erfolgt entsprechend den Schleusensignalen oder den Anweisungen des Schleusenmeisters per Megafon.

Öffnungszeiten und Signale können den nautischen Unterlagen entnommen werden

Beim Anlegen an der Schleusenwand ist zu beachten, dass bei Veränderung des Wasserstands Vor- und Achterleine per Hand gefiert oder angeholt werden müssen

Meist wird nach der Berufsschifffahrt eingelaufen. Es gilt ein absolutes Überholverbot. Sportboote fahren in der Reihenfolge in die Schleusenkammer ein, in der sie angekommen sind. Generell muss so weit nach vorn aufgeschlossen werden, dass kein Platz verschenkt wird, um andere Sportboote nicht unnötig lange warten zu lassen.

Festgemacht wird entweder längsseits an einer anderen Yacht, wobei die Leinen während der Änderung des Wasserstands nicht verändert werden. Oder es wird direkt an der Schleusenwand oder an Schwimmschlengeln (Vorsicht: oft extrem rutschig, nicht aufspringen!) festgemacht. Beim Anlegen an der Schleusenwand ist zu beachten, dass Vor- und Achterleine per Hand gefiert oder angeholt werden müssen. Oft empfiehlt sich aber auch der Einsatz der Winschen, wenn durch einströmendes Wasser starke Turbulenzen entstehen.

Schleppen

Wird Schlepphilfe benötigt, dann ist beim Belegen der Schleppleine darauf zu achten, dass die Klampe auf dem Vorschiff nicht zu stark belastet wird. Die Überbeanspruchung kann vermieden werden, indem beispielsweise die Zugkraft der Schleppleine durch eine Hahnepot auf mehrere Klampen (Bug- und Springklampen) verteilt wird.

Achtung: Beim Übergeben der Schleppleine ist darauf zu achten, dass sie nicht in den Propeller des Schleppers gerät! Ist die Schleppleine übergeben, sollte beim Anschleppen hartes Einrucken vermieden werden. Besser ist es, wenn sie während des Anschleppens langsam gefiert wird.

Die Länge der Schleppleine ist so anzupassen (etwa das 2- bis 3fache der Wellenlänge), dass sich Schlepper und geschleppte Yacht immer in der gleichen Wellenphase befinden. Das ist insbesondere bei höherem Seegang wichtig, damit beispielsweise die geschleppte Yacht nicht einen Wellenberg hinauffährt, während der Schlepper ein Wellental „hinabsurft". Das würde zu besonders starken Belastungen der Schleppleine und der Beschläge führen. Generell sollten beide Boote gleiche Kursänderungen ausführen. Dabei ist insbesondere das Schneiden von Kurven zu vermeiden.

Die Schleppgeschwindigkeit muss dem geschleppten Boot angepasst werden. Handelt es sich bei dem geschleppten Boot um einen Verdränger, ist seine maximale Rumpfgeschwindigkeit zu berücksichtigen. Eine zu hohe Schleppgeschwindigkeit kann außerdem zu Schäden an den Beschlägen des geschleppten Bootes führen. Dies muss vor allem beim Schleppen durch Berufsschiffe beachtet werden. Vorsicht mit der Schleppleine: Wenn diese durchreißt, kann sie beim Zurückschlagen lebensgefährlich werden!

Hat eine Yacht beispielsweise ein Ruder verloren, dann bietet sich bei geringem Seegang auch an, dass längsseits ge-

Beim Schleppen achteraus ist auf die Länge der Schleppleine zu achten

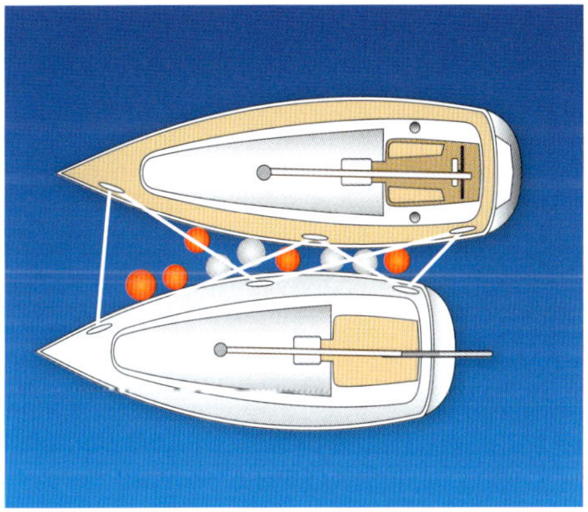

Längsseits kann eine Yacht nur bei ruhigem Wasser geschleppt werden, sonst können Rumpf und Rigg leicht beschädigt werden

schleppt wird. Damit kann die geschleppte Yacht besser auf Kurs gehalten werden. Dieses Manöver bietet sich auch bei engen Häfen an. Erscheint einem aber der Hafen generell zu kleinräumig oder ein Anlegemanöver durch viel Wind zu riskant, sollte die geschleppte Yacht besser außerhalb des Hafens vor Anker gehen. Eine ständige Kommunikation ist gewährleistet, indem beide Schiffe z. B. einen festen UKW-Seefunk-Kanal vereinbaren. So lassen sich Manöver rechtzeitig absprechen.

Begegnung mit der Berufsschifffahrt

Grundsätzlich sollte die Sportschifffahrt gegenüber der Berufsschifffahrt beachten, dass ein ausreichender Sicherheitsabstand eingehalten wird und eindeutige Kurse gefahren werden, denn die Manövriereigenschaften unterscheiden sich deutlich. Die Berufsschifffahrt benötigt erheblich größere Drehkreise und Stoppstrecken, zudem ist die Sicht nach vorne eingeschränkt. Wenn man einem großen Schiff zu nahe kommt, können sowohl die Bugwellen als auch Sog und Hecksee die eigene Yacht gefährden. Ein großes Containerschiff bewirkt auch eine Windabschattung in Lee. Segelt man bei starkem

↘ SM2 Nr. 78

Warum empfiehlt sich beim Schleppen die Verwendung einer Hahnepot und wo sollte sie belegt werden?

1. Eine Hahnepot verteilt die Zugkräfte auf mehrere Belegpunkte für die Schleppleine an der Durchführung an Bug und auf den beiden Bootsseiten.
2. Zum Belegen eignen sich zumeist kräftigere Klampen für die Vorspring auf den Bootsseiten.

↘ SM1 Nr. 157, SM2 Nr. 140

Was müssen Sie bedenken, wenn ein großes Schiff auf Ihr Sportboot zukommt?

1. Andere Manövrierfähigkeit (größere Drehkreise, längere Stoppstrecken),
2. u. U. eingeschränkte Sicht des anderen Fahrzeugs, insbesondere nach voraus,
3. Möglichkeit des Übersehenwerdens, weil man sich im Radarschatten befindet,
4. Beeinträchtigung durch Bugwellen des großen Schiffes,
5. mögliche Beeinträchtigung der Manövrierfähigkeit des eigenen Bootes durch Windabdeckung.

SM1 Nr. 158, SM2 Nr. 141
Warum sollten Sie nicht zu dicht hinter dem Heck eines vorbeifahrenden Schiffes durchfahren?
Sog und Hecksee können das eigene Boot erheblich gefährden.

SM1 Nr. 160, SM2 Nr. 143
Mit welchen Stoppstrecken und Stoppzeiten müssen Sie bei großen Schiffen in voller Fahrt rechnen und wovon hängen sie ab?
Abhängig von Schiffstyp und -größe, Beladungszustand und Ausgangsgeschwindigkeit ist mit der 8- bis 12-fachen Schiffslänge und bis zu 8 bis 12 Minuten Dauer (z. B. ein 300 m langes Containerschiff voll abgeladen mit 24 kn: Stoppstrecke ca. 2 sm, Stoppzeit ca. 12 Minuten) zu rechnen.

SM1 Nr. 159, SM2 Nr. 142
Was müssen Sie beim Passieren eines großen Schiffes bei dessen Kursänderungen, z. B. in einem kurvenreichen Fahrwasser, beachten?
Bei einer Kursänderung schwenkt das Heck deutlich in die entgegengesetzte Richtung aus, also nach Backbord bei einer Kursänderung nach Steuerbord und umgekehrt.

Von der Brücke der Berufsschifffahrt ist die Sicht nach vorn eingeschränkt

Hochgeschwindigkeitsfahrzeuge erreichen das Vielfache der Geschwindigkeit einer Yacht

Wind mit einem Amwindkurs dort hinein, dann wird sich die Yacht plötzlich aufrichten. Bei dichtem Passieren kommen noch starke Verwirbelungen dazu, der Wind wird also in Richtung und Stärke deutlich verändert!

Stoppwege der Berufsschifffahrt:
Generell muss man bei Schiffen der Berufsschifffahrt mit sehr langen Stoppwegen rechnen: Sie fahren mit hoher Geschwindigkeit, und ihre große Masse wirkt als erhebliches Trägheitsmoment. Darüber hinaus ist die Umsteuerung der Maschine von Vor- auf Rückwärtsfahrt nicht so leicht möglich wie an Bord einer Yacht. Bei einem großen Containerschiff um 300 Meter Länge beträgt bei einer Geschwindigkeit um 20 Knoten die Stoppstrecke das 8- bis 12-Fache der Schiffslänge, was einer Strecke von 1,5 bis 2 sm entspricht. Die Stoppzeit nimmt etwa einen Zeitraum von etwa 10 Minuten ein. Bei diesem Notmanöver kann es sogar zu Schäden am Antrieb kommen oder das Heck bricht aus. Kritischer noch wird es, wenn das Schiff nach dem Aufstoppen ohne Fahrt ist und dann womöglich auf flaches Wasser gerät! Anhand der Stoppstrecke ist deutlich zu erkennen, dass bei Begegnungen mit der Berufsschifffahrt jeweils ein deutliches Ausweichen entsprechend den KVR vorzunehmen ist.
Drehkreis:
Bei einer Ruderlage eines Berufsschiffes wird es erst sehr langsam einen Kreis beschreiben. Dabei schert das Heck aus, z. B. bei einer Kursänderung von Steuerbord nach Backbord, was auch zu einer Kollision führen kann. Das Schiff verlässt erst nach mehreren Schiffslängen die alte Kurslinie. Die Strecke, bis die alte Kurslinie verlassen wird und die Drehung eingeleitet wird, beträgt bei einem 300 Meter langem Containerschiff etwa 500 bis 600 Meter (2 bis 2,5 Schiffslängen).

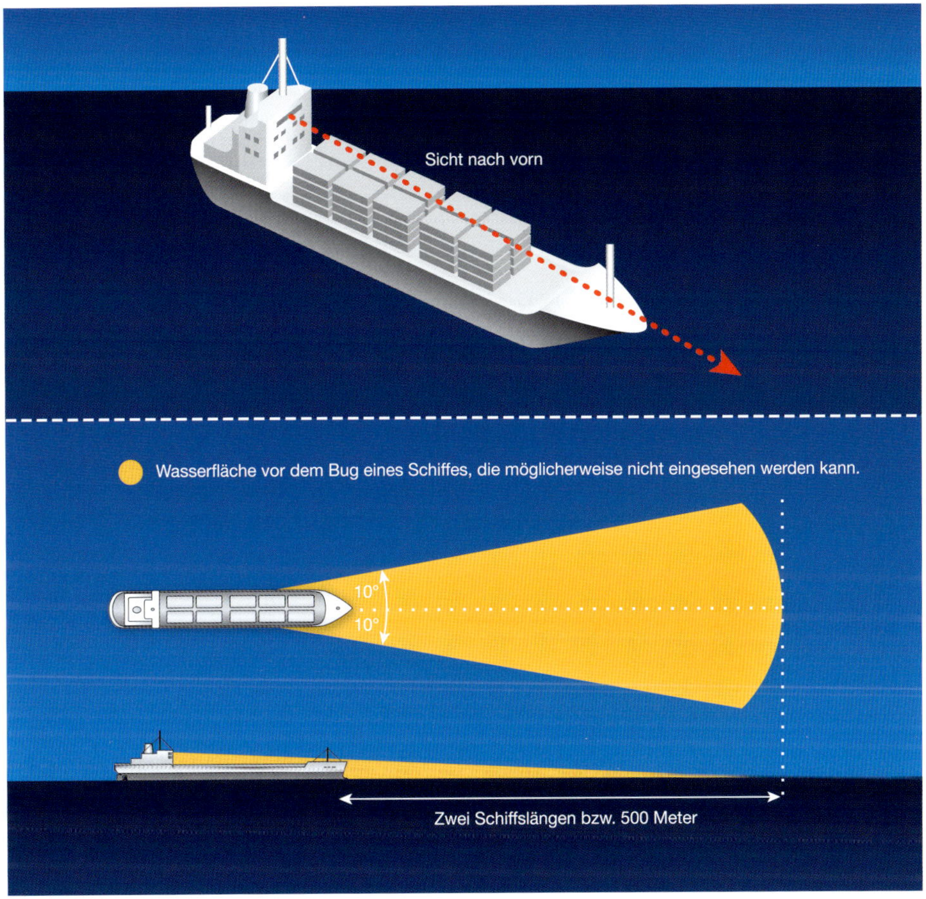

Die Sicht nach vorn ist besonders auf großen Containerschiffen stark eingeschränkt

Sicht nach vorn:
Neben Drehkreis und Stoppstrecke ist zu beachten, dass Berufsschiffe nur eine sehr eingeschränkte oder keine Sicht auf den Bereich direkt vor dem Bug haben. Bei Containerschiffen kann der Bereich vor dem Bug bis zu zwei Schiffslängen abgeschattet sein. Das gilt zum Teil auch für das Radar, deshalb sollte dieser Bereich nach Möglichkeit gemieden werden.
Damit die Berufsschifffahrt die Yacht bei verminderter Sicht rechtzeitig auf dem Radar erkennen kann, sollte ein passiver Radarreflektor möglichst hoch angebracht sein. Besser noch und zu empfehlen sind aktive Radarreflektoren.

↘ SM1 Nr. 161, SM2 Nr. 144
Wie reagiert ein großes Schiff, wenn bei ca. 20 kn Fahrt ein Ausweichmanöver durch Hartruderlage eingeleitet wird? Nach welcher Distanz verlässt es in etwa die alte Kurslinie?
Der Steven bewegt sich in Richtung der Hartruderlage, das Heck schlägt relativ weit zur entgegengesetzten Richtung aus. Das Schiff verlässt mit seinem Heck erst nach mehreren Schiffslängen seine bisherige Kurslinie, bewegt sich also zunächst in der alten Kursrichtung fort. Diese Strecke kann bei 300 m langen Containerschiffen 1,5 bis 2,5 Schiffslängen, d. h. ca. 500 bis 600 m betragen.

↘ SM1 Nr. 162, SM2 Nr. 145
Auf vielen großen Schiffen ist die Sicht nach vorne eingeschränkt. Welchen Abstand vor einem Schiff müssen Sie als nicht einsehbar mindestens berücksichtigen?
Sichtbeschränkung nach voraus maximal 2 Schiffslängen oder 500 m.

↘ SM1 Nr. 163, SM2 Nr. 146
Wie können Sie die Wahrscheinlichkeit erhöhen, im Radar von anderen Fahrzeugen gesehen zu werden?
Durch einen möglichst hoch und fest angebrachten passiven Radarreflektor bzw. besser noch durch einen „aktiven" Radarreflektor.

Navigation

Navigation ist die Ermittlung der eigenen Position, des Ziels und die Bestimmung der Richtung und Strecke zu diesem Ziel.

2. Navigation

Die Navigation hat eine lange Geschichte. Nach großen Irrtümern („Die Erde ist eine Scheibe" oder die Fahrt nach Amerika, die eigentlich nach Indien führen sollte) hat sich inzwischen ein etabliertes Wissen angesammelt. Viele der alten Prinzipien werden heute noch täglich angewendet, andere wurden durch moderne Technik abgelöst oder stark vereinfacht.

Navigation ist die Ermittlung der eigenen Position, des Ziels und die Bestimmung der Richtung und Strecke zu diesem Ziel. Doch während an Land Straßenschilder und Hausnummern zur Orientierung zur Verfügung stehen, ist das auf See grundsätzlich anders. Insbesondere die Beschreibung einer Position auf See fern der Küste scheint zunächst nur schwer vorstellbar, wenn keine sichtbaren Bezugspunkte wie Leuchttürme oder Inseln vorhanden sind.

Grundlagen der Navigation

Position: Längen- und Breiteneinteilung

Um eine Position auf der Erdoberfläche bzw. auf dem Wasser eindeutig zu beschreiben – in der Navigation wird hier auch von einem „Ort" gesprochen –, wird ein einfaches Koordinatensystem mit zwei Bezugslinien verwendet.

Die erste Bezugslinie ist der Äquator. Parallel zu ihm verlaufen die zu den Polen kleiner werdenden Breitenkreise, auch

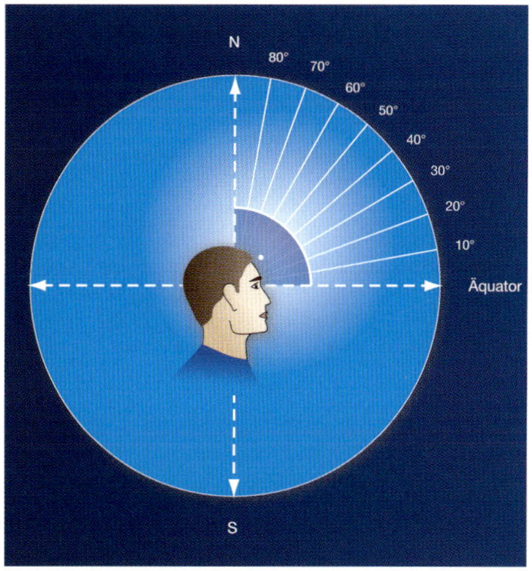

Breitengrade

Breitengrade oder Breitenparallele genannt.

Die zweite Bezugslinie ist eine Parallele zur Erdachse, die auf die Erdoberfläche projiziert wird. Diese Bezugslinie ist der nullte Längengrad. Dieser Längengrad ist fiktiv gelegt, also nicht wie der Äquator vorgegeben. Viele Jahrhunderte verwendeten die seefahrenden Nationen, wie z.B. Portugal, Spanien oder England, unterschiedlich festgelegte Nullmeridiane. Erst 1884 einigte man sich auf die englische Bezugslinie durch Greenwich/London.

Dieser nullte und alle weiteren Längengrade verlaufen vom Nord- zum Südpol und kreuzen senkrecht den Äquator. Im Gegensatz zu den Breitengraden sind die Längengrade somit nicht parallel zueinander: Sie beginnen alle an einem Punkt – dem Nordpol – und enden alle an

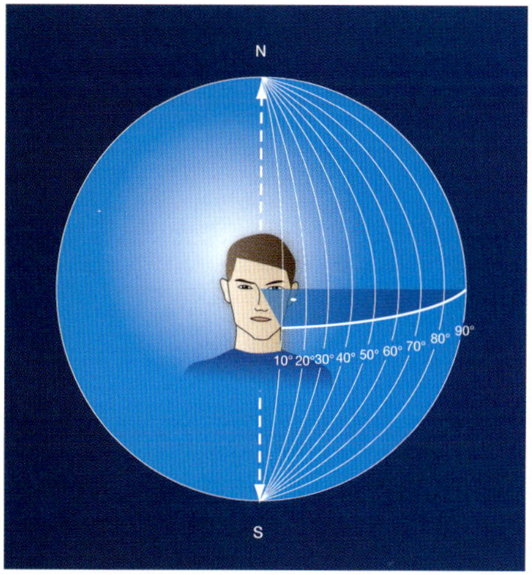

Längengrade

einem Punkt – dem Südpol. Den größten Abstand zueinander haben sie am Äquator. Längengrade werden auch als Meridiane bezeichnet.

Zur Bezeichnung dieser horizontalen und vertikalen Linien existiert ein einfaches System: In der Vorstellung stellen wir uns in den Mittelpunkt der Erde und blicken von innen gegen die Erdoberfläche. Dabei ist der Äquator genau in Augenhöhe. Der Nordpol erscheint somit exakt über uns, der Südpol unter unseren Füßen. Der gerade vor uns liegende Äquator, also die horizontale Bezugslinie, wird mit 0° (gesprochen: null Grad) bezeichnet. Wenn wir den Kopf nach oben heben, bis wir den Nordpol „sehen", haben wir den Blick insgesamt um 90° gehoben. Der Nordpol liegt also auf 90°. Senken wir den Blick zum Südpol, ergeben sich wiederum 90°, jetzt allerdings Richtung Süd.

Jeder beliebige Zwischenwert ist möglich. Damit deutlich wird, ob ein Winkelwert die obere – nördliche – oder untere – südliche – Erdhalbkugel bezeichnet, wird immer „N“ für Nord oder „S“ für Süd hinzugefügt.
Beispiel: Melbourne/Australien liegt auf 37° Süd und Brüssel/Belgien auf 51° Nord.
Das gleiche Prinzip gilt auch für die Längengrade. Nur ist die Bezugslinie, zu der wir aus dem Erdmittelpunkt „blicken“, diesmal der nullte Längengrad. Drehen wir uns langsam Richtung Westen (von innen gesehen also nach rechts), bis wir uns um 90° gewendet haben, sehen wir den Längengrad 90° West. Zurück auf Grundstellung und dann 90° nach Osten gedreht, sind wir beim Längengrad 90° Ost angekommen. Drehen wir uns weiter bis 180°, bleibt es gleich, ob wir diesen 180. Längengrad West oder Ost nennen, denn wir hätten uns auch andersherum bis hierhin drehen können.
Festzuhalten ist, dass die Längengrade von 0° bis 180° West bzw. Ost bezeichnet werden, die Breitengrade jedoch nur von 0° bis 90° Nord bzw. Süd.
Mithilfe dieser zwei Bezugsebenen lässt sich jeder Ort der Erde mit zwei Zahlenwerten eindeutig beschreiben. Eine horizontale Breite und eine vertikale Länge bezeichnen einen Ort. Beispiel: Köln liegt auf 51° Nord und 7° Ost.
Da diese Beschreibung aber noch recht grob ist, wird die Gradeinteilung in Gradminuten unterteilt. So hat 1° genau 60' (Minuten). Somit werden aus 50,5° richtig 50° 30' (ein halbes Grad entspricht 30 Minuten). Diese Minuten wiederum werden – abweichend von der bisherigen Einteilungslogik dem Dezimalsystem folgend – in 10tel-Minuten unterteilt.

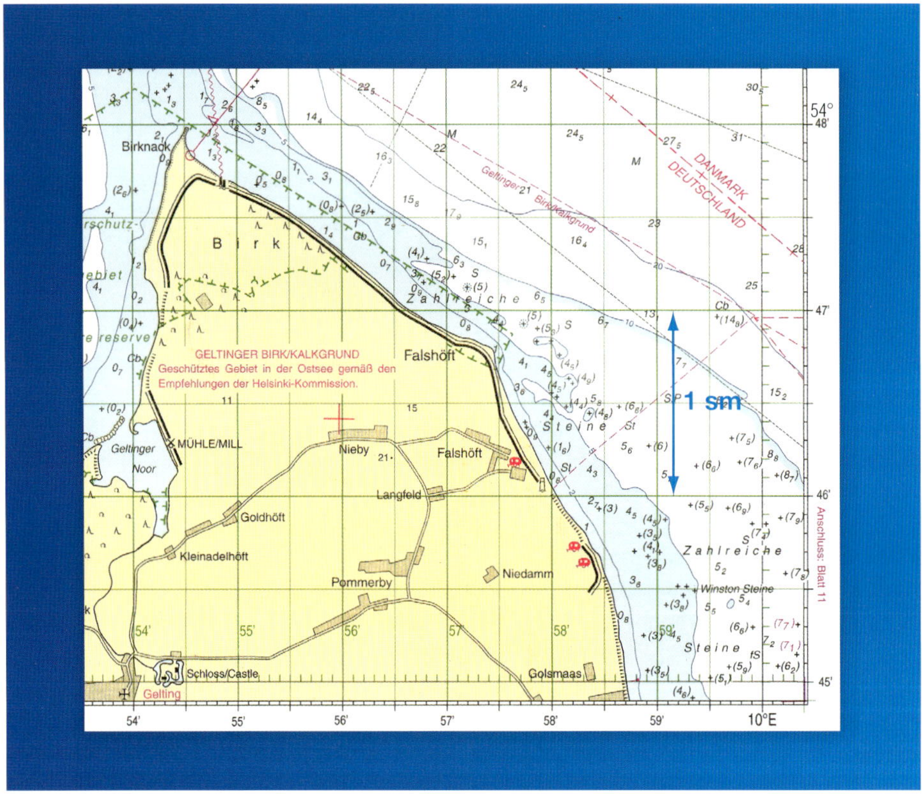

Karte mit Breiten- und Längengraden, eine Seemeile entspricht einer Breitenminute

Beispiel: Die vollständige Position für den Leuchtturm auf Helgoland lautet:
Breite: 54° 10,9' Nord und Länge: 7° 52,9' Ost bzw. in der nautischen Schreibweise φ = 54° 10,9' N λ = 007° 52,9' E.
Das Formelzeichen „φ“ (Phi) steht für Breite und „λ“ (Lambda) für Länge. Zu beachten ist, dass für Ost auch im deutschen Sprachraum nicht der Buchstabe „O“ verwendet wird, sondern „E“ (East), um zu vermeiden, dass ein „O“ mit der Ziffer „0“ verwechselt wird.
Die immer zweistellige Schreibweise der ganzen Breitengrade und die immer dreistellige Schreibweise der ganzen Längengrade dienen der deutlichen Unterscheidung zwischen Breite und Länge.

Entfernungsmessung: Seemeile

Eine Position kann sowohl den eigenen aktuellen als auch jeden anderen Ort bezeichnen. Wird die zwischen zwei Positionen liegende Strecke betrachtet, sind Entfernung und Richtung zu beschreiben. Die Entfernung wird in der Seefahrt in Seemeilen gemessen. Die Maßeinheit Seemeile ist dabei direkt von dem oben beschriebenen Koordinatensystem abgeleitet. Ein Winkelgrad wird in 60 Winkelminuten unterteilt. Genau die Strecke von einer Winkelminute zwischen zwei Breitenparallelen ist eine Seemeile.

Bei einem gemittelten Erdumfang von 40.000 km errechnet sich die *Seemeile* wie folgt: 40.000 km auf 360° ergeben 111,11 km pro Grad; 111,11 km pro Grad bei 60' pro Grad ergeben 1,852 km pro Minute = 1 sm.

Da die Breitengrade parallel verlaufende Linien mit immer gleichen Abständen sind, ist auch eine Winkelminute zwischen den Breitenlinien immer eine Seemeile. Bei den Längengraden dagegen kann dieses Prinzip nicht gelten, weil diese zu den Polen hin immer dichter zusammenlaufen und schließlich in einem Punkt – dem Pol – zusammentreffen.

Aus diesem Grund lässt sich eine Seemeile (sm) in der Seekarte auch nur auf den Breitengraden, also links oder rechts am Kartenrand ablesen. Die Längengrade haben, je nach dargestelltem Gebiet, andere Abstände und sind für die Entfernungsmessung ungeeignet.

Um kürzere Entfernungen benennen zu können, gibt es in der Seefahrt noch eine Untereinheit, die *Kabellänge* (kbl). Sie entspricht einer zehntel Seemeile, also 185,2 m. Dieser Begriff wird häufig in nautischen Beschreibungen verwendet, etwa wenn es heißt: „Man halte sich gut eine Kabellänge von der Mole fern." Im Zeitalter der metrischen Maße erscheint das etwas ungewohnt, es gehört jedoch zur Nautik. Auf manchen elektronischen Navigationssystemen wird statt der Abkürzung „sm" für Seemeilen auch „nm" für nautische Meilen angezeigt, um den Gegensatz zur Landmeile aus dem angloamerikanischen Raum deutlich hervorzuheben.

Geschwindigkeit

Auf der Maßeinheit für die Strecke, der Seemeile, basiert die Einheit für die Geschwindigkeit. Ein *Knoten* (kn) ist die Geschwindigkeit, bei der eine Strecke von einer Seemeile in einer Stunde zurückgelegt wird (1 kn = 1 sm/h).

Kurs/Winkelmessung

Richtungen wurden in der Seefahrt ursprünglich nur nach den Himmelsrichtungen beschrieben. Da die Einteilung in vier Haupthimmelsrichtungen (Nord, Ost, Süd, West) zu grob war, wurden Zwischenschritte (Nordost, Südost, Südwest und Nordwest) eingefügt. Da aber auch diese nicht genau genug waren, wurden wiederum Zwischenschritte definiert: Nordnordost, Ostnordost, Ostsüdost usw. Auf diese Weise waren 16 Bereiche festgelegt. Die nochmalige Unterteilung ergab dann 32 Sektoren, die jeweils ein *Strich* genannt werden. Für Berechnungen waren diese Bezeichnungen ungeeignet, weshalb später das Winkelgradsystem herangezogen wurde: 360° für einen Vollkreis, der einfach in 360 einzelne Grade aufgelöst und weiter in Winkelminuten unterteilt werden kann.

Kompassrose mit Gradeinteilung

Aus diesen beiden Methoden der Richtungsbeschreibung ergibt sich, dass ein Strich 11,25° sind. Die Formulierung: „Ich sehe die Tonne zwei Strich an Steuerbord" klingt vielleicht wie ein Relikt aus dem alten nautischen Sprachgebrauch, für die man auch sagen könnte: „22,5° an Steuerbord", doch auf den exakten Zahlenwert kommt es hier nicht an.

Richtungen oder Kurse werden also in der Nautik in Winkelgraden angegeben. Dabei entsprechen 0° (bzw. 360°) der Richtung Nord, 90° = Ost, 180° = Süd und 270° = West.

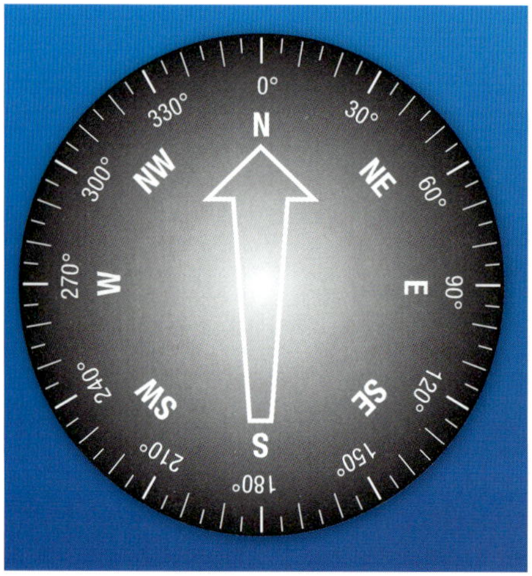

Kompassrose mit 5-Grad-Einteilung

Einen Kurs genauer als auf 5° zu steuern ist auf Sportbooten meist schwierig, daher sind die Skalen moderner Kompassrosen oft auch nur mit 5°-Unterteilungen versehen. Rein rechnerisch können sich jedoch viel genauere Kurswerte, beispielsweise in der Stromnavigation mit Teilen von Winkelgeraden, ergeben.

Ein Winkelgrad wird dabei in 60 Winkelminuten aufgeteilt, 1° = 60' (' = Minutensymbol); eine Winkelminute wiederum in 60 Winkelsekunden, 1' = 60'' ('' = Winkelsekunde).

Sekunden haben sich in der Navigationsrechnung jedoch nicht durchgesetzt. In der Praxis werden Kursangaben auf volle Grade gerundet.

Nur bei einer Positionsbeschreibung erfolgt die Darstellung mit Winkelgraden und Winkelminuten mit Nachkommastellen.

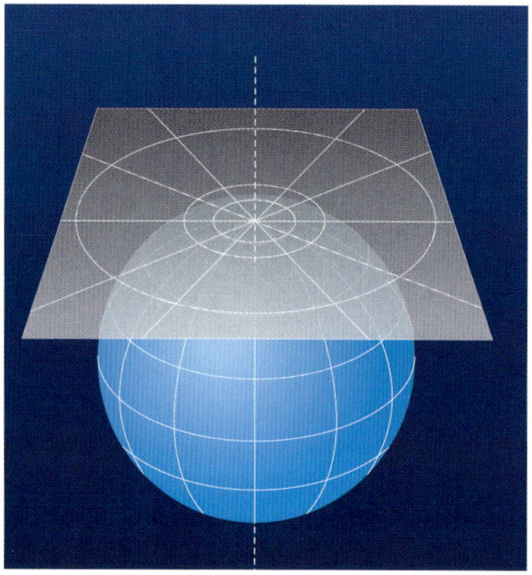

Azimutprojektion

Geschrieben werden Richtungsangaben immer dreistellig. So wird z.B. ein Kurs nach Osten mit 090° notiert. Bei schriftlichen Kursberechnungen entfällt sogar das Gradzeichen (°), damit es nicht mit einer nachfolgenden Null verwechselt werden kann.

Wie der Kurs einer Linie zwischen zwei Positionen aus einer Seekarte herausgelesen wird, siehe im Textabschnitt „Kurse aus der Karte", Seite 140.

Darstellung der Seekarte

Wer See- oder Landkarten des gleichen Gebietes vergleicht, kann oft große Unterschiede in der Darstellung feststellen. Damit sind nicht andere Symbole, Farben oder Details gemeint, sondern dass ganze Flächen merkwürdig andere Formen zu haben scheinen.

Diese „Formveränderung" hängt mit der

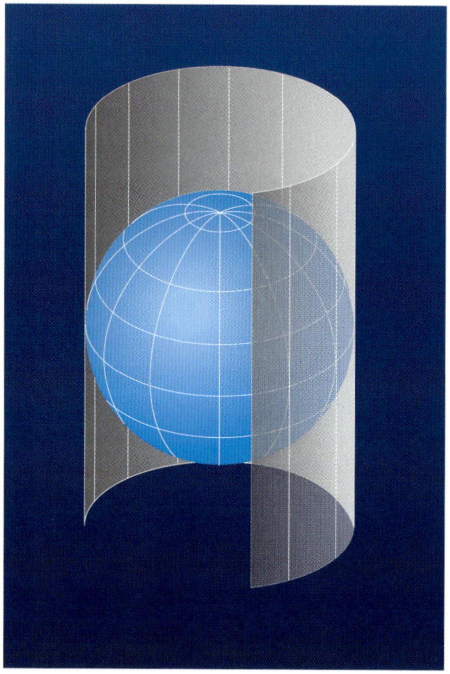

Zylinderprojektion

Darstellung der gekrümmten Erdoberfläche auf einem ebenen Blatt Papier zusammen. Da es prinzipiell nicht möglich ist, eine Kugeloberfläche flächen-, winkel- und gleichzeitig längengetreu auf einer ebenen Papierfläche abzubilden, muss zu einem „Trick" gegriffen werden. Hierfür gibt es unterschiedliche Lösungsansätze, die aber alle den unvermeidbaren Nachteil haben, dass sie zu Verzerrungen führen, z. B. Azimut-, Zylinder- oder Kegelprojektion.

Da die Seekarte zur Navigation verwendet werden soll, kommt es auf eine genaue Winkel- und Längenmessung an.

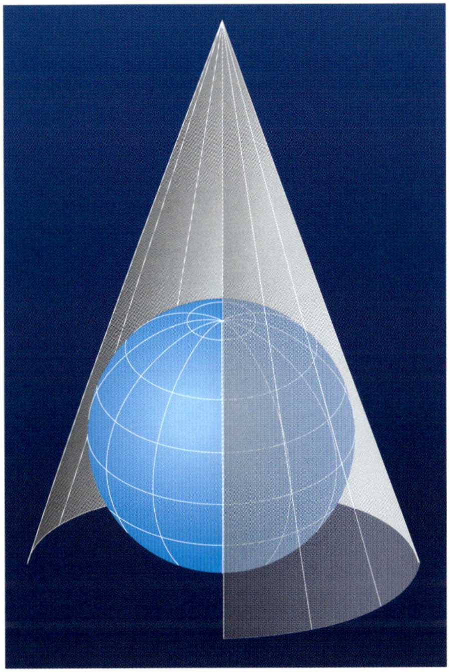

Kegelprojektion

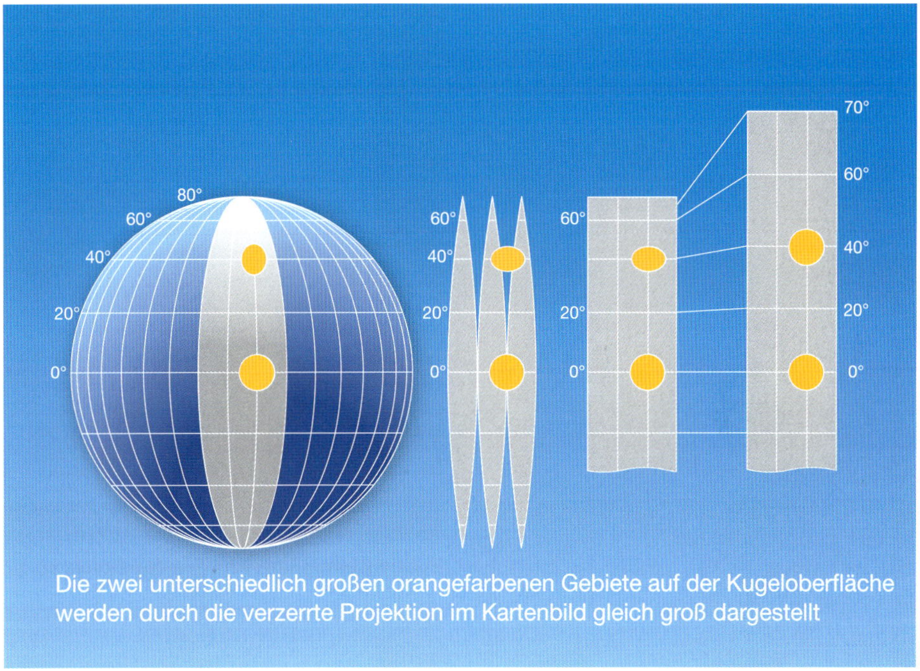

Mercatorprojektion

Solch eine Darstellung wurde im Jahr 1569 von Gerhard Mercator erstellt. Bei dieser Darstellungsart sind zwar die Flächen verzerrt wiedergegeben, aber eine Kursbestimmung, also der Winkel zu den Längengraden, ist genau festzustellen. Auch lassen sich Entfernungen gut ablesen. Für die Navigation kann der Fehler in der Flächendarstellung daher in Kauf genommen werden.

Der einzige wirkliche Nachteil ist die Verzerrung bei der Darstellung großer nördlicher oder südlicher Breiten (über ca. 70° Nord oder Süd). Hier müssen andere Seekartenprojektionen genutzt werden.

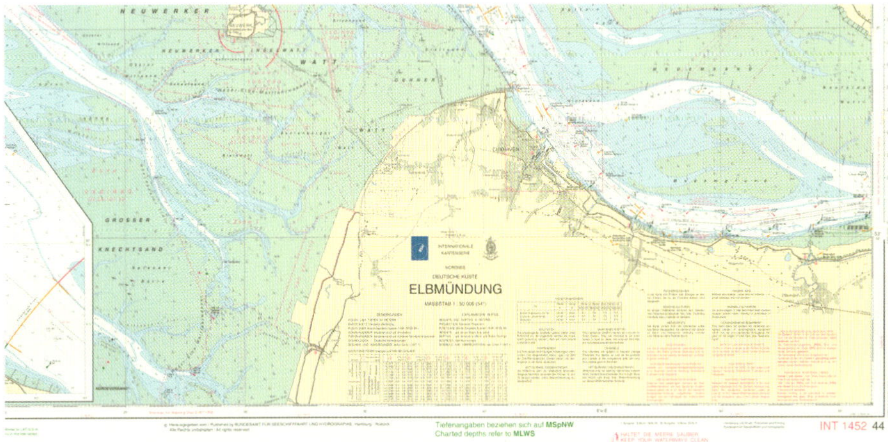

Seekarte Elbmündung, BSH-Karte 44

Handhabung des Kartenzirkels

Der Kartenzirkel dient zum Übertragen von Abständen aus der Karte zum Kartenrand oder umgekehrt.

Das Bild unten zeigt das Messen einer Entfernung:

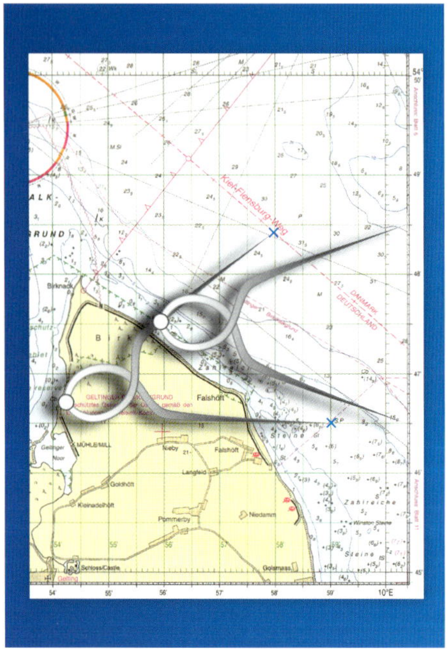

Entfernung immer am seitlichen Kartenrand, den Breitengraden, abgreifen: hier 2 sm

Ermitteln einer Position

Der Zirkel wird an die Position und nacheinander an einen nahe liegenden Breiten- und Längengrad angelegt.
Die Koordinaten ergeben sich durch Verschieben des Zirkels zum jeweiligen Kartenrand.

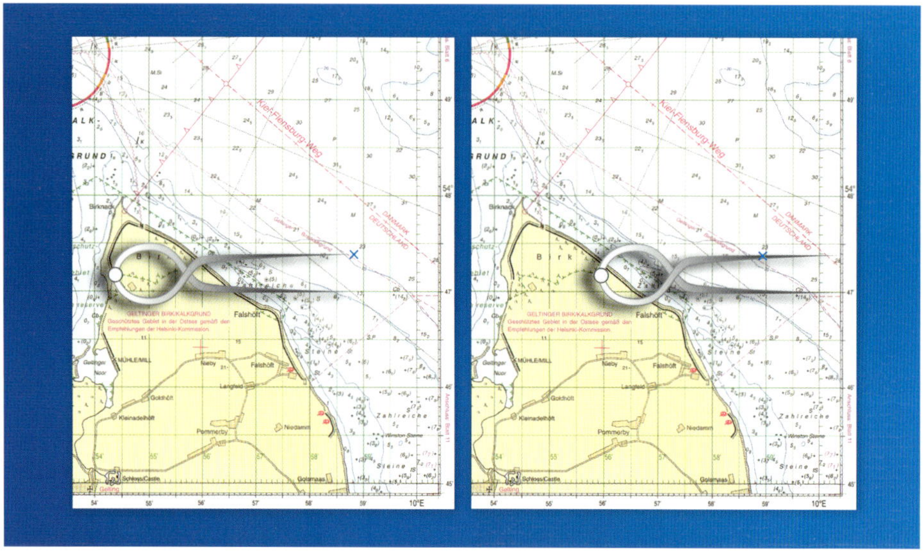

Positionsermittlung: Anlegen des Zirkels an einen nahe liegenden Breitengrad und ...

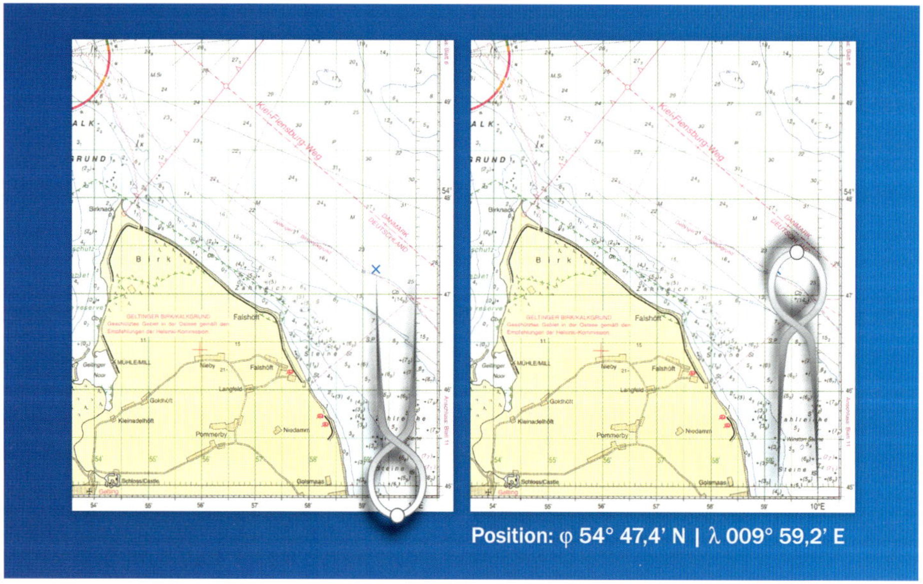

... an einen nahe liegenden Längengrad und jeweils das Verschieben an den Kartenrand

Verkehrszentrale und Leuchtfeuer in Brunsbüttel

Navigation mit Sicht- und Seezeichen

Die Navigation in Küstennähe ist aufwendiger als die auf der freien See. Flache Bereiche müssen umfahren, Schifffahrtswege beachtet oder Hafeneinfahrten genau angesteuert werden. Damit dies sicher zu bewerkstelligen ist, werden Seezeichen eingerichtet: Leuchtfeuer, Tonnen oder Sichtzeichen, die der Navigation dienen.

Leuchtfeuer

Als eines der ältesten Navigationshilfsmittel dienen Leuchtfeuer; der sagenumwobene Turm von Alexandria war eines der sieben Weltwunder der Antike. Heute können Leuchtfeuer klassisch als Leuchttürme oder einfach an Masten, manchmal auch nur als Licht an Gebäuden oder Hafenanlagen ausgeführt sein.
Leuchtfeuer sind für die Navigation eine der besten Orientierungshilfen. Durch die Art der Farbe und ggf. durch ihre Blinkfolge – man spricht von *Kennung* – sind sie sowohl gut zu sehen als auch voneinander zu unterscheiden. Für verschiedene Aufgaben gibt es unterschiedliche Leuchtfeuer.

Sektorenfeuer sind nur aus bestimmten Blickrichtungen zu sehen. Häufig sind mehrere farbige Sektoren in einem Leuchtfeuer kombiniert. So weiß der Schiffsführer, in welchem Bereich er sich bewegt.
Ein Beispiel für Sektorenfeuer sind *Leitfeuer*. Bei diesem Einzelfeuer wird ein mittlerer Sektor (Leitsektor) durch zwei farbige Sektoren (Warnsektoren) eingeschlossen. Leitfeuer zeigen eine sichere Durchfahrt oder ein Fahrwasser an.
Quermarkenfeuer sind ebenfalls Sektorenfeuer, die durch Übergang von einer Farbe oder einer Kennung zu einer an-

Nr. 19
Was sind Leitfeuer (direction lights)?
Leitfeuer sind Einzelfeuer, die durch Sektoren verschiedener Farbe oder Kennung (Leit- oder Warnsektoren) im Allgemeinen ein Fahrwasser, eine Hafeneinfahrt oder einen freien Seeraum zwischen Untiefen bezeichnen.

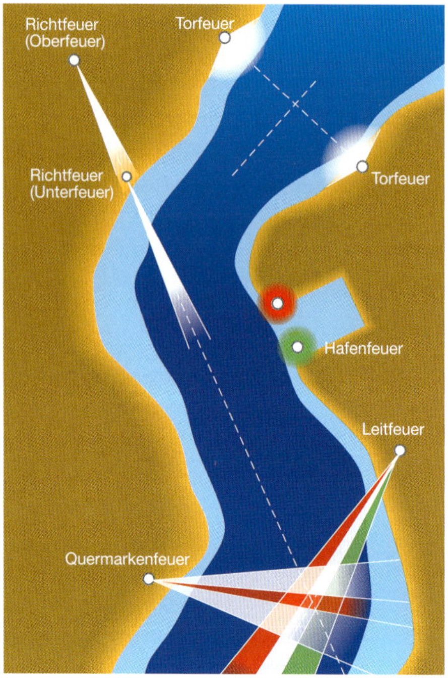

Befeuerung eines Fahrwassers

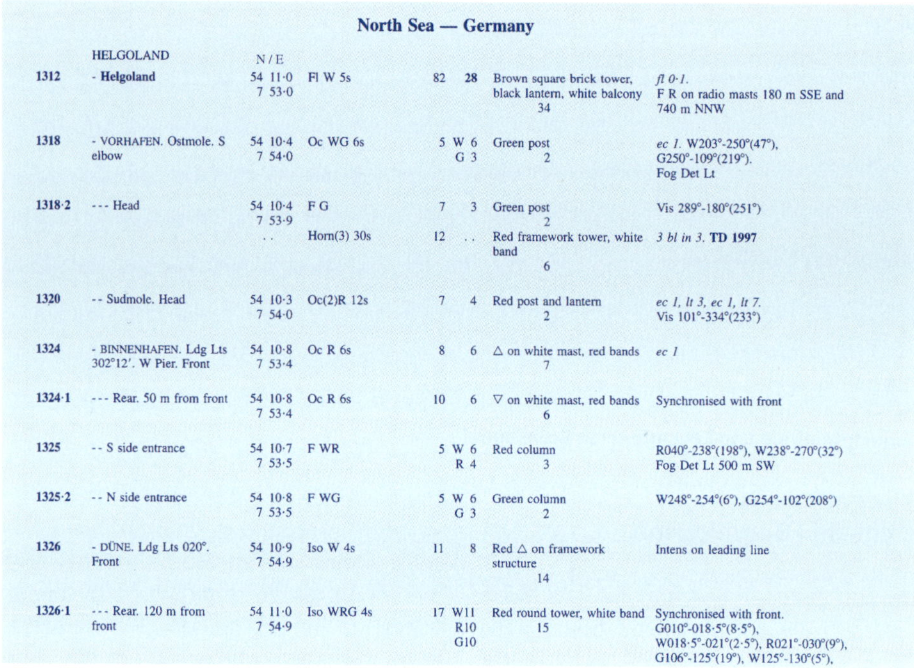

North Sea — Germany

	HELGOLAND	N / E					
1312	- **Helgoland**	54 11·0 7 53·0	Fl W 5s	82	**28**	Brown square brick tower, black lantern, white balcony 34	*fl 0·1.* F R on radio masts 180 m SSE and 740 m NNW
1318	- VORHAFEN. Ostmole. S elbow	54 10·4 7 54·0	Oc WG 6s	5	W 6 G 3	Green post 2	*ec 1.* W203°-250°(47°), G250°-109°(219°). Fog Det Lt
1318·2	--- Head	54 10·4 7 53·9	F G	7	3	Green post 2	Vis 289°-180°(251°)
		. .	Horn(3) 30s	12	. .	Red framework tower, white band 6	*3 bl in 3.* **TD 1997**
1320	-- Sudmole. Head	54 10·3 7 54·0	Oc(2)R 12s	7	4	Red post and lantern 2	*ec 1, lt 3, ec 1, lt 7.* Vis 101°-334°(233°)
1324	- BINNENHAFEN. Ldg Lts 302°12′. W Pier. Front	54 10·8 7 53·4	Oc R 6s	8	6	△ on white mast, red bands 7	*ec 1*
1324·1	--- Rear. 50 m from front	54 10·8 7 53·4	Oc R 6s	10	6	▽ on white mast, red bands 6	Synchronised with front
1325	-- S side entrance	54 10·7 7 53·5	F WR	5	W 6 R 4	Red column 3	R040°-238°(198°), W238°-270°(32°) Fog Det Lt 500 m SW
1325·2	-- N side entrance	54 10·8 7 53·5	F WG	5	W 6 G 3	Green column 2	W248°-254°(6°), G254°-102°(208°)
1326	- DÜNE. Ldg Lts 020°. Front	54 10·9 7 54·9	Iso W 4s	11	8	Red △ on framework structure 14	Intens on leading line
1326·1	--- Rear. 120 m from front	54 11·0 7 54·9	Iso WRG 4s	17	W11 R10 G10	Red round tower, white band 15	Synchronised with front. G010°-018·5°(8·5°), W018·5°-021°(2·5°), R021°-030°(9°), G106°-125°(19°), W125°-130°(5°),

Auszug aus dem englischen Leuchtfeuerverzeichnis „List of Lights"

deren beispielsweise auf eine Kursänderung in einem Fahrwasser hinweisen. Sie stehen in der Regel quer zur Fahrrichtung. Ein- oder beidseitige Ankündigungssektoren sind vor dem eigentlichen Kursänderungssektor zu sehen.

Ein *Torfeuer* ist ein Leuchtfeuerpaar gleicher Höhe, Farbe, Lichtstärke und Kennung, dessen Feuer gleich weit von der Fahrwassermitte einander gegenüber installiert sind.

Richtfeuer bestehen aus einem *Ober- und Unterfeuer*. Diese beiden stehen so hintereinander, dass sie von See aus übereinander erscheinen, wenn man sich genau auf einer vorgeschriebenen Peillinie befindet. Erscheint das Unterfeuer weiter links als das Oberfeuer, ist man zu weit nach rechts gefahren und muss zur Korrektur Richtung Backbord halten. Entsprechendes gilt umgekehrt. Befindet sich das Unterfeuer weiter rechts als das Oberfeuer, ist man zu weit links und muss nach Steuerbord halten. So lässt sich beispielsweise sehr genau ein Sollkurs – die Richtlinie (früher Richtfeuerlinie) – in einer Durchfahrt steuern. Durch dreieckige, an den Richtfeuern montierten Tafeln sind solche Peillinien auch am Tage oft gut zu nutzen.

Unterscheidung von Leuchtfeuern

Am Tage sind die meisten Leuchttürme gut an ihrer prägnanten Bauart zu erkennen. In Seehandbüchern sind entsprechende Abbildungen zu finden. Doch erst bei Dunkelheit zeigen sich die Vorteile von Leuchtfeuern.

Im *Leuchtfeuerverzeichnis* (hrsg. vom Bundesamt für Seeschifffahrt und Hydrographie – BSH) bzw. in der englischen *List of Lights* (hrsg. von der United Kingdom Hydrographic Organization – UKHO) sind alle Leuchtfeuer eines Seegebietes aufgelistet.

Eine Beschreibung des Gebäudes bzw.

Gebäude- und Feuerhöhe

des Bauwerks, der geografischen Position und ggf. montierter Anlagen (Nebelschallsignal, Radarantworteinrichtung, Mess- oder Signalstellen) wird durch eine genaue Angabe des Feuers, der sichtbaren Sektoren und der Kennung, fortgeführt.

Die zur exakten Beschreibung erforderlichen Begriffe sind wie folgt definiert:
Unter *Kennung* wird die wiederholte Taktung der Lichterscheinung und die Lichtfarbe verstanden. Sie erlaubt eine große Kombinationsvielfalt.
Die *Feuerhöhe* wird in tidenfreien Gewässern über dem mittleren Wasserstand, in

↘ Nr. 20

1. **Was sind Richtfeuer (leading lights)?**
2. **Wann befindet man sich in einer Richtlinie eines Richtfeuers?**

1. Richtfeuer sind Feuer, die als Unter- und Oberfeuer in Deckpeilung als Richtlinie beispielsweise einen Kurs im Fahrwasser, durch eine Hafeneinfahrt oder im freien Seeraum zwischen Untiefen bezeichnen.
2. Ein Schiff befindet sich in der Richtlinie, wenn Unter- und Oberfeuer senkrecht unter-/übereinander erscheinen.

↘ Nr. 21

Was ist ein Torfeuer?

Ein Torfeuer besteht aus zwei Feuern gleicher Höhe, gleicher Lichtstärke und gleicher Kennung, die zu beiden Seiten der Fahrwasserachse einander genau gegenüber (rechtwinklig zur Fahrwasserachse) und von der Fahrwasserachse gleich weit entfernt angeordnet sind.

↘ Nr. 11

Welche Angaben enthalten deutsche und britische Leuchtfeuerverzeichnisse?

Beschreibung der Leuchtfeuer, Feuerschiffe und Großtonnen sowie deren geografische Lage.

↘ Nr. 14

Worauf beziehen sich die Höhenangaben der Leuchtfeuer in Leuchtfeuerverzeichnissen in der Nord- und Ostsee?

In Gewässern mit Gezeiten (z. B. Nordsee) auf mittleres Hochwasser, in gezeitenlosen Gewässern (z. B. Ostsee) auf mittleren Wasserstand.

Nr. 26

Was ist die „Sichtweite" eines Feuers? Wovon hängt sie ab?

Sichtweite ist die Entfernung, auf die ein Leuchtfeuer über die Erdkrümmung (Kimm) hinweg vom Beobachter gesehen werden kann.
Sie hängt ab

1. von der Feuerhöhe und
2. von der Augeshöhe des Beobachters.

Nr. 23

Was ist die „Nenntragweite" eines Feuers?

Nenntragweite ist die Tragweite eines Feuers für einen definierten Wert bei einer meteorologischen Sichtweite am Tage von 10 sm.

Nr. 25

In der Seekarte finden Sie bei einem Leuchtfeuer die Eintragung: 18 M. Was bedeutet diese Angabe?

Es ist die Nenntragweite,
hier 18 Seemeilen.

Nr. 22

Was ist die „Tragweite" eines Feuers?

Unter Tragweite versteht man denjenigen Abstand, in dem ein Feuer einen eben noch deutlichen Lichteindruck im Auge des Beobachters hervorruft.

Tidengewässern über der mittleren Hochwasserhöhe angegeben. Die Feuerhöhe ist sowohl direkt in der Seekarte als auch im Leuchtfeuerverzeichnis angegeben.
Die *Gebäudehöhe* wird vom Dach bis zum Erdboden gemessen und ist nur im Leuchtfeuerverzeichnis aufgeführt. Feuer- und Gebäudehöhen sind folglich voneinander unabhängige Größen. So hat ein kleiner Leuchtturm auf einer hohen Klippe eine große Feuerhöhe.
Die Entfernung, in der ein Leuchtfeuer tatsächlich gesehen werden kann, ist von verschiedenen Faktoren abhängig: Die *geografische Sichtweite* beschreibt die Entfernung, die ein Leuchtfeuer bei einer bestimmten Feuerhöhe und *Augeshöhe* des Betrachters gerade über dem Horizont erscheint. So sieht ein im Mast sitzender Beobachter aufgrund der Erdkrümmung ein Feuer früher als sein Crewmitglied an Deck.
Die *meteorologische Sichtweite* beinhaltet die aktuellen Wetterbedingungen, man spricht von *Sichtigkeit*.
Die *Nenntragweite* gibt an, wie weit ein Feuer mit seiner Helligkeit bei einer meteorologischen Sichtweite von 10 sm gerade noch erkannt werden kann. Nicht beachtet wird hierbei die Höhe. Die Nenntragweite ist sowohl im Leuchtfeuerverzeichnis als auch direkt in der Seekarte vermerkt. Als *Tragweite* wird die Entfernung bezeichnet, bei der der Lichtschein eines Feuers gerade eben noch deutlich von einem Beobachter erkannt werden kann. Diese ist abhängig von der Lichtstärke des Feuers und der aktuellen Sichtigkeit. Eine Tafel im Leuchtfeuerverzeichnis stellt die Zusammenhänge von Nenntragweite, Sichtigkeit und Sichtweite dar.

Sichtigkeit – Leuchtturm im Nebel

Kennung von Leuchtfeuern

Als *Wiederkehr* wird die Zeit von Licht- und Dunkelphasen bezeichnet, bis sich die Folge wiederholt. Die Wiederkehr wird in Sekunden gemessen und auch in der Seekarte verzeichnet.

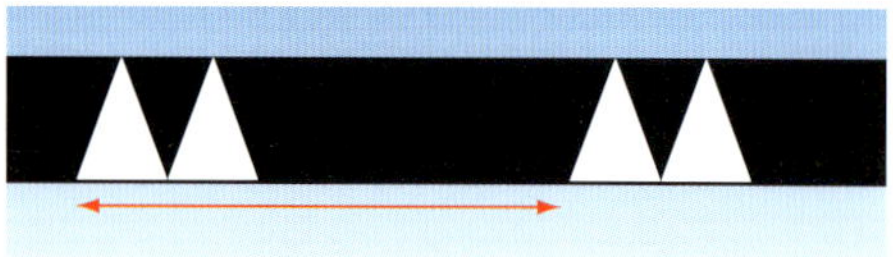

Wiederkehr

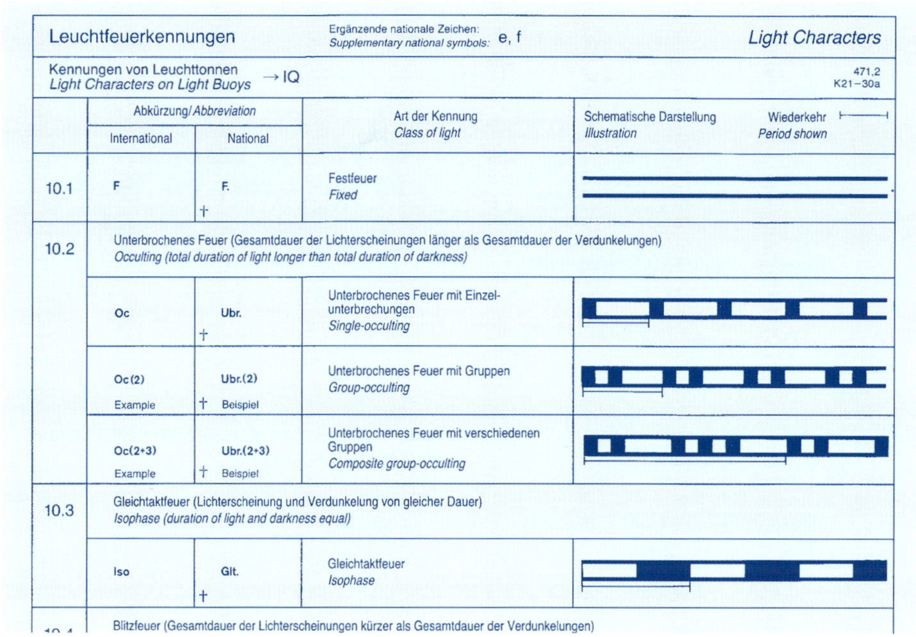

Leuchtfeuerkennungen — Ergänzende nationale Zeichen: *Supplementary national symbols:* e, f — *Light Characters*

Kennungen von Leuchttonnen *Light Characters on Light Buoys* → IQ — 471.2 K21–30a

	Abkürzung/*Abbreviation* International	National	Art der Kennung *Class of light*	Schematische Darstellung *Illustration* — Wiederkehr *Period shown*
10.1	F	F. †	Festfeuer *Fixed*	
10.2	Unterbrochenes Feuer (Gesamtdauer der Lichterscheinungen länger als Gesamtdauer der Verdunkelungen) *Occulting (total duration of light longer than total duration of darkness)*			
	Oc	Ubr. †	Unterbrochenes Feuer mit Einzelunterbrechungen *Single-occulting*	
	Oc(2) Example	Ubr.(2) † Beispiel	Unterbrochenes Feuer mit Gruppen *Group-occulting*	
	Oc(2+3) Example	Ubr.(2+3) † Beispiel	Unterbrochenes Feuer mit verschiedenen Gruppen *Composite group-occulting*	
10.3	Gleichtaktfeuer (Lichterscheinung und Verdunkelung von gleicher Dauer) *Isophase (duration of light and darkness equal)*			
	Iso	Glt. †	Gleichtaktfeuer *Isophase*	
10.4	Blitzfeuer (Gesamtdauer der Lichterscheinungen kürzer als Gesamtdauer der Verdunkelungen)			

Auszug aus der „Karte 1" (INT 1)

Beispiel für Kennung: „Q(2).8s" bedeutet 2-mal kurzes Blitzen alle 8 Sekunden = 1 s an, 1 s aus, 1 s an, 5 s aus.

Die einfachste Form der Kennung ist ein *Festfeuer* (engl.: Fixed, F). Da es dauernd leuchtet, besteht aber die Gefahr, mit anderen Lichtquellen am Ufer, z. B. Straßenlaternen, verwechselt zu werden.
Ein *Gleichtaktfeuer* (engl.: Isophase, Iso) zeigt ein Lichtsignal genauso lange wie die nachfolgende Dunkelphase.
Blinkfeuer (engl.: Long flash, LFl) haben eine Lichterscheinung von 2 oder mehr Sekunden, gefolgt von einer längeren Dunkelphase.

Ein *Blitzfeuer* (engl.: Flash, Fl) wird beispielsweise für Gefahrentonnen verwendet. Die einzelne Lichterscheinung ist dabei deutlich kürzer als die Dunkelphase.
Schneller sind *Funkelfeuer* (engl.: Quick, Q) bei denen die Leucht- und Verdunkelungsphase nur jeweils eine halbe Sekunde dauert.
Schnelle Funkelfeuer (engl.: Very quick, VQ) leuchten und verdunkeln im Viertelsekundentakt.

Auch können längere Lichterscheinungen durch kürzere Dunkelphasen oder Gruppen von Dunkelphasen zu einer Kennung zusammengestellt werden. Es handelt

↘ Nr. 24

Wovon hängt die „Tragweite" eines Feuers ab?

Sie hängt u. a. ab

1. von der Lichtstärke (Helligkeit) des Feuers und
2. vom Sichtwert (Lichtdurchlässigkeit der Atmosphäre).

↘ Nr. 27

Wie müssen sich Tragweite und Sichtweite zueinander verhalten, damit das Verfahren zur Ortsbestimmung „Feuer in der Kimm" angewandt werden kann?

Die Tragweite muss mindestens gleich der Sichtweite sein.

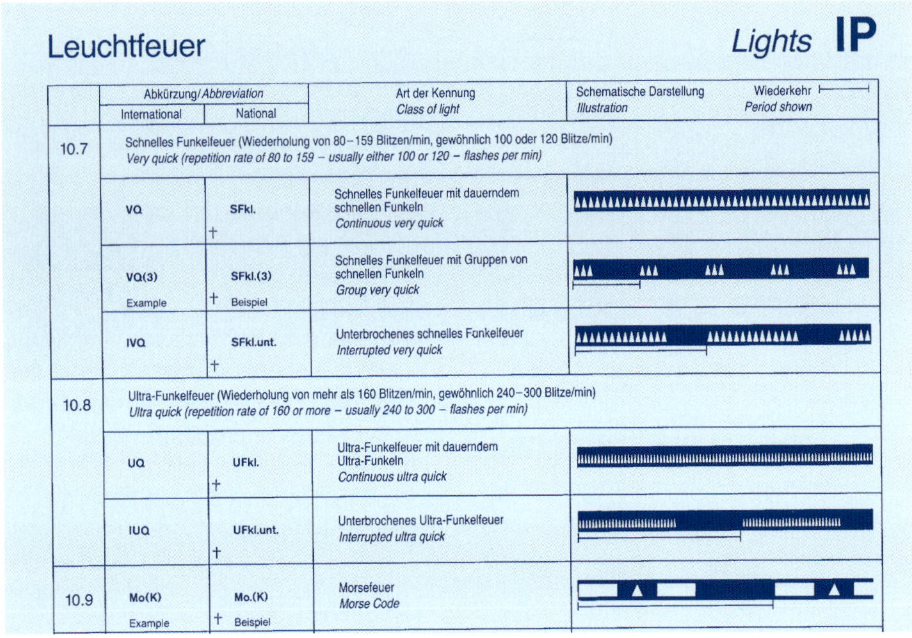

Leuchtfeuer — *Lights* IP

	Abkürzung/*Abbreviation* International	National	Art der Kennung *Class of light*	Schematische Darstellung *Illustration* — Wiederkehr *Period shown*
10.7	Schnelles Funkelfeuer (Wiederholung von 80–159 Blitzen/min, gewöhnlich 100 oder 120 Blitze/min) *Very quick (repetition rate of 80 to 159 – usually either 100 or 120 – flashes per min)*			
	VQ	SFkl. +	Schnelles Funkelfeuer mit dauerndem schnellen Funkeln *Continuous very quick*	
	VQ(3) Example	SFkl.(3) + Beispiel	Schnelles Funkelfeuer mit Gruppen von schnellen Funkeln *Group very quick*	
	IVQ	SFkl.unt. +	Unterbrochenes schnelles Funkelfeuer *Interrupted very quick*	
10.8	Ultra-Funkelfeuer (Wiederholung von mehr als 160 Blitzen/min, gewöhnlich 240–300 Blitze/min) *Ultra quick (repetition rate of 160 or more – usually 240 to 300 – flashes per min)*			
	UQ	UFkl. +	Ultra-Funkelfeuer mit dauerndem Ultra-Funkeln *Continuous ultra quick*	
	IUQ	UFkl.unt. +	Unterbrochenes Ultra-Funkelfeuer *Interrupted ultra quick*	
10.9	Mo(K) Example	Mo.(K) + Beispiel	Morsefeuer *Morse Code*	

Auszug aus der „INT 1“: Kennungen, Leuchtfeuer/Lights IP

sich dann um *unterbrochenes Feuer* (engl.: Occulting, Oc).
Auch Kombinationen von Kennungen werden eingesetzt. Sogar das Morsen von Buchstabencodes ist möglich, wenn auch nicht besonders häufig anzutreffen.
Eine seltene Ausnahme sind Bohrinseln. Sie morsen mit Lichtsignalen ständig den Buchstaben „U“, der nach internationalem Regelwerk vor „gefährlicher Annäherung“ warnt.

Eine ausführliche Darstellung der Kennungen ist in der Übersichtsmappe *„Karte 1“ (INT 1)* abgebildet. Oben ein kurzer Auszug.

Auch schwimmende Seezeichen können befeuert und somit als Leuchtfeuer bezeichnet werden. Im *Leuchtfeuerverzeichnis* oder in der *List of Lights* werden befeuerte Tonnen jedoch erst ab einer Höhe von mindestens 8 m aufgeführt. Kleinere Seezeichen sind folglich nur in der Seekarte beschrieben.
Beispiel rechts oben: Leuchtfeuerdarstellung in der Seekarte. Der Leuchtturm „Alte Weser“ hat ein Festfeuer mit weißen, roten und grünen Sektoren. Die Feuerhöhe beträgt 33 m über der Bezugsebene. Die Nenntragweite ist für Weiß 23 und für die farbigen Sektoren 18 Seemeilen. Ein Nebelhorn morst alle 60 Sekunden die

Leuchtturm (Lcht-Tm.) „Alte Weser“, Darstellung in der Seekarte

Buchstaben „A“ (· –) und „L“ (· – · ·). Ein Sichtweitenmessgerät (engl.: Fog detector light) detektiert Nebel.
Erst aus der detaillierten Beschreibung im Leuchtfeuerverzeichnis wird deutlich, mit wie vielen Sektoren und in welchen Farben und mit welchen genauen Sichtwinkeln das Feuer eingerichtet ist. Das Nebelhorn morst selbstverständlich nur bei Bedarf seine Kennung, die beispielsweise im Heft *Jachtfunkdienst* nachgesehen werden kann.

Betonnung

Ebenfalls außerordentlich wichtige Navigationshilfsmittel sind Tonnen, sie sind schwimmende Seezeichen. Landläufig wird hierfür auch der Begriff Boje genutzt – was aber falsch ist, denn Bojen finden Einsatz als Anker- oder Festmachebojen, sie sind jedoch keine navigatorischen Seezeichen.

Es gibt zwei Arten von Tonnen: *Laterale Tonnen* (lat.: lateral = seitlich) bezeichnen Fahrwasser, *kardinale Tonnen* (lat.: kardinal = wichtig) warnen vor Gefahren.
Damit Tonnen unverwechselbar Aufschluss über ihre Bedeutung geben, sind sie durch Farben und Signalkörper, manche zusätzlich durch Licht- oder Schallsignale gekennzeichnet. Darüber hinaus ermöglichen oft Nummern oder Beschriftungen eine eindeutige Identifizierung.

Laterale Tonnen

Laterale Tonnen zeigen den *Beginn*, die *Mitte* oder die *Seiten eines Fahrwassers* an. Rot-weiß senkrecht gestreift sind Mittenfahrwassertonnen oder Ansteuerungstonnen, die vor einem beginnenden Fahrwasser liegen können.
Oft sind diese mit einem Gleichtakt- oder unterbrochenem Feuer ausgerüstet. Andere Taktungen, stets in Weiß, sind möglich. Die Festlegung, welches die linke oder die rechte Seite ist, wird bei Flüssen oder Meeresteilen (z.B. Förden) von See aus definiert. Sollte es verschiedene Zuflüsse zu einem Gewässer geben, so wird in der Regel von Nordwesten aus die Richtung betrachtet.
In der Seekarte identifiziert oben abgebildetes Symbol die Richtungsfestlegung.

In der Seeschifffahrt wird europaweit (Betonnungssystem „A") die Backbord-, also linke Seite mit roten, die Steuerbord-, also rechte Seite mit grünen Tonnen bezeichnet. (In Amerika und Teilen Asiens – Betonnungssystem „B" – ist dies genau umgekehrt. Dort wird an Backbord grün betonnt.) Sind diese Tonnen befeuert, werden jeweils in Rot an Backbord bzw. Grün an Steuerbord entsprechende Kennungen gezeigt. Üblich sind Funkel- oder unterbrochene Feuer, jedoch können auch andere Kennungen zum Einsatz kommen. Häufig haben dabei die beiden Tonnen, die im Fahrwasser einander gegenüberliegen, gleiche Kennungen. Dies bedeutet jedoch nicht, dass sie synchron blinken.
Zusätzlich markieren spitze Toppzeichen und ungerade Nummern die Tonnen an der Steuerbordseite. An Backbord werden zylindrische, im Profil flache Toppzeichen und gerade Nummern gezeigt.
Mit einfacheren Mitteln werden besonders in den Wattenmeeren der Nordsee Fahrwasser oder Rinnen – sogenannte Priele – markiert. Dabei kann es sich um Stangen handeln, oft einfache Birkenstämme, die mit zusammengebundenem Reisig versehen werden, sodass sie wie ein Besen oder umgekehrter Besen aus-

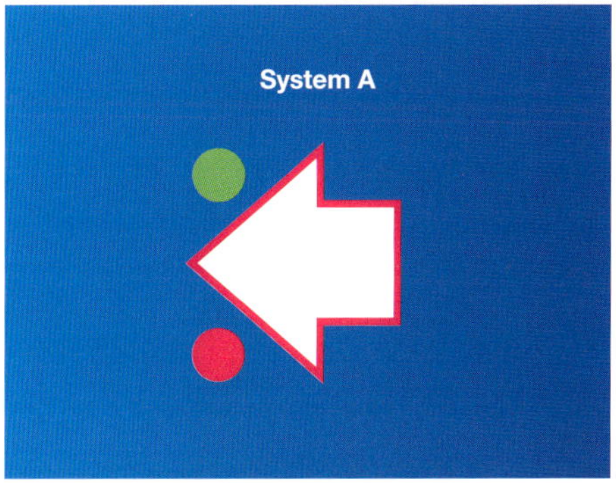

Betonnungsrichtungspfeil, System A

Nr. 12

Welche schwimmenden Schifffahrtszeichen werden in der britischen List of Lights und in deutschen Leuchtfeuerverzeichnissen nicht angegeben?

Tonnen kleiner als 8 m Höhe.

Nr. 13

Wo finden Sie Angaben über die Merkmale der Schifffahrtszeichen?

1. In den Leuchtfeuerverzeichnissen bzw. in der List of Lights sowie auszugsweise in den Seekarten.
2. In der Karte 1/INT 1 des BSH.
3. Schwimmende Schifffahrtszeichen zusätzlich in der Anlage I zur SeeSchStrO (z. B. Tonnen des Lateral- bzw. Kardinalsystems).

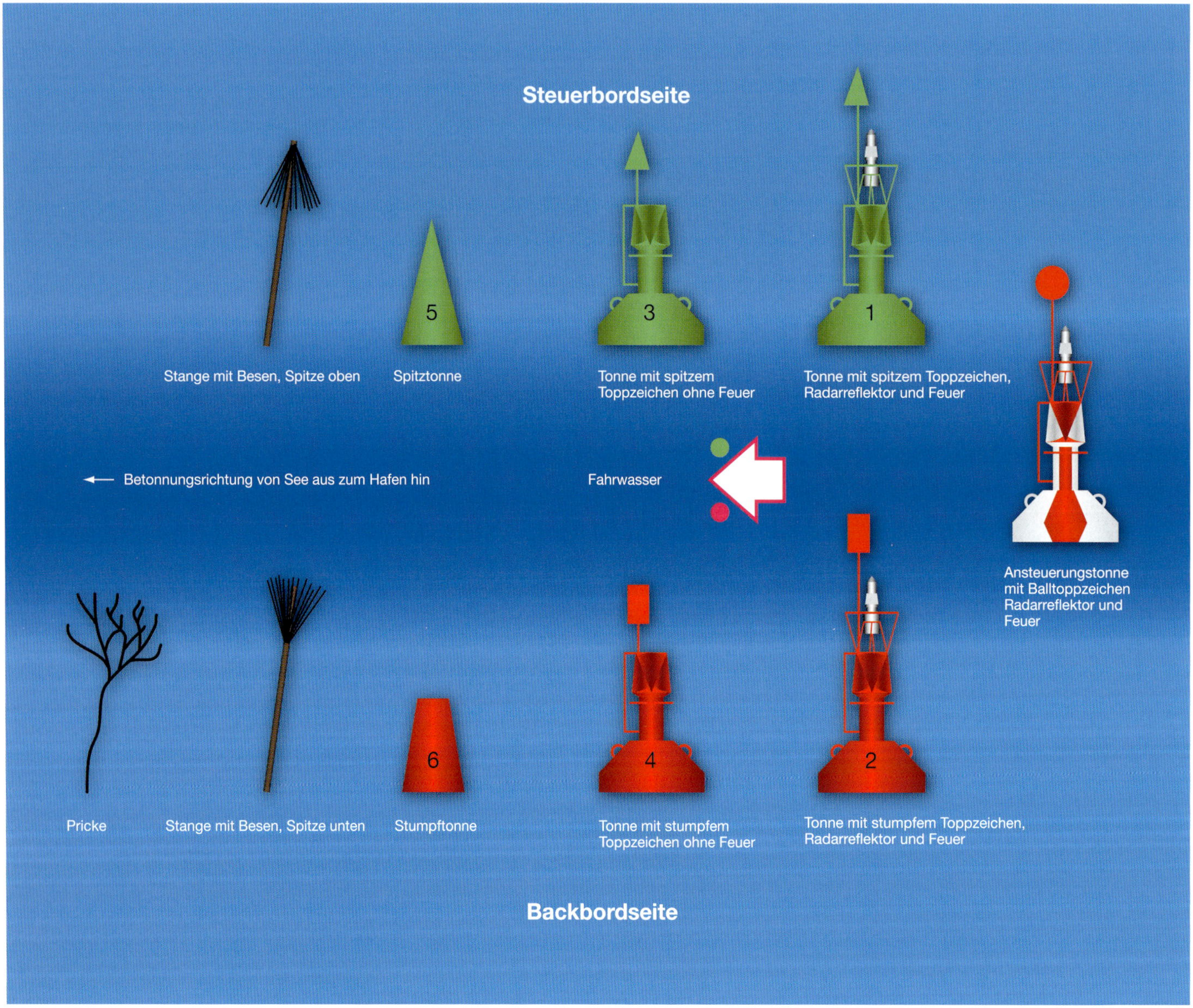

Betonnungssystem A – Lateraltonnensystem, Tonnenarten

Abzweigende Fahrwasser

sehen. Noch einfacher ist die Kennzeichnung mit einer Pricke.

Einmündende und abzweigende Fahrwasser

Ähnlich dem Straßenverkehr an Land gibt es auch in der Schifffahrt Einmündungen und Abzweigungen. Da die Betonnungsrichtung (von außen nach innen) sowohl für das Haupt- als auch für die Nebenfahrwasser gilt (siehe oben genannte Regeln), kommt es jeweils an den Ecken zu einem Konflikt bei der Seitenkennzeichnung. Um eine solche Ecke besonders zu kennzeichnen, nutzt man diesen Effekt aus und markiert diese deutlich als Tonne des Haupt- bzw. Nebenfahrwassers. Dabei werden sowohl die Farben als auch oft die Nummerierung beider Fahrwasser genutzt. Auf größeren Ecktonnen steht zusätzlich der Name.

Wird in eine vorhandene Tonnenreihe nachträglich eine weitere Tonne eingefügt, so erhält sie die gleiche Nummer wie die vorherige, aber ergänzt um einen zusätzlichen kleinen Buchstaben.

↘ SR Nr. 79

Beim Passieren von Cuxhaven sichten Sie, elbabwärts segelnd, an Ihrer Stb.-Seite die Tonne 32a. Um was für eine Tonne handelt es sich, welche Bezeichnung hat die nächste Tonne an der gleichen Seite?

Es handelt sich um eine Backbordfahrwassertonne; die nächste Tonne hat die Aufschrift 32.

Zwei einzelne Tonnen markieren abzweigende Fahrwasser: links einlaufend an Backbord, rechts einlaufend an Steuerbord

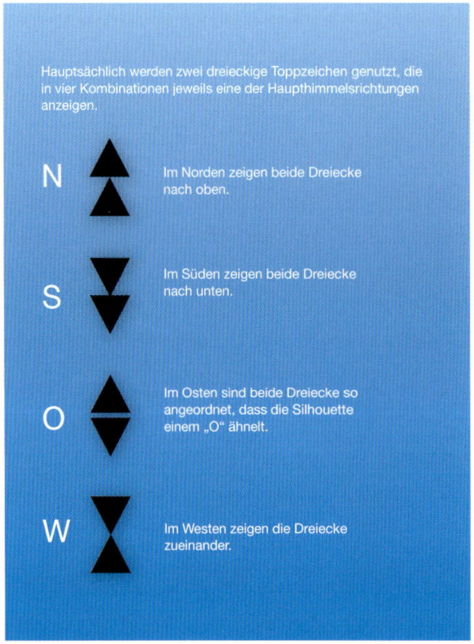

Kardinalzeichen

N-Kardinalzeichen

Beispiel: Zwischen die Steuerbordtonnen 17 und 19 wird die Tonne 17a gelegt. Das gilt auch für mehrere Tonnen. Zwei zwischen den Backbordtonnen 24 und 26 eingefügte Tonnen würden 24a und 24b heißen.

Kardinale Tonnen

Zur Warnung der Schifffahrt vor Untiefen werden *Gefahrentonnen* ausgebracht. Damit rechtzeitig der richtige Kurs gesteuert werden kann, informiert die Tonne über die Himmelsrichtung, an der die gefährliche Stelle sicher passiert werden kann. Es gibt somit für alle vier Haupthimmelsrichtungen eine spezielle Gefahrentonne. Ähnlich den Prinzipien bei der Fahrwasserkennzeichnung werden auch hier Farben, Toppzeichen und ggf. Lichtkennungen zur Unterscheidung angewendet. Hauptsächlich werden zwei dreieckige Toppzeichen genutzt, die in vier Kombinationen jeweils eine der Haupthimmelsrichtungen anzeigen.

So zeigen beide Dreiecke im Norden der Untiefe – also in der Seekarte oben – nach oben, im Süden zeigen beide Dreiecke nach unten. Im Osten sind beide Dreiecke so angeordnet, dass die Silhouette einem „O“ ähnelt. Zueinander zeigen die Dreiecke im Westen.

Zusätzlich zu den Toppzeichen gibt auch der Anstrich der Tonne selbst über die Himmelsrichtung Aufschluss. Grundsätzlich sind die vier Gefahrentonnen gelb angestrichen. Jeweils schwarz „übermalt“ wird der Bereich, zu dem auch die Dreiecke der Toppzeichen zeigen.

So ist die Nordtonne oben schwarz, die Südtonne dagegen unten. Bei der Osttonne ist ein Streifen oben und unten schwarz. Auf der Westtonne zeigen beide Dreiecke zueinander, die Tonne hat folglich einen schwarzen Streifen in der Mitte.

Bei Nacht sind die Farben und Toppzeichen nicht mehr zu erkennen. Nun muss die Befeuerung eindeutig die Richtung weisen. In Anlehnung an ein Uhrenzifferntblatt werden die vier Himmelsrichtungen mit Stundenwerten beschrieben. Nord wird mit 12.00 Uhr, Ost mit 03.00 Uhr, Süd mit 06.00 Uhr und West mit 09.00

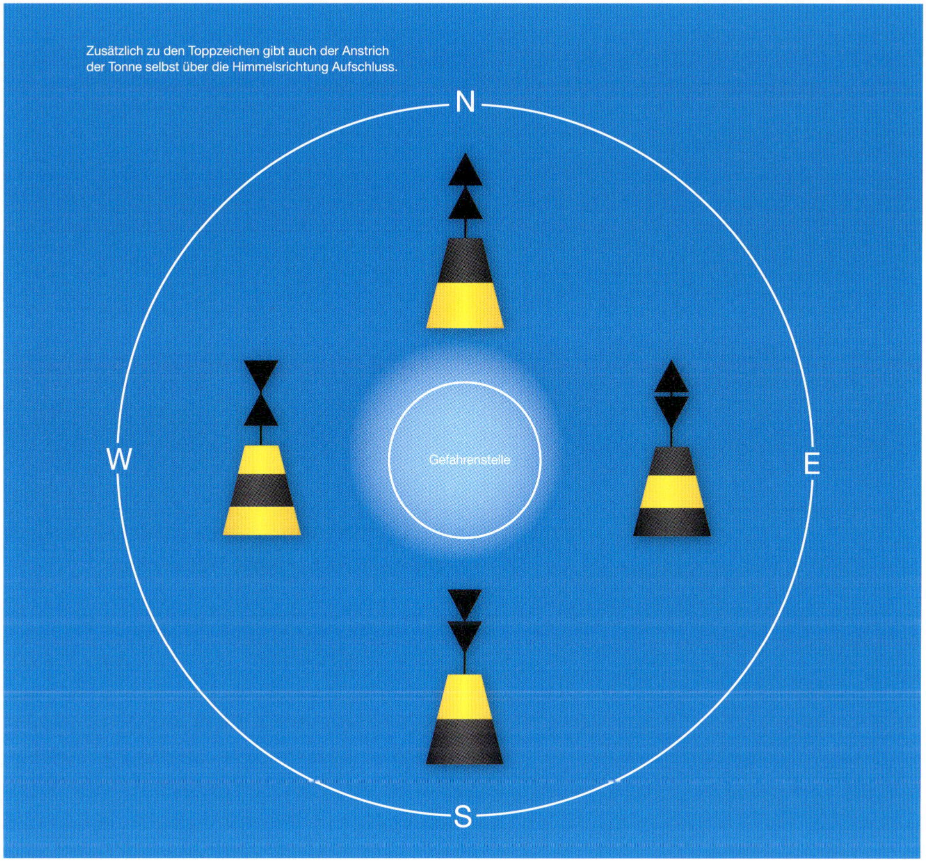

Schwarz-gelbe Kardinaltonnen mit Gefahrenstelle

Einzelgefahrentonne und ihre Kennung

Doppelte Gefahrentonne

Uhr beschrieben. Die Tonnen zeigen also drei, sechs, neun oder zwölf kurze Lichterscheinungen.

Zwei Besonderheiten müssen jedoch beachtet werden: Für Norden wird nicht 12-mal, sondern ununterbrochen das Blinken gezeigt, und für Süden leuchtet nach den 6 kurzen noch ein deutlich längeres Lichtsignal auf. Beide Abweichungen dienen der eindeutigeren Identifizierung der Kennung.

Eine lokal sehr begrenzte Untiefe wird durch eine *Einzelgefahrentonne* markiert. Beispielsweise kann ein unter Wasser liegendes Wrack an allen Seiten mit einem Sicherheitsabstand passiert werden. Ist diese Tonne befeuert, zeigt sie zwei kurze Blitze als Kennung, Fl(2).

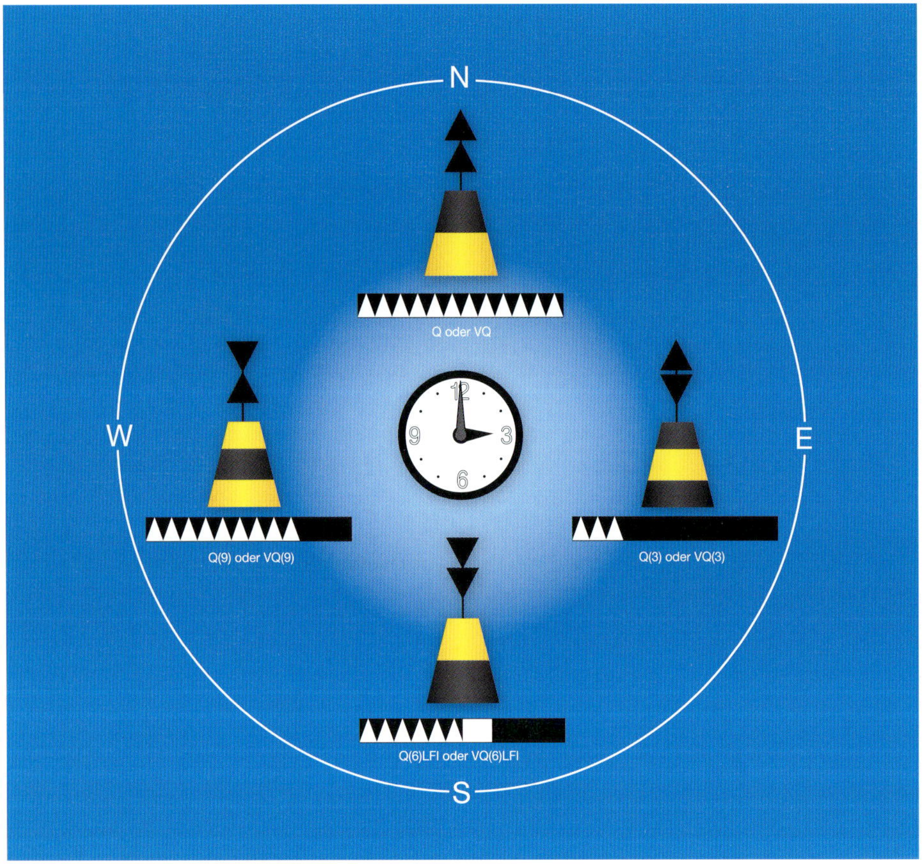

Kardinaltonnen mit Befeuerung

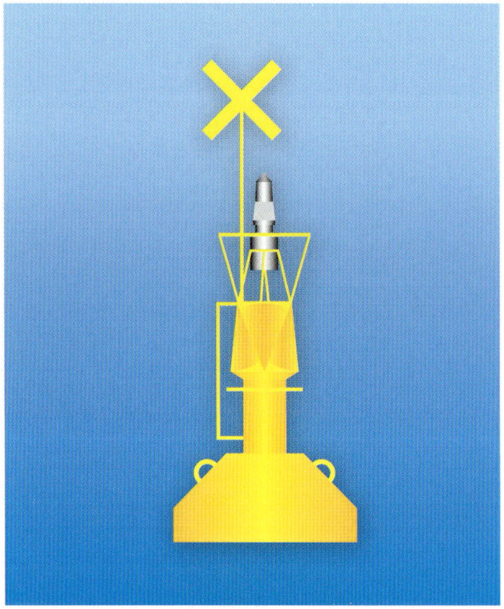

Warngebietstonne mit Toppzeichen

Liegen *zwei Gefahrentonnen* gleicher Art unmittelbar nebeneinander, deuten diese auf eine erst kürzlich markierte Untiefe hin, die noch nicht in den nautischen Unterlagen verzeichnet ist (siehe auch Abschnitte Nachrichten für Seefahrer und Nautische Warnnachrichten). Hier kann zum Beispiel ein vor Kurzem gesunkenes Schiff liegen.

Sonderzeichen

Zur Kennzeichnung von Sperr-, Reede- oder Warngebieten werden gelbe Fass-, Spieren- oder Leuchttonnen sowie gelbe Stangen verwendet. Bei Befeuerung ist diese ebenfalls gelb. Tonnen von *Sperrgebieten* werden mit einem roten kreuzenden Band (Stangen und Spierentonnen nur mit einem breiten roten Band) gekennzeichnet. Manchmal sind sie auch mit „Sperrgebiet" oder „Sperr-G." beschriftet. Sperrgebietstonnen können ein liegendes gelbes Kreuz als Toppzeichen tragen. Sperrgebiete dürfen grundsätzlich nicht befahren werden. Ausnahmen gibt es nur für berechtigte Fahrzeuge (z. B. Küstenwache). *Reedegebiete* sind für Seeschiffe eingerichtete Liegeflächen, zum Beispiel vor der Einfahrt zum Nord-Ostsee-Kanal. Dort können diese Schiffe vor Anker oder an speziellen Festmachetonnen auf ihre Weiterfahrt warten. Um Forschungsstellen oder Übungsgebiete der Marine werden oft *Warngebiete* eingerichtet. Diese sollten besonders bei bekannt gegebenen Manövern nicht befahren werden, können dann sogar zu Sperrgebieten erklärt werden. Ein gelbes

Sperrgebietstonne

Kennzeichnung eines Badegebietes

liegendes Kreuz als Toppzeichen der Tonnen weist auf diese besondere Möglichkeit hin.

Badegebiete stellen für Maschinenfahrzeuge, Jetskis und Surfer eine gesperrte Wasserfläche dar. Diese Flächen dürfen nur mit einem Mindestabstand von 500 m mit maximal 8 km/h außerhalb passiert werden. Weiße Fass- oder Kugeltonnen mit gelben kreuzenden Linien oder weiße Stangen mit breitem gelbem Band weisen, ebenso wie an Land aufgestellte Stangen mit einem gelben liegenden Kreuz, auf diese Badegebiete hin.

↘ Nr. 64

Neben den Fahrwassertonnen liegen auf den Seeschifffahrtsstraßen weitere Tonnen aus, die für die Sportschifffahrt besonders wichtig sind. Welche Schifffahrtszeichen sind das?

Sonderzeichen zur Bezeichnung von Sperrgebieten und Kardinalzeichen für allgemeine Gefahrenstellen.

↘ Nr. 66

Welche Sonderzeichen kennzeichnen Reeden, besondere Gebiete oder Stellen, z. B. Warngebiete?

Gelbe Fasstonnen, Leuchttonnen, Spierentonnen oder Stangen.

↘ Nr. 67

Welche Sonderzeichen kennzeichnen Sperrgebiete?

Gelbe Fasstonnen, Leuchttonnen, Spierentonnen oder Stangen mit einem breiten roten Band. Beschriftung auf Fasstonne oder Leuchttonne mit schwarzen Buchstaben: „Sperrgebiet" oder „Sperr-G."

↘ Nr. 68

Welche Farbe haben Feuer auf Sonderzeichen, wenn vorhanden?

Farbe Gelb.

↘ Nr. 69

Was bedeutet das Ausliegen der folgenden Schifffahrtszeichen: weiße Fasstonne, Kugeltonne oder Stange mit einem – von oben gesehen – rechtwinkligen gelben Kreuz bzw. bei Stangen mit einem breiten gelben Band?

Fahrverbot für Maschinenfahrzeuge und Wassermotorräder auf wegen Badebetrieb gesperrten Wasserflächen.

↘ SR Nr. 76

Wie müssen Sie die Geschwindigkeit Ihres Sportbootes einrichten, wenn Sie außerhalb eines Fahrwassers an Stellen mit erkennbarem Badebetrieb vorbeifahren?

Höchstgeschwindigkeit 8 km/h im Abstand von weniger als 500 m vom Ufer.

Kompass und Kursumwandlungen

Kompass

Der Kompass ist nicht nur in der Seefahrt eines der ältesten Navigationshilfsmittel. Wahrscheinlich nutzten schon die Chinesen vor über 2000 Jahren das Erdmagnetfeld zur Richtungsbestimmung. Noch heute wird ein Stabmagnet so auf einer Nadelspitze in einer Flüssigkeit schwimmend gelagert, dass sich dieser dem Magnetfeld der Erde folgend frei ausrichten kann. In modernen Kompassen ist dieser Stabmagnet fest in eine mit Gradzahlen bedruckte Scheibe integriert, und diese ist in einem geschlossenen Gehäuse untergebracht. Der obere oder vordere Gehäusedeckel ist durchsichtig, sodass die Gradzahlen bequem über Peilmarkierungen abgelesen werden können. Die meist verwendeten Kugelkompasse in Steuersäulen können sogar bei starker Schräglage gut und durch die Vergrößerungswirkung des Kugelglases sehr deutlich abgelesen werden.

Die *Kompassrose* ist eine runde Scheibe, auf der nicht nur die vier Haupthimmelsrichtungen Nord, Ost, West und Süd markiert sind, sondern auch eine Winkelgradskala für einen Vollkreis.

Die frei im Kompassgehäuse drehbare Kompassrose richtet sich durch einen eingebauten Magneten immer nach dem Erdmagnetfeld aus. Da das Kompassgehäuse fest in Längsrichtung am Schiff montiert ist, kann über kleine feste Peilmarkierungen auf die darunter drehbare Kompassrose geblickt werden. Der aktuelle Kompasskurs, also die Richtung, in die das Schiff gerade fährt, ist an der Markierung voraus abzulesen. Im oberen Bild erkennt man einen Kompasskurs von gut 110°.

Kompass, abgelesener Kompasskurs: ≈ 110°

Missweisung

Ein Nachteil bei der Nutzung des Kompasses besteht heute noch genauso wie in den Anfängen der Seefahrt. Das Magnetfeld der Erde verläuft vom magnetischen Nord- zum magnetischen Südpol. Diese magnetischen Pole sind jedoch nicht identisch mit den geografischen Polen, an denen sich unser Koordinatensystem orientiert. Folglich verlaufen auch die Magnetfeldlinien nicht parallel zu unserem Breiten-Längen-Koordinatensystem.

Darüber hinaus unterliegt das Erdmagnetfeld noch gewissen Unregelmäßigkeiten, die von den lokalen geologischen Beschaffenheiten der Erde abhängig sind. Den Unterschied zwischen magnetischer und geografischer Nord-Süd-Richtung nennt man *Missweisung*. Da sie lokal unterschiedlich sein kann, ist in jeder Seekarte der jeweils für das Gebiet gültige Missweisungswert abgedruckt, die Ortsmissweisung.

Durch eine Art Taumelbewegung des Erdmagnetfeldes ändert sich zudem die Missweisung über größere Zeiträume. Diese Änderung kann bis zu einem Grad innerhalb eines Jahres betragen. Folglich muss für jedes Jahr in jeder Seekarte eine korrigierte Missweisung angegeben werden, die sich dann auch nur auf das dort vermerkte Jahr bezieht. Für das Gebrauchsjahr muss die Missweisung daher aus diesem Bezugswert und der ebenfalls vermerkten jährlichen Änderung selbst berechnet werden.

Um mit Richtungsangaben wie „5° Ost“ oder „3° West“ rechnen zu können, werden die Richtungsangaben „Ost“ und „West“ durch Vorzeichen vor dem Winkelwert abgebildet.

Dabei werden Werte, die auf der Kompassrose in Richtung größere Zahlen, also von 0° Richtung Osten (10°... 20°... 30°...) größer werden, mit positivem Vorzeichen beschrieben. Werte, die von 0° (= 360°) Richtung Westen jedoch kleiner werden (360°... 350°... 340°...), mit negativem Vorzeichen versehen. So kann „5° Ost“ auch durch „+5°“ oder nur „5°“ ausgedrückt werden. „3° W“ entspricht „-3°“.

Die Vorzeichenbetrachtung erscheint nur

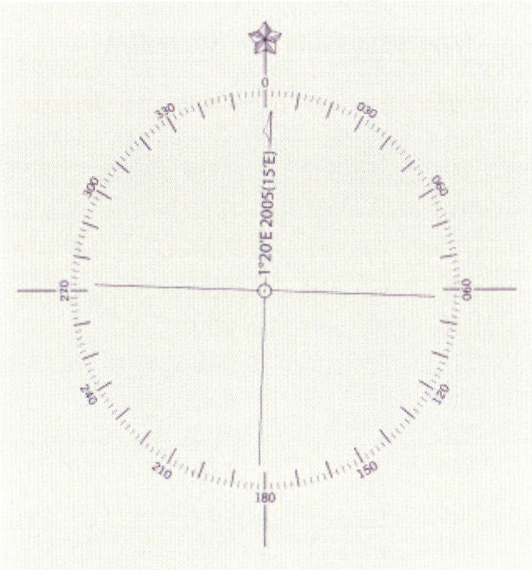

Kartenvermerk, Beispiel 1

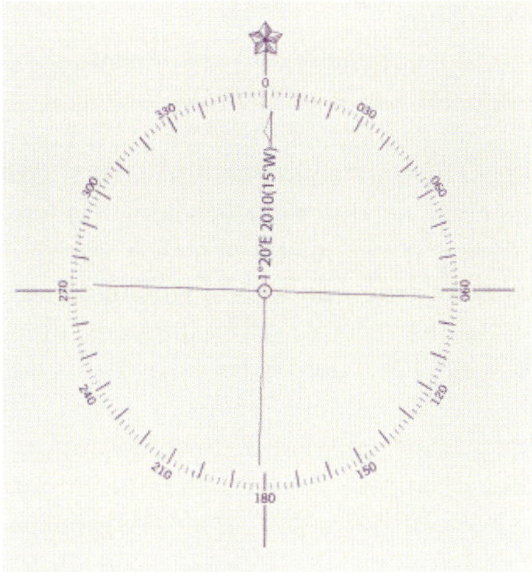

Kartenvermerk, Beispiel 2

Beispiel 1: 1°20'E 2005 (15'E)
Im Jahr 2005 beträgt die lokale Missweisung hier 1°20' nach Osten.
Gesucht ist der Wert für die Missweisung im Jahr 2006.
Berechnung:
Für das Jahr 2006 müssen also nochmals 15' nach Ost addiert werden. Das ergibt 1°35' Ost und dürfte in der Praxis auf 2°E gerundet werden.
Ergebnis: Mw 2006: ≈ 2°E

Beispiel 2: 1°20'E 2010 (15'W)
Rechnerische Vorsicht ist geboten, wenn 2008 gesegelt wird und die Angabe in der Seekarte wie abgebildet wäre.
Berechnung:
1°20' Ost minus (2 Jahre x 15'West) = 1°20'E – (2 x 15'W)
= +1°20' – (–30') = 1°50'E
Ergebnis: Mw 2008 ≈ 2°E

im ersten Moment etwas ungewohnt, lässt sich jedoch bald gut rechnen.
In der Ostsee scheinen die Missweisungswerte von 1° oder 2° klein und damit zu vernachlässigen, doch es gibt durchaus Gebiete von 10° Missweisung und mehr, beispielsweise in der Irischen See.

Nr. 115

Welchen Vorteil hat ein Kugelkompass gegenüber einem Flachglaskompass?

1. Der Kugelkompass kann auch bei größerer Krängung noch als Messinstrument benutzt werden.
2. Die Kugelform verbessert die Ablesbarkeit der Kompassrose (Vergrößerungseffekt).

Nr. 41

Was müssen Sie bei Kursberechnungen hinsichtlich der in der Seekarte angegebenen Ortsmissweisungen beachten?

Die für ein bestimmtes Jahr angegebene Missweisung muss mittels der in der Seekarte angegebenen jährlichen Änderung für das aktuelle Jahr berichtigt werden.

Nr. 59

Wo finden Sie die erforderlichen Werte der Missweisung?
Worauf ist dabei zu achten?

1. Die Missweisung findet sich in der Seekarte eingedruckt für ein bestimmtes Jahr.
2. Dieser Wert muss mit der ebenfalls in der Seekarte angegebenen jährlichen Änderung auf das Jahr der Benutzung berichtigt werden.

↘ Nr. 116

Was beeinflusst die Ablenkung eines Kompasses dauerhaft?

Veränderung des magnetischen Zustandes an Bord, z. B. Einbauten und Lageänderung von Ausrüstungsgegenständen.

↘ Nr. 117

Was beeinflusst die Ablenkung eines Kompasses vorübergehend?

Elektronische Geräte (z. B. Radio, Handy), magnetisierte Gegenstände (z. B. Werkzeug, Peilkompass) und Gleichstromleitungen in der Nähe des Kompasses.

↘ Nr. 118

Welchen Abstand muss magnetisierbares Material vom Magnetkompass haben?

Mindestens 1 Meter.

↘ Nr. 61

Warum muss für jedes Fahrzeug eine eigene Ablenkungstabelle (Steuertafel) erstellt werden?

Die Ablenkungstabelle kann auf jedem Schiff andere Werte haben.

Ablenkung

Mit dem Anzeigefehler – der Missweisung – könnte nun eigentlich der abgelesene Magnetkompasswert korrigiert in die Seekarte übernommen werden, doch gibt es noch ein weiteres Problem. Da das Erdmagnetfeld relativ schwach ist, wird es auch durch andere Magnetfelder gestört, was zu einer Ablenkung des Kompasses führt. Sämtliche Eisenteile oder elektrische Ströme erzeugen selbst ein Magnetfeld und wirken deshalb auf den Steuerkompass an Bord störend. So tritt selbst auf Kunststoff- oder Holzyachten diese Wirkung durch elektrische durchflossene Kabel, den Schiffsmotor, aber auch elektronische Geräte wie Radio oder Handy ein. Aus diesem Grund sollten magnetisierbare Materialien mind. 1 m vom Kompass entfernt bleiben.

Diese Beeinflussung wird *Ablenkung* oder *Deviation* genannt und ist auf jedem Schiff individuell. Wie bei der Missweisung handelt es sich um eine variable Größe: Die Ablenkung hängt von der aktuell gefahrenen Richtung zum Erdmagnetfeld ab und wird z. B. bei einem gefahrenen Kurs von 90° einen anderen Wert haben als bei 100°.

Folglich müsste für jedes Schiff und für jeden Kurs ein bestimmter Ablenkungswert berücksichtigt werden. Weil diese Werte auf einem Schiff normalerweise dicht beieinander liegen, reicht jedoch eine Tabelle mit 10°-Schritten für ein Schiff aus.

Sollten Ablenkungswerte über 5° ermittelt werden, so werden diese üblicherweise durch das Anbringen von kleinen Magneten in der Nähe des Kompasses kompensiert. Sie beeinflussen das Schiffsmagnetfeld so, dass sich die Gesamtablenkung verringert. Bei modernen Schiffskompassen gibt es justierbare Mikromagnete zur Kompensation direkt am Kompassgehäuse.

Auf modernen Kunststoffbooten mit tief eingebauter Maschine und günstig montiertem Kompass werden nur geringe Ablenkungen gemessen. Nach gewissenhafter Kompensation bleiben oft vernachlässigbare Ablenkungswerte von weniger als 2° übrig.

Ablenkungstafel			Steuertafel		
MgK		Abl	mwK		Abl
°		°	°		°
000	–	4	000	–	3
010	–	1	010	–	1
020	+	2	020	+	2
030	+	5	030	+	4
040	+	7	040	+	6
050	+	9	050	+	7
060	+	10	060	+	9
070	+	11	070	+	10
080	+	12	080	+	11
090	+	11	090	+	11
100	+	10	100	+	11
110	+	9	110	+	10
120	+	8	120	+	9
130	+	8	130	+	8
140	+	6	140	+	7
150	+	5	150	+	6
160	+	4	160	+	4

Ablenkungs- und Steuertafel, Auszug

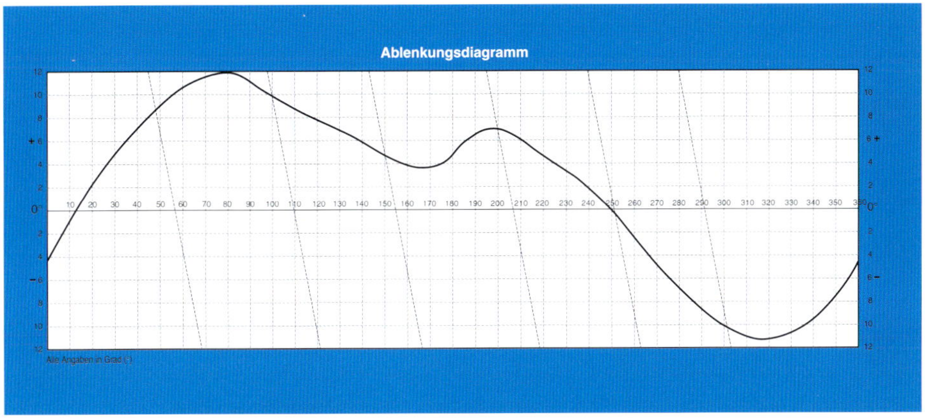

Beispiel eines Ablenkungsdiagramms

Grundsätzlich sollte aber jeder Skipper Kursberechnungen mit einer *Ablenkungstabelle* durchführen können. Auf einem fremden Schiff – beispielsweise auf einer Charteryacht – muss bei der Übergabe auch nach einer Ablenkungstabelle oder einer Kompensationsbescheinigung gefragt werden.
Eine Ablenkungstabelle kann jeder Skipper selbst erstellen. Dabei wird die Yacht um einen festen Punkt – einen Deviationsdalben – langsam Schritt für Schritt um 360° gedreht. Gleichzeitig wird über den Steuerkompass auf ein festes Ziel gepeilt, welches, wie der Deviationsdalben auch, in der Seekarte eingetragen ist. Die Verbindungslinie dieser beiden Punkte in der Seekarte ist eine rechtweisende Peilung. Aus der am Kompass abgelesenen Magnetkompasspeilung und dem Vergleich zur rechtweisenden Peilung kann, nach Berücksichtigung der Ortsmissweisung, die Ablenkung für jeden Kurs ermittelt werden. Diese Werte werden abschließend in praktisch zweckmäßigen 10°-Schritten als Ablenkungstabelle festgehalten.
Größere Umbauten am Schiff können die bisherige Ablenkungstabelle allerdings gänzlich wertlos machen, denn die Ablenkung wird unter Umständen völlig verändert.
Jede Ablenkungstabelle ist zudem nur für den fest eingebauten Steuerkompass auf diesem Schiff gültig. Ein anderer Kompass an Bord, gar ein mobiler Handkompass oder ein Fernglas mit integriertem Peilkompass, kann diese Ablenkungstabelle nicht nutzen. Für mobile Kompasse, die natürlich auch einer Ablenkung unterliegen, ist die Aufnahme von Ablenkungstabellen wenig sinnvoll, da jede Lageänderung an Bord jeweils neue Werte zur Folge hätte.
Eine einfache Kontrolle der Ablenkung kann beispielsweise innerhalb einer Richt(feuer)linie durchgeführt werden.

↘ **Nr. 51**

Warum sind regelmäßige Kompasskontrollen erforderlich?

Zur Überprüfung der Funktionsfähigkeit des Kompasses und der Werte in der Ablenkungstabelle.

↘ **Nr. 60**

Wo finden Sie die erforderlichen Werte der Ablenkung (Abl)? Worauf ist dabei zu achten?

1. Die Abl wird einer Ablenkungstabelle entnommen.
2. Die Abl ist abhängig vom anliegenden Kurs.

Kursumwandlung vom Steuerkompass zum Navigator

Trotz der beschriebenen Beeinflussung durch Ablenkung und Missweisung bleibt der Magnetkompass auch im Zeitalter der Satellitennavigation eines der wichtigsten Navigationsinstrumente in der Seefahrt. Dies gilt besonders in der Sportschifffahrt. Der Magnetkompass zeigt zu jeder Zeit den gerade gesteuerten Magnetkompasskurs an. Dies kann so nicht einmal die Satellitennavigation, doch dazu später mehr.

Will der Navigator den aktuellen Kurs in die Seekarte eintragen, fragt er den Rudergänger nach dem aktuellen Magnetkompasskurs. Ein kurzer Blick des Rudergängers auf den vor ihm montierten Steuerkompass ergibt beispielsweise einen Magnetkompasskurs von 230° (MgK = 230°).

Diesen Wert muss der Navigator nun um Ablenkung und Missweisung korrigieren – man spricht von berichtigen –, bevor er in die Seekarte übertragen werden kann (siehe nebenstehende Übung).

Die Korrektur erfolgt nach dem rechts oben angegebenen Schema.

Zur Berechnung des rechtweisenden Kurses sind also die Ablenkungstabelle und die aus der Seekarte ersichtliche lokale Missweisung notwendig.

Bei der Umrechnung des Magnetkompasskurses vom Steuerkompass in den rechtweisenden Kurs für die Eintragung in die Seekarte müssen mit großer Sorgfalt die Vorzeichen der Ablenkung und

	Magnetkompasskurs	(direkt vom Steuerkompass abgelesen)
+	Ablenkung (Deviation)	(entsprechend der für dieses Schiff gültigen Ablenkungstabelle)
=	**missweisender Kurs**	
+	Missweisung	(entsprechend der lokalen Angabe in der Seekarte, ggf. für aktuelles Jahr berichtigen)
=	**rechtweisender Kurs**	(der in die Seekarte eingetragen werden darf)

Kursumwandlungsschema: vom Magnetkompasskurs zum rechtweisenden Kurs

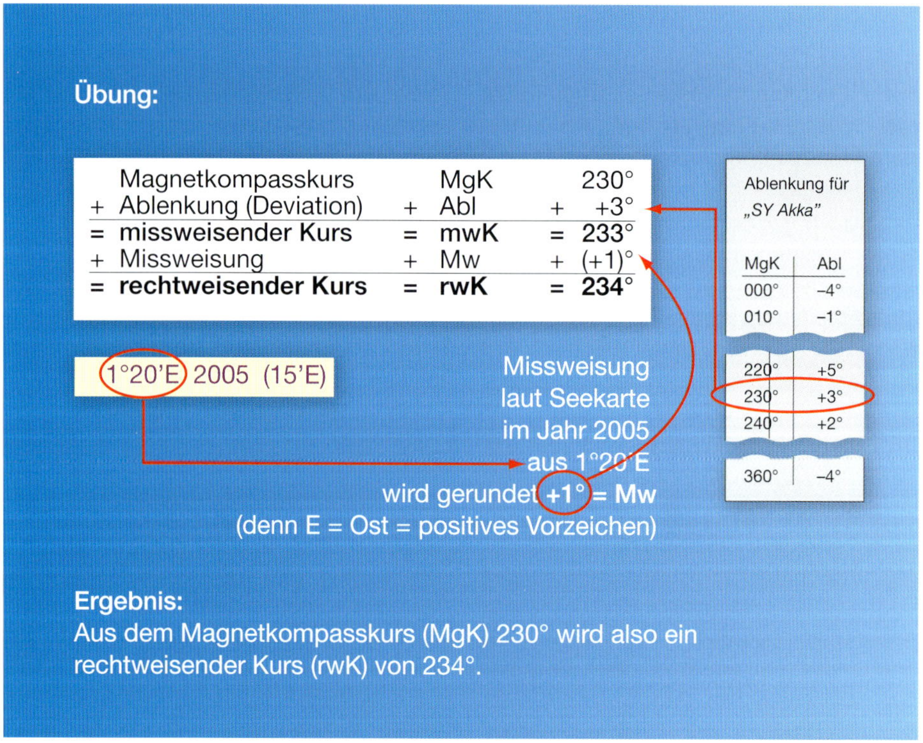

Übung: vom Magnetkompasskurs zum rechtweisenden Kurs

Übung:
Welcher rechtweisende Kurs ergibt sich bei einem Magnetkompasskurs von MgK = 010° im Jahr 2006, wenn die Ablenkungstabelle und Missweisungsangabe gültig bleiben?

	Magnetkompasskurs		MgK		010°
+	Ablenkung (Deviation)	+	Abl	+	–1°
=	**missweisender Kurs**	=	**mwK**	=	**009°**
+	Missweisung	+	Mw	+	(+2)°
=	**rechtweisender Kurs**	=	**rwK**	=	**011°**

Ablenkung für *„SY Akka"*

MgK	Abl
000°	–4°
010°	–1°
220°	+5°
230°	+3°
240°	+2°
360°	–4°

1°20'E 2005 (15'E)

Für 2006 ergibt sich:
1°20'E +
(1 Jahr * 15'E) = 1°35'E
gerundet:
Mw 2006 = 2°E = +2°

Ergebnis:
Aus dem Magnetkompasskurs (MgK) 010° wird also ein rechtweisender Kurs (rwK) von 011°.

Nachkommastellen werden durch Runden entfernt.
Die Summe aus Ablenkung und Missweisung wird auch als *Fehlweisung* bezeichnet.

Derart genaue Rechnungen, wie in den Beispielen aufgezeigt, können auf den ersten Blick etwas übertrieben erscheinen, weil ein Rudergänger auf einem Sportboot in der Regel nur auf 5° genau steuern kann. Doch sind sie unerlässlich, um die grundsätzliche Vorgehensweise zu lernen.
Später, in der Praxis an Bord, ist ein gesundes Augenmaß bei Kenntnis der Berechnungen sicher ausreichend.

Kursumwandlung vom Navigator zum Steuerkompass
Der umgekehrte Weg, d. h. vom Navigator, der einen rechtweisenden Kurs in der Seekarte bestimmt hat, zum Rudergänger, der den Kurs anliegen soll, ist mit dem obigen Schema ebenfalls bestimm-

Missweisung in das Kursumwandlungsschema eingesetzt werden.
Gewissenhaft muss ggf. auch zwischen Werten interpoliert – also ein Mittelwert bestimmt – werden. So würde sich in der Ablenkungstabelle in der Übung oben bei einem MgK von 225° eine Ablenkung von +4° ergeben.

Kursumwandlungsschema: vom rechtweisenden Kurs zum Magnetkompasskurs

	rechtweisender Kurs	(aus der Seekarte ermitteln)
–	Missweisung	(entsprechend der Ortsmissweisung in der Seekarte, ggf. für aktuelles Jahr berichtigt)
=	**missweisender Kurs**	
–	Ablenkung	(entsprechend der für dieses Schiff gültigen Ablenkungstabelle, aber vom mwK)
=	**Magnetkompasskurs**	(der nun gesteuert werden soll)

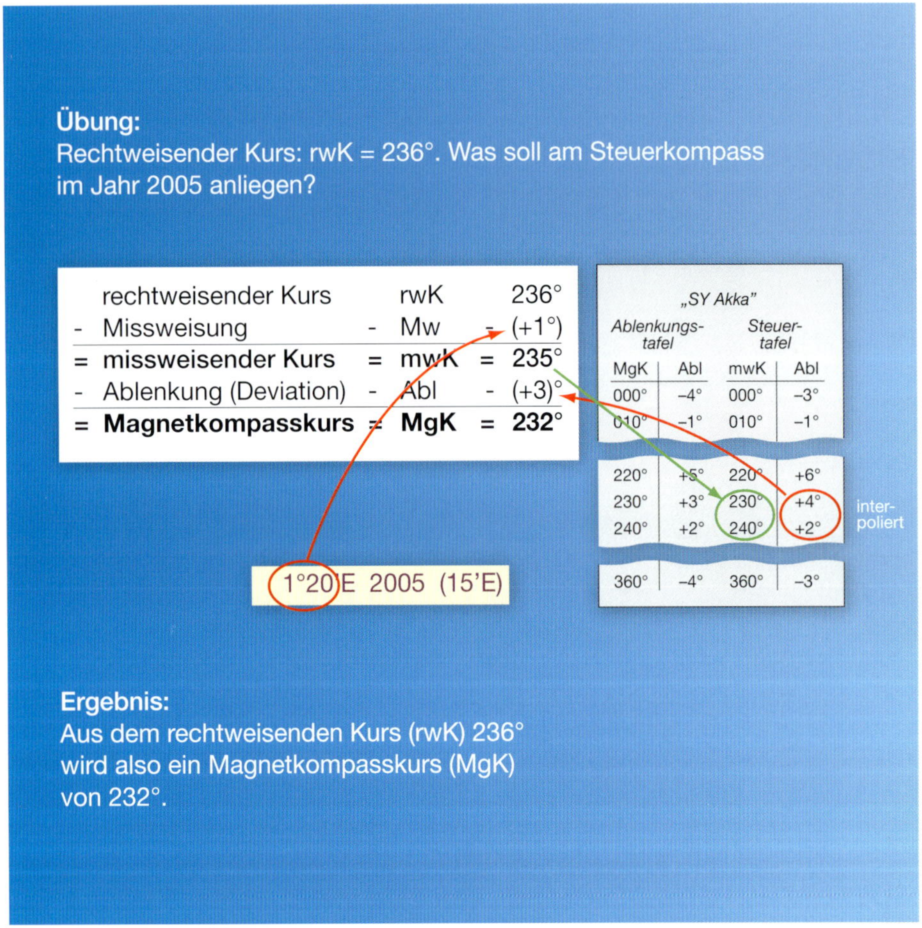

Übung: vom rechtweisenden Kurs zum Magnetkompasskurs

bar. Das Schema wird dabei einfach „auf den Kopf" gestellt, wobei aus der Addition der Werte eine Subtraktion wird, siehe Übung oben.

In der dort abgebildeten Ablenkungstabelle fällt die neue rechte Doppelspalte auf. Diese hat als Ausgangswert den missweisenden Kurs und ist speziell für diesen umgekehrten Rechenweg vom mwK zum MgK erforderlich. Sie wird auch als *Steuertafel* bezeichnet.
Genau genommen ist diese doppelte Darstellung der Ablenkungstabelle nur bei größeren Ablenkungen (Abl. > 5°) notwendig. In der Praxis kommt diese Form daher selten vor, weil die Ablenkung an Bord zweckmäßigerweise bereits auf kleinere Werte kompensiert wurde.

Es ergeben sich somit immer drei unterschiedliche Richtungsangaben. Eine rechtweisende Richtung (z. B. rechtweisend Nord, rwN) bezieht sich auf den geografischen Nordpol. Die missweisende Richtung (z. B. missweisend Nord, mwN) bezieht sich auf das tatsächliche Erdmagnetfeld und ist abhängig vom Standort und Datum, der Ortsmissweisung.
Die Magnetkompassrichtung (z. B. Magnetkompass-Nord, MgN) schließt auch die Magnetfeldstörung, die Ablenkung, durch das Schiffsmagnetfeld mit ein. Der um Ablenkung und Missweisung berichtigte Magnetkompasskurs ergibt den rechtweisenden Kurs.

In der Seekarte werden immer nur rechtweisende Kurse (rwK) verwendet. Ist der rwK nicht noch durch Windabdrift oder Strömung beeinflusst, spricht man auch vom Kartenkurs (KaK).

Kurse aus der Karte

Nach den rechnerischen Grundlagen für den Kartenkurs soll dieser nun mithilfe des Kurs- und Anlegedreieckes aus der Karte ermittelt werden. Die Dreiecke sind speziell für diese Navigationsaufgabe ausgelegt. Es gibt jedoch auch andere Hilfsmittel für diese Kartenarbeit, z. B. spezielle Kurslineale.

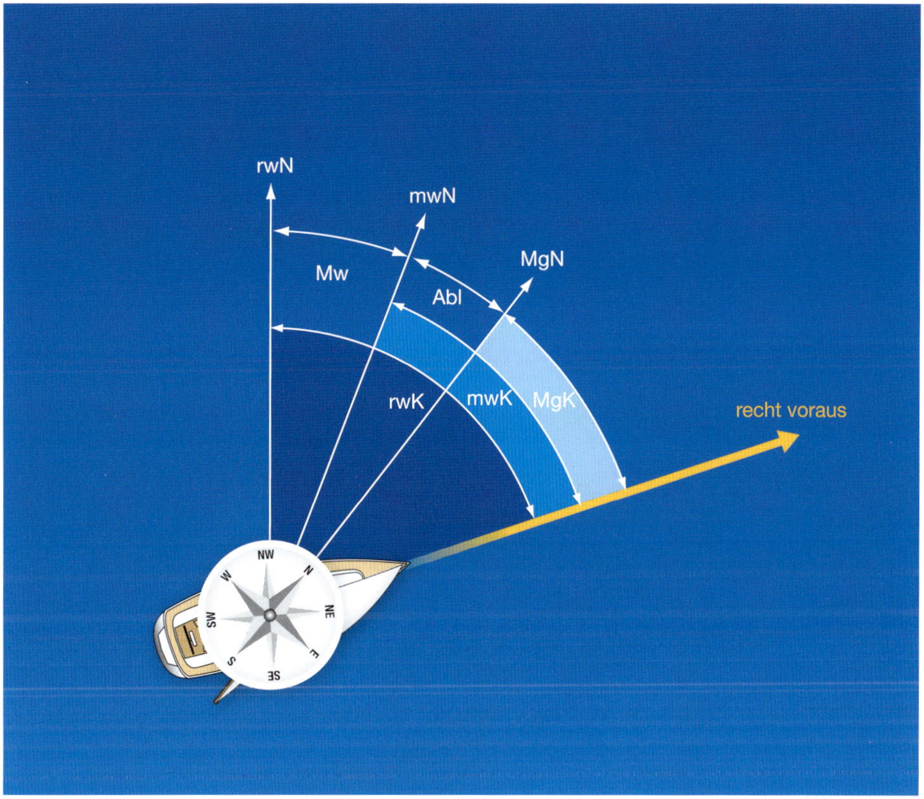

Kursübersicht

Versatz durch Wind

Nr. 56

Welche Nordrichtungen werden in der Navigation unterschieden? Erläutern Sie diese kurz.

1. rwN: rechtweisend Nord ist die Richtung eines Meridians zum geografischen Nordpol.
2. mwN: missweisend Nord ist die Richtung des erdmagnetischen Feldes zum magnetischen Nordpol, abhängig von Schiffsort und Datum (Jahr). In diese Richtung stellt sich eine ungestörte Magnet-(Kompass-)nadel ein.
3. MgN: ist die Richtung zu Magnetkompass-Nord. In diese Richtung zeigt die durch das schiffsmagnetische Feld beeinflusste Kompassnadel an Bord.

Nr. 57

Nennen Sie die Winkel zwischen den Nordrichtungen rechtweisend Nord (rwN), missweisend Nord (mwN) und Magnetkompass-Nord (MgN).

1. Mw: Missweisung ist der Winkel von rwN nach mwN.
2. Abl: Ablenkung (Abl) oder Deviation (Dev) ist der Winkel von mwN nach MgN.

Nr. 58

Nennen Sie den Winkel zwischen den Nordrichtungen rwN und MgN.

Der Winkel von rwN nach MgN ist die Fehlweisung (Fw; Abl + Mw = Fw).

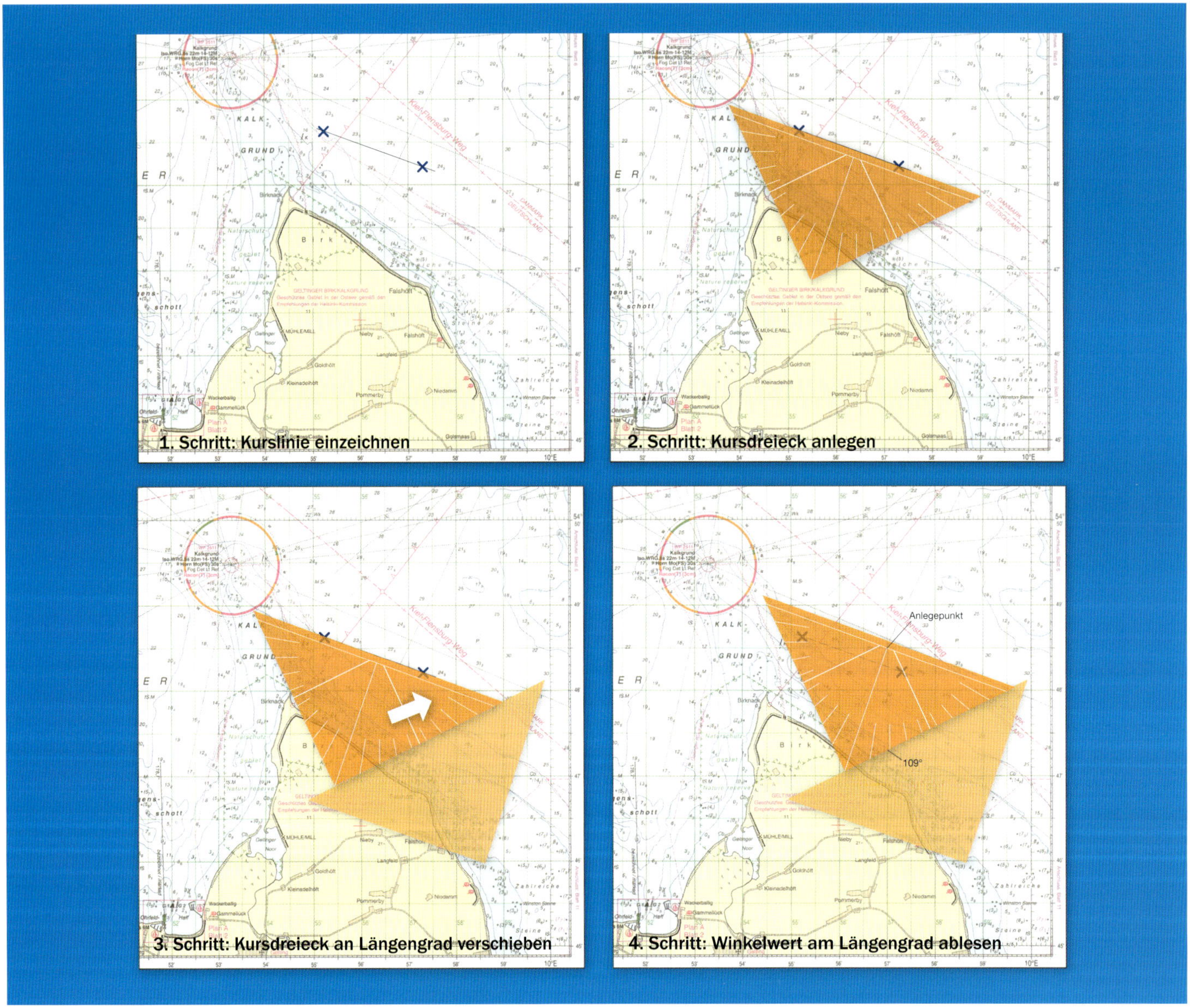

Ermitteln des Kartenkurses mit dem Kursdreieck

Orts- oder Positionsbestimmung

Ein wesentliches Ziel der Navigation ist es, die eigene Position zu bestimmen. Folgendes Beispiel ermöglicht einen guten Einstieg:
Von Bord einer Yacht aus, die einige Seemeilen von der Küste entfernt fährt, ist an Land ein Leuchtturm gut zu erkennen. Der Blick auf den Kompass ergibt, dass dieser genau im Nordosten zu sehen ist. Demnach befindet sich die Yacht zurzeit genau im Südwesten des Leuchtturms – man sagt: sie „steht“ genau südwestlich (obwohl sie natürlich fährt).
Das elektronische Gerät zur Wassertiefenbestimmung – das Echolot – zeigt eine momentane Wassertiefe von 10 m an. Mit diesen beiden Informationen, südwestlich vom Leuchtturm und 10 m Wassertiefe, kann nun die Positionsbestimmung in der Seekarte durchgeführt werden.

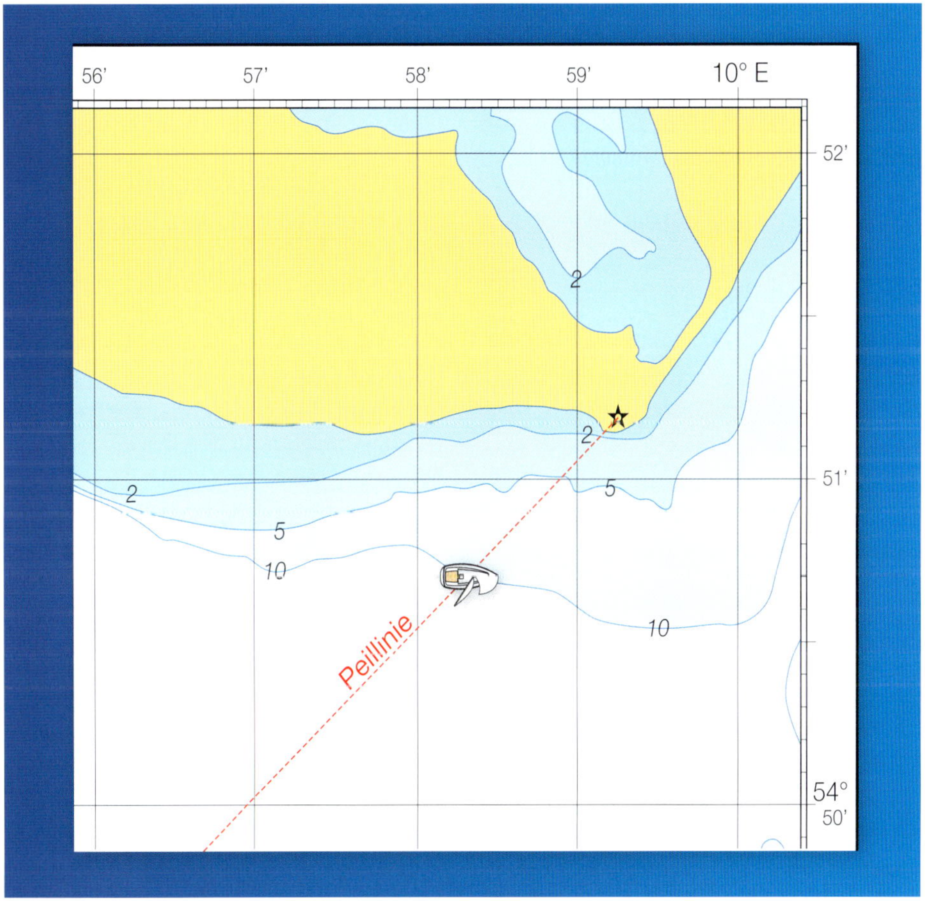

Kartenausschnitt mit Leuchtturm und Peillinie

Da die Yacht genau südwestlich des Leuchtturms steht, kann sie sich nur auf der rot gepunkteten Linie befinden. An welcher Stelle genau, ist allein mit dieser Information allerdings noch nicht zu erfahren. Gleichzeitig wurde aber die Wassertiefe mit 10 m ermittelt. Folglich muss sie sich auf der blauen 10-m-Tiefenlinie befinden.
Da diese beiden Bedingungen nur in einem Punkt zutreffen, lässt sich so die Position der Yacht ermitteln. Sie lautet φ = 54° 50,7' N λ = 009° 58,3' E.
Damit wird deutlich, wie einfach eine Position mit einer Peilung und einer Lotung prinzipiell bestimmt werden kann, auch wenn bei diesem Beispiel noch einige Dinge unberücksichtigt blieben, etwa die Korrektur der Kompassablesung um Ablenkung und Missweisung sowie Fehler in der Wassertiefenbestimmung. Eine brauchbare Tiefenlinie ergibt sich nur bei deutlich gleichmäßig ansteigendem Meeresgrund.

Peilung

Peilen bedeutet die Bildung einer Richtungslinie mithilfe eines Objektes, dessen Position bekannt ist. Aus mehreren rechtweisenden Peilungen, man spricht von *Standlinien*, kann die eigene Position ermittelt werden.

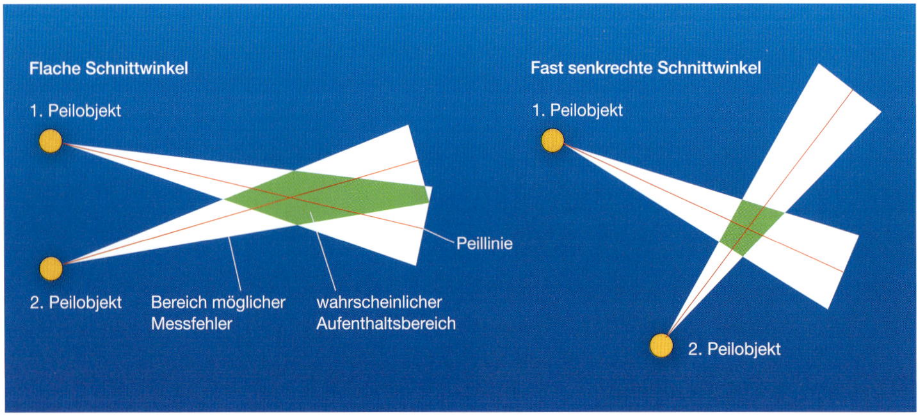

Spitze oder stumpfe Peilungen ergeben unterschiedlich genaue Standortbestimmungen

Es gibt unterschiedliche Arten von Peilungen. So können verschiedene Objekte gleichzeitig gepeilt und der eigene Ort sofort bestimmt werden. Möglich ist auch die mehrmalige zeitversetzte Peilung eines Objektes, sie führt aber erst bei der späteren zweiten Peilung zur eigenen Positionsbestimmung.

Prinzipiell reichen zwei sich kreuzende Standlinien aus, um eine Position zu ermitteln. Wie diese Linien ermittelt wurden, spielt dabei keine Rolle. Genutzt werden können z. B. eine Magnetkompasspeilung und eine Tiefenlinie (wie im Beispiel S. 143), aber auch eine Richtlinie, eine Funkpeilung oder eine Höhenwinkelmessung. Die Genauigkeiten sind jedoch sehr unterschiedlich und fließen damit natürlich in die Positionsbestimmung ein.

Von großer Bedeutung ist auch der Schnittwinkel der Standlinien zueinander. So ergeben flache Schnittwinkel bei gleichem Messfehler große Positionsungenauigkeiten gegenüber senkrechten Schnittwinkeln.

Aus dem Bild wird die Bedeutung der Schnittwinkel ersichtlich. Obwohl die Bereiche möglicher Messfehler gleich sind, ergeben sich sehr unterschiedliche Aufenthaltsbereiche. Sinnvoll sind Peilwinkeldifferenzen von mind. 30°, optimal sind 90°, jedoch maximal 150°, die anders herum betrachtet auch 30° ergeben.

Zur Kontrolle kann auch eine dritte oder vierte Standlinie gemessen und eingezeichnet werden. Nur wenn sich alle Standlinien in einem Punkt treffen, ist wirklich genau gearbeitet worden. In der Praxis kommt dies zwar wahrscheinlich nie genau vor, aber die Abweichung lässt Schlussfolgerungen auf die Peilungen zu.

Standlinien

Die korrekte Bestimmung einer Standlinie beginnt mit der Magnetkompasspeilung. Um mit einem Magnetkompass eine Peilung durchführen zu können, kann dieser mit einem Peilaufsatz versehen sein. Dieser lässt sich zum Gebrauch auf den vorhandenen Steuerkompass aufsetzen. Mobile Peilkompasse, zum Beispiel in Ferngläsern, sind besonders für entfernte Peilobjekte gut geeignet. Allerdings bleibt der Nachteil der nicht bestimmbaren Ablenkung, weil nur für den fest eingebauten Steuerkompass die Ablenkung bekannt ist.

	Magnetkompasspeilung	(Peilung über den Steuerkompass mit Peilvorrichtung ablesen)
+	Ablenkung des Kurses	(Achtung: Ablenkung des aktuell anliegenden Magnetkompasskurses des Schiffes)
=	**missweisende Peilung**	
+	Missweisung	(entsprechend der lokalen Angabe in der Seekarte, ggf. für aktuelles Jahr berichtigen)
=	**rechtweisende Peilung**	(die in die Seekarte eingetragen werden darf)

Kursumwandlungsschema: von der Magnetkompasspeilung zur rechtweisenden Peilung

Übung:
Eine Yacht fährt im Sommer 2005 einen Magnetkompasskurs (MgK) von 002°, während das Peilobjekt mit dem Magnetkompass (MgP) 270° gepeilt wird. Es gilt die Missweisung für 2005.
Zur Ermittlung der rw Peilung sind die Ablenkungstabelle und die lokale Missweisung aus der Seekarte notwendig.

	Magnetkompasspeilung		MgP		270°
+	Ablenkung vom MgK	+	Abl	+	(–3°)
=	missweisende Peilung	=	mwP	=	267°
+	Missweisung	+	Mw	+	(+1)°
=	**rechtweisende Peilung**	=	**rwP**	=	**268°**

Ablenkung für „SY Akka"

MgK	Abl
000°	–4°
010°	–1°
220°	+5°
230°	+3°
240°	+2°
360°	–4°

interpoliert

1°20'E 2005 (15'E)

Missweisung laut Seekarte im Jahr 2005, aus 1°20'E wird gerundet Mw = +1°

Ergebnis:
Eine rechtweisende Peilung (rwP) von 268° wird in die Seekarte als Standlinie eingetragen.

Übung: von der Magnetkompasspeilung zur rechtweisenden Peilung

Die Magnetkompasspeilung muss, wie ein Magnetkompasskurs, zunächst um Ablenkung und Missweisung berichtigt werden, um als rechtweisende Peilung (rwP) verwendet werden zu können. Zu beachten ist, dass die Ablenkung immer vom Magnetkompasskurs (MgK) und nicht von der Magnetkompasspeilung (MgP) aus der Ablenkungstabelle entnommen wird. Denn die Ablenkung wird von der Richtung des Schiffes zum Erdmagnetfeld beeinflusst. In welche Richtung gerade gepeilt, also praktisch wohin der Blick gewendet wird, hat logischerweise keinen Einfluss auf die Ablenkung.

Diese gewonnene Standlinie ist eine Gerade. Die zweite, im obigen Beispiel verwendete Standlinie, die 15-m-Tiefenlinie, ist hingegen keine Gerade. Trotzdem ergeben diese beiden Standlinien zusammen einen Schnittpunkt, die aktuelle Position.

Standlinie/Entfernungskreis
Eine weitere Form der Standlinie ergibt sich bei einer Abstandsmessung zu einem Peilobjekt. Befindet sich eine Yacht

Nr. 50
Warum sollte der Winkel zwischen zwei Peilungen nicht kleiner als 30° und nicht größer als 150° sein?
Damit der gefundene Standort eine ausreichend sichere Positionsbestimmung ergibt.

Nr. 62
Worauf müssen Sie achten, wenn eine Magnetkompasspeilung (MgP) auf eine rechtweisende Peilung (rwP) beschickt werden soll?
Abl für den anliegenden MgK (Magnetkompasskurs) aus der Steuertafel (Ablenkungstabelle) entnehmen; an den so erhaltenen mwK (missweisenden Kurs) die für das laufende Jahr der Seekarte entnommene Mw anbringen.

Nr. 63
Unter welchen Voraussetzungen ergibt sich eine brauchbare Standlinie aus einer Lotung?
Der Meeresgrund muss ausreichend regelmäßig und ausreichend steil ansteigen/abfallen.

Nr. 17
Wie werden Richtungsangaben in nautischen Veröffentlichungen gemacht?
1. Rechtweisend in Grad,
2. im Uhrzeigersinn (rechtsherum) zählend.

Feuer hinter der Kimm

Feuer in der Kimm

10 Seemeilen von einem Leuchtturm entfernt, ist sie irgendwo auf einem Kreis um den Leuchtturm mit einem 10-sm-Radius. Wie aber kann die Entfernung zu einem Peilobjekt gemessen werden?

Eine Möglichkeit besteht in der Höhenwinkelmessung, denn mithilfe von Winkelfunktionen, dem Höhenwinkel und der bekannten Höhe eines Objektes kann die Entfernung bestimmt werden. Diese Methode setzt aber eine genaue Höhenwinkelmessung voraus und wäre mit einem Sextanten genau messbar. Es gibt jedoch eine einfache Konstellation, unter der die Entfernung nachts leicht zu ermitteln ist:

Bei Annäherung an einen Leuchtturm aus großer Entfernung ist das Feuer anfangs noch hinter dem Horizont verborgen. Erst wenn man sich weit genug nähert, taucht das Licht langsam über dem Horizont auf. Den Moment, bei dem das Licht des Leuchtfeuers deutlich sichtbar wird, bezeichnet man als „das Feuer in der Kimm haben".

Da die Erdkrümmung als fester Faktor betrachtet werden kann, sind nur die Feuerhöhe und die Augeshöhe des Beobachters für diesen Moment verantwortlich.

Theoretisch wäre nun eine Berechnung mit diesen beiden Höhen und der Erdkrümmung erforderlich, um den Abstand zwischen der Yacht und dem Leuchtturm zu bestimmen. In der Praxis kann aber auf eine *Tabelle* zurückgegriffen werden, die sich im deutschen (BSH) und englischen Leuchtfeuerverzeichnis (ALL) oder als Auszug im SKS-Begleitheft für die Kartenaufgaben im Fach Navigation (DSV-Verlag) befindet. Mit den Werten wird die entsprechende Zeile für die Augeshöhe mit der Spalte für die Feuerhöhe in der Tabelle in Deckung gebracht. Am Schnittpunkt lässt sich die Entfernung in Seemeilen ablesen.

Diese Methode funktioniert jedoch nur mit der exakten Leuchtfeuerhöhe und dem Sichtbarwerden des Lichtes bei Nacht. Tagsüber lässt sie sich nicht anwenden, denn eine Berechnung auf Grundlage der Gebäudehöhe wäre unbrauchbar, weil das Gebäude des Leuchtturms aus größeren Entfernungen nur ungenau erkennbar wäre.

Beispiel:
Wie groß ist die Entfernung zum Leuchtturm Kiel, wenn dessen Feuer 29 m hoch ist und die Augeshöhe an Deck 4 m über dem Wasserspiegel (also der idealisierten Erdoberfläche) ist?

Berechnung:
In den *Begleitunterlagen* sind sowohl eine englische als auch eine deutsche Sichtweitentabelle abgedruckt. Beide zeigen die Eingangsspalte für eine Augenhöhe von 4 m, aber beide zeigen nur je eine Eingangszeile für 28 m oder 30 m Leuchtfeuerhöhe.

Hier müssen dann jeweils die beiden Ergebnisse zur Mittelwertbildung herangezogen werden. So ergeben sich aus der deutschen Sichtweitentabelle 15,1 sm (bei 28 m) und 15,5 sm (bei 30 m), also gemittelt 15,3 sm bei 29 m. Aus der englischen Sichtweitentabelle ergeben sich 14,8 sm (bei 28 m) und 15,2 sm (bei 30 m), also gemittelt 15 sm bei 29 m Höhe.

Der Unterschied der beiden Tabellen kommt durch verschiedene Rundungen zustande. In beiden Fällen ergibt sich aber eine Entfernung von gut 15 sm zum Leuchtturm, wenn er erstmals hinter dem Horizont sichtbar wird, „in der Kimm steht".

Positionsbestimmung durch Kreuzpeilung

Neben den dargestellten Methoden zur Standlinienbestimmung gibt es aber noch weitere, zum Beispiel eine Funk- oder Radarpeilung.

↘ **Nr. 28**

Wo findet man Tabellen zur Ermittlung des Abstandes eines Feuers in der Kimm?

In deutschen und britischen Leuchtfeuerverzeichnissen.

↘ **Nr. 55**

Nennen Sie zwei Möglichkeiten der Ortsbestimmung, wenn Sie nur ein Objekt mit bekannten Merkmalen (z. B. Leuchtturm) in Sicht haben.

1. Peilung und Abstand (Feuer in der Kimm, Radarabstand),
2. Peilung und Lotung.

↘ **Nr. 18**

In welchem Quadranten liegt der rote Warnsektor eines Leitfeuers mit der Angabe rot 030°–042°? (Begründung!)

Im Südwest-Quadranten. Angegeben sind die Peilungen zum Leuchtfeuer.

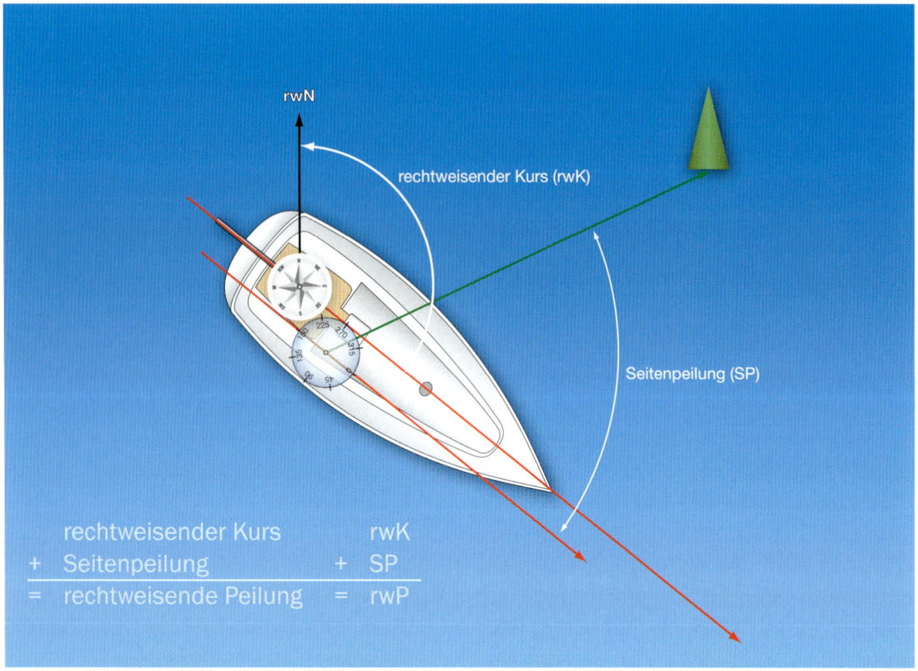

Peilung mit Magnetkompass und Seitenpeilscheibe

Wie bereits beschrieben, können zwei günstig zueinander liegende Standlinien zur Positionsbestimmung genutzt werden. Die einfachste Form, bei der zwei gerade Standlinien genutzt werden, heißt *Kreuzpeilung*. Hierbei werden auf zwei gleichzeitig zu sehende eindeutig identifizierte Objekte Peilungen durchgeführt. Die sich ergebenden beiden Standlinien kreuzen sich genau in einem Punkt – dem Standort.

Peilscheibe

Da aber nicht immer der Steuerkompass für eine gute Rundumsicht zu Peilzwecken geeignet ist, muss unter Umständen aus einem anderen Blickwinkel gepeilt werden.

Auf alten Großschiffen gab es ein Peildeck mit freier Sicht. Heutzutage wird eine Seitenpeilscheibe an günstiger Stelle montiert. Diese Seitenpeilscheibe ist wie die Kompassrose in 360°, manchmal auch in zwei 180°-Bereiche für Backbord und Steuerbord aufgeteilt und mit einer Halterung in Längsrichtung am Schiff montiert.

Mit ihrer Hilfe kann der Winkel zwischen der eigenen Schiffslängsachse und einem Peilobjekt bequem ermittelt werden.

Da sich die *Seitenpeilung* auf die Schiffslängsrichtung bezieht, muss der eigene rechtweisende Kurs zur Seitenpeilung addiert werden. Die Summe beider ist dann wieder eine rechtweisende Peilung. Ein Einsatz der Seitenpeilscheibe in der Sportschifffahrt findet heute in der Regel jedoch nur selten statt.

Versegelungspeilung

Für die oben behandelte Kreuzpeilung müssen zwei eindeutig zu identifizierende Peilobjekte gleichzeitig zur Verfügung stehen. In der Praxis sind diese Voraussetzungen aber nicht immer erfüllt. Doch selbst mit nur einem Peilobjekt ist eine Peilung durchführbar, die sogenannte *Versegelungspeilung*.

Bei dieser wird das Peilobjekt erst einmal gepeilt und anschließend wird mit konstantem Kurs weitergesegelt. Nach einer bestimmten Strecke, die ebenfalls genau erfasst werden muss, wird das Peilobjekt ein zweites Mal gepeilt. Die beiden Peillinien und die versegelte Distanz werden nun so in die Seekarte eingetragen, dass sich ein Standort ergibt.

Beispiel:

1. rechtweisende Peilung (rwP) mit 340°;
2. rwP mit 250°; versegelte Strecke: 2 sm mit 012°

Die beiden Peillinien/Standlinien werden direkt in die Karte eingetragen. Die versegelte Distanz ist zwar nach Länge (D = 2 sm) und Richtung (rwK = 012°) bekannt, sie kann jedoch nicht unmittelbar

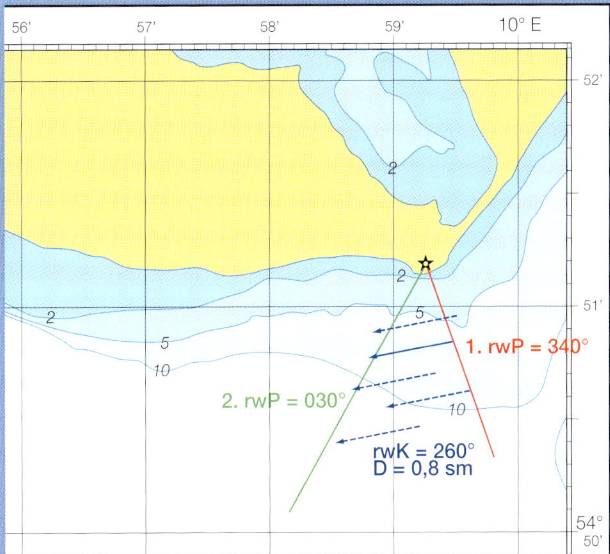

Grundgedanke der Versegelungspeilung

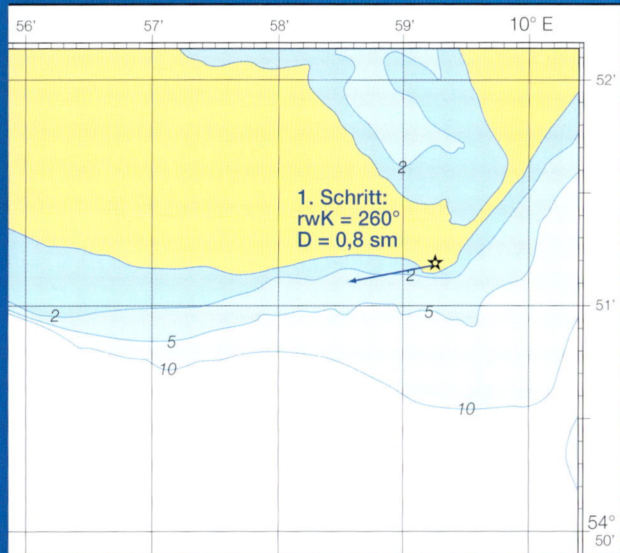

1. Schritt: Kurslinie eintragen

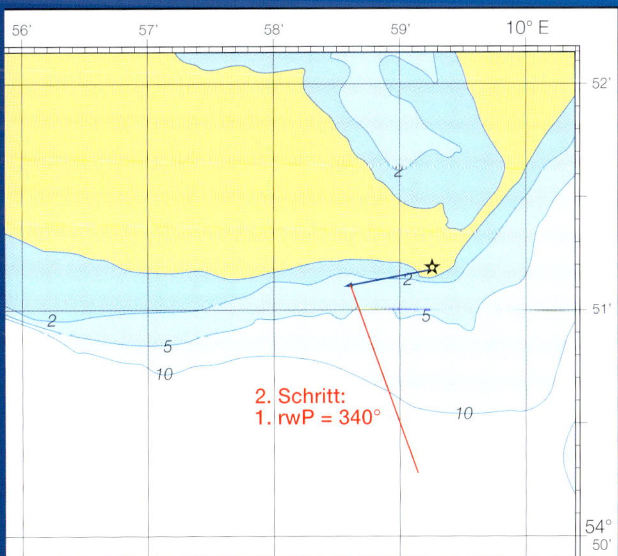

2. Schritt: erste Peillinie zum rwK eintragen

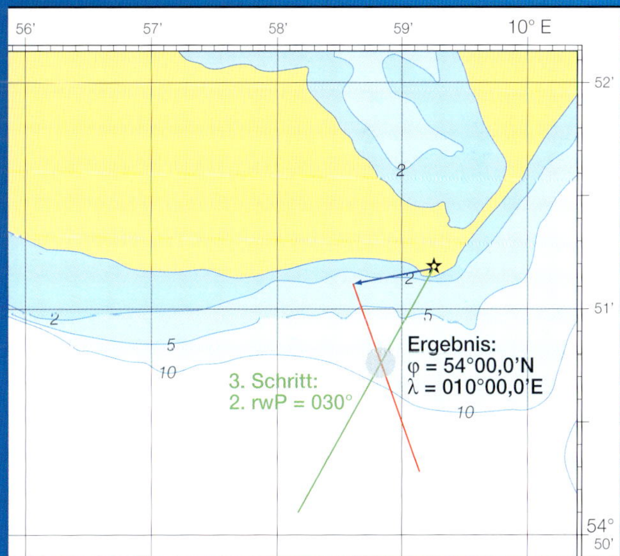

3. Schritt: zweite Peillinie eintragen und Position ablesen

in die Karte eingetragen werden (siehe verschiedene blaue Kurslinien). Offenkundig passt nur die zweite blaue Linie (von links) exakt zwischen die 1. und 2. Peillinie, doch kann dieses „Hineinschieben“ nicht die optimale Methode sein.

Lösung:
Um sicher und schnell zu einem Ergebnis zu kommen, gibt es folgenden guten Lösungsweg. Die Reihenfolge der Eintragungen und die Vorgehensweise beim Einzeichnen werden geändert:

1. Schritt: Die versegelte Distanz (D = 2 sm; rwK = 012°) wird vom Peilobjekt aus eingetragen.
2. Schritt: An das Ende der versegelten Strecke wird die 1. Peilung angetragen.
3. Schritt: Die 2. Peilung wird an das Peilobjekt gezeichnet.

Der Begriff „Versegelungspeilung“ liegt darin begründet, dass die erste Peilung versegelt, d. h. mitgenommen wurde und somit erst zu einem späteren Zeitpunkt in die Karte eingetragen wird. Die versegelte Strecke ist in dieser Darstellung zwar an einer Stelle eingetragen, wo nicht gesegelt wurde (nämlich an Land), aber sie dient so als Hilfslinie.
Der markierte Schnittpunkt der Standlinie ist die aktuelle Position zum Zeitpunkt der zweiten Peilung. Solch ein *beobachteter Ort* wird mit O_b bezeichnet.
Die Versegelungspeilung ist eine Sonderform der Kreuzpeilung. Auch hier werden üblicherweise Magnetkompasspeilungen in rechtweisende Peilungen korrigiert. Allerdings muss bei der Versegelungspeilung der Kurs über Grund zwischen den beiden Peilungen exakt eingehalten und die Distanz über Grund genau gemessen werden. Die Beschickung für Strom und Wind ist unbedingt zu berücksichtigen.

Koppeln

Auch in der Seefahrt ist eine der bei jeder Form der Fortbewegung häufigsten Fragen ständig präsent: „Wann erreichen wir

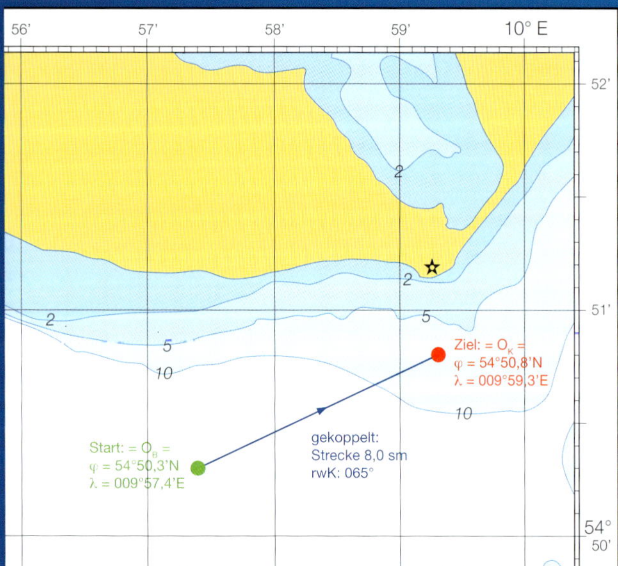

Koppeln

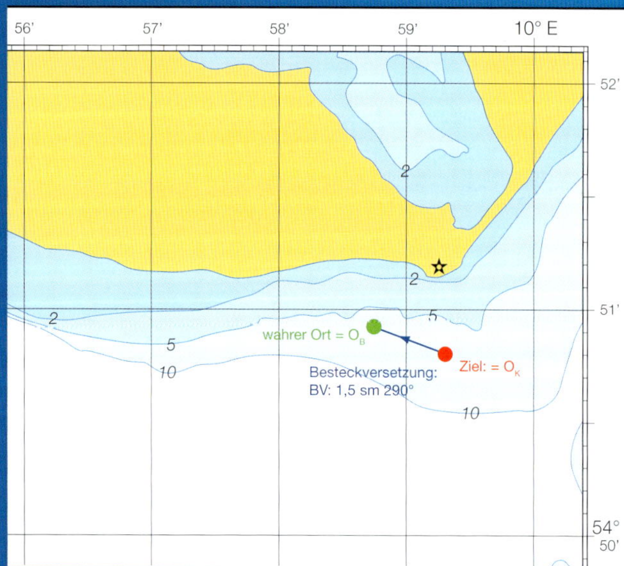

Besteckversetzung

unser Ziel?“ Leicht lässt sich bestimmen, wie weit ein Schiff in einer bestimmten Zeit bei einer festen Geschwindigkeit und konstantem Kurs kommen wird. Von der aktuellen Position kann somit auf die zukünftige geschlossen werden.
Diese Vorausberechnung von einer Startposition, mit Geschwindigkeit, Zeit und Kurs ist das Koppeln.

Übung:
Eine Yacht befindet sich um 10.00 Uhr an der beobachteten Position O_b: 54°33,0'N; 009°57,0'E und segelt mit 4 kn einen rechtweisenden Kurs von 080°. Wo wird sie um 12.00 Uhr sein?
Überlegung: Fahrzeit: von 10.00 Uhr bis 12.00 Uhr = 2 Stunden
Strecke: Geschwindigkeit 4 kn · Fahrzeit 2 Stunden = 8 sm Strecke
Kurs: 080°

Lösung:
Strecke mit Kursrichtung vom Startort aus einzeichnen.

Ergebnis:
Koppelort (O_k):
φ = 54°34,4'N λ = 010°10,6'E

Die Bezeichnungen „O_b“ für „beobachteter Ort“ und „O_k“ für „gekoppelter Ort“ sind dabei üblich.
O_b ist eine tatsächlich – beispielsweise durch Peilung – ermittelte Position.
O_k ist eine aus Ausgangsposition, geplantem Kurs und Geschwindigkeit vorausberechnete zukünftige Position. Ob der O_k tatsächlich erreicht wird, ist dabei keinesfalls sicher.

Besteckversetzung
Beim Koppeln wird von konstantem Kurs und gleich bleibender Geschwindigkeit ausgegangen. Unberücksichtigte Einflüsse durch Strömung oder Windabdrift können diese Berechnung jedoch stark verfälschen.
Wird nach einer bestimmten Zeit die tatsächliche Position der Yacht mit der vorher gekoppelten verglichen, ergibt sich wahrscheinlich eine Abweichung. Diese Abweichung ist die sogenannte Besteckversetzung und kann auch durch Steuerfehler entstanden sein. Sie wird als Entfernung und Richtung vom Koppelort (O_k) zum tatsächlich beobachteten Ort (O_b) in Seemeilen und Winkelgrad angegeben.
In dem gebildeten Beispiel beträgt die Besteckversetzung (BV) vom Koppelort (O_k) zum beobachteten Ort (O_b) 1,5 sm mit 290°.

Die Ermittlung der Besteckversetzung kann zur Planung der weiteren Navigation verwendet werden. So lassen sich Rückschlüsse auf Wind- oder Stromabdrift für die nächsten Stunden nutzen. Aber auch Steuerfehler des Rudergängers gehen in die Besteckversetzung ein.

Windabdrift
Eine mögliche Ursache für eine Besteckversetzung ist die seitliche Abdrift durch den Wind. Gegenüber den bei klassischen Rumpfformen möglichen bis über 10° soll

Nr. 54
Welche Möglichkeiten der terrestrischen Ortsbestimmung muss man kennen?
1. Kreuzpeilung,
2. Peilung und Abstand (Feuer in der Kimm, Radarabstand),
3. Peilung und Lotung.

Nr. 49
Welche Ursachen kann die Besteckversetzung (BV) haben?
Die BV kann folgende Ursachen haben:
1. ungenaues Steuern und Koppeln,
2. Kursfehler (z. B. ungenaue Steuertafel)
3. fehlende oder unvollständige Berücksichtigung von Strom und Wind.

Nr. 48
Was ist die Besteckversetzung (BV)?
Richtung (rw) und Entfernung (in sm) vom Koppelort (O_k) zum beobachteten Ort (O_b), bezogen auf den gleichen Zeitpunkt.

die laterale Fläche moderner Yachtrümpfe diese Abdrift auf unter 5° reduzieren. Zusätzlich wirken sich aber auf die Windabdrift auch die Windgeschwindigkeit, die Krängung des Schiffes, der Kurs zum Wind und die Segelfläche aus. Die Windabdrift kann durch Peilung des Winkels zwischen der eigenen Kiellinie und dem Kielwasser grob geschätzt werden. Etwas genauer ist die Daumenmethode, bei der der gehobene Daumen am ausgestreckten Arm als Anhaltspunkt dient. Die Breite des Daumens deckt dann ziemlich genau 2° ab. Oft sind Erfahrungswerte der Skipper die einzige Berechnungsgrundlage.

Die rechnerische Berücksichtigung der Windabdrift wird *Beschickung für Wind* (BW) genannt.
Um den Kurs des Schiffes durch das Wasser (KdW) zu bestimmen, gilt folgendes Rechenschema:

	Magnetkompasskurs		MgK
+	Ablenkung (Deviation)	+	Abl
=	missweisender Kurs	=	mwK
+	Missweisung	+	Mw
=	rechtweisender Kurs	=	rwK
+	Beschickung Wind	+	BW
=	**Kurs durchs Wasser**	=	**KdW**

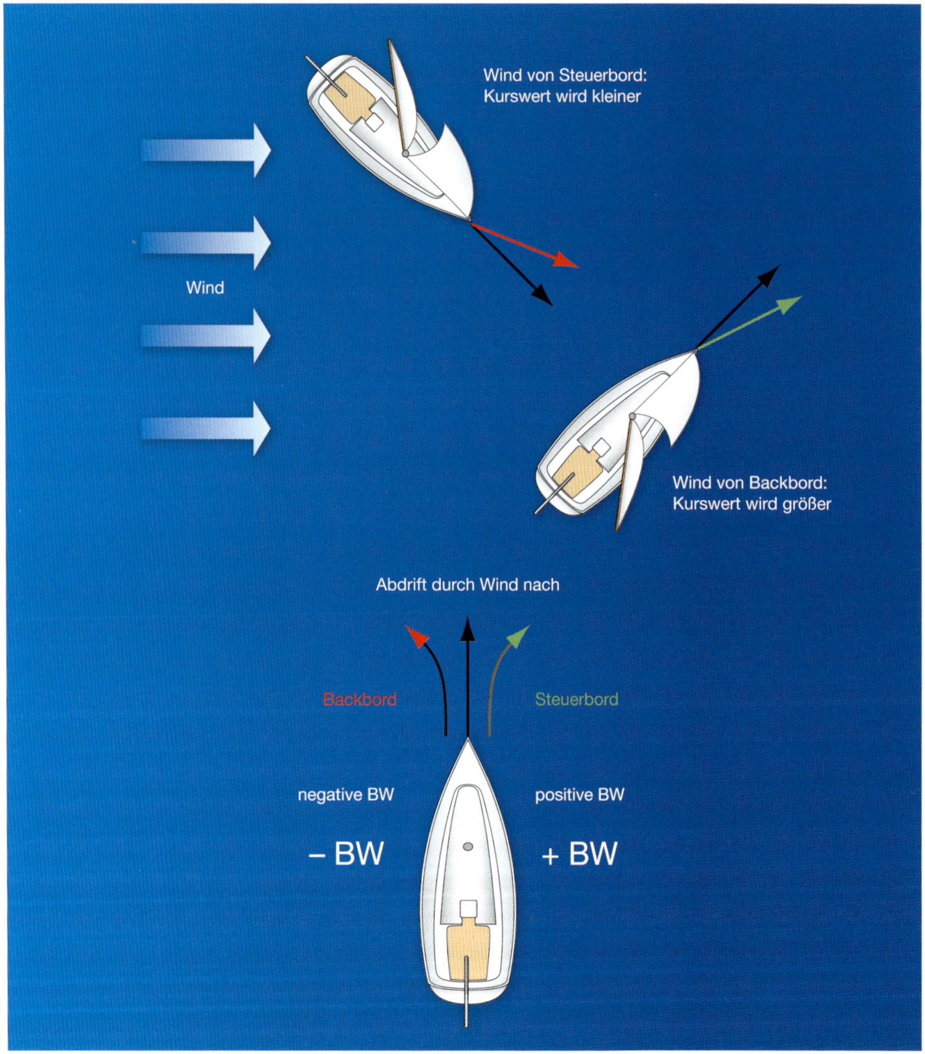

Beschickung bei Wind von verschiedenen Seiten

Da der Einfluss des Windes von Backbord oder Steuerbord kommen kann, werden die Kurse je nach gefahrener Richtung mal zu größeren, mal zu kleineren Kurswerten verändert. Die BW ist folglich immer ein Zahlenwert mit einem Vorzeichen. Dieses Vorzeichen drückt aus, ob das Schiff nach Backbord (–) oder Steuerbord (+) beeinflusst wird.
Die Windrichtung wird immer aus der

Richtung angegeben, aus der der Wind weht. Ein Nordostwind weht also nach Südwest.

Übung:
Eine Yacht segelt bei Wind aus Nordost (NE) einen rechtweisenden Kurs (rwK) von 340°. Bei ihr muss mit einer Windabdrift von 4° gerechnet werden. Welcher Kurs durchs Wasser (KdW) wird sich ergeben?

Lösung:
Da die Yacht Richtung Nordwesten (rwK = 340°) fährt, beeinflusst sie der Wind (aus NE) nach Backbord. Die Windbeschickung ist also mit –4° anzusetzen.
Die Rechnung lautet dann:

	Magnetkompasskurs		MgK	:
+	Ablenkung (Deviation)	+	Abl	:
=	missweisender Kurs	=	mwK	:
+	Missweisung	+	Mw	:
=	rechtweisender Kurs	=	rwK	340°
+	Beschickung Wind	+	BW	+ (-4°)
=	**Kurs durchs Wasser**	=	**KdW**	= 336°

Ergebnis:
Es ergibt sich ein Kurs durchs Wasser von 336°.
In der Praxis wird die Beschickung für Wind nur selten derart genau bestimmt. Prinzipiell sollte die Windabdrift aber immer in die Navigation mit einfließen. Dies wird durch „Vorhalten" realisiert, also ein Kurs etwas höher zum Wind als direkt auf das Ziel zu gesteuert.

Stromnavigation
Der Kurs des Schiffes durch das Wasser wird in der Regel von der Crew bestimmt. Das Wasser kann jedoch auch selbst eine Eigenbewegung aufweisen, bezeichnet als Strömung oder Strom.
Strom kann durch die Gezeiten oder durch Wind entstehen und durch geografische Gegebenheiten wie Inseln, schmale Durchflüsse oder Landzungen stark beeinflusst werden. Auch in Revieren ohne deutliche Gezeiten, z.B. in der Ostsee, entsteht durch Wind oder „Zurückschwappen" aufgestauter Wassermassen teilweise erhebliche Strömung.
In Tidengewässern und Strömungsrevieren lässt sich diese Wasserbewegung gut für ein schnelles Vorankommen ausnutzen, wenn man in die entsprechende Richtung fährt. Gegen den Strom ist die Fahrt jedoch mühsam. Seitliche Strömung führt zu Abdrift und muss bei der Kursbestimmung eingeplant werden.
Ob Strom herrscht, lässt sich aus Strömungskarten theoretisch oder an wasserumströmten festen Punkten, beispielsweise an Seezeichen, praktisch feststellen. Auf dem freien Wasser ist Strom jedoch nicht unmittelbar zu erkennen.
Die Methoden der Koppel- und Besteckversatzrechnung helfen, den Strom zu bestimmen.
So kann der Kurs durch das Wasser (KdW) mit dem Kurs über Grund (KüG) verglichen werden. Die Differenz zwischen Kurs durchs Wasser (KdW) und Kurs über Grund (KüG) wird *Beschickung für Strom*

↘ Nr. 52
Wodurch können auch in gezeitenlosen Revieren erhebliche Wasserstandsschwankungen und Strömungen (z. B. Triftstrom) hervorgerufen werden?
Durch Stärke, Dauer und Richtung des Windes oder „Zurückschwappen" aufgestauter Wassermassen (z. B. Ostsee).

↘ Nr. 88
Welchen Einfluss kann der Wind auf die Gezeiten haben?
Der Wind kann Strömungen und Wasserstandsänderungen hervorrufen, die zu den Gezeitenströmen und den Gezeiten hinzutreten.

(BS) genannt. Es ergibt sich eine ähnliche Betrachtung wie bei der Beschickung für den Wind.
Das vollständige Kursumwandlungsschema lautet nun:

	Magnetkompasskurs		MgK
+	Ablenkung (Deviation)	+	Abl
=	**missweisender Kurs**	=	**mwK**
+	Missweisung	+	Mw
=	**rechtweisender Kurs**	=	**rwK**
+	Beschickung Wind	+	BW
=	**Kurs durchs Wasser**	=	**KdW**
+	Beschickung Strom	+	BS
=	**Kurs über Grund**	=	**KüG**

Auch bei der Beschickung für den Strom gelten die Vorzeichenregeln wie beim Wind. Wird die Yacht nach Steuerbord, also hin zu größeren Kurswerten getrieben, so ist die BS positiv. Wirkt sie nach Backbord, hin zu kleineren Kurswerten, so hat die BS ein negatives Vorzeichen (siehe Abbildung).
Strom wird immer nach der Richtung angegeben, in die er versetzt. Ein Oststrom kommt also aus Westen und setzt nach Osten.

Übung:
Ein Schiff fährt einen Kurs durchs Wasser (KdW) von 336°. Bei einem starken Weststrom ist mit einer Stromabdrift (BS) von 20° zu rechnen. Welcher Kurs über Grund (KüG) ergibt sich?

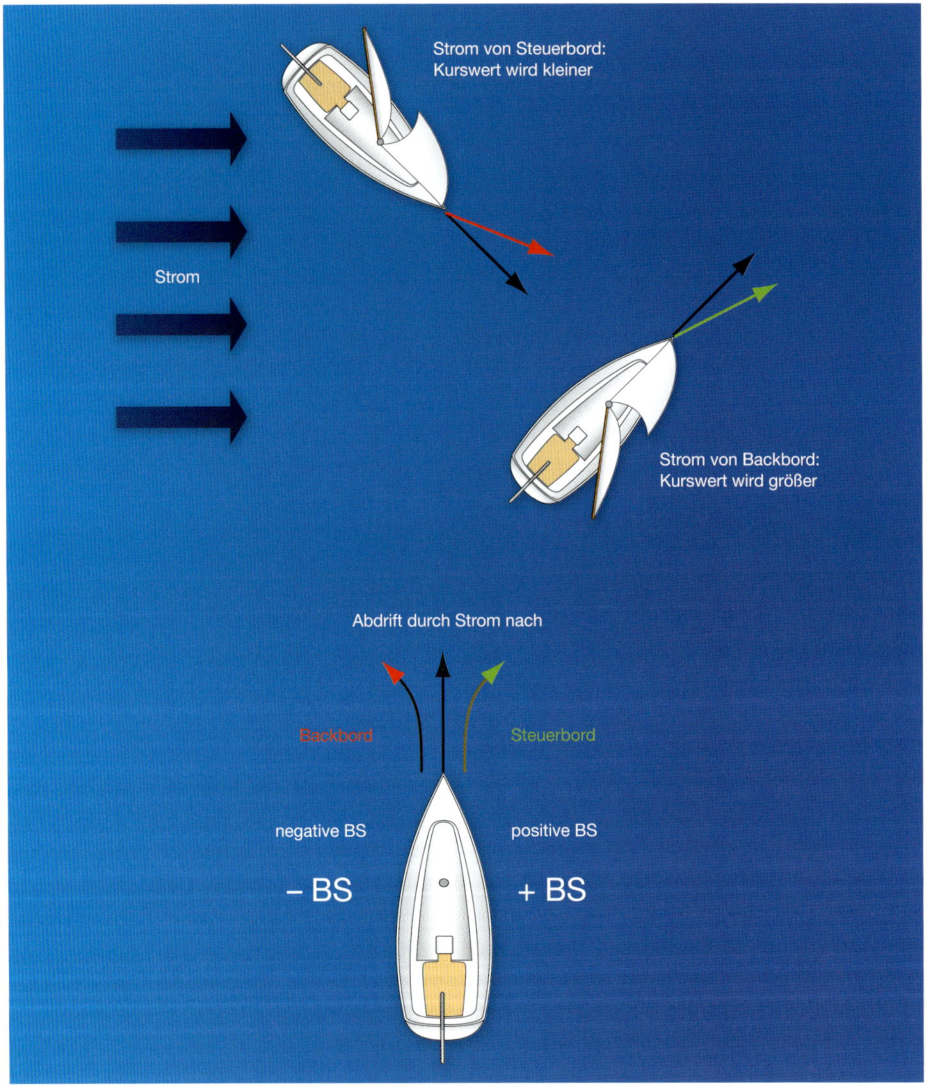

Beschickung bei Strom von verschiedenen Seiten

Lösung:
Da die Yacht Richtung Nordwesten (KdW = 336°) fährt, beeinflusst der Strom (in Richtung West) nach Backbord. Die

Strombeschickung ist also mit –20° anzusetzen. Die Rechnung lautet dann:

	Magnetkompasskurs		MgK		:
+	Ablenkung (Deviation)	+	Abl		:
=	**missweisender Kurs**	=	**mwK**		:
+	Missweisung	+	Mw		:
=	**rechtweisender Kurs**	=	**rwK**		:
+	Beschickung Wind	+	BW		:
=	**Kurs durchs Wasser**	=	**KdW**	=	336°
+	Beschickung Strom	+	BS	+	(–20°)
=	**Kurs über Grund**	=	**KüG**	=	**316°**

Ergebnis:
Es ergibt sich ein Kurs über Grund von 316°.

Eine Abdrift durch Strom von 20° und mehr ist in der Praxis keine Seltenheit. Aus diesem Grund muss ihr in der Regel auch eine größere Bedeutung als der Windabdrift, die meist unter 5° liegt, zukommen.
Im vorangegangenen Beispiel wurde ein Kurs über Grund mit einer vorgegebenen Beschickung für Strom berechnet. Doch wie wird der *Wert für die Beschickung* bestimmt?
Zum einen gibt es die Möglichkeit, aus Strömungs- oder Gezeitenkarten, sogenannten Stromatlanten, für bestimmte regelmäßige Wind- oder Tidenverhältnisse die herrschenden Ströme herauszulesen. Zum anderen kann der Wert selbst aus der Fahrt ermittelt werden. Wie aber lässt sich unterwegs direkt der herrschende Strom bestimmen, der Kurs über Grund bei festgestelltem Strom ermitteln oder ein Ziel trotz versetzendem Strom ansteuern?

Da der Strom und die Eigenfahrt nach Richtung und Geschwindigkeit beliebig zueinander wirken können, ergeben sich für Fahrt und Kurs über Grund scheinbar komplexe Berechnungen. Mithilfe der Vektordarstellung kann dieses jedoch grafisch gelöst werden.

Die Fahrt des Bootes durch das Wasser, der Strom und die resultierende Fahrt über Grund werden in ihrer Stärke und Richtung beschrieben. Um mit den verschiedenen Bewegungen hinsichtlich Stärke und Richtung umgehen zu können, stellt man die Einzelbewegungen durch Pfeile dar. Diese Pfeile werden als Vektoren bezeichnet, da sie durch ihre Länge und Richtung zwei Werte darstellen. So werden Stromrichtung und -stärke durch einen roten Vektor dargestellt. Der Kurs und die Fahrt durch das Wasser werden mithilfe eines blauen Vektors und der Kurs und die Fahrt über Grund durch einen grünen Vektor dargestellt.
Fahrtvektor und Stromvektor addieren sich zum Über-Grund-Vektor (s. Abb.).

Die Addition von Vektoren ist zeichnerisch dadurch gelöst, dass der Anfang eines Vektors an das Ende des zweiten Vektors angesetzt wird.
In dem Beispiel beginnt also der rote Stromvektor am Ende des blauen Fahrtvektors.

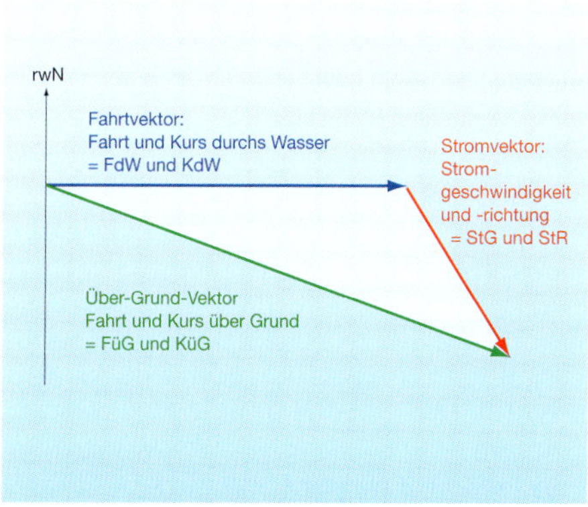

Das Ergebnis ist die Strecke zwischen dem Startpunkt des blauen und dem Endpunkt des roten. Der grüne Vektor ist das Ergebnis mit seinem Start- und Endpunkt entsprechend.
Stromdreiecke können direkt in die Seekarte mit dem dortigen Maßstab oder auf einem gesonderten Blatt gezeichnet werden. Hier ist eine senkrechte Linie als Längengradersatz und ein Maßstab von 1 cm zu 1 sm sinnvoll.

Bei der Stromnavigation ist immer dieses Dreieck, bestehend aus den drei Seiten Fahrtvektor, Stromvektor und Über-Grund-Vektor, gültig. Es wird auch als Strom- oder Stundendreieck – da die Vektorlängen meist auf eine Stunde Fahrt bezogen werden – bezeichnet.

Mit diesem Stromdreieck können drei übliche Stromnavigationsaufgaben gelöst werden.

1. Eigenfahrt mit Kurs und Fahrt durchs Wasser sowie die Stromgeschwindig-

keit und -richtung sind bekannt. Die sich ergebende Fahrt und der Kurs über Grund werden gesucht.
gegeben: KdW, FdW, StR, StG
gesucht: FüG, KüG

2. Eigenfahrt mit Kurs und Fahrt durchs Wasser sowie die Fahrt und Kurs über Grund sind ermittelt. Der Strom nach Richtung und Geschwindigkeit wird gesucht.
gegeben: KdW, FdW, FüG, KüG
gesucht: StR, StG

3. Die eigene Geschwindigkeit durchs Wasser ist zusammen mit dem Kurs über Grund sowie dem Strom nach Richtung und Geschwindigkeit gegeben. Gesucht wird der notwendige Kurs durchs Wasser.
gegeben: FdW, StR, StG, KüG
gesucht: KdW, FüG

Als künstlicher Längengrad wird eine Hilfslinie zu rechtweisend Nord (rwN) gezeichnet.
(Im gezeichneten Maßstab der drei Beispiele entspricht 1 Zentimeter 8 Millimetern.)

Diese drei Stromnavigationstypen werden nun im Einzelnen behandelt:

1. Typ:
gegeben:
Kurs durchs Wasser (KdW) = 230°,
Fahrt durchs Wasser (FdW) = 7 kn,
Stromrichtung (StR) = 030°,
Stromgeschwindigkeit (StG) = 2,5 kn

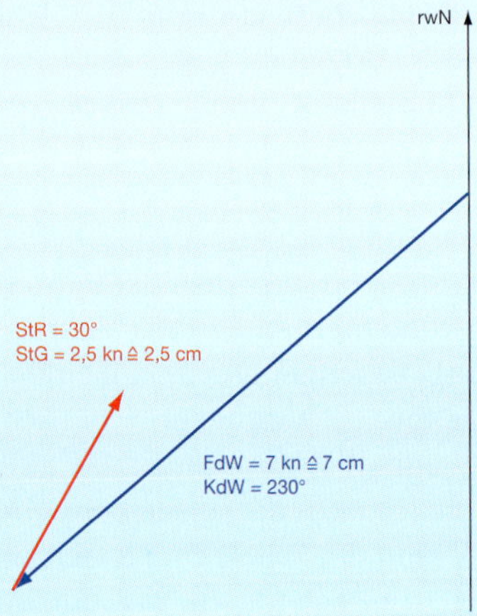

gesucht:
Kurs und Fahrt über Grund (KüG, FüG)

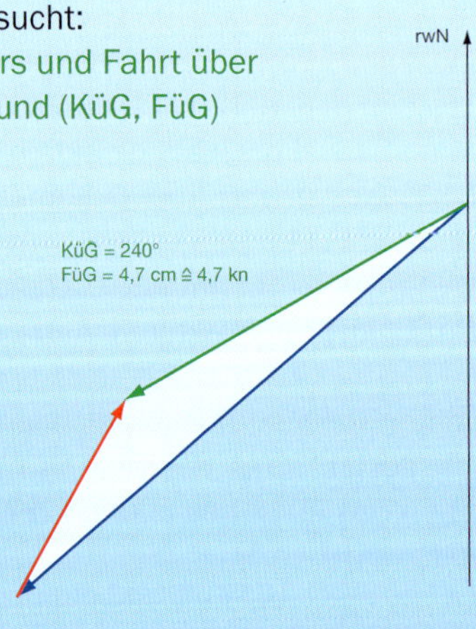

2. Typ:
gegeben:
Kurs durchs Wasser (KdW) = 130°,
Fahrt durchs Wasser (FdW) = 6 kn,
Kurs über Grund (KüG) = 150°,
Fahrt über Grund (FüG) = 7,5 kn
(z.B. mit GPS ermittelt)

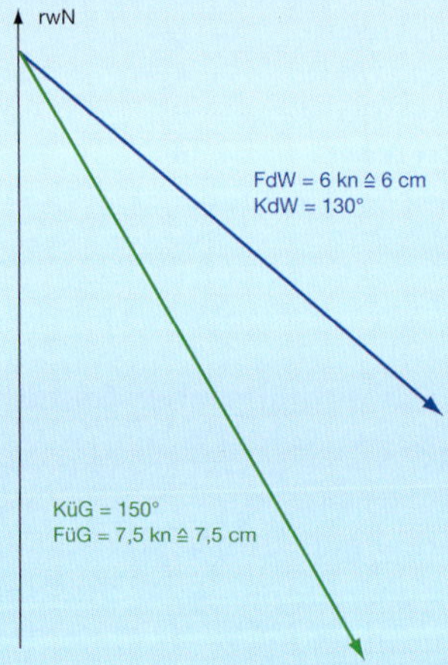

gesucht:
Stromrichtung und Stromgeschwindigkeit

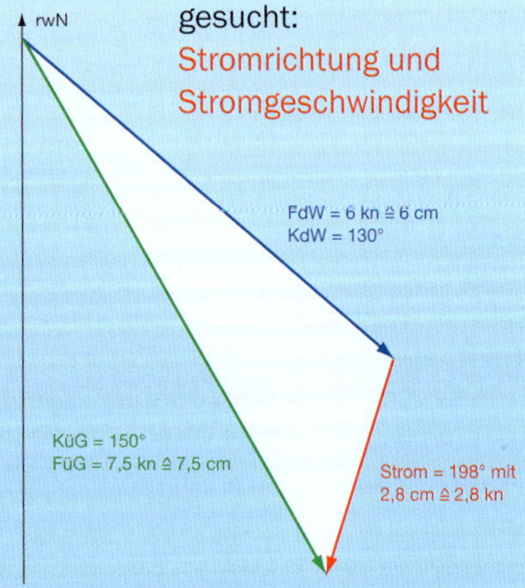

Dieser Stromaufgabentyp kommt in der Praxis am häufigsten vor. Ein angestrebtes Ziel soll trotz Strom erreicht werden. Es muss also gegen den Strom „vorgehalten" werden.

Da bei dieser Aufgabenstellung nur der Stromvektor nach Geschwindigkeit (= Länge) und Richtung vollständig, die Fahrt durchs Wasser nur nach der Geschwindigkeit bekannt sind, muss hier besonders verfahren werden.

Folgendes Vorgehen ist sinnvoll:

1. Da von dem Über-Grund-Vektor nur die Richtung, nicht aber die Länge bekannt ist, wird dieser ohne definiertes Ende gezeichnet.
   Der Strom wird vom Zeichenursprung vollständig eingetragen.
2. Vom Fahrtvektor ist wiederum nur die Geschwindigkeit, also die Länge, nicht jedoch die Richtung bekannt.
   Diese Länge wird nun mit dem Zirkel abgegriffen. Eine Zirkelspitze wird in den Endpunkt des Stromvektors eingestochen. Der Radius wird nun so geschlagen, bis er mit der zweiten Zirkelspitze den Über-Grund-Vektor kreuzt.
3. Zwischen diesem Verbindungspunkt und dem Ende des Stromvektors liegt nun der Fahrtvektor. Nun ist vom ihm auch die Lage, also der Kurs, eindeutig beschrieben.
   Die Fahrt über Grund ergibt sich.

Ergebnis:

Es muss ein Kurs durchs Wasser (KdW) von 037° gesteuert werden, um gegen den Strom vorzuhalten.

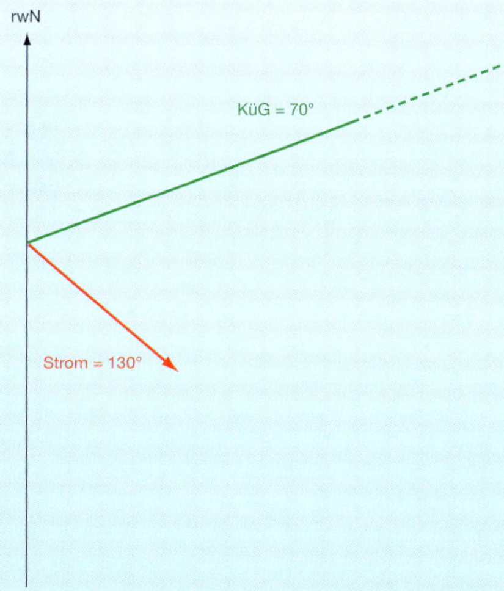

3. Typ:

gegeben:

Kurs über Grund (KüG) = 70°,

Fahrt durchs Wasser (FdW) = 4 kn,

Stromrichtung (StR) = 130°,

Stromgeschwindigkeit (StG) = 2,5 kn

gesucht:

Kurs durchs Wasser (KdW)

Fahrt über Grund (FüG)

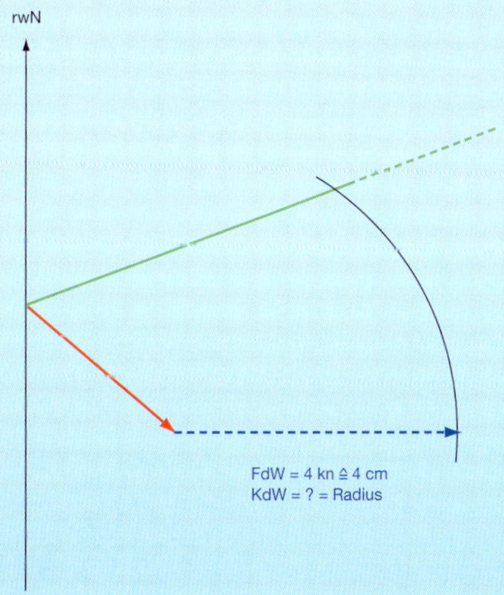

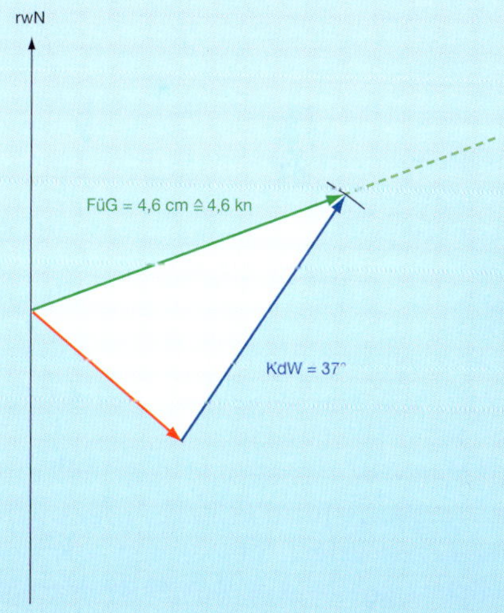

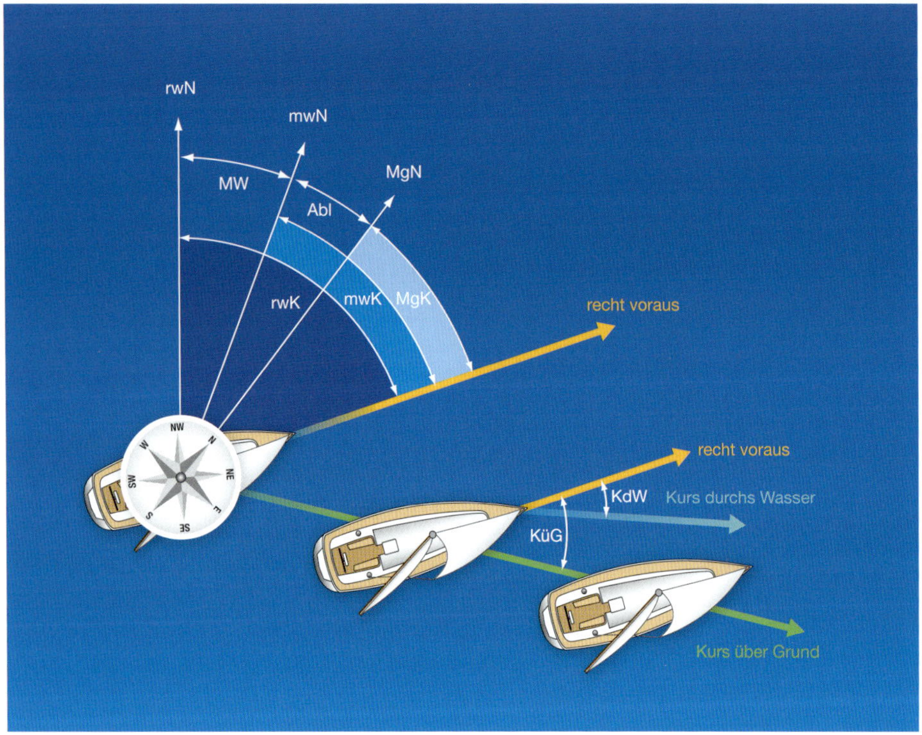

Kursübersicht

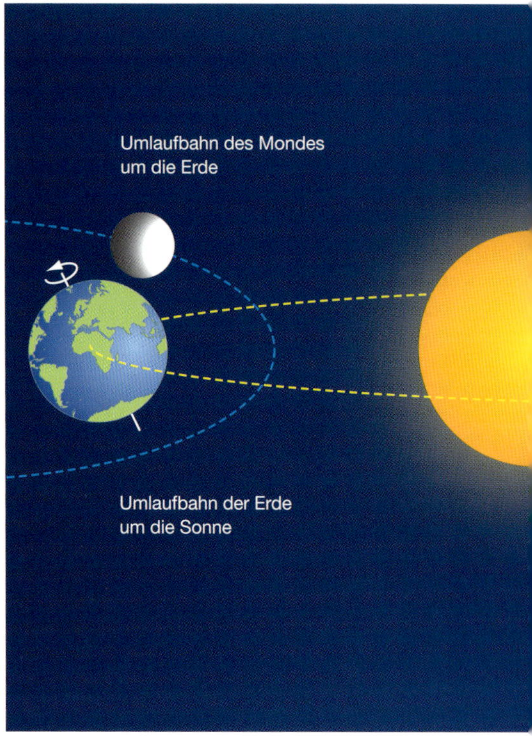

Umlaufbahnen von Mond und Erde

Mit der Beeinflussung durch Strom, Wind, Ablenkung und Missweisung ergeben sich nun insgesamt vier verschiedene Kurse. Folgende Grafik stellt diese Kurse und ihre Zusammenhänge noch einmal zusammenfassend dar.

Der Magnetkompasskurs zeigt den um Missweisung und Ablenkung verfälschten Winkel zwischen dem magnetischen Nordpol und unserer Schiffslängsachse an. Der rechtweisende Kurs ist um Missweisung und Ablenkung, in Summe die sogenannte Fehlweisung, korrigiert. Es ist somit der Winkel zwischen der Schiffslängsachse und dem geografischen Nordpol.

Die Richtung zum geografischen Nordpol wird als rechtweisend Nord (rwN) bezeichnet. Durch Windabdrift ergibt sich ein weiterer Winkel zwischen rwN und der Fahrtrichtung durch das Wasser. Die Strömung hat wiederum einen versetzten Kurs über Grund zur Folge.

Gezeiten

Gezeiten sind die periodischen Bewegungen der Meere, die durch Kräfte zwischen der Erde, dem Mond und der Sonne entstehen. Die Auswirkungen der Gezeiten lassen sich in der Deutschen Bucht im Wattenmeer beeindruckend erkennen. Riesige Flächen fallen zweimal pro Tag trocken, um anschließend wieder überflutet zu werden. An der französischen oder englischen Atlantikküste sind enorme Wasserstandsänderungen

von bis zu 15 m Höhe zu erleben. Strömungen von mehreren Knoten wie z.B. in der Elbe oder der Weser sind ebenfalls Folgen der Gezeiten.
Wie bereits im Abschnitt Stromnavigation deutlich wurde, ist diese Eigenbewegung des Wassers für die Schifffahrt eine zwingend zu beachtende Komponente.

Ursache der Gezeiten

Warum Gezeiten entstehen, veranschaulicht ein kleiner Exkurs in die Astronomie: Massen ziehen sich gegenseitig an. So wird die Erde durch die Sonne und der Mond durch die Erde angezogen. Gleichzeitig wirken jedoch Fliehkräfte, da die Erde um die Sonne kreist und der Mond um die Erde. Tatsächlich kreisen Mond und Erde in ihrer Bindung um einen gemeinsamen Massenmittelpunkt. Dieser Drehpunkt liegt aufgrund der viel größeren Erde gegenüber dem viel kleineren Mond noch innerhalb der Erdkugel. Für die Bindung zwischen Sonne und Erde gilt dies entsprechend.
Diese beiden Kräftepaare aus Anziehungs- und Fliehkraft sind jeweils genau ausgeglichen. Nur so nähert sich der Mond nicht der Erde, aber er entfernt sich auch nicht von ihr. Gleiches gilt für die Beziehung der Erde zur Sonne. (Genau genommen ist das Gleichgewicht nicht ganz hergestellt. Die Verschiebung ist aber so klein, dass die Auswirkungen innerhalb eines Menschenlebens nicht wirklich zu bemerken sind.)
Ständig wirken also Anziehungs- und Fliehkräfte. Grundsätzlich wirken sie auf jede Masse, sichtbar werden sie in ihrer Wirkung auf das leicht zu beeinflussende und über riesige Flächen zusammenhängende Wasser der Ozeane.
Die Ozeane werden aufgrund der Anziehungskraft zum Mond hin gezogen und gleichzeitig auf der gegenüberliegenden Seite der Erde durch Fliehkraft nach außen „geschleudert". Es entstehen so immer zwei Flutberge gleichzeitig. Durch die Verlagerung des Wassers zu den beiden Flutbergen entstehen dazwischen zwei Wassertäler.
Da sich die Erde an einem Tag einmal um sich selbst dreht, wandert jeder Punkt der Erde pro Tag einmal unter jedem Flutberg und jedem Fluttal hindurch. Infolgedessen gibt es grundsätzlich zweimal täglich Hoch- und Niedrigwasser. An wenigen Stelle der Erde gibt es durch topografische Gegebenheiten Überlagerungen der Gezeiten, sodass diese nur einmal pro Tag eintreten.
Allerdings stimmt diese Rechnung nicht ganz. Denn weil sich der Mond innerhalb eines Tages auch schon ein Stück um die Erde weitergedreht hat (ein Umlauf des Mondes um die Erde dauert ca. 28 Tage), beträgt der tatsächliche Zyklus zweier Gezeiten: 24 h + 1/28 Tag = 24 h 51,4 min. Eine Gezeit, also ein Ablauf von einem Hochwasser zum nächsten, dauert somit ungefähr 12 Stunden und 26 Minuten. Dieser Wert führt zu einer täglichen Verschiebung der Gezeiten von ca. 51 Minuten und führt auch zu Tagen, an denen nicht zwei vollständige Gezeitendurchläufe eintreten. So folgt unter Umstän-

↘ **Nr. 72**

Warum findet man z. B. bei Bezugsorten in der Nordsee bzw. im Englischen Kanal zeitweise nur ein Hoch- bzw. Niedrigwasser pro Tag?

Die Umlaufzeit des Mondes um die Erde dauert im Mittel 24 h 50 min (Mondtag) gegenüber dem Sonnentag (= 24 h). Deshalb „rutscht" das letzte HW oder NW zeitweise in den nächsten Tag.

den das zweite Hoch- oder Niedrigwasser eines Tages erst in den Morgenstunden des Folgetages.
Die Abbildung der Gezeitenkurve (rechts) stellt anschaulich alle Begriffe einer Gezeit dar.

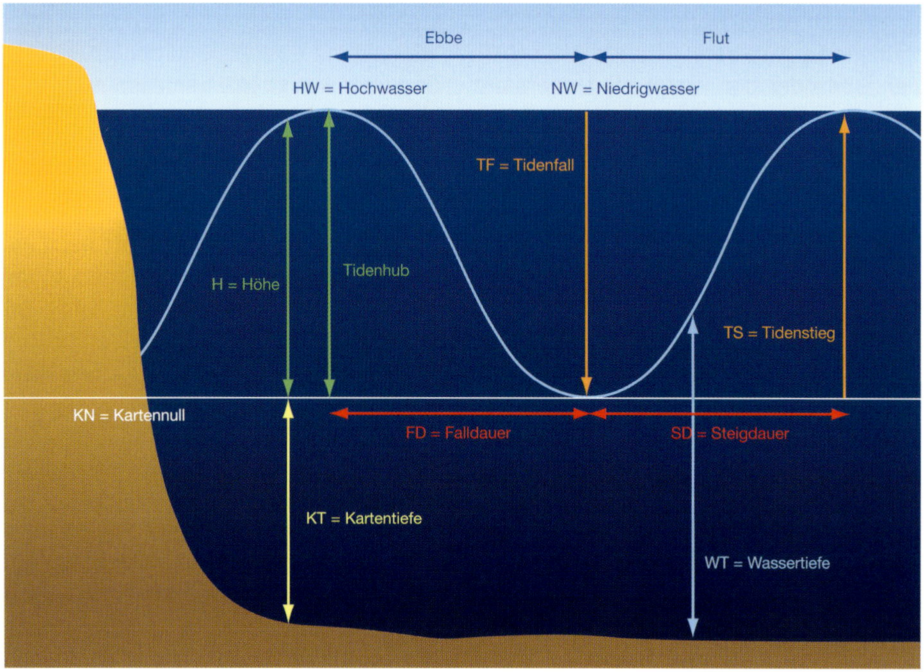

Gezeitenwerte berechnen: Zeiten und Höhen

Um die Uhrzeiten von Hoch- oder Niedrigwasser an einem bestimmten Ort auszurechnen, würde theoretisch ein Startwert am Jahresanfang und eine tägliche Addition dieser Verschiebung bis zum gewünschten Datum genügen. Einfacher ist die Nutzung eines Tidenkalenders oder der Gezeitentafeln. In diesem sind für ein ganzes Jahr für verschiedene relevante Küstenorte, sogenannte *Bezugsorte*, für jeden Tag die Hoch- und Niedrigwasserzeiten abgedruckt.

Gezeitenkalender, herausgegeben vom BSH

Bezugsort: **Helgoland**

Monat: **August**	HW		NW	
⋮	⋮		⋮	
8.	02:43	14:54	09:18	21:43
9.	03:12	15:22	09:47	22:12
10.	03:44	15:54	10:19	22:45
11.	04:19	16:29	10:54	23:17
12.	04:53	17:01	11:26	23:44
13.	05:25	17:37	11:56	–
14.	06:05	18:31	00:18	12:44
⋮	⋮		⋮	

Auszug aus dem Gezeitenkalender

Neben der Drehung von Erde und Mond hat auch die Sonne Einfluss auf unsere Gezeiten. Durch ihre große Entfernung sind deren Einflüsse zwar nicht so stark wie die des nahen Mondes, aber bei bestimmten Konstellationen deutlich erkennbar.

Stehen Erde, Mond und Sonne in einer Richtung, so addieren sich die Anziehungs- und Fliehkräfte. Dies führt zu größeren Flutbergen, die niedrigere Gezeitentäler nach sich ziehen. Man spricht von *Springzeit*. Die Hochwasserhöhen fallen höher, die Niedrigwasser niedriger als normal aus (s. Abb. auf Seite 162).

Begriffe Gezeitenkunde

Kartennull	KN	Bezugsebene für alle Tiefenangaben in den Seekarten
Höhe oder Höhe der Gezeit	H HdG	Höhe zwischen KN und aktuellem Wasserstand, wird auch als Höhe der Gezeit bezeichnet
Kartentiefe	KT	In der Seekarte verzeichnete Tiefe zwischen KN und Meeresboden
Wassertiefe	WT	Summe aus aktueller Höhe (H) und Kartentiefe (KT)
Hochwasserhöhe	HWH	Höhe des Wasserstandes bei Hochwasser über Kartennull
Niedrigwasserhöhe	NWH	Höhe des Wasserstandes bei Niedrigwasser über Kartennull
Tidenfall	TF	Höhenunterschied von einer HWH zur nächsten NWH
Tidenstieg	TS	Höhenunterschied von einer NWH zur nächsten HWH
Tidenhub		grundsätzlicher Höhenunterschied zwischen NWH und HWH
Flut		Zeitraum von einem NW zum folgenden HW
Ebbe		Zeitraum von einem HW zum folgenden NW
Hochwasser	HW	Zeitpunkt des höchsten Wasserstandes
Niedrigwasser	NW	Zeitpunkt des niedrigsten Wasserstandes

Stehen Erde und Mond senkrecht zu einer Linie zwischen Erde und Sonne, wirken die Anziehungs- und Fliehkräfte Erde zu Mond gegen die von Erde zur Sonne. Die Gezeiten werden dann nicht so extrem eintreten. Die Hochwasser werden nicht so hoch, die Niedrigwasser nicht so niedrig wie sonst. Man spricht von *Nippzeit* (siehe Abb. Nippzeitkonstellation auf Seite 162).

Diese beiden Effekte treten jeweils zweimal pro Mondumlauf um die Erde, also zweimal innerhalb von 28 Tagen, auf.

Auch wenn Spring- und Nippzeit nicht scharf voneinander getrennt auftreten, sondern langsam ansteigen bzw. fallen, so werden die extremen Werte doch an jeweils vier Tagen gemessen. So ergibt sich nach einer viertägigen Springzeit und einer dreitägigen mittleren Zeit anschließend die viertägige Nippzeit. Es folgt wieder eine dreitägige mittlere Zeit, bevor wieder eine viertägige Springzeit folgt. Die mittlere gemäßigte Gezeitenspanne wird *Mittzeit* genannt.

Pro Monat ergibt sich folgender Ablauf:
4 Tage Spring + 3 Mitt + 4 Nipp + 3 Mitt + 4 Spring + 3 Mitt + 4 Nipp + 3 Mitt = 28 Tage = 1 Mondumlauf

Diese vier Zeiträume aus Spring-, Mitt- und Nippzeit pro Mondumlauf werden als *Alter der Gezeit* bezeichnet. Diese Zeiträume

Nr. 71
Erklären Sie den Begriff „Alter der Gezeit“.
Das Alter der Gezeit gibt an, in welcher Phase (Nippzeit, Mittzeit, Springzeit) sich das aktuelle Tidengeschehen befindet.

Nr. 80
Welche Bedeutung hat die Angabe „Springzeit“ für die Wasserstände in Gezeitengebieten?
Zur Springzeit sind besonders hohe Hochwasser und besonders niedrige Niedrigwasser zu erwarten.

Nr. 81
Welche Bedeutung hat die Angabe „Nippzeit“ für die Wasserstände in Gezeitengebieten?
Zur Nippzeit sind besonders niedrige Hochwasser und besonders hohe Niedrigwasser zu erwarten.

Nr. 82
Welche Bedeutung haben die Angaben „Nippzeit“ bzw. „Springzeit“ für die Gezeitenströme?
Zur Springzeit setzen die Gezeitenströme z. T. deutlich stärker als zur Nippzeit.

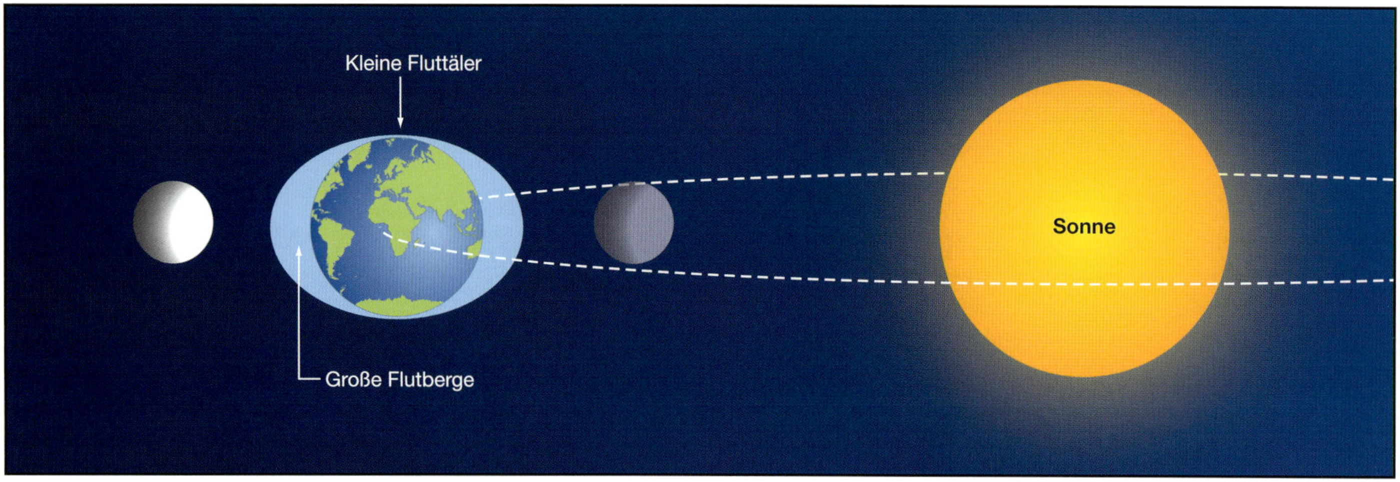

Springzeitkonstellation: Mond, Erde und Sonne in einer Linie

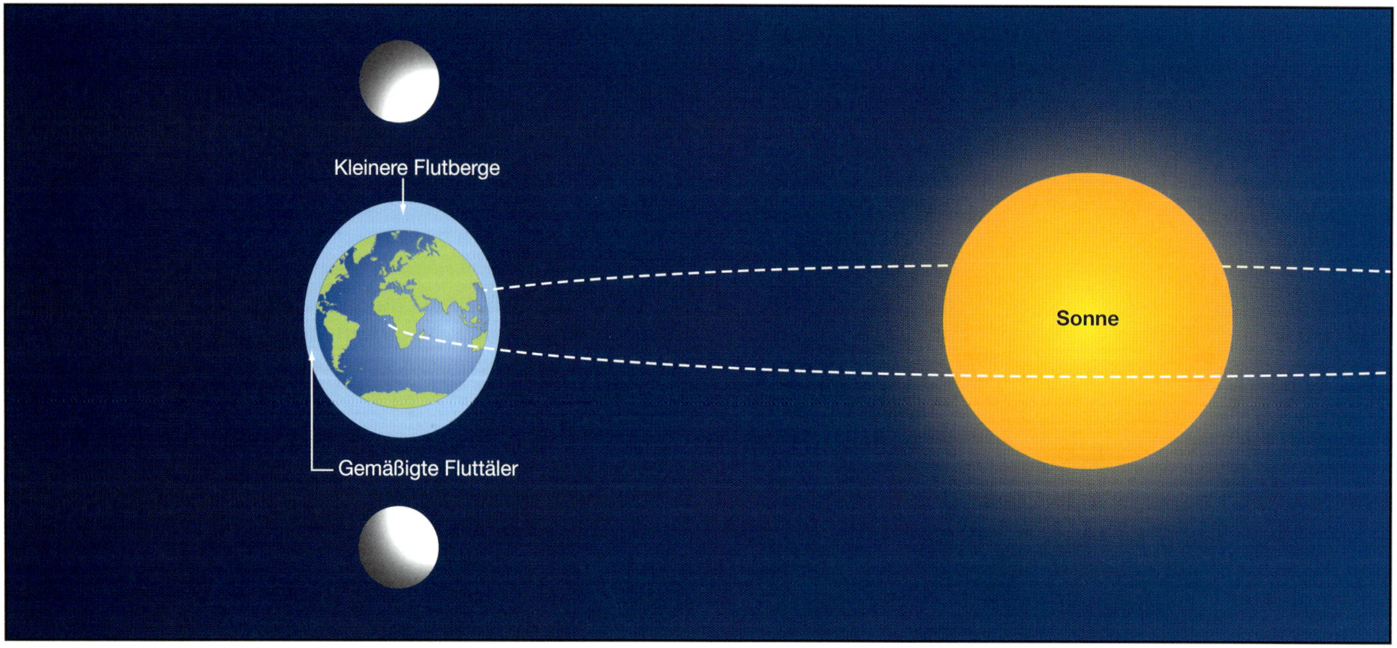

Nippzeitkonstellation: Linie Mond–Erde rechtwinklig zur Linie Erde–Sonne

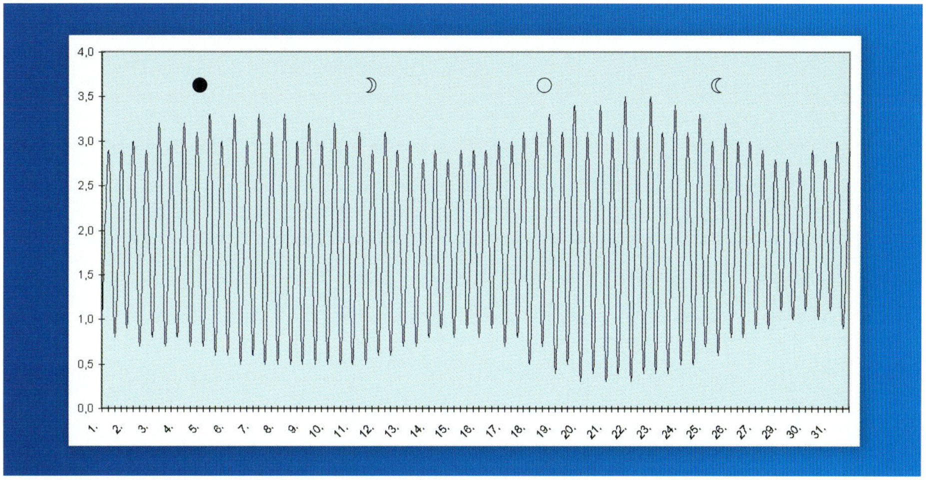

Tidenverlauf Helgoland im August 2005

Tag	Jan	Feb	Mrz	Apr	Mai	Juni	Juli	Aug	Sep	Okt	Nov	Dez
1	M	M	M	M	N	N	N	M	M	M	M	S
2	M	N	M	N	N	N	M	M	M	M	S	S
3	N	N	N	N	N	M	M	M	S	S	S	S
4	N	N	N	N	N	M	M	M	S	S	S	S
5	N	N	N	N	M	M	M	S	S	S	S	M
6	N	M	N	M	M	M	S	S	S	S	M	M
7	M	M	M	M	M	S	S	S	M	M	M	M
8	M	S	M	S	S	S	S	S	M	M	M	N
9	M	S	M	S	S	S	S	M	M	M	N	N
10	S	S	S	S	S	S	M	M	M	N	N	N
11	S	S	S	S	S	M	M	M	M	N	N	N
12	S	M	S	M	M	M	M	M	N	N	N	M

Tafel 2: Spring-, Mitt-, Nippzeit in der Deutschen Bucht im Jahr 2005

gehen fließend ineinander über, sodass die Änderungen der Gezeiten allmählich stattfinden.

Nun treten jedoch nicht unmittelbar zur Springzeit die höchsten Hochwasser bzw. niedrigsten Niedrigwasser auf. Bedingt durch enge Durchflüsse, wie z.B. den Englischen Kanal in die Nordsee, dauert es einige Gezeitenabläufe, bis nach Eintreten der Mond-Erde-Sonne-Konstellation in Längsrichtung tatsächlich die extremen Tidenhöhen erreicht werden.

Diese Verzögerung, bis die extremen Höhen tatsächlich nach der Himmelskonstellation eintreten, heißt *Springverspätung*. Sie ist abhängig von den hydrografischen Eigenschaften eines Gewässers.

Die Grafik links zeigt den Verlauf der Wasserstände über einen ganzen Monat.

Die Tafel 2 der deutschen Gezeitentafeln zeigt die grundsätzliche Abfolge der Spring-, Mitt- und Nippzeiten über ein Jahr.

Die genauen Tidenhöhen und Eintrittszeiten von Hoch- und Niedrigwassern sind aus den eben genannten Gründen daher nicht ganz einfach zu berechnen. Neben den Tidenkalendern zeigen Gezeitenatlanten mit umfangreichen Gezeitenvorausberechnungen genaue Werte für eine große Anzahl von Bezugsorten für ein ganzes Jahr an.

Gezeitentafeln des BSH

Verschiedene nationale und internationale Herausgeber nautischer Unterlagen ermöglichen dem Seefahrer, für jedes Revier der Erde Gezeitenunterlagen einzusehen. International verbreitet sind die britischen *Admiralty Tide Tables* und der *Admiralty Tidal Stream Atlas*. Vom Bundesamt für Seeschifffahrt und Hydrographie (BSH) werden für die europäischen Gewässer und damit auch für die deutsche Nordseeküste – unser Tidenrevier – *Gezeitentafeln* herausgegeben. Da diese

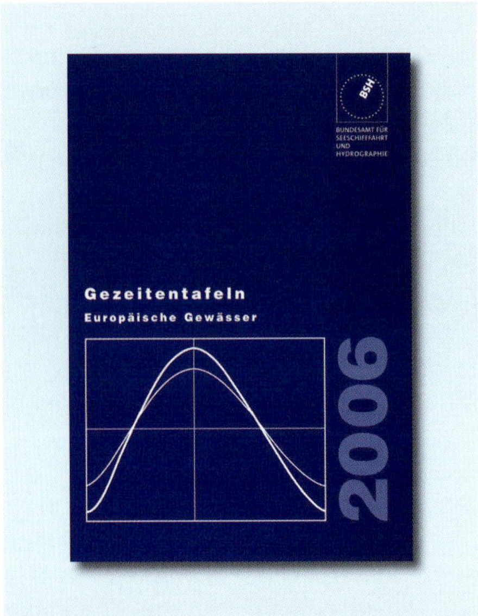

Gezeitentafeln, herausgegeben vom BSH

Tabellenwerke für jeden Ort entlang einer Küste über ein ganzes Jahr recht umfangreich wären, beschränkt man sich in diesen Unterlagen auf wichtige Bezugsorte. Sollen dagegen für kleinere Häfen, sogenannte Anschlussorte, Werte ermittelt werden, so finden sich nur die Zeit- und Höhenunterschiede zu nahen Bezugsorten angegeben.
Auf dieser Basis lassen sich für den Anschlussort die jeweiligen Tidenzeiten und -höhen errechnen.

Bezugsort: **Helgoland** Monat: **August**

Datum	Zeit	Höhe	Zeit	Höhe	Zeit	Höhe	Zeit	Höhe
⋮	⋮		⋮		⋮		⋮	
8.	01:43	3,1m	08:18	0,5m	13:54	3,3m	20:43	0,5m
9.	02:12	3,0m	08:47	0,5m	14:22	3,2m	21:12	0,5m
10.	02:44	3,0m	09:19	0,5m	14:54	3,2m	21:45	0,5m
11.	03:19	3,0m	09:54	0,5m	15:29	3,1m	22:17	0,5m
12.	03:53	2,9m	10:26	0,6m	16:01	3,1m	22:44	0,6m
13.	☽ 04:25	2,9m	10:56	0,7m	16:37	3,0m	23:18	0,7m
14.			05:05	2,8m	11:44	0,8m	17:33	2,9m
⋮	⋮		⋮		⋮		⋮	

Gezeitenunterschiede zum Bezugsort: **Helgoland**

Nr.	Anschlussort	Zeiten				Höhen			
		HW		NW		HW Spring	NW Spring	HW Nipp	NW Nipp
		h	min	h	min	m	m	m	m
617	List	+2	50	+2	09	-0,7	+0,1	-0,5	-0,2
624	Hörnum	+2	17	+1	34	-0,4	0,0	-0,3	-0,2
631	Wittdün	+1	31	+1	26	+0,3	+0,1	+0,3	+0,1
632	Wyk Föhr	+2	12	+1	55	+0,5	+0,1	+0,5	+0,1

Gezeitenbasiswerte und Unterschiede zum Bezugsort Helgoland

Berechnung der Tidenzeit
Übung:
Wann tritt am 10. August 2005 in Wyk auf Föhr (Anschlussort zu Helgoland) das Nachmittagshochwasser ein?

Lösung:
Nachmittagshochwasser 10. August in Helgoland 14.54 Uhr
Unterschied für Hochwasser Wyk zu Helgoland +02.12 h

Es ergibt sich danach folgende Rechnung:

2. HW $_{(Helgoland)}$:	14:54 Uhr
Zeitunterschied:	+ 2:12 h
2. HW $_{(Wyk\ Föhr)}$:	17:06 Uhr

Ergebnis:
Das Nachmittagshochwasser in Wyk auf Föhr tritt um 17.06 Uhr ein.

Da in den deutschen Gezeitentafeln alle Uhrzeiten in mitteleuropäischer Zeit (MEZ) angegeben sind, muss die in Deutschland gültige Sommerzeit (MESZ) zusätzlich berücksichtigt werden. In diesem Fall ist also eine Stunde zu addieren. In einfachen Tidenkalendern sind die Uhrzeiten für Hoch- und Niedrigwasser meist schon in MESZ für die Sommermonate angegeben.

Berechnung der Tidenhöhe
Mit der gleichen Methode lässt sich auch die Gezeitenhöhe an einem Anschlussort bestimmen. Um jedoch die richtige Spalte für Höhenunterschiede bei Spring- oder Nippzeit auszuwählen, muss zuerst das *Alter der Gezeit* ermittelt werden. Bei Mittzeit sind die beiden Werte für Spring- und Nippzeit zu mitteln.

Es gibt zwei Wege, das Alter der Gezeit zu ermitteln.
Der erste besteht darin: Ein Blick in den Tidenkalender zeigt die Mondphase. Zusammen mit der lokalen Springverspätung für das jeweilige Gewässer ergibt sich das Alter der Gezeit.

Übung:
Welches Alter der Gezeit (AdG) ist am 10. August 2005?

Lösung:
Aus den deutschen Gezeitentafeln werden die Tafeln 3 und 1 herangezogen, herausgegeben vom Bundesamt für Seeschifffahrt und Hydrographie, Nr. 2115.

Tafel 3

Mondphasen. 2005

	Letztes Viertel		Neumond		Erstes Viertel		Vollmond		Letztes Viertel		Neumond	
	Tag	Zeit	Tag	Zeit	Tag	Zeit	Tag	Zeit	Tag	Zeit	Tag	Zeit
Januar	3	17 46	10	12 03	17	6 57	25	10 32				
Februar	2	7 27	8	22 28	16	0 16	24	4 54				
März	3	17 36	10	9 10	17	19 19	25	20 58				
April	2	0 50	8	20 32	16	14 37	24	10 06				
Mai	1	6 24	8	8 45	16	0 56	23	20 18	30	11 47		
Juni			6	21 55	15	1 22	22	4 14	28	18 23		
Juli			6	12 02	14	15 20	21	11 00	28	3 19		
August			5	3 05	13	2 38	19	17 53	26	15 18		
September			3	18 45	11	11 37	18	2 01	25	6 41		
Oktober			3	10 28	10	19 01	17	12 14	25	1 17		
November			2	1 25	9	1 57	16	0 57	23	22 11		
Dezember			1	15 01	8	9 36	15	16 15	23	19 36	31	3 12

UTC

Tafel 3 der deutschen Gezeitentafeln aus „Gezeitentafeln", BSH-Nr. 2115

Nr. 83
Wo können Sie Informationen über Gezeitenströme in Küstengewässern finden?
1. In Gezeitenstromatlanten, Seehandbüchern,
2. in Seekarten aus Gezeitenstromtabellen, die bezogen sind auf die Hochwasserzeiten des dort genannten Bezugsortes.

Nr. 70
Wie stehen Sonne und Mond winkelmäßig zur Erde bei Springzeit und bei Nippzeit (die Springverspätung soll hier unberücksichtigt bleiben)?
Bei Springzeit befinden sich Mond und Sonne in einer Ebene mit der Erde, bei Nippzeit stehen die Verbindungslinien Erde/Sonne und Erde/Mond im rechten Winkel zueinander.

Tafel 1: Gezeitengrundwerte europäischer Bezugsorte aus „Gezeitentafeln“, BSH-Nr. 2115

Mondphase laut Tafel 3:
1. Viertel ☽ am 13.08.2005 02.38 Uhr
Springverspätung laut Tafel 1:
Helgoland: 1 Tag und 9 Stunden

Folglich ist am 14. August 2005 um 11.38 Uhr die Mitte der viertägigen Nippzeit.
Die Nippzeit ist insgesamt zwei Tage vor bis zwei Tage nach dem 14.08.2005, 11.38 Uhr. Das heißt, die Nippzeit beginnt am 12.08.2005 um 11.38 Uhr und endet am 16.08.2005 um 11.38 Uhr.

Ergebnis:
Da der 10. August 2005 vor Beginn der ermittelten Nippzeit liegt, ist an diesem Tag Mittzeit.

Der zweite Weg besteht im Anwenden der vollständigen Übersicht für das gesamte Jahr eines bestimmten Seegebietes, der Tafel 2 der deutschen Gezeitentafeln.

Übung:
Welches Alter der Gezeit (AdG) ist am 10. August 2005?
Ergebnis: 10. August 2005 ist Mittzeit

Gelegentliche Unterschiede zwischen den beiden Methoden kommen durch unterschiedliche Rundung bei den Zeitenberechnungen der Tage und der Springverspätung zustande.

Tafel 1

Gezeitengrundwerte europäischer Bezugsorte. 2005

Seite	Bezugsort	Springverspätung	Mittlere Steigdauer	Mittlere Falldauer	MSpHW	MNpHW	MSpNW	MNpNW	Art der Vorausberechnung	Vorausberechnung durch
		d h	h min	h min	m	m	m	m		
2	Ekaterinskaja	1 10	06 05	06 20	3,65	2,98	0,56	1,33	H.V.	DE
6	Narvik	1 03	06 01	06 24	3,30	2,51	0,50	1,20	H.V.	NO
10	Bergen	1 00	06 21	06 04	1,53	1,21	0,27	0,63	H.V.	NO
14	Helgoland	1 09	05 40	06 45	3,17	2,82	0,47	0,87	H.U.	DE
19	Husum	1 09	06 04	06 21	4,30	3,89	0,39	0,90	H.U.	DE
24	Büsum	1 09	06 20	06 05	4,03	3,63	0,47	0,90	H.U.	DE
29	Cuxhaven	1 10	05 33	06 52	3,78	3,39	0,48	0,88	H.U.	DE
34	Brunsbüttel	1 09	05 24	07 01	3,56	3,20	0,48	0,75	H.U.	DE
39	Hamburg	1 12	05 08	07 17	4,14	3,79	0,33	0,51	H.U.	DE
44	Bremerhaven	1 09	06 12	06 13	4,56	4,14	0,39	0,88	H.U.	DE
49	Bremen	1 12	05 17	07 08	4,71	4,21	0,27	0,54	H.U.	DE
54	Wilhelmshaven	1 09	06 16	06 09	4,73	4,27	0,46	1,04	H.U.	DE
59	Norderney	1 08	06 04	06 21	3,20	2,87	0,45	0,86	H.U.	DE
64	Borkum	1 06	06 06	06 19	3,14	2,85	0,45	0,84	H.U.	DE
69	Emden	1 06	06 10	06 15	4,01	3,67	0,46	0,88	H.U.	DE
74	West-Terschelling	1 07	06 18	06 07	2,32	2,06	0,20	0,52	N.V.	NL
78	Hoek van Holland	1 21	06 47	05 38	2,14	1,72	0,24	0,24	N.V.	NL
82	Vlissingen	1 19	05 57	06 28	4,75	3,87	0,28	0,85	N.V.	NL
86	Le Havre	1 07	05 24	07 01	7,90	6,60	1,20	2,85	H.V.	FR
90	Saint Malo	1 14	05 33	06 52	12,20	9,30	1,50	4,25	H.V.	FR
94	Brest	1 07	06 02	06 23	6,95	5,40	1,05	2,60	H.V.	FR
98	Plymouth	1 04	06 11	06 14	5,55	4,39	0,76	2,16	H.V.	GB
102	Southampton	1 01	06 45	05 40	4,54	3,75	0,46	1,77	H.C.	GB
106	Portsmouth	1 01	06 53	05 32	4,74	3,80	0,80	1,84	H.C.	GB
110	Dover	1 07	05 09	07 16	6,80	5,30	0,80	2,10	H.C.	GB
114	London Bridge	1 17	06 03	06 22	7,14	5,93	0,50	1,36	H.C.	GB
118	Immingham	1 08	06 04	06 21	7,26	5,76	0,86	2,56	H.V.	GB
122	Leith	1 10	06 30	05 55	5,60	4,40	0,80	2,00	H.C.	GB
126	Aberdeen	1 03	06 18	06 07	4,27	3,41	0,64	1,65	H.V.	GB
130	Ullapool	0 17	06 06	06 19	5,18	3,90	0,73	2,10	H.V.	GB
134	Oban	0 23	06 10	06 15	3,99	2,93	0,73	1,77	H.V.	GB
138	Greenock	1 21	06 48	05 37	3,49	2,88	0,26	0,94	H.C.	GB
142	Liverpool	1 00	05 37	06 48	9,33	7,44	0,94	2,87	H.C.	GB
146	Avonmouth	1 04	05 50	06 35	13,20	9,80	1,02	3,80	H.C.	GB
150	Cobh	1 06	05 52	06 33	4,10	3,20	0,40	1,30	H.V.	GB
154	Pointe de Grave	1 00	06 28	05 57	5,40	4,40	1,05	2,10	H.V.	FR
158	Lissabon	0 20	06 32	05 53	3,79	2,95	0,60	1,47	H.V.	PT
162	Gibraltar	1 00	06 39	05 46	0,99	0,74	0,08	0,33	H.V.	GB

Abkürzungen:
H.C. = Harmonisches Verfahren mit Verbesserungen
H.U. = Harmonische Darstellung der Ungleichheiten
H.V. = Harmonisches Verfahren
N.V. = Nonharmonisches Verfahren

DE = Bundesamt für Seeschifffahrt und Hydrographie, Hamburg
FR = Service Hydrographique et Océanographique de la Marine, Brest
GB = Hydrographic Office, Taunton Somerset
NL = Directoraat-Generaal Rijkswaterstaat, Den Haag
NO = Norwegian Hydrographic Service, Stavanger
PT = Marinha Instituto Hidrográfico, Lissabon

Tafel 2

Spring-, Mitt- und Nipp-Zeiten. 2005

Tag	Jan	Feb	Mrz	Apr	Mai	Jun	Jul	Aug	Sep	Okt	Nov	Dez	Tag
1	Mt	Mt	Mt	Mt	Np	Np	Np	Mt	Mt	Mt	Mt	Sp	1
2	Mt	Np	Mt	Np	Np	Np	Mt	Mt	Mt	Mt	Sp	Sp	2
3	Np	Np	Np	Np	Np	Mt	Mt	Mt	Sp	Sp	Sp	Sp	3
4	Np	Np	Np	Np	Np	Mt	Mt	Mt	Sp	Sp	Sp	Sp	4
5	Np	Np	Np	Np	Mt	Mt	Mt	Sp	Sp	Sp	Sp	Mt	5
6	Np	Mt	Np	Mt	Mt	Mt	Sp	Sp	Sp	Sp	Mt	Mt	6
7	Mt	Mt	Mt	Mt	Mt	Sp	Sp	Sp	Mt	Mt	Mt	Mt	7
8	Mt	Sp	Mt	Sp	Sp	Sp	Sp	Sp	Mt	Mt	Mt	Np	8
9	Mt	Sp	Mt	Sp	Sp	Sp	Sp	Mt	Mt	Mt	Np	Np	9
10	Sp	Sp	Sp	Sp	Sp	Sp	Mt	Mt	Mt	Np	Np	Np	10
11	Sp	Sp	Sp	Sp	Sp	Mt	Mt	Mt	Np	Np	Np	Np	11
12	Sp	Mt	Sp	Mt	Mt	Mt	Mt	Mt	Np	Np	Np	Mt	12
13	Sp	Mt	Sp	Mt	Mt	Mt	Mt	Np	Np	Np	Mt	Mt	13
14	Mt	Mt	Mt	Mt	Mt	Mt	Np	Np	Np	Mt	Mt	Mt	14
15	Mt	Mt	Mt	Mt	Mt	Np	Np	Np	Mt	Mt	Mt	Sp	15
16	Mt	Np	Mt	Np	Np	Np	Np	Np	Mt	Mt	Sp	Sp	16
17	Np	Np	Np	Np	Np	Np	Np	Mt	Mt	Sp	Sp	Sp	17
18	Np	Np	Np	Np	Np	Np	Mt	Mt	Sp	Sp	Sp	Sp	18
19	Np	Np	Np	Np	Np	Mt	Mt	Sp	Sp	Sp	Sp	Mt	19
20	Np	Mt	Np	Mt	Mt	Mt	Mt	Sp	Sp	Sp	Mt	Mt	20
21	Mt	Mt	Mt	Mt	Mt	Mt	Sp	Sp	Sp	Mt	Mt	Mt	21
22	Mt	Mt	Mt	Mt	Mt	Sp	Sp	Sp	Mt	Mt	Mt	Mt	22
23	Mt	Mt	Mt	Mt	Sp	Sp	Sp	Mt	Mt	Mt	Np	Np	23
24	Mt	Sp	Mt	Sp	Sp	Sp	Sp	Mt	Mt	Mt	Np	Np	24
25	Sp	Sp	Sp	Sp	Sp	Sp	Mt	Mt	Np	Np	Np	Np	25
26	Sp	Sp	Sp	Sp	Sp	Mt	Mt	Np	Np	Np	Np	Np	26
27	Sp	Sp	Sp	Sp	Mt	Mt	Mt	Np	Np	Np	Mt	Mt	27
28	Sp	Mt	Sp	Mt	Mt	Np	Np	Np	Np	Np	Mt	Mt	28
29	Mt		Mt	Mt	Mt	Np	Np	Np	Mt	Mt	Mt	Mt	29
30	Mt		Mt	Mt	Np	Np	Np	Mt	Mt	Mt	Mt	Mt	30
31	Mt		Mt		Np		Np	Mt		Mt		Sp	31

die Springverspätung ist bereits berücksichtigt worden.

Tafel 2: Spring-, Mitt- und Nippzeiten aus „Gezeitentafeln", BSH-Nr. 2115

Übung:
Wie hoch tritt am 10. August 2005 in Wyk auf Föhr (Anschlussort zu Helgoland) das Nachmittagshochwasser ein?

Lösung:
Nachmittagshochwasser 10. August 2005 in Helgoland?
Unterschied für Hochwasser Wyk zu Helgoland? (s. Tabelle Seite 164)

Ergebnis:
Das Nachmittagshochwasser in Wyk auf Föhr:

2. HW $_{\text{(Helgoland)}}$:	3,20 m
Höhenunterschied:	+ 0,50 m
2. HW $_{\text{(Wyk Föhr)}}$:	3,70 m

(In dieser Übung konnte die Mittelwertbildung entfallen, weil der Höhenunterschied für Hochwasser für Spring-, Mitt- und Nippzeit gleich war.)

Nr. 73

Weshalb und wie können die tatsächlichen Wasserstände von den Angaben in den Gezeitentafeln teilweise erheblich abweichen?

Durch Wind und/oder durch sehr hohen bzw. sehr niedrigen Luftdruck können erhebliche Wasserstandsänderungen entstehen. HWH bzw. NWH können höher oder niedriger sein als angegeben, die Hoch- und Niedrigwasserzeit kann früher oder später eintreten als angegeben.

Englische Gezeitenunterlagen: Admiralty Tide Tables

Für europäische Reviere, auch für die deutschen Küstengewässer, werden vom britischen hydrographischen Dienst Gezeitenunterlagen, die Admiralty Tide Tables, kurz ATT, herausgegeben. Der prinzipielle Aufbau mit Basiswerten für Bezugsorte und Differenzen zu Anschlussorten ist ähnlich dem der deutschen Gezeitentabellen.

Die alphabetische Übersicht aller behandelten Bezugs- und Anschlussorte in den ATT, der „Geographical Index", zeigt die internationalen Nummern aller relevanten Gezeitenorte. In Teil II der ATT, den „Part

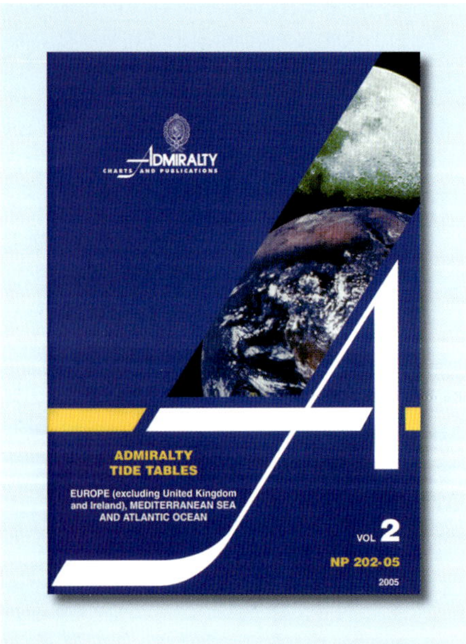

ATT, Vol. 2

GERMANY — HELGOLAND

LAT 54°11'N LONG 7°53'E

TIME ZONE -0100 — TIMES AND HEIGHTS OF HIGH AND LOW WATERS — YEAR 2005

MAY

Date	Day	Time	m	Time	m	Time	m	Time	m
1	SU	0436	2.7	1111	0.7	1654	2.9	2357	0.4
2	M	0545	2.7	1223	0.7	1809	2.9		
3	TU	0119	0.4	0707	2.6	1350	0.7	1934	2.9
4	W	0248	0.4	0831	2.6	1514	0.6	2053	3.0
5	TH	0403	0.2	0940	2.7	1620	0.4	2155	3.1
6	F	0457	0.2	1032	2.8	1710	0.3	2244	3.1
7	SA	0543	0.2	1116	2.9	1757	0.3	2331	3.1
8	SU ●	0627	0.3	1158	3.0	1843	0.3		
9	M	0016	3.1	0706	0.3	1236	3.1	1921	0.3
10	TU	0053	3.1	0737	0.4	1307	3.1	1955	0.3
11	W	0126	3.1	0805	0.5	1338	3.1	2028	0.4
12	TH	0200	3.0	0835	0.5	1412	3.1	2102	0.4
13	F	0238	2.9	0906	0.6	1449	3.1	2137	0.5
14	SA	0317	2.8	0941	0.7	1527	3.1	2215	0.6
15	SU	0358	2.7	1020	0.8	1608	3.0	2258	0.7
16	M	0445	2.7	1108	0.8	1659	2.9	2353	0.7
17	TU	0544	2.6	1212	0.9	1803	2.9		
18	W	0104	0.7	0655	2.6	1331	0.9	1918	2.9
19	TH	0220	0.6	0808	2.7	1447	0.8	2029	2.9
20	F	0327	0.5	0910	2.8	1548	0.7	2127	3.0
21	SA	0419	0.5	0958	2.9	1638	0.6	2214	3.1
22	SU	0504	0.4	1040	3.0	1725	0.6	2257	3.2
23	M O	0546	0.4	1120	3.1	1808	0.5	2336	3.2
24	TU	0626	0.4	1158	3.2	1848	0.4		
25	W	0017	3.2	0707	0.4	1239	3.2	1932	0.4
26	TH	0104	3.2	0752	0.4	1324	3.2	2021	0.3
27	F	0155	3.1	0839	0.5	1412	3.2	2111	0.2
28	SA	0248	2.9	0926	0.5	1501	3.1	2203	0.3
29	SU	0342	2.8	1016	0.6	1553	3.1	2259	0.3
30	M	0439	2.8	1113	0.6	1653	3.1		
31	TU	0000	0.4	0543	2.7	1217	0.6	1801	3.0

JUNE

Date	Day	Time	m	Time	m	Time	m	Time	m
1	W	0108	0.4	0652	2.7	1328	0.6	1913	3.0
2	TH	0220	0.4	0802	2.7	1441	0.6	2023	3.1
3	F	0328	0.4	0905	2.7	1545	0.5	2124	3.1
4	SA	0422	0.3	0958	2.8	1639	0.4	2216	3.1
5	SU	0508	0.4	1045	2.9	1729	0.4	2305	3.1
6	M ●	0554	0.5	1130	3.1	1817	0.4	2353	3.1
7	TU	0636	0.5	1210	3.1	1858	0.4		
8	W	0033	3.1	0710	0.5	1245	3.2	1935	0.5
9	TH	0109	3.0	0742	0.6	1319	3.2	2010	0.5
10	F	0144	3.0	0815	0.6	1355	3.2	2046	0.5
11	SA	0221	2.9	0849	0.6	1432	3.2	2122	0.5
12	SU	0259	2.9	0924	0.6	1500	3.2	2159	0.6
13	M	0337	2.8	1002	0.7	1547	3.1	2238	0.6
14	TU	0419	2.8	1044	0.7	1629	3.0	2321	0.6
15	W	0506	2.7	1132	0.8	1718	3.0		
16	TH	0011	0.6	0600	2.7	1231	0.8	1816	2.9
17	F	0112	0.6	0701	2.8	1340	0.8	1923	3.0
18	SA	0218	0.6	0804	2.8	1446	0.8	2028	3.0
19	SU	0320	0.6	0902	2.9	1547	0.7	2127	3.1
20	M	0416	0.6	0954	3.0	1644	0.6	2221	3.2
21	TU	0509	0.6	1045	3.1	1739	0.6	2311	3.2
22	W O	0600	0.6	1135	3.2	1831	0.5		
23	TH	0002	3.2	0651	0.5	1225	3.3	1924	0.4
24	F	0057	3.2	0743	0.5	1316	3.3	2019	0.3
25	SA	0153	3.1	0836	0.5	1408	3.3	2112	0.2
26	SU	0246	3.0	0923	0.4	1457	3.3	2202	0.3
27	M	0336	2.9	1010	0.5	1547	3.3	2252	0.3
28	TU	0427	2.8	1100	0.6	1640	3.2	2345	0.4
29	W	0522	2.8	1154	0.6	1738	3.2		
30	TH	0039	0.5	0620	2.8	1252	0.6	1839	3.1

JULY

Date	Day	Time	m	Time	m	Time	m	Time	m
1	F	0136	0.6	0719	2.8	1357	0.6	1944	3.0
2	SA	0239	0.6	0821	2.8	1506	0.6	2050	3.0
3	SU	0342	0.6	0922	2.9	1611	0.6	2151	3.0
4	M	0437	0.6	1018	3.0	1706	0.6	2245	3.0
5	TU	0527	0.7	1108	3.1	1756	0.6	2335	3.1
6	W ●	0612	0.7	1152	3.2	1841	0.6		
7	TH	0019	3.1	0652	0.7	1231	3.3	1920	0.6
8	F	0056	3.0	0728	0.6	1307	3.3	1958	0.6
9	SA	0130	3.0	0802	0.6	1342	3.3	2033	0.6
10	SU	0204	3.0	0835	0.6	1415	3.3	2105	0.5
11	M	0237	2.9	0907	0.6	1448	3.2	2138	0.5
12	TU	0312	2.9	0942	0.6	1523	3.1	2214	0.5
13	W	0350	2.9	1020	0.6	1600	3.1	2250	0.5
14	TH	0430	2.8	1057	0.7	1638	3.1	2325	0.6
15	F	0510	2.8	1139	0.7	1721	3.0		
16	SA	0010	0.7	0558	2.8	1235	0.8	1820	3.0
17	SU	0111	0.7	0659	2.8	1346	0.8	1931	3.0
18	M	0223	0.7	0809	2.9	1501	0.8	2046	3.0
19	TU	0335	0.7	0919	3.0	1614	0.7	2156	3.1
20	W	0443	0.7	1024	3.1	1722	0.6	2300	3.1
21	TH O	0546	0.7	1124	3.2	1824	0.5	2357	3.1
22	F	0644	0.6	1217	3.3	1920	0.3		
23	SA	0053	3.1	0737	0.5	1308	3.4	2014	0.3
24	SU	0146	3.1	0828	0.4	1358	3.4	2104	0.3
25	M	0234	3.0	0912	0.4	1445	3.4	2149	0.3
26	TU	0318	3.0	0952	0.4	1530	3.4	2231	0.4
27	W	0401	3.0	1035	0.5	1616	3.3	2313	0.5
28	TH	0447	2.9	1120	0.6	1704	3.2	2355	0.7
29	F	0535	2.9	1209	0.7	1756	3.1		
30	SA	0042	0.8	0628	2.8	1309	0.8	1858	2.9
31	SU	0144	0.9	0734	2.8	1425	0.8	2012	2.9

AUGUST

Date	Day	Time	m	Time	m	Time	m	Time	m
1	M	0300	0.9	0848	2.9	1544	0.8	2128	2.9
2	TU	0411	0.9	0957	3.0	1651	0.7	2232	2.9
3	W	0509	0.8	1053	3.2	1743	0.7	2322	3.0
4	TH	0556	0.8	1137	3.2	1827	0.7		
5	F ●	0004	3.1	0638	0.7	1216	3.3	1907	0.6
6	SA	0041	3.0	0715	0.6	1252	3.3	1942	0.5
7	SU	0113	3.0	0748	0.6	1325	3.3	2014	0.5
8	M	0143	3.1	0818	0.5	1354	3.3	2043	0.5
9	TU	0212	3.0	0847	0.5	1422	3.2	2112	0.5
10	W	0244	3.0	0919	0.5	1454	3.2	2145	0.5
11	TH	0319	3.0	0954	0.5	1529	3.1	2217	0.5
12	F	0353	2.9	1026	0.6	1601	3.1	2244	0.6
13	SA	0425	2.9	1056	0.7	1637	3.0	2318	0.7
14	SU	0505	2.8	1144	0.8	1731	2.9		
15	M	0016	0.9	0608	2.8	1300	0.8	1851	2.9
16	TU	0140	0.9	0733	2.9	1432	0.8	2022	2.9
17	W	0310	0.9	0859	3.0	1600	0.7	2146	3.0
18	TH	0431	0.8	1014	3.1	1715	0.5	2256	3.1
19	F O	0540	0.7	1115	3.3	1818	0.4	2353	3.1
20	SA	0637	0.5	1207	3.4	1912	0.3		
21	SU	0043	3.1	0726	0.4	1255	3.4	2000	0.3
22	M	0130	3.1	0811	0.4	1341	3.5	2045	0.3
23	TU	0213	3.1	0852	0.4	1425	3.5	2124	0.4
24	W	0251	3.1	0929	0.4	1506	3.4	2159	0.5
25	TH	0328	3.1	1005	0.5	1545	3.3	2232	0.7
26	F	0405	3.0	1044	0.6	1626	3.2	2306	0.8
27	SA	0447	3.0	1126	0.8	1713	3.0	2348	0.9
28	SU	0537	2.9	1222	0.9	1814	2.8		
29	M	0051	1.1	0647	2.8	1342	1.0	1934	2.7
30	TU	0216	1.1	0812	2.9	1514	1.0	2102	2.8
31	W	0344	1.1	0934	3.0	1633	0.9	2216	2.9

Helgoland Mai bis August 2005

BALTIC; DENMARK; GERMANY

No	PLACE	Lat N	Long E	TIME DIFFERENCES High Water (Zone -0100)		TIME DIFFERENCES Low Water (Zone -0100)		HEIGHT DIFFERENCES (IN METRES) MHWS	MHWN	MLWN	MLWS	ML Z_0 m
1258	**BERGEN**	(see page 18)		**0500 and 1700**	**1000 and 2200**	**0300 and 1500**	**1100 and 2300**	**1.5**	**1.2**	**0.6**	**0.3**	
1315 to 1380	Baltic Sea											★
	Denmark											
1386	Kobenhavn	**D** 55 41	12 36	p	p	p	p	-1.4	-1.2	-0.6	-0.4	0.00
1386a	Hornbaek	**D** 56 06	12 28	p	p	p	p	-1.4	-1.2	-0.6	-0.4	0.00
1387	Korsor	**D** 55 20	11 08	p	p	p	p	-1.4	-1.1	-0.7	-0.4	0.00
1390	Gedser	**D** 54 34	11 58	p	p	p	p	-1.4	-1.2	-0.6	-0.4	0.00
1392	Slipshavn	**D** 55 17	10 50	p	p	p	p	-1.3	-1.1	-0.7	-0.5	0.00
1395	Fredericia	**D** 55 34	9 46	p	p	p	p	-1.3	-1.1	-0.7	-0.5	0.00
1399	Arhus	**D** 56 09	10 13	p	p	p	p	-1.3	-1.1	-0.7	-0.5	0.00
1409	Fredrikshavn	**D** 57 26	10 34	p	p	p	p	-1.2	-1.1	-0.7	-0.5	0.00
1411	Skagen	**D** 57 43	10 36	p	p	p	p	-1.3	-1.1	-0.7	-0.5	0.00
1417	**ESBJERG**	(see page 22)		**0300 and 1500**	**0700 and 1900**	**0100 and 1300**	**0800 and 2000**	**1.9**	**1.5**	**0.5**	**0.1**	
1412	Hirtshals	**D** 57 36	9 58	+0055	+0320	+0340	+0100	-1.6	-1.3	-0.4	-0.1	0.15
1412a	Hanstholm	**D** 57 08	8 36	+0100	+0340	+0340	+0130	-1.6	-1.2	-0.4	-0.1	0.15
1413	Thyboron	**D** 56 42	8 13	+0120	+0230	+0410	+0210	-1.5	-1.2	-0.4	-0.1	0.19
1414	Torsminde	**D** 56 22	8 07	+0045	+0050	+0040	+0010	-1.3	-1.0	-0.4	-0.1	0.30
1415	Hvide Sande	**D** 56 00	8 07	0000	+0010	-0015	-0025	-1.1	-0.8	-0.3	-0.1	0.41
1416	Blavands Huk	55 33	8 05	-0120	-0110	-0050	-0100	-0.1	-0.1	-0.2	-0.1	⊙
1417	ESBJERG	55 28	8 27	STANDARD PORT					See Table V			1.05
1418	Gradyb Bar	55 26	8 15	-0130	-0115	⊙	⊙	-0.4	-0.3	-0.2	-0.1	⊙
1419	Romo Havn	**D** 55 05	8 34	-0040	-0005	0000	-0020	0.0	+0.1	-0.2	-0.2	1.00
1420	Hojer	54 58	8 40	-0020	+0015	⊙	⊙	+0.5	+0.6	-0.1	-0.1	⊙
1431	**HELGOLAND**	(see page 26)		**0100 and 1300**	**0600 and 1800**	**0100 and 1300**	**0800 and 2000**	**2.7**	**2.4**	**0.4**	**0.0**	
	Germany											
	Lister Tief											
1421a	List	55 01	8 26	+0252	+0240	+0201	+0210	-0.7	-0.6	-0.2	0.0	⊙
1423	Hornum	54 45	8 18	+0223	+0218	+0131	+0137	-0.5	-0.4	-0.2	0.0	⊙
1425	Amrum-Hafen	54 38	8 23	+0138	+0137	+0128	+0134	+0.2	+0.2	-0.1	0.0	⊙
1426	Dagebull	54 44	8 41	+0226	+0217	+0211	+0225	+0.5	+0.5	-0.1	0.0	⊙
1428	Suderoogsand	54 25	8 30	+0116	+0102	+0038	+0122	+0.5	+0.4	+0.1	0.0	⊙
	Hever											
1430	Husum	**G** 54 28	9 01	+0205	+0152	+0110	+0200	+1.2	+1.1	+0.1	0.0	0.15
1431	HELGOLAND	54 11	7 53	STANDARD PORT					See Table V			1.49
1433	Suederhoeft	54 16	8 42	+0103	+0056	+0051	+0112	+0.7	+0.6	-0.1	0.0	⊙
1433a	Eidersperrwerk	54 16	8 51	+0120	+0115	+0130	+0155	+0.7	+0.6	-0.1	0.0	⊙
1435a	Linnenplate	54 13	8 40	+0047	+0046	+0034	+0046	+0.7	+0.6	0.0	-0.1	⊙
1436	Busum	**G** 54 07	8 52	+0054	+0049	-0001	+0027	+0.9	+0.8	+0.1	+0.1	1.96
1438	**CUXHAVEN**	(see page 30)		**0200 and 1400**	**0800 and 2000**	**0200 and 1400**	**0900 and 2100**	**3.3**	**2.9**	**0.4**	**0.1**	
	River Elbe											
1437	Grosser Vogelsand	54 00	8 29	-0044	-0046	-0101	-0103	0.0	0.0	+0.1	0.0	⊙
1437a	Scharhorn	53 58	8 28	-0045	-0047	-0101	-0103	+0.1	+0.1	+0.1	0.0	⊙
1438	CUXHAVEN	53 52	8 43	STANDARD PORT					See Table V			1.84
1438a	Otterndorf	53 50	8 52	+0025	+0025	+0022	+0022	-0.1	-0.1	0.0	0.0	⊙
1439	Brunsbuttel	**G** 53 53	9 08	+0057	+0105	+0121	+0112	-0.2	-0.2	-0.1	0.0	1.69
1440	Gluckstadt	53 47	9 25	+0205	+0214	+0220	+0213	-0.3	-0.2	-0.2	0.0	⊙

SEASONAL CHANGES IN MEAN LEVEL

No	Jan 1	Feb 1	Mar 1	Apr 1	May 1	June 1	July 1	Aug 1	Sep 1	Oct 1	Nov 1	Dec 1	Jan 1
1251 - 1276	+0.1	0.0	0.0	-0.1	-0.1	-0.1	-0.1	0.0	0.0	+0.1	+0.1	+0.1	+0.1
1283 - 1295	0.0	0.0	0.0	-0.1	-0.1	-0.1	0.0	0.0	0.0	+0.1	+0.1	+0.1	0.0
1296 - 1300	0.0	0.0	-0.1	-0.1	-0.1	-0.1	0.0	0.0	+0.1	+0.1	+0.1	+0.1	0.0
1386 - 1411						Negligible							
1412 - 1420	+0.1	0.0	-0.1	-0.1	-0.2	-0.1	-0.1	0.0	+0.1	+0.1	+0.2	+0.1	+0.1
1421a - 1437a	+0.1	+0.2	+0.1	-0.1	-0.2	-0.2	-0.1	0.0	0.0	0.0	0.0	+0.1	+0.1
1438 - 1440	0.0	0.0	0.0	0.0	-0.1	-0.1	0.0	0.0	+0.1	+0.1	0.0	0.0	0.0

ATT, Time and High Differences Helgoland

II Time & High Differences“, sind diese Orte mit den entsprechenden Gezeitenbasiswerten für Tidenberechnungen nach diesen internationalen Nummern sortiert aufgelistet. Für die Bezugsorte wird in kalendarischen Übersichten auf sämtliche Hoch- und Niedrigwasserhöhen und -uhrzeiten für das gesamte Gültigkeitsjahr verwiesen. Für die Anschlussorte ergibt sich der entsprechende Bezugsort mit den jeweiligen Zeit- und Höhendifferenzen.

Berechnung von
Tidenzeit und -höhe mit ATT
Übung:
Wann tritt am 10. August am *Bezugsort* Helgoland das zweite Niedrigwasser laut ATT ein?

Lösung:
In den ATT wird die Tidenzeit aus der kalenderarischen Übersicht für den 10. August abgelesen.

Ergebnis: 2. NW Helgoland:
21.45 Uhr MEZ
(Hinweis: Die Uhrzeiten in den ATT sind für deutsche Orte in MEZ angegeben. Die in Deutschland gültige Sommerzeit muss zusätzlich berücksichtigt werden.)

Verweist der„Geographical Index“ auf einen *Anschlussort*, werden in „Part II Time & High Differences“ der ATT die Berechnungsgrundlagen für die Tidenzeit- und -höhendifferenzen zu Basisorten angegeben. Über die internationale Nummer des Anschlussortes werden die Basiswerte in

Part II gefunden. In der jeweiligen Kopfzeile dieser tabellarischen Übersicht ist der gültige Bezugsort mit Seitenangabe der kalendarischen Gezeitengrundwerte genannt.
In den ATT wird die tägliche Beeinflussung der Gezeiten durch die Stellung der Sonne bei den Differenzberechnungen zusätzlich berücksichtigt. Somit ergibt sich keine immer gleiche Zeit- oder Höhendifferenz zwischen einem Anschluss- und seinem Bezugsort wie in den deutschen Gezeitentafeln. Aus diesem Grund ist die Bestimmung der Hoch- und Niedrigwasserhöhen und -zeiten für Anschlussorte nach den ATT etwas aufwendiger.

Übung:
Wann und wie hoch tritt am 5. Juni 2005 das Hochwasser in Glückstadt an der Elbe ein?

Lösung (Tidenzeit):
Glückstadt hat laut „Geographical Index" die Int. Nr. 1440. In „Part II Time & High Differences" ist Cuxhaven (Int. Nr. 1438) als zugehöriger Bezugsort zur Nr. 1440 gelistet. Die kalendarische Übersicht für Cuxhaven beginnt auf Seite 30 der ATT. Dort ist das Hochwasser um 11.59 Uhr mit 3,6 m für Cuxhaven als Bezugsort zu finden.

Nach der Bestimmung der Basiswerte für den Bezugsort werden nach „Part II Time & High Differences" die Berechnungsgrundlagen für die Zeit- und Höhendifferenzen ermittelt. Zwei Spalten für Hochwasserzeiten, zwei für Niedrigwasserzeiten und je zwei Spalten für Hoch- und Niedrigwasserhöhen beinhalten die notwendigen Werte. Für die Hochwasserzeitdifferenz werden die beiden Wertepaare der beiden „High Water Differences" herangezogen.
Für das Übungsbeispiel bedeutet das: Die Zeile des Bezugsortes zeigt das Wertepaar 02.00 und 14.00 Uhr sowie das Wertepaar 08.00 und 20.00 Uhr als Alternativen an. Da das Hochwasser am Bezugsort Cuxhaven um 11.59 Uhr ist, liegt diese Uhrzeit am dichtesten an 14.00 Uhr der vier möglichen Eckwerte. Hätten wir in Cuxhaven genau um 14.00 Uhr Hochwasser, so würde der in dieser Spalte weiter unten aufgeführte Differenzwert zu Glückstadt „+02.05 Stunden" nutzbar. Nun ist 11.59 Uhr allerdings zwischen 08.00 und 14.00 Uhr. Es müssen daher die beiden Differenzwerte zu Glückstadt unten in beiden Spalten herangezogen werden. Bei 08.00 Uhr ergibt sich eine Differenz von „+02.14 Stunden", bei 14.00 Uhr eine von „+02.05 Stunden". 11.59 Uhr, also ca. 12.00 Uhr, liegt auf zwei Drittel der Zeitspanne zwischen 08.00 und 14.00 Uhr. Folglich muss auch zwei Drittel der Spanne zwischen den angegebenen Differenzwerten benutzt werden. Zwei Drittel der Differenz von +02.14 h zu +02.05 h ergibt +02.08 h.

Ergebnis (Tidenzeit):
Das Hochwasser tritt in Glückstadt 2 h und 8 min (+02.08 h) nach dem Hochwasser in Cuxhaven (11.59 Uhr), also um 14.07 Uhr ein.

Die Berechnungen für minutengenaue Ergebnisse scheinen übertrieben aufwendig. Jedoch können diese Differenzen auch deutlich größere Unterschiede, bis hin zu Stunden, ausmachen.

Bei der Berechnung der Hochwasserhöhen wird ähnlich verfahren. Der Basiswert des Bezugsortes wird für die Höhendifferenzbestimmung herangezogen.

Lösung (Tidenhöhe):
In Cuxhaven tritt das Hochwasser mit 3,6 m ein. In der Zeile für Cuxhaven (Nr. 1438) im „Part II Time & High Differences" sind wiederum zwei Spalten für Hochwasser- und zwei für Niedrigwasserhöhen aufgeführt.
Bei Hochwasser kommen nur die beiden linken Hochwasserspalten zur Anwendung. Hätten wir in Cuxhaven eine aktuelle Hochwasserhöhe von 3,3 m, könnte auch nun wieder direkt der Höhendifferenzwert „–0,3 m" genutzt werden, da dieser Basiswert dort vermerkt ist. Die tatsächliche Hochwasserhöhe an diesem Tag beträgt jedoch 3,6 m. So muss zwischen den beiden Basiswerten der Hochwasserhöhen 3,3 m und 2,9 m inter- bzw. in diesem Fall extrapoliert werden. 3,6 m liegt knapp ein Zehntel höher als 3,3 m. Folglich muss auch die Höhendifferenz ein Zehntel über die Wertespanne aus „–0,3 m" und „–0,2 m" hinaus extrapoliert werden. In diesem Fall würde ein Zehntel (0,025 m) jedoch unter 10 cm Differenz liegen und damit für den praktischen Bordeinsatz vernachlässigbar

klein sein. Als sinnvolle Höhendifferenz darf mit „-0,3 m“ gearbeitet werden.

Ergebnis (Tidenhöhe):
Die Hochwasserhöhe tritt in Glückstadt 0,3 m unter der Höhe von 3,6 m in Cuxhaven ein. Sie beträgt folglich 3,3 m.

Gesamtergebnis (Tidenzeit und -höhe):
Aus den beiden Berechnungen zu Hochwasserzeit und -höhe ergibt sich demnach das Gesamtergebnis: Das Hochwasser in Glückstadt tritt um 14.07 Uhr (mitteleuropäischer Sommerzeit) mit 3,3 m ein.

In dieser Übung blieb ein weiterer Effekt, der in den ATT bedacht wird, noch unbehandelt. Jahreszeitlich bedingte Einflüsse, sogenannte „Seasonal Changes“, wirken sich zusätzlich auf die Gezeitenhöhen aus. Eine Tabelle in „Part II Time & High Differences“, unterhalb der eben herangezogenen Basis- und Differenzwerte, stellt eine Übersicht dieser auftretenden Einflüsse über das Jahr dar. Im Juni betragen diese für Cuxhaven und Glückstadt gleichermaßen „-0,1 m“ und haben letztendlich in dieser Übung keinen Einfluss auf unser ermitteltes Ergebnis. In anderen Fällen dürfen die Seasonal Changes jedoch nicht unberücksichtigt bleiben.

Berechnungen für Niedrigwasserzeiten oder -höhen werden nach dem gleichen Verfahren durchgeführt. Nun kommen die jeweils rechten beiden Spalten für Niedrigwasserzeitdifferenzen und -höhendifferenzen zur Anwendung.

Eine ausführliche Anweisung, mit Darstellung aller Rechenwege, ist in der Einleitung der *Admiralty Tide Tables* abgedruckt.
Die auf den ersten Blick umfangreichen Berechnungen können mit einiger Erfahrung in ein Verfahren des „scharfen Blicks“ übergehen. Bald bekommt der Skipper einen Überblick, wie er über den Daumen schnell und doch genau Zeit- und Höhendifferenzen inter- bzw. extrapolieren kann.

Gezeitenströme

Neben der Bestimmung der Zeiten und Höhen für Hoch- und Niedrigwasser sind die Vorgänge dazwischen, Ebbe und Flut, ebenfalls wichtig. In dieser Zeit wirkt die maximale Strömung. Die Stromnavigation wurde oben ausführlich behandelt, genaue Stromwerte wurden bereits genutzt. *Strömungskarten* stellen solche Stromwerte dar.
Aus den deutschen Gezeitentafeln oder den englischen ATT lassen sich die Basiswerte, also die Hoch- und Niedrigwasserzeiten und -höhen für Bezugsorte entnehmen. Strömungskarten zeigen den Verlauf von Strömungen für Seegebiete. Da sich die Strömungswerte während einer Gezeit erheblich ändern, sind die Strömungskarten in einem Stundenraster

Stromkarte der Deutschen Bucht, BSH

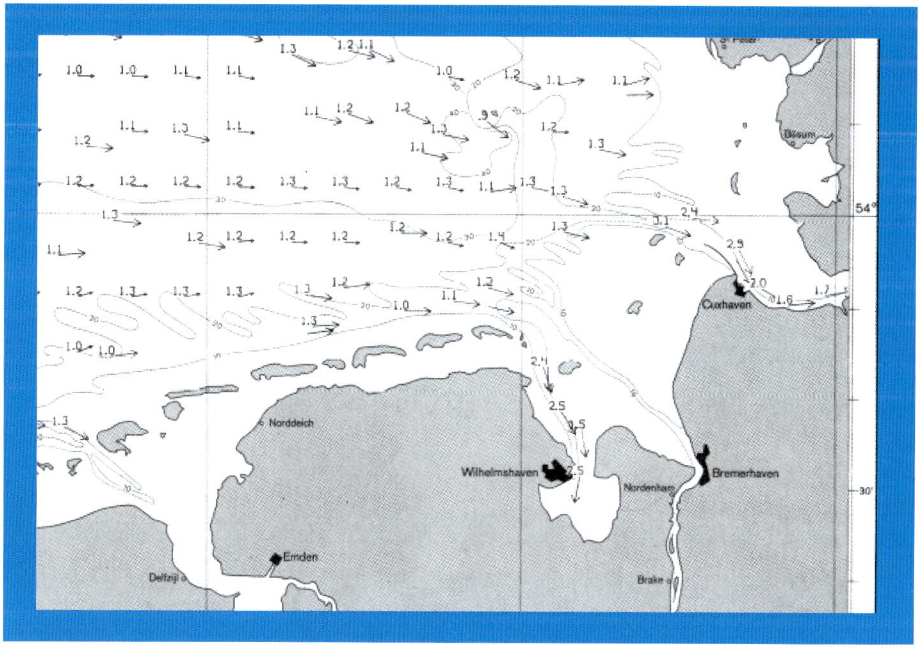

dargestellt. Dieses Stundenraster orientiert sich an der Hochwasserzeit eines relevanten Bezugsortes.
In der Deutschen Bucht wird Helgoland als Bezugsort genutzt. Das Stundenraster beginnt mit einer Übersicht für den Strömungsverlauf für 6 Stunden vor Hochwasser Helgoland. Es folgen die Übersichten 5 Stunden vor Hochwasser, 4 vor HW, 3 vor HW, 2 vor HW, 1 vor HW, Hochwasser Helgoland, 1 Stunde nach HW, 2 nach HW usw. bis 6 Stunden nach Hochwasser. Für einen gesamten Gezeitendurchlauf sind also 13 Übersichten notwendig.

Auch wenn in diesen Strömungskarten andere Orte oder weitere Bezugsorte zu sehen sind, so bleibt die Berechnungsgrundlage für alle Strömungspfeile dieser Karte immer der eine Bezugsort, in diesem Fall Helgoland.
Die Abbildung zeigt den Ausschnitt einer solchen Strömungskarte.

Übung:
Welcher Strom nach Richtung und Stärke wird am 8. August gegen 11.54 Uhr MEZ an der Position φ = 53°58,0'N λ = 007°40,0'E herrschen?

Lösung:
Zuerst wird die zeitlich nächste Hochwasserzeit für den Bezugsort Helgoland aus dem Tidenkalender für den 8. August 2005 benötigt: HW Helgoland 13.54 Uhr. Die zeitliche Differenz von der geforderten Zeit von 11.54 Uhr zur Hochwasserzeit Helgoland 13.54 Uhr ergibt 2 Stunden vor

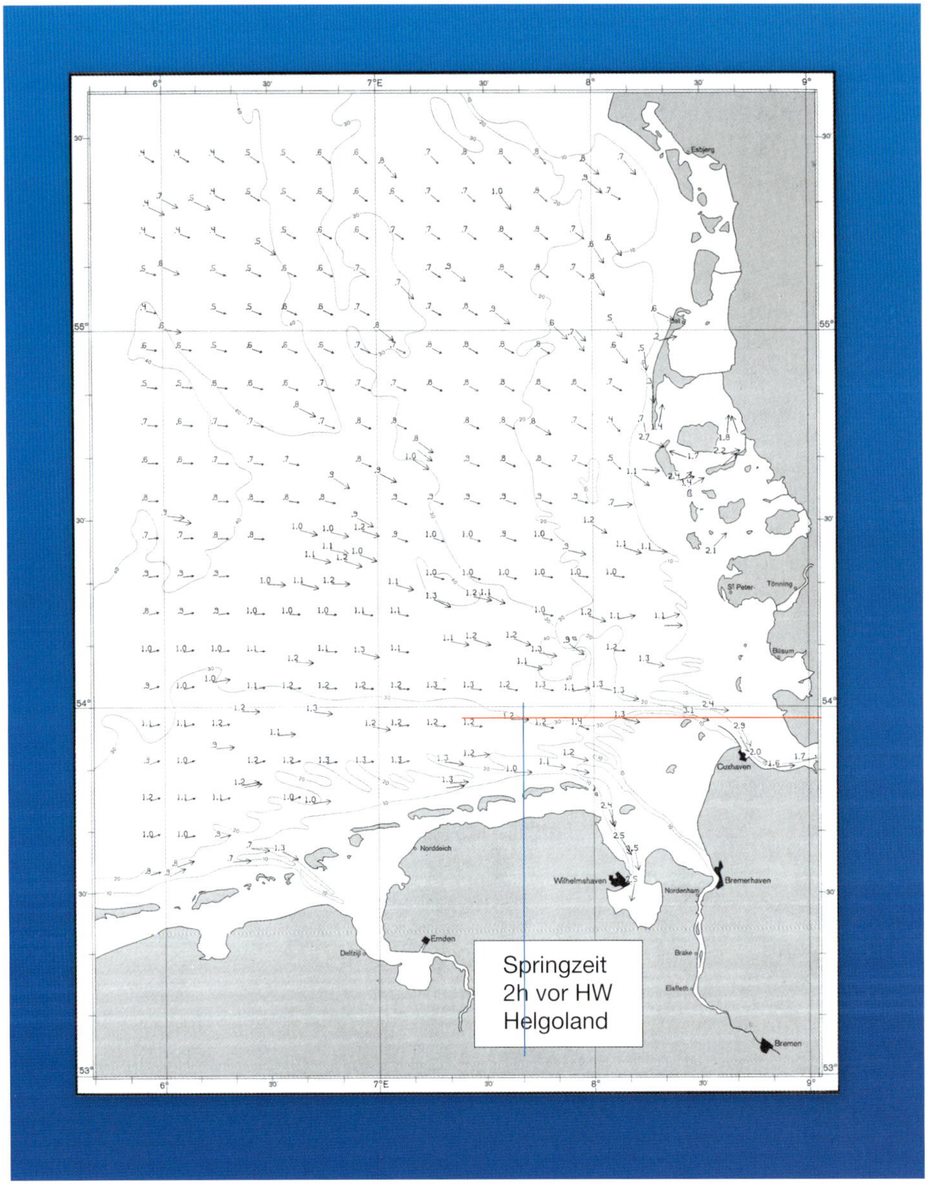

Stromkarte für Springzeit 2 h vor HW Helgoland, BSH

	Tidal Streams referred to HW at HELGOLAND						
		A 53°46'96 N 7°26'92 E			B 53°59'96 N 7°27'92 E		
6 Stunden vor HW Helgoland →	-6h	269	0,7	0,5	263	0,8	0,6
	-5h	245	0,1	0,1		0,0	0,0
	-4h	093	1,3	0,9	094	0,9	0,7
	-3h	094	1,4	1,0	087	1,4	1,0
	-2h	113	1,2	0,8	088	1,4	1,0
	-1h	119	0,5	0,3	092	1,0	0,8
genau HW Helgoland →	HW	078	0,2	0,2	095	0,6	0,4
	+1h	314	0,5	0,3		0,0	0,0
	+2h	278	1,3	0,9	272	0,7	0,5
	+3h	278	1,7	1,3	272	1,2	0,8
	+4h	282	1,7	1,3	272	1,3	0,9
	+5h	274	1,4	1,0	272	1,4	1,0
6 Stunden nach HW Helgoland →	+6h	276	0,9	0,7	268	1,0	0,8

Übersicht Strömungstabelle (Eintrag in Seekarten)

HW. Folglich wird die Übersicht für 2 h vor Hochwasser Helgoland benötigt.
In der Sammlung der Strömungskarten sind jedoch zwei Pläne für jeweils 2 Stunden vor Hochwasser enthalten. Eine Übersicht bezieht sich auf die Spring-, eine zweite auf die Nippzeit. Für die Mittzeit ist keine Übersicht vorhanden. Bei Bedarf muss folglich zwischen den beiden vorhandenen Strömungsergebnissen gemittelt werden.
Das Alter der Gezeit ist, wie schon weiter oben, der Tafel 2 zu entnehmen oder mithilfe der Mondphasen und der lokalen Springverspätung selbst zu bestimmen. Für den 8. August 2005 ist Springzeit festzustellen, womit die Auswahl der konkreten Strömungskarte erfolgt ist.

Welcher Strompfeil ist für die geforderte Position φ = 53°58,0'N λ = 007°40,0'E zutreffend?

Ergebnis:
Es ergibt sich eine Stromrichtung von 090° mit Stromgeschwindigkeit 1,2 kn.

Mit der eben dargestellten Methode lassen sich recht genau Stromrichtung und -stärke innerhalb eines großen Seegebietes bestimmen. Dafür erforderlich sind jedoch neben dem Tidenkalender für den Bezugsort die recht umfangreichen Strömungskarten.

Einfacher dagegen ist die Nutzung von *Strömungs-Referenzpunkten* direkt in den Seekarten. Einige Seekarten beinhalten sogar direkt eine Übersichtstabelle mit Strömungsangaben. Auch hier wird die Hochwasserzeit für einen Bezugsort als Zeitbasis genutzt.
Die Kennbuchstaben der Referenzpunkte (Ⓐ Ⓑ Ⓒ), wie sie in den Seekarten wiederzufinden sind, bilden die Überschriften der Tabellenblöcke. Die dreizehn Zeilen bezeichnen die jeweilige Stromstunde im Zeitraum von 6 Stunden vor Hochwasser über Hochwasser bis 6 Stunden nach Hochwasser des Bezugsortes.
Als Ergebnis lassen sich dann ein dreistelliger Winkelwert für die Stromrichtung und je ein Wert für die Stromgeschwindigkeit bei Spring- bzw. Nippzeit in Knoten entnehmen. Für Mittzeit muss auch hier der Mittelwert bestimmt werden.
Dank dieser Methode gelangt man direkt mit dem Tidenkalender und der Seekarte schnell zu Strömungswerten. Nachteilig ist die geringere Dichte an Referenzpunkten. Somit dient dieses Verfahren nur einer groben Stromeinschätzung.

Bei allen Methoden muss jedoch beachtet werden, dass andere Einflüsse erhebliche Auswirkungen auf die Tidenhöhen und Gezeitenströme haben können. Wasserstandsänderungen von über einem Meter und Strömungen von mehreren Knoten können allein durch den Wind verursacht werden. Sogar starke Luftdruckschwankungen haben Einfluss auf die Gezeiten. Selbst eine genaue Vorausberechnung wird dann schnell durch die aktuelle Wetterlage unbrauchbar.

Gute Seemannschaft bedeutet, alle Faktoren gewissenhaft zu berücksichtigen und im Zweifel mit der ungünstigsten Annahme zu rechnen. Auskünfte über tatsächliche Wasserstände unter aktueller Berücksichtigung der Gestirne und des Windes werden auf der Internetseite des BSH (www.BSH.de), über die Revierzentralen oder über Funk, beispielsweise DP07 Seefunk (www.DP07.de), bekannt gegeben.

Wassertiefe in Seekarten

Die Wassertiefe ist in Tidengewässern eine variable Größe. Trotzdem sind in jeder Seekarte Werte für die Wassertiefe – die *Kartentiefe* – abgedruckt.
Welche Tiefe stellen also diese Werte tatsächlich dar?
Damit Seekarten auch für Tidengewässer verlässliche Wassertiefen anzeigen, wurde eine Bezugsebene festgelegt. Sie entspricht für deutsche und englische Seekarten der Nordsee der Höhe des niedrigstmöglichen Gezeitenwasserstandes (engl.: *Lowest Astronomical Tide, LAT*). Dies bedeutet, dass alle in diesen Seekarten gezeigten Wassertiefen so eingetragen sind, als wären sie bei besonders niedrigem Springniedrigwasser gemessen worden. Da die Wasserstände meist höher als die des Niedrigwassers sein werden, sind folglich die tatsächlichen Wassertiefen meistens größer als die in der Seekarte angezeigten. Für den Seefahrer hat das den Vorteil, dass somit der für ihn ungünstigste Fall in der Seekarte steht, fast immer ist es jedoch tiefer und damit sicherer.
Diese Bezugsebene wird *Kartennull (KN)* genannt und ist fiktiv festgelegt.

In Seekarten der weitgehend gezeitenlosen Ostsee ist der mittlere Wasserstand als Bezugsebene – Kartenull – festgelegt. Andere Länder haben eigene Bezugsebenen auf anderer Höhe, z.B. mittleres Niedrigwasser. In jeder Seekarte ist die Definition von Kartennull angegeben.

Die *tatsächliche Wassertiefe* ist folglich die Summe der Kartentiefe aus der Seekarte plus der aktuellen Höhe der Gezeit. Die Höhe der Gezeit kann den Tidentafeln entnommen oder selbst berechnet werden. In tidenfreien Gewässern wie der Ostsee ist der mittlere Wasserstand als Kartennull die Bezugsebene.
Ein Pegel zeigt auf einer Skala den aktuellen Wasserstand an. Auf der Abbildung rechts oben z. B. 4,64 m.

Übung:
Wie tief ist es im Vorhafen von Helgoland bei Hochwasser am 10.08.2005 um 14.54 Uhr MEZ?

Ergebnis:
Kartentiefe laut Seekarte plus aktuelle Höhe der Gezeit (s. Seite 164) ergibt die tatsächliche Wassertiefe.
KT + HdG = WT
7 m + 3,2 m = 10,2 m

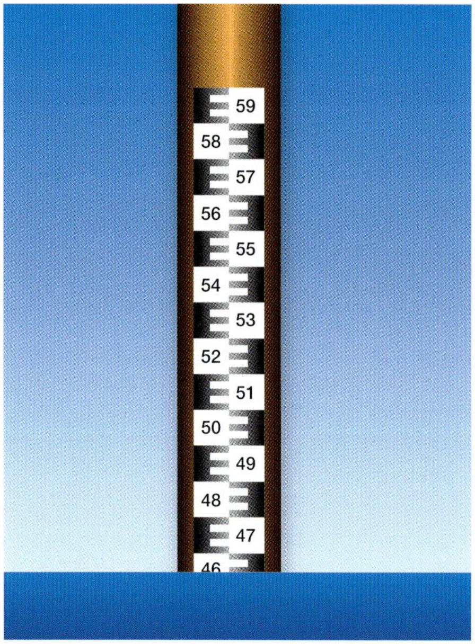

Pegel

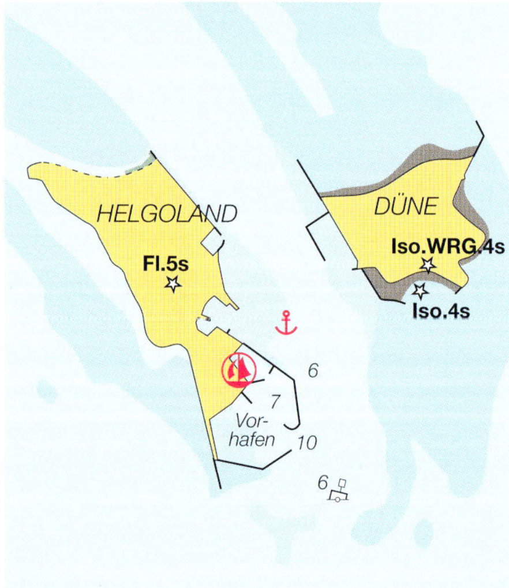

Helgoland, Vorhafen

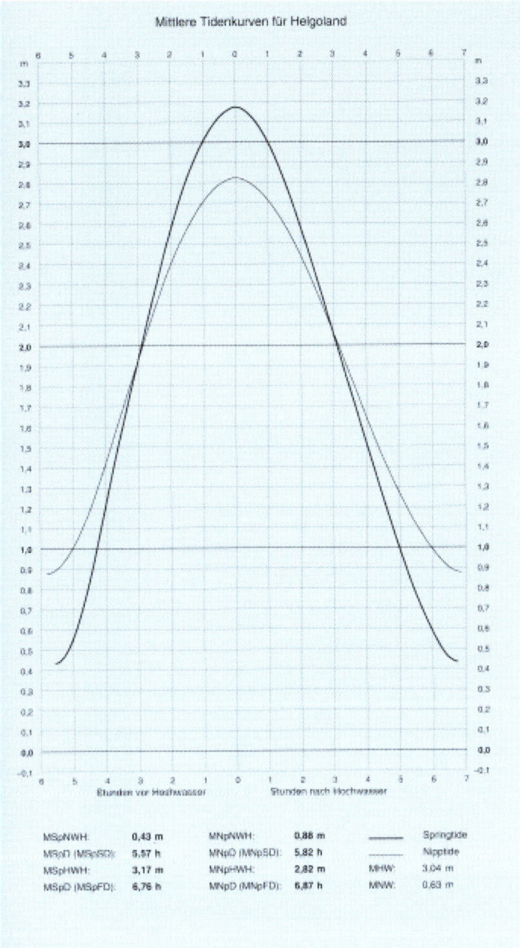

Gezeitentafel Helgoland, Anfang August

Nr. 84
Auf einer Seekarte finden Sie in Küstennähe die Tiefenangabe $\underline{2}_3$. Was bedeutet das?

Der Ort der Zahl liegt 2,3 m über Kartennull und kann trockenfallen.

Nr. 79
Mit welcher Wassertiefe können Sie bei einer Lotung normalerweise mindestens rechnen?

Mit der Kartentiefe.

Nr. 74
Worauf beziehen sich die Tiefenangaben in Seekarten in den deutschen Gewässern der Ost- und Nordsee?

Auf Kartennull (KN).

Nr. 75
Was ist Kartennull?

Kartennull (KN) ist die Bezugsfläche für die Tiefenangaben in einer Seekarte.

Nr. 76
Wie ist Kartennull (KN) in der Ost- und Nordsee und im Englischen Kanal definiert? Wo finden Sie die entsprechenden Angaben zur Kartennullebene?

In der Ostsee entspricht KN dem mittleren Wasserstand. In der Nordsee und im Englischen Kanal entspricht KN dem niedrigstmöglichen Gezeitenwasserstand (LAT = Lowest Astronomical Tide). In der jeweiligen Seekarte ist die Kartennullebene beschrieben.

Nr. 85
In welchem Zusammenhang stehen Kartentiefe (KT), Wassertiefe (WT) und Höhe der Gezeit (H)?

WT – H = KT oder KT + H = WT (Lösung auch als Skizze möglich).

Nr. 86
Warum ist es in Tidengewässern wichtig, die Uhrzeit einer Lotung festzuhalten?

Um anhand der Gezeitentafel feststellen zu können, ob das Wasser steigt oder fällt.

Nr. 87
Was ist ein Pegel?

Eine Skala zur Anzeige des Wasserstandes.

Nr. 77
Was müssen Sie bedenken, wenn Sie die Wassertiefe außerhalb der Niedrigwasserzeit loten?

Beim folgenden Niedrigwasser wird die Wassertiefe geringer sein als zum Zeitpunkt der Lotung.

Nr. 78
Was ist die Kartentiefe?

Die Kartentiefe (KT) ist die auf Kartennull bezogene Wassertiefe. Kartentiefe ist Wassertiefe abzüglich Höhe der Gezeit.

Nautische Unterlagen

Die *Seekarte* ist zweifellos eine der wichtigsten Unterlagen an Bord einer Yacht. Sie enthält viele Details für die Seefahrt, zahlreiche Symbole weisen auf navigatorische Besonderheiten, Seezeichen oder Gefahren hin. Über Wassertiefen geben farbige Bereiche und Zahlenwerte Aufschluss, Hinweistexte liefern weitere Erklärungen.

Seekarten gibt es in verschiedenen Maßstäben. Übersegler zeigen ganze Seegebiete und dienen der groben Übersicht, weshalb auf navigatorische Details verzichtet wird. Segelkarten und Küstenkarten zeigen bei kleineren Maßstäben eine Vielzahl von Details. Pläne werden für sehr enge Bereiche oder Häfen mit kleinstem Maßstab genutzt.

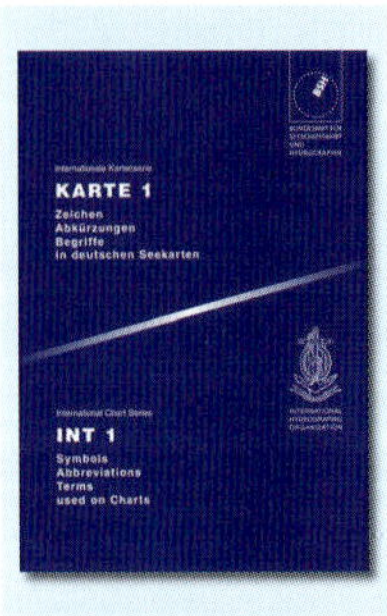

Eine Übersicht aller in den internationalen Seekarten möglichen Symbole, Abkürzungen und Begriffe gibt die sogenannte *„Karte 1"* oder *„INT 1"* wieder. Dieses DIN-A4-Heft sollte auf keinem Schiff fehlen und auch dem Sportbootfahrer bei der Kartenarbeit stets zur Hand sein.

Da Seegebiete oft starken Änderungen durch die Natur unterliegen oder beispielsweise Seezeichen verlegt werden, müssen Seekarten ständig den wirklichen Gegebenheiten angepasst werden.

Seekarte (Ausschnitt)

Sehr gewissenhaft werden aktuelle Änderungen von den amtlichen Herausgebern der Seekarten (in Deutschland vom *Bundesamt für Seeschifffahrt und Hydrographie*, kurz BSH) ständig in die Karten eingearbeitet.

Die Seekarten, die der Skipper bereits erworben hat, müssen von ihm selbst aktualisiert werden. Selbst innerhalb kurzer Zeiträume kann es zu Änderungen beispielsweise der Betonnung, zur Einrichtung von neuen Sperrgebieten oder Ähnlichem kommen. Diese Änderungen werden in den wöchentlich vom BSH he-

Berichtigungsstempel vom BSH

rausgegebenen *Nachrichten für Seefahrer (NfS)* schriftlich und im Internet in Deutsch und Englisch veröffentlicht.
In den NfS werden die für die sichere Schiffsführung wichtigen Maßnahmen, Ereignisse und Veränderungen auf den Seeschifffahrtsstraßen, auf der Hohen See und in den Hoheitsgewässern anderer Staaten im europäischen und angrenzenden Bereich bekannt gegeben. Darin aufgeführte *P-Nachrichten* (engl.: preliminary) kündigen bevorstehende Maßnahmen an. *T-Nachrichten* (engl.: temporary) informieren über zeitweilige Zustände. P- und T-Nachrichten werden vom amtlichen Berichtigungsservice nicht in die Seekarten eingetragen.
Der Skipper ist selbst verantwortlich, diese NfS unmittelbar vor Törnantritt auf relevante Meldungen zu prüfen und ggf. selbst in die nautischen Unterlagen einzutragen. In jeder Seekarte und in amtlichen

↘ Nr. 1

Worauf müssen Sie als Schiffsführer vor Reiseantritt hinsichtlich der Seekarten und Seebücher achten?

Auf Vollständigkeit der Unterlagen und deren Berichtigung auf den neuesten Stand.

↘ Nr. 9

Welche Angaben enthalten die Nachrichten für Seefahrer (NfS)?

In den NfS werden für die sichere Schiffsführung wichtige Maßnahmen, Ereignisse und Veränderungen auf den Seeschifffahrtsstraßen, auf der Hohen See sowie in den Hoheitsgewässern anderer Staaten im europäischen und angrenzenden Bereich bekannt gegeben.

↘ Nr. 10

In welcher Sprache werden die Nachrichten für Seefahrer (NfS) verfasst?

Die Angaben erfolgen in deutscher und in englischer Sprache.

↘ Nr. 29

Wo sind die in Seekarten verwendeten Symbole und Abkürzungen erklärt?

In der Karte 1/INT 1 des BSH.

↘ Nr. 36

Wer gibt die Nachrichten für Seefahrer (NfS) heraus und wie und wie oft erfolgt die Herausgabe?

Die NfS werden vom BSH in Heftform und im Internet herausgegeben und erscheinen einmal wöchentlich.

↘ Nr. 40

Worauf muss beim Ansteuern einer Küste bei der Auswahl von Seekarten geachtet werden? Begründen Sie Ihre Antwort.

Seekarten mit größtmöglichem Maßstab verwenden. Nur in diesen Karten sind alle Schifffahrtszeichen und weitere für die Navigation wichtigen Informationen eingetragen.

↘ Nr. 38

1. **Was sind P-Nachrichten?**
2. **Wie verfährt man mit diesen Nachrichten im Berichtigungsverfahren? (Begründung!)**

1. P-Nachrichten sind solche, die eine bevorstehende (preliminary) Maßnahme ankündigen.
2. Wegen der begrenzten Geltungsdauer werden keine Berichtigungen auf der Grundlage von P-Nachrichten vom BSH bzw. von amtlichen Seekartenberichtigungsstellen durchgeführt.
   Deshalb müssen vor Gebrauch jeder Seekarte die noch gültigen P-Nachrichten erfasst und in der Karte vermerkt werden.

↘ Nr. 39

1. **Was sind T-Nachrichten?**
2. **Wie verfährt man mit diesen Nachrichten im Berichtigungsverfahren? (Begründung!)**

1. T-Nachrichten sind solche, die über einen zeitweiligen (temporary) Zustand unterrichten.
2. Wegen der begrenzten Geltungsdauer werden keine Berichtigungen auf der Grundlage von T-Nachrichten vom BSH bzw. amtlichen Seekartenberichtigungsstellen durchgeführt.
   Deshalb müssen vor Gebrauch jeder Seekarte die noch gültigen T-Nachrichten erfasst und in der Karte vermerkt werden.

↘ Nr. 6

Woran erkennen Sie, bis wann eine deutsche Seekarte „amtlich" berichtigt ist?

Am Berichtigungsstempel des BSH oder einer amtlichen Seekartenberichtigungsstelle.

↘ Nr. 7

Woran erkennen Sie, bis wann eine britische Seekarte „amtlich" berichtigt ist?

Am Berichtigungsstempel auf der Rückseite der Seekarte.

Berichtigung einer britischen Seekarte

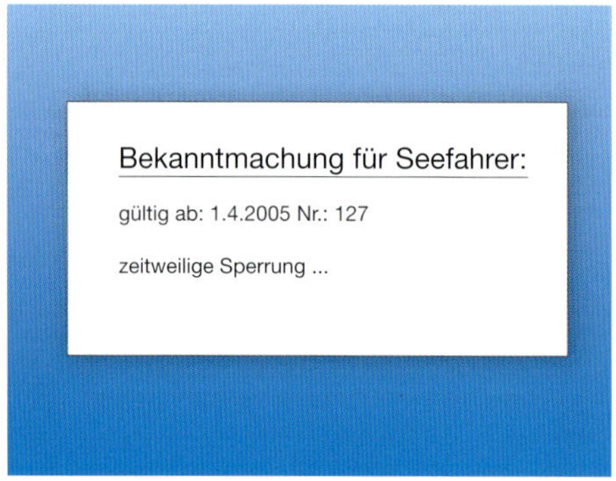

Bekanntmachung für Seefahrer

Seehandbüchern ist durch einen Stempel erkennbar, bis zu welcher NfS-Ausgabe alle notwendigen Aktualisierungen bereits vor dem Erwerb eingearbeitet worden sind.

Auch in Seekarten anderer Herausgeber, beispielsweise englischer Charts, gibt es ähnliche Aktualisierungsinformationen. Dort heißen sie *Notices to Mariners* (N.T.M.). Dieser englische Aktualisierungsstempel befindet sich auf der Rückseite der Seekarte.

Sportbootkarten anderer Herausgeber, also nicht amtlicher Ausgabestellen, unterliegen nicht diesem Berichtigungsservice. Der Skipper ist selbst für die notwendigen Korrekturen verantwortlich.

In amtlichen Aushangstellen, meist bei Hafenmeistern, an Schleusen- oder Brückenwärterhäuschen, Wasserschutzpolizei-Dienststellen oder Yachthäfen werden für die angrenzenden Reviere Bekanntmachungen ausgehängt. Diese von der Schifffahrtsverwaltung des Bundes oder für die kommunalen Häfen von den Hafenverwaltungen herausgegebenen *Bekanntmachungen für Seefahrer* (BfS) informieren über wichtige Maßnahmen und Ereignisse auf den Seeschifffahrtsstraßen und der ausschließlichen Wirtschaftszone der Bundesrepublik Deutschland.
Auch Änderungen der Betonnung, Befeuerungen, Wassertiefen und Schifffahrtshindernisse oder Marineübungsgebiete werden so bekannt gegeben.

Per Seefunk oder Rundfunk über den Sender „Deutschlandfunk" werden die von den Verkehrszentralen oder dem Seewarndienst Emden herausgegebenen *Nautischen Warnnachrichten* (NWN) gesendet. Sie warnen vor akuten Gefahren. Um auf lebensbedrohende Gefahren hinzuweisen, wird der Zusatz „vital" in den NWN genannt. Im Sommerhalbjahr werden diese Meldungen speziell für die Sportschifffahrt auch über weitere öffent-

↘ Nr. 8

Was bedeutet der Stempel auf der britischen Seekarte: Corrected up to N.T.M. 3595 1998?

Seekarte ist berichtigt bis zur Mitteilung Nr. 3595 der Admiralty Notices to Mariners (N.T.M.) in 1998.

↘ Nr. 37

Welche Unterlage steht Ihnen zur Verfügung zur Berichtigung von britischen Seekarten, die nicht von den NfS erfasst werden?

Die britischen Notices to Mariners.

↘ Nr. 42

Was müssen Sie bei der Benutzung von deutschen „Sportbootkarten“ beachten?

Sie werden nach dem Druck weder vom BSH noch von den Seekartenvertriebsstellen berichtigt. Sie müssen also vom Nutzer nach dem Kauf vor Benutzung über die NfS auf den aktuellen Stand berichtigt werden.

↘ Nr. 31

Wie werden die Bekanntmachungen für Seefahrer (BfS) der Sportschifffahrt zur Kenntnis gebracht?

Die BfS werden an den amtlichen Aushangstellen (z. B. bei Wasser- und Schifffahrtsämtern, Hafenverwaltungen, WSP-Dienststellen, Schleusen, Yachthäfen) für das betreffende Seegebiet, in dem die Aushangstelle liegt, und für die angrenzenden Reviere und Gebiete sowie im Internet unter www.elwis.de zur Kenntnis gebracht.

↘ Nr. 30

Wer veröffentlicht die Bekanntmachungen für Seefahrer (BfS) und was umfassen diese Veröffentlichungen?

1. Die BfS werden von den jeweils zuständigen Behörden der Wasser- und Schifffahrtsverwaltung des Bundes bzw. der Länder veröffentlicht.
2. Sie enthalten alle wichtigen Maßnahmen und Ereignisse auf den Seeschifffahrtsstraßen und der ausschließlichen Wirtschaftszone Deutschlands.

↘ Nr. 32

Zählen Sie die am häufigsten vorkommenden Ereignisse und Maßnahmen auf, über die die Bekanntmachungen für Seefahrer (BfS) unterrichten.

1. Änderungen an Befeuerung, Betonnung und Landmarken,
2. veränderte Wassertiefen,
3. Wracke, Schifffahrtshindernisse, Rohrleitungen usw.,
4. Bauarbeiten, Baggerarbeiten, militärische Übungen und damit zusammenhängende Sperrungen oder Behinderungen.

↘ Nr. 65

Aus welchen nautischen Publikationen können Sie Sperr- und Verbotsgebiete mit ihren Grenzen ersehen?

Aus den Seekarten, Bekanntmachungen für Seefahrer (BfS) und Nautischen Warnnachrichten (NWN).

↘ Nr. 33

Wer gibt die nautischen Warnnachrichten (NWN) heraus und von wem werden sie verbreitet?

Nautische Warnnachrichten (NWN) werden von den Verkehrszentralen für deren Zuständigkeitsbereich und von dem ständig besetzten Seewarndienst Emden für das gesamte deutsche Warngebiet zur Verbreitung über Funk herausgegeben.

Der Rundfunksender Deutschlandfunk verbreitet alle über Funk abgegebenen NWN.

↘ Nr. 34
Was bedeutet der Zusatz „vital" bei einer nautischen Warnnachricht (NWN)?
Die NWN erhält den Zusatz „vital", wenn die Warnung auf eine lebensbedrohende Gefahr hinweist.

↘ Nr. 35
Welche Besonderheit bezüglich des Zusatzes „vital" bei einer nautischen Warnnachricht (NWN) gibt es für die Sportschifffahrt?
Vitale nautische Warnnachrichten für die Sportschifffahrt werden während der Zeit vom 1. April bis zum 31. Oktober zur Verbreitung über ausgewählte private und öffentlich-rechtliche Rundfunkanstalten weitergeleitet.

↘ Nr. 15
Wo finden Sie Angaben über Brückensignale?
In den See- und Hafenhandbüchern und in den Seekarten.

↘ Nr. 16
Welche Themen (Grobgliederung) enthalten die Seehandbücher des BSH?
1. Schifffahrtsangelegenheiten,
2. Naturverhältnisse,
3. Küstenkunde und Segelanweisungen.

Leuchtfeuerverzeichnis, BSH-Nr. 40011

Jachtfunkdienst, BSH-Nr. 2155

liche oder private Rundfunksender ausgestrahlt.

Seehandbücher informieren über navigatorische, gesetzliche oder meteorologische Besonderheiten.
In Teil A werden Schifffahrtsangelegenheiten wie z.B. Brückensignale, in Teil B Naturverhältnisse wie Wetter und Klima, in Teil C Küstenkunde mit Abbildungen und Revierhinweisen sowie Segelanweisungen behandelt.

Hafenhandbücher beschreiben für die verschiedensten Reviere detailliert die Häfen, geben Aufschluss über die Ansteuerung, Liegeplätze, Versorgungseinrichtungen und Wassertiefen.

Brückensignale können beispielsweise sowohl in den See- oder Hafenhandbüchern als auch direkt in den Seekarten angegeben sein.

Das vom BSH herausgegebene deutsche *Leuchtfeuerverzeichnis* und die von der United Kingdom Hydrographic Organization herausgegebene *List of Lights* listet alle Leuchtfeuer ab einer Größe von 8 m für ein bestimmtes Seegebiet auf.

Detaillierte Informationen über die Bauart, die genaue Befeuerung nach Farben, Sichtweiten und Sektoren werden durch Beschreibungen von gegebenenfalls vorhandenen Nebenschallsignalen, Radarantworteinrichtungen (Racon) oder weiteren vorhandenen technischen Anlagen ergänzt.

Der *Jachtfunkdienst* gibt einen Überblick über Küstenfunkstellen, Funkkanäle für maritime Einrichtungen und umfangreiche Informationen über den Seefunk für den Sportschiffer. Technische Navigationssysteme wie Peilfunk oder Satellitennavigation werden ebenfalls behandelt.

Zusammen mit den bereits behandelten Gezeitenunterlagen ergibt sich eine stattliche Anzahl notwendiger amtlicher nautischer Unterlagen an Bord einer Yacht. Trotzdem sollten diese Nachschlagewerke gewissenhaft aktualisiert werden, um im Bedarfsfall der Crew zur Verfügung zu stehen.

Der Sportskipper ist nicht verpflichtet, amtliche Unterlagen an Bord mitzuführen. So gibt es Seekartenherausgeber, die besonders in Hinsicht auf Größe und Inhalt angepasste Karten und Bücher vertreiben und sich auf die Bedürfnisse des Wassersportlers spezialisiert haben. Hierbei ist auf die besondere Organisation der Berichtigungen innerhalb eines Herausgabejahres zu achten.

Als grob fahrlässig wird juristisch das Fehlen der vollständigen, aktuellen und berichtigten nautischen Unterlagen bewertet, wenn es zu einem Seeunfall kommen sollte. Darüber sollte sich jeder Schiffsführer bewusst sein, auch wenn er eine Charteryacht skippert.

Elektronische Navigation

Elektronische Navigation lässt sofort an das Global Positioning System (GPS) mit seinen vielen Möglichkeiten und praktischen Funktionen denken. Doch gibt es eine große Anzahl elektronischer Geräte, die bei der Navigation auf Sportbooten heute zur Verfügung stehen.
Selbst das Echolot zur Wassertiefen- und das Speedometer zur Geschwindigkeitsmessung basieren auf moderner Elektronik. Ein Seefunkgerät, häufig ein Radar oder gar ein Kartenplotter sind auf vielen Yachten zu finden.
Die genauen technischen Details dieser Systeme zu kennen ist nicht erforderlich, die Prinzipien aber und die Bedienung der Geräte sollten bekannt sein.

Speedometer oder Logge

Die Einheit „Knoten“ stammt noch aus der Zeit, als Geschwindigkeiten mithilfe einer Leine mit eingeknüpften Knoten an einem kleinen Treibanker bestimmt wurden. Heute wird die Fahrt durch das Wasser meist über ein kleines Paddelrad unter dem Rumpf gemessen. Ein Magnet sorgt elektrisch für die Messung der Radumdrehungen, die in Strömungsgeschwindigkeit umgerechnet und per Display im Cockpit oder am Navigationsplatz zur Anzeige gebracht wird. Digitalanzeigen, bei Nacht sogar beleuchtet, ermöglichen so die Darstellung der aktuellen Geschwindigkeit in Knoten oder über die Zeit aufsummiert als zurückgelegte Strecke in Seemeilen. Mit diesem Verfahren wird die

↘ Nr. 44
Was müssen Sie beachten, wenn Sie die mit Loggen ermittelte Fahrt z. B. für das Arbeiten in Seekarten berücksichtigen wollen?
Die üblichen Logmethoden liefern ausschließlich die „Fahrt durchs Wasser (FdW)“. Um die „Fahrt über Grund (FüG)“ zu ermitteln, müssen Stromrichtung und Stromgeschwindigkeit berücksichtigt werden.

↘ **SM1 Nr. 108, SM2 Nr. 88**
Wie wirkt sich mitlaufender Strom auf die Fahrt eines Fahrzeugs und die Loganzeige aus?
1. Der Strom erhöht die Fahrt über Grund.
2. Das Log zeigt dies nicht an.

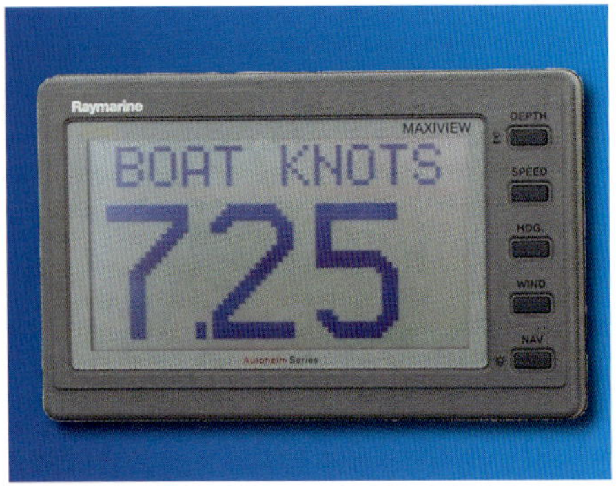

Speedometer

„Fahrt durch das Wasser“ und nicht die über Grund gemessen. Auftretende Strömung kann so deutliche Unterschiede zur „Fahrt über Grund“ bewirken.

Echolot

Ein Ultraschallgeber sendet ein Signal zum Meeresboden, das dort reflektiert und zu einem im Gebergehäuse integrierten Ultraschallempfänger zurückgeworfen wird. Die zeitliche Differenz vom Absenden bis zum Empfangen dieses Signals wird in die zurückgelegte Strecke, also die gemessene Wassertiefe, umgerechnet.

Meist ist die Gebereinheit nahe dem Kielansatz unter dem Rumpf montiert, weshalb nicht die tatsächliche Wassertiefe, sondern ein kleinerer Wert angezeigt werden würde. Für die Navigation ist aber oft eine genaue Tiefe erforderlich, was somit eine Anzeigekorrektur notwendig macht. Diese Differenz zwischen Kielansatz und Wasserlinie, der sogenannte Offset, ist üblicherweise direkt am Display einzustellen. Eine falsche Offseteinstellung kann die berühmte „Handbreit Wasser unter dem Kiel“ kosten.

Windanzeige und Echolot an einer Steuersäule

Da heute übliche Digitalanzeigen sehr exakte Werte, gern mit ein oder gar zwei Nachkommastellen anzeigen, vertraut man diesen Geräten oft blind. Besonders bei Echoloten kann dies sehr trügerisch sein. Beispielsweise geben weiche oder schlammige Untergründe ein sehr unscharfes Signal zurück, welches dann im System – ohne Berücksichtigung dieser Tatsache – zu einem scheinbar genauen Wert umgewandelt wird. Hier ist Vorsicht geboten.

Windanzeige

Auch die Windgeschwindigkeit und -richtung wird heute über Geber am Masttopp gemessen und elektronisch im Cockpit angezeigt. Das erspart den ständigen Blick zum Verklicker. Die Verzögerung und Ungenauigkeit bei diesen Anzeigen lässt besonders ambitionierte Regattasegler jedoch häufig auf bewährte Trimmfäden oder Ähnliches zurückgreifen. Auf der anderen Seite schätzen gerade diese Regattasegler auch die Möglichkeit, all diese elektronischen Systeme zu vernetzen und resultierende Daten auszuwerten.

Geber und Verklicker im Masttopp

Radarantenne am Heck montiert

So seien nur Wendewinkel, tatsächlicher oder scheinbarer Windeinfallswinkel genannt.

Oft wird die Windgeschwindigkeit in Meter pro Sekunde (m/s) angezeigt. Dieser Wert kann durch Multiplikation mit 2 ungefähr in Knoten ausgedrückt werden. Die Anzeige in Beaufort kann, direkt im Gerät umgerechnet, ebenfalls angezeigt werden.

Radar

Radio Detecting and Ranging, was so viel wie Funkerkennung und -entfernungsbestimmung bedeutet, ist nicht nur bei Nebel ein hervorragendes Navigationshilfsmittel. Eine nächtliche Hafenansteuerung, vielleicht mit unbefeuerten Tonnen vor der Einfahrt, wird viel sicherer mit Radar. Auch eine Positionsbestimmung ist mit einer Radarpeilung möglich. Eine Peilung und eine Entfernungsmessung auf ein eindeutiges Radarobjekt, beispielsweise ein Leuchtfeuer, ergibt über diese zwei Standlinien eine eindeutige Position. Obwohl Radar aufgrund des Preises auf Sportyachten noch nicht so vertreten ist wie GPS, wissen doch viele Skipper dieses System zu schätzen.

↘ Nr. 43

Nach welcher Faustregel können Sie m/s in Knoten umrechnen?

„Doppelt so viele Knoten (kn) wie m/s" oder „m/s multipliziert mit 2 = kn".

↘ Nr. 103

Wie kann man mit Radar den eigenen Schiffsort bestimmen?

1. Peilung eines Objektes gibt einen Peilstrahl als Standlinie.
2. Abstandsmessung mit dem VRM (Variable Range Marker) gibt einen Abstandskreis als Standlinie.

↘ Nr. 53

Welche navigatorischen Vorbereitungen treffen Sie vor einer Fahrt in Dunkelheit?

1. Kurse und Kursänderungspunkte möglichst vorausbestimmen,
2. Untiefen und Hindernisse in der Karte besonders kennzeichnen,
3. in der Seekarte markieren, welche Leuchtfeuer wann und wo in der Kimm erscheinen
4. Wegstrecke nach unbefeuerten Tonnen absuchen.

↘ Nr. 104

Wie kann man gegebenenfalls verhindern, dass sich Echoanzeigen von Zielen (z. B. 2 Tonnen, 2 Molenköpfe) überlappen?

1. Kurze Impulslänge wählen.
2. Messbereich verkleinern.

↘ Nr. 102
Wodurch können Radarechos von kleinen Fahrzeugen und Tonnen auf den Sichtschirmen von Radargeräten „verschwinden“?
1. Durch Seegang und/oder Niederschlag,
2. durch falsche Bedienung,
3. durch zu große Entfernung,
4. durch Gieren des eigenen Fahrzeugs bei relativ vorausorientierter Radarstellung (head up).

↘ Nr. 92
Was bedeutet die Abkürzung GPS?
Global Positioning System.

↘ Nr. 89
Nennen Sie drei wichtige Vorzüge von GPS.
1. GPS arbeitet weltweit.
2. Die Positionsanzeige ist jederzeit verfügbar.
3. Der Positionsfehler ist gering.

↘ Nr. 93
Was ist das Grundprinzip von GPS?
Durch Laufzeitmessungen von GPS-Signalen vom Satelliten zum Empfänger und damit durch Abstandsmessungen zu den Satelliten wird die Ortsbestimmung ermöglicht.

Radarbild

Die Radarbildinterpretation bedarf jedoch großer Übung, und auch die umfangreichen notwendigen Einstellungen des Gerätes müssen erlernt werden. Radarechos von kleinen Fahrzeugen oder Tonnen können durch falsche Bedienung, zu große Entfernung, Seegang oder Niederschlag, aber auch durch die eigene Pendelbewegung, das Gieren, so schwach werden, dass sie vom Radarbild verschwinden.
Jeder, der z.B. an Bord einer Charteryacht ein solches Gerät vorfindet, sollte die Chance nutzen und sich umgehend damit vertraut machen. Erfolgt der erste Einsatz bei schlechter Sicht ohne ausführliche vorherige Einweisung, führt dies meist zu keiner brauchbaren Interpretation des Radarbildes.

Satellitennavigationssysteme
Großer Beliebtheit erfreut sich das *Global Positioning System*, kurz GPS. Gute Bedienbarkeit bei zunehmenden Funktionen und fallenden Preisen sorgen für eine große Verbreitung nicht nur bei Wassersportlern und Autonavigationssystemen. Dieses weltweit einsetzbare, fast

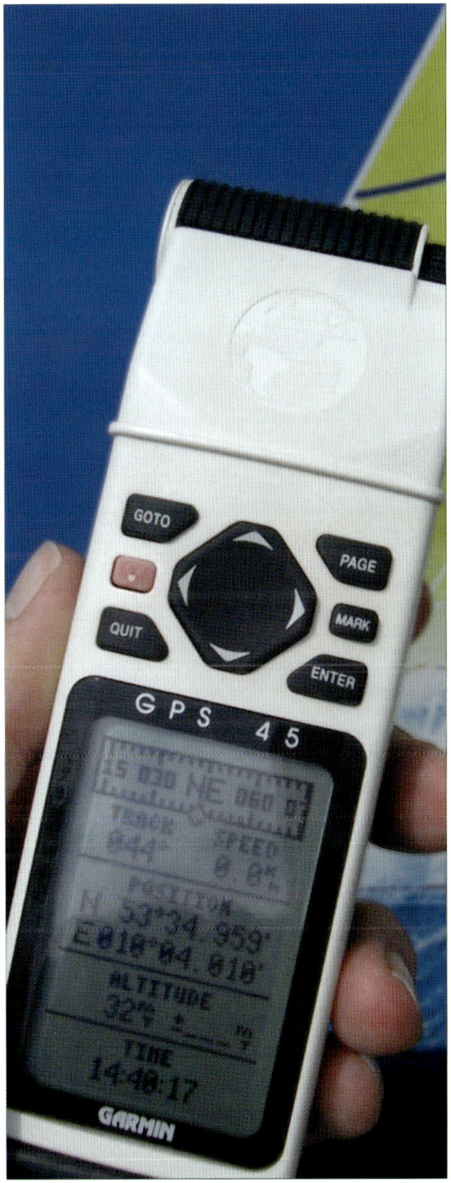

Hand-GPS-Gerät

störungsfreie System ermöglicht Positionen auf einige zehn Meter genau festzustellen, Kurse zu berechnen und ganze Routen unterstützt abzufahren.
24 Satelliten auf sechs Bahnen senden Signale zu den GPS-Empfängern. Von mindestens drei Satelliten muss ein GPS-Empfänger an Bord diese Signale empfangen, um aus Laufzeitdifferenzen und Bahndaten der Satelliten die aktuelle eigene Position zu bestimmen. Eingebaute Mikrocomputer berechnen eine Vielzahl weiterer *Navigationsdaten*, wie Fahrt über Grund (FüG; engl.: Speed over Ground, SOG) und Kurs über Grund (KüG; engl.: Course over Ground, COG).

Eine *spezielle Nottaste*, die „Mann-" oder „Person-über-Bord"-Taste (MOB oder POB), speichert beispielsweise sofort die aktuelle Position und zeigt anschließend die rechtweisende Peilung und Distanz zu dieser fortlaufend an.
Ähnlich können *Wegpunkte*, also die geografischen Koordinaten eines Zielpunktes, eingegeben und anschließend angesteuert werden.

Neben seinen vielen Vorzügen hat dieses System auch seine Tücken. Das Eintippen des Zielhafens, das sture Steuern des angezeigten Kurses, ohne diesen vorher zu prüfen, hat schon so manchen Skipper auf eine Untiefe laufen lassen. Schnell wirkt sich ein kleiner Eingabetippfehler kolossal auf die Zielführung aus.
Die Satellitensignale selbst können durch starke Funksignale – beispielsweise nahe

Nr. 45
Welche Fahrt zeigen GPS-Geräte an?
Die Fahrt über Grund (FüG).

Nr. 46
Welchen Kurs zeigen GPS-Geräte an?
Den Kurs über Grund (KüG).

Nr. 96
Was bewirkt die Bedienung der MOB-Taste bei GPS-Geräten?
1. Die Position zur Zeit des Tastendrucks wird gespeichert.
2. Rechtweisende Peilung (rwP) und Distanz zu diesem Punkt werden angezeigt.

Nr. 100
Was ist ein Wegpunkt?
Geografische Koordination eines anzusteuernden Punktes.

Nr. 91

Wo muss man mit ungenauen Anzeigen des GPS rechnen?

1. Bei Abschattung der GPS-Antenne.
2. In der Nähe von Flughäfen und in der Nähe von Fernsehsendern.
3. In der Nähe von Marineeinrichtungen.
4. Bei Nutzung von UKW-Geräten und anderen elektronischen/elektrischen Geräten an Bord.

Nr. 95

Was ist bei Anbringung einer GPS-Antenne zu beachten?

1. Sie muss ringsum freie Sicht (ohne Abschattungen) haben.
2. Einwandfreie Erdung.

Nr. 2

Warum muss in der GPS-Navigation das jeweilige Kartendatum unbedingt berücksichtigt werden?

Weil sich das von GPS verwendete Bezugssystem WGS 84 (World Geodetic System 1984) von anderen verwendeten Bezugssystemen (Kartendatum) unterscheiden kann.

Nr. 3

Welche Differenzen können zwischen WGS 84 und anderen Bezugssystemen auftreten?

Die Differenzen von φ und λ liegen im Allgemeinen in der Größenordnung von 0,1 kbl bis 1 kbl, also etwa von 20 bis 200 m. Es können größere Unterschiede auftreten.

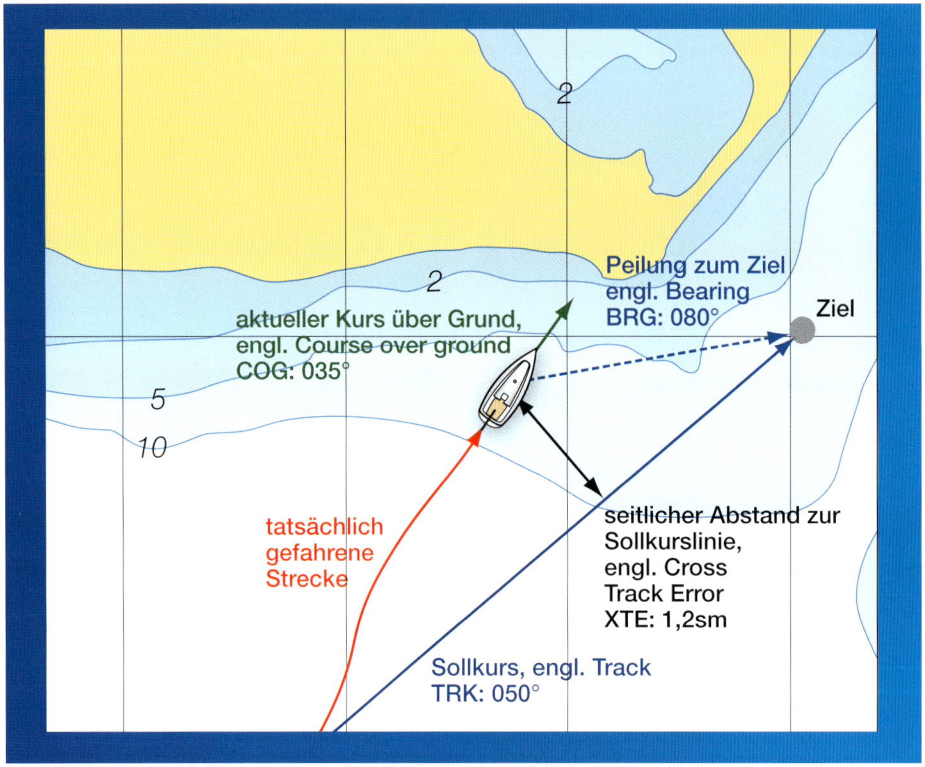

Ein elektronisches Navigationssystem liefert eine Vielzahl von Informationen

Flughäfen oder Marineeinrichtungen – gestört oder durch Abschattung der Antenne bei ungünstiger Montage gestört oder unterbrochen werden. Die Antenne sollte daher jederzeit nach allen Seiten „freie Sicht“ auf den Himmel haben.

Grundsätzlich beachtet werden müssen zudem Unterschiede zwischen den Bezugssystemen der Seekarten und des GPS. Die Berechnungsgrundlagen für Seekarten (siehe Mercator und die Problematik der Darstellung einer Kugeloberfläche auf einer ebenen Fläche) sind bei verschiedenen Herausgebern unterschiedlich. Seekarten derselben Gebiete, aber mit unterschiedlichen Bezugssystemen können bis zu einigen hundert Metern voneinander abweichen. Ein solches Bezugssystem wird *Kartendatum* oder engl. *Chart-Datum* genannt, was übrigens nichts mit einem Zeitpunkt zu tun hat. Dieses Kartendatum, es gibt über 100 verschiedene, ist am Seekartenrand unter dem Titel vermerkt (z. B. WD 50).

GPS beruht auf einem modernen globalen Bezugssystem, das weltweit eine optimale Anpassung an die reale Form der Erde (dem Referenzellipsoid) ermöglicht, es heißt „World Geodetic System 1984“, kurz WGS 84. Bei Nutzung des GPS mit WGS 84 kann es zu Positionsdifferenzen mit Seekarten anderer Bezugssysteme kommen. Zur Übertragung einer Position aus einer Seekarte in das GPS-Gerät an Bord (oder umgekehrt) muss ggf. umgerechnet oder im GPS-Gerät eine automatische Umrechnung zum verwendeten Bezugssystem der Karte eingestellt werden. Aktuelle Seekarten, die nicht in WGS 84 erstellt sind, weisen die notwendigen Korrekturwerte zwischen dem verwendeten Kartendatum und WGS 84 in einem Hinweistext aus.
GPS ist mit seiner typischen Genauigkeit von 10 bis 20 m bei einer Wahrscheinlichkeit von 95 % ein sehr genaues System, das mithilfe eines *Differential-GPS* (DGPS) sogar auf eine Genauigkeit von 1 bis 10 m (95 % Wahrscheinlichkeit) verbessert werden kann. Stationäre DGPS-Sender strahlen lokal Positionskorrekturwerte für entsprechende DGPS-Empfänger per Funk aus. Diese Positionskorrektur war notwendig, da eine absichtlich erzeugte Ungenauigkeit für zivile GPS-Nutzer eingeschaltet war. Die amerikanischen Betreiber konnten somit vorübergehend lokal die Genauigkeit einschränken, um die Systeme für Fremdanwender einzuschränken.
Seit einigen Jahren ist diese künstliche Verfälschung jedoch abgeschaltet, so-

↘ Nr. 4
Wo finden Sie in der Seekarte Angaben über das benutzte Bezugssystem und ggf. entsprechende Korrekturhinweise?
Am Kartenrand unter dem Titel.

↘ Nr. 99
Was ist bei Eintragung eines GPS-Ortes in eine Seekarte zu beachten?
Das Bezugssystem muss übereinstimmen. Dieses kann geschehen durch:
1. Auswahl und Einstellung des Kartenbezugssystems im Empfänger.
2. Manuelle Verschiebung des GPS-Ortes um die in der Seekarte angegebene N/S- und E/W-Korrektur.
3. Verwendung von Seekarten, die auf dem System WGS 84 beruhen.

↘ Nr. 101
Was bedeutet WGS 84 und was wird damit erreicht?
1. Globales Bezugssystem „World Geodetic System 1984“.
2. Mit diesem System (= Referenzellipsoid bei GPS) wird weltweit eine optimale Anpassung an die reale Form des gesamten Erdkörpers erreicht.

↘ Nr. 94
Was bedeutet die Abkürzung DGPS und nach welchem Prinzip arbeitet DGPS?
DGPS = Differential Global Positioning System. Hierbei handelt es sich um eine regionale Verbesserung der Ortsbestimmung. Dabei werden von Referenzstationen über Funk Korrekturwerte für die GPS-Messwerte an die Schiffe übertragen.

↘ Nr. 90
Wie groß ist die typische und realistische Genauigkeit von Positionen, die mit GPS und DGPS ermittelt werden?
1. GPS: 10–20 m bei einer Wahrscheinlichkeit von etwa 95%.
2. DGPS: 1–10 m bei einer Wahrscheinlichkeit von etwa 95%.

↘ Nr. 97
Was bedeutet die Aussage: „Die Ortsgenauigkeit beträgt 100 m mit einer Wahrscheinlichkeit von 95 %“?
Das Schiff befindet sich mit einer Wahrscheinlichkeit von 95 % in einem Fehlerkreis von 100 m Radius um den beobachteten Ort. Also: Jede 20. Ortsbestimmung (5 %) ist ungenauer als ca. 100 m.

Nr. 98

Wie kann man feststellen, ob die GPS-Position genau bzw. zuverlässig ist?

1. Durch den vom Empfänger angezeigten HDOP (horizontal dilution of precision = Satellitenverteilung).
2. Durch die vom Empfänger angezeigte Anzahl der getrackten Satelliten.
3. Durch Vergleich mit anderen Navigationssystemen und der Koppelposition.

Nr. 47

Warum müssen Sie Ihre Position regelmäßig in die Seekarte eintragen?

Um Abweichungen von der Kurslinie frühzeitig und sicher zu erkennen und um ggf. den Kurs zu berichtigen.

Nr. 5

Wie lautet ggf. der Korrekturhinweis bezüglich GPS in der Seekarte, wenn das benutzte Kartendatum (z. B. ED 50) und WGS 84 nicht übereinstimmen?

Durch Satellitennavigation (z. B. GPS) erhaltene Positionen im WGS 84 sind 0,... Minuten nordwärts/südwärts und 0,... Minuten westwärts/ostwärts zu verlegen, um mit dieser Karte übereinzustimmen.

dass auf DGPS verzichtet werden kann. Andere Systeme zur Verbesserung der Positionsberechnung, beispielsweise entgegen den Laufzeitendifferenzen der Funkwellenübertragung durch die Atmosphäre, werden jedoch zunehmend eingesetzt. Im militärischen Bereich oder der Verkehrsfliegerei stehen diese Techniken jedoch stärker im Vordergrund als im Wassersport.
Über die Qualität der ermittelten Position gibt der GPS-Empfänger unter anderem über den HDOP-Wert (horizontal dilution of precision) selbst Aufschluss. Hierbei wird die momentane Stellung der genutzten Satelliten zu Grunde gelegt. Flach über dem Horizont stehende Satelliten ergeben ungenauere Standlinie als hoch stehende. Da der GPS-Empfänger diese Bahninformationen ermitteln kann, wird die jeweilige Standortgenauigkeit berechenbar. Auch die Anzahl der gerade empfangbaren Satelliten lässt Rückschlüsse auf die Genauigkeit zu.

Parallel zu dem vorhandenen Satellitennavigationssystem, hauptsächlich für das US-amerikanische Militär entwickelt und somit auch von den USA finanziert, wird mit *Galileo* ein ähnliches europäisches System aufgebaut. Galileo wird ein rein ziviles Satellitennavigationssystem, mit umfangreichen Diensten und höherer Genauigkeit sein. Die Betriebsbereitschaft ist für Ende 2013 geplant.

GPS oder andere elektronische Navigationssysteme können aus der aktuellen Position und anzusteuernden Zielkoordinaten eine Vielzahl an Kursinformationen berechnen. Eine Auswahl stellt die Grafik auf Seite 186 dar.

Der Sollkurs ist die direkte Verbindung zwischen Start- und Zielort. Der jeweils aktuelle Kurs über Grund ist beeinflusst durch Wind, Strömung und Steuerfehler und kann von der Sollkurslinie wegführen. Der seitliche Abstand zur ursprünglichen Sollkurslinie wird auch Versetzung genannt. Um wieder das Ziel anzufahren, muss die Peilung auf das Ziel gesteuert werden. Sollen die Daten des GPS-Systems genutzt und mit dem Magnetkompass gesteuert werden, müssen die Beschickungen für Strom, Wind, Ablenkung und Missweisungen zusätzlich berücksichtigt werden.

Elektronische Seekarte

Kartenplotter (engl.: Chartplotter) sind Geräte, die die Informationen einer Seekarte elektronisch speichern und anzeigen können. In Verbindung mit einem GPS-Empfänger oder anderen elektronischen Navigationssystemen kann die eigene Position als Schiffssymbol mit Darstellung der Vorausrichtung in einer Abbildung der Seekarte erfolgen. So ist ein sehr guter Überblick der eigenen Fahrt und der voraus liegenden Gewässer mit möglichen Gefahrenstellen sehr einfach gewährleistet.
Kartenplotter gibt es als komplette Einheit, speziell auf den Wassersport zugeschnitten. Wasserdichte Geräte mit tages-

Monitor mit elektronischer Seekarte

lichttauglichen Bildschirmen können nahe dem Ruderstand direkt an Deck montiert werden, wobei die elektronischen Karteninformationen für ausgewählte Seegebiete auf austauschbaren Modulen gespeichert sind. Die Anbindung an andere Bordsysteme, z.B. das Echolot oder die Windmesseinheit, erlauben einen großen Funktionsumfang für den Nautiker. Bedingt durch die recht aufwendige wassersportgerechte Technik sind diese Systeme relativ teuer. Als günstigeres Pendant werden Navigationsprogramme für übliche tragbare Computer, Notebooks oder Handheld-PCs angeboten. Diese können zwar nur unter Deck am Navigationsplatz sicher eingesetzt werden, aber die notwendige Hardware steht vielen Anwendern bereits zur Verfügung.

Eine große Auswahl an Seekartenprogrammen wird für überschaubares Budget angeboten.

Grundsätzlich werden bei der Digitalisierung, also der Umwandlung der grafischen Seekarteninformationen in elektronische Form, zwei Verfahren unterschieden. Bei *gescannten Karten* wird – ähnlich einer Digitalkamera – nur ein Abbild der Original-Papierkarte als Grafikdatei erzeugt. Man spricht auch von einer Rasterkarte, die recht einfach und damit preiswert hergestellt werden kann. Die Informationsmenge zwischen Datei und Originalkarte ist exakt gleich. Bei der optischen Vergrößerung mit dem System – dem Hineinzoomen – werden zwar die Bildinformationen größer angezeigt, aber die Informationsdichte ändert sich nicht. Beim Verkleinern – dem Herauszoomen – werden die Abbildungen kleiner, eine größere Übersicht wird möglich, aber die Details lassen sich oft nicht mehr erkennen.

Anders werden *vektorisierte Karten* erstellt. Hierbei werden sämtliche Informationen der Seekarte als eigenständige Datensätze erfasst. Ein Seezeichen wird beispielsweise mit Position, Name, Nummer, Kennung und weiteren Informationen, eine Küstenlinie mit exakten Koordinaten des Verlaufs und der Beschaffenheit gespeichert. Das Seekartenprogramm setzt diese Informationen dann individuell wieder zu einer grafischen Übersicht zusammen. Der große Vorteil liegt in der spezifischen Auswahl der angezeigten Informationen. So können beim Hineinzoomen gezielt mehr Daten, beispielsweise die Wassertiefenwerte in einer Bucht oder die Festmachepfähle in

Nr. 105

Was bedeutet der Begriff AIS auf See?

AIS bezeichnet das automatische Identifizierungssystem (Automatic Identification System).

Nr. 106

Welche Aufgaben hat AIS?

Alle ausgerüsteten Schiffe senden automatisch (also ohne Aufforderung und menschliches Eingreifen) in regelmäßigen kurzen Abständen ihre Identität und einen schiffsbezogenen Datensatz. Außerdem können bei Bedarf sicherheitsrelevante Nachrichten („safety related messages") von Bord oder von Landstationen gesendet werden.

Nr. 107

Welche Reichweite hat ein AIS-Bordgerät und wovon ist sie abhängig?

Die Reichweite und Ausbreitungsbedingungen entsprechen denen von UKW. Bei Handelsschiffen kann man von 20 bis 30 sm ausgehen. Die Reichweite ist abhängig von der Antennenhöhe.

Nr. 108

Wie kann die Reichweite eines AIS-Bordgerätes landseitig erhöht werden und wie wirken sich dabei Hindernisse (z. B. Berge) aus?

Unter bestimmten Umständen kann die Reichweite heraufgesetzt werden (z. B. mithilfe von „Relaisstationen"), wobei ggf. auch abschattende Hindernisse umgangen werden können.

einer Marina eingeblendet werden. Beim Herauszoomen werden Detaildaten abgeschaltet und nur globale Informationen wie Schifffahrtsstraßen oder markante Leuchtfeuer angezeigt. Detailtreue und gute Übersicht können bei diesem System gleichermaßen perfekt dargestellt werden. Diese Vektorisierung der Daten ist allerdings sehr aufwendig und damit deutlich teurer.
Selbstverständlich muss auch bei dieser Art der Seekarte auf Aktualität und Zusammenspiel mit dem Kartendatum des GPS-Gerätes geachtet werden.

Elektronische Navigationsgeräte sind zweifellos eine große Hilfe bei der Yachtnavigation. Sie ermöglichen meist sofort die genaue Positionsangabe, ggf. sogar als Abbild in der elektronischen Seekarte.
Ihr Gebrauch darf jedoch nicht zur Nichtbeachtung des navigatorischen Grundwissens führen. Wind- oder Stromabdrift, häufig sogar Ablenkung und Missweisung werden darüber nicht selten vergessen und führen so zu erheblichen Steuerfehlern. Der immer wieder gern genannte Batterieausfall kommt zwar höchst selten vor, dann jedoch muss die Papierseekarte herangezogen werden. Wer dann nicht wenigstens die letzte GPS-Positionsangabe notiert hat, wird dies sofort bereuen.

Automatisches Identifikationssystem

AIS (Automatic Identification System) ist eine Ergänzung zu Radar, Sprechfunk und elektronischer Seekarte. Bei diesem System werden Schiffs-, Fahrt- und reisespezifische Daten und bei Bedarf Sicherheitsmeldungen in elektronischer Form an andere AIS-Teilnehmer in Funkreichweite gesendet. Landstationen zur Verkehrslenkung und -überwachung sind zusätzlich an AIS angebunden.
Im Bordsystem werden die notwendigen statischen Informationen (Schiffsname, Rufzeichen, ID, Maße etc.) und Reisedaten (Tiefgang, Reiseziel und Fahrtzustand, z.B. Ankerlieger) eingegeben, elektronische dynamische Navigationsdaten (Position mit Uhrzeit in UTC, Kurs, Geschwindigkeit etc.) laufend direkt abgefragt und in kurzen Abständen automatisch über speziell eingerichtete Funkkanäle übermittelt.

Durch die üblichen UKW-Funkreichweiten werden diese Daten, bei Handelsschiffen bis zu einer Entfernung von 30 sm, an andere mit AIS-Empfängern ausgerüstete Schiffe gesendet. Relaisstationen können diese Reichweite noch vergrößern. Auf AIS-Displays oder AIS-tauglichen Radargeräten sind so AIS-sendende Fahrzeuge mit Vorausvektor und umfangreichen Fahrinformationen gut interpretierbar dargestellt. Die Verkehrssituation ist so für alle beteiligten Schiffe und die Verkehrsleitzentralen einfacher zu beurteilen. Gegenüber Radar, bei dem durch Seegang oder starke Niederschläge schwache Echosignale „verloren" gehen können, werden Objekte mit AIS viel eindeutiger auf den Systemen angezeigt. Selbst hinter Inseln

AIS-Darstellung in der elektronischen Seekarte

sind „versteckte“ AIS-Objekte eindeutig zu erkennen.
Vorsicht ist jedoch geboten, da durch die Informationsflut auf mit AIS-Empfänger ausgerüsteten Schiffen nun nicht AIS-sendende Sportboote leicht auf dem Radar übersehen werden. Stellt aus wichtigem Grund ein AIS-ausgerüstetes Schiff sein System ab oder das für die Zeitsynchronisierung notwendige GPS-Gerät fällt aus, werden die AIS-Daten nicht mehr gesendet.

Sind in einem Gebiet zu viele AIS-Sender aktiv, so werden einzelne Informationen unterdrückt. Nicht immer kann somit sichergestellt werden, dass AIS-ausgerüstete Schiffe auch wirklich auf jedem AIS-Empfänger angezeigt werden.

Kombinierte Geräte aus Radar, GPS, Kartenplotter und neuerdings sogar mit AIS werden inzwischen auch für den Freizeitskipper angeboten. Die Vorteile der einzelnen Systeme sind so perfekt verknüpft. Radarziele mit AIS-Fahrtdaten werden in der Seekarte direkt angezeigt. Selbst bei unsichtigem Wetter wird so ein Maximum an navigatorischen Informationen für eine sichere Fahrt zur Verfügung stehen. Ein

Nr. 109

Welche AIS-Daten werden von Schiffen aus der Berufsschifffahrt gesendet?

- Statische Daten: ID, Rufzeichen, Länge und Breite des Schiffes u. a.
- Dynamische Daten (i. W. Sensordaten): UTC, Position, Heading, Kurs und Fahrt über Grund, ggf. Rate-of-turn, Fahrtstatus (z. B. Maschinenfahrzeug mit Fahrt durchs Wasser, Ankerlieger, manövrierbehindertes Fahrzeug.
- Reisebezogene Daten: Tiefgang, Zielort (Destination), ETA u. a.

Nr. 111

Wie ist die Genauigkeit von AIS-Daten zu beurteilen (Position und manuell eingegebene Daten)?

- Position:
  Mit AIS wird zusätzlich zur GPS-Position eines Schiffes die Information übertragen, ob es sich um einen GPS- oder DGPS-Ort handelt. Ist die GPS-Position eines Schiffes falsch, wird diese falsche Position auf allen anderen Schiffen angezeigt.
- Manuell eingegebene Daten:
  Es muss damit gerechnet werden, dass Zielort, Tiefgang, Fahrtstatus u. a. falsch sind, wenn sie – z. B. aus Nachlässigkeit – nicht von der Schiffsführung aufdatiert werden.

Nr. 110

Wann kann man sich auf die Verfügbarkeit und Anzeige von AIS-Signalen anderer Fahrzeuge verlassen? Nennen Sie die wesentlichen Voraussetzungen!

Andere Fahrzeuge werden nur angezeigt, wenn das Fahrzeug auch sendet, d. h., wenn

1. das Fahrzeug mit AIS ausgerüstet ist,
2. das sendende Fahrzeug AIS nicht abgeschaltet hat (darf der Kapitän allerdings nur bei bestimmten zwingenden Gründen),
3. GPS aktiv ist und
4. aus Kapazitätsgründen (z. B. durch zu viele Schiffe in einem Seegebiet = „target overflow") keine Fahrzeuge ausgeschlossen werden.

Nr. 112

Welche besondere Bedeutung hat AIS für die Sportschifffahrt im Vergleich mit der Radaranzeige auf anderen Schiffen?

Sportfahrzeuge werden häufig auf den Radargeräten anderer Schiffe nicht sicher angezeigt bzw. die Anzeigen gehen im Seegangsclutter oder in der Informationsfülle unter. Da jetzt auf vielen Schiffen die AIS-Daten zusätzlich im Radar dargestellt werden, besteht die Gefahr, dass Sportfahrzeuge noch weniger auffällig sind, wenn sie nicht selbst mit AIS ausgerüstet sind.

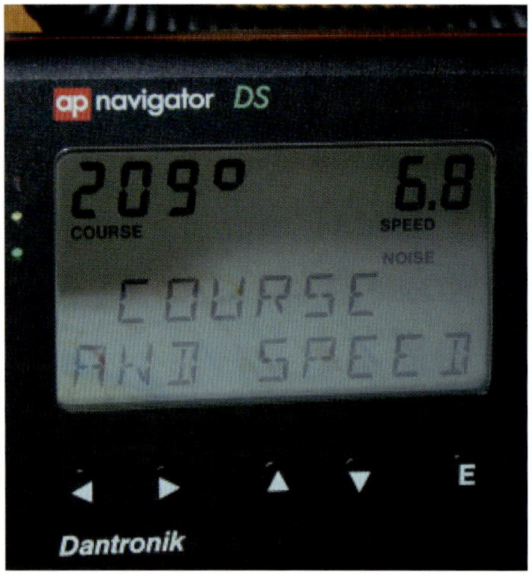

GPS-Navigator

Logbuch

guter Skipper ist sich jedoch auch über die Risiken durch Fehlbedienung, Ablesefehler und technische Einschränkungen bewusst. Gute Seemannschaft, Ausguck halten und ständige Selbstüberprüfung darf trotz der modernen Bordsysteme nicht außer Acht gelassen werden.

Navigationsausrüstung

Das internationale Übereinkommen zum Schutz des menschlichen Lebens auf See (engl.: International Convention for the Safety of Life at Sea – SOLAS) schreibt folgende Navigationsausrüstungen für seegehende Sportboote verbindlich vor:

1. kompensierter Magnetkompass am Hauptsteuerstand
2. Peilvorrichtung
3. terrestrisches oder satellitengestütztes elektronisches Navigationssystem
4. Lot
5. Logge
6. Fernglas
7. Barometer
8. Weltempfänger für Rundfunkempfang von Wettermeldungen
9. aktuelle berichtigte Seekarten und nautische Unterlagen für das zu befahrende Seegebiet
10. Logbuch
11. Uhr

Darüber hinaus geben nationale Verbände, z. B. die Kreuzerabteilung des DSV, Ausrüstungsempfehlungen heraus. So werden auch für Kurzfahrten nahe der Küste Steuer- und Peilkompass, Lot, Logge und Uhr dringend empfohlen.

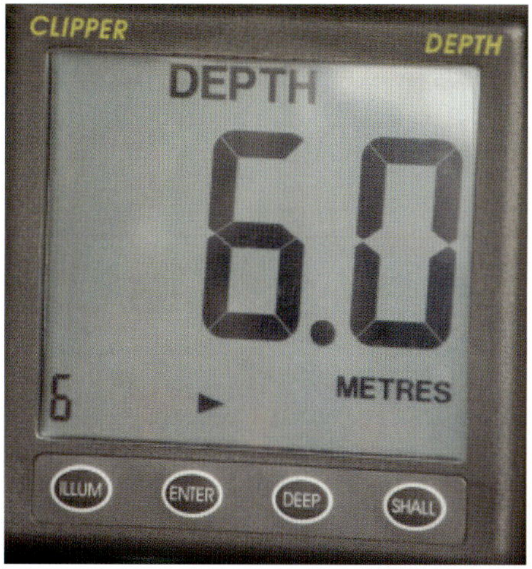

Lot

Kompass

DSC-Funkanlage

Fernglas mit Kompasspeilung

Nr. 113

Welche Navigationsgeräte sollten Sie auf einer Yacht auch bei Kurzfahrten nahe der Küste mindestens an Bord haben?

Steuerkompass, Peilkompass, Lot, Log, Uhr.

Nr. 114

Was gehört zur navigatorischen Mindestausrüstung einer Yacht in Küstengewässern?
Nennen Sie mindestens 6 Beispiele.

1. Steuerkompass,
2. Peileinrichtung,
3. terrestrisches oder satellitengestütztes Funknavigationsgerät,
4. Log,
5. Lot,
6. Fernglas,
7. Barometer,
8. Weltempfänger für Rundfunk,
9. Seebücher und auf den neuesten Stand berichtigte Seekarten für das zu befahrende Seegebiet,
10. Logbuch,
11. Uhr/Zeitmesser.

Schifffahrtsrecht

Ein harmonisches Miteinander auf den Meeren wird durch nationale und internationale Regeln sowie Bedingungen zum Umweltschutz, die zum Schifffahrtsrecht zusammengestellt sind, ermöglicht.

3. Schifffahrtsrecht

In den Anfängen der Seefahrt gab es kaum Gelegenheiten, sich auf dem Wasser zu begegnen. Nur wenige Schiffe waren unterwegs. Später galt wohl eher das Recht des Stärkeren. Wer die größere Galeere hatte, dem gebührte die Vorfahrt.
Größe kann aber heutzutage auf den viel befahrenen Schifffahrtsstraßen nicht mehr entscheidend sein. Wie im Straßenverkehr werden daher Regeln benötigt, doch ist die Ausgangslage eine ganz andere. Im Gegensatz zu der festgelegten Infrastruktur an Land, mit Wegen und Kreuzungen, gibt es diese auf dem Wasser nur sehr eingeschränkt. Riesige Containerschiffe und kleine Sportboote haben sehr unterschiedliche Fahreigenschaften. Sie nähern sich aus den unterschiedlichsten Richtungen und besonders bei Nacht kann es zu unübersichtlichen Situationen bei der Begegnung kommen. Zu einer klaren „Rechts-vor-links-Situation" kommt es dabei nur selten.
Unbedingt notwendig ist daher ein verbindliches Regelwerk, das für alle Schiffe gilt, egal ob Freizeitboot, Frachter oder großer Tanker. Nur so können alle Schiffe gemeinsam und sicher die Schifffahrtswege nutzen.
Selbstverständlich gilt auch in der Seefahrt immer die Grundregel, dass kein anderer geschädigt, gefährdet oder mehr als unvermeidbar behindert oder belästigt wird (SeeSchStrO § 3 [1]). Jeder Verkehrsteilnehmer muss die Sicherheit und Leichtigkeit des Verkehrs gewährleisten.

Polizeifahrzeug im Einsatz

Internationale, nationale und lokale Rechtsordnungen

Es gibt vielfältige lokale, nationale und internationale Rechtsregelungen, denn Schifffahrt findet über die Grenzen eines Landes hinaus statt. Nationale Regelungen reichen daher im grenzüberschreitenden Verkehr nicht aus und auch auf hoher See, außerhalb der eigentlichen Ländergrenzen (Hoheitsgewässer), müssen einheitliche Regeln gelten.
Aus diesem Grund hat die IMO (International Maritime Organization), eine Unterorganisation der UNO (United Nations Organization), weltweit anerkannte und gültige Regelungen erarbeitet. Diese *International Regulations for Preventing Collisions at Sea* (COLREG), im Deutschen *Kollisionsverhütungsregeln* oder kurz KVR, enthalten eine Vielzahl an Vorschriften, aber auch Empfehlungen und Sicherheitshinweise. Laut den KVR sind beispielsweise Wasserflächen im Umkreis von 500 m um Plattformen, Bohrinseln oder Forschungsanlagen als *Sicherheitszone*

↘ Nr. 55

Was fordern die Grundregeln für das Verhalten im Verkehr?

Jeder Verkehrsteilnehmer

1. muss die Sicherheit und Leichtigkeit des Verkehrs gewährleisten,
2. darf andere (nicht nur Verkehrsteilnehmer!) nicht schädigen, gefährden oder mehr als unvermeidbar behindern oder belästigen.

↘ Nr. 1

Was sind „Sicherheitszonen" im Sinne der Verordnung zu den KVR?

Sicherheitszonen sind Wasserflächen im Umkreis von 500 m um Plattformen, Bohrinseln, Forschungsanlagen u. a., die nicht befahren werden dürfen.

↘ Nr. 88 → S. 197

Was versteht man unter dem Begriff „Küstenmeer"?

Die seewärts der Küstenlinie bei mittlerem Hochwasser oder der Basislinie gelegenen Meeresgewässer bis zu einer Breite von 12 sm.

grundsätzlich für die Schifffahrt gesperrt. Besonders wichtig sind die fast weltweit gültigen Ausweichregeln.
Ergänzend zu den KVR gibt es in vielen Ländern nationale Zusatzregelungen. Die *Seeschifffahrts-* und *Binnenschifffahrtsstraßen-Ordnungen* stellen in Deutschland zwei dieser Ergänzungen dar. Darüber hinaus gibt es auch lokal oder temporär gültige Zusatzverordnungen, wie z. B. spezielle *Hafenordnungen* in großen Häfen.
Diese Regelwerke stehen nicht im Widerspruch zueinander. Die jeweils nationale Gesetzgebung stellt eine Ergänzung des internationalen Rechts dar. Lokale Auflagen sind wiederum eine Erweiterung des nationalen Rechts. Darüber hinaus gibt es zu beachtende Befahrensregelungen, u. A. für Naturschutzgebiete.

Die Geltungsbereiche der genannten Regeln sind in den Seekarten vermerkt oder in nautischen Unterlagen verzeichnet.
Auf allen internationalen Gewässern, also auf hoher See und auf allen Gewässern, die von Seeschiffen befahren werden können, gelten die KVR.
Die Seeschifffahrtsstraßen-Ordnung (SeeSchStrO) gilt als Ergänzung auf deutschen Gewässern innerhalb der Dreimeilenzone und auf allen als Fahrwasser gekennzeichneten deutschen Schifffahrtsstraßen. (Eine Ausnahme stellt die Schifffahrtsordnung Emsmündung [SchO Ems] dar. Weil die Emsmündung Grenzfluss zwischen den Niederlanden und Deutschland ist, werden in der SchO Ems die Gesetze beider Länder berücksichtigt. Auch auf der in die Ems mündenden Leda gilt die SchO Ems.)
Besondere *Bekanntmachungen der Wasser- und Schifffahrtsdirektionen* (WSD) beinhalten lokale oder befristete Sonderregelungen wie Sperrungen oder Gebote.
Grundlage für die *Reichweitenmessung* der Dreimeilenzone, der nationalen Hoheitsgewässer (üblicherweise 12 sm), der Anschlusszone (≤ 24 sm) und der ausschließlichen Wirtschaftszone (≤ 200 sm) ist prinzipiell die Küstenlinie.
In Tidengewässern hat diese Küstenlinie, bedingt durch die verschiedenen Wasserstände, jedoch ständig unterschiedliche Positionen. Daher wird hier eine fiktive *Basislinie*, die ebenfalls in den Seekarten verzeichnet ist, als Bezugsgrundlage festgelegt. Auch in tidenfreien Gewässern kann solch eine Basislinie bei sehr unregelmäßigem Küstenverlauf als Bezugslinie eingetragen sein. Die Basislinie ist die Trennung zwischen den inneren Gewässern und dem Küstenmeer.

Für das Verhältnis der Regelwerke zueinander bedeutet das zusammengefasst, dass das spezielle (lokale) Recht über dem allgemeinen Recht steht. Die Anwendung erfolgt also in der Priorität von unten nach oben, dargestellt in der folgenden Aufzählung.

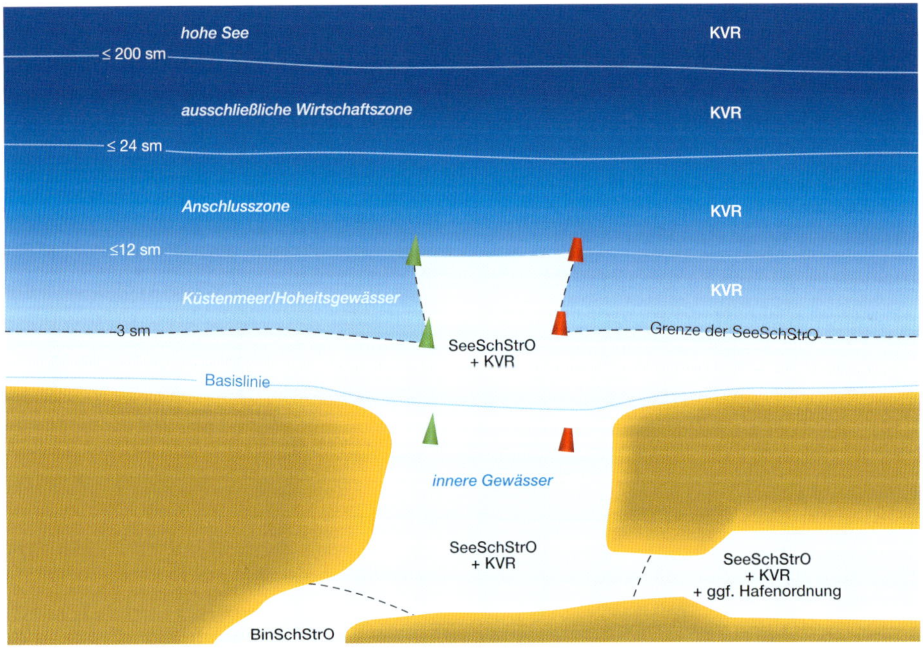

Geltungsbereiche mit Basislinie

Geltungsbereiche

- Die Grenze zwischen der Binnen- und Seeschifffahrtsstraße ist fiktiv festgelegt und in den Seekarten verzeichnet. Landeinwärts gilt die BinSchStrO.
- Anschließend gilt die SeeSchStrO bis zu 3 sm von der Basislinie aus und in darüber hinausgehenden betonnten Fahrwassern bis zu 12 sm. Dieser Bereich bis 12 sm wird als Küstenmeer bezeichnet.
- Die KVR gelten auf hoher See, aber auch auf allen von Seeschiffen zu befahrenden Gewässern der Küstenstaaten.
- Hafenordungen gelten in Seehäfen.
- Allgemein werden die Gewässer bis zur Basislinie als „innere Gewässer" bezeichnet.
- Die Basislinie ersetzt die Niedrigwasserlinie als Bezugslinie für weitere Grenzen in Tidengewässern.
- Bis zu 12 sm dürfen die Hoheitsgewässer ausgedehnt sein.
- Bis zu 24 sm breit folgt die Anschlusszone. In ihr darf der Küstenstaat Kontrollaufgaben wahrnehmen.
- Die ausschließliche Wirtschaftszone ermöglicht die Nutzung durch den Küstenstaat.
- Als „hohe See" wird der Bereich außerhalb der ausschließlichen Wirtschaftszone bezeichnet. Hier bestehen keinerlei Hoheitsrechte mehr.

Nr. 60

Wo und unter welcher Bedingung gelten im Geltungsbereich der SeeSchStrO die KVR?

Die KVR gelten im gesamten Geltungsbereich der SeeSchStrO innerhalb und außerhalb der Fahrwasser, soweit die SeeSchStrO nicht ausdrücklich etwas anderes bestimmt (z. B. Vorfahrt, Grundsatz des Vorranges der spezielleren Rechtsvorschrift vor der allgemeineren).

Nr. 57

Was sind Seeschifffahrtsstraßen im Sinne der SeeSchStrO?

Seeschifffahrtsstraßen im Sinne dieser Verordnung sind:

1. Wasserflächen zwischen der Küstenlinie bei mittlerem Hochwasser oder der seewärtigen Begrenzung der Binnenwasserstraßen und einer Linie von drei Seemeilen seewärts der Basislinie,
2. die durchgehend durch laterale Zeichen (Tonnen) begrenzten Wasserflächen der seewärtigen Teile der Fahrwasser im Küstenmeer,
3. Wasserflächen zwischen den Ufern bestimmter Binnenwasserstraßen.

Nr. 89

Was versteht man unter dem Begriff „innere Gewässer"?

Als „innere Gewässer" bezeichnet man die Gewässer landwärts der Basislinien.

Nr. 58

Was sind Fahrwasser im Sinne der SeeSchStrO?

Fahrwasser sind die Teile der Wasserflächen, die durch Tonnen (laterale Zeichen) begrenzt oder gekennzeichnet sind oder die, soweit das nicht der Fall ist, auf den Binnenwasserstraßen für die durchgehende Schifffahrt bestimmt sind.

Nr. 59

Welche verkehrsrechtlichen Bestimmungen gelten auf deutschen Seeschifffahrtsstraßen?

Auf deutschen Seeschifffahrtsstraßen gelten:

1. die KVR,
2. die Seeschifffahrtsstraßen-Ordnung, ggf. die Bekanntmachungen der Wasser- und Schifffahrtsdirektionen (WSD) Nord und Nordwest,
3. ggf. die Hafenordnungen.

Nr. 90

Was versteht man unter dem Begriff „Basislinie" und wo finden Sie diese?

Als Basislinie bezeichnet man die Grenze zwischen den inneren Gewässern (eines Staates) und dem Küstenmeer. Basislinien sind in Seekarten eingezeichnet.

Allgemeine Begriffsbestimmungen

Fahrzeuge und Fahrzeuggruppen

Im Straßenverkehr an Land ist es unerheblich, ob sich ein Lastkraftwagen mit einem Personenkraftwagen oder ein Bus mit einem Fahrrad an einer Kreuzung trifft. Die Verkehrsregeln sind entweder durch Beschilderung geregelt oder es gilt „rechts vor links".

In der Schifffahrt ist die Ausgangslage völlig anders, da wegen unterschiedlicher Manövriereigenschaften, Tiefgang u. Ä. Rücksicht auf den Fahrzeugtyp oder den Einsatz eines Schiffes genommen werden muss. So ist beispielsweise ein Fischerboot mit ausgebrachten Netzen nicht so manövrierfähig wie eine Segelyacht.

Vor der Beschäftigung mit den Verkehrsregeln sind daher zuerst die verschiedenen Fahrzeuggruppen zu betrachten. Vereinfacht gesagt, wird als Fahrzeug jede Art von Transportmittel bezeichnet, das zur Beförderung auf dem Wasser eingesetzt werden kann. Dabei werden entsprechend den Allgemeinen Bestimmungen der KVR folgende Fahrzeuggruppen unterschieden:

Maschinenfahrzeuge sind Fahrzeuge mit Maschinenantrieb. Lediglich innerhalb der Seeschifffahrtsstraßen-Ordnung gelten, im Gegensatz zu den KVR, Jetskis (Wassermotorräder) nicht als Maschinenfahrzeug.

Auch ein Segelfahrzeug, das seine Maschine zusätzlich eingekuppelt hat, gilt als Maschinenfahrzeug und muss dieses durch einen gesetzten Kegel (Spitze unten) im Vorschiffsbereich gut sichtbar anzeigen.

Segelfahrzeuge sind Fahrzeuge unter Segel, die eine eventuell vorhandene Maschine nicht nutzen. *Fischereifahrzeuge* sind Fahrzeuge, die mit Leinen, Netzen oder Ähnlichem fischen und dadurch in ihrer Manövrierfähigkeit eingeschränkt sind. Ein Sportangler in einem kleinen Sportboot gilt in diesem Sinne jedoch nicht als Fischer.

Manövriereigenschaften

Zusätzlich zu diesen Fahrzeuggruppen ist auch die Einschätzung der Manövriereigenschaften zu beachten.

Maschinenfahrzeuge können aufgrund ihres Einsatzes (z. B. Unterwasser- oder Baggerarbeiten, Verlegen von Tonnen oder Kabeln) als *manövrierbehindert* eingestuft werden, wenn diese durch ihren Einsatz anderen Fahrzeugen nicht regelgerecht ausweichen können.

Begegnung zwischen Tanker und Segler

Fahrzeuge mit großem Tiefgang (z. B. große Fähren auf der Trave an der Ostseeküste), die sich in einem relativ flachen oder engen Fahrwasser bewegen, gelten als *tiefgangbehindert*, wenn sie erheblich behindert sind, von ihrem Kurs abzuweichen. Andere Fahrzeuge müssen die sichere Durchfahrt dieser Fahrzeuge ermöglichen.

Außergewöhnliche Umstände, wie z. B. ein Maschinenschaden, können die Fahreigenschaften eines Fahrzeuges einschränken. Diese Fahrzeuge gelten dann als manövrierunfähig, wenn sie anderen Fahrzeugen nicht mehr ausweichen können.

Ein Segler oder Sportboot kann daher zwar als *manövrierunfähig* gelten, z. B. durch einen plötzlichen Schaden an der Ruderanlage, jedoch niemals als manövrierbehindert. Ein Segler ohne Motor (z. B. eine Jolle) kann sich allerdings in der Flaute nicht als manövrierunfähig bezeichnen.

Unter Umständen ist ein Manövrierunfähiger weniger in seinen Fahreigenschaften eingeschränkt als ein Manövrierbehinderter, denn diese beiden Begriffe sagen nichts über die Schwere der jeweiligen Einschränkung aus.

Begriffe der Situationsbeschreibung

Gesetzestexte wirken für den Außenstehenden oft schwer verständlich, doch liegt ihr Sinn darin, auf der Basis von klar definierten Begriffen Regelungen möglichst eindeutig festzulegen. Zur Beschreibung der in Gesetzestexten beschriebenen Situationen werden folgende Definitionen eingeführt:

- Ein Fahrzeug gilt als *in Fahrt*, wenn es nicht an Land oder Grund festgemacht oder festgekommen ist.
- Ist man auf Grund gelaufen, gilt man als *Grundsitzer* und somit als nicht mehr in Fahrt.
- Ein Fahrzeug *mit Fahrt* (durchs Wasser) bewegt sich aktiv vorwärts (oder rück-/seitwärts).
- Ein Fahrzeug *ohne Fahrt* (durchs Wasser) treibt lediglich.

Damit ist z. B. ein Segler ohne Motor in der Flaute in Fahrt, aber ohne Fahrt durch Wasser.
Auch die Tages- und Nachtzeiten sind in der Seefahrt genau definiert. So gilt der Zeitraum zwischen Sonnenauf- und Sonnenuntergang als *Tag*, entsprechend der Zeitraum von Sonnenunter- bis Sonnenaufgang als *Nacht*.
Als *sichere Geschwindigkeit* wird die Geschwindigkeit bezeichnet, bei der unter den jeweiligen Umständen, also den Sicht- und Wetterbedingungen oder dem Manövrierverhalten des Fahrzeugs, sicher gefahren und ein Zusammenstoß vermieden werden kann. Unter Umständen ist erst ein Aufstoppen als „sicher" zu bezeichnen – andererseits können aktive Manöver nur bei langsamer Fahrt gefahren werden.
Unmittelbar praktisch relevant sind Festlegungen dieser Art insbesondere für die Lichterführung.

↘ Nr. 9
Was ist ein „manövrierbehindertes Fahrzeug"?
Manövrierbehindert ist ein Fahrzeug, das durch die Art seines Einsatzes behindert ist (z. B. Bagger, Kabelleger), regelgerecht zu manövrieren, und daher einem anderen Fahrzeug nicht ausweichen kann.

↘ Nr. 10
Nennen Sie mindestens 3 Beispiele für „manövrierbehinderte Fahrzeuge".
1. Tonnenleger, Kabelleger, Rohrleger im Einsatz,
2. Bagger, Vermessungsfahrzeuge im Einsatz,
3. Versorger im Einsatz,
4. Flugzeugträger im Einsatz,
5. Minenräumfahrzeuge im Einsatz,
6. Fahrzeuge während eines Schleppvorganges, bei dem das schleppende Fahrzeug und sein Anhang erheblich behindert sind, vom Kurs abzuweichen.

↘ Nr. 8
Was ist ein „manövrierunfähiges Fahrzeug"?
Manövrierunfähig ist ein Fahrzeug, das wegen außergewöhnlicher Umstände (z. B. Ruderbruch) nicht regelgerecht manövrieren und daher einem anderen Fahrzeug nicht ausweichen kann.

↘ Nr. 45
1. **Wie muss sich ein Sportfahrzeug gegenüber einem tiefgangbehinderten Fahrzeug verhalten?**
2. **Schlagen Sie entsprechende Maßnahmen/Manöver vor.**

1. Das Sportfahrzeug muss vermeiden, die sichere Durchfahrt eines tiefgangbehinderten Fahrzeugs zu behindern.
2. Dies kann durch eine frühzeitige Kursänderung, Geschwindigkeitsänderung oder beides geschehen.

↘ Nr. 11
Was ist unter „sicherer Geschwindigkeit" zu verstehen?
Das Fahrzeug muss jederzeit innerhalb einer solchen Entfernung zum Stehen gebracht werden können, dass ein Zusammenstoß vermieden wird.

↘ Nr. 17 → S. 200
Was müssen Sie hinsichtlich der Zeiten der Lichterführung beachten?
Die Lichter müssen geführt werden
1. zwischen Sonnenuntergang und Sonnenaufgang,
2. bei verminderter Sicht auch zwischen Sonnenaufgang und Sonnenuntergang.

Tag-, Licht- und Schallsignale

Nicht nur bei Nacht und Nebel, sondern auch tagsüber ist es nicht immer einfach und eindeutig, Fahrzeuge zu erkennen sowie – darüber hinaus – deren Manövriereigenschaften einzuschätzen und die dadurch für die eigene Schiffsführung notwendigen und richtigen Schlussfolgerungen zu ziehen. Um dem Schiffsführer diese Einschätzungen zu erleichtern, gibt es entsprechende Informationen als *Sicht- oder Schallsignale*.

Sichtsignale

Bei den Sichtsignalen unterscheidet man grundsätzlich zwischen Tag- und Nachtsignalen. *Tagsignale* sind Signalkörper, die in der Silhouette als Ball, Kegel, Zylinder oder Rhombus oder als Kombinationen daraus zu erkennen sind.

Auch können Flaggen oder Tafeln als Signalkörper dienen.

Tagsignale werden entweder an einem Signalmast oder einer anderen geeigneten Stelle gesetzt, die eine möglichst gute Erkennung durch andere ermöglicht.

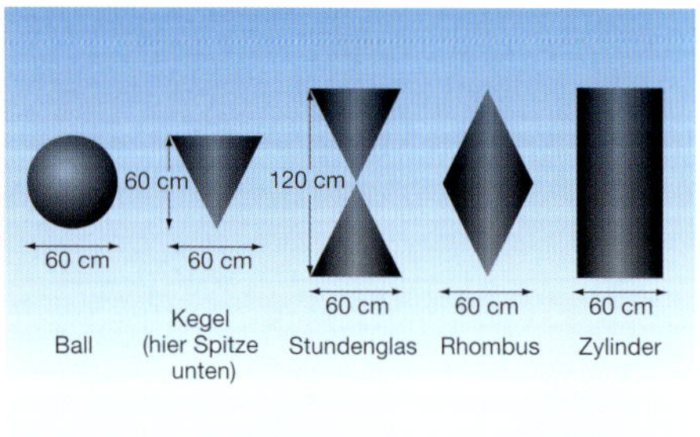

Tagsignale

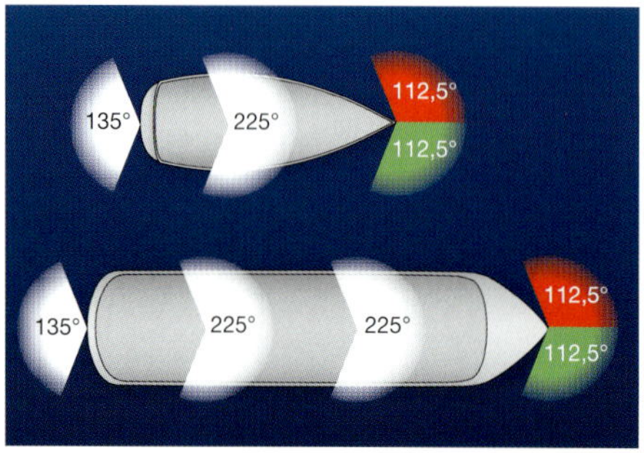

Sektoren der Lichter

Nachtsignale, oder besser *Lichtsignale*, sind Lichter mit bestimmten Farben und genau definierten Leuchtbereichen (Sektoren).

Gerade nachts oder bei verminderter Sicht haben diese Signale naturgemäß eine sehr hohe Bedeutung und müssen entsprechend eingeschaltet bzw. geführt werden. Aufgrund ihrer Sichtweite und Eindeutigkeit stellen sie für andere Schiffsführer eine sehr wichtige Informationsgrundlage für deren Manöverentscheidungen dar.

Deshalb müssen auch die diversen gesetzlichen Vorschriften zur Bauart und Montage unbedingt eingehalten werden. Das Gleiche gilt für ihre Anwendung. Lichter dürfen nicht verdeckt sein oder von anderen Leuchtmitteln an Bord überstrahlt werden.

Die Informationen, die diese Lichter geben können, sind vielfältig. Sie lassen nicht nur Rückschlüsse auf die Fahrtrichtung eines Schiffes zu, sondern kennzeichnen auch verschiedene Fahrzeuggruppen oder -größen.

Grundsätzlich führen alle Fahrzeuge je ein rotes und grünes *Seitenlicht* und ein weißes *Hecklicht*; diese drei zusammen werden oft als Navigations- oder Positionslichter bezeichnet.

Maschinenfahrzeuge zeigen darüber hinaus ein oder zwei weiße *Topplichter*, umgangssprachlich „Dampferlicht" genannt. Zusätzliche weiße oder farbige *Rundumlichter* weisen auf Sonderfahrzeuge oder bestimmte Tätigkeiten hin.

Schallsignale

Schallsignale sind unentbehrlich bei Nebel und in sichteingeschränkten Situationen. Sie dienen dazu, eine Manöverabsicht mitzuteilen oder aber die eigene Anwesenheit anzuzeigen.

Schallsignale können durch Hupen – man spricht in der Seefahrt von Pfeifen (aus der alten Dampfschifffahrtzeit) –, Glocken und bei großen Schiffen auch durch Gongs erzeugt werden. Sie bestehen aus Kombinationen von langen Tönen (je 4–6 Sekunden), kurzen Tönen (je ca. 1 Sekunde) oder einzelnen oder anhaltenden Glocken- oder Gongschlägen.

In den folgenden Übersichten wird diese Symbolik verwendet:

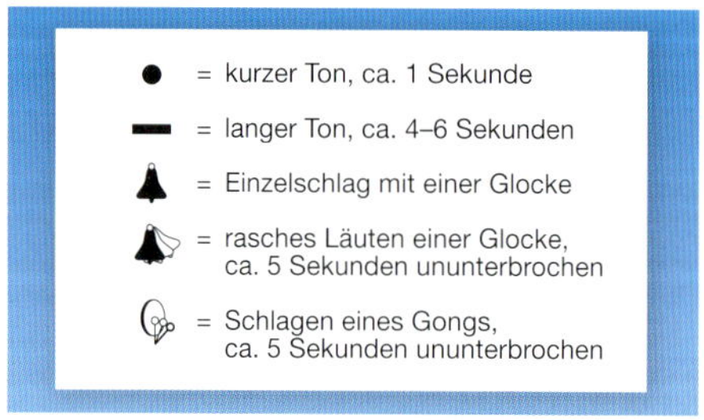

Schallsignale bei verminderter Sicht gemäß KVR

Beschreibung	Schallsignal	Wiederkehr (mindestens)
Quer im Fahrwasser liegend < 100 m	🔔 🔔 🔔 🔔 🔔	jede Minute
Quer im Fahrwasser liegend > 100 m	🔔 🔔 🔔 🔔 🔔	jede Minute
Bei Schifffahrtshindernissen liegend, Bb.-Seite Fahrwasser	🔔 🔔 🔔 🔔 🔔	jede Minute
Bei Schifffahrtshindernissen liegend, Stb.-Seite Fahrwasser	🔔 🔔 🔔 🔔 🔔 🔔 🔔	jede Minute
Bei Schifffahrtshindernissen liegend, Mitte Fahrwasser	🔔 🔔 🔔 🔔 🔔 🔔 🔔 🔔	jede Minute
Bugsierendes Maschinenfahrzeug	— • — —	alle 2 Minuten

Allgemeine Schallsignale gemäß KVR

Beschreibung	Schallsignal
Ich beabsichtige eine Kursänderung nach Steuerbord	•
Ich beabsichtige eine Kursänderung nach Backbord	• •
Meine Maschine läuft rückwärts	• • •
Ich will Sie an Ihrer Steuerbordseite überholen	— — •
Ich will Sie an Ihrer Backbordseite überholen	— — • •
Ich unterstütze Ihr Überholmanöver	— • — •
Ich habe Zweifel, ob sicheres Überholen möglich ist!	• • • • •
Ich mache Sie auf Ihre Ausweichpflicht aufmerksam!	• • • • •

Allgemeine Schallsignale gemäß SeeSchStrO

Beschreibung	Schallsignal
Achtung	—
Allgemeines Gefahr- und Warnsignal (mind. 5x pro Min.)	— • • • • — • • • •
Bleib-weg-Signal	• — (ist fortlaufend zu geben)
Ich will links ausweichen	— • • • •

Schallsignale

Nr. 63

Wann ist von einem Fahrzeug auf einer Seeschifffahrtsstraße das „allgemeine Gefahr- und Warnsignal“ zu geben und wie lautet es?

Gefährdet ein Fahrzeug ein anderes Fahrzeug oder wird es durch dieses selbst gefährdet, hat es, soweit möglich, rechtzeitig das Schallsignal zu geben: ein langer Ton, vier kurze Töne; ein langer Ton, vier kurze Töne.

Nr. 62

Auf der Elbe hören Sie nachts vor sich von einem Fahrzeug, das zusätzlich zu seinen Fahrtlichtern ein rotes Rundumlicht führt, fortwährend das Schallsignal kurz-lang.

Um welches Schallsignal handelt es sich, wann ist es zu geben und wie verhalten Sie sich?

Es handelt sich um das Bleib-weg-Signal, das von einem Fahrzeug gegeben wird, bei dem bestimmte gefährliche Güter oder radioaktive Stoffe frei werden oder drohen frei zu werden oder es besteht Explosionsgefahr.

Man hat sich mit seinem Fahrzeug möglichst weit von dem anderen Fahrzeug zu entfernen (sicherer Abstand) und darf keine elektrischen Schalter bedienen. Kein offenes Feuer.

Fahrzeug/Lichter	Lichterführung	Nebelschallsignale	Hinweise
Kleinfahrzeug < 7 m Mindestens bei Annäherung anderer Fahrzeuge eine weiße Lampe zeigen			
Segelfahrzeug < 7 m Mindestens bei Annäherung anderer Fahrzeuge eine weiße Lampe zeigen		mind. alle 2 Minuten: — • •	
Segelfahrzeug < 20 m Mindestens Dreifarbenlicht am Masttopp	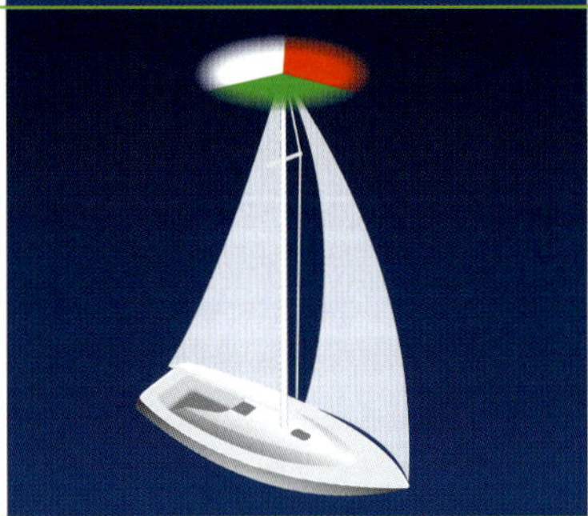	mind. alle 2 Minuten: — • •	Wird zusätzlich die Maschine eingesetzt, muss am Tage deutlich sichtbar ein Kegel im Vorschiffsbereich und bei Nacht die Lichterführung eines Maschinenfahrzeuges gezeigt werden. ↘ Nr. 16
Segelfahrzeug < 20 m Zweifarbenlampe für die beiden Seitenlichter und Hecklicht, Segler dürfen zusätzlich ein rotes über grünem Rundumlicht im Mast zeigen		mind. alle 2 Minuten: — • •	↘ Nr. 38, ↘ Nr. 39, ↘ Nr. 40

Fahrzeug/Lichter	Lichterführung	Nebelschallsignale	Hinweise
Maschinenfahrzeug **< 7 m und < 7 kn** Ein weißes Rundumlicht und wenn möglich Seitenlichter		mind. alle 2 Minuten: mit FdW: — ohne FdW: — —	
Maschinenfahrzeug **< 12 m** Seitenlichter und statt Heck- und Topplicht ein weißes Rundumlicht	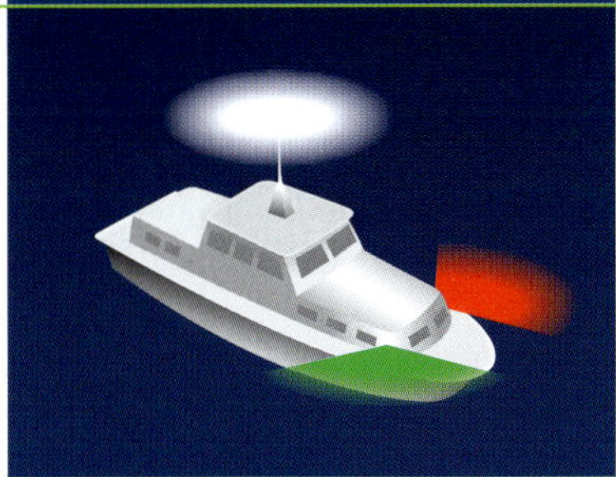	mind. alle 2 Minuten: mit FdW: — ohne FdW: — —	
Maschinenfahrzeug **< 50 m** Seitenlichter, Heck-, Topplicht (darf 2. Topplicht führen)	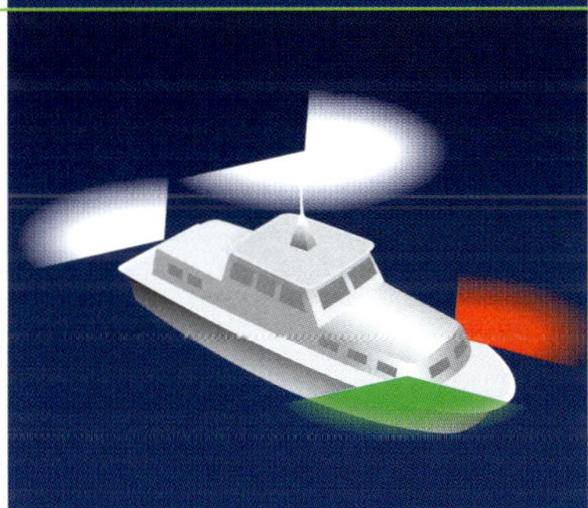	mind. alle 2 Minuten: mit FdW: — ohne FdW: — —	↘ Nr. 32, ↘ Nr. 48, ↘ Nr. 49
Maschinenfahrzeug **≥ 50 m** Seitenlichter, Heck-, Topplicht, 2. Topplicht vorn und tiefer	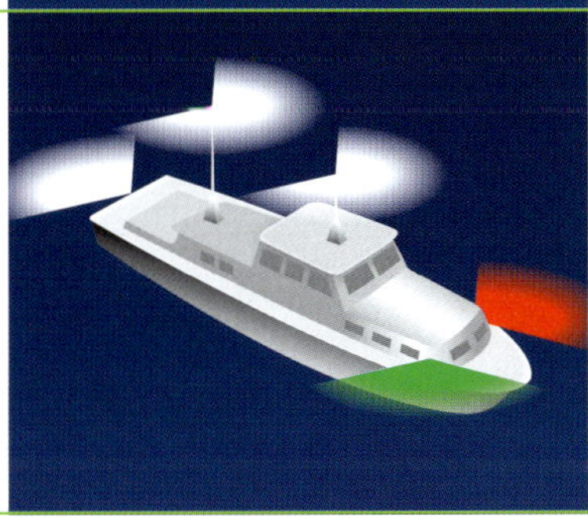	mind. alle 2 Minuten: mit FdW: — ohne FdW: — —	

Fahrzeug/Lichter	Lichterführung	Tagsignal	Nebelschallsignale	Hinweise
Manövrierbehindert Drei Rundumlichter übereinander: rot, weiß, rot Wenn ohne FdW, werden die Positionslichter gelöscht	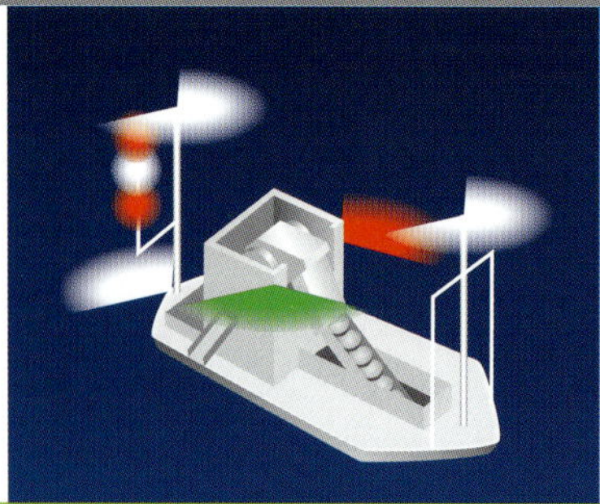		mind. alle 2 Minuten: — • •	↘ Nr. 13, ↘ Nr. 14, ↘ Nr. 41
Manövrierunfähig Zwei rote Rundumlichter übereinander. Wenn ohne FdW, werden die Positionslichter gelöscht	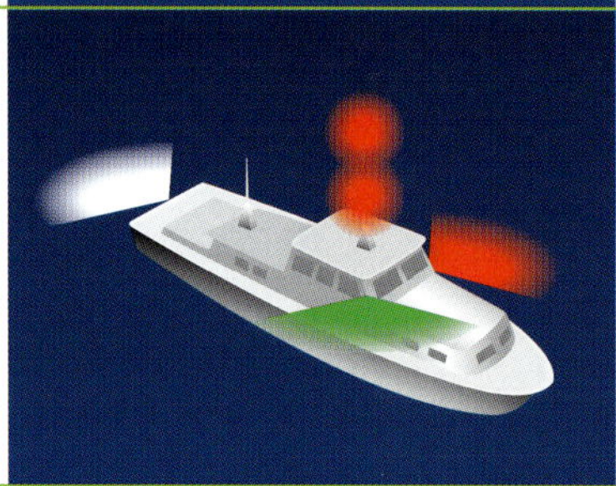		mind. alle 2 Minuten: — • •	↘ Nr. 12, ↘ Nr. 15, ↘ Nr. 22, ↘ Nr. 23
Tiefgangbehindert Drei rote Rundumlichter übereinander	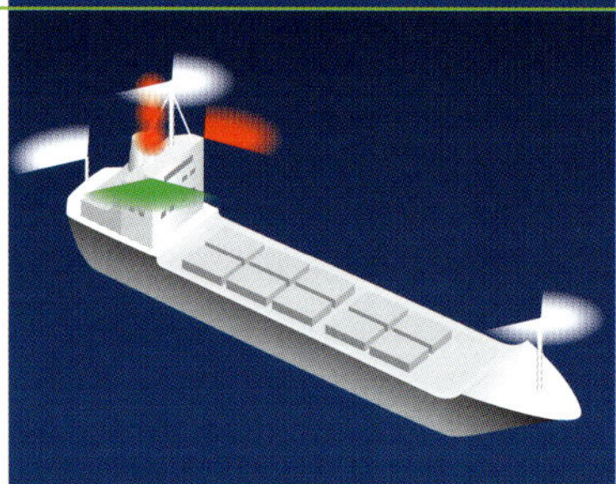	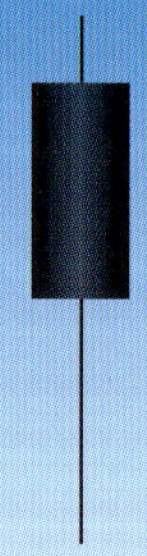	mind. alle 2 Minuten: — • •	
Fischer, Trawler (Fanggeschirr wird nachgeschleppt) < 50 m Rundumlichter: grün über weiß Wenn ohne FdW, werden die Positionslichter gelöscht	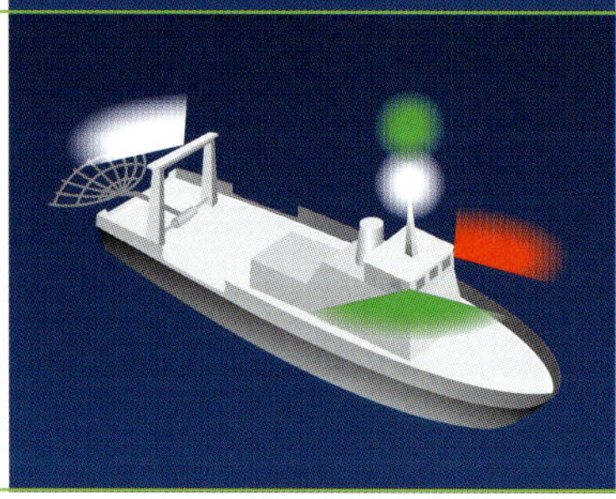	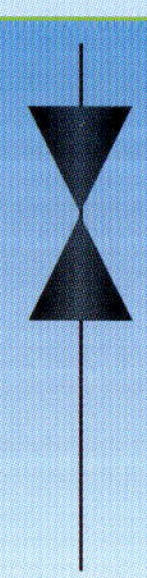	mind. alle 2 Minuten: — • •	

Fahrzeug/Lichter	Lichterführung	Tagsignal	Nebelschallsignale	Hinweise
Fischer, nicht Trawler (Treibnetzfischer, Fanggeschirr seitlich) Rundumlichter: rot über weiß Wenn ohne FdW, werden die Positionslichter gelöscht	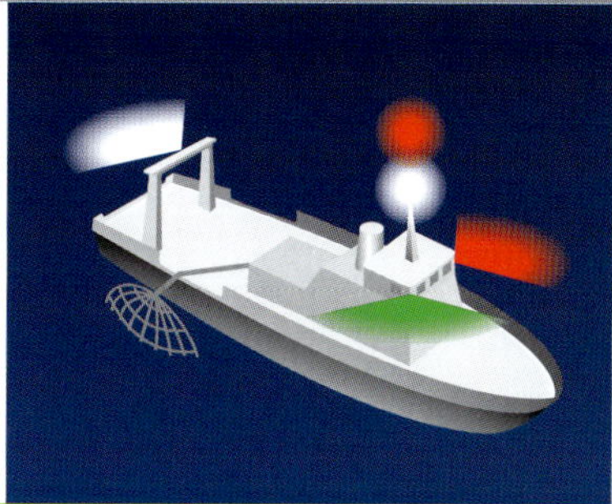		mind. alle 2 Minuten: — • •	Bei großem seitlichem Fanggeschirr wird an dieser Seite zusätzlich nachts ein Arbeitslicht geschaltet. Am Tage wird dort ein weiterer Kegel gesetzt. ↘ Nr. 21
Lotse Rundumlichter: weiß über rot Wenn nicht in Fahrt, werden die Positionslichter gelöscht	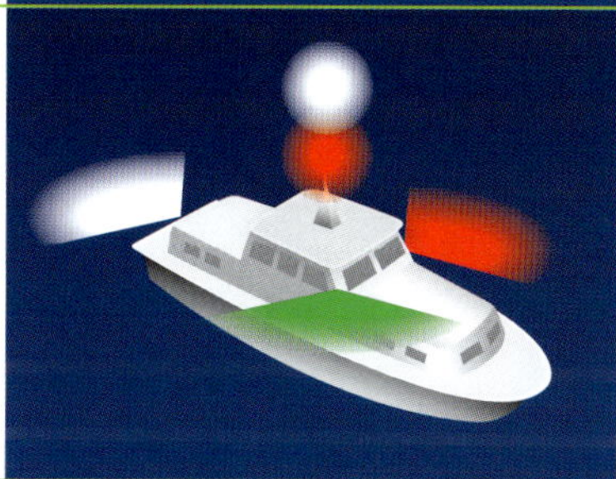	Tafel: PILOT oder Tafel: LOTSE	mind. alle 2 Minuten: mit FdW: — • • • • ohne FdW: — — • • • •	
Zoll Drei grüne Rundumlichter übereinander	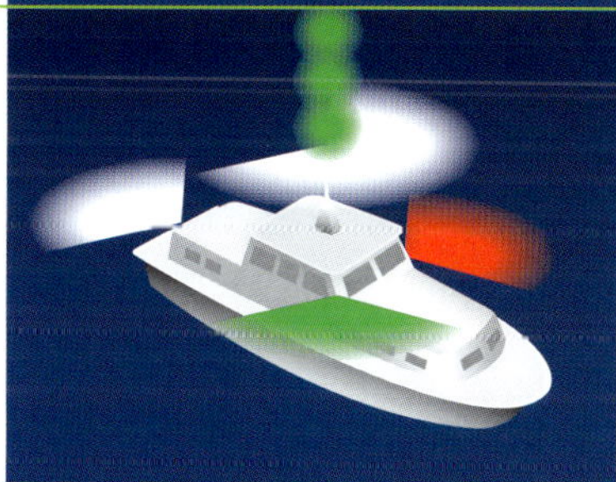	Tafel: ZOLL		Bei Behördenfahrzeugen ist mit der Aufforderung zum Anhalten zu rechnen. Dies kann mit der Flagge „L" oder dem Licht-/Schallsignal: • — • • angezeigt werden.
Polizei- oder Behördenfahrzeug Blaues Funkellicht bei Einsatzfahrt	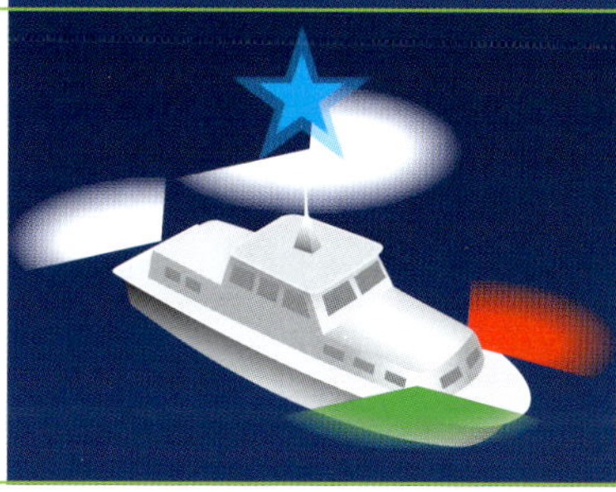	Tafel: POLIZEI oder Tafel: Küstenwache		Siehe Hinweis Zollfahrzeug  Flagge „L"

Fahrzeug/Lichter	Lichterführung	Tagsignal	Nebelschallsignale	Hinweise
Schleppverband: Anhang < 200 m Schlepper: zwei Topplichter, Anhang: übliche Positionslichter	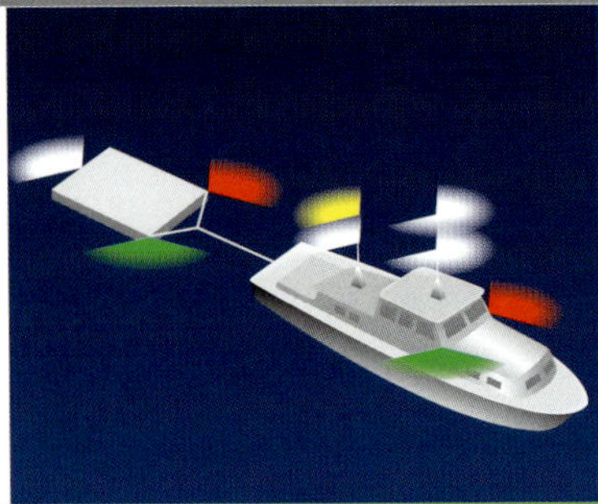		mind. alle 2 Minuten: Schlepper: — • • Anhang: — • • •	↘ Nr. 19, ↘ Nr. 80
Schleppverband: Anhang > 200 m Schlepper: drei Topplichter, Anhang: übliche Positionslichter	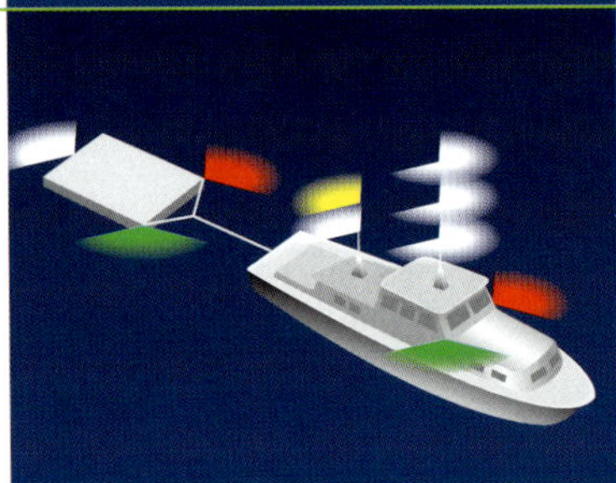	Schlepper und jeder Anhang: 	mind. alle 2 Minuten: Schlepper: — • • Anhang: — • • •	Kann der Schleppverband nicht vom Kurs abweichen, zeigt der Schlepper zusätzlich die Licht- bzw. Sichtzeichen für ein manövrierbehindertes Fahrzeug. ↘ Nr. 18
Frei fahrende Fähre auf NOK, Trave oder Warnow Seitenlichter, Hecklicht, an jeder Ecke und im Topp ein gelbes Gleichtaktfeuer		Tafel an Land: 	fortlaufend: • — —	
Nicht frei fahrende Fähre Rundumlichter grün über weiß (sonst keine Lichter!)	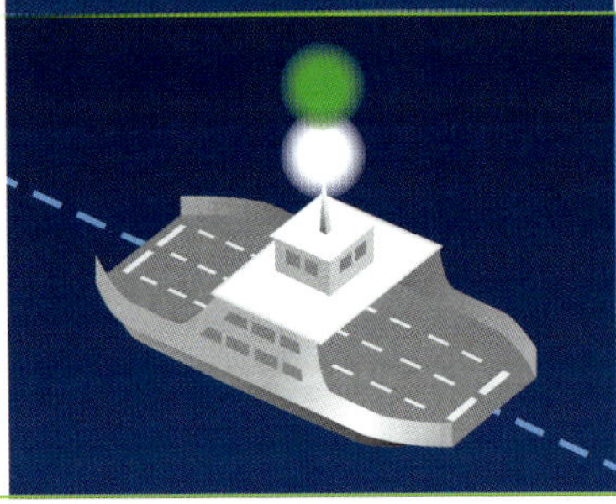	Tafel an Land: 	fortlaufend:  Glockeneinzelschläge	

Fahrzeug/Lichter	Lichterführung	Tagsignal	Nebelschallsignale	Hinweise
Minenräumer (im Einsatz) Drei grüne Rundumlichter, t-förmig angeordnet				Von Minenräumern ist ein Mindestabstand von 1000 m einzuhalten. ↘ Nr. 47
Bagger mit einer gesperrten und einer passierbaren Seite Zwei rote Rundumlichter zeigen die gesperrte, zwei grüne die passierbare Seite an. Sonst Lichter wie manövrierbehindert (hier ohne FdW)	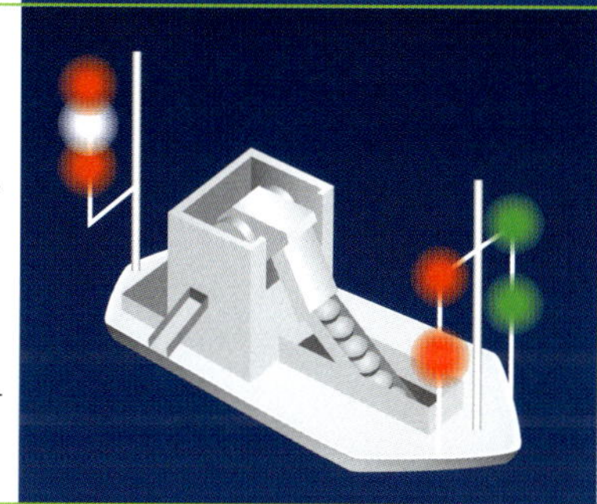		mind. alle 2 Minuten: — • •	(hier ohne Fahrt durchs Wasser – also ohne Positionslichter und Topplicht) ↘ Nr. 77, ↘ Nr. 78
Bagger mit zwei Passierseiten Zwei grüne Rundumlichter zeigen die Passierseite an. Sonst wie manövrierbehindert (hier ohne FdW)			mind. alle 2 Minuten: — • •	Er darf auf der jeweils in Fahrtrichtung rechten Seite passiert werden.
Fahrzeug vor Anker < 50 m Ein weißes Rundumlicht	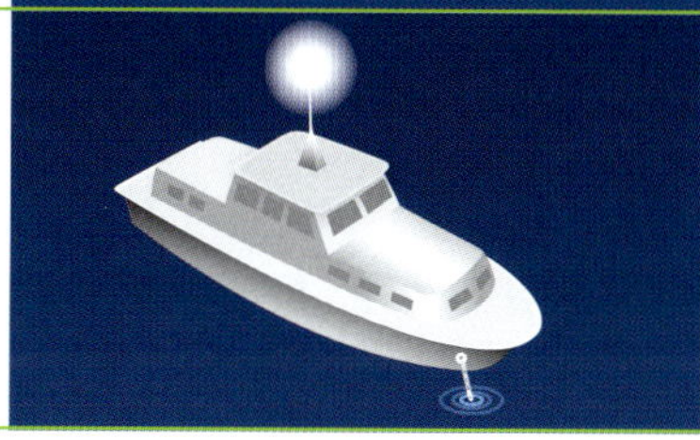		jede Minute:  5 s	Auch eine Yacht in einer Ankerbucht muss selbstverständlich dieses Ankerlicht setzen.

Fahrzeug/Lichter	Lichterführung	Tagsignal	Nebelschallsignale	Hinweise
Fahrzeug vor Anker > 50 m Zwei Rundumlichter (je eins vorn und eins achtern)	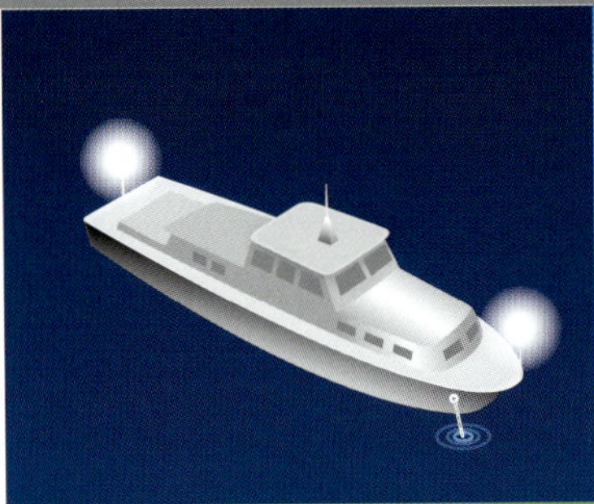	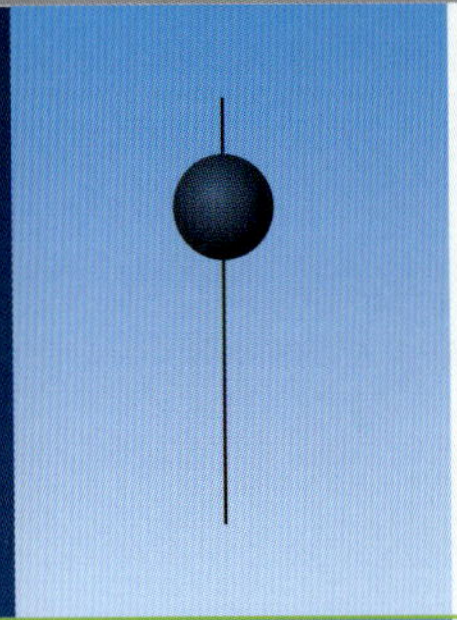	jede Minute:  5 s	Alle Ankerlieger geben bei gefährlicher Annäherung eines anderen Fahrzeuges zusätzlich: • — •
Fahrzeug vor Anker > 100 m Zwei Rundumlichter (je eins vorn und eins achtern), zusätzlich die Decksbeleuchtung	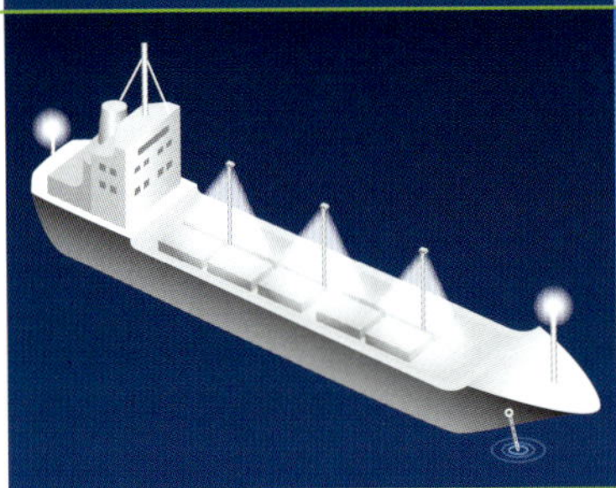	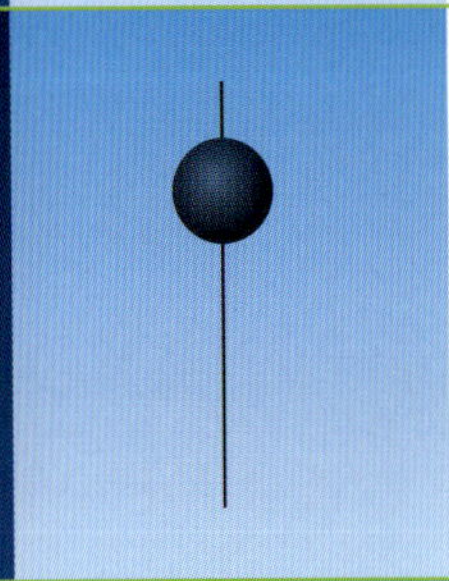	jede Minute: vorne, 5 s:  achtern, 5 s: 	
Grundsitzer < 50 m Zwei rote Rundumlichter (wie manövrierunfähig) und ein weißes Rundumlicht (wie Ankerlieger)	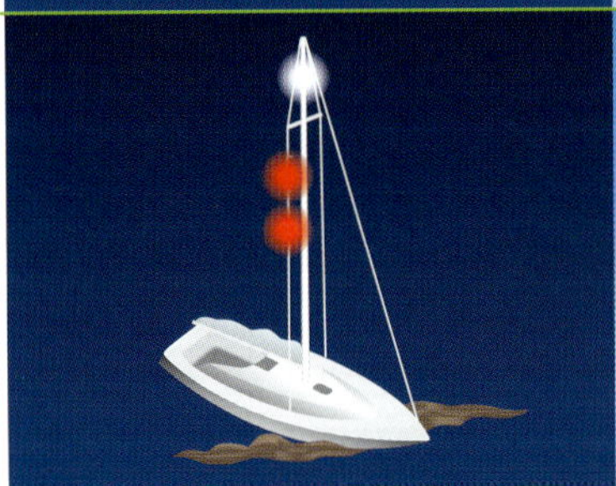	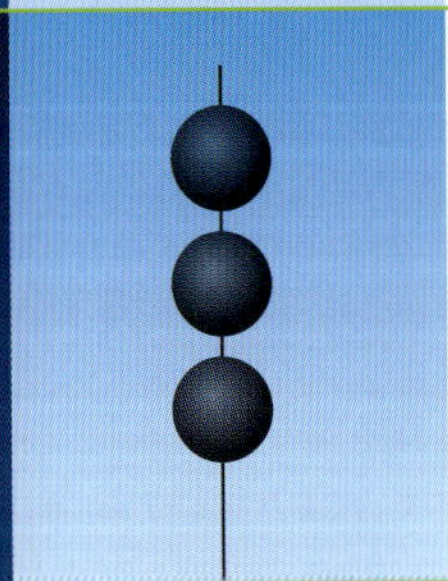	jede Minute:  5 s	
Grundsitzer > 50 m Zwei rote Rundumlichter (wie manövrierunfähig) und zwei weiße Rundumlichter (wie Ankerlieger)	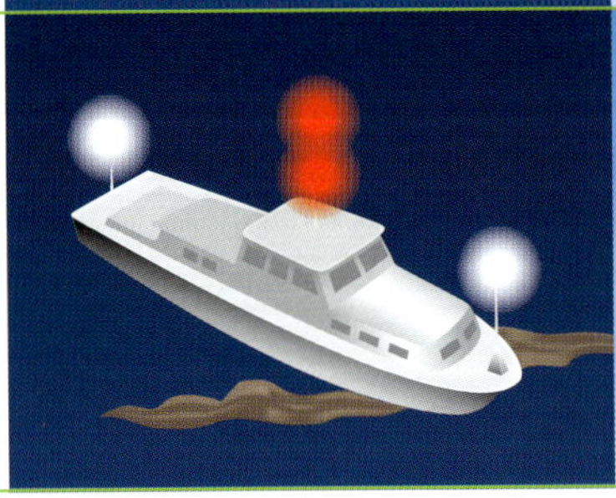	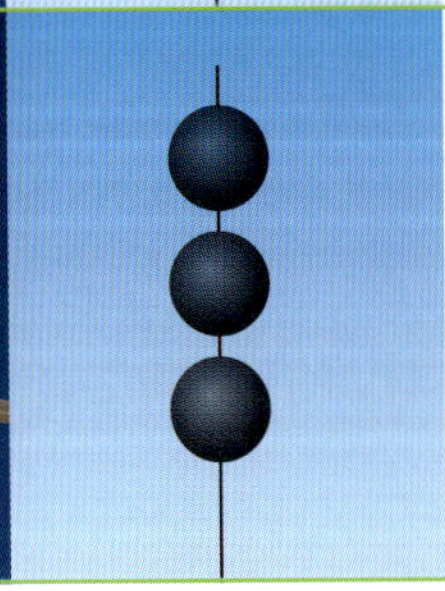	jede Minute: < 100 m:  5 s > 100 m:  5 s 5 s	↘ Nr. 20

Notsignale

Besonders in einer Notsituation ist es wichtig, andere Schiffe, Personen an Land oder sogar Flugzeuge in der Luft auf diese Notlage aufmerksam zu machen.

Prinzipiell ist dafür jedes Mittel recht. Damit diese aber nicht missverstanden oder als bloßes Winken verstanden werden, hat man sich international auf einige Signale geeinigt.

So können Knallsignale oder dauerhaftes Ertönen des Nebelhorns, Raketen oder rote Leuchtkugeln, Seewasserfärber und Rauchsignale sowie die drei optisch, akustisch oder gefunkten Morsebuchstaben „SOS“ auf einen Notfall aufmerksam machen. Per Sprechfunk wird durch das wiederholte „Mayday“, über gezeigte Flaggensignale „N“ über „C“ oder runde über eckige Signalkörper ebenfalls sofortige dringende Hilfe erbeten. Mithilfe eines DSC-Controllers (Erweiterung der UKW-Funkanlage zur Übertragung digitaler schriftlicher Nachrichten) kann eine genaue Notfallmeldung an umliegende derart ausgerüstete Schiffe und Küstenfunkstellen gesendet werden. Seenotfunkbojen senden selbstständig bei Untergang des Schiffes einen Notruf. Radartransponder helfen bei der Ortung von in Not geratenen Personen oder Fahrzeugen. Damit im Notfall alle Crewmitglieder Seenotsignale einsetzen können, gehört eine ausführliche Unterweisung an den Beginn jeder Reise. Im Gefahrenfall – aber nur dann – dürfen Seenotmittel auch von Personen ohne entsprechende Zeugnisse für die Alarmierung genutzt werden.

Notsignale

↘ Nr. 5

Die KVR regeln u. a. das Verhalten der Schiffsführungen bei Kollisionsgefahr. Was ist im Rahmen der Verantwortlichkeit bei der Auslegung und Befolgung der KVR zu berücksichtigen?

Bei der Auslegung und Befolgung der KVR sind stets alle Gefahren der Schifffahrt und des Zusammenstoßes sowie alle besonderen Umstände einschließlich Behinderungen der betroffenen Fahrzeuge gebührend zu berücksichtigen, die zum Abwenden unmittelbarer Gefahr ggf. auch ein Abweichen von diesen Regeln erfordern können (z. B. Abweichen von der Kurshaltepflicht, wenn der Ausweichpflichtige nicht angemessen handelt).

↘ Nr. 6

Welche Grundregeln für das Verhalten im Verkehr verlangen die KVR, die ein Schiffsführer zu berücksichtigen hat, auch wenn keine konkrete Regel anwendbar ist?

Die KVR befreien nicht von den Folgen, die durch unzureichende Einhaltung der KVR oder unzureichende Vorsichtsmaßnahmen entstehen, d. h., allgemeine seemännische Praxis oder besondere Umstände des Falles können über die Mindestanforderungen der KVR hinausgehende Maßnahmen erfordern.

↘ Nr. 44 → S. 215

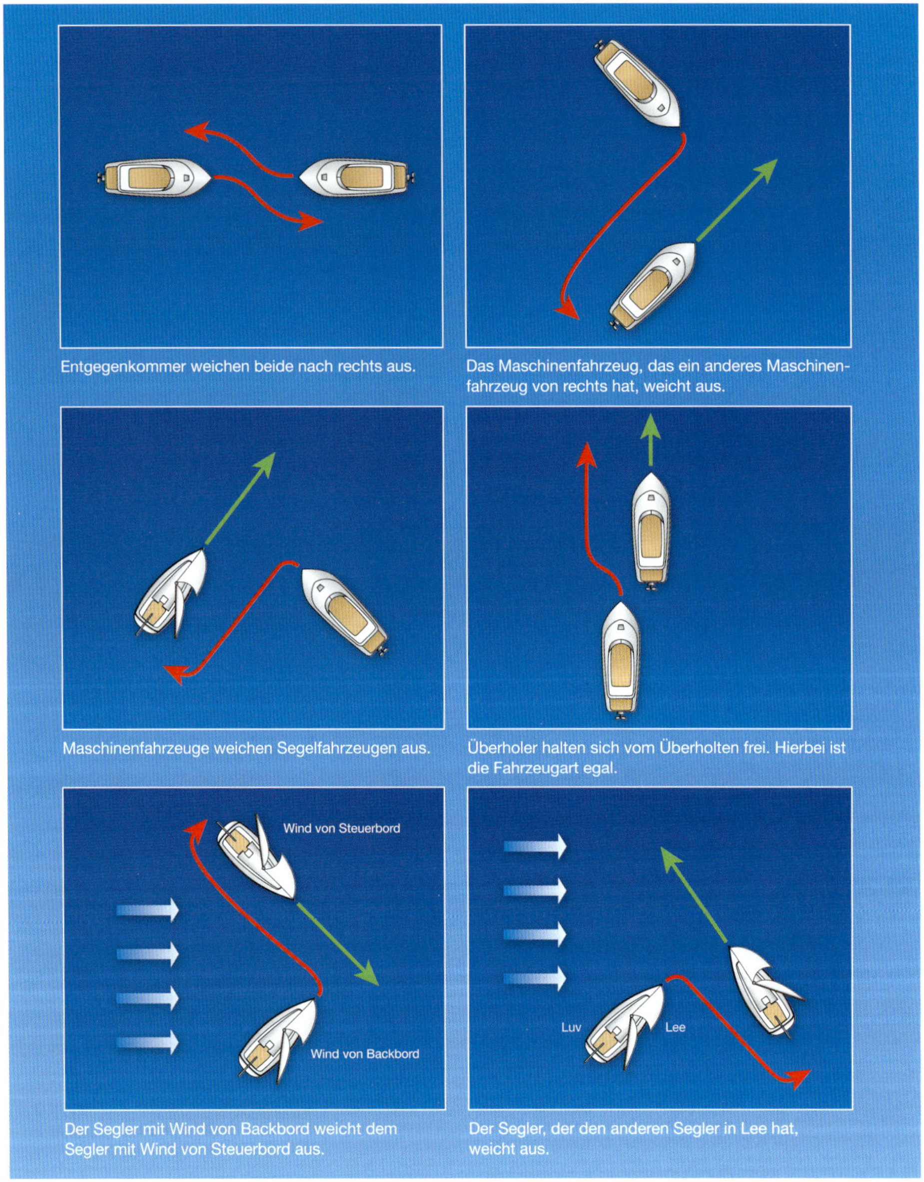

Entgegenkommer weichen beide nach rechts aus.

Das Maschinenfahrzeug, das ein anderes Maschinenfahrzeug von rechts hat, weicht aus.

Maschinenfahrzeuge weichen Segelfahrzeugen aus.

Überholer halten sich vom Überholten frei. Hierbei ist die Fahrzeugart egal.

Der Segler mit Wind von Backbord weicht dem Segler mit Wind von Steuerbord aus.

Der Segler, der den anderen Segler in Lee hat, weicht aus.

KVR (→ 211)

Fahr- und Ausweichregeln

Im Unterschied zum Straßenverkehr an Land müssen in der Schifffahrt nicht nur Standardausweichregeln beachtet werden. Es gibt Besonderheiten, die enge Fahrwasser, Schifffahrtsstraßen für die durchgehende Schifffahrt oder freie Gewässer berücksichtigen. Außerdem gibt es Unterschiede zwischen den Fahrzeugarten mit ihren verschiedenen Manövriereigenschaften.
Darüber hinaus werden Situationen, in denen der Schiffsführer ein anderes Schiff nach Typ und Richtung gut erkennen kann, von Situationen bei eingeschränkter Sicht unterschieden. Die erste Situation wird als *„Fahrzeuge einander in Sicht“*, die zweite als *„Fahrzeuge bei verminderter Sicht“* bezeichnet.

Regeln für Fahrzeuge, die einander in Sicht haben

Die Übersicht auf Seite 210 zeigt für „Fahrzeuge einander in Sicht“ die Ausweichregeln in freien Gewässern nach den Kollisionsverhütungsregeln (KVR).
Fahr- und Ausweichregeln in Verkehrstrennungsgebieten, auf Schifffahrtstraßen und in Fahrwassern haben den Zweck, den durchgehenden Verkehr zu erleichtern.

Verkehrstrennungsgebiete (VTG) sind ein Bestandteil der KVR. Als erstes VTG wurden Teile des Englischen Kanals ausgewiesen, um den zunehmenden Verkehr besser lenken zu können. Heute gibt es

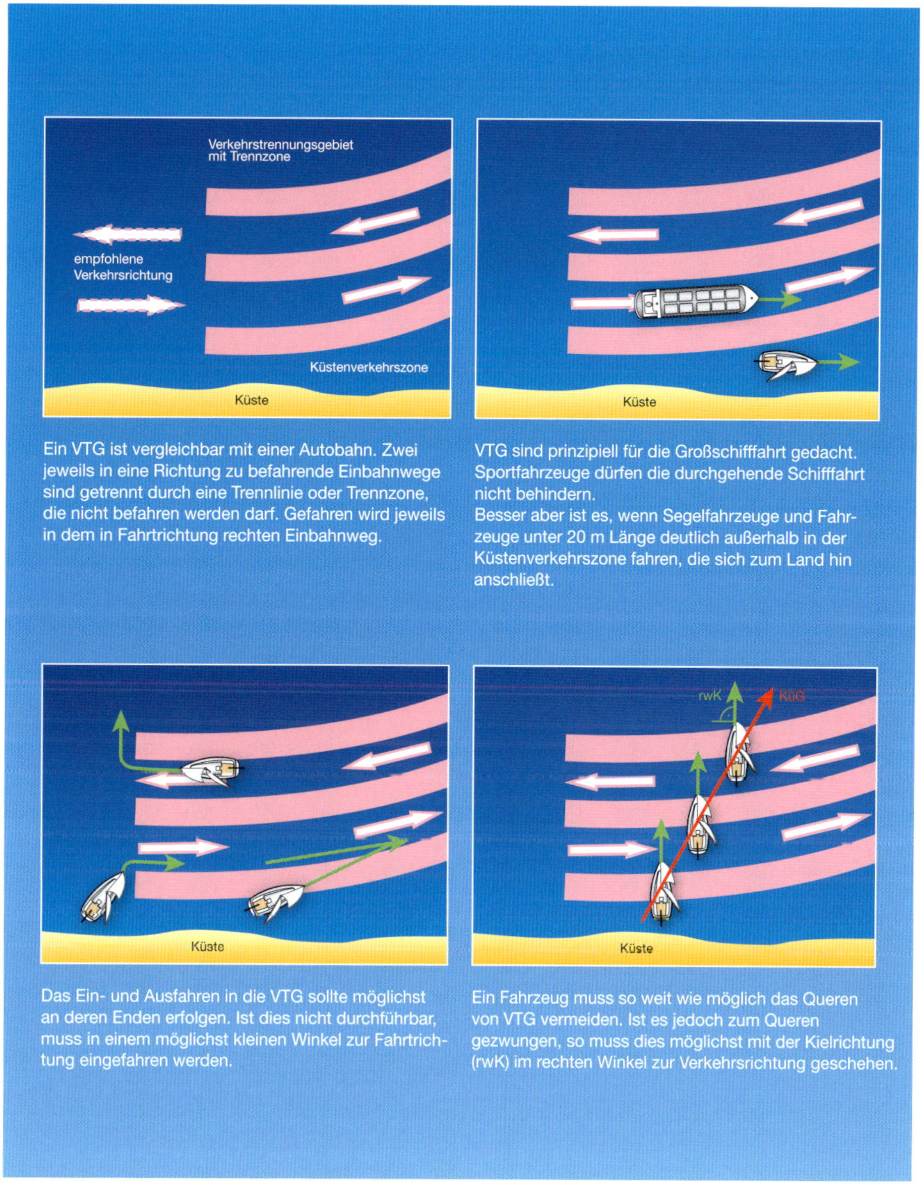

Ein VTG ist vergleichbar mit einer Autobahn. Zwei jeweils in eine Richtung zu befahrende Einbahnwege sind getrennt durch eine Trennlinie oder Trennzone, die nicht befahren werden darf. Gefahren wird jeweils in dem in Fahrtrichtung rechten Einbahnweg.

VTG sind prinzipiell für die Großschifffahrt gedacht. Sportfahrzeuge dürfen die durchgehende Schifffahrt nicht behindern.
Besser aber ist es, wenn Segelfahrzeuge und Fahrzeuge unter 20 m Länge deutlich außerhalb in der Küstenverkehrszone fahren, die sich zum Land hin anschließt.

Das Ein- und Ausfahren in die VTG sollte möglichst an deren Enden erfolgen. Ist dies nicht durchführbar, muss in einem möglichst kleinen Winkel zur Fahrtrichtung eingefahren werden.

Ein Fahrzeug muss so weit wie möglich das Queren von VTG vermeiden. Ist es jedoch zum Queren gezwungen, so muss dies möglichst mit der Kielrichtung (rwK) im rechten Winkel zur Verkehrsrichtung geschehen.

Regeln in Verkehrstrennungsgebieten

Nr. 7
Was sind Verkehrstrennungsgebiete? Wie sind sie zu befahren?

1. Verkehrstrennungsgebiete sind Schifffahrtswege, die durch Trennlinien oder Trennzonen in Einbahnwege geteilt sind.
2. Diese dürfen nur in Fahrtrichtung rechts der Trennlinie/Trennzone befahren werden, aber unter Nutzung der vollen Breite des Einbahnweges.

Nr. 26
Was ist eine „Küstenverkehrszone"?
Das Gebiet zwischen der Küste und der landwärtigen Grenze eines Verkehrstrennungsgebietes.

Nr. 27
Welche Fahrzeuge dürfen die Küstenverkehrszone benutzen, ohne einen Hafen innerhalb der Küstenverkehrszone anzusteuern?
Fahrzeuge von weniger als 20 m Länge und Segelfahrzeuge.

Nr. 33
Wie muss man sich verhalten, wenn man gezwungen ist, ein Verkehrstrennungsgebiet zu queren?
Kielrichtung (rwK) muss möglichst rechtwinklig zur allgemeinen Verkehrsrichtung zeigen.

Nr. 53
Wie sind Fahrwasser in der Seeschifffahrtsstraßen-Ordnung im Sinne der KVR eingestuft?
Fahrwasser der Seeschifffahrtsstraßen gelten als enge Fahrwasser im Sinne der KVR.

Nr. 54
Erläutern Sie den Begriff „durchgehende Schifffahrt" auf einem Fahrwasser einer Seeschifffahrtsstraße.
Die durchgehende Schifffahrt umfasst alle Fahrzeuge, die deutlich dem Fahrwasserverlauf einer Seeschifffahrtsstraße folgen. Dies erlaubt nach allgemeiner Verkehrsauffassung ein Abweichen von höchstens ±10° von der Richtung des Fahrwassers. Dabei ist es gleichgültig, zu welchem Zweck das Fahrzeug betrieben wird.

Nr. 46
Wo unterliegt Ihr Segelfahrzeug bzw. Ihre Motoryacht unter 20 m Länge einem Behinderungsverbot?

1. In engen Fahrwassern,
2. auf dem Einbahnweg eines Verkehrstrennungsgebietes (VTG) gegenüber Maschinenfahrzeugen im VTG.

Nr. 34
Wie muss man sich verhalten, wenn man einen betonnten Schifffahrtsweg (z. B. in der Ostsee) queren will?
Die Ausweichregeln der KVR beachten.

weltweit in viel befahrenen Gewässern VTG, die in den Seekarten eingetragen sind.
Trotz eines Nicht-Behinderungsgebotes gegenüber den längs fahrenden Maschinenfahrzeugen in den VTG bleiben die weiteren Ausweichregeln der KVR gültig.

Die in Deutschland zusätzlich geltende Seeschifffahrtsstraßen-Ordnung (SeeSchStrO) beinhaltet weitere Bestimmungen, besonders für das Verhalten in Fahrwassern. Die SeeSchStrO gilt ab der Grenze der Binnenschifffahrtsstraßen-Ordnung bis zu 3 sm von der Basislinie aus in das Küstenmeer. Bei durchgehend lateral betonnten Schifffahrtswegen sogar über die 3-sm-Grenze hinaus bis zur Grenze des Küstenmeers. Selbst auf einigen, in den Seekarten vermerkten Binnenschifffahrtsstraßen gilt noch die SeeSchStrO.
In der SeeSchStrO ist festgelegt, dass alle Fahrwasser – also lateral betonnte Wasserflächen – als *„enge Fahrwasser"* im Sinne der KVR zu behandeln sind. Somit gelten hier besondere Fahr- und Ausweichregeln.
Fahrzeuge von weniger als 20 m Länge und Segelfahrzeuge dürfen nicht die Durchfahrt von Fahrzeugen behindern, die nur innerhalb des „engen" Fahrwassers sicher fahren können. Dieses *Behinderungsverbot* zwingt Sportboote bei Annäherung von *durchgehender Schifffahrt* ggf. das Fahrwasser zu verlassen. Unter durchgehender Schifffahrt werden alle Fahrzeuge verstanden, die deutlich dem Fahrwasserverlauf folgen und weniger als

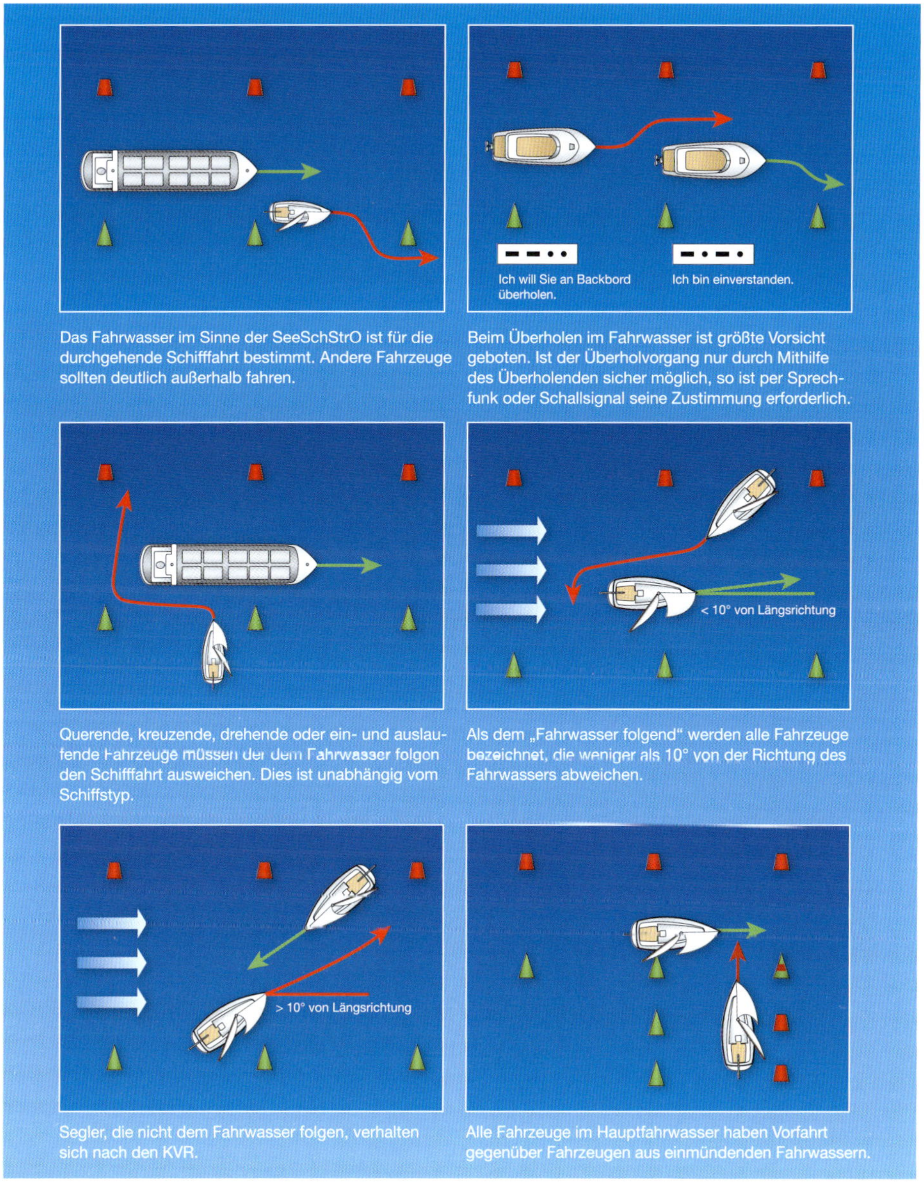

Das Fahrwasser im Sinne der SeeSchStrO ist für die durchgehende Schifffahrt bestimmt. Andere Fahrzeuge sollten deutlich außerhalb fahren.

Beim Überholen im Fahrwasser ist größte Vorsicht geboten. Ist der Überholvorgang nur durch Mithilfe des Überholenden sicher möglich, so ist per Sprechfunk oder Schallsignal seine Zustimmung erforderlich.

Querende, kreuzende, drehende oder ein- und auslaufende Fahrzeuge müssen der dem Fahrwasser folgenden Schifffahrt ausweichen. Dies ist unabhängig vom Schiffstyp.

Als dem „Fahrwasser folgend" werden alle Fahrzeuge bezeichnet, die weniger als 10° von der Richtung des Fahrwassers abweichen.

Segler, die nicht dem Fahrwasser folgen, verhalten sich nach den KVR.

Alle Fahrzeuge im Hauptfahrwasser haben Vorfahrt gegenüber Fahrzeugen aus einmündenden Fahrwassern.

Regeln der Seeschifffahrtsstraßen-Ordnung

Nr. 25

Was bestimmen die KVR für das Verhalten von Fahrzeugen von weniger als 20 m Länge oder von Segelfahrzeugen im Fahrwasser einer Seeschifffahrtsstraße?

Fahrzeuge von weniger als 20 m Länge oder Segelfahrzeuge dürfen nicht die Durchfahrt eines Fahrzeuges behindern, das nur innerhalb eines engen Fahrwassers oder einer Fahrrinne sicher fahren kann.

Sie müssen, wenn es die Umstände erfordern, frühzeitig Maßnahmen ergreifen, um genügend Raum für die sichere Durchfahrt des anderen Fahrzeugs zu lassen.

Nr. 72

Welche Fahrregeln muss ein Sportfahrzeug beachten, wenn es der Richtung des Fahrwassers folgt?

Beim Fahren im Fahrwasser muss das Sportfahrzeug sich so nahe am äußeren Rand des Fahrwassers an seiner Steuerbordseite halten, wie dieses ohne Gefahr möglich ist.

Nr. 73

Was muss ein Sportfahrzeug in Bezug auf das Fahrwasser beachten, wenn es außerhalb des Fahrwassers fährt?

Außerhalb des Fahrwassers ist so zu fahren, dass klar erkennbar ist, dass das Fahrwasser nicht benutzt wird.

↘ Nr. 70
Wie hat sich ein in das Fahrwasser einlaufendes Fahrzeug gegenüber im Fahrwasser fahrenden Fahrzeugen zu verhalten?
Es muss die Vorfahrt der Fahrzeuge im Fahrwasser beachten, d. h., es muss warten, bis das Fahrwasser frei ist. Es muss rechtzeitig durch sein Fahrverhalten erkennen lassen, dass es warten wird.

↘ Nr. 71
Wie hat sich ein den Ankerplatz oder Liegeplatz verlassendes Fahrzeug gegenüber im Fahrwasser fahrenden Fahrzeugen zu verhalten?
Es muss die Vorfahrt der Fahrzeuge im Fahrwasser beachten, d. h., es muss warten, bis das Fahrwasser frei ist. Es muss rechtzeitig durch sein Fahrverhalten erkennen lassen, dass es warten wird.

↘ Nr. 74
Wie müssen sich Segelfahrzeuge verhalten, die, dem Fahrwasserverlauf folgend, sich auf (nahezu) entgegengesetzten Kursen begegnen?
Jedes Fahrzeug muss nach Steuerbord ausweichen.

↘ Nr. 75
Was bedeutet „Queren eines Fahrwassers" im Sinne der SeeSchStrO?
Queren bedeutet deutliches Abweichen vom Fahrwasserverlauf, nach allgemeiner Verkehrsmeinung mehr als 10° (z. B. Kreuzen eines Segelfahrzeuges über die gesamte oder auch nur teilweise Fahrwasserbreite).

↘ Nr. 68
Erläutern Sie den Begriff „Vorfahrt beachten".
„Vorfahrt beachten" begründet eine Wartepflicht. Wer die Vorfahrt zu beachten hat, muss rechtzeitig durch sein Fahrverhalten erkennen lassen, dass er warten wird. Er darf nur weiterfahren, wenn er übersehen kann, dass die Schifffahrt im Fahrwasser nicht beeinträchtigt wird. Ggf. hat der Wartepflichtige seinen Kurs und/oder seine Geschwindigkeit zu ändern (gilt rechtlich nicht als Ausweichen!).

↘ Nr. 69
Erläutern Sie den Begriff „Vorfahrt haben".
„Vorfahrt haben" gilt nur für ein im Fahrwasser fahrendes oder dem Fahrwasserverlauf folgendes Fahrzeug. Das bedeutet, dass andere Fahrzeuge, die in das Fahrwasser einlaufen wollen, dort drehen oder an- und ablegen wollen, mit diesem Vorhaben warten müssen, bis das vorfahrtberechtigte Fahrzeug vorüber ist. „Vorfahrt haben" bedeutet aber nicht: Vorfahrt erzwingen! Ggf. muss ein vorfahrtberechtigtes Fahrzeug Maßnahmen zur Verhinderung einer drohenden Kollision ergreifen.

↘ Nr. 50 → S. 305 F&A-Katalog

10° von der Richtung des Fahrwassers abweichen. Dies gilt auch, wenn nicht auf der rechten Fahrwasserseite gefahren wird. Bei den Verkehrsregeln im Fahrwasser wird auch von Vorfahrt gesprochen, während in den KVR nur von Ausweichpflicht die Rede war. *Vorfahrt* haben alle Fahrzeuge, die dem Verlauf des Fahrwassers folgen, gegenüber querenden, kreuzenden, drehenden oder ein- und auslaufenden Fahrzeugen.
Die Übersicht auf Seite 213 zeigt Fahrregeln nach der in Deutschland zusätzlich geltenden SeeSchStrO für Fahrzeuge, die einander in Sicht haben.
Direkt außerhalb des betonnten Fahrwassers gelten wieder die üblichen Regeln nach den KVR. Das Ausweichverhalten kann sich somit bei Überschreiten der Grenze zwischen KVR zur SeeSchStrO stark ändern. Auch gibt es in der SeeSchStrO ein Rechtsfahrgebot und es muss grundsätzlich links überholt werden, was nach den KVR nur in „engen Fahrwassern" vorgeschrieben ist.
Beide Übersichten stellen nur eine Zusammenfassung der wichtigsten Ausweichregeln dar. Es ist erforderlich, die vollständigen Regelwerke zu Rate zu ziehen.

Wann muss ausgewichen, wann Kurs gehalten werden? Jedes Fahrzeug muss mit allen verfügbaren akustischen und optischen Mitteln (dazu gehört auch ein vorhandenes Radargerät) jederzeit Ausguck halten, um festzustellen, ob die Möglichkeit eines Zusammenstoßes besteht. Eine solche Möglichkeit ist anzunehmen,

Ausguck mit Fernglas und Radar

wenn sich die Kompasspeilung auf ein sich näherndes Fahrzeug nicht merklich ändert und sich der Abstand verkleinert. Ist man selbst ausweichpflichtig, muss man dieser Pflicht so rechtzeitig und so deutlich nachkommen, dass das andere sich nähernde Fahrzeug – man spricht vom Kurshalter – dieses Manöver gut erkennen kann. Der Kurshalter muss Kurs und Geschwindigkeit beibehalten.
Für den *Kurshalter* soll das Manöver des *Ausweichpflichtigen* ggf. auch auf dem Radar klar ersichtlich werden. Eine deutliche Kursänderung (> 40°) ist dabei eindeutiger als eine Geschwindigkeitsänderung auszumachen.
Der Kurshalter ist jedoch trotzdem gezwungen, die Situation weiter zu beobachten. Sollte der Ausweichpflichtige – aus welchem Grund auch immer – seiner Pflicht nicht nachkommen, kann der Kurshalter das *„Manöver des vorletzten Augenblicks“* zur Abwendung eines Zusammenstoßes ausweichend fahren.

↘ Nr. 24

Was bestimmen die KVR über das Ausguckhalten?

Es muss jederzeit durch Sehen und Hören sowie durch jedes andere verfügbare Mittel gehöriger Ausguck gehalten werden, der einen vollständigen Überblick über die Lage und die Möglichkeit der Gefahr eines Zusammenstoßes gibt.

↘ Nr. 35

Wie ist die Gefahr eines Zusammenstoßes sicher erkennbar?

Wenn die Kompasspeilung zu einem anderen Fahrzeug steht und sie sich einander nähern.

↘ Nr. 36

Wie müssen Sie Ausweichmanöver durchführen?

1. Möglichst frühzeitig,
2. durchgreifend, sodass das andere Fahrzeug rasch meine Absicht erkennen kann, und um sich gut klar zu halten.

↘ Nr. 37

Wie müssen Sie sich verhalten, nachdem Sie ein vorgeschriebenes Ausweichmanöver eingeleitet haben?

Der Erfolg des Manövers ist laufend zu überprüfen, bis das andere Fahrzeug klar passiert ist.

↘ Nr. 51 → S. 305 F&A-Katalog

↘ Nr. 43

Ein anderes Fahrzeug muss Ihnen ausweichen. Welche Verpflichtung nach KVR haben Sie?
Was unternehmen Sie, wenn das andere Fahrzeug nicht ausweicht?

1. Mein Fahrzeug ist „Kurshalter“, d. h., es muss Kurs und Geschwindigkeit beibehalten.
2. Mein Fahrzeug darf zur Abwendung eines Zusammenstoßes manövrieren, sobald erkennbar wird, dass das andere Fahrzeug nicht angemessen (= regelgerecht) manövriert („Manöver des vorletzten Augenblicks!“).
3. Mein Fahrzeug muss zweckdienlich manövrieren, wenn ein Manöver des Ausweichpflichtigen allein einen Zusammenstoß nicht mehr vermeiden kann („Manöver des letzten Augenblicks!“).

↘ Nr. 44 → S. 210

Welchen Fahrzeugen muss ein Segelfahrzeug ausweichen?

1. Einem manövrierunfähigen Fahrzeug,
2. einem manövrierbehinderten Fahrzeug,
3. einem fischenden Fahrzeug,
4. ggf. einem anderen Segelfahrzeug, abhängig von der Segelstellung in Bezug auf den Wind.

Nr. 31

Sie segeln in der Nordsee bei guter Sicht. Ihnen kommt in stehender Peilung ein Maschinenfahrzeug entgegen, das keine Anstalten macht, seiner Ausweichpflicht nachzukommen. Geben Sie in einer sinnvollen Reihenfolge an, was von Ihnen zu unternehmen ist. Welche dieser Maßnahmen sind zwingend vorgeschrieben?

1. Über Funk versuchen, das andere Fahrzeug auf seine Ausweichpflicht aufmerksam zu machen.
2. Schallsignal: mindestens fünf kurze, rasch aufeinander folgende Pfeifentöne geben.
3. Ggf. Ergänzung zu 2.: Lichtsignal von mindestens fünf kurzen, rasch aufeinander folgenden Blitzen.
4. Manöver des sog. „vorletzten Augenblicks" fahren.
5. Manöver des sog. „letzten Augenblicks" fahren.

Zwingend vorgeschrieben sind die Maßnahmen nach 2. und 5.

Nr. 42

Welcher Zeitpunkt ist im freien Seeraum entscheidend für die Verantwortlichkeit (hier = Ausweichpflicht!) der Fahrzeuge untereinander?

Der Augenblick des ersten Insichtkommens. Eine spätere Änderung der Lage der Fahrzeuge zueinander verändert nicht die Verantwortlichkeit.

Nr. 28

Wie müssen Maschinenfahrzeuge ohne Radar bei verminderter Sicht ihre Fahrweise einrichten?

Maschinenfahrzeuge müssen mit sicherer Geschwindigkeit fahren, die den gegebenen Umständen und Bedingungen der verminderten Sicht angepasst ist.

Nr. 30

Wie müssen sich Fahrzeuge ohne Radar bei verminderter Sicht verhalten, wenn sie voraus das Schallsignal eines anderen Fahrzeuges hören?

Jedes Fahrzeug, das anscheinend vorlicher als querab das Schallsignal eines anderen Fahrzeuges hört, muss seine Fahrt auf das für die Erhaltung der Steuerfähigkeit geringstmögliche Maß verringern. Erforderlichenfalls muss es jegliche Fahrt wegnehmen und in jedem Fall mit äußerster Vorsicht manövrieren, bis die Gefahr eines Zusammenstoßes vorüber ist.

Nr. 29

Wie müssen sich Segelfahrzeuge ohne Radar bei verminderter Sicht verhalten? Was gehört dabei zu den Regeln guter Seemannschaft?

1. Segelfahrzeuge müssen mit sicherer Geschwindigkeit fahren, die den gegebenen Umständen und Bedingungen der verminderten Sicht angepasst ist.
2. Bei Segelfahrzeugen, die eine Maschine an Bord haben, gehört das Bereithalten der Maschine zu den Regeln guter Seemannschaft.

Wird klar, dass eine Kollision durch ein Manöver des Ausweichpflichtigen allein nicht zu verhindern ist, muss der Kurshalter das *„Manöver des letzten Augenblicks"* ausweichend fahren. Zuvor kann der Ausweichpflichtige über Funk oder durch das Schall- oder Lichtsignal „fünfmal kurz" („Ich mache Sie auf Ihre Ausweichpflicht aufmerksam") auf seine Pflicht hingewiesen werden.

Für die Beurteilung einer Annäherung ist immer das erste Insichtkommen maßgebend. So kann nicht einfach ein Manöver gefahren werden, um die Ausweichregelsituation zu eigenen Gunsten zu ändern. Es gelten weiterhin die Ausweichregeln, die bei dem ersten Insichtkommen galten.

Verhalten bei verminderter Sicht

Unter „verminderter Sicht" werden Sichteinschränkungen durch Nebel, Schneefall, heftigen Regen, Sandstürme oder ähnliche Ursachen verstanden. Verminderte Sicht herrscht bei 1000 m und weniger, die entsprechenden Lichter müssen geführt werden.

Außerdem sind die vorgeschriebenen Schallsignale abzugeben. Die gefahrene Geschwindigkeit ist entsprechend anzupassen. Notfalls ist aufzustoppen oder an geeigneter Stelle vor Anker zu gehen.

Fahrzeuge ohne Radar dürfen unter diesen Bedingungen das Fahrwasser nicht befahren. Fahrzeuge mit Radar müssen dieses nutzen und beim Erkennen eines anderen so manövrieren, dass eine gefährliche Annäherung verhindert wird. Erst wenn sich beide optisch gegenseitig erkennen können, wird nach den bekannten Regeln für „einander in Sicht“ gefahren. Das Bereithalten der Maschine wird Seglern dringend empfohlen.

> → Bei all diesen Regelwerken sollte ein Gedanke nicht außer Acht gelassen werden: Oft ist es für ein Sportboot einfacher, seinen Kurs ein wenig zu ändern, um eine Annäherung an ein großes Berufsschiff zu vermeiden. Der Kapitän eines auf freier See unter Maschine fahrenden ausweichpflichtigen Handelsschiffes wird einem höflich ausweichenden Segler sicher dankbar sein. Jedoch sollte die Kursänderung schon so früh eingeleitet werden, dass die „dicken Pötte“ diese rechtzeitig erkennen und sich entsprechend verhalten können.

Tafeln und Schilder

Auch in der Schifffahrt gibt es Schilder, die auf Verkehrsregeln, Einschränkungen, Ver- oder Gebote hinweisen. Diese wird man nicht auf hoher See entdecken, sondern nur am Ufer von Schifffahrtsstraßen oder an Fahrzeugen finden.

Überholverbot
Überholen ist grundsätzlich bei nicht frei fahrenden Fähren, an engen oder unübersichtlichen Stellen sowie vor und innerhalb von Schleusen verboten.

Überholverbot für Schlepp- oder Schubverbände

Begegnungsverbot
Beispielsweise an engen Stellen

Ankerverbot 300 m beidseits der Tafel
Ankern ist grundsätzlich im Fahrwasser, an engen Stellen, im Umkreis von 300 m um schwimmende Geräte, Wracks, Unterwasserkabel oder andere Schifffahrtshindernisse und dichter als 100 m vor Sperrwerken oder Brücken verboten.

Festmachen verboten

Liegeverbot
Also weder vor Anker noch an Land festmachen

Geschwindigkeitsbegrenzung 12 km/h, mit Zusatztafel: mit Geltungsbereich

Hier warten
Zum Beispiel vor geschlossenen Brücken oder Schleusen bis zur Freigabe der Durchfahrt

Schallsignal abgeben, mit Zusatztafel: hier ein langer Ton
Zum Beispiel als Warnung des Gegenverkehrs vor unübersichtlichen Stellen.

Vorsicht, in dieser Richtung einen Mindestabstand vom Ufer einhalten.
Hier 40 m, bis eine entsprechend spiegelverkehrte Tafel das Ende anzeigt.

Ver- und Gebots-Tafeln (diese und nächste Seite)

Nr. 82

Während einer Revierfahrt erkennen Sie ein Signal an Land, jeweils schwarze Signalkörper:

Ball
Ball
Kegel, Spitze unten

1. **Was bedeutet dieses Signal?**
2. **Welches Signal wird stattdessen nachts gezeigt?**

1. Außergewöhnliche Schifffahrtsbehinderung.
2. Nachts: Rundumlichter rot-rot-grün senkrecht übereinander.

Nr. 2 → 219

Die Verordnung zu den KVR verbietet die Führung eines Fahrzeugs, wenn man infolge des Genusses alkoholischer Getränke in der sicheren Führung des Fahrzeugs behindert ist. Welchen örtlichen Geltungsbereich hat die vorgenannte Verordnung?

Die Verordnung gilt auf Seeschifffahrtsstraßen und für Schiffe, die die Bundesflagge führen, seewärts der Begrenzung des Küstenmeeres der Bundesrepublik Deutschland (also weltweit), soweit nicht in den Hoheitsgewässern anderer Staaten abweichende Regelungen gelten.

Vorsicht, frei fahrende Fähre quert

Tafel: Vorsicht, nicht frei fahrende Fähre quert
Ketten- oder Seilfähre, die auf keinen Fall vorne gequert werden darf.

Freigabe von Wasserflächen, auf denen das Fahren mit Wassermotorrädern, Jetskis erlaubt ist
Wasserskilaufen, Surfen und Jetskifahren sind sonst grundsätzlich im Fahrwasser, in behördlich gesperrten Zonen bei Nacht und unsichtigem Wetter verboten.

Freigabe von Wasserflächen, auf denen das Wasserskilaufen erlaubt ist
Wasserskigespanne müssen allen anderen Fahrzeugen immer ausweichen.

Ende einer Ver- oder Gebotsstrecke

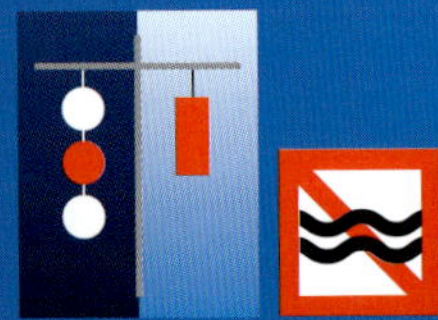

Nacht- und Tagsignal durch Lampen und Signalkörper an einem Signalmast: Sog- und Wellenschlag vermeiden – schutzbedürftige Anlage
Schild: gleiche Bedeutung. Hier ist mit langsamer Fahrt zu passieren.

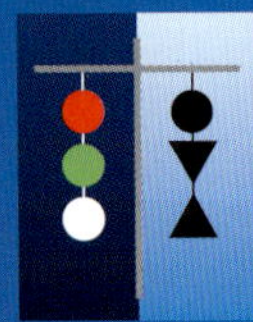

Nacht- und Tagsignal durch Lampen und Signalkörper an einem Signalmast: Dauernde Sperrung einer Schifffahrtsstraße, Weiterfahrt verboten

Einfahrt verboten
Gegenverkehr kann jedoch herauskommen

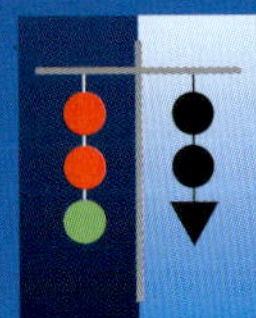

Nacht- und Tagsignal durch Lampen und Signalkörper an einem Signalmast: Außergewöhnliche Schifffahrtsbehinderung
Beispielsweise Arbeiten an einem Ufer.

Sichtzeichen am Ufer: Wegen Badebetrieb Geschwindigkeitsbegrenzung von 8 km/h Fahrt durchs Wasser bis 500 m Entfernung vom Ufer

Tafeln zur Durchfahrtsanzeige an einer Brücke:
Links: Einfahrt verboten
Mitte: Durchfahrt nur im Bereich der weißen Dreiecke erlaubt, Gegenverkehr möglich
Rechts: Einfahrt erlaubt, Gegenverkehr ist gesperrt

Wichtige Einzelbestimmungen für den Schiffsführer

Informationspflicht

Jeder Skipper hat die Pflicht, sich über Befahrensregelungen des zu befahrenden Seegebietes vor Törnantritt zu informieren. Auch über Sicherheit und Umweltschutz müssen Auskünfte eingeholt und beachtet werden.

Über die oben bereits genannten Regelungen hinaus gibt es unter anderem noch folgende Verordnungen:

Lokale Verkehrsvorschriften, z. B. über Liegestellen oder Ankerverbotsgebiete, sind den *Bekanntmachungen der Wasser- und Schifffahrtsdirektionen* (WSD) zu entnehmen.

Temporäre *Bekanntmachungen für Seefahrer*, z. B. für Sperrgebiete, werden regelmäßig per Aushang veröffentlicht.

Auch per Funk, vom *„Nautischen Warn- und Nachrichtendienst“*, werden kurzfristig wichtige Hinweise verbreitet (siehe auch Kapitel Navigation/nautische Unterlagen).

Verantwortung

Die Verantwortung für Schiff und Besatzung hat der Schiffsführer. Während jedoch im Straßenverkehr an Land der Fahrzeuglenker in der Regel alles selbst in der Hand hat, ist dies auf Schiffen mit einer beteiligten Crew anders. An Bord sind unter Umständen viele Personen beteiligt, um ein Manöver erfolgreich abzuschließen.

Dies kann beispielsweise bei einer Freizeitcrew zu Kompetenzkonflikten führen, wenn sich derjenige mit dem höchsten Wassersportführerschein für kompetenter hält als derjenige mit der Erfahrung von vielen Seemeilen. Trotzdem bleibt nur ein Schiffsführer verantwortlich.

Der Gesetzgeber sieht vor, dass vor Törnbeginn ein Schiffsführer verbindlich bestimmt wird. Im Logbuch wird festgehalten, wer diese Funktion – und sei es im Wechsel immer nur für einen Tag der Urlaubsreise – übernimmt.

Für die Eignung als Skipper sind bestimmte Voraussetzungen zu erfüllen. Grundsätzlich muss er körperlich und geistig in der Lage sein, Fahrzeug und Crew zu führen. Er darf nicht durch Alkohol oder andere berauschende Mittel in der sicheren Führung behindert sein. Ab 0,5 ‰ Blutalkoholkonzentration darf ein Schiffsführer ein Fahrzeug nicht mehr führen.

Er muss über die für das Fahrzeug und das Seegebiet erforderlichen amtlichen Führerscheine verfügen. Im Gegensatz zum Straßenverkehr darf aber durchaus auch jemand ohne Führerschein – unter ständiger Kontrolle des Schiffsführers – am Ruder stehen, wenn es die Situation zulässt. Der Schiffsführer muss dabei jedoch jederzeit eingreifen können.

Zur Verantwortung des Schiffsführers gehört zudem die Logbuchführung, die vom Gesetzgeber auch für Sportboote verlangt wird. Im Logbuch sollen alle navigatorisch relevanten Ereignisse festgehalten werden. Neben den Schiffsdaten und den Namen der Crewmitglieder sind Törndaten,

↘ Nr. 56

Welche verkehrsrechtliche Verantwortung hat der Schiffsführer?

1. Befolgung der Vorschriften im Verkehr, u. a. KVR, SeeSchStrO.
2. Ausrüstung/Einrichtung seines Fahrzeugs zum Führen und Zeigen von Lichtern und Signalkörpern und Geben von Schallsignalen.

↘ Nr. 3

Wer darf lt. Verordnung zu den KVR ein Fahrzeug nicht führen oder als Mitglied der Crew eine andere Tätigkeit des Brücken- oder Decksdienstes nicht ausüben (allgemein ohne Zahlen zu beantworten)?

Wer infolge körperlicher oder geistiger Mängel oder des Genusses alkoholischer Getränke oder anderer berauschender Mittel in der sicheren Führung eines Fahrzeugs oder in der sicheren Ausübung einer anderen Tätigkeit des Brücken- oder Decksdienstes behindert ist.

↘ Nr. 4

Welche Atem- bzw. Blutalkoholkonzentration darf lt. Verordnung zu den KVR nicht erreicht werden, damit kein Verbot für ein Führen eines Fahrzeugs oder als Mitglied der Crew für ein Ausüben des Brückendienstes besteht?

0,25 mg/l oder mehr Alkohol in der Atemluft oder 0,5 Promille oder mehr Alkohol im Blut oder eine Alkoholmenge, die zu einer solchen Atem- oder Blutalkoholkonzentration führt.

↘ Nr. 97

Welche behördlichen Veröffentlichungen für Wassersportler geben Ihnen rechtliche Informationen und Hinweise über das Verhalten auf Seeschifffahrtsstraßen?

„Sicherheit auf dem Wasser, Leitfaden für Wassersportler". „Sicherheit im See- und Küstenbereich, Sorgfaltsregeln für Wassersportler".

↘ Nr. 87

Was ist das Schiffszertifikat, wer stellt es aus, ab welcher Schiffslänge ist es vorgeschrieben?

Das Schiffszertifikat ist der Nachweis, dass ein Schiff im Seeschiffsregister eingetragen ist. Ausgestellt wird es vom Registergericht. Vorgeschrieben ist es ab 15 m Rumpflänge.

↘ Nr. 86

Was ist ein Flaggenzertifikat? Für welche Fahrzeuge kann es ausgestellt werden?

Vom BSH ausgestellter Ausweis, mit dem das Recht und die Pflicht zum Führen der Bundesflagge nachgewiesen wird. Für Fahrzeuge unter 15 m Lüa = „nicht registerpflichtige Fahrzeuge".

↘ Nr. 99

Wann und wo wird eine Flagge des Gastlandes gehisst?

Beim Einlaufen in die Küstengewässer des Gastlandes unter der Steuerbordsaling.

Zeiten, Häfen, aber auch umfangreiche Manöver, regelmäßige Positionen sowie Wetterlage und -aussichten zu notieren.
Rechtliche Informationen über das Verhalten auf Seeschifffahrtsstraßen gibt die vom BSH herausgegebene Broschüre *Sicherheit im See- und Küstenbereich. Sorgfaltsregeln für Wassersportler*.

Dokumente an Bord

In der Schifffahrt müssen Ausweispapiere des Schiffsführers, Dokumente für das Fahrzeug und für bestimmte Anlagen immer an Bord mitgeführt werden.
Der Schiffsführer hat seinen amtlichen Führerschein für das entsprechende Seegebiet und Fahrzeug an Bord bei sich zu haben.
Für das Fahrzeug gibt es das *Schiffszertifikat*. Deutsche Schiffe über 15 m Rumpflänge müssen, kleinere können in das *Schiffsregister* eingetragen werden, um dieses Zertifikat zu erhalten. Voraussetzung ist ein Messbrief, in dem das Schiff genau beschrieben ist.
Das *Flaggenzertifikat* ist ein amtlicher Nachweis für Yachten unter 15 m, der vom Bundesamt für Seeschifffahrt und Hydrographie ausgestellt wird und einen deutschen Schiffseigner berechtigt, die Bundesflagge zu führen.
Der *Internationale Bootsschein* (IBS) ist ein „Fahrzeugschein" für Wassersportfahrzeuge, der die administrativen Vorgänge in den Häfen, bei Behörden und grenzüberschreitendem Verkehr erleichtert. Er ist sehr verbreitet und weltweit anerkannt, obwohl er kein amtliches Dokument ist. Er wird von Motorsportverbänden oder dem Deutschen Segler-Verband für die Dauer von zwei Jahren ausgestellt.
Für Charterschiffe und gewerblich genutzte Yachten, dazu gehören auch Ausbildungsschiffe von Segelschulen, gibt es ein *Sicherheitszeugnis* und einen *Fahrerlaubnisschein*.
Zum Betrieb einer Seefunkanlage müssen die entsprechende Genehmigungsurkunde und die individuelle *Frequenzzuteilungsurkunde* mitgeführt werden.
Bei der Einreise in andere Hoheitsgewässer ist ein Großteil dieser Dokumente vorzulegen. Hierzu muss ein Einklarierungshafen als erster Hafen angelaufen werden.

Umweltschutz

Gerade Wassersportlern sollte die Reinhaltung der Gewässer besonders am Herzen liegen. Im kristallklaren Wasser einer Ankerbucht zu baden oder eine Schnorcheltour entlang der Küste zu unternehmen, sollte durch die Zunahme an Sportbooten nicht gefährdet werden. Eigentlich dürfte es eine Selbstverständlichkeit sein, keinen Müll, Zigarettenkippen o. Ä. über Bord zu werfen.
Die maritimen Anrainerstaaten haben sich zu einem allgemein gültigen Übereinkommen zum Schutz der Meere vor Verschmutzung geeinigt. Dieses Internationale Übereinkommen zur Verhütung der Meeresverschmutzung durch Schiffe *(Marine Pollution, MARPOL)* regelt den Umgang mit Abfällen, Abwässern, Fäkali-

en und Schiffsmüll für die gesamte Schifffahrt und damit auch für die Sportschifffahrt. Explizit ist u. a. festgehalten, dass das Einleiten von Öl, Fest- und Betriebsstoffen verboten ist.
Besonders strenge Auflagen gibt es für die Nord- und Ostsee sowie das Mittelmeer, die als *Sondergebiete* betrachtet werden.

In dieser Ankerbucht ist die Wasserqualität noch in Ordnung

Nr. 100

Wann und wo wird die Bundesflagge geführt?
Auf in Betrieb befindlichen Yachten während der Flaggzeit in den Küstengewässern, auf See und im Hafen am Flaggenstock am Heck, auf segelnden mehrmastigen Yachten auch im Topp des hintersten Mastes (nicht am Achterstag).

Nr. 85

Was müssen Sie beim ersten Anlaufen eines ausländischen Hafens beachten?
Die Einreise-, Gesundheits- und Zollformalitäten sind zu erledigen.

Nr. 103

Welchen Zweck soll das MARPOL-Übereinkommen erfüllen?
Das MARPOL-Übereinkommen soll die Verschmutzung der Meere verhindern.

Nr. 105

Was ist nach dem MARPOL-Übereinkommen für die Sportschifffahrt in Sondergebieten grundsätzlich verboten?
Das Einleiten von Öl, Schiffsabwässern, Schiffsmüll und anderen Schadstoffen.

Nr. 106

Gilt das MARPOL-Übereinkommen grundsätzlich auch für Sportfahrzeuge?
Das MARPOL-Übereinkommen gilt grundsätzlich für alle Schiffe, somit auch für Sportfahrzeuge.

Nr. 108

Wie ist auf Sportfahrzeugen mit ölhaltigem Bilgenwasser zu verfahren, wenn die Bedingungen, unter denen nach MARPOL das Lenzen zulässig ist, nicht eingehalten werden können?
Es muss im Hafen entsorgt werden.

Nr. 104

Was sind Sondergebiete im Sinne des MARPOL-Übereinkommens in Europa?
Ostsee, Nordsee und Mittelmeer.

Nr. 107

Woraus können Sie Informationen über Entsorgungsmöglichkeiten in deutschen Sportboothäfen entnehmen?
Aus der Broschüre „Entsorgungsmöglichkeiten für Öl, Schiffsmüll und Schiffsabwässer – eine Übersicht für Sport- und Kleinschifffahrt“ des BSH.

Nr. 109

Was ist hinsichtlich der Entsorgung von Müll in Nord- und Ostsee und im Mittelmeer zu beachten? (Begründung!)
Da Nord-, Ostsee und Mittelmeer Sondergebiete nach MARPOL sind, darf dort kein Müll in die See entsorgt werden.

Nr. 110

Welche Müllanteile dürfen in Sondergebieten nicht auf See entsorgt werden?
Synthetische Seile, Netze, Segel, Kunststofftüten u. Ä., Papiererzeugnisse, Lumpen, Glas, Metall, Steingut, Schalungs- oder Verpackungsmaterial.

↘ Nr. 102
Wo sind die Grenzen der Schutzzonen I und der speziellen Schutzgebiete in den Nationalparks aufgeführt?
In den Seekarten.

↘ Nr. 101
Welche Befahrensregelungen gelten für die Schutzzonen I in den Nationalparks im Deutschen Wattenmeer außerhalb der speziellen Schutzgebiete?
Das Verlassen der Fahrwasser zwischen 3 h nach Hochwasser und 3 h vor dem folgenden Hochwasser ist untersagt. In der übrigen Zeit beträgt für Sportfahrzeuge die Höchstgeschwindigkeit außerhalb des Fahrwassers 8 kn und generell im Fahrwasser 12 kn.

↘ Nr. 92
Wann liegt ein schaden- oder gefahrverursachendes Vorkommnis (Seeunfall) im Sinne des Seesicherheits-Untersuchungs-Gesetzes (SUG) vor? Nennen Sie mindestens 3 Merkmale.

1. Schiffsverlust, Aufgrundlaufen, Kollision eines Schiffes,
2. Tod oder Verschollenheit oder schwere Verletzung einer Person,
3. maritimer Umweltschaden oder sonstiger Sachschaden,
4. Gefahr für einen Menschen oder ein Schiff,
5. Gefahr eines schweren Schadens an einem Schiff, einem meerestechnischen Bauwerk oder an der Meeresumwelt.

Das Wattenmeer der deutschen Nordseeküste ist in großen Bereichen zu *Nationalparks* zum Schutz der besonderen Tier- und Pflanzenwelt erklärt worden. Diese Gebiete sind in drei Arten von *Schutzzonen* eingeteilt, die in den Seekarten verzeichnet sind.
Zone I unterliegt den strengsten Auflagen. So darf nur drei Stunden vor und nach Hochwasser das Fahrwasser verlassen und dort maximal 8 kn schnell gefahren werden. Innerhalb des Fahrwassers sind maximal 12 kn erlaubt. Bestimmten Fahrzeugen, beispielsweise Jetskis, ist das Befahren grundsätzlich untersagt. In Zone II und III darf unabhängig von der Gezeit mit 16 kn innerhalb und 12 kn außerhalb des Fahrwassers gefahren werden.
Es ist auch hier wichtig, sich vor dem Törn über lokale oder temporäre Befahrensregelungen zu informieren.

Pflichten beim Seeunfall

Trotz aller oben beschriebenen Maßnahmen kann es zu einem Seeunfall kommen. Eine Kollision zwischen zwei Schiffen, eine Grundberührung oder ein technischer Defekt am Fahrzeug ist möglich. In solchen Situationen gilt es, die Gefahr für die Beteiligten, aber auch für die angrenzende Schifffahrt oder die Umwelt zu minimieren.
Hierzu gehört es, ein langsam sinkendes Schiff möglichst noch mit letzter Kraft aus einer Schifffahrtsstraße zu fahren und erst außerhalb auf Grund zu setzen. Versinkt ein Schiff vollständig, ist zum Beispiel durch eine angeknotete lange Leine mit einem Schwimmkörper die Untergangsstelle zu kennzeichnen. Dies gilt natürlich nicht auf hoher See, wo sicher über das gesunkene Wrack hinweggefahren werden kann.

Seenotrettungskreuzer der DGzRS

Sind mehrere Fahrzeuge an einem Unfall beteiligt, so muss selbstverständlich gegenseitige Hilfe geleistet werden.
In allen deutschen Gewässern muss jeder Seeunfall den zuständigen Behörden gemeldet werden. Als *Seeunfall* wird ein Schiffsverlust, der Tod oder die Verschollenheit einer Person, erheblicher Schaden an mindestens einem Schiff, eine unterlassene Hilfeleistung, die Gefährdung oder Beeinträchtigung der Sicherheit aller Verkehrsbeteiligten oder der Umwelt bezeichnet.
In der *Verordnung über die Sicherung der Seefahrt* ist festgelegt, dass der Schiffsführer bzw. bei Verhinderung ein Crewmitglied oder der Betreiber des beteiligten Schiffes diese Seeunfallmeldung vorzunehmen und dazu mindestens Namen, Rufzeichen und Flagge der beteiligten Schiffe, deren Ausgangs- und Zielhafen, Betreiber und Schiffsführer zu nennen hat. Darüber hinaus müssen der genaue Unfallort mit Zeitpunkt, der Umfang des Personen- oder Sachschadens und eine Darstellung des Unfallgeschehens genannt werden.
Die Bundesstelle für Seeunfalluntersuchung analysiert den Vorfall und ermittelt die Umstände, unter denen es zur Kollision, Umweltverschmutzung oder sonstigen gefahrenverursachenden Vorkommnissen durch den Betrieb eines Schiffes kam. Anschließend werden Untersuchungsberichte und insbesondere Sicherheitsempfehlungen zur zukünftigen Verhütung derartiger Seeunfälle herausgegeben.

↘ Nr. 94

Welche Angaben müssen der Bundesstelle für Seeunfalluntersuchung gemeldet werden?
Nennen Sie mindestens 5 dieser Angaben.

Es sind folgende Angaben zu melden:
- Name und derzeitiger Aufenthalt des Meldenden,
- Ort (geografische Position) und Zeit des Unfalles,
- Name, Rufzeichen und Flagge des Schiffes sowie Rufnummer des zu diesem Schiff gehörenden mobilen Seefunkdienstes (MMSI),
- Typ, Verwendungszweck,
- Name des Betreibers des Schiffes,
- Name des verantwortlichen Schiffsführers,
- Herkunfts- und Zielhafen des Schiffes,
- Anzahl der Besatzungsmitglieder und weiterer Personen an Bord,
- Umfang des Personen- und Sachschadens,
- Darstellung des Verlaufs des Vorkommnisses,
- Angaben über andere Schiffe, die am Unfall beteiligt sind,
- Wetterbedingungen,
- Darstellung der Gefahr einer Meeresverschmutzung.

↘ Nr. 95

In welcher Vorschrift ist geregelt, welche Angaben der Bundesstelle für Seeunfalluntersuchung bei einem schaden- oder gefahrverursachenden Vorkommnis (Seeunfall) gemeldet werden müssen?
Wer ist verantwortlich für die Meldung?

Geregelt in der „Verordnung über die Sicherung der Seefahrt".
Verantwortlich für die Meldung ist der Schiffsführer oder bei dessen Verhinderung ein anderes Besatzungsmitglied bzw. ggf. auch der Betreiber des Schiffes, falls keine der vorgenannten Personen dazu in der Lage ist.

↘ Nr. 91

Welche Aufgaben hat die Bundesstelle für Seeunfalluntersuchung?

- Amtliche Untersuchung eines schaden- oder gefahrverursachenden Vorkommnisses (Seeunfall) im Zusammenhang mit dem Betrieb eines Schiffes (z. B. Kollision zwischen zwei Fahrzeugen) und Ermittlung der Umstände, durch die es zu dem Seeunfall gekommen ist.
- Herausgabe von Untersuchungsberichten und insbesondere Sicherheitsempfehlungen zur Verhütung von Seeunfällen.

↘ Nr. 96

Was sind Seeämter und was sind ihre Aufgaben?

Seeämter sind bei den Wasser- und Schifffahrtsdirektionen Nord und Nordwest gebildete Untersuchungsausschüsse zur Untersuchung der Frage, ob gegenüber einem Verfahrensbeteiligten ein Fahrverbot ausgesprochen oder ein Befähigungszeugnis bzw. ein amtlicher Führerschein der Sportschifffahrt entzogen werden muss.

↘ Nr. 98

Sie sehen von Ihrem Sportfahrzeug aus in der Nordsee nördlich von Helgoland eine noch unbekannte Gefahr, z. B. einen treibenden Container. Was haben Sie zu unternehmen?

Man muss dies auf dem schnellsten Weg direkt oder über eine Verkehrszentrale bzw. Küstenfunkstelle dem Maritimen Lagezentrum (MLZ) in Cuxhaven als Meldestelle für Unfälle auf See mitteilen.

↘ Nr. 93

Was müssen Sie nach einem Seeunfall veranlassen? Wie kann es umgesetzt werden?

Den Seeunfall unverzüglich der Bundesstelle für Seeunfalluntersuchung melden. Das kann in einem deutschen Einlaufhafen auch über die Wasserschutzpolizei bzw. im Ausland über die zuständigen Hafenbehörden veranlasst werden.

Seeämter sind von den Wasser- und Schifffahrtsdirektionen Nord und Nordwest gebildete Ausschüsse, die nach dem *Seesicherheits-Untersuchungsgesetz* (SUG) die Frage behandeln, ob einem Seeunfallbeteiligten ein Fahrverbot ausgesprochen oder ein Befähigungszeugnis bzw. der amtliche Sportbootführerschein entzogen werden muss.

Jeder Verkehrsteilnehmer hat auch präventive Pflichten. So muss beispielsweise ein erloschenes Leuchtfeuer oder ein gesichtetes treibendes Schifffahrtshindernis (z. B. ein über Bord gegangener Container) der Seewarndienstzentrale Cuxhaven durch einen Funkanruf bei einer Verkehrszentrale, einer Küstenfunkstelle oder der Küstenwache, gemeldet werden.

Der Nord-Ostsee-Kanal

Eine der wichtigsten künstlichen Wasserstraßen der Erde ist der Nord-Ostsee-Kanal, international unter dem Namen „Kiel-Canal" bekannt. Für die schnelle Passage zwischen Nord- und Ostsee für die Großschifffahrt gebaut, wird er auch gern von Sportbootfahrern genutzt.

Um die sichere Durchfahrt für sämtliche Verkehrsteilnehmer zu gewährleisten, gibt es spezielle Befahrensregelungen im Kanal. Umfangreiche Informationen lassen sich im Internet unter www.kiel-canal.org einsehen. Einige der besonders wichtigen Regelungen sind nachstehend angeführt:

Zur Lenkung des Verkehrs sind vor den Schleusen und im Kanal Signalmasten mit Lichtern aufgestellt, die auch von der Sportschifffahrt beachtet werden müssen.

Sportboote dürfen die Durchfahrt der Großschifffahrt nicht behindern oder gefährden. Aus diesem Grund ist das Segeln im Kanal nicht erlaubt. Bei gleichzeitiger aktiver Maschinenfahrt dürfen Segler jedoch zusätzlich Segel setzen, wenn dadurch ihr Manövrierverhalten nicht eingeschränkt wird. Außerdem darf ein motorgetriebenes Sportfahrzeug nur maximal ein anderes Sportfahrzeug schleppen.

Die Einfahrten zum Kanal, die Schleusen in Brunsbüttel oder Kiel-Holtenau, dürfen nur bei entsprechenden Lichtern an den Signalmasten befahren werden. Ein unterbrochenes rotes Licht zeigt das Verbot der Einfahrt, ein zusätzliches unterbrochenes weißes die Vorbereitung zur Freigabe an. Ist nur noch das weiße unterbrochene Licht zu sehen, dürfen die Sportboote einfahren.

Sportfahrzeuge dürfen die Zufahrten und den Kanal nur zur Durchfahrt befahren und ohne Lotsen nur bei Tage und nicht bei verminderter Sicht. Sie müssen ihre Fahrt so einrichten, dass sie vor Ablauf der Tagfahrzeit den Kanal passiert oder eine geeignete Liegestelle angefahren haben. Bei plötzlich auftretender verminderter Sicht müssen Sportfahrzeuge in den Weichengebieten hinter den Dalben oder an geeigneter Liegestelle festmachen.

Drei unterbrochene rote Lichter übereinander an aufgestellten Signalmasten fordern zur sofortigen Fahrtunterbrechung auf. Sportboote müssen an der nächstmöglichen Weiche hinter den Dalben festmachen und auf die Freigabe des folgenden Kanalabschnittes warten. Meist darf

Signalmast am NOK

der Wassersportler dann das imposante Schauspiel eines wirklich großen vorbeifahrenden „Pottes" erleben.
Unbedingt zu beachten sind auch die Regeln, dass im Kanal nicht schneller als mit 15 km/h (≈ 8 kn) gefahren werden darf und ein vorhandenes Funkgerät auf den entsprechenden Kanälen eingestellt und gehört werden muss. Schleppt ein Sportfahrzeug ein anderes, darf das geschleppte höchstens selbst 15 m lang sein. Die Mindestgeschwindigkeit muss 9 km/h betragen. Nicht zuletzt ist es vor der Einfahrt in den Kanal prinzipiell erforderlich, sich über die vollständigen Regelungen genau zu informieren. Unter www.kiel-canal.org werden auch dem Sportbootfahrer umfangreiche Informationen zur Verfügung gestellt.

Nr. 81

Welche besonderen Bestimmungen gelten auf dem Nord-Ostsee-Kanal (NOK) für Sportfahrzeuge beim Schleppen?

1. Ein motorbetriebenes Sportfahrzeug darf nur ein Sportfahrzeug schleppen.
2. Das geschleppte Sportfahrzeug darf nur eine Höchstlänge von weniger als 15 m haben.
3. Die Mindestgeschwindigkeit beim Schleppen muss 9 km/h betragen.

Nr. 67

Sie sehen vor dem Einlaufen in den NOK in Brunsbüttel folgende Lichtsignale:

1. ein unterbrochenes rotes Licht,
2. ein unterbrochenes weißes Licht über einem unterbrochenen roten Licht,
3. ein unterbrochenes weißes Licht.

Geben Sie die Bedeutung dieser Signale an.

1. Einfahren verboten.
2. Freigabe wird vorbereitet.
3. Sportfahrzeuge können einfahren.

Nr. 66

Während der Durchfahrt durch den Nord-Ostsee-Kanal (NOK) wird man auf einem Sportboot von Nebel überrascht. Was ist zu unternehmen?

Schnellstmöglich in einem Weichengebiet hinter den Dalben oder an geeigneten Liegestellen festmachen.

Nr. 64

Nennen Sie die speziellen Verhaltensregeln für Sportfahrzeuge im Nord-Ostsee-Kanal (NOK).

1. Sportfahrzeuge dürfen in der Regel die Zufahrten und den NOK lediglich zur Durchfahrt und ohne Lotsen nur während der Tagfahrzeiten und nicht bei verminderter Sicht benutzen.
2. Sportfahrzeuge müssen ihre Kanalfahrt so einrichten, dass sie vor Ablauf der Tagfahrzeit eine für Sportfahrzeuge bestimmte Liegestelle erreichen können.
3. Bei plötzlich auftretender verminderter Sicht müssen Sportfahrzeuge in den Weichengebieten hinter den Dalben oder an geeigneten Liegestellen festmachen.

Nr. 65

Welche speziellen Fahrregeln haben Sportfahrzeuge im Nord-Ostsee-Kanal (NOK) einzuhalten?

1. Das Segeln ist auf dem NOK verboten.
2. Sportfahrzeuge mit Maschinenantrieb dürfen zusätzlich die Segel setzen.
3. Ein motorbetriebenes Sportfahrzeug darf nur ein Sportfahrzeug schleppen.

Wetterkunde

Das Wetter und seine Auswirkungen auf See sind ein wichtiger Aspekt, mit dem sich der Schiffsführer vor und während der Fahrt auseinandersetzen sollte.

4. Wetterkunde

Das Wetter und seine Auswirkungen auf See sind ein wichtiger Aspekt, mit dem sich der Schiffsführer vor und während der Fahrt auseinandersetzen sollte. Vorschriften für das Einholen von Wetterinformationen gibt es streng genommen nicht – auch das GMDSS (Global Maritime Distress and Safety System) berücksichtigt nicht die Sportschifffahrt. Eine gute Seemannschaft verlangt es aber, Seewetterinformationen und aktuelle Warnungen vor und während des Törns einzuholen.

Schlechtes Wetter kündigt sich an. Gut informiert, können rechtzeitig Entscheidungen getroffen werden

Segelwetter – so lässt sich der Törn richtig genießen

Die Kenntnis des Wetters spielt eine zentrale Rolle für den sicheren Verlauf einer Reise mit dem Schiff – niemand will von einem Sturm oder außergewöhnlichem Seegang überrascht werden. Auch in die Törnplanung ist das Wetter unbedingt mit einzubeziehen, denn wenn der Wind „nicht immer von vorne" kommt,

kann der geplante Tagestörn nicht nur sicher, sondern auch mit schneller Fahrt durchgeführt werden. Selbstverständlich sollte man sich auch bei der Auswahl des Anlege- oder Ankerplatzes gut über die Wetterlage informieren.
Darüber hinaus gehören in ein gut geführtes Logbuch Einträge über Wetterbeobachtungen im Hafen und vor allem während der Fahrt. Neben Windrichtung, Windstärke und Luftdruck sind auch Bedeckungsgrad, Wolken, Seegang und Strom einzutragen. Wenn sich Lufttemperatur und Luftfeuchte außerhalb des Schiffs messen lassen, sollten auch diese notiert werden.

Grundlagen

Lufttemperatur/Luftdruck

Die Lufthülle, in der sich das Wetter abspielt, wird *Troposphäre* genannt. Sie erstreckt sich in den mittleren Breiten bis in eine Höhe von 10 bis 12 km. Der obere Rand wird als Tropopause bezeichnet, bis dorthin nimmt die Lufttemperatur im Mittel stetig ab.

Lufttemperaturen werden typischerweise mit einem Thermometer in Grad Celsius (°C) gemessen. Oft aber befindet sich das Thermometer an Bord einer Yacht in Form eines runden Messingkörpers in der Kajüte und misst dort die „Behaglichkeitstemperatur". Diese Messung ist auf keinen Fall mit der Lufttemperatur außerhalb der Yacht zu verwechseln.

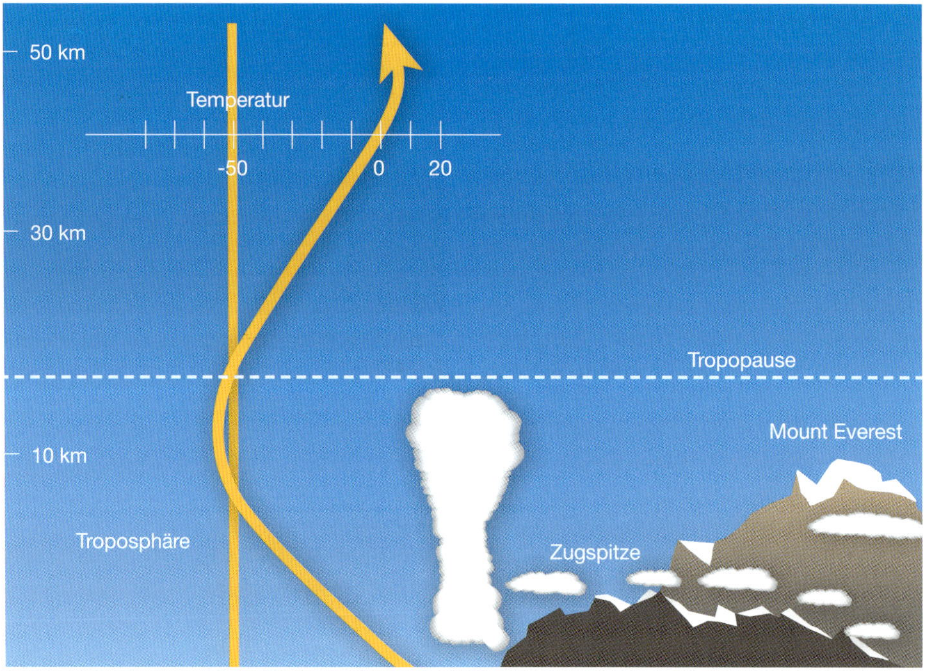

Die Wetterentwicklungen spielen sich bis zur Tropopause ab

Mit dem Barometer wird – meist auch in der Kajüte am Schott oder in der Navigationsecke befestigt – der *Luftdruck* gemessen. Die Einheit ist Hektopascal (hPa). Früher wurde Millibar verwendet, was jedoch die gleiche Größe besitzt.
Barografen zeichnen den Verlauf der Messung auf und erlauben damit auf einen Blick die Übersicht über die Luftdruckentwicklung. Für herkömmliche Barografen ist schon wegen ihrer Größe auf kleineren Yachten kaum Platz vorhanden. Großer Beliebtheit erfreuen sich in den letzten Jahren Barografen mit einem

Selbst Barometer/Barografen, die in Uhren integriert sind, geben Hinweise

LCD-Display, die sich aufgrund des geringen Stromverbrauchs und kleinerer Abmessungen leichter an Bord installieren lassen. Seit Längerem schon finden sich

Ein Thermometer an Bord einer Yacht. Hier wird die Temperatur in der Kajüte gemessen. Das hat mit der Lufttemperatur außerhalb der Kajüte nur wenig zu tun

Das klassische Barometer an Bord einer Yacht

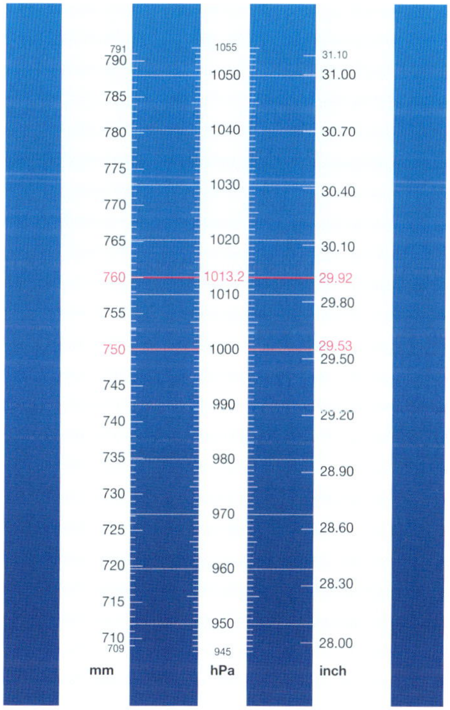

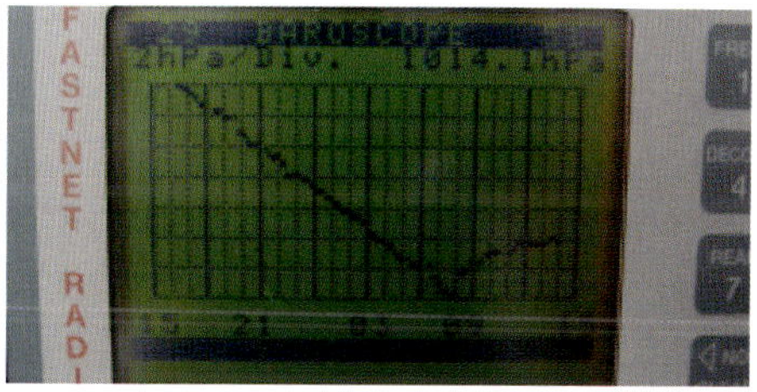

Der Barograf zeichnet über einen längeren Zeitraum kontinuierlich den Verlauf des Luftdrucks auf. Daran lässt sich die Wetterlage beurteilen

International ist Hectopascal (hPa) die Einheit bei der Luftdruckmessung. Teilweise werden auch noch Millibar (mbar) sowie mm Quecksilbersäule und inch bei der Angabe des Luftdrucks verwendet

selbst in vielen Armbanduhren integrierte Barometer oder Barografen.

Ist kein Barograf an Bord vorhanden, sollte der Luftdruck mindestens alle drei oder vier Stunden im Logbuch notiert werden, um aus den Luftdrucktendenzen

Nr. 99

1. Warum sollten Luftdrucktendenzen an Bord beobachtet und aufgezeichnet werden?

2. In welchem zeitlichen Abstand sollte man den Luftdruck aufzeichnen?

1. Eventuelle Wetterveränderungen (z. B. Trog, Annäherung eines Tiefdruckgebiets) können registriert werden.
2. Mindestens alle 4 Stunden.

Nr. 100

Mit welchem Messinstrument wird an Bord der Luftdruck gemessen?

Mit dem Barometer oder Barograf en.

Nr. 4

Nennen Sie mindestens 6 Parameter, aus denen sich eine Wetterbeobachtung an Bord zusammensetzt.

Windrichtung, Windstärke, Luftdruck, aktuelles Wetter, Bedeckungsgrad, Wolken, Seegang, Strom, Temperatur und ggf. Luftfeuchte.

Rückschlüsse auf das Wetter (Trog, Annäherung eines Tiefdruckgebiets) ziehen zu können.

Auf jeden Fall empfiehlt es sich, das Barometer zu kalibrieren. Hierzu ist zuerst der aktuelle Luftdruck in der Nähe einer Wetterstation im In- und Ausland zu erfragen oder aus dem Internet zu ermitteln. Sollten sich Differenzen ergeben, können diese dann ausgeglichen werden. Ein korrekt gemessener Luftdruck ist später entscheidend, wenn in Seewetterberichten Luftdruckangaben zu Hoch- und Tiefdruckgebieten gemacht werden.

Der Luftdruck nimmt mit zunehmender Höhe vom Erdboden ab, da das Gewicht der darüber liegenden Luftsäule immer geringer wird. Horizontale Luftdruckunterschiede zwischen zwei Orten auf dem Erdboden (Hoch- und Tiefdruckgebiete) sind dagegen der Antriebsmotor für Luftbewegungen, den Wind.

Wind

Je stärker der Luftdruckunterschied zwischen zwei Orten ist, desto stärker weht der Wind. Linien gleichen Luftdrucks sind *Isobaren*. Sie finden sich in Wetterkarten und werden international in einem Abstand von 5 hPa oder teilweise auch 4 hPa eingezeichnet. Je enger demnach Isobaren beieinander liegen, desto größer ist das *Druckgefälle* und umso stärker ist der Wind.

In Bodennähe weht der Wind nicht parallel zu den Isobaren, er ist durch die Bodenreibung etwas rückgedreht (linksherum). Ist die Bodenreibung sehr stark, ist auch der Winkel größer. Über See beträgt er etwa 10 bis 25°. Dadurch weht der Wind auf der Nordhalbkugel linksherum (gegen den Uhrzeigersinn) in ein Tief hinein und rechtsherum (im Uhrzeigersinn) aus dem Hoch heraus.

Die *Windrichtung* wird als 8-teilige Skala (N, NW, W, SW, S, SE, E, NE) in 45°-Stufen angegeben. Und zwar aus der Richtung, aus der er weht. Bei Südwestwind kommt die Luft also aus Südwesten. Bei Stationsmeldungen von Wetterstationen wird die 16-teilige Auflösung in 22,5°-Stufen verwendet, also N, NNE, NE usw.

Zur Messung der *Windgeschwindigkeit* benutzt man die Einheiten m/s oder kn (Knoten) oder auch km/h. Im Bereich der Seefahrt wird aber meistens die Windstärkenskala (0–12) verwendet.

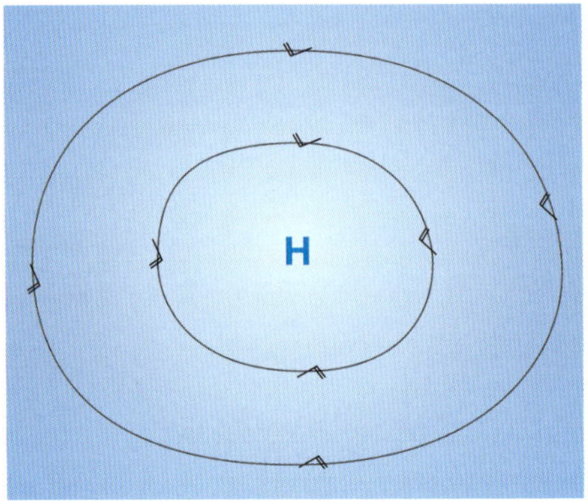

Der Wind weht auf der Nordhalbkugel rechtsherum (im Uhrzeigersinn) aus dem Hoch heraus. In Zentrum ist der Wind schwach umlaufend

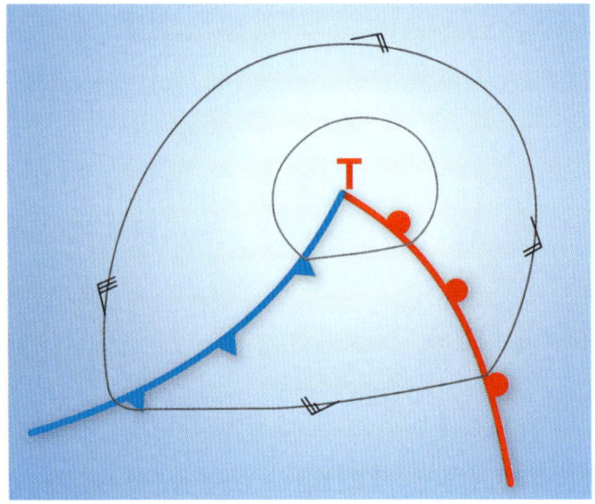

Der Wind weht auf der Nordhalbkugel linksherum (gegen den Uhrzeigersinn) in ein Tief hinein

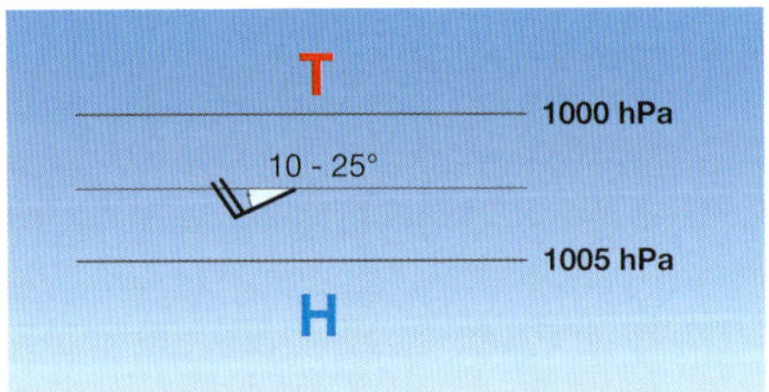

Durch Reibung am Boden weht der Wind nicht parallel zu den Isobaren

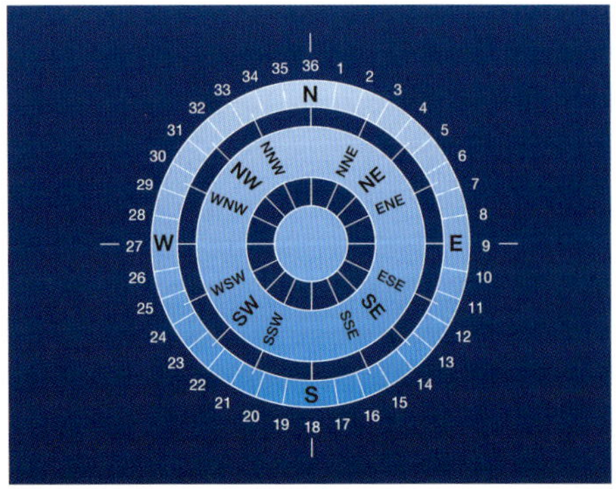

Die Angabe der Windrichtung erfolgt in Seewetterberichten nach der 8-teiligen Skala. Bei Meldungen von Wetterstationen wird die 16-teilige Auflösung in 22,5°-Stufen benutzt

↘ Nr. 1

Was ist Wind und wie entsteht er?

Wind ist bewegte Luft. Die Bewegung entsteht durch die Druckunterschiede zwischen Hoch- und Tiefdruckgebieten.

↘ Nr. 5

1. **In welcher Maßeinheit wird die Windstärke angegeben?**
2. **In welchen Maßeinheiten wird die Windgeschwindigkeit angegeben?**

1. Nach der Beaufortskala (Bft).
2. In kn, m/s und km/h.

↘ Nr. 6

1. **Wie heißen die Linien gleichen Luftdrucks?**
2. **In welcher Maßeinheit wird der Luftdruck angegeben?**

1. Isobaren.
2. Hektopascal (hPa) oder vereinzelt auch noch Millibar (mb, teilweise auch mbar).

↘ Nr. 9

Welche Skala wird verwendet für die Angabe der Windrichtung in Seewetterberichten bei

1. **den Vorhersagen und Aussichten,**
2. **den Stationsmeldungen?**

1. Die 8-teilige mit Auflösung in 45°-Stufen.
2. Die 16-teilige mit Auflösung in 22,5°-Stufen.

↘ Nr. 11

1. **Welche Skala wird für die Schätzung der Windstärke verwendet?**
2. **Was verstehen Sie unter mäßigem Wind, was unter Starkwind?**

1. Die 12-teilige Beaufortskala.
2. Mäßiger Wind bedeutet Stärke 4 der Beaufortskala, Starkwind 6 und 7 Beaufort.

↘ Nr. 21

Wie verhält sich der Wind in Bodennähe auf der Nordhalbkugel zwischen Hoch- und Tiefdruckgebieten?

Er weht rechtsherum aus dem Hochdruckzentrum heraus und linksherum in den Tiefdruckkern hinein.

↘ Nr. 24

Was lässt sich aus der Darstellung der Isobaren in einer Wetterkarte erkennen?

Windrichtung und Druckgefälle; je enger sie liegen, desto größer ist das Druckgefälle und desto stärker ist der Wind.

↘ Nr. 25

Warum weht der Wind nicht parallel zu den Isobaren? (Begründung!)

Durch die Bodenreibung ist der Wind rückgedreht (gegen den Uhrzeigersinn).

↘ Nr. 26

1. **Wie weht der Wind über See in Bodennähe um ein Tiefdruckgebiet?**
2. **Mit wie viel Grad Änderung in der Windrichtung müssen Sie etwa rechnen?**

1. Der Wind weht nicht parallel zu den Isobaren, er ist rückgedreht und weht in das Tief hinein.
2. Ein bis zwei Strich bzw. ca. 10° bis 20°.

↘ Nr. 27

1. **Wie weht der Wind über See in Bodennähe um ein Hochdruckgebiet?**
2. **Mit wie viel Grad Änderung in der Windrichtung müssen Sie etwa rechnen?**

1. Der Wind weht nicht parallel zu den Isobaren, er ist rückgedreht und weht aus dem Hoch hinaus.
2. Ein bis zwei Strich bzw. 10° bis 20°.

↘ Nr. 31

In welchem Abstand werden Isobaren international dargestellt oder gezeichnet?

Im Abstand von 5 hPa oder im Abstand von 4 mbar.

Stufe	*Beaufortskala*
0	Windstille
1	Leiser Zug
2	Leichter Zug
3	Schwacher Wind
4	Mäßiger Wind
5	Frischer Wind
6	Starker Wind
7	Steifer Wind
8	Stürmischer Wind
9	Sturm
10	Starker Sturm
11	Orkanartiger Sturm
12	Orkan

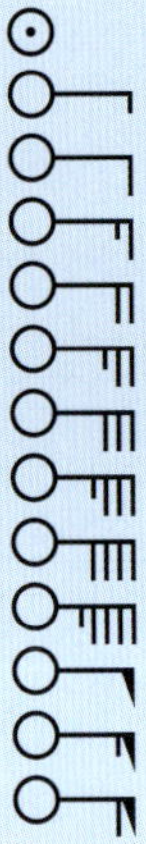

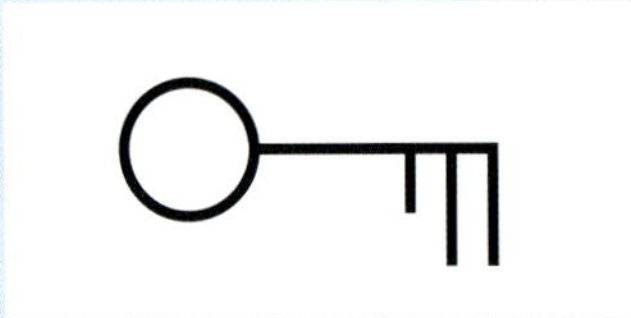

Beispiel: Ost 5 Bft

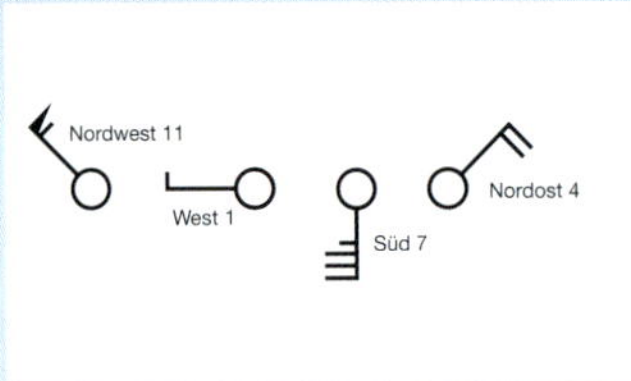

Weitere Beispiele

Beaufortskala	*Knoten*	*m/s*	*km/h*
0	*1*	*0,0 - 0,2*	*1*
1	*1 - 3*	*0,3 - 1,5*	*1 - 5*
2	*4 - 6*	*1,6 - 3,3*	*6 - 11*
3	*7 - 10*	*3,4 - 5,4*	*12 - 19*
4	*11 - 15*	*5,5 - 7,9*	*20 - 28*
5	*16 - 21*	*8,0 - 10,7*	*29 - 38*
6	*22 - 27*	*10,8 - 13,8*	*39 - 49*
7	*28 - 33*	*13,9 - 17,1*	*50 - 61*
8	*34 - 40*	*17,2 - 20,7*	*62 - 74*
9	*41 - 47*	*20,8 - 24,4*	*75 - 88*
10	*48 - 55*	*24,5 - 28,4*	*89 - 102*
11	*56 - 63*	*28,5 - 32,6*	*103 - 117*
12	*> 63*	*> 32.7*	*> 118*

Knoten = Seemeilen pro Stunde (1 Seemeile = 1852 Meter)
m/s = Meter pro Sekunde
km/h = Kilometer pro Stunde

Beaufortskala und die verschiedenen Einheiten der Windgeschwindigkeit

In Bodenwetterkarten eingetragen werden Windrichtung und -stärke wie in dem Beispiel ersichtlich. Der Strich zeigt in die Richtung, aus der der Wind weht. Die Windstärke wird durch Fieder gekennzeichnet. Eine Windfieder bedeutet 2 Bft, eine halbe 1 Bft. Für das Beispiel ergibt sich Ost 5.
Achtung: Bei Vorhersagekarten, wie sie im Internet zu finden sind, wird hingegen oft anders verfahren. Hier bedeutet eine Fieder 10 Knoten. Das kann zu großen Unterschieden führen. In dem Beispiel wäre es statt Ost 5 dann Ost mit 25 Knoten, was immerhin 6 Windstärken sind. Folglich muss genau auf die jeweils verwendete Einheit geachtet werden.
Bei den Windvorhersagen ist zu beachten, dass der angegebene Mittelwind für eine Höhe von 10 Meter über Wasseroberfläche gilt. Das gilt für alle Seewetterberichte, auch wenn es sich um eine Windpfeilkarte aus dem Internet handelt.

Auf Yachten werden zur *Windmessung* verschiedenste Windmessgeräte und -anlagen eingesetzt. Manchmal wird ein Handanemometer verwendet. Als Anemometer wird das Gerät bezeichnet, welches zur Messung der Windgeschwindigkeit dient.

Da die Windgeschwindigkeit stark mit der Höhe zunimmt, ist die Messung nicht ganz unproblematisch. So macht es einen erheblichen Unterschied, ob die Windgeschwindigkeit auf einer 30- oder auf einer 60-Fuß-Yacht im Masttopp gemessen

Anhand der Verlagerung der Wellenzüge kann die Windrichtung mithilfe des Kompasses ermittelt werden

wird. Die Differenz kann 20 % oder mehr betragen.

Beispiel: Werden in 20 m Höhe 40 kn Windgeschwindigkeit gemessen, so beträgt in 2 m Höhe die Windgeschwindigkeit nur noch ca. 29 kn. Das schwankt freilich je nach Wetterlage/Schichtung der Atmosphäre.

Bei der Windmessung im Hafen ist zu beachten, dass bei ablandigem Wind die Verhältnisse auf der freien See deutlich höhere Windgeschwindigkeiten aufweisen können. Weht der Wind auflandig, spiegelt die Messung im Hafen etwa die Verhältnisse auf der freien See wider.

Ist keine Windmessanlage vorhanden, lässt sich die Windstärke anhand von Beobachtungen des Seegangs nach der Einteilung der Beaufortskala beurteilen und die Richtung des Windes anhand der Verlagerung der Wellenzüge mit dem Kompass bestimmen.

↘ Nr. 50

Im Internet finden Sie auf einer „Wetterseite“ eine Vorhersagekarte mit Windpfeilen.
In welcher Höhe über dem Erdboden/der Wasseroberfläche gelten die vorhergesagten Windgeschwindigkeiten?

Meistens etwa 10 Meter über dem Erdboden/der Wasseroberfläche.

↘ Nr. 68

Mit welchen Windverhältnissen müssen Sie rechnen, wenn Sie im Hafen liegen und der Wind ablandig weht?

Die im Hafen vorherrschenden Windgeschwindigkeiten entsprechen nicht den Verhältnissen auf der freien See.

↘ Nr. 69

Mit welchen Windverhältnissen müssen Sie rechnen, wenn Sie in einem relativ ungeschützten Hafen liegen und der Wind auflandig weht?

Die im Hafen vorherrschenden Windgeschwindigkeiten entsprechen etwa den Verhältnissen auf der freien See.

↘ Nr. 97

Mit welchem Messinstrument wird an Bord die Windgeschwindigkeit gemessen?

Mit einem Anemometer.

↘ Nr. 101

1. **Wie bestimmen Sie an Bord die Windstärke, wenn keine Windmessanlage vorhanden ist?**
2. **Wie bestimmen Sie an Bord die Windrichtung, wenn keine Windmessanlage vorhanden ist?**

1. Die Windstärke wird geschätzt mithilfe der Beaufortskala in Anlehnung an das Seegangsbild.
2. Die Windrichtung wird anhand der Verlagerung der Wellenkämme geschätzt.

↘ Nr. 11

1. **Welche Skala wird für die Schätzung der Windstärke verwendet?**
2. **Was verstehen Sie unter mäßigem Wind, was unter Starkwind?**

1. Die 12-teilige Beaufortskala.
2. Mäßiger Wind bedeutet Stärke 4 der Beaufortskala, Starkwind 6 und 7 Beaufort.

↘ Nr. 2
Was ist der Taupunkt?
Der Taupunkt ist die Temperatur, auf die Luft abgekühlt werden muss, damit sie mit Feuchtigkeit gesättigt ist. Es setzt Kondensation (Taubildung) ein.

↘ Nr. 3
In welcher Größe wird in der Schifffahrt die Luftfeuchtigkeit allgemein angegeben?
Relative Feuchtigkeit in Prozent.

↘ Nr. 51
Sie segeln mit Ihrer Yacht „raumschots". Nach der nächsten Tonne müssen Sie anluven. Wie wird sich die wahre Windgeschwindigkeit auf Ihrem Windmesser/Anemometer entwickeln?
Sie bleibt unverändert.

↘ Nr. 73
Wie wird sich das Wetter wahrscheinlich entwickeln, wenn der Wind am Abend
1. abflaut oder
2. zunimmt?
1. Langsames Abflauen des Windes ist oft ein Zeichen für gutes Wetter.
2. Windzunahme am Abend kündigt häufig Starkwind, Sturm und Regen an.

Zu unterscheiden ist auf jeden Fall wahrer Wind und scheinbarer Wind. Bei einer Messung sollte in das Logbuch der wahre Wind eingetragen werden. Der scheinbare Wind ergibt sich aus dem wahren Wind und der Schiffsgeschwindigkeit. Ist das Anemometer an Bord mit der Bootsgeschwindigkeit beispielsweise über das GPS gekoppelt, wird immer der wahre Wind abgelesen. Wird dagegen beispielsweise das Handanemometer ohne Berücksichtigung der Schiffsgeschwindigkeit benutzt, dann erhält man den scheinbaren Wind.

Insbesondere in Küstennähe ist zu beobachten, dass der Wind tagsüber etwas zunimmt und böig wird, nachts wieder abnimmt. Dieser zu beobachtende Tagesgang im Wind ist typisch und hängt mit der Sonneneinstrahlung zusammen. Während tagsüber der von der Sonne erwärmte Erdboden die bodennahen Luftschichten turbulent und böig macht, werden durch die nächtliche Abkühlung des Erdbodens und der bodennahen Luftschichten die Luftbewegungen stabilisiert. Nimmt der Wind jedoch am Abend deutlich zu, dann deutet sich oft eine Wetterverschlechterung an.

Luftfeuchte/Nebel

Die Luftfeuchte spielt im Zusammenhang mit Nebel eine wichtige Rolle. Ihre Messung an Bord ist nicht ganz so einfach, denn über ein Schleuderpsychrometer werden nur wenige Yachten verfügen. Als Messinstrument dient vielmehr allgemein das Hygrometer, welches an Bord häufig als Kombiinstrument mit der Lufttemperatur zu finden ist. Da das Hygrometer aber oft in der Kajüte angebracht ist, ist die Messung stark verfälscht. Leicht lässt sich vorstellen, wie stark die Luftfeuchte ansteigt, wenn z.B. Spaghetti gekocht werden.

Als praktische Größe für die Luftfeuchte wird in der Seefahrt die *relative Feuchte* verwendet. Sie ist das Verhältnis des augenblicklichen (gemessenen) Wasserdampfgehaltes zum möglichen Höchstwert bei einer bestimmten Temperatur und wird in Prozent angegeben.

Von der relativen Feuchte hin zur Nebelbildung ist es nur ein kleiner Schritt. Es gibt verschiedene Möglichkeiten, eine Luftmasse zur Kondensation (100 %) zu führen, z.B. durch die Zufuhr von Feuchtigkeit oder die Abkühlung der Luft. Die Temperatur, auf die Luft abgekühlt werden muss, damit der Sättigungswert des Wasserdampfes erreicht wird, wird mit Taupunkt bezeichnet. Es ist die Temperatur, bei der durch Abkühlung Tau infolge Kondensation ausfällt. So bildet sich Nebel, wenn die relative Luftfeuchte nahe 100 % liegt.

Nebel ist in der Schifffahrt immer noch eine Wettergröße, die große Unsicherheit in den beabsichtigten Törn bringen kann. Während zwar die Navigation im Nebel dank GPS einfacher geworden ist, ist die hohe Gefahr der Kollision mit anderen Fahrzeugen geblieben.

Nebel ist eigentlich eine am Boden auf-

Strahlungsnebel ist auf See gezogen

Warmwassernebel hat sich über dem warmen Wasser gebildet

liegende Wolke vom Typ Stratus. In der Schifffahrt wird dann von Nebel gesprochen, wenn die Sichtweite unter 1000 m beträgt. Nebeltröpfchen sind sehr fein, im dichten Nebel haben sie größere Durchmesser und es kann Sprühregen beobachtet werden.

Wesentliche Faktoren, die zu den verschiedenen Nebelarten führen, sind die Zufuhr von Feuchte, Abkühlung der Luft oder wenn Luftmassen mit hoher Luftfeuchtigkeit gemischt werden.

Nebelarten gibt es viele. Die für den Wassersport wichtigen sind Strahlungsnebel, Warm- und Kaltwassernebel.

Strahlungsnebel bildet sich überwiegend nachts oder in den Morgenstunden bei klarem oder nur gering bewölktem Himmel über Land. Er tritt vor allem auf, wenn ein großer Unterschied zwischen den Tages- und den Nachttemperaturen vorherrscht und dabei relativ wenig Wind weht. Der Erdboden gibt nach Sonnenuntergang durch Ausstrahlung Wärme an obere Luftschichten ab. Die Lufttemperatur der bodennahen Schichten nimmt ab und erreicht ihren Taupunkt, wo die Kondensation/Nebelbildung einsetzt. Strahlungsnebel über Land kann durch Wind auf See verdriften und führt zur raschen Sichtverschlechterung insbesondere in Küstennähe, Flussmündungen oder auch engen Durchfahrten zwischen Inseln. Im Sommer wird er durch stärkere Sonneneinstrahlung rasch aufgelost.

Über See dominant sind aber eher die jahreszeitlich bedingten Nebelarten „Warmwassernebel“ und „Kaltwassernebel“.

Der *Warmwassernebel* entsteht, wenn kalte Luft über warmes Wasser strömt. Durch Verdunstung an der Wasseroberfläche kommt es bei einer hohen Temperaturdifferenz zwischen Luft und Wasser (Differenz größer als 10 °C) zur Kondensation. Da das Wasser im Herbst noch relativ warm ist, tritt der Warmwassernebel überwiegend in den Monaten September, Oktober und November auf.

↘ Nr. 98

Welche Windgeschwindigkeit zeigt das Anemometer an, wenn das Fahrzeug Fahrt durchs Wasser macht?

Die scheinbare Windgeschwindigkeit.

↘ Nr. 76

Wie entsteht Nebel?

Zufuhr von Feuchte, Mischung von Luftmassen mit hoher Feuchtigkeit und verschiedener Temperatur, Abkühlung der Luftmasse.

↘ Nr. 79

1. **Wie entsteht Warmwassernebel?**
2. **Zu welcher Jahreszeit tritt diese Nebelart in europäischen Gewässern bevorzugt auf?**

1. Kalte Luft strömt über warmes Wasser. Durch Verdunstung an der Wasseroberfläche kommt es bei hoher Differenz zwischen der Luft- und Wassertemperatur zur Feuchtesättigung.
2. Überwiegend im Herbst.

↘ Nr. 80

1. **Wie entsteht Strahlungsnebel?**
2. **Wo ist diese Nebelart anzutreffen?**

1. Nach Sonnenuntergang kann sich bei klarem Himmel die bodennahe Luftschicht über Land unter den Taupunkt abkühlen.
2. Besonders auf Flüssen und engen Durchfahrten, außerdem durch seewärtige Windverdriftung in Küstennähe.

Mit *Kaltwassernebel* muss im Frühjahr in den Monaten April, Mai und Juni gerechnet werden, wenn warme und feuchte Luftmassen über das noch kalte Meer geführt werden. Die Luft wird unter den Taupunkt abgekühlt. Es kommt zur Kondensation, der Kaltwassernebel entwickelt sich. Im Gegensatz zum Warmwassernebel trägt die Erwärmung durch die Sonneneinstrahlung nur wenig dazu bei, den Nebel aufzulösen, denn die Wassertemperatur bleibt nahezu unverändert. Da das Meer nicht so rasch erwärmt werden kann, hilft beim Kaltwassernebel nur ein Wechsel der Luftmasse.
Es muss eine deutlich trockenere Luftmasse herangeführt werden, damit die Nebelsituation beendet wird.
Schlechte Sichten können aber nicht nur durch Nebel oder starken Niederschlag hervorgerufen werden, sondern auch durch Staub. Insbesondere im Mittelmeerraum kann mit der Luftmasse transportierter Saharastaub die Sichtweite stark vermindern.

Wolken

Im vorigen Abschnitt wurde bereits Nebel als eine am Boden aufliegende Wolke beschrieben. Allgemein ist die Wolkenbildung fast immer mit aufsteigender Luft verbunden. Dabei gelangt Luft in kältere Schichten und wird unter den Taupunkt abgekühlt.
Bei stärker aufsteigender Luft entstehen *Quellwolken* (Cumuluswolken, auch Konvektions- oder Haufenwolken).
Wird die Luft nur sehr langsam und großräumig gehoben, dann entwickeln sich *Schichtwolken* (Stratuswolken).

Kaltwassernebel tritt vor allem im Frühjahr auf

Quellwolken bilden sich meistens tagsüber vor allem über Land, wenn die Sonne die Erdoberfläche erwärmt. Diese feuchte und wärmere Luft steigt auf bis in eine Höhe, wo der Wasserdampf kondensiert, es entstehen Wolkentröpfchen. Schichtwolken finden sich dagegen an und vor der Warmfront eines Tiefdruckgebietes, wo die warme Luft langsam auf die kalte Luft aufgleitet. Aber auch hier ist die Kondensation für die Wolkenbildung verantwortlich.
Wolken werden nach ihrem Erscheinungsbild in mehrere Typen eingeteilt. International wird in 10 Haupttypen (Gattungen) unterschieden: *Cirrus (Ci), Cirrocumulus (Cc), Cirrostratus (Cs), Altocumulus (Ac), Altostratus (As), Nimbostratus (Ns), Stratocumulus (Sc), Stratus (St), Cumulus (Cu) und Cumulonimbus (Cb).*
Für weitere Arten, Unterarten und Sonderformen gibt es noch besondere Bezeichnungen aus dem Lateinischen, wie

Schichtwolke

Haufenwolke

Cirrostratus

Cirrus

Cirrocumulus

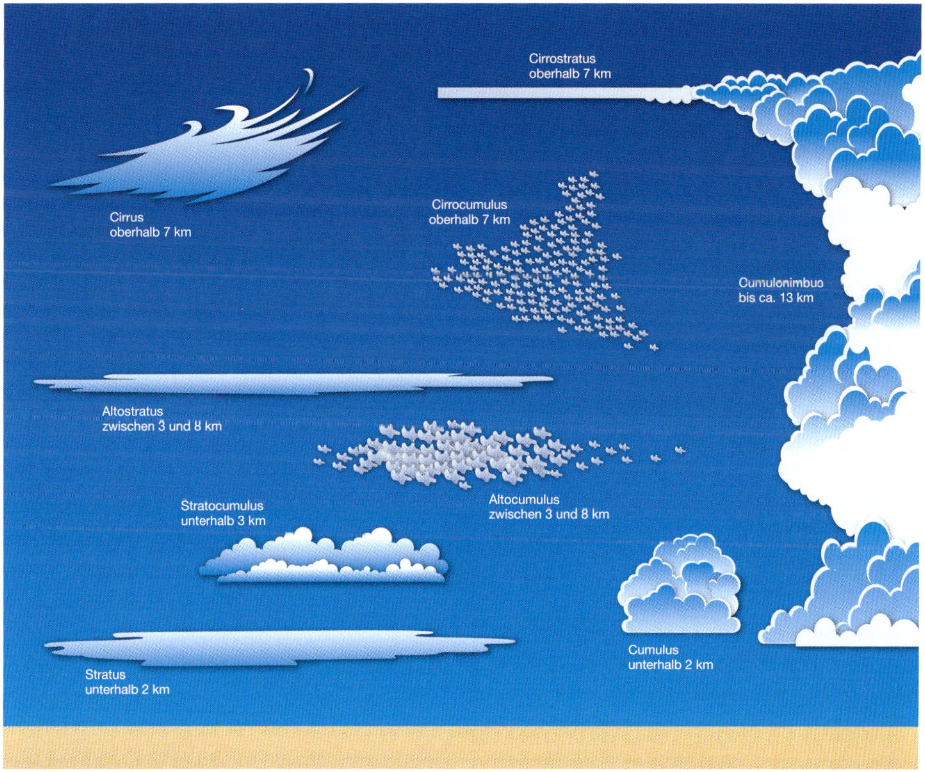

Haupttypen der Wolken

↘ Nr. 16

1. Welche Formen von Wolken gibt es?

2. Nennen Sie 6 der 10 Haupttypen!

1. Es gibt Haufenwolken und Schichtwolken.
2. Cirrus, Cirrostratus, Cirrocumulus, Altostratus, Altocumulus, Nimbostratus, Stratocumulus, Stratus, Cumulus, Cumulonimbus.

↘ Nr. 78

1. Wie entsteht Kaltwassernebel?

2. Zu welcher Jahreszeit tritt diese Nebelart in europäischen Gewässern bevorzugt auf?

1. Warme und feuchte Luftmassen werden durch den kalten Untergrund (Meer) unter den Taupunkt abgekühlt.
2. Überwiegend im Frühjahr.

↘ Nr. 81

Wodurch kann es im Mittelmeerraum in besonderen Fällen zur Sichtreduktion kommen?

Bei bestimmten Wetterlagen kann mit der Luftmasse transportierter Saharastaub die Sicht stark vermindern.

↘ Nr. 17

1. **Welche Höhen unterscheidet man bei Wolken?**
2. **Welche Höhen haben sie etwa in den gemäßigten Breiten?**

1. Tiefe, mittelhohe und hohe Wolken.
2. Tiefe Wolken zwischen 0 und 2 km, mittelhohe Wolken zwischen 2 und 7 km und hohe Wolken zwischen 7 und 13 km.

↘ Nr. 18

Woraus bestehen hohe Wolken?

Aus kleinen Eiskristallen.

Altocumulus

Altostratus

Cumulonimbus

Cumulus

z.B. den Altocumulus opacus. Der Zusatz opacus bedeutet schattig oder dicht, mit anderen Worten: Die Sonne kann nicht mehr durch die Wolke durchscheinen.

Neben der Klassifikation werden die Wolken auch definierten *Stockwerken* zugeordnet. Zu unterscheiden sind drei: ein tiefes, ein mittleres und ein hohes Stockwerk. In den gemäßigten Breiten entsprechen dem tiefen Stockwerk Höhen von etwa 0 bis 2 km, dem mittleren 2 bis 7 km und dem hohen bis 13 km.

Hohe Wolken bestehen aus Eiskristallen, tiefe Wolken dagegen aus Wassertröpfchen. Wasserwolken sind wenig lichtdurchlässig. Sie erscheinen grau oder weiß. Bei den Eiswolken verhält es sich anders. Sie haben eine große Lichtdurchlässigkeit. Ihre Ränder sind unscharf, oft haben sie ein faseriges Aussehen.

Stratocumulus

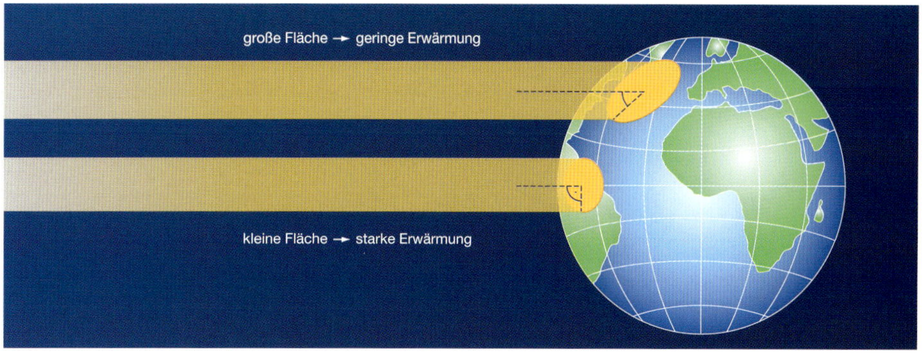

Die Sonne erwärmt die Erde unterschiedlich stark

Stratus, eine tiefe Schichtwolke. Liegt dieser Wolkentyp am Boden auf, entsteht Nebel

Durch die unterschiedliche Erwärmung wäre eine Zirkulation von den Polen zum Äquator denkbar, doch diese ist durch die Rotation der Erde etwas komplizierter

Allgemeine Zirkulation

Wettergeschehen

Verantwortlich für die Entstehung des Wettergeschehens ist in erheblichem Maße die Sonneneinstrahlung. Sie erwärmt aufgrund der annähernden Kugelform der Erde und der Neigung der Erdachse die Äquatorregionen stärker als die Pole. Dadurch entsteht ein Temperaturgefälle vom Äquator zu den Polen, das durch Luft- und auch Meeresströmungen zu einem Ausgleich strebt. Siehe dazu die Abbildungen oben rechts.

Diese Ausgleichsströmung verlagert die aufsteigenden warmen Luftmassen in Richtung Pol sowie kalte Luft in Richtung Äquator. Da der Erdball zusätzlich noch rotiert, ist die Zirkulation der Luftmassen aber etwas komplexer.

Nördlich und südlich des Äquators finden sich Hochdruckgebiete. Auf der Nordhalbkugel auf dem Nordatlantik trägt das Hochdruckgebiet den Namen Azorenhoch, da es über das Jahr gesehen seinen Schwerpunkt über der Inselgruppe der Azoren hat.

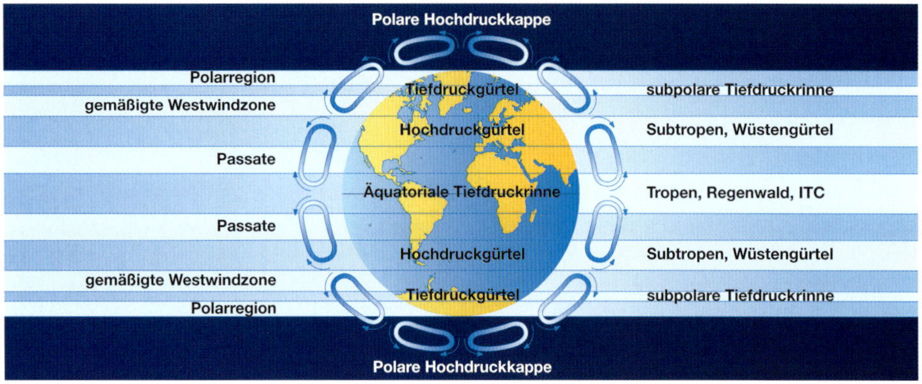

Durch die einzelnen Zirkulationszellen entstehen die Klimaregionen und Windsysteme auf der Erde

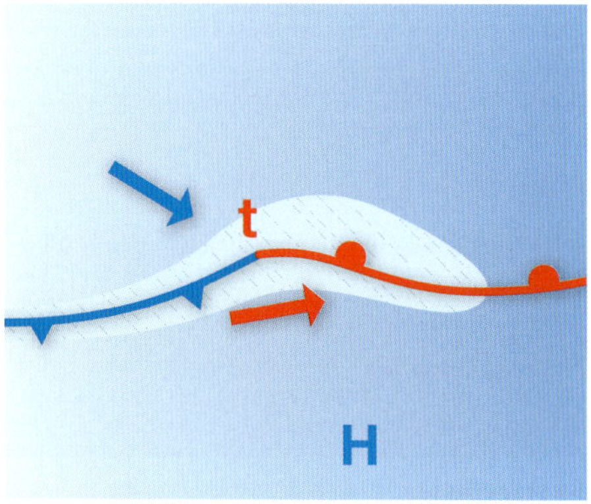

An der Polarfront bildet sich zunächst eine Welle aus. Damit entsteht das Tief

Auch über den Polen (Arktis und Antarktis) gibt es meist ein Hochdruckgebiet, da hier kalte Luftmassen zum Boden absinken.

Zwischen dem Hoch über der Arktis und dem Hoch über den Azoren treffen kalte arktische Luftmassen und warme Luftmassen aus dem Süden aufeinander. Die Grenzfläche zwischen Polarluft und gemäßigter Luft heißt Polarfront. Sie befindet sich auf der Nordhalbkugel im Jahresmittel zwischen 50° und 65° Nord. Genau in dieser Zone entstehen die Tiefdruckgebiete. Ihre Aufgabe ist es, die kalten Luftmassen nach Süden und warme Luftmassen nach Norden zu verlagern.

Das damit so häufig verbundene wechselhafte Wetter macht das Segeln zuweilen recht anstrengend. Versteht man aber erst einmal das typische Wetter rund um ein Tiefdruckgebiet mit den begleitenden Fronten oder Winddrehungen, dann lässt es sich wie nach „Fahrplan“ segeln!

Tiefdruckgebiete (Fronten, Wolken)

Die Tiefdruckgebiete sind auf der Nordhalbkugel die „Mischmaschinen“ zwischen dem Azorenhoch und dem Hochdruckgebiet über dem Pol.

An der Luftmassengrenze, der Polarfront, nehmen die Temperaturgegensätze immer mehr zu, sodass sich aus kleinen instabilen Temperatur- und Druckschwankungen Wellenbildungen an der Luftmassengrenze ergeben. Unter bestimmten Umständen entwickeln sich diese Wellen zu Tiefdruckgebieten.

Tiefdruckgebiete haben, von ihrer Entstehung an der Polarfront bis sie sich „auffüllen“, einen typischen „Lebensweg“.

Der Einfachheit halber wird im Folgenden nur die Entwicklung am Boden betrachtet. Wie aus der Abbildung oben rechts ersichtlich, bildet sich im Anfangsstadium zunächst eine Welle aus. Und zwar dort, wo ihre Entwicklung durch bestimmte Antriebsmechanismen begünstigt ist.

Dazu fällt der Luftdruck über dem Ort. Die Wellenbildung bewirkt, dass warme Luftmassen weiter nach Norden vordringen – es bildet sich an der Grenze der Luftmassen die Warmfront aus. Gleichzeitig schiebt sich von Norden kalte Luft nach Süden vor, sodass die Luftmassengrenze zur Kaltfront wird. Die Front ist also die vordere Grenze einer Luftmasse in Bewegungsrichtung.

Nicht jedes Tief, welches das Stadium der Wellenbildung erreicht hat, entwickelt sich weiter. Die vorher genannten Voraussetzungen müssen stimmen, damit nach der Welle das „ideale Tief“ entsteht. Dabei darf nicht vergessen werden, dass während des gesamten Entwicklungsprozesses meist eine Verlagerung in östliche Richtungen erfolgt.

Besonders infolge der höheren Dichte der kalten Luft kommt die Kaltfront wesentlich schneller voran als die Warmfront. Bevor die Kaltfront die Warmfront einholt,

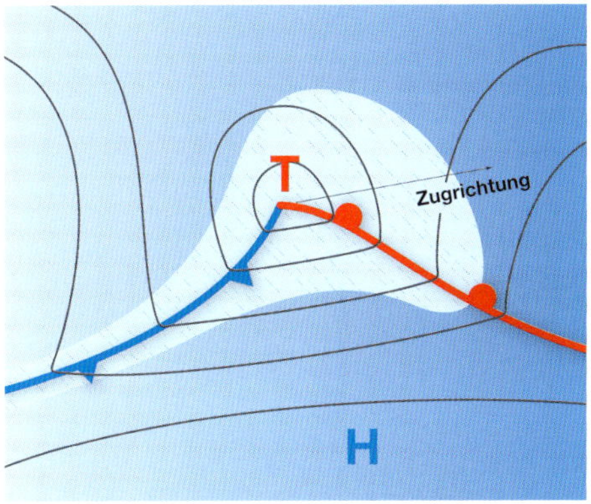

Das „ideale Tief" mit Warm- und Kaltfront

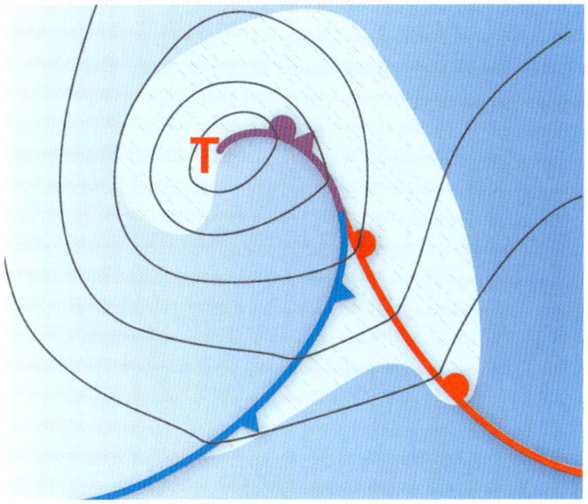

Die Okklusion hat eingesetzt

nimmt die Warmluftmasse an der Südseite des Tiefs eine typische Form an, es entsteht der sogenannte Warmsektor.

Auf der Vorderseite des Tiefs gleitet die leichtere warme Luft auf die davor sich befindende kühlere und schwere Luft auf und wird dadurch gehoben. Somit kommt die warme Luft in kältere Regionen, der Kondensationsprozess setzt ein. Die damit verbundene Wolkenbildung erzeugt den mehrere hundert Kilometer breiten Aufgleitschirm mit einem ausgedehnten Niederschlagsgebiet.

An der „klassischen" Kaltfront des idealen Tiefs dagegen ist auf dem Satellitenbild ein nur sehr schmales Wolkenband zu erkennen. Nach der Passage der Kaltfront tritt „Rückseitenwetter" ein, die Wolkendecke „reißt" auf.

Da die Kaltluft den Kern des Tiefs schneller als die Warmluft umrundet, holt die Kaltfront die Warmfront ein. Dieser Vorgang beginnt nahe dem Kern, denn dort

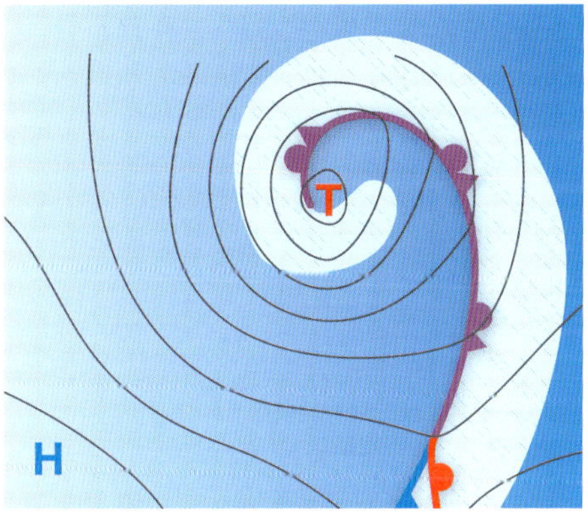

Das Tief ist fast vollständig okkludiert und hat seine Aufgabe im Wettersystem erfüllt

ist der Abstand zwischen der Warm und Kaltfront am geringsten und setzt sich nach außen hin fort. Vom Tiefkern aus entsteht somit die Okklusionsfront, kurz Okklusion genannt. Manchmal wird stattdessen auch der Begriff „Ausläufer" oder „Tiefausläufer" verwendet. Dort, wo sich Warm- und Kaltfront „verzweigen", liegt der Okklusionspunkt.

↘ Nr. 22

1. Was ist eine Front?

2. Welche Fronten unterscheidet man im Allgemeinen?

1. Front ist die vordere Grenze einer Luftmasse in Bewegungsrichtung.
2. Warm-, Kalt- und Okklusionsfronten.

↘ Nr. 29

Wie entstehen Tiefdruckgebiete?

Durch das Aufeinandertreffen von kalten Luftmassen aus hohen Breiten und subtropischen warmen Luftmassen.

↘ Nr. 33

Welche Windrichtungen erwarten Sie an den Punkten 1, 2, 3, 4, 5 eines Tiefdruckgebiets auf der Nordhalbkugel?

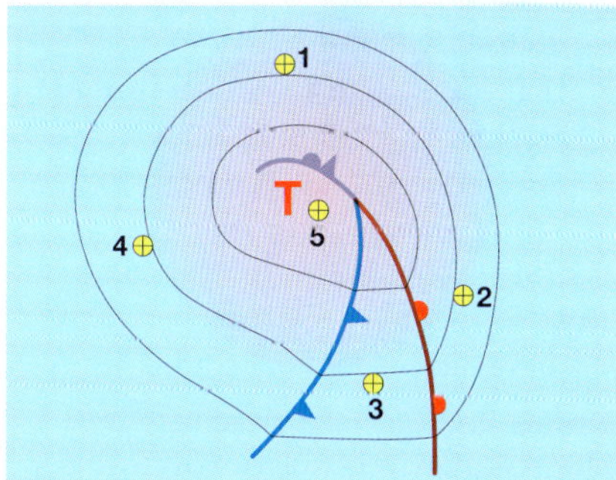

1. Nordost.
2. Süd.
3. Südwest.
4. Nordwest.
5. Umlaufender Wind.

↘ Nr. 34
Um welche Arten von Fronten handelt es sich in der Abbildung, die mit 1, 2 und 3 bezeichnet sind?

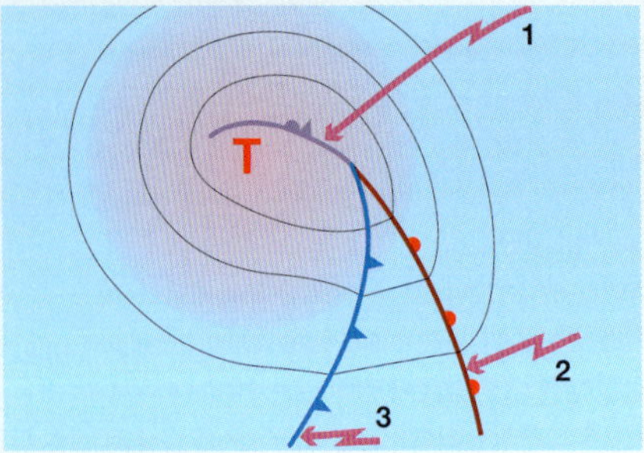

1. Okklusionsfront (Tiefausläufer).
2. Warmfront.
3. Kaltfront.

↘ Nr. 35
1. **Was sind Luftmassengrenzen?**
2. **Welche Luftmassengrenzen kennen Sie? Nennen Sie mindestens 2 Beispiele.**

1. Luftmassengrenzen sind Fronten. Sie trennen Luftmassen mit unterschiedlicher Temperatur und Luftfeuchtigkeit.
2. Kaltfront, Warmfront, Okklusion.

↘ Nr. 28
Welche Verlagerungsgeschwindigkeiten haben Tiefdruckgebiete:
1. **schnelle,**
2. **mittlere,**
3. **langsame?**

1. Schnelle: 30 bis 50 kn.
2. Mittlere: 15 bis 30 kn.
3. Langsame: bis 15 kn.

Der Okklusionspunkt wandert an der Kaltfront entlang nach außen, bis das Tief vollständig okkludiert ist. Mit dem Prozess der Okklusion schmilzt der Energievorrat, denn der Lieferant, der Temperaturgegensatz zwischen Warm- und Kaltluft, ist erschöpft.
Das Tief hat seine Aufgabe erfüllt, warme Luftmassen polwärts und kalte Luftmassen in Richtung Äquator zu verlagern.

Zu der Verlagerung und Zugbahnen von Tiefdruckgebieten lässt sich stark vereinfacht Folgendes zusammenfassen:
Im Sommer ziehen die Tiefdruckgebiete normalerweise von West nach Ost, überwiegend sogar nach Nordost auf einer nördlicheren Bahn als im Winter.
Nach einer längeren Hitzeperiode nähern sich Tiefdruckgebiete mit Gewittern meist aus südlichen Richtungen. Sie sind überwiegend als Hitzetiefs entstanden und nutzen die feucht-warme Luft im Mittelmeerraum und in der Biskaya als Antrieb.
Junge Tiefdruckgebiete bewegen sich in Richtung der Isobaren des Warmsektors und ein sich vertiefendes Tiefdruckgebiet (junges Tief) verlagert sich schneller als ein sich auffüllendes Tief.
Zuggeschwindigkeiten von Tiefdruckgebieten:
- schnelle: 30–50 kn
- mittlere: 15–30 kn
- langsame: unter 15 kn

An den Zuggeschwindigkeiten ist leicht erkennbar, dass die mittleren Bootsgeschwindigkeiten von Einrumpf-Segelyachten um die 30 bis 45 Fuß deutlich darun-

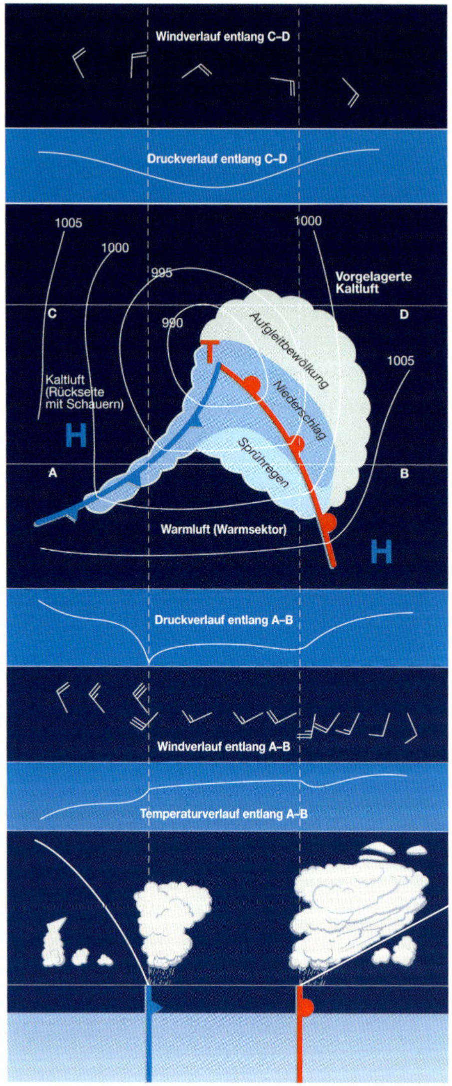

Das typische Wetter um ein Tiefdruckgebiet. Zieht das Tief auf der Nordhalbkugel nördlich durch (Schnitt A–B), dann ergibt sich ein anderes „typisches Wetter“ als auf einer südlichen Zugbahn (Schnitt C–D)

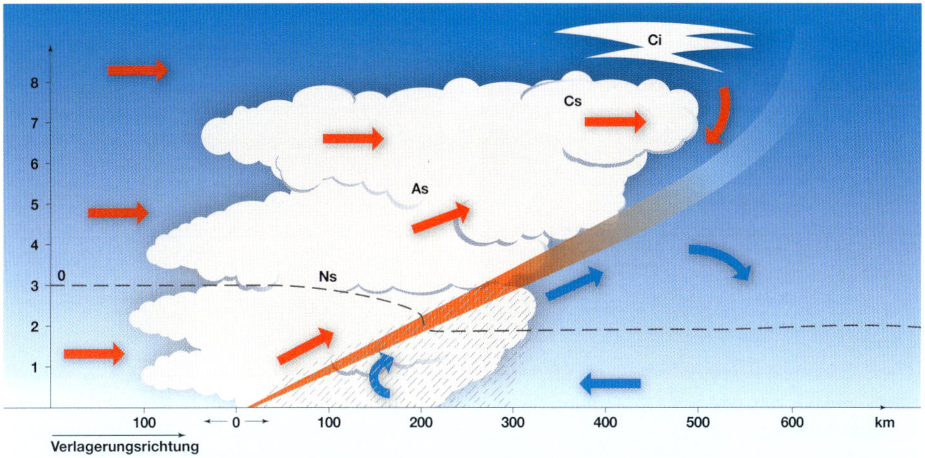

Wolkenentwicklung an der Warmfront. Hier entsteht durch Aufgleiten der Warmluft ein breites Wolkenband, was sich über mehr als 400 km vor der Front erstrecken kann

ter liegen. Das bedeutet, aufkommendem Wetter kann unter Segeln kaum ausgewichen werden!

Aber welche typischen Wettererscheinungen lassen sich bei Tiefdruckgebieten unterwegs auf dem Törn oder im Hafen beobachten? Befindet sich das Tief *westlich* des Beobachters auf einer Segelyacht und zieht in eine östliche Richtung, so ergibt sich ein typischer Wetterablauf.
Im Folgenden wird der Einfachheit halber zur Erklärung angenommen, dass sich die Yacht im Hafen befindet. Zum besseren Verständnis ist ein Schnitt (A–B) gelegt. Das Tief zieht nördlich der Yacht seine Bahn. Dieser Fall ist typisch für mittlere Breiten (siehe Abb. Seite 242).
Zieht das Tiefdruckgebiet auf der Nordhalbkugel nördlich der angenommenen

Cirrostratus, eine Warmfront kündigt sich an

Position durch, können als erste Anzeichen für das annähernde Tief/Warmfront aufziehende Cirruswolken (Ci) beobachtet werden.
Die ersten Wolken der Aufzugsbewölkung verdichten sich allmählich zum Cirrostratus (Cs). Mit dem Cirrostratus kann manchmal ein Halo tagsüber um die Sonne wahrgenommen werden. Dieser helle

↘ Nr. 41
Welche Front wird auch als „Ausläufer“ bezeichnet?
Die Okklusion.

↘ Nr. 14
Welche Bedeutung für die Wetterentwicklung hat ein Halo um die Sonne und ein Hof um den Mond?
Wolkenaufzug, meist Cirrostratus. Ggf. Niederschlag und Wetterverschlechterung.

↘ Nr. 32

Welche Sicht- und Wetterverhältnisse erwarten Sie typischerweise

1. **vor oder nahe der Warmfront,**
2. **im Warmsektor,**
3. **hinter der Kaltfront?**

1. Sichtverschlechterung durch Niederschlag, bedeckt, länger andauernder Regen.
2. Diesig oder mäßige Sicht, Wolkenauflockerung, zeitweise Regen.
3. Sichtbesserung, meist gute Sicht. Schauer mit zum Teil kräftigen Böen.

Nimbostratus, das bedeutet Regen und Sichtverschlechterung

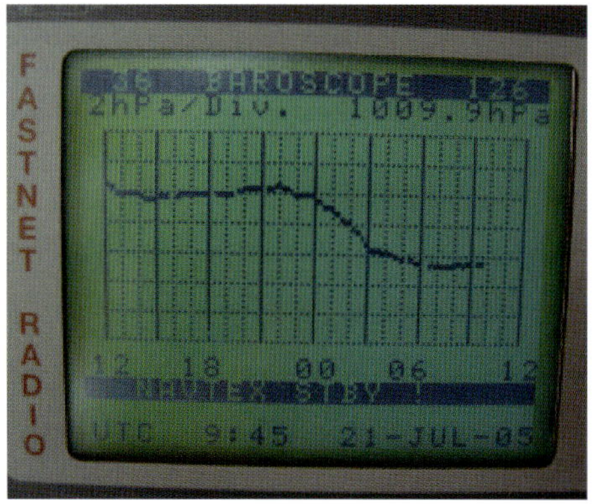

Barograf, Warmfront. Der Luftdruck fällt nach 00 UTC. Nach Passage der Warmfront bleibt er im Warmsektor annähernd konstant

farbige Ring entsteht durch Brechung des Lichts an den Eiskristallen. Nachts ist bei gleichen Bedingungen ein Hof um den Mond sichtbar.
Da die Warmluft des Warmsektors auf die kalte Luft aufgleitet, sind die ersten Cirren schon weit vor der *Warmfront* am Boden in einem Abstand von 300 bis 400 Seemeilen zu beobachten. Wenn sich Tiefdruckgebiet und Warmfront z.B. mit etwa 20 kn verlagern, dann lässt sich daraus schließen, dass mit einer Warmfront verbundene Cirruswolken bis zu 20 Stunden vor dem Frontdurchgang am Boden die Wetterveränderung ankündigen.

Vorsicht: In Cirren kann man sich irren! Es reicht nicht aus, nur aufgrund einer Cirrusbewölkung auf eine Wetterverschlechterung zu schließen. Selbst während einer lang anhaltenden Schönwetterperiode können Cirruswolken am Himmel vorhanden sein. Sie können beispielsweise auch im Zusammenhang mit einem Jetstream (sehr kräftiger Wind in der oberen Troposphäre) entstehen. Erst der Wetterbericht, in welchem die Annäherung der Warmfront angekündigt wird, macht das Bild komplett. Die Cirrusbewölkung ist daher lediglich ein Indikator.

Bei weiterer Annäherung der „idealen" Warmfront folgt im mittelhohen Stockwerk Altostratus (As), durch den anfangs noch die Sonne zu erkennen ist, der aber später in den kompakten Nimbostratus (Ns) mit länger andauerndem Regen („Landregen") übergeht.
Dadurch kommt es zu einer Sichtverschlechterung. Vor der Warmfront dreht der Wind auf südliche Richtungen und nimmt zu.

Nach der Passage der Warmfront lockert die Bewölkung im Warmsektor häufig auf. Meistens sind Stratocumulus (Sc) und Al-

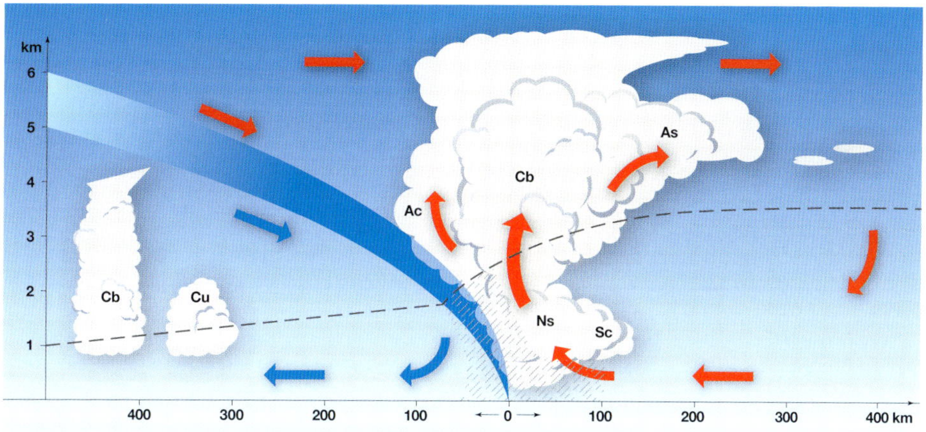

An der Kaltfront ist das Bewölkungsband schmaler und es entwickeln sich Haufenwolken

tocumulus (Ac) zu beobachten. Die Sicht ist mäßig oder es ist durch die warme und feuchte Luft auch noch diesig. In Küstennähe entstehen besonders im Frühjahr und Frühsommer durch das kalte Wasser häufig Nebel oder tiefer Stratus (Hochnebel). Der Wind dreht von Süd auf Südwest und weht parallel zu den Isobaren (Linien gleichen Luftdrucks) des Warmsektors. Meist nimmt er nach dem Frontdurchgang wieder etwas ab.

Mit dem vorher beschriebenen Wolkenaufzug kann der Luftdruckabfall gemessen werden, oder wie es sonst heißt: Das Barometer fällt.

Vorsicht ist geboten, wenn anhand von dreistündigen Luftdrucktendenzen eine eigene Windvorhersage vorgenommen wird, wie z.B.: „Wenn der Luftdruck in drei Stunden um mehr als 10 hPa fällt, dann gibt es Sturm!“ Diese in Seglerkreisen bekannten Regeln treffen nur eingeschränkt zu. Wichtig ist, wie sich der Beobachter oder besser das Schiff relativ zur Zugbahn des Tiefs bewegt.

Verlagert sich das Schiff entgegen der Richtung des Tiefs, wird der an Bord gemessene Druckfall verstärkt. Dadurch wird bei der Anwendung der vorher genannten Regeln auf „Sturm“ geschlossen, der zu erwartende Wind wird überschätzt. So genommen ist das der bessere Fall, denn jeder an Bord wird froh sein, wenn der vom Schiffsführer angekündigte Sturm ausbleibt. Ist der Kurs des Schiffes aber ähnlich der Zugbahn des Tiefs, wird der Luftdruckfall abgeschwächt. Das kann zu einer groben Fehleinschätzung führen, denn die zu erwartende Windstärke wird unterschätzt!

Als Nächstes folgt nun die *Kaltfront* mit ihren typischen Wettererscheinungen. Da das Bewölkungsband der Kaltfront

↘ Nr. 66

1. Was für Wetter muss meistens erwartet werden, wenn der Luftdruck über einen Zeitraum von 3 Stunden um 10 hPa fällt?

2. Was muss bei einem an Bord beobachteten starken Luftdruckfall beachtet werden?

1. Schwerer Sturm.
2. Der Kurs und die Fahrt des Schiffes in Bezug auf das Tiefdruckgebiet.

↘ Nr. 67

Wie verändert sich der an Bord beobachtete Luftdruckfall, wenn sich ein Fahrzeug mit Westkurs dem Zentrum eines ostwärts ziehenden Tiefdruckgebiets nähert?

Der Luftdruckfall wird verstärkt.

Kräftige Cumuluswolken, teils mit Gewitter, beobachtet man an und nach der Kaltfront

Böenwalzen sind oft an Kaltfronten zu beobachten

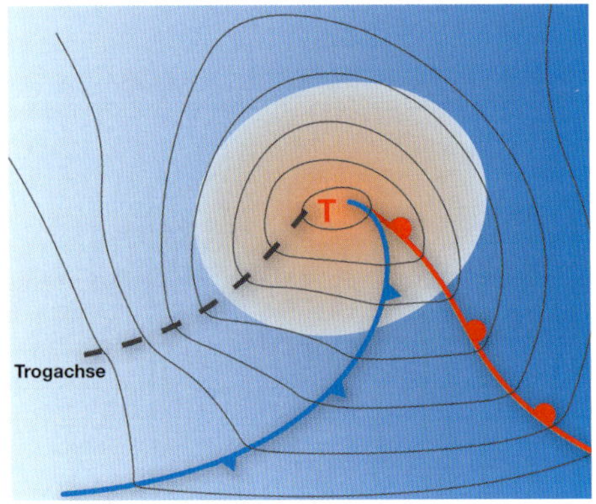

Nach der Kaltfront folgt der Trog. Die Trogachse zeigt sich an der starken Isobarendrängung, die wellenförmig deformiert ist

nur sehr schmal ist, ist die „Vorwarnzeit" durch Wolken nicht annähernd mit der der Warmfront vergleichbar. Etwa 100 bis 150 sm vorher kann oft Altostratus beobachtet werden. Kommt die Front heran, geht es meist sehr schnell. Regen setzt ein, der Luftdruck fällt wieder gering. Mit Passage der Kaltfront erreicht der Luftdruck den tiefsten Wert und steigt dann wieder deutlich an. Dazu dreht der Wind meist von Südwest auf Nordwest. Die Winddrehung kann durchaus Werte um 90 Grad annehmen.

Hinter der Kaltfront wird es oft wolkenlos. Erst in einem gewissen Abstand nach der Front bilden sich Haufen-/Quellwolken. Danach folgt das typische Rückseitenwetter mit Schauern oder auch einzelnen Gewittern. Im Bereich der Schauer- und Gewitterwolken (Cumulonimbus) muss mit einer erhöhten Böigkeit gerechnet werden.

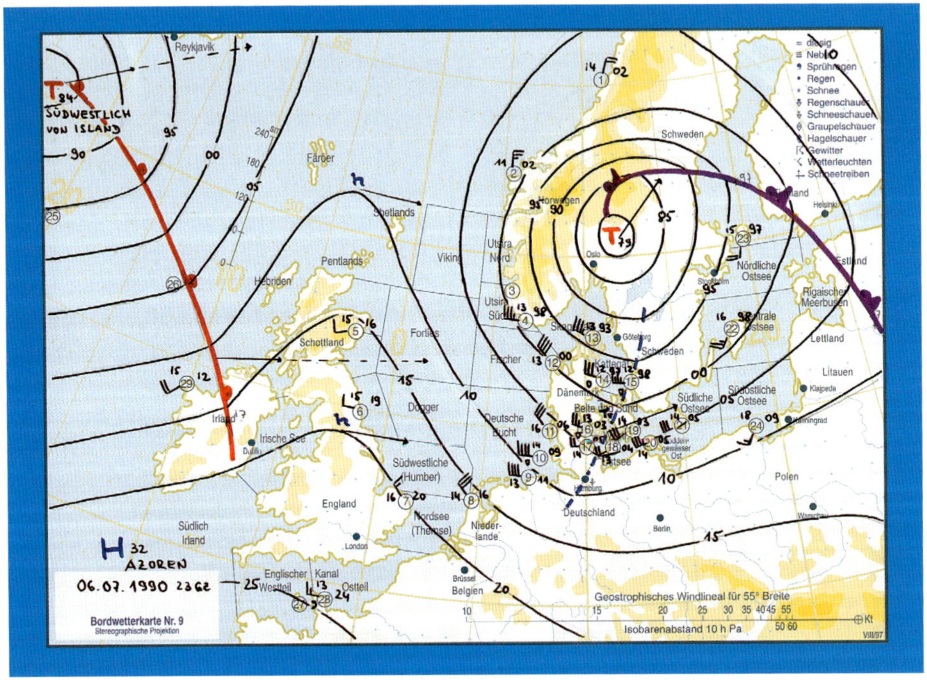

Der Vordruck Bordwetterkarte Nr. 9 ist im Fachhandel und beim Deutschen Wetterdienst erhältlich (für das Mittelmeer Nr. 11). Der Vordruck zeigt auch die Einteilung der Seegebiete

Während im direkten Bereich der Kaltfront bedingt durch Regen schlechte Sicht herrscht, werden danach ausgezeichnete Sichtverhältnisse angetroffen. Lediglich während der Schauertätigkeit wird sich die Sichtweite kurzzeitig verringern.

Insbesondere bei kräftigen Sturmtiefs können sich nach der Kaltfront oder Okklusion ein Trog oder mehrere Trogstaffeln ausbilden. Zu erkennen sind sie auf einer Bodenwetterkarte an der starken Isobarendrängung, die wellenförmig deformiert ist. Einfacher lässt sich sagen, dass ein Trog nichts anderes ist als eine „zweite Kaltfront".

Falls sich ein Trog hinter der Kaltfront nähert, erfolgt die Abkühlung in der Kaltluft nach dem Trog (Nordhalbkugel). In Seewetterberichten wird nach schwachen Trögen, Trögen und markanten Trögen unterschieden. Tröge weisen ebenso wie Kaltfronten einen markanten Windsprung auf, meist ändert sich die Windrichtung bis zu 90°. Dabei dreht der Wind recht. Winde mit Böen bis zur Orkanstärke sind keine Seltenheit. Zudem können Gewitter und Kreuzseen (siehe hier Abschnitt Seegang) auftreten.

Auf einer Segelyacht lässt sich ein herannahender Trog daran erkennen, dass der Luftdruck nach dem Durchgang der Kaltfront nicht ansteigt, sondern bereits kurz nach der Passage wieder leicht fällt. Auch der Wind dreht nicht recht um 90°, sondern behält seine Richtung annähernd bei und dreht oft sogar wieder leicht rück. Erst mit Trogpassage dreht der Wind recht und der Luftdruck steigt deutlich an.

↘ Nr. 15

Bei welchen Wolkenformen müssen Sie mit erhöhter Böigkeit rechnen?

Bei Haufenwolken, besonders beim Cumulonimbus (Schauer- und Gewitterwolke).

↘ Nr. 23

Wie verhält sich typischerweise der Luftdruck

1. **vor,**
2. **während und**
3. **nach dem Durchzug einer Kaltfront?**

1. Der Luftdruck ist gleichbleibend oder fällt nur wenig.
2. Während des Durchgangs der Front erreicht der Luftdruck seinen tiefsten Wert.
3. Der Luftdruck steigt wieder deutlich an.

↘ Nr. 40

Wo bilden sich Tröge um ein Tiefdruckgebiet?

Auf der Rückseite von Tiefdruckgebieten in hochreichender Kaltluft. Ein Trog folgt typischerweise einer Kaltfront.

↘ Nr. 74

1. **Womit müssen Sie auf der Nordhalbkugel rechnen, wenn nach Durchzug einer Kaltfront der Wind rückdreht und der Luftdruck wieder fällt?**
2. **Wie nennt man die Wetterlage?**

1. Meist deutliche Wetterverschlechterung mit erneut auffrischendem Wind bis Sturmstärke.
2. Troglage.

↘ Nr. 75

Welche Windverhältnisse erwarten Sie auf der Nordhalbkugel während der unmittelbaren Passage eines markanten Troges?

Der Wind dreht recht, meist über 60 bis 90°. Winde bis Orkanstärke besonders auf der Rückseite eines Troges.

↘ Nr. 30

Welche Windverhältnisse herrschen in der Nähe des Zentrums eines Hochdruckgebiets?

Meist schwache umlaufende Winde.

↘ Nr. 36
Mit welchen lokalen Windsystemen müssen Sie insbesondere im Mittelmeer rechnen?
Mit der Land-/Seewind-Zirkulation.

↘ Nr. 42
Wodurch und wie entsteht am Tage Seewind?
Das Land erwärmt sich bei Sonneneinstrahlung tagsüber stärker als das Wasser. Über Land steigt die erwärmte Luft auf. Das dabei entstehende Bodentief wird durch Seewind (Wind von See) aufgefüllt.

↘ Nr. 43
Welche Wolkenform zeigt sich am späten Vormittag über Land am Himmel und kündigt Seewind an?
Haufenwolke (Cumulus).

↘ Nr. 47
Wodurch und wie entsteht nachts Landwind?
Das Land kühlt sich bei geringer Bewölkung stark ab. Das Wasser ändert seine Temperatur an der Oberfläche dagegen nur geringfügig. Über dem Wasser steigt daher erwärmte Luft auf. Das dabei entstehende Bodentief wird durch Landwind (Wind von Land) aufgefüllt.

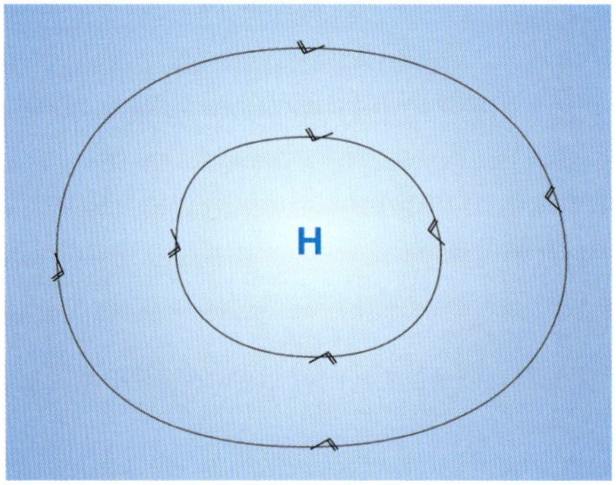

Der Wind weht im Zentrum des Hochs schwach umlaufend

Flaute im Zentrum eines Hochs, kein Lüftchen regt sich!

Flaut nach einer Kaltfront/Trog der Wind rasch ab, so deutet das häufig darauf hin, dass ein weiteres Tief folgt. Langsames Abflauen deutet darauf hin, dass sich das Wetter beständig bessern wird.
Zieht ein Tief südlich des Beobachters durch (im Sommer selten), dann ergibt sich ein anderer typischer Wetterablauf! Wie im Schnitt C–D dargestellt (S. 242) dreht der Wind nicht sprunghaft durch die Warm- und Kaltfront, sondern gleichmäßig. Auch der Luftdruck fällt, bis der Kern nahezu südlich liegt, und steigt dann wieder an.

Hochdruckgebiete

Wie bereits beschrieben, entstehen Hochdruckgebiete meist durch absinkende Luftmassen. Weil die Luftmassen sich dabei erwärmen, kommt es im Zentrum des Hochs normalerweise zur Wolkenauflösung. Jedoch bilden sich tagsüber meist flache Cumuluswolken aus, die sich zum Abend hin und in der Nacht wieder auflösen. Im Sommer bedeutet Hochdruckwetter typischerweise nahe dem Zentrum schwache Winde, verbunden mit zum Teil extremer Hitze.

Lokale Windsysteme

Land-Seewind-Zirkulation

Unter Hochdruckeinfluss bestehen optimale Bedingungen für eine Land-Seewind-Zirkulation. Wichtig für die Seewind-Zirkulation ist, dass sich die Landmassen tagsüber bei intensiver Sonneneinstrahlung kräftig erwärmen. Daher muss insbesondere im Mittelmeer mit diesem lokalen Windsystem gerechnet werden.
Die Land-Seewind-Zirkulation ist ein lokales Windsystem, das dann ungestört auftritt, wenn die großräumigen Druckunterschiede gering sind, etwa bei einem umfangreichen Hochdruckgebiet. Stark vereinfacht funktioniert die Land-Seewind-Zirkulation ungefähr so:

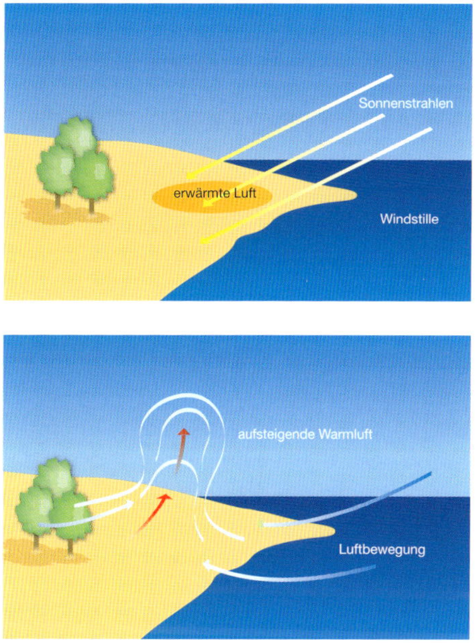

Die Landmassen erwärmen sich tagsüber schneller als Wasser. Die Luft über dem Land steigt auf und der Seewind kann folgen

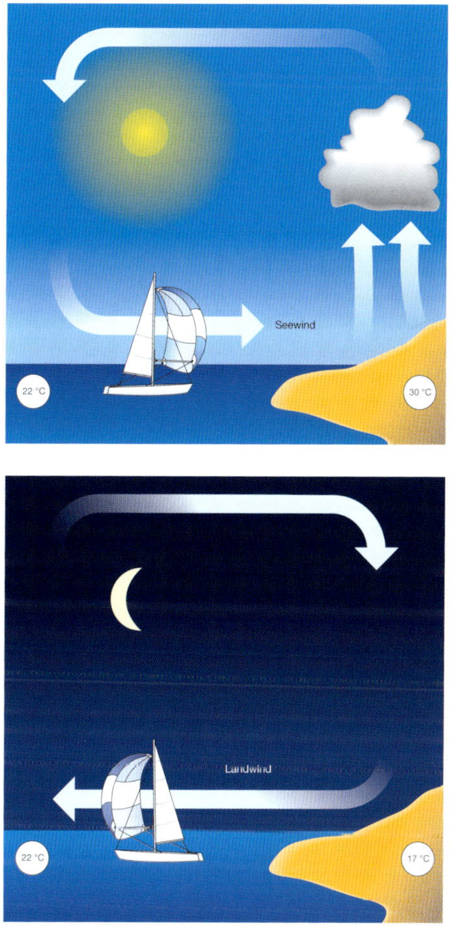

Tagsüber weht der Seewind, nachts setzt der Landwind ein. Der Landwind ist nicht so stark ausgeprägt wie der Seewind

Land und Wasser reagieren unterschiedlich schnell auf die Sonneneinstrahlung. Da die Energiespeicherung im Wasser erheblich größer ist als im festen Erdboden, variiert die Oberflächentemperatur des Wassers nur wenig. Die Landmassen können sich dagegen bei starker Sonneneinstrahlung tagsüber rasch erwärmen. Durch die starke Erwärmung der untersten Luftschichten über Land steigen über Land Luftmassen auf, gut erkennbar an den Haufenwolken (Cumulus). Das dabei entstehende Bodentief/Hitzetief wird durch *Seewind* (Wind von See) aufgefüllt. Beim *Landwind* verhält es sich umgekehrt. Das Land kühlt sich nachts bei nur geringer Bewölkung stark ab. Das Wasser ändert seine Temperatur an der Oberfläche dagegen nur geringfügig. Über dem Wasser steigt daher erwärmte Luft auf.

↘ Nr. 43

Welche Wolkenform zeigt sich am späten Vormittag über Land am Himmel und kündigt Seewind an?

Haufenwolke (Cumulus).

↘ Nr. 47

Wodurch und wie entsteht nachts Landwind?

Das Land kühlt sich bei geringer Bewölkung stark ab. Das Wasser ändert seine Temperatur an der Oberfläche dagegen nur geringfügig. Über dem Wasser steigt daher erwärmte Luft auf. Das dabei entstehende Bodentief wird durch Landwind (Wind von Land) aufgefüllt.

↘ Nr. 44
Welche Windgeschwindigkeiten in Knoten oder Beaufort erreicht der Seewind etwa
1. im Mittelmeer,
2. in Nord- und Ostsee?
1. Bis zu 25 kn oder Bft 6.
2. Bis 15 kn, in Einzelfällen bis 20 kn oder Bft 4/5, in Einzelfällen Bft 5/6.

↘ Nr. 45
Zu welcher Tageszeit müssen Sie mit Seewind rechnen?
Von Mittag bis zum frühen Abend.

↘ Nr. 48
Welche Windgeschwindigkeiten erreicht nachts der Landwind?
Er weht allgemein schwächer als der Seewind, etwa 1 bis 10 kn oder Bft 1–3.

↘ Nr. 49
Wann müssen Sie im Laufe eines Tages mit Landwind rechnen?
Von Mitternacht bis zum frühen Morgen.

↘ Nr. 7
Welche Gefahren kann ein Gewitter mit sich bringen?
1. Böen bis Orkanstärke,
2. plötzliche Winddrehungen,
3. Regen- oder Hagelschauer mit zum Teil starker Sichtminderung,
4. Blitzschlag.

Durch den Seewind kann das vorherrschende Windfeld stark in Richtung und Stärke verändert werden. Aus dem mäßigen Nordwestwind wird am Nachmittag mit Seewind ein frischer Wind aus Nord bis Nordost

Das dabei entstehende Bodentief über dem Meer wird durch Landwind (Wind von Land) aufgefüllt.
Der Seewind weht von Mittag bis zum frühen Abend und erreicht seine maximale Stärke etwa 2 Stunden nach Sonnenhöchststand. Nach Sonnenuntergang wird er schwächer, nachts entwickelt sich dann der schwächere Landwind. Der Landwind kann von Mitternacht bis frühmorgens wehen, seine maximale Windstärke entwickelt er zwischen 1 und 3 Uhr Ortszeit. Der Seewind erreicht im Bereich Nord- und Ostsee etwa 2 bis 4 Beaufort, in Einzelfällen um 5 Beaufort. Im Mittelmeer sind bei intensiver Sonneneinstrahlung auch 6 Beaufort keine Seltenheit. Der Landwind weht mit nur 1 bis 2, maximal 3 Beaufort.
Oft macht sich die Land-Seewind-Zirkulation nur in einer Modifizierung des großräumig schwachen Windfeldes bemerkbar. Der vorherrschende Wind kann in Windrichtung und Windstärke erheblich verändert werden.
Der reine Seewind wird zuerst unmittelbar an der Küste beobachtet und breitet sich danach seewärts aus.
Für die Windprognose an Sommertagen stellt sich das Problem, ob Seewind einsetzt. Im Bereich von Nord- und Ostsee zeigt die Beobachtung, dass ein Unterschied von 8 bis 10 °C zwischen Luft- und Wassertemperatur für Seewind ausreicht.

Gewitter

Für Sportboote stellen sie eine große Gefahr dar. Böen bis zu Orkanstärke, plötzliche Winddrehungen, Graupel, Hagel, Starkniederschlag mit Sichtverminderung und Blitzschlag können innerhalb kürzester Zeit den vorher noch angenehmen Törn zum Kraftakt werden lassen.
Unterschieden wird bei Gewittern nach verschiedenen Gewittertypen (Luftmassen-/Wärme- und Frontgewitter). Darauf soll hier aber nicht näher eingegangen werden
Gewitter entstehen bei intensiver Sonneneinstrahlung. Durch den Tagesgang der

Der Altocumulus castellanus zeigt die Gewitterbereitschaft an

Der Cumulonimbus ist die klassische Gewitterwolke

Bei gut entwickelten Gewitter-Cumulonimben hängen rundliche Wolkenelemente. Aus diesen entwickeln sich oft Böenwalzen

Zusammen mit starken Gewittern können auch Wasserhosen auftreten

Sonneinstrahlung tritt vor allem im Sommer zur Nachmittagszeit bodennah Überhitzung auf. Dadurch entstehen Cumulonimbuswolken, aus denen sich Schauer und häufig auch Gewitter entwickeln können. Vor einem Gewitter ist der Bodenwind meist schwach. Nachts schwächen sich die Gewitter ab, weil die Überhitzung von unten nachlässt. Im Sommer und Herbst muss aber auch nachts über den küstennahen Seegebieten immer wieder mit auflebenden Gewittern gerechnet werden, da die relativ warme See als Wärmequelle wirkt.

Gute Vorboten nachmittäglicher Gewitter sind mittelhohe Wolken mit zinnenartigen Formen (Altocumulus castellanus).

Der Altocumulus castellanus zeigt sich bereits in den frühen Morgenstunden und vormittags. Durch die Sonneneinstrahlung verschwindet er aber meist bis zum Mittag wieder.

Starke Gewitter treten insbesondere zum Ende einer hochsommerlichen Schön-

↘ Nr. 46

Welche Windänderung kann der einsetzende Seewind bewirken?

Er verändert den vorher wehenden Wind zum Teil erheblich in Richtung und Stärke.

↘ Nr. 49

Wann müssen Sie im Laufe eines Tages mit Landwind rechnen?

Von Mitternacht bis zum frühen Morgen.

↘ Nr. 20

Welche Wolken kündigen oft schon vormittags kräftige Wärmegewitter an?

Altocumulus castellanus (mittelhohe türmchenartige Haufenwolken).

↘ Nr. 8

Wann entstehen besonders starke Gewitter?

Besonders zum Ende einer hochsommerlichen Schönwetterperiode im Zusammenhang mit Kaltfronten.

↘ Nr. 19

Woran erkennt man bei Wolkenbildung eine kräftige Gewitterentwicklung?

Am Cumulonimbus, wenn er in großer Höhe einen ambossförmigen Schirm hat.

↘ Nr. 70

Warum verstärkt sich der Wind in engen Durchfahrten?

Durch den Düseneffekt (Trichtereffekt) in Durchfahrten. Dabei wird die Luftströmung „zusammengepresst" und beschleunigt.

↘ Nr. 72

Welche Windverhältnisse erwarten Sie in der Nähe von Steilküsten

1. bei auflandigem und

2. bei ablandigem Wind?

1. Der Wind wird durch Küstenführung zum Teil beschleunigt, wenn er nahezu auflandig oder parallel zur Küste weht.
2. Weht der Wind ablandig, muss örtlich mit umlaufenden Winden und erhöhter Böigkeit (Fallwinden) gerechnet werden.

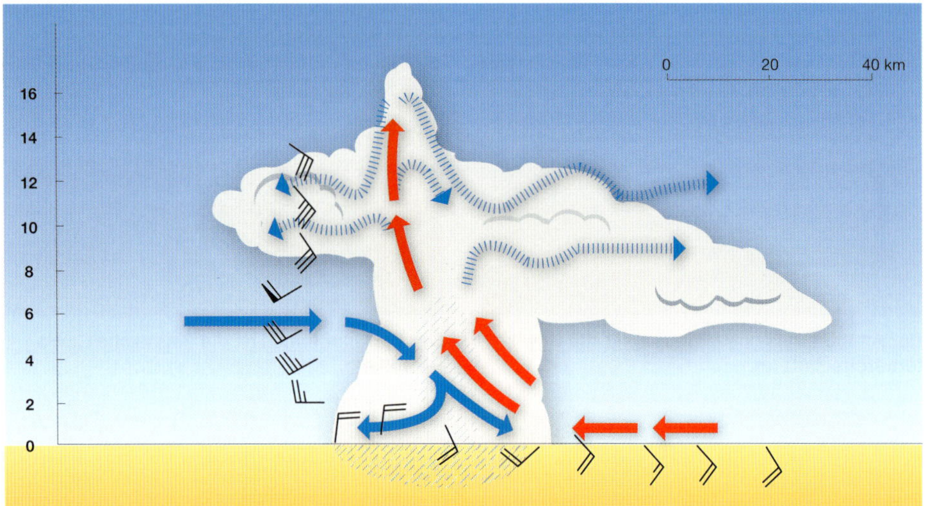

Eine Gewitterwolke (Cumulonimbus) im Querschnitt. Die kalte Luft (blaue Pfeile) kommt in Form von kräftigen Böen (bis zu Orkanstärke) am Boden an

Böenwalzen werden oft an Kaltfronten und vor Gewittern beobachtet

wetterperiode in Zusammenhang mit Kaltfronten auf. Hier sind einzelne Gewitterzellen linienartig entlang einer Okklusions-/Kaltfront angeordnet und schwenken mit mehreren 100 km Länge über ein Seegebiet hinweg. Oft entwickeln sich vor gewittrigen Kaltfronten noch Böenfronten/Böenwalzen (squall-lines). Kann eine Yacht Gewittern ausweichen? Die Zugrichtung einer Gewitterzelle ergibt sich in etwa aus der Bewegungsrichtung der mittelhohen Wolken. Da der Höhenwind gegenüber dem Bodenwind rechtdrehend ist, sollte bei einer entgegenkommenden Gewitterzelle der eigene Kurs nach Steuerbord geändert werden, um dem schweren Wetter zu entgehen. Voraussetzung ist hier aber, dass der Umfang der Gewitterzelle von Bord aus zu erkennen ist.

Die Wolke, die meist kurz vor dem Gewitter noch zu sehen ist, ist der Cumulonimbus. Wenn er besonders gut ausgeprägt ist, besitzt er auch einen Amboss. Hier steigt die Luft bis zur Tropopause, der oberen Grenze der Troposphäre, wo sie sich ausbreitet.

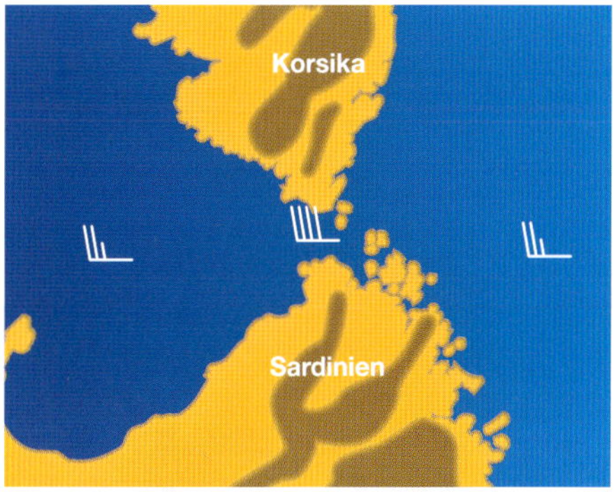

Beim Düseneffekt werden die Luftmassen durch eine Querschnittsverengung gedrückt. Dadurch wird der Wind beschleunigt, wie hier für die Straße von Bonifazio dargestellt

Kap- und Düseneffekte/Küstenführung

Während der Wind auf der freien See weitgehend ungestört weht, wird in Landnähe das Windfeld in Richtung und Stärke oft verändert. Dazu zählen der Kap- und Düseneffekt sowie die Küstenführung.

Düseneffekt: Zwischen zwei Inseln oder Landzungen werden die Luftmassen durch eine Querschnittsverengung gedrückt. Dadurch wird der Wind beschleunigt. Bekannt sind die Straße von Messina, die Straße von Bonifazio, die Straße von Gibraltar oder der Westausgang des Skagerraks. Änderungen in der Windstärke um 2 bis zu 5 Beaufort können auftreten.

Küstenführung: Ein weiterer Effekt an Hindernissen, z.B. an Steilküsten, wird mit Küstenführung bezeichnet. Werden solche Küsten nicht senkrecht angeströmt, sondern unter einem geringen Winkel, wird ein Teil der Luftmassen in Luv parallel zur Steilküste abgelenkt, was zu einer Erhöhung der Windgeschwindigkeit führt. Weht der Wind ablandig, ist in Lee der Steilküste mit starken Verwirbelungen (umlaufende Winde) und Fallwinden zu rechnen.

Kapeffekt: In Kombination mit Küstenführung ist der Kapeffekt zu sehen. Das Kap wird wie in dem Beispiel angeströmt. Dabei kommt es in Luv des Kaps zu einer Ablenkung und Zunahme des Windes (Küstenführung). Direkt am Kap wird der Wind stark beschleunigt. In Lee des Kaps ist der Wind stark verwirbelt, manchmal treten hier auch Fallwinde auf.

Küstenführung, der Wind wird durch die Küste abgelenkt und verstärkt

↘ Nr. 71

Mit welcher Windentwicklung ist zu rechnen
1. in Luv und
2. in Lee von Kaps oder Inseln?

1. Die Windrichtung ändert sich in Luv des Kaps zum Teil stark und verläuft oft parallel zum Kap. Die Windgeschwindigkeit nimmt zu.
2. Die Windrichtung kann bei besonders hohen Gebirgen auch umlaufend werden. Die Windgeschwindigkeit ist meist schwach, kann dafür örtlich aber sehr böig sein (Fallwinde).

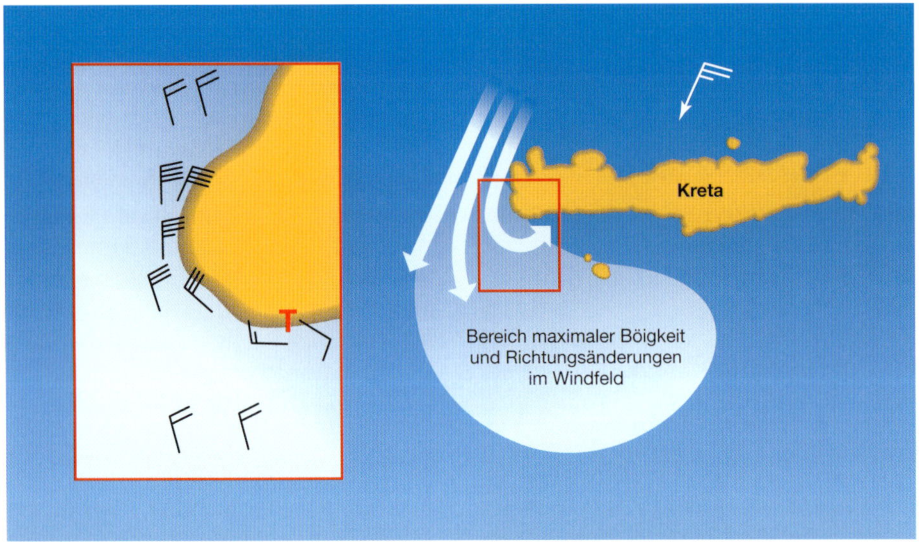

Beim Kapeffekt kommt es in Luv des Kaps zu einer Ablenkung und Zunahme des Windes (Küstenführung). Direkt am Kap wird der Wind stark beschleunigt, in Lee des Kaps ist der Wind stark verwirbelt

Lokal können Fallwinde in vielen Küstenrevieren auftreten

Oft bildet sich ein sogenanntes Leetief durch einen Unterdruck aus. Dadurch ist der Wind dort oft umlaufend und schwach.
Alle vorher genannten lokalen Änderungen im Windfeld sind unbedingt in die Törnplanung mit einzubeziehen. Anhand der Seekarte ist das Auftreten zu prüfen, damit sich die Crew auf eventuelle Windzunahmen einstellen kann, denn in Seewetterberichten können solche lokalen Verhältnisse nur eingeschränkt erwähnt werden.

Windsysteme im Mittelmeer
Im Mittelmeer ist insgesamt die Häufigkeit von Sturmentwicklungen geringer als in den gemäßigten Breiten. Stürme sind, abgesehen von den regionalen Windsystemen Mistral und Bora, meist nur von kurzer Dauer und geringer Ausdehnung.

Mistral
Bei einer Mistrallage befindet sich häufig ein Tief über dem Golf von Genua. Über der Biskaya/Spanien befindet sich meist ein kräftiger Keil des Azorenhochs. Zwischen diesen beiden Drucksystemen wird mit nord- bis nordwestlichen Winden durch das Garonne-Tal und den Rhône-Graben kalte Luft bis über den Löwengolf geführt. In der kalten Luft bilden sich über dem relativ warmen Mittelmeer besonders in der kälteren Jahreszeit kräftige Schauer und Gewitter mit starken Böen. Bei Mistral werden oft Böen von 10 bis 11 Bft gemessen. Bezogen auf das gesamte Mittelmeer treten mittlere Windstärken von 8 Bft und mehr am häufigsten im Löwengolf auf. Die mittlere Dauer des Mistrals beträgt 3,5 Tage. Er kann zu jeder Jahreszeit auftreten. Vor Mistral wird in der Regel rechtzeitig durch die nationalen Wetterdienste über NAVTEX gewarnt.

Bora
Die Bora ist ein regionales Windsystem in der Adria. Notwendig für das Auftreten von Bora sind ein kräftiges Hoch über Mittel- und Nordeuropa sowie tiefer Druck über dem westlichen Mittelmeer. Oft entwickeln sich bei Bora-Wetterlagen über der Adria zusätzlich Tiefdruckgebiete, wodurch der Wind aus östlichen

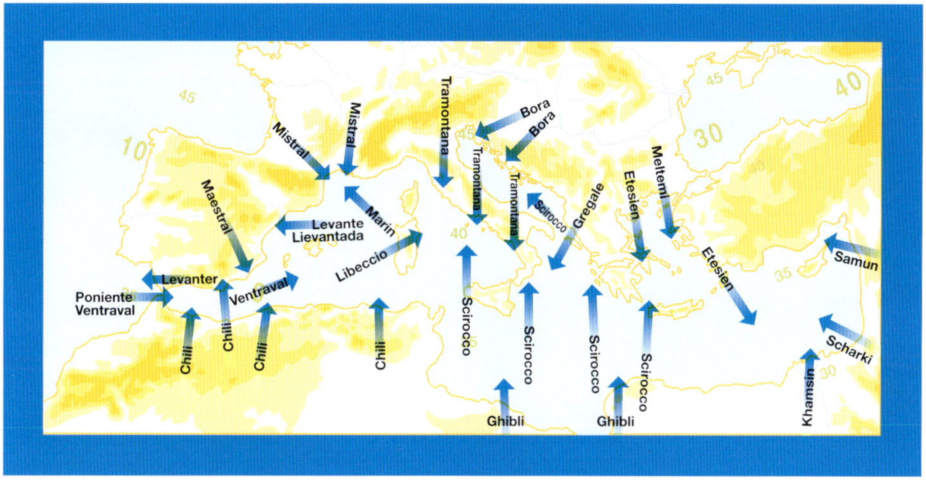

Es gibt eine Vielzahl von regionalen Windsystemen im Mittelmeer

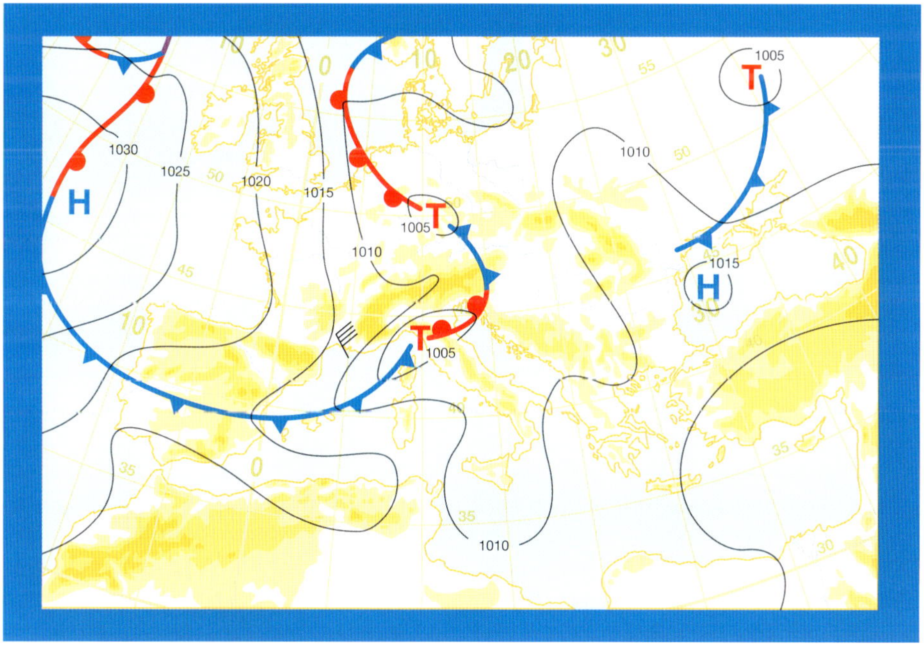

Typisch ist diese Wetterlage für den Mistral

↘ Nr. 37

Nennen Sie mindestens 3 regionale Windsysteme im Mittelmeer, die beim küstennahen Segeln im Mittelmeer besonders beachtet werden müssen.

- Mistral,
- Scirocco,
- Bora und
- Etesien/Meltemi.

↘ Nr. 38

Mit welchem regionalen Windsystem muss in der Adria gerechnet werden?

Mit Bora.

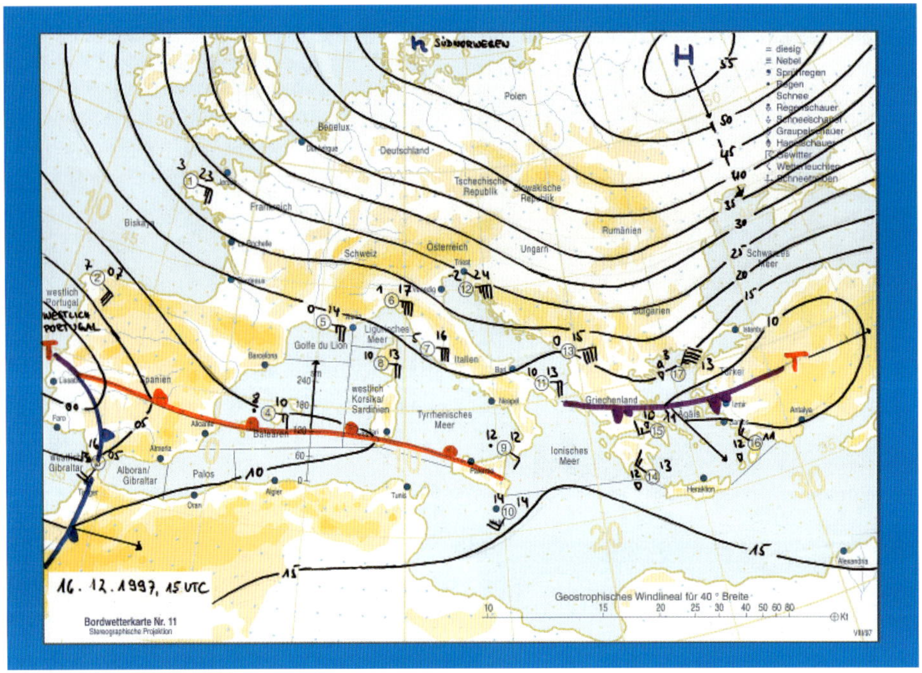

Die Bora ist ein regionales Windsystem in der Adria

Richtungen beträchtlich verstärkt wird. Sind Tiefdruckgebiete mit dabei, treten neben heftigen Sturmböen Regen oder Gewitter mit Hagel auf. Da außerdem der Wind quer über die Adria zur italienischen Küste weht, die keinen Schutz bietet, sind Bora-Wetterlagen besonders für Segelboote äußerst gefährlich.

Die Bora tritt besonders häufig und stark in den Wintermonaten auf. Oft dauert sie nur weniger als 2 Tage, manchmal kann sie aber auch 5 Tage und länger betragen. Selbst im Sommer treten in seltenen Fällen überraschend Böen um 50 kn auf. Allgemein wird an der adriatischen Küste die Böigkeit durch den Mechanismus der kalten Fallwinde (wodurch die Bora allgemein bekannt ist!), durch Ecken- und Düseneffekte der Berge verstärkt.

Etesien (Meltemi)

Es sind überwiegend nordöstliche Winde in der nördlichen Ägäis und nordwestliche Winde im Südosten nahe Rhodos sowie an der türkischen Südküste. Mit den Etesien wird meist trockene Luft herantransportiert, deshalb herrschen sehr gute Sichten und wolkenloser Himmel vor.

Bei Etesien handelt es sich um ein regionales Windsystem, welches nur während der Sommermonate eine hohe Beständigkeit hat, und zwar von Mai bis September mit maximalen Windstärken im Juli und August. Mittlere Winde bis Sturmstärke werden dabei erreicht.

Entsprechend den Windrichtungen in der nördlichen und südlichen Ägäis sind für das Entstehen ein hoher Luftdruck über Süd- und Osteuropa oder dem westlichen Mittelmeer und ein Tiefdruckgebiet (Hitzetief) über Asien, speziell Kleinasien, verantwortlich.

Scirocco

Im Unterschied zu den mehr regionalen Windsystemen beeinflusst er das gesamte Mittelmeer. Entstehungsgebiete sind die Wüsten Nordafrikas und Arabiens. Da er im gesamten Mittelmeerraum auftritt, hat er in den Küstengebieten der einzelnen Regionen eigene Namen, z.B. Chili in Marokko, Algerien und Tunesien oder Leveche in Südostspanien. Die maximale Häufigkeit dieser Entwicklungen liegt in den Monaten April und Mai.

Der Scirocco weht auf der ganzen Vorderseite eines in der Regel über der Sahara entstandenen Tiefs. Über der Sahara werden bei starken Bodenwinden über der Wüste große Staubmengen in die Luft getragen. Diese Tiefs ziehen über das Mittelmeer, wobei Ost- bis Südostwinde bis Sturmstärke beobachtet werden. In unmittelbarer Küstennähe sind das reine Sandstürme mit Sichtreduzierung bis 100 m. Bei oft starkem Niederschlag findet sich an Deck dann oft der feine rote Staub wieder.

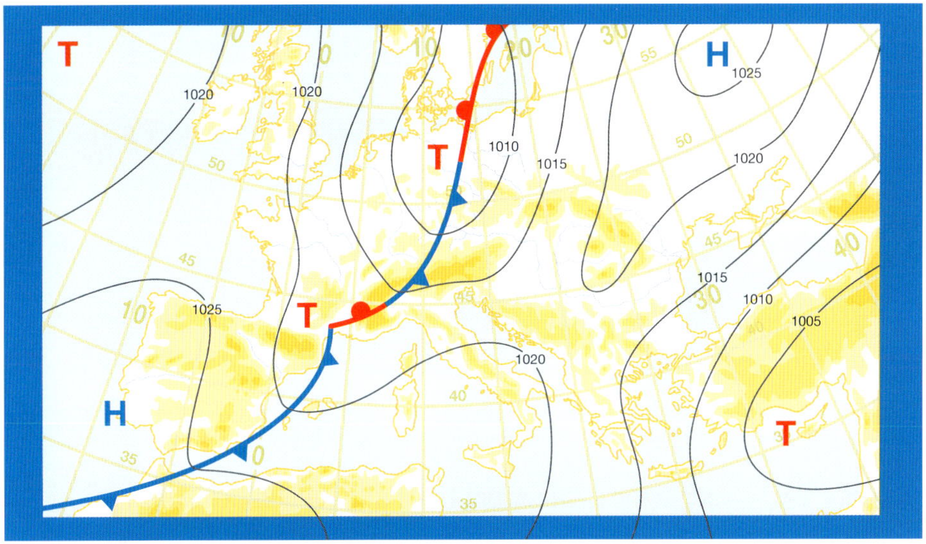

Etesienwetterlage: Das Hitzetief liegt hier dicht westlich von Zypern

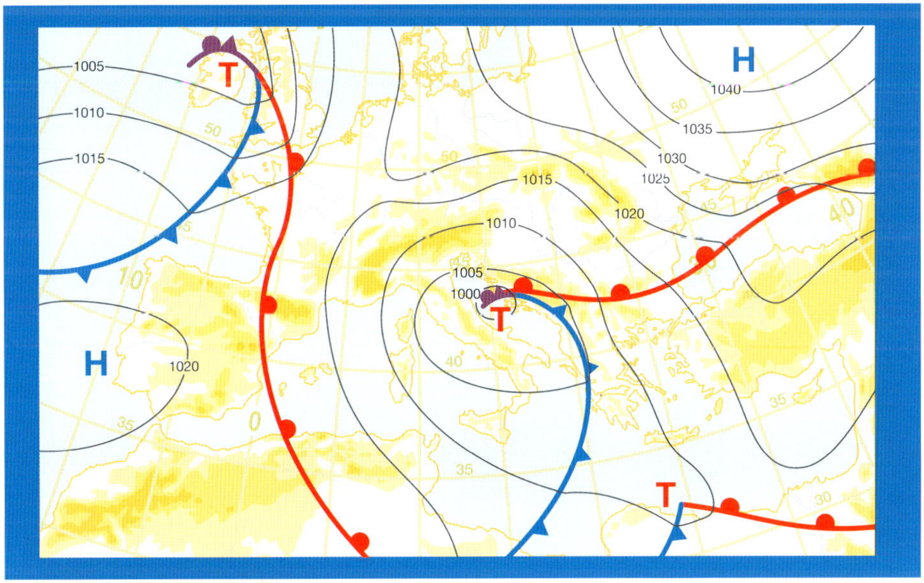

Bei dieser Sciroccolage ist die Ägäis betroffen

↘ Nr. 39

Mit welchem regionalen Windsystem muss in der Ägäis gerechnet werden?

Mit den Etesien/dem Meltemi.

Wind Bft	kn	Schl.*		Schl.*	Seegang Bezeichnung	Auswirkung des Windes auf die See
0	0	00		0	spiegelglatt	Spiegelglatte See.
1	1–03	02		1	gekräuselt	Kleine schuppenförmig aussehende Kräuselwellen ohne Schaumkämme.
2 3	4–06 7–10	05 09	 	2	schwach bewegt	Kleine Wellen, noch kurz, aber ausgeprägter. Kämme sehen glasig aus, brechen sich nicht. Kämme beginnen sich zu brechen. Schaum überwiegend glasig, ganz vereinzelt können kleine weiße Schaumköpfe auftreten.
4	11–15	13		3	leicht bewegt	Wellen noch klein, werden aber länger. Weiße Schaumköpfe treten schon ziemlich verbreitet auf.
5	16–21	18		4	mäßig bewegt	Mäßige Wellen, die eine ausgeprägte lange Form annehmen; überall weiße Schaumkämme. Ganz vereinzelt kann schon Gischt vorkommen.
6	22–27	24		5	grob	Bildung großer Wellen beginnt. Kämme brechen sich und hinterlassen größere weiße Schaumflächen; etwas Gischt.
7	28–33	30		6	sehr grob	See türmt sich; der beim Brechen entstehende weiße Schaum beginnt sich in Streifen in Windrichtung zu legen.
8 9	34–40 41–47	37 44	 	7	hoch	Mäßig hohe Wellenberge mit Kämmen von beträchtlicher Länge. Von den Kanten der Kämme beginnt Gischt abzuwehen. Schaum legt sich in gut ausgeprägten Streifen in die Windrichtung. Hohe Wellenberge, dichte Schaumstreifen in Windrichtung. „Rollen“ der See beginnt. Gischt kann die Sicht schon beeinträchtigen.
10	48–55	52		8	sehr hoch	Sehr hohe Wellenberge mit langen überbrechenden Kämmen. Schweres stoßartiges „Rollen“ der See. Sicht durch Gischt beeinträchtigt.
11 12	56–63 64 und mehr	60 64	 	9 10	außergewöhnlich schwere See	Außergewöhnlich hohe Wellenberge. Kanten der Wellenkämme werden zu Gischt zerblasen; Sicht herabgesetzt; Luft mit Schaum und Gischt angefüllt. See vollständig weiß. Sicht stark herabgesetzt. Jede Fernsicht hört auf. *** Schl. bedeutet Schlüssel für die Eintragungen der Wetter- und Seegangsbeobachtungen auf See**

Die Seegangsskala ist im Gegensatz zur Beaufortskala nur 10-teilig (0 bis 9)

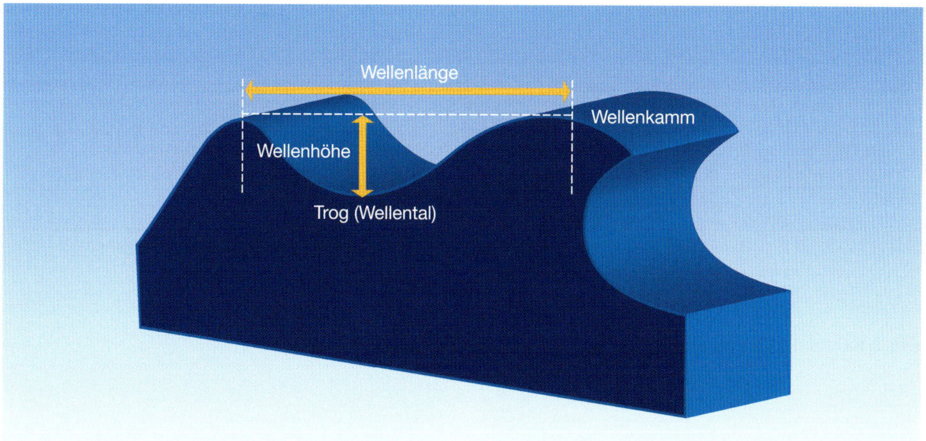

Abgebildet sind die Definitionen von Wellenlänge und Wellenhöhe

Seegang kann von der Crew manchmal ein Opfer fordern. Das Crewmitglied sollte mit Rettungsweste und Lifebelt ausgestattet sein

Seegang

Bei Gesprächen im Hafen oder im Club ist oft nicht nur der Wind das Diskussionsthema, sondern auch die Beschreibung des Seegangs („Die See war chaotisch!", „Da standen richtige Brecher vor der Hafeneinfahrt!") und seiner Folgen, besonders, wenn Neptun von einigen Mitseglern sein „Opfer" gefordert hat.

Seegang ist zunächst einmal ein Produkt aus den Komponenten *Windsee* und *Dünung*. Um diese näher zu betrachten, hier zunächst einige Begriffe zur Beschreibung des Seegangs.

Die *Wellenhöhe* ist der senkrechte Abstand zwischen Wellental und Wellenberg. Als *Wellenlänge* wird der Abstand zwischen zwei aufeinander folgenden Wellenbergen bezeichnet. Sofern es an Bord möglich ist, sollte jeweils für die Windsee und Dünung die Wellenhöhe bestimmt werden. Die Wellenlänge ist auf See von Bord einer Segelyacht aus nur sehr schwer einzuschätzen oder zu vermessen.

Als *Windsee* wird der Teil des Seegangs bezeichnet, der im Wesentlichen durch den am Ort oder in näherer Umgebung

↘ Nr. 82
Woraus besteht Seegang?
Aus Windsee und Dünung.

↘ Nr. 83
Was verstehen Sie unter Windsee?
Seegang, der durch den Wind am Ort oder in der näheren Umgebung angefacht wird.

↘ Nr. 86
Was verstehen Sie unter der Wellenhöhe?
Den senkrechten Abstand zwischen Wellenberg und Wellental.

↘ Nr. 87
Was verstehen Sie unter der Wellenlänge?
Den horizontalen Abstand zwischen zwei Wellenbergen.

↘ Nr. 85

1. Was verstehen Sie unter Dünung?
2. Was kann einsetzende hohe Dünung andeuten?

1. Seegang, der dem erzeugenden Windfeld vorausläuft, sowie abklingender (alter) Seegang.
2. Einen eventuell aufziehenden Sturm.

↘ Nr. 96

Im Internet finden Sie auf einer „Wetterseite" eine Vorhersagekarte für die Dünung. Können Sie daraus ungefähr den vorherrschenden Wind über See ableiten?

Nein. Dünung kann vorhanden sein, auch wenn kein Windfeld unmittelbar vorhanden ist.

Die Windsee ist gut zu erkennen

Die Dünung, die langen Wellen bleiben auch nach Abflauen des Windes oft noch lange erhalten

Bei diesem ausgereiften Seegang sind Windsee und Dünung von einer Yacht aus nur schwer zu unterscheiden

herrschenden Wind angefacht wird. Die Wellenkämme haben eine spitze Form und die einzelnen Wellen erscheinen ungleichmäßig. Die Windsee ist im Gegensatz zur Dünung auf See leicht zu beobachten.

Dünungswellen haben eine größere Wellenlänge und die Wellenberge sind stark abgerundet. Dadurch sind sie gegenüber der Windsee nicht so auffällig und erst nach längerer Betrachtung des Seegangs herauszufiltern.

Die Dünung hat zwei Definitionen/Ursachen:

1. Dünung ist gealterter/auslaufender Seegang. Hört der Windeinfluss auf, verschwinden zunächst die kurzen Wellen der Windsee. Physikalisch betrachtet besitzen die langen Dünungswellen eine höhere Energie. Deshalb sind sie auch nach dem Abflauen des Windes noch vorhanden.

2. Da lange Wellen (Dünung) schneller fortschreiten als kurze Wellen (Windsee),

läuft die Dünung dem eigentlichen Windfeld voraus. Sie ist schon weit vor einem noch kommendem Windfeld/Sturm zu beobachten.

Dünung kann daher ein Frühwarnsignal für ein noch folgendes Windfeld sein. Sie kann allerdings auch auf einen Sturm schließen lassen, der sich aber während der Verlagerung bis zum Ort der Beobachtung bereits wieder abschwächt. Dann sind außer der hohen Dünung keine weiteren Auswirkungen des Sturms eingetreten.

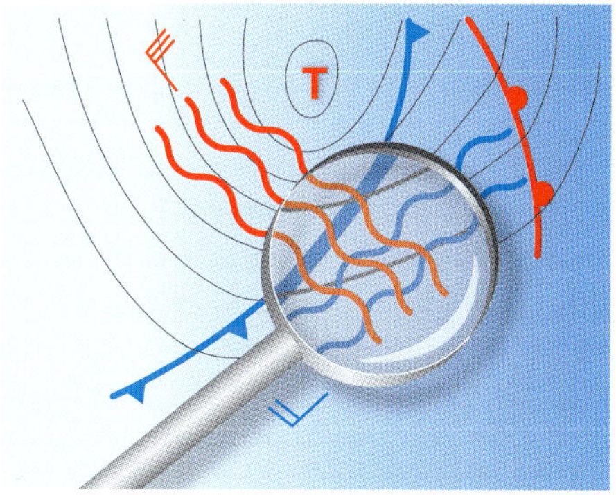

Kreuzsee: Vor der Kaltfront kreuzen sich der Seegang von dem WInd vor und nach der Kaltfront

Während Dünungswellen auf den Ozeanen oder auch auf Nordsee und Mittelmeer zu beobachten sind, sind sie in weiten Teilen der Ostsee eher ein seltener Gast. Besonders aber nach dem Abflauen des Windes bleiben auch dort noch lange und flache Dünungswellen erhalten. Dass Dünungswellen dem eigentlichen Windfeld vorauslaufen, ist dann zu spüren, wenn man sich im Bereich einer *Kreuzsee* befindet.

Kreuzseen entstehen bevorzugt in Nähe von Kaltfronten, Trögen oder Zentren von Tiefdruckgebieten, also dort, wo sich die Richtung des Windes stark oder sprunghaft ändert.

Aus der Abbildung ist zu erkennen, wie sich die beiden Wellensysteme, deren Ursprünge in unterschiedlichen Windfeldern liegen, südlich der Kaltfront überlagern. Vor der Kaltfront verlagert sich der Seegang mit südwestlichen Winden in Richtung Nordost. Hinter der Kaltfront weht ein Nordwestwind, dessen Dünungswellen das Seegangsfeld vor der Kaltfront kreuzen.

Kreuzseen sind deshalb gefährlich, weil durch die Überlagerung der beiden Wellensysteme unvermutet hohe Einzelwellen entstehen. Dieses gilt vor allem in der Nähe von Trögen und Fronten von Sturmtiefs. Aber auch bei normal ausgeprägten Tiefdruckgebieten ist, beispielsweise im Mittelmeer oder auf Nord- und Ostsee, der Einfluss von Kreuzseen zu spüren. Das Steuern im Bereich von Kreuzseen ist stark erschwert, da der Seegang aus unterschiedlichen Richtungen chaotisch durcheinanderläuft.

Insbesondere die Bestimmung der Höhe des Seegangs bereitet oft Probleme. International wird in der Wetter-/Seegangsbeobachtung sowie in der Seegangsvorhersage die *signifikante/charakteristische/kennzeichnende Wellenhöhe (Hc)* verwendet. Darunter ist die mittlere

↘ Nr. 93

1. **Was verstehen Sie unter einer Kreuzsee?**
2. **Geben Sie 3 Beispiele an, wo mit Kreuzsee zu rechnen ist.**

1. Windsee und Dünung laufen aus unterschiedlichen Richtungen heran.
2. Kurz vor und bei dem Durchzug einer Kaltfront oder eines Troges sowie in der Nähe des Tiefkerns.

↘ Nr. 59

Welche Wellenhöhe wird bei der Angabe des Seegangs in Seewetterberichten verwendet?

Die kennzeichnende (charakteristische) Wellenhöhe.

↘ Nr. 60

1. **Wie ist die kennzeichnende (charakteristische) Wellenhöhe definiert?**
2. **Womit müssen Sie rechnen?**

1. Mittlere Höhe der gut ausgeprägten (Mittel des oberen Drittels) – nicht extremen – Wellen.
2. Einzelne Wellen können das 1,5-fache der kennzeichnenden Wellenhöhe erreichen.

↘ Nr. 84
Wovon hängt die Höhe der Windsee ab?
Windgeschwindigkeit, Fetch (Windwirklänge) und Wirkdauer des Windes.

↘ Nr. 88
Welchen Seegang müssen Sie erwarten, wenn Sie küstennah bei ablandigem Wind fahren?
Der Seegang wird nicht so hoch sein wie auf der freien See, da der Fetch (Windwirklänge) nur sehr kurz ist.

↘ Nr. 89
1. **Welchen Seegang müssen Sie erwarten, wenn Sie küstennah bei auflandigem Wind fahren?**
2. **Welche Gefahr besteht bezüglich der Entwicklung des Seegangs außerdem?**

1. Der Seegang wird ähnlich ausgeprägt sein wie auf der freien See, da genügend Fetch (Windwirklänge) vorhanden ist.
2. Dort, wo das Wasser flacher wird, oder im Bereich von Untiefen muss mit Brechern und Grundseen gerechnet werden.

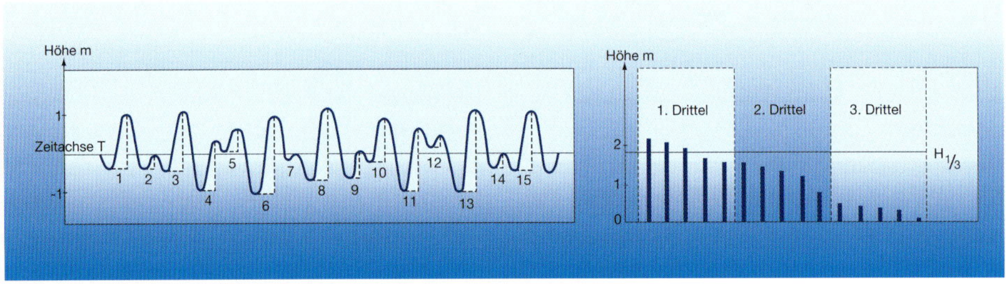

Für die Höhe des Seegangs wird die signifikante/charakteristische/kennzeichnende Wellenhöhe (Hc) verwendet. Darunter ist die mittlere Höhe der gut ausgeprägten Wellen (1. Drittel) zu verstehen

Die Höhe des Seegangs lässt sich von Bord einer Yacht oft nur schwer einschätzen

Höhe der gut ausgeprägten Wellen zu verstehen.

Die extremen/maximalen Wellen werden nicht berücksichtigt, sie können das 1,5-fache der kennzeichnenden Wellenhöhe erreichen. Somit kann die Höhe einzelner Wellen den z.B. in der Seegangsvorhersage (Seewetterberichte etc.) vorhergesagten Wert der signifikanten Wellenhöhe übertreffen.

Tagsüber lassen sich die Wellenhöhen einigermaßen schätzen. Je nach Bedeckungsgrad erscheinen die Wellen aber trotzdem mehr oder weniger hoch. Bei bedecktem Himmel oder bei schlechten Sichten werden Wellenhöhen oft unterschätzt. Nachts verhält es sich umgekehrt, die Höhe des Seegangs wird oft überschätzt.

Die Höhe des Seegangs resultiert aus mehreren Faktoren. Zusätzlich zur Windgeschwindigkeit wird sie noch bestimmt durch den Fetch („Windwirklänge") und die *Wirkdauer* des Windes. Unter dem Fetch ist der Abstand („Anlaufstrecke") zu verstehen, wo der Wind den Seegang anfachen kann.

Wie in der Abbildung dargestellt, ist der Fetch als Abstand zwischen der Küstenlinie und der Yacht unter Berücksichtigung der Windrichtung definiert.

Soll der Seegang bestimmt werden, kann der Fetch mithilfe der Seekarte ermittelt werden. Die Windgeschwindigkeit kann aus Seewetterberichten, Prognosekarten oder Stationsmeldungen entnommen oder durch eigene Messungen belegt

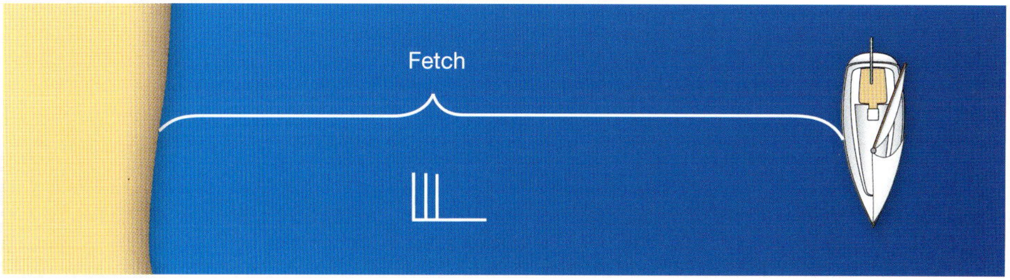

Der Fetch ist der Abstand („Anlaufstrecke"), wo der Wind den Seegang anfachen kann

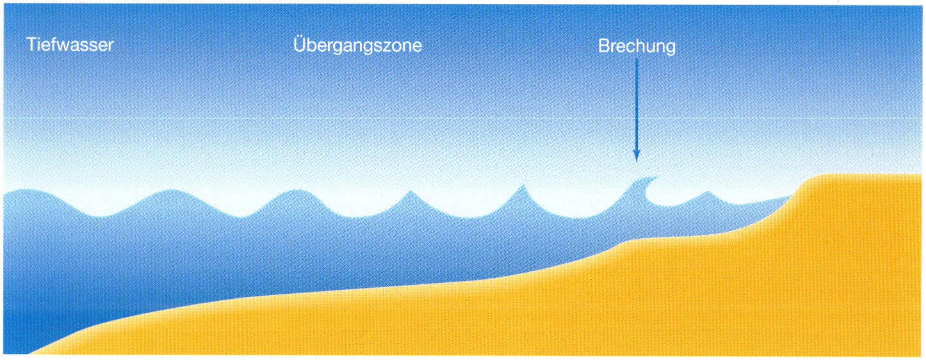

Wird die Wassertiefe geringer, beginnen die Wellen zu brechen

werden. Dagegen ist die Wirkdauer eher schwierig einzuschätzen.

Aber die Höhe des Seegangs ist nicht nur durch die drei eben genannten Größen bestimmt. Sowohl Änderungen in der Wassertiefe als auch Meeres- und Gezeitenströme modifizieren den Seegang.

Beim Übergang zum flachen Wasser ändern sich Wellenhöhe und Wellenlänge. Sobald die Wassertiefe die halbe Wellenlänge unterschreitet, beginnen die Wellen den Meeresboden zu „fühlen". Die Verlagerung der Wellen verlangsamt sich, die Wellen werden steiler und die Wellenlänge verkürzt sich.

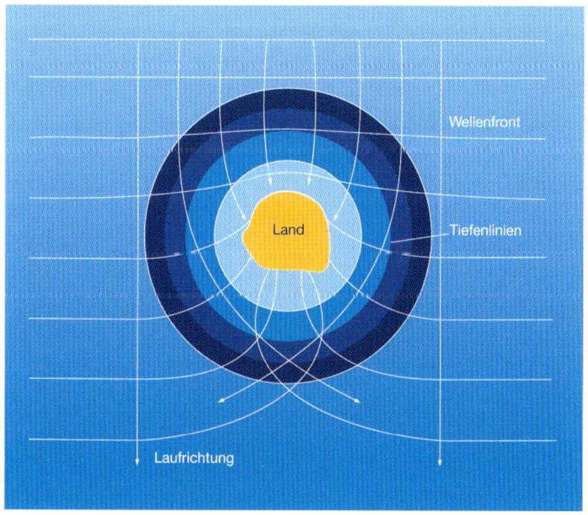

Hinter kleinen Inseln bildet sich oft eine kabbelige See dadurch, dass die Wellen um die Insel herumlaufen

↘ Nr. 95

Welche Faktoren können die Länge und Höhe des Seegangs erheblich verändern?

Wassertiefe sowie Meeres- und Gezeitenströmungen.

↘ Nr. 94

Welcher Seegang ist in Lee kleiner Inseln zu erwarten?

Kreuzlaufende See, die meist kurz und kabbelig ist.

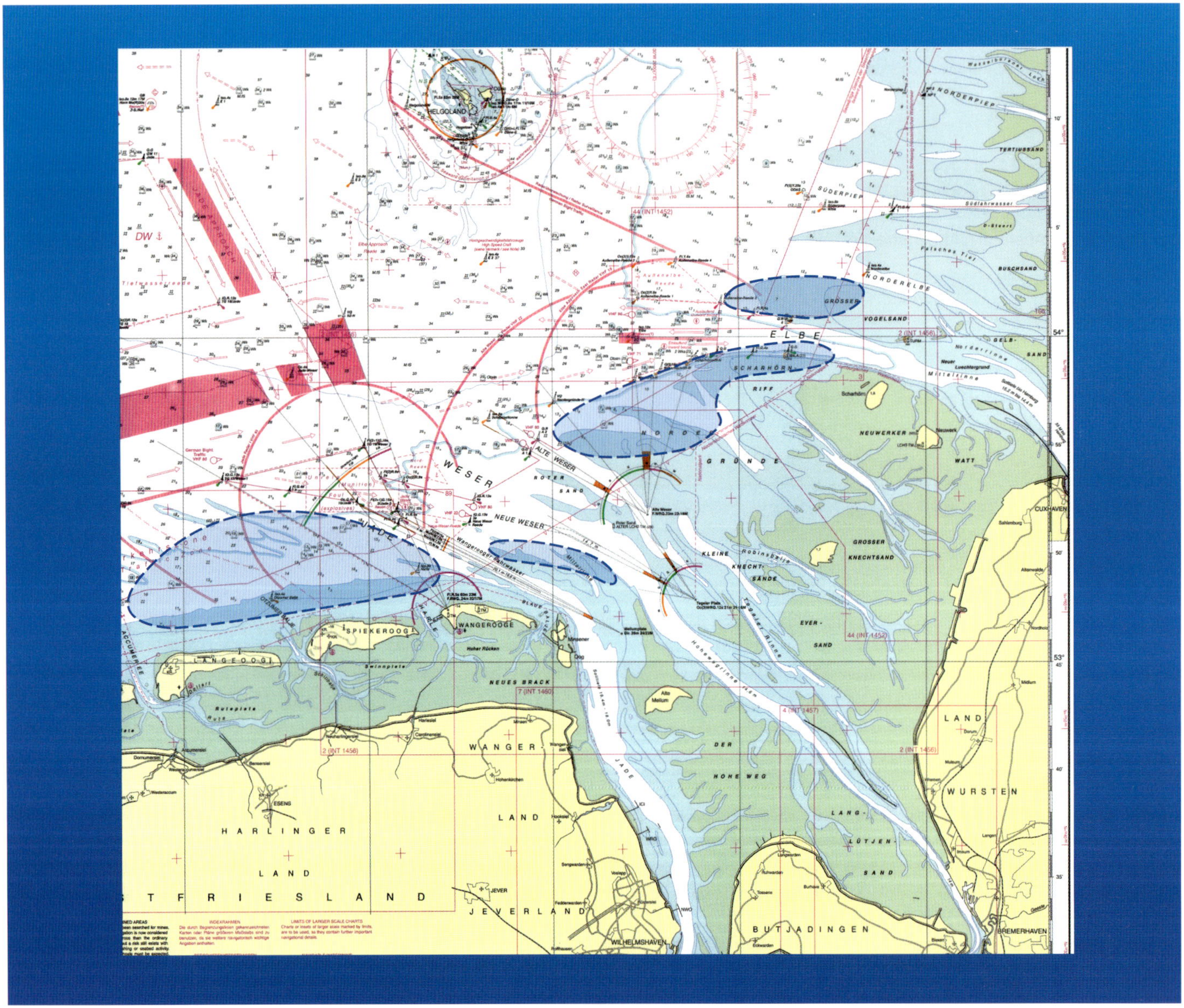

Besonders in den blau unterlegten Gebieten ist im Bereich der Deutschen Bucht mit Brechern und Grundseen zu rechnen

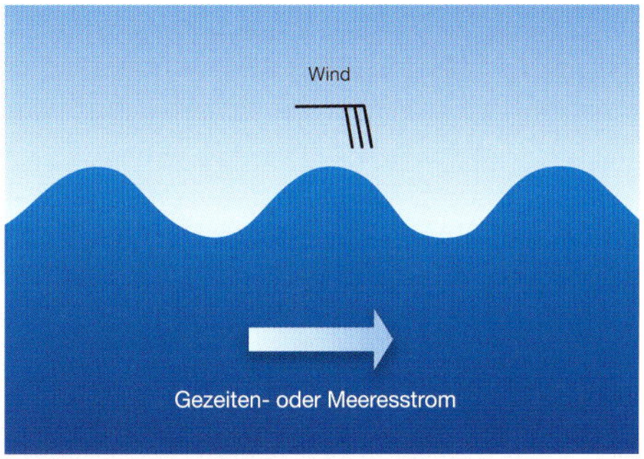

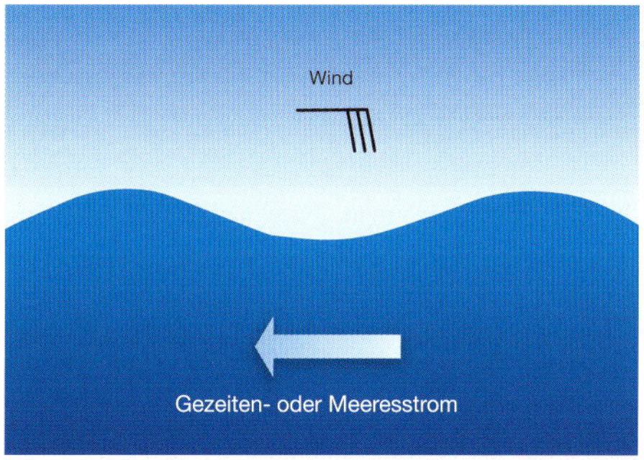

Durch Meeres- und Gezeitenströmungen wird der Seegang stark modifiziert. Läuft die See gegen den Wind, wird der Seegang steiler und kürzer

Ist ein kritischer Wert überschritten, beginnt die Brechung der Wellen. Veränderungen, deren Eigenschaften durch Untiefen oder durch Küstennähe bestimmt sind, werden als Grundseen bezeichnet. Ihre Höhe kann das 2,5-fache der charakteristischen Wellenhöhe betragen. Das passiert auch abseits der Küstenlinie über Barren und Untiefen.
Durch die veränderte Wassertiefe und damit verbundene verlangsamte Verlagerung beugen sich Wellen in Küstennähe. Daher muss in Lee von kleinen Inseln oft mit kreuzlaufenden und kabbeligen Seen gerechnet werden.

Besonders in Küstennähe und in Meerengen, wo die Gezeiten erheblich in Richtung und Stärke wechselnde Strömungen im Wasser hervorrufen, wird der Seegang stark modifiziert. Läuft die See gegen den Wind, wird der Seegang steiler und kürzer.
Umgekehrt verhält es sich, wenn die See und der Strom die gleiche Richtung haben. Dann wird der Seegang länger und flacher. Neben den Gezeitenströmen gilt das Beschriebene auch für alle Meeresströmungen.

Seewetterinformationen

Seewetterinformationen an Bord

Im Sinne einer guten Seemannschaft ist es wichtig, dass bei Beginn und während eines Törns die neusten Seewetterinformationen/Warnungen an Bord verfügbar sind. Bei ausreichender Anzahl von Crewmitgliedern ist das Abhören über Rundfunkempfänger vielleicht kein Problem, aber häufig werden Schiffe von kleineren Crews gesegelt. Empfehlenswert ist daher neben dem aktiven Abhören von Seewetterberichten auf jeden Fall eine automatisierte Aufzeichnung/ein automatisierter Empfang. Neben den Seewetterinformationen sind zur Beurteilung der Wetterlage auch eigene Wetterbeobachtungen regelmäßig durchzuführen und im Logbuch zu

↘ Nr. 90

1. Was verstehen Sie unter einer Grundsee?
2. Welche Höhen kann sie erreichen?

1. Meereswellen mit besonders hohen Brechern, die durch Untiefen oder Küstennähe bzw. durch ansteigenden Meeresboden entstehen.
2. Etwa das 2,5-fache der kennzeichnenden (charakteristischen) Wellenhöhe.

↘ Nr. 91

Wie verändert sich Seegang, wenn Wind und Meeresströmungen (z. B. Gezeitenstrom) entgegengesetzte Richtungen haben?

Die Wellen werden kürzer und steiler.

↘ Nr. 92

Wie verändert sich Seegang, wenn Wind und Meeresströmungen (z. B. Gezeitenstrom) die gleiche Richtung haben?

Die Wellen werden länger und flacher.

↘ Nr. 12

Welche amtlichen Veröffentlichungen enthalten Sendezeiten und Frequenzen für Seewetterberichte
1. für Europa
2. Europa und weltweit?

1. Das Handbuch „Nautischer Funkdienst“ und der „Jachtfunkdienst“.
2. Die „Admiralty List of Radio Signals“.

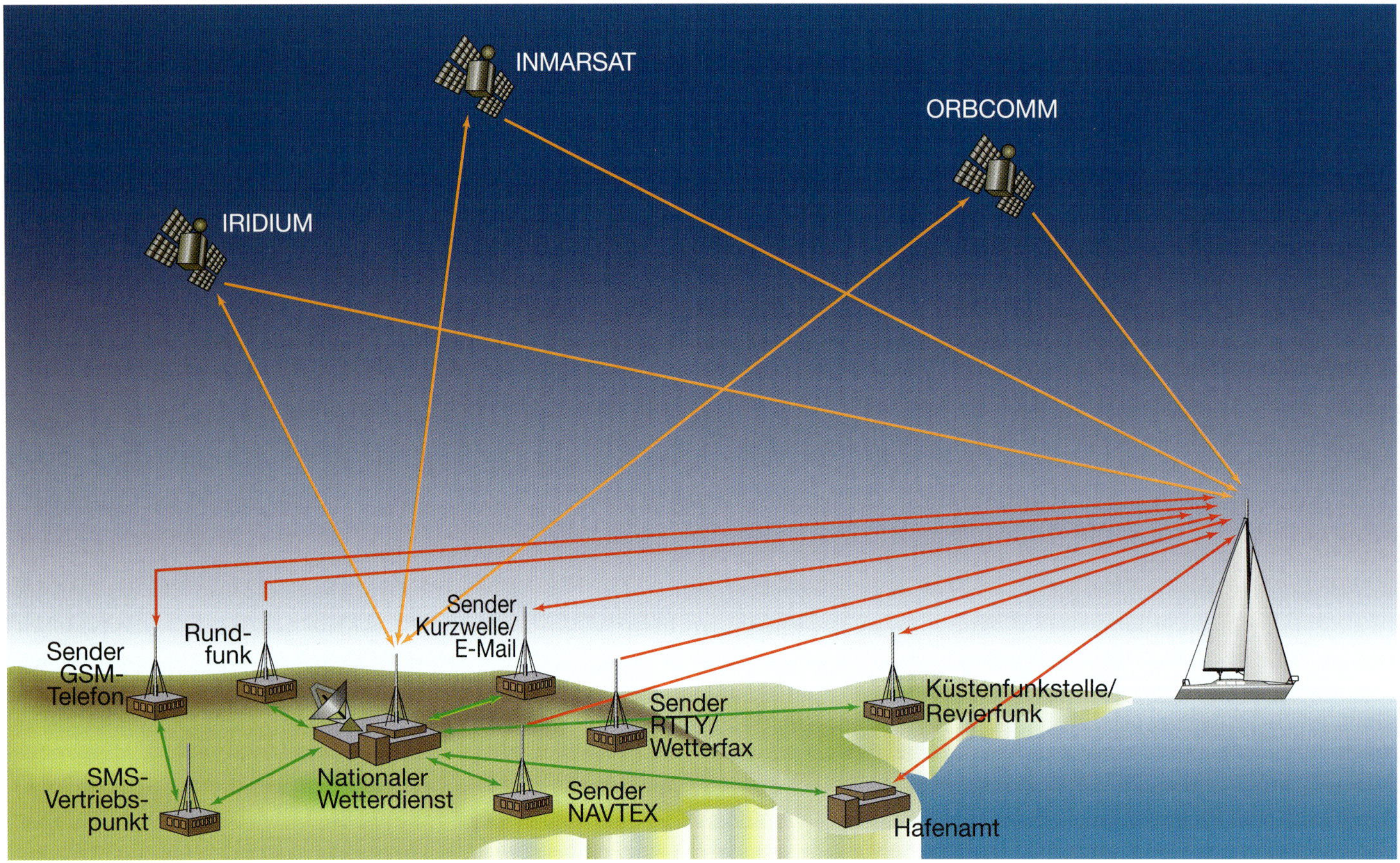

Wetterinformationen können über unterschiedliche Kommunikationswege an Bord empfangen werden

dokumentieren. Die Wetterbeobachtung an Bord sollte die Windrichtung, Windstärke, aktuelles/gegenwärtiges Wetter, Bedeckungsgrad, Wolken, Seegang, Strom, Temperatur und ggf. Luftfeuchte enthalten.

Hinsichtlich der verfügbaren *Kommunikationsmöglichkeiten* und Reichweite (Segelrevier) bieten sich generell an: Rundfunksender, Funkfernschreiben (RTTY), UKW-Seefunk, Wetterfax, Aushänge beim Hafenmeister, Internet, Törnberatung oder moderne Navigationssoftware mit integriertem Wettermodul über Telefon/GSM-Handy, Telefax, E-Mail, SMS oder Satellitenkommunikation (INMARSAT, Iridium, Kurzwelle). Eine Zusammenstellung der aktuellen Sendezeiten und Frequenzen ist in den amtlichen Veröffentlichungen *Jachtfunkdienst* Nord- und Ostsee bzw. Mittelmeer, dem Handbuch *Nautischer Funkdienst* (beide hrsg. vom BSH, dem Bundesamt für Seeschifffahrt und Hydrographie) oder der *Admiralty List of Radio Signals* zu finden.

Diesen Publikationen ist auch die Einteilung der Seegebiete wie etwa Deutsche

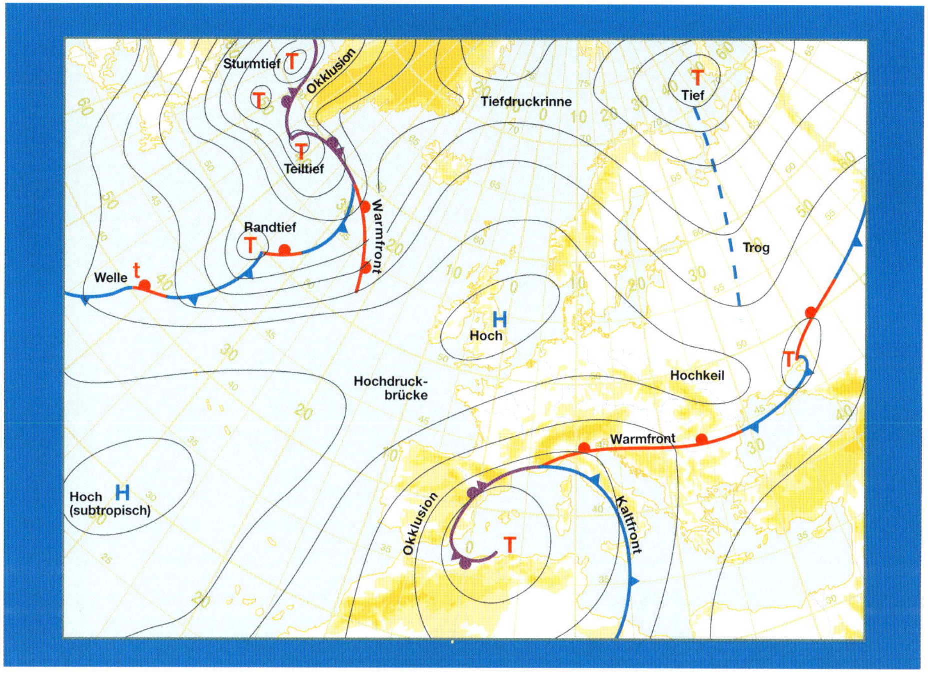

Bei der Angabe von Drucksystemen und Fronten in Seewetterberichten werden diese Begriffe verwendet

Bucht, Fischer, Balearen usw. zu entnehmen.

Bei der Vorbereitung hinsichtlich Seewetterinformationen ist zu empfehlen, sich vor dem Törn über mittlere Windverhältnisse in dem betreffenden Seegebiet zu informieren. In angebotenen Revier- und Hafenführern oder in den Monatskarten des BSH findet man hierzu Angaben. Mit diesen Informationen kann der Törn vorgeplant werden.

Rundfunksender: Mehrmals am Tag besteht die Möglichkeit, aktuelle Seewetterberichte und Warnungen an Bord aufzunehmen. Zu einigen Sendeterminen werden auch Trendvorhersagen für die Nord- und Ostsee für die folgenden drei Tage verlesen. Bis auf die Anschaffung des Weltempfängers ist der Empfang kostenlos. Entsprechende Vordrucke zum Mitschreiben der Seewetterberichte inklusive der Bordwetterkarte Nr. 9 (Nord- und Ostsee) und Nr. 11 (Mittelmeer) sind im Fachhandel erhältlich.

Internet: Das Internet bietet eine riesige Auswahl an Seewetterinformationen. In jedem Fall ist die Aktualität der Informationen zu prüfen. Der Vorteil ist, dass es

↘ Nr. 13

Nennen Sie 6 Möglichkeiten, um Wetterinformationen an Bord zu erhalten.

Hörfunksender (UKW, KW, MW, LW), Küstenfunkstellen, Verkehrszentralen, NAVTEX, SafetyNet (Satcom), Online-Dienste (z. B. SEEWIS-Online des Deutschen Wetterdienstes, T-Online), RTTY (Funkfernschreiben), Faksimile (Wetterfax), Faxpolling (z. B. SEEWIS-Fax des Deutschen Wetterdienstes), Telefonabruf, Törnberatung.

↘ Nr. 64

Seegebiete sind international festgelegt. In welchen amtlichen Veröffentlichungen können Sie nachlesen, wo sich das Seegebiet „Fischer" befindet?

Im „Handbuch Nautischer Funkdienst", im „Jachtfunkdienst für Nord- und Ostsee" oder in der „Admiralty List of Radio Signals".

Nr. 65

Sie wollen einen Törn in einem für Sie fremden Küstenrevier fahren. Wie können Sie sich über mittlere Windverhältnisse für bestimmte Jahreszeiten oder Monate informieren?

In den entsprechenden Hafen-, Revierführern. Außerdem z. B. in Monatskarten.

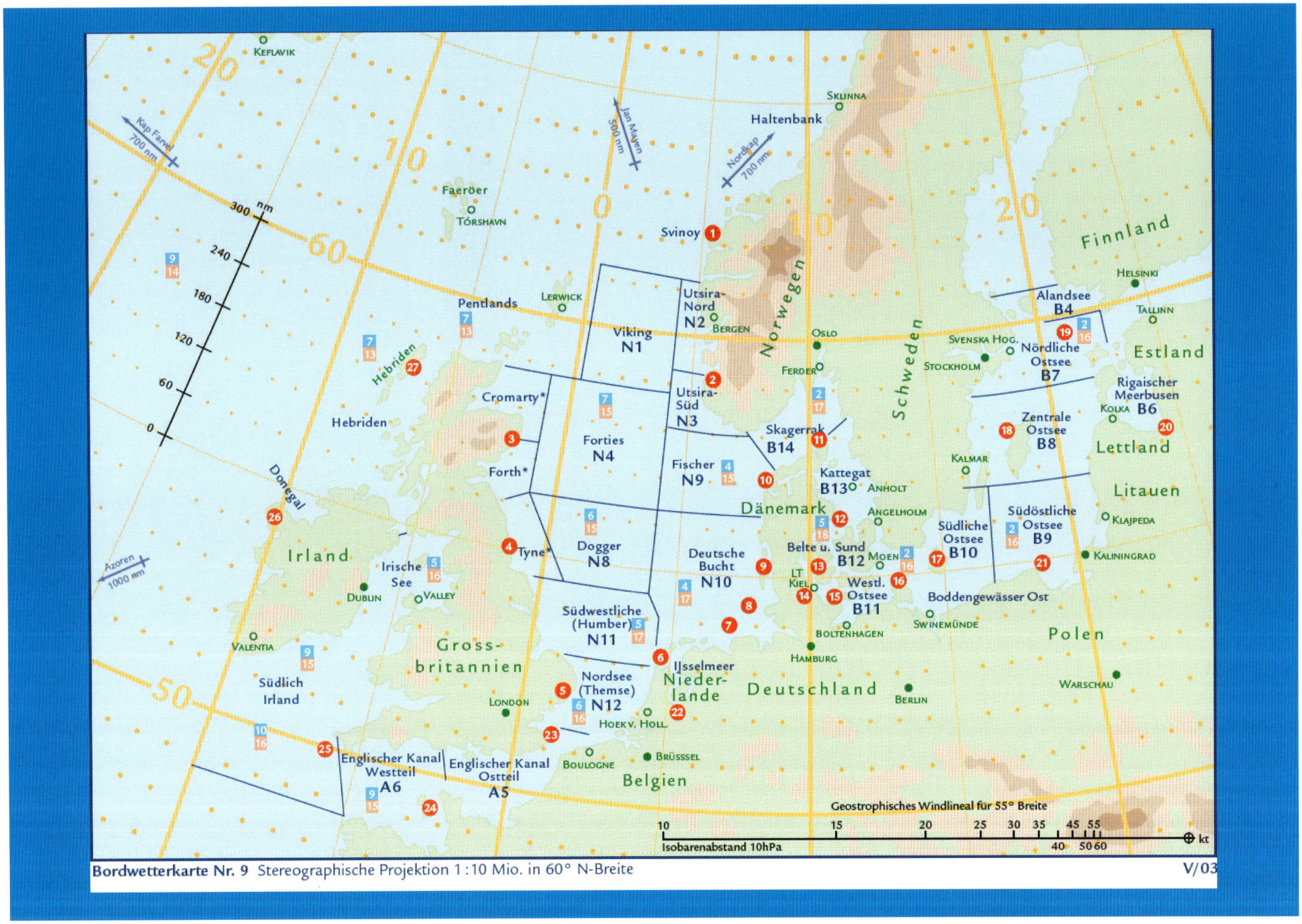

Der Vordruck Bordwetterkarte Nr. 9 ist im Fachhandel und beim Deutschen Wetterdienst erhältlich (für das Mittelmeer Nr. 11). Der Vordruck zeigt auch die Einteilung der Seegebiete

nicht nur ein großes Angebot gibt, sondern die meisten Seiten für alle Benutzer offen sind und damit fast kostenlos. Ein Nachteil besteht zurzeit noch darin, dass es an Bord je nach Kommunikationseinrichtungen nur bedingt einsetzbar ist. Auch der Stromverbrauch eines Notebooks ist nicht zu unterschätzen.

UKW-Seefunk: Im Küstenbereich bietet sich der Empfang über den UKW-Seefunk an. Eine UKW-Seefunkanlage ist ohnehin an Bord der meisten Yachten, auch die Handgeräte sind inzwischen sehr leistungsfähig. Viele Nationen bieten für ihre Küstengewässer Seewetterberichte an.

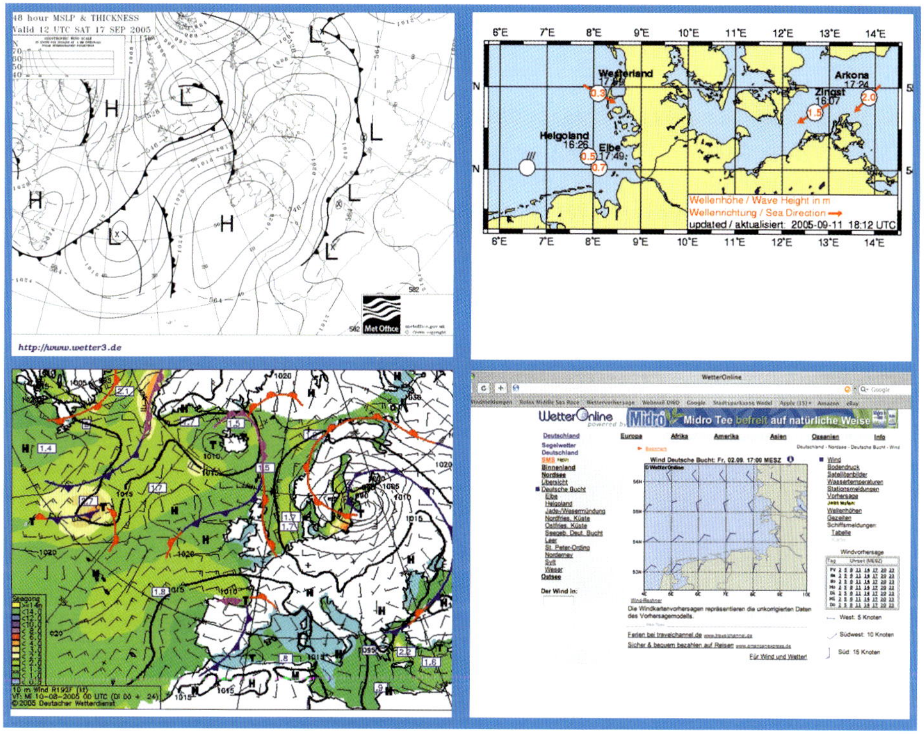

Über das Internet sind viele Informationen verfügbar. Leider muss man ohne Satellitenkommunikation auf den Empfang nur wenig von der Küste entfernt meist verzichten

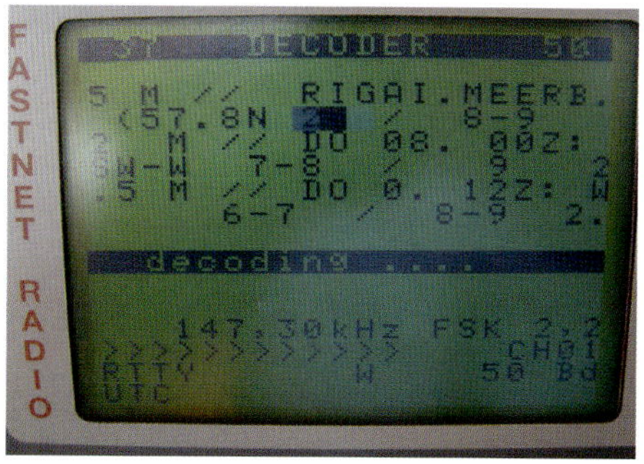

Mit Decodern lassen sich ausführliche Seewetterinformationen an Bord empfangen

In Deutschland hat DP07-Seefunk (www.DP07.com) diese Aufgabe übernommen. Dabei handelt es sich um einen privaten Service.

Funkfernschreiben/RTTY: Ein sehr komfortabler und sicherer Weg, um ständig die neusten Seewetterinformationen an Bord zu empfangen, ist die Aufnahme von Funkfernschreiben, auch als RTTY (Radio Tele Type) bekannt. Über Lang und Kurzwelle werden Seewetter- und Küstenwetterberichte mit einem Vorhersagezeitraum bis zu 5 Tagen, aktuelle Warnungen und Wettermeldungen ausgestrahlt. Zum Empfang von Funkfernschreiben/RTTY wird ein Decoder benötigt. Aber auch in der Kombination Notebook mit entsprechender Software plus Weltempfänger können Seewetterinformationen per RTTY aufgezeichnet bzw. ausgedruckt werden.

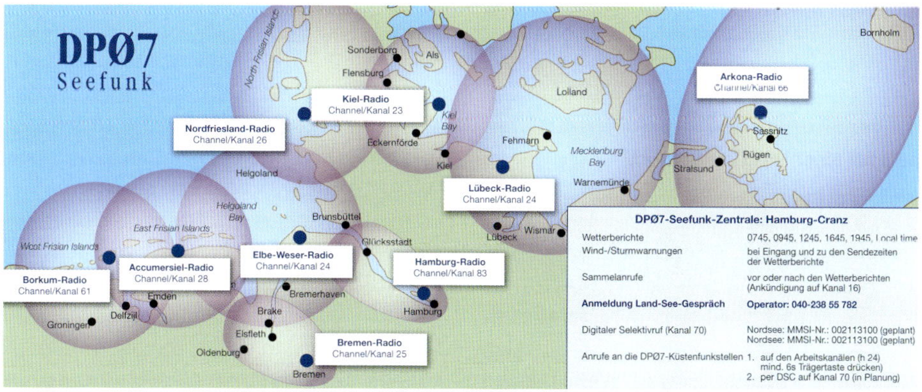

Viele Nationen bieten über UKW-Seefunk Seewetterberichte an. In Deutschland ist es DP07-Seefunk

Mittelfrist-Seewetterbericht für die Nordsee herausgegeben vom Seewetterdienst Hamburg

13.03.2002, 06 UTC:
Neu: Wiederholung 16:35 UTC.

Wetterlage:
Hoch 1024 Hebriden verstärkend, ostwandernd, Freitag mittag 1035 Südschweden, Sonntag früh Baltikum. Tief 1008 Oslofjord ostziehend, Freitag Mittag Nordwestrussland. Tief 988 westlich Kap Finisterre abschwächend, nordverlagernd, Sonnabend früh 995 dicht westlich von Irland dann abschwächend. Neues Tief Sonntag Mittag 990 dicht südwestlich von Irland.

Vorhersagen von Mi, 13.03.2002 00 UTC:
Windstärke Beaufort, Wellenhöhe Meter

```
DT.BUCHT (54.7N  5.7E) WT:  7 C
Do 14. 00Z: NE     4-5  /         1.5 M //
Do 14. 12Z: E       6   /  7-8     2  M //
Fr 15. 00Z: E-SE    8   /  9-10    4  M //
Fr 15. 12Z: E-SE   7-8  /  9-10    3  M //
Sa 16. 00Z: E-SE    7   /  9-10    3  M //
Sa 16. 12Z: E-SE   6-7  /  8-9   2.5  M //
So 17. 00Z: SE     5-6  /   7      2  M //
So 17. 12Z: E       4   /          1  M //
Mo 18. 00Z: NE-E   3-4  /        0.5  M //
Mo 18. 12Z: NE      4   /        0.5  M //

HUMBER (53.3N  2.3E) WT:  8 C
Do 14. 00Z: E      5-6  /   7    1.5  M //
Do 14. 12Z: E       7   /  8-9     3  M //
Fr 15. 00Z: E-SE   8-9  /  10    4.5  M //
Fr 15. 12Z: E-SE   6-7  /  8-9   2.5  M //
```

Mittelfristiger Seewetterbericht, empfangen über Funkfernschreiben (RTTY)

NAVTEX: Im Rahmen des GMDSS ist das NAVTEX (Navigational Information over Telex) unter anderem das Informationssystem für Navigations- und Wetterwarnungen sowie das Seenot-, Such- und Rettungswesen. NAVTEX-Meldungen werden weltweit auf 518 kHz in englischer Sprache ausgestrahlt. Im Vergleich zum Funkfernschreiben/RTTY sind die Wetterinformationen bei Weitem nicht so umfangreich. Das System ist als Warnsystem geplant und gibt nur knappe Seewetterberichte bzw. Vorhersagen wieder. Über die nationale NAVTEX-Frequenz 490 kHz werden in einigen Revieren ausführlichere Seewetterinformationen verbreitet.

WODL88 DWHA 150415
Received from German Weather Service
Warning No. 103 150415UTC MAR
for German Bight:
gales east to southeast 17 to 19 m/s
(7 to 8 bft).
=

Beispiel einer NAVTEX-Warnung

Wetterfax/Faksimile: Über Wetterfax/Faksimile können ähnlich wie beim Telefax grafische Produkte der Wettervorhersage übermittelt werden. Wer Wetterfax-Produkte an Bord empfängt, sollte sich mit der Interpretation von Wetterkarten

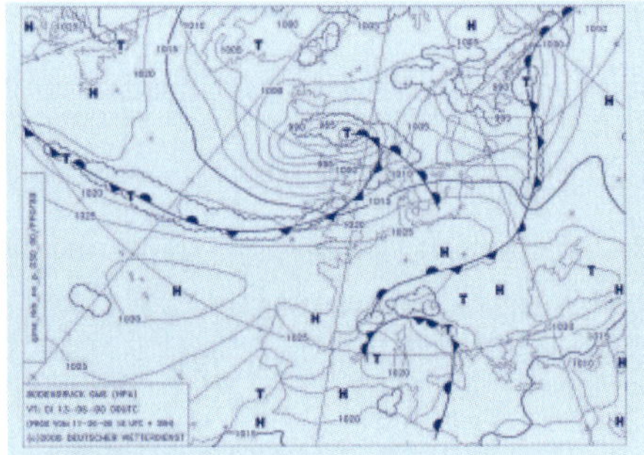

Bodenwetterkarten können über Wetterfax/Faksimile an Bord empfangen werden

auskennen. Neben Bodenanalysen mit Stationseintragungen sowie Bodendruckvorhersagen bis zu 96 Stunden werden auch Seegangsvorhersagen ausgestrahlt. Der Empfang von Faksimile-Produkten ist wie beim Funkfernschreiben kostenlos. Allerdings wird für Wetterfax/Faksimile ein spezieller Empfänger benötigt.

Telefax: Seewetterinformationen sind auch über Telefax zu erhalten. Von einem Fax-Server können für verschiedene Seegebiete Seewetterinformationen und -vorhersagen mit einer Vorhersagedauer bis zu fünf Tagen abgerufen werden. An Bord können diese Produkte mit einem Notebook, einer Fax-Software und einer Telefonverbindung (GSM-Handy, Iridium, INMARSAT) abgerufen werden.
Beim Deutschen Wetterdienst können mehr Informationen unter dem Stichwort SEEWIS-Fax eingeholt werden.

Telefon: Mit den GSM/Satelliten-Telefon können Küsten- bzw. Seewetterberichte

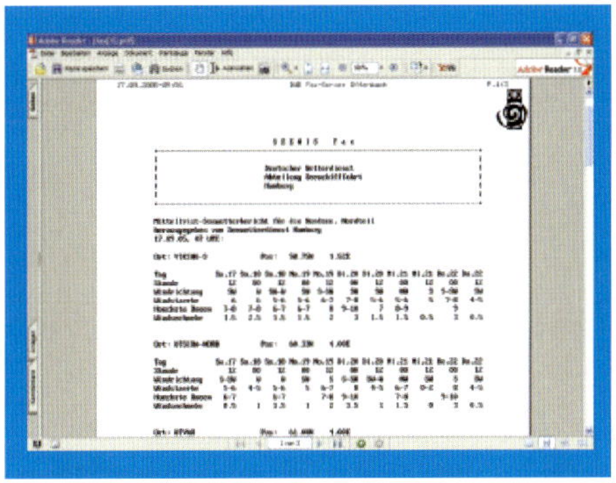

Per Telefax können detaillierte Seewetterinformationen aktiv abgefordert werden

SMS auf das Handy können in Küstennähe empfangen werden

im In- und Ausland abgerufen werden. Der Vorteil des Telefonabrufs ist, dass Seewetterinformationen ohne eine besondere Empfangseinheit an Bord verfügbar sind, was insbesondere auf Törns mit einem gecharterten Schiff vorteilhaft ist. Beim Deutschen Wetterdienst stehen ohne Gebühr folgende Gebiete zum Abruf zur Verfügung:

Die Abrufnummer ist: +49(69)80 56 plus Durchwahl für die Seegebiete:

-2551	Deutsche Bucht
-2552	Südwestl. Nordsee
-2553	Engl. Kanal E
-2554	Fischer
-2555	Skagerrak
-2556	Kattegat
-2557	Belte und Sund
-2558	Westl. Ostsee
-2559	Südl. Ostsee
-2561	Golf du Lion
-2562	Baleraren
-2563	Ligurisches Meer
-2564	Westl. Korsika
-2565	Tyrrhenisches Meer
-2566	Adria
-2567	Ionisches Meer
-2568	Ägäis
-2569	Rhodos
-2570	Biscaya

SMS: Mit dem GSM- oder Satelliten-Handy können Seewetterinformationen per SMS (Short Message System) übertragen werden. Nach Vereinbarung mit dem Anbieter werden ein- oder mehrmals täglich Vorhersagen als SMS auf das Telefon übermittelt. Dieser Service ist ohne Nutzung eines Satellitenhandys auf die Küstenregion beschränkt.

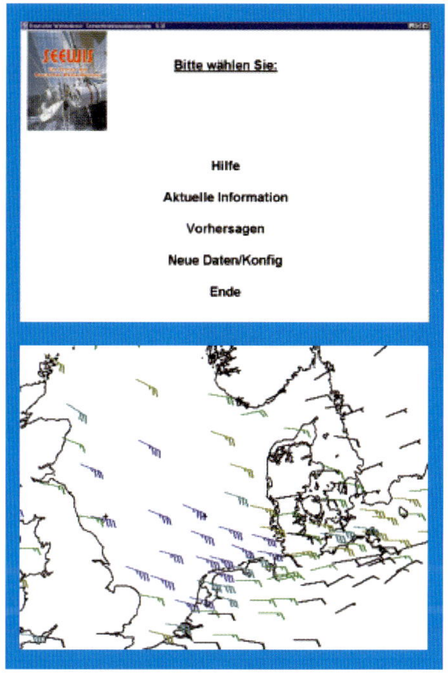

Mit SEEWIS-Online können umfangreiche Seewetterinformationen an Bord geladen werden

Informationssysteme/Navigationssoftware mit Wettermodul: SEEWIS-Online ist eine Software des Deutschen Wetterdienstes zur Darstellung von Seewetterinformationen. Mit einem Handy (Satellit/GSM) und einer Datenverbindung zum Notebook können direkt aus dem Datenserver des DWD umfangreiche Wetterinformationen an Bord auf das Notebook geladen werden. Für den Service können wir uns beim Deutschen Wetterdienst in Hamburg anmelden.

Wer mit seinem Notebook an Bord Navigationssoftware nutzt, dem wird oft zusätz-

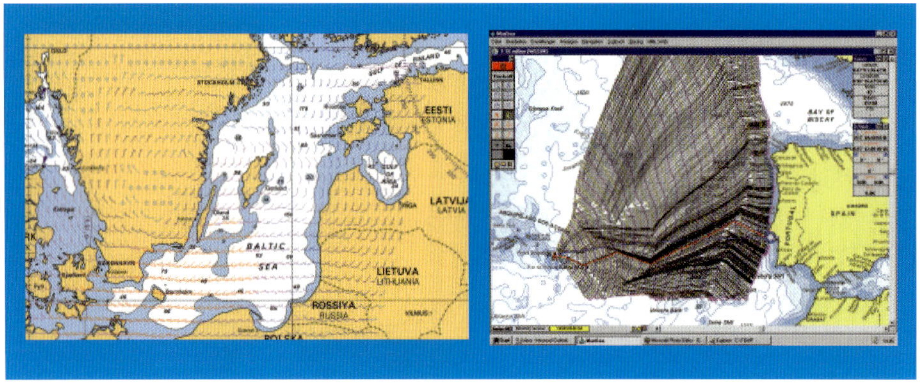

Viele Programme mit elektronischen Seekarten erlauben die Überlagerung von Wetterdaten. Dazu können für die Yacht auch Routenoptimierungen berechnet werden

lich ein Wettermodul angeboten. Ähnlich wie bei SEEWIS-Online werden über eine Kommunikationseinheit Wettervorhersagedaten im standardisierten GRIB-Format an Bord übertragen und entsprechend angezeigt. Mit diesen Windfeldern lassen sich auch häufig optimale Routen berechnen.

Törn- und Regattaberatungen: Auf der Basis der neuesten Wetterinformationen und den jeweils aktuellen Computerberechnungen erfolgt die von erfahrenen Meteorologen/Wetterberatern durchgeführte Beratung gegen Gebühr weltweit, so auch beim Deutschen Wetterdienst in Hamburg.

Seewetterberichte: Aufbau und Begriffe

International unterscheiden sich Seewetterberichte in ihrem Aufbau nur wenig. Zu Beginn wird kurz und knapp auf Starkwind- oder Sturmwarnungen hingewiesen. Es folgt die Wetterlage, wo die Drucksysteme beschrieben werden. Dabei werden Angaben zum Ort sowie Änderungen in der Intensität und Verlagerung gemacht. Danach kommen die Vorhersagen und Aussichten für die einzelnen Seegebiete. Den Abschluss bilden die Stationsmeldungen, die Messungen und Beobachtungen an Wetterstationen zu international festgelegten festen Zeiten. Die Windrichtung wird hier nach einer 16-teiligen Skala in 22,5°-Stufen angegeben, z.B. NNW für Nordnordwest.

Bei den Stationsmeldungen ist allerdings zu beachten, dass sie nicht immer repräsentativ für das Seegebiet sind. Häufig liegen die Wetterstationen nicht in Küstennähe, daher können sich Windrichtung und -stärke deutlich von den Verhältnissen auf See unterscheiden.

Bei den Vorhersagen für die doch zum Teil recht großen Seegebiete (z. B. Adria) ist zu beachten, dass lokale Effekte wie

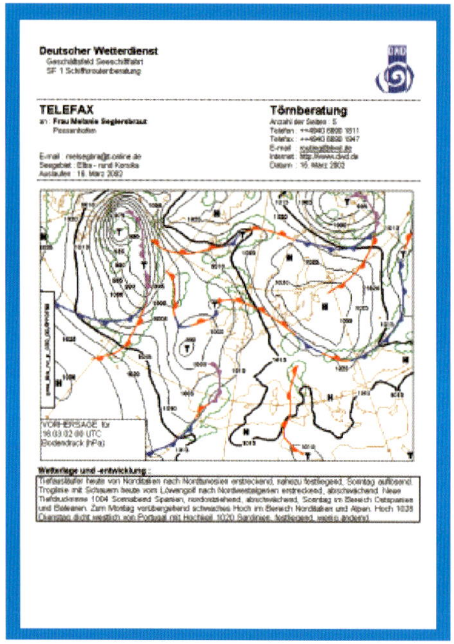

Per Fax/E-Mail oder Telefon sind ausführliche und individuelle Törn- und Regattaberatungen erhältlich

Land-Seewind-Zirkulation oder Düsen- und Kapeffekte nur eingeschränkt berücksichtigt werden können.

In Seewetterberichten finden viele international standardisierte Begriffe Anwendung. Der *Jachtfunkdienst* für Nord- und Ostsee sowie Mittelmeer enthält ein eigenes Kapitel über meteorologische Ausdrücke, sogar in zahlreiche Sprachen übersetzt.

Neben einigen anderen sind diese Begriffe besonders wichtig und gebräuchlich:

- Rechtdrehender Wind (veering): Änderung der Windrichtung im Uhrzeigersinn um mindestens 45°
- Rück(links-)drehend (backing): Änderung der Windrichtung gegen den Uhrzeigersinn um mindestens 45°
- Gewitterböen (thunder squalls): Oft wird die Stärke angegeben, da im Sommer bei Schwachwindlagen Böen mit Sturm- oder Orkanstärke auftreten können
- Sturmwarnung (gale warning): Mittlere Windstärken von mindestens 8 Bft
- Starkwindwarnung (near-gale warning): Mittlere Windstärken zwischen 6 und 7 Bft
- Orkan (storm): ab Windstärke 10, dabei auch oft Böen von 12 Bft
- Schauerböen (shower squalls): Besonders während der Passage und auf der Rückseite von Kaltfronten können in Schauernähe Böen auftreten, die den Mittelwind um mehr als 2 Bft überschreiten können.
- Gute Sicht (good visibility oder kurz: vis good): Sichtweiten über 20 km
- Mittlere Sicht (moderate visibility oder kurz: vis mod): Sichtweiten 10 bis 20 km
- Diesig (misty): Sichtweiten über 1 km bis 10 km
- Nebel (fog): Sichtweiten unter 1 km
- Südwest 6: Schwankung der Windrichtung bis zu 45° um die Hauptwindrichtung, also von Südsüdwest bis Westsüdwest. Es können Böen auftreten, die etwa 1 bis 2 Bft über der mittleren Windstärke von 6 Bft liegen (Entsprechendes gilt für andere Windrichtungen).

↘ Nr. 10

Ab welcher Windstärke werden Orkanwarnungen ausgegeben?

Ab Windstärke 10 Bft, erfahrungsgemäß mit Böen über Bft 12.

↘ Nr. 52

Welche Windsituation ist mit der Formulierung „Nordwest 6“ bezüglich

1. **der Schwankungsbreite in Windrichtung und**
2. **der Schwankungsbreite in der Windstärke (Böen) verbunden?**

1. Die Schwankung in der Windrichtung kann bis zu 45° um die Hauptwindrichtung betragen, also von Westnordwest (WNW) bis Nordnordwest (NNW).
2. Es können Böen auftreten, die etwa 1 bis 2 Bft über dem Mittelwind liegen.

↘ Nr. 53

Was ist mit dem Zusatz „Schauerböen“ bei der Windvorhersage verbunden?

Besonders während der Passage und auf der Rückseite von Kaltfronten treten in der näheren Umgebung von Schauern Böen auf, die den Mittelwind um 2 Bft überschreiten können.

↘ Nr. 54

Warum werden Gewitterböen in der Windvorhersage zusätzlich angegeben?

Besonders im Sommer können bei Schwachwindlagen Gewitter mit Böen auftreten, die Sturm- oder Orkanstärke erreichen können.

↘ Nr. 55

Wie ist der Aufbau von Seewetterberichten?

Hinweise auf Starkwind oder Sturm, Wetterlage, Vorhersagen, Aussichten und Stationsmeldungen.

↘ Nr. 56

Welche lokalen Effekte, die das vorherrschende Windfeld stark verändern, können in Seewetterberichten nur eingeschränkt berücksichtigt werden?

U. a. Land-/Seewind-Zirkulation, Düsen- und Kapeffekte.

↘ Nr. 57

1. **Wann werden Starkwindwarnungen verbreitet?**
2. **Welche Bezeichnung hat die Starkwindwarnung im internationalen Sprachgebrauch?**

1. Bei erwarteten oder noch andauernden Windstärken zw. 6 u. 7 Bft.
2. Near-gale warning.

↘ Nr. 58

1. **Wann werden Sturmwarnungen verbreitet?**
2. **Welche Bezeichnung hat die Sturmwarnung im internationalen Sprachgebrauch?**

1. Bei zu erwartenden oder noch andauernden Windstärken von mindestens 8 Bft.
2. Gale warning.

↘ Nr. 61
Was bedeutet rechtdrehender bzw. rückdrehender Wind?
Rechtdrehend bedeutet Änderung der Windrichtung im Uhrzeigersinn. Rückdrehend bedeutet Änderung der Windrichtung gegen den Uhrzeigersinn um mindestens 45°.

↘ Nr. 62
Sie hören am Ende eines Seewetterberichts die Stationsmeldungen. Was sagen Windrichtung und Windgeschwindigkeit gegenüber den Verhältnissen auf See aus?
Durch die Umgebung der Wetterstation kann die Windrichtung verfälscht werden. Die Windgeschwindigkeit ist meist reduziert, in Einzelfällen auch erhöht.

↘ Nr. 63
Welche Sichtweiten umfasst der Begriff „diesig“?
Sichtweiten über 1 km bis 10 km (bzw. ca. 0,5 bis 6 Seemeilen).

↘ Nr. 77
Wie ist Nebel definiert?
Sichtweite unter 1000 Meter.

Für Seewetterberichte werden künftig international diese Bestimmungen Verwendung finden:

•	Very poor/sehr schlechte Sicht	=	weniger als 1 km
•	Poor/schlechte Sicht	=	1 bis 4 km
•	Moderate/mittlere Sicht	=	4 bis 10 km
•	Good/gute Sicht	=	mehr als 10 km

Stichwortverzeichnis

Stichwortverzeichnis

Der amtliche

Fragen- und Antwortenkatalog

zum Sportküstenschifferschein
(Antriebsmaschine und unter Segel)

- Navigation
- Schifffahrtsrecht
- Wetterkunde
- Seemannschaft

Fragen- und Antwortenkatalog
Der amtliche Sportküstenschifferschein (Antriebsmaschine und unter Segel)

Navigation
Schifffahrtsrecht
Wetterkunde
Seemannschaft

Gültig ab 1. Januar 2007

Herausgegeben vom:
Bundesministerium für Verkehr, Bau und Stadtentwicklung
In Zusammenarbeit mit
der Wasser- und Schifffahrtsverwaltung des Bundes,
dem Deutschen Motoryachtverband,
dem Deutschen Segler-Verband.

Präambel

Dieser Katalog stellt eingedenk des Ziels der Sportseeschifferscheinverordnung, einen Beitrag zur Sicherheit und Leichtigkeit des Verkehrs in den Küstengewässern, küstennahen Seegewässern und auf der hohen See zu leisten, eine Hilfe zur Ausbildung und Prüfung zum Sportküstenschifferschein dar.

Der Fragenkatalog enthält verbindliche Fragen mit Musterantworten.
Die Antwort des Bewerbers braucht nicht wörtlich mit dem Antwortvorschlag übereinzustimmen.

Die Bewertung der Beantwortung der Frage richtet sich danach, in welchem Umfang die gegebene Antwort mit dem sachlichen Inhalt, der Vollständigkeit und der fachlichen Terminologie der Musterantwort übereinstimmt.

Der Rahmen des Inhalts der Prüfungsfächer bestimmt sich nach Anlage 1 zu den Durchführungsrichtlinien Sportküstenschifferschein.

Inhalt

Seemannschaft I Frage 1–163, S. 322–337
Lehrbuch → S. 8–113
(Antriebsmaschine und unter Segel)

Seemannschaft II Frage 1–146, S. 338–352
Lehrbuch → S. 8–113
(Antriebsmaschine)

Navigation

Nr. 1 → S. 177/193

Worauf müssen Sie als Schiffsführer vor Reiseantritt hinsichtlich der Seekarten und Seebücher achten?

Auf Vollständigkeit der Unterlagen und deren Berichtigung auf den neuesten Stand.

Nr. 2 → S. 186

Warum muss in der GPS-Navigation das jeweilige Kartendatum unbedingt berücksichtigt werden?

Weil sich das von GPS verwendete Bezugssystem WGS 84 (World Geodetic System 1984) von anderen verwendeten Bezugssystemen (Kartendatum) unterscheiden kann.

Nr. 3 → S. 186

Welche Differenzen können zwischen WGS 84 und anderen Bezugssystemen auftreten?

Die Differenzen von φ und λ liegen im Allgemeinen in der Größenordnung von 0,1 kbl bis 1 kbl, also etwa von 20 bis 200 m. Es können größere Unterschiede auftreten.

Nr. 4 → S. 187

Wo finden Sie in der Seekarte Angaben über das benutzte Bezugssystem und ggf. entsprechende Korrekturhinweise?

Am Kartenrand unter dem Titel.

Nr. 5 → S. 188

Wie lautet ggf. der Korrekturhinweis bezüglich GPS in der Seekarte, wenn das benutzte Kartendatum (z. B. ED 50) und WGS 84 nicht übereinstimmen?

Durch Satellitennavigation (z. B. GPS) erhaltene Positionen im WGS 84 sind 0,... Minuten nordwärts/südwärts und 0,... Minuten westwärts/ostwärts zu verlegen, um mit dieser Karte übereinzustimmen.

Nr. 6 → S. 178

Woran erkennen Sie, bis wann eine deutsche Seekarte „amtlich" berichtigt ist?

Am Berichtigungsstempel des BSH oder einer amtlichen Seekartenberichtigungsstelle.

Nr. 7 → S. 178

Woran erkennen Sie, bis wann eine britische Seekarte „amtlich" berichtigt ist?

Am Berichtigungsstempel auf der Rückseite der Seekarte.

Nr. 8 → S. 179

Was bedeutet der Stempel auf der britischen Seekarte: Corrected up to N.T.M. 3595 1998?

Seekarte ist berichtigt bis zur Mitteilung Nr. 3595 der Admiralty Notices to Mariners (N.T.M.) in 1998.

Nr. 9 → S. 177

Welche Angaben enthalten die Nachrichten für Seefahrer (NfS)?

In den NfS werden für die sichere Schiffsführung wichtige Maßnahmen, Ereignisse und Veränderungen auf den Seeschifffahrtsstraßen, auf der Hohen See sowie in den Hoheitsgewässern anderer Staaten im europäischen und angrenzenden Bereich bekannt gegeben.

Nr. 10 → S. 177

In welcher Sprache werden die Nachrichten für Seefahrer (NfS) verfasst?

Die Angaben erfolgen in deutscher und in englischer Sprache.

Nr. 11 → S. 123

Welche Angaben enthalten deutsche und britische Leuchtfeuerverzeichnisse?

Beschreibung der Leuchtfeuer, Feuerschiffe und Großtonnen sowie deren geografische Lage.

Nr. 12 → S. 127

Welche schwimmenden Schifffahrtszeichen werden in der britischen List of Lights und in deutschen Leuchtfeuerverzeichnissen nicht angegeben?

Tonnen kleiner als 8 m Höhe.

Nr. 13 → S. 127

Wo finden Sie Angaben über die Merkmale der Schifffahrtszeichen?

1. In den Leuchtfeuerverzeichnissen bzw. in der List of Lights sowie auszugsweise in den Seekarten.
2. In der Karte 1/INT 1 des BSH.
3. Schwimmende Schifffahrtszeichen zusätzlich in der Anlage I zur SeeSchStrO (z. B. Tonnen des Lateral- bzw. Kardinalsystems).

Nr. 14 → S. 123

Worauf beziehen sich die Höhenangaben der Leuchtfeuer in Leuchtfeuerverzeichnissen in der Nord- und Ostsee?

In Gewässern mit Gezeiten (z. B. Nordsee) auf mittleres Hochwasser, in gezeitenlosen Gewässern (z. B. Ostsee) auf mittleren Wasserstand.

Nr. 15 → S. 180

Wo finden Sie Angaben über Brückensignale?

In den See- und Hafenhandbüchern und in den Seekarten.

Nr. 16 → S. 180

Welche Themen (Grobgliederung) enthalten die Seehandbücher des BSH?

1. Schifffahrtsangelegenheiten,
2. Naturverhältnisse,
3. Küstenkunde und Segelanweisungen.

Nr. 17 → S. 145

Wie werden Richtungsangaben in nautischen Veröffentlichungen gemacht?

1. Rechtweisend in Grad,
2. im Uhrzeigersinn (rechtsherum) zählend.

Nr. 18 → S. 147

In welchem Quadranten liegt der rote Warnsektor eines Leitfeuers mit der Angabe rot 030°–042°? (Begründung!)

Im Südwest-Quadranten. Angegeben sind die Peilungen zum Leuchtfeuer.

Nr. 19 → S. 121

Was sind Leitfeuer (direction lights)?

Leitfeuer sind Einzelfeuer, die durch Sektoren verschiedener Farbe oder Kennung (Leit- oder Warnsektoren) im Allgemeinen ein Fahrwasser, eine Hafeneinfahrt oder einen freien Seeraum zwischen Untiefen bezeichnen.

Nr. 20 → S. 123

1. **Was sind Richtfeuer (leading lights)?**
2. **Wann befindet man sich in einer Richtlinie eines Richtfeuers?**

1. Richtfeuer sind Feuer, die als Unter- und Oberfeuer in Deckpeilung als Richtlinie beispielsweise einen Kurs im Fahrwasser, durch eine Hafeneinfahrt oder im freien Seeraum zwischen Untiefen bezeichnen.
2. Ein Schiff befindet sich in der Richtlinie, wenn Unter- und Oberfeuer senkrecht unter-/übereinander erscheinen.

Nr. 21 → S. 123

Was ist ein Torfeuer?

Ein Torfeuer besteht aus zwei Feuern gleicher Höhe, gleicher Lichtstärke und gleicher Kennung, die zu beiden Seiten der Fahrwasserachse einander genau gegenüber (rechtwinklig zur Fahrwasserachse) und von der Fahrwasserachse gleich weit entfernt angeordnet sind.

Nr. 22 → S. 124

Was ist die „Tragweite“ eines Feuers?

Unter Tragweite versteht man denjenigen Abstand, in dem ein Feuer einen eben noch deutlichen Lichteindruck im Auge des Beobachters hervorruft.

Nr. 23 → S. 124

Was ist die „Nenntragweite“ eines Feuers?

Nenntragweite ist die Tragweite eines Feuers für einen definierten Wert bei einer meteorologischen Sichtweite am Tage von 10 sm.

Nr. 24 → S. 125

Wovon hängt die „Tragweite“ eines Feuers ab?

Sie hängt u. a. ab

1. von der Lichtstärke (Helligkeit) des Feuers und
2. vom Sichtwert (Lichtdurchlässigkeit der Atmosphäre).

Nr. 25 → S. 124
In der Seekarte finden Sie bei einem Leuchtfeuer die Eintragung: 18 M. Was bedeutet diese Angabe?
Es ist die Nenntragweite, hier 18 Seemeilen.

Nr. 26 → S. 124
Was ist die „Sichtweite" eines Feuers? Wovon hängt sie ab?
Sichtweite ist die Entfernung, auf die ein Leuchtfeuer über die Erdkrümmung (Kimm) hinweg vom Beobachter gesehen werden kann.
Sie hängt ab
1. von der Feuerhöhe und
2. von der Augeshöhe des Beobachters.

Nr. 27 → S. 125
Wie müssen sich Tragweite und Sichtweite zueinander verhalten, damit das Verfahren zur Ortsbestimmung „Feuer in der Kimm" angewandt werden kann?
Die Tragweite muss mindestens gleich der Sichtweite sein.

Nr. 28 → S. 147
Wo findet man Tabellen zur Ermittlung des Abstandes eines Feuers in der Kimm?
In deutschen und britischen Leuchtfeuerverzeichnissen.

Nr. 29 → S. 177
Wo sind die in Seekarten verwendeten Symbole und Abkürzungen erklärt?
In der Karte 1/INT 1 des BSH.

Nr. 30 → S. 179
Wer veröffentlicht die Bekanntmachungen für Seefahrer (BfS) und was umfassen diese Veröffentlichungen?
1. Die BfS werden von den jeweils zuständigen Behörden der Wasser- und Schifffahrtsverwaltung des Bundes bzw. der Länder veröffentlicht.
2. 2. Sie enthalten alle wichtigen Maßnahmen und Ereignisse auf den Seeschifffahrtsstraßen und der ausschließlichen Wirtschaftszone Deutschlands.

Nr. 31 → S. 179
Wie werden die Bekanntmachungen für Seefahrer (BfS) der Sportschifffahrt zur Kenntnis gebracht?
Die BfS werden an den amtlichen Aushangstellen (z. B. bei Wasser- und Schifffahrtsämtern, Hafenverwaltungen, WSP-Dienststellen, Schleusen, Yachthäfen) für das betreffende Seegebiet, in dem die Aushangstelle liegt, und für die angrenzenden Reviere und Gebiete sowie im Internet unter www.elwis.de zur Kenntnis gebracht.

Nr. 32 → S. 179
Zählen Sie die am häufigsten vorkommenden Ereignisse und Maßnahmen auf, über die die Bekanntmachungen für Seefahrer (BfS) unterrichten.
1. Änderungen an Befeuerung, Betonnung und Landmarken,
2. veränderte Wassertiefen,
3. Wracke, Schifffahrtshindernisse, Rohrleitungen usw.,
4. Bauarbeiten, Baggerarbeiten, militärische Übungen und damit zusammenhängende Sperrungen oder Behinderungen.

Nr. 33 → S. 179
Wer gibt die nautischen Warnnachrichten (NWN) heraus und von wem werden sie verbreitet?
Nautische Warnnachrichten (NWN) werden von den Verkehrszentralen für deren Zuständigkeitsbereich und von dem ständig besetzten Seewarndienst Emden für das gesamte deutsche Warngebiet zur Verbreitung über Funk herausgegeben. Der Rundfunksender Deutschlandfunk verbreitet alle über Funk abgegebenen NWN.

Nr. 34 → S. 180
Was bedeutet der Zusatz „vital" bei einer nautischen Warnnachricht (NWN)?
Die NWN erhält den Zusatz „vital", wenn die Warnung auf eine lebensbedrohende Gefahr hinweist.

Nr. 35 → S. 180
Welche Besonderheit bezüglich des Zusatzes „vital" bei einer nautischen Warnnachricht (NWN) gibt es für die Sportschifffahrt?
Vitale nautische Warnnachrichten für die Sportschifffahrt werden während der Zeit vom 1. April bis zum 31. Oktober zur Verbreitung über ausgewählte private und öffentlich-rechtliche Rundfunkanstalten weitergeleitet.

Nr. 36 → S. 177

Wer gibt die Nachrichten für Seefahrer (NfS) heraus und wie und wie oft erfolgt die Herausgabe?

Die NfS werden vom BSH in Heftform und im Internet herausgegeben und erscheinen einmal wöchentlich.

Nr. 37 → S. 179

Welche Unterlage steht Ihnen zur Verfügung zur Berichtigung von britischen Seekarten, die nicht von den NfS erfasst werden?

Die britischen Notices to Mariners.

Nr. 38 → S. 177

1. Was sind P-Nachrichten?

2. Wie verfährt man mit diesen Nachrichten im Berichtigungsverfahren? (Begründung!)

1. P-Nachrichten sind solche, die eine bevorstehende (preliminary) Maßnahme ankündigen.
2. Wegen der begrenzten Geltungsdauer werden keine Berichtigungen auf der Grundlage von P-Nachrichten vom BSH bzw. von amtlichen Seekartenberichtigungsstellen durchgeführt. Deshalb müssen vor Gebrauch jeder Seekarte die noch gültigen P-Nachrichten erfasst und in der Karte vermerkt werden.

Nr. 39 → S. 178

1. Was sind T-Nachrichten?

2. Wie verfährt man mit diesen Nachrichten im Berichtigungsverfahren? (Begründung!)

1. T-Nachrichten sind solche, die über einen zeitweiligen (temporary) Zustand unterrichten.
2. Wegen der begrenzten Geltungsdauer werden keine Berichtigungen auf der Grundlage von T-Nachrichten vom BSH bzw. amtlichen Seekartenberichtigungsstellen durchgeführt. Deshalb müssen vor Gebrauch jeder Seekarte die noch gültigen T-Nachrichten erfasst und in der Karte vermerkt werden.

Nr. 40 → S. 177

Worauf muss beim Ansteuern einer Küste bei der Auswahl von Seekarten geachtet werden? Begründen Sie Ihre Antwort.

Seekarten mit größtmöglichem Maßstab verwenden. Nur in diesen Karten sind alle Schifffahrtszeichen und weitere für die Navigation wichtigen Informationen eingetragen.

Nr. 41 → S. 135

Was müssen Sie bei Kursberechnungen hinsichtlich der in der Seekarte angegebenen Ortsmissweisungen beachten?

Die für ein bestimmtes Jahr angegebene Missweisung muss mittels der in der Seekarte angegebenen jährlichen Änderung für das aktuelle Jahr berichtigt werden.

Nr. 42 → S. 179

Was müssen Sie bei der Benutzung von deutschen „Sportbootkarten“ beachten?

Sie werden nach dem Druck weder vom BSH noch von den Seekartenvertriebsstellen berichtigt. Sie müssen also vom Nutzer nach dem Kauf vor Benutzung über die NfS auf den aktuellen Stand berichtigt werden.

Nr. 43 → S. 183

Nach welcher Faustregel können Sie m/s in Knoten umrechnen?

„Doppelt so viele Knoten (kn) wie m/s“ oder „m/s multipliziert mit 2 = kn“.

Nr. 44 → S. 181

Was müssen Sie beachten, wenn Sie die mit Loggen ermittelte Fahrt z. B. für das Arbeiten in Seekarten berücksichtigen wollen?

Die üblichen Logmethoden liefern ausschließlich die „Fahrt durchs Wasser (FdW)“. Um die „Fahrt über Grund (FüG)“ zu ermitteln, müssen Stromrichtung und Stromgeschwindigkeit berücksichtigt werden.

Nr. 45 → S. 185
Welche Fahrt zeigen GPS-Geräte an?
Die Fahrt über Grund (FüG).

Nr. 46 → S. 185
Welchen Kurs zeigen GPS-Geräte an?
Den Kurs über Grund (KüG).

Nr. 47 → S. 188
Warum müssen Sie Ihre Position regelmäßig in die Seekarte eintragen?
Um Abweichungen von der Kurslinie frühzeitig und sicher zu erkennen und um ggf. den Kurs zu berichtigen.

Nr. 48 → S. 151
Was ist die Besteckversetzung (BV)?
Richtung (rw) und Entfernung (in sm) vom Koppelort (O_k) zum beobachteten Ort (O_b), bezogen auf den gleichen Zeitpunkt.

Nr. 49 → S. 151
Welche Ursachen kann die Besteckversetzung (BV) haben?
Die BV kann folgende Ursachen haben:
1. ungenaues Steuern und Koppeln,
2. Kursfehler (z. B. ungenaue Steuertafel)
3. fehlende oder unvollständige Berücksichtigung von Strom und Wind.

Nr. 50 → S. 145
Warum sollte der Winkel zwischen zwei Peilungen nicht kleiner als 30° und nicht größer als 150° sein?
Damit der gefundene Standort eine ausreichend sichere Positionsbestimmung ergibt.

Nr. 51 → S. 137
Warum sind regelmäßige Kompasskontrollen erforderlich?
Zur Überprüfung der Funktionsfähigkeit des Kompasses und der Werte in der Ablenkungstabelle.

Nr. 52 → S. 153
Wodurch können auch in gezeitenlosen Revieren erhebliche Wasserstandsschwankungen und Strömungen (z. B. Triftstrom) hervorgerufen werden?
Durch Stärke, Dauer und Richtung des Windes oder „Zurückschwappen“ aufgestauter Wassermassen (z. B. Ostsee).

Nr. 53 → S. 183
Welche navigatorischen Vorbereitungen treffen Sie vor einer Fahrt in Dunkelheit?
1. Kurse und Kursänderungspunkte möglichst vorausbestimmen,
2. Untiefen und Hindernisse in der Karte besonders kennzeichnen,
3. in der Seekarte markieren, welche Leuchtfeuer wann und wo in der Kimm erscheinen
4. Wegstrecke nach unbefeuerten Tonnen absuchen.

Nr. 54 → S. 151
Welche Möglichkeiten der terrestrischen Ortsbestimmung muss man kennen?
1. Kreuzpeilung,
2. Peilung und Abstand (Feuer in der Kimm, Radarabstand),
3. Peilung und Lotung.

Nr. 55 → S. 147
Nennen Sie zwei Möglichkeiten der Ortsbestimmung, wenn Sie nur ein Objekt mit bekannten Merkmalen (z. B. Leuchtturm) in Sicht haben.
1. Peilung und Abstand (Feuer in der Kimm, Radarabstand),
2. Peilung und Lotung.

Nr. 56 → S. 141
Welche Nordrichtungen werden in der Navigation unterschieden?
Erläutern Sie diese kurz.
1. rwN: rechtweisend Nord ist die Richtung eines Meridians zum geografischen Nordpol.
2. mwN: missweisend Nord ist die Richtung des erdmagnetischen Feldes zum magnetischen Nordpol, abhängig von Schiffsort und Datum (Jahr). In diese Richtung stellt sich eine ungestörte Magnet-(Kompass-)nadel ein.
3. MgN: ist die Richtung zu Magnetkompass-Nord. In diese Richtung zeigt die durch das schiffsmagnetische Feld beeinflusste Kompassnadel an Bord.

Nr. 57 → S. 141

Nennen Sie die Winkel zwischen den Nordrichtungen rechtweisend Nord (rwN), missweisend Nord (mwN) und Magnetkompass-Nord (MgN).

1. Mw: Missweisung ist der Winkel von rwN nach mwN.
2. Abl: Ablenkung (Abl) oder Deviation (Dev) ist der Winkel von mwN nach MgN.

Nr. 58 → S. 141

Nennen Sie den Winkel zwischen den Nordrichtungen rwN und MgN.

Der Winkel von rwN nach MgN ist die Fehlweisung (Fw; Abl + Mw = Fw).

Nr. 59 → S. 135

Wo finden Sie die erforderlichen Werte der Missweisung?
Worauf ist dabei zu achten?

1. Die Missweisung findet sich in der Seekarte eingedruckt für ein bestimmtes Jahr.
2. Dieser Wert muss mit der ebenfalls in der Seekarte angegebenen jährlichen Änderung auf das Jahr der Benutzung berichtigt werden.

Nr. 60 → S. 137

Wo finden Sie die erforderlichen Werte der Ablenkung (Abl)? Worauf ist dabei zu achten?

1. Die Abl wird einer Ablenkungstabelle entnommen.
2. Die Abl ist abhängig vom anliegenden Kurs.

Nr. 61 → S. 136

Warum muss für jedes Fahrzeug eine eigene Ablenkungstabelle (Steuertafel) erstellt werden?

Die Ablenkungstabelle kann auf jedem Schiff andere Werte haben.

Nr. 62 → S. 145

Worauf müssen Sie achten, wenn eine Magnetkompasspeilung (MgP) auf eine rechtweisende Peilung (rwP) beschickt werden soll?

Abl für den anliegenden MgK (Magnetkompasskurs) aus der Steuertafel (Ablenkungstabelle) entnehmen; an den so erhaltenen mwK (missweisenden Kurs) die für das laufende Jahr der Seekarte entnommene Mw anbringen.

Nr. 63 → S. 145

Unter welchen Voraussetzungen ergibt sich eine brauchbare Standlinie aus einer Lotung?

Der Meeresgrund muss ausreichend regelmäßig und ausreichend steil ansteigen/abfallen.

Nr. 64 → S. 133

Neben den Fahrwassertonnen liegen auf den Seeschifffahrtsstraßen weitere Tonnen aus, die für die Sportschifffahrt besonders wichtig sind. Welche Schifffahrtszeichen sind das?

Sonderzeichen zur Bezeichnung von Sperrgebieten und Kardinalzeichen für allgemeine Gefahrenstellen.

Nr. 65 → S. 179

Aus welchen nautischen Publikationen können Sie Sperr- und Verbotsgebiete mit ihren Grenzen ersehen?

Aus den Seekarten, Bekanntmachungen für Seefahrer (BfS) und Nautischen Warnnachrichten (NWN).

Nr. 66 → S. 133

Welche Sonderzeichen kennzeichnen Reeden, besondere Gebiete oder Stellen, z. B. Warngebiete?

Gelbe Fasstonnen, Leuchttonnen, Spierentonnen oder Stangen.

Nr. 67 → S. 133

Welche Sonderzeichen kennzeichnen Sperrgebiete?

Gelbe Fasstonnen, Leuchttonnen, Spierentonnen oder Stangen mit einem breiten roten Band.
Beschriftung auf Fasstonne oder Leuchttonne mit schwarzen Buchstaben: „Sperrgebiet“ oder „Sperr G.“

Nr. 68 → S. 133

Welche Farbe haben Feuer auf Sonderzeichen, wenn vorhanden?

Farbe Gelb.

Nr. 69 → S. 133
Was bedeutet das Ausliegen der folgenden Schifffahrtszeichen: weiße Fasstonne, Kugeltonne oder Stange mit einem – von oben gesehen – rechtwinkligen gelben Kreuz bzw. bei Stangen mit einem breiten gelben Band?
Fahrverbot für Maschinenfahrzeuge und Wassermotorräder auf wegen Badebetrieb gesperrten Wasserflächen.

Nr. 70 → S. 165
Wie stehen Sonne und Mond winkelmäßig zur Erde bei Springzeit und bei Nippzeit (die Springverspätung soll hier unberücksichtigt bleiben)?
Bei Springzeit befinden sich Mond und Sonne in einer Ebene mit der Erde, bei Nippzeit stehen die Verbindungslinien Erde/Sonne und Erde/Mond im rechten Winkel zueinander.

Nr. 71 → S. 161
Erklären Sie den Begriff „Alter der Gezeit".
Das Alter der Gezeit gibt an, in welcher Phase (Nippzeit, Mittzeit, Springzeit) sich das aktuelle Tidengeschehen befindet.

Nr. 72 → S. 159
Warum findet man z. B. bei Bezugsorten in der Nordsee bzw. im Englischen Kanal zeitweise nur ein Hoch- bzw. Niedrigwasser pro Tag?
Die Umlaufzeit des Mondes um die Erde dauert im Mittel 24 h 50 min (Mondtag) gegenüber dem Sonnentag (= 24 h). Deshalb „rutscht" das letzte HW oder NW zeitweise in den nächsten Tag.

Nr. 73 → S. 167
Weshalb und wie können die tatsächlichen Wasserstände von den Angaben in den Gezeitentafeln teilweise erheblich abweichen?
Durch Wind und/oder durch sehr hohen bzw. sehr niedrigen Luftdruck können erhebliche Wasserstandsänderungen entstehen. HWH bzw. NWH können höher oder niedriger sein als angegeben, die Hoch- und Niedrigwasserzeit kann früher oder später eintreten als angegeben.

Nr. 74 → S. 175
Worauf beziehen sich die Tiefenangaben in Seekarten in den deutschen Gewässern der Ost- und Nordsee?
Auf Kartennull (KN).

Nr. 75 → S. 175
Was ist Kartennull?
Kartennull (KN) ist die Bezugsfläche für die Tiefenangaben in einer Seekarte.

Nr. 76 → S. 175
Wie ist Kartennull (KN) in der Ost- und Nordsee und im Englischen Kanal definiert?
Wo finden Sie die entsprechenden Angaben zur Kartennullebene?
In der Ostsee entspricht KN dem mittleren Wasserstand.
In der Nordsee und im Englischen Kanal entspricht KN dem niedrigstmöglichen Gezeitenwasserstand (LAT = Lowest Astronomical Tide).
In der jeweiligen Seekarte ist die Kartennullebene beschrieben.

Nr. 77 → S. 175
Was müssen Sie bedenken, wenn Sie die Wassertiefe außerhalb der Niedrigwasserzeit loten?
Beim folgenden Niedrigwasser wird die Wassertiefe geringer sein als zum Zeitpunkt der Lotung.

Nr. 78 → S. 175
Was ist die Kartentiefe?
Die Kartentiefe (KT) ist die auf Kartennull bezogene Wassertiefe. Kartentiefe ist Wassertiefe abzüglich Höhe der Gezeit.

Nr. 79 → S. 175
Mit welcher Wassertiefe können Sie bei einer Lotung normalerweise mindestens rechnen?
Mit der Kartentiefe.

Nr. 80 → S. 161

Welche Bedeutung hat die Angabe „Springzeit“ für die Wasserstände in Gezeitengebieten?

Zur Springzeit sind besonders hohe Hochwasser und besonders niedrige Niedrigwasser zu erwarten.

Nr. 81 → S. 161

Welche Bedeutung hat die Angabe „Nippzeit“ für die Wasserstände in Gezeitengebieten?

Zur Nippzeit sind besonders niedrige Hochwasser und besonders hohe Niedrigwasser zu erwarten.

Nr. 82 → S. 161

Welche Bedeutung haben die Angaben „Nippzeit“ bzw. „Springzeit“ für die Gezeitenströme?

Zur Springzeit setzen die Gezeitenströme z. T. deutlich stärker als zur Nippzeit.

Nr. 83 → S. 165

Wo können Sie Informationen über Gezeitenströme in Küstengewässern finden?

1. In Gezeitenstromatlanten, Seehandbüchern,
2. in Seekarten aus Gezeitenstromtabellen, die bezogen sind auf die Hochwasserzeiten des dort genannten Bezugsortes.

Nr. 84 → S. 175

Auf einer Seekarte finden Sie in Küstennähe die Tiefenangabe $\underline{2}_3$. Was bedeutet das?

Der Ort der Zahl liegt 2,3 m über Kartennull und kann trockenfallen.

Nr. 85 → S. 175

In welchem Zusammenhang stehen Kartentiefe (KT), Wassertiefe (WT) und Höhe der Gezeit (H)?

WT – H = KT oder KT + H = WT (Lösung auch als Skizze möglich).

Nr. 86 → S. 175

Warum ist es in Tidengewässern wichtig, die Uhrzeit einer Lotung festzuhalten?

Um anhand der Gezeitentafel feststellen zu können, ob das Wasser steigt oder fällt.

Nr. 87 → S. 175

Was ist ein Pegel?

Eine Skala zur Anzeige des Wasserstandes.

Nr. 88 → S. 153

Welchen Einfluss kann der Wind auf die Gezeiten haben?

Der Wind kann Strömungen und Wasserstandsänderungen hervorrufen, die zu den Gezeitenströmen und den Gezeiten hinzutreten.

Nr. 89 → S. 184

Nennen Sie drei wichtige Vorzüge von GPS.

1. GPS arbeitet weltweit.
2. Die Positionsanzeige ist jederzeit verfügbar.
3. Der Positionsfehler ist gering.

Nr. 90 → S. 187

Wie groß ist die typische und realistische Genauigkeit von Positionen, die mit GPS und DGPS ermittelt werden?

1. GPS: 10–20 m bei einer Wahrscheinlichkeit von etwa 95 %.
2. DGPS: 1–10 m bei einer Wahrscheinlichkeit von etwa 95 %.

Nr. 91 → S. 186

Wo muss man mit ungenauen Anzeigen des GPS rechnen?

1. Bei Abschattung der GPS-Antenne.
2. In der Nähe von Flughäfen und in der Nähe von Fernsehsendern.
3. In der Nähe von Marineeinrichtungen.
4. Bei Nutzung von UKW-Geräten und anderen elektronischen/elektrischen Geräten an Bord.

Nr. 92 → S. 184

Was bedeutet die Abkürzung GPS?

Global Positioning System.

Nr. 93 → S. 184

Was ist das Grundprinzip von GPS?

Durch Laufzeitmessungen von GPS-Signalen vom Satelliten zum Empfänger und damit durch Abstandsmessungen zu den Satelliten wird die Ortsbestimmung ermöglicht.

Nr. 94 → S. 187

Was bedeutet die Abkürzung DGPS und nach welchem Prinzip arbeitet DGPS?

DGPS = Differential Global Positioning System. Hierbei handelt es sich um eine regionale Verbesserung der Ortsbestimmung. Dabei werden von Referenzstationen über Funk Korrekturwerte für die GPS-Messwerte an die Schiffe übertragen.

Nr. 95 → S. 186

Was ist bei Anbringung einer GPS-Antenne zu beachten?

1. Sie muss ringsum freie Sicht (ohne Abschattungen) haben.
2. Einwandfreie Erdung.

Nr. 96 → S. 185

Was bewirkt die Bedienung der MOB-Taste bei GPS-Geräten?

1. Die Position zur Zeit des Tastendrucks wird gespeichert.
2. Rechtweisende Peilung (rwP) und Distanz zu diesem Punkt werden angezeigt.

Nr. 97 → S. 187

Was bedeutet die Aussage: „Die Ortsgenauigkeit beträgt 100 m mit einer Wahrscheinlichkeit von 95 %"?

Das Schiff befindet sich mit einer Wahrscheinlichkeit von 95 % in einem Fehlerkreis von 100 m Radius um den beobachteten Ort. Also: jede 20. Ortsbestimmung (5 %) ist ungenauer als ca. 100 m.

Nr. 98 → S. 188

Wie kann man feststellen, ob die GPS-Position genau bzw. zuverlässig ist?

1. Durch den vom Empfänger angezeigten HDOP (horizontal dilution of precision = Satellitenverteilung).
2. Durch die vom Empfänger angezeigte Anzahl der getrackten Satelliten.
3. Durch Vergleich mit anderen Navigationssystemen und der Koppelposition.

Nr. 99 → S. 187

Was ist bei Eintragung eines GPS-Ortes in eine Seekarte zu beachten?

Das Bezugssystem muss übereinstimmen. Dieses kann geschehen durch:

1. Auswahl und Einstellung des Kartenbezugssystems im Empfänger.
2. Manuelle Verschiebung des GPS-Ortes um die in der Seekarte angegebene N/S- und E/W-Korrektur.
3. Verwendung von Seekarten, die auf dem System WGS 84 beruhen.

Nr. 100 → S. 185

Was ist ein Wegpunkt?

Geografische Koordination eines anzusteuernden Punktes.

Nr. 101 → S. 187

Was bedeutet WGS 84 und was wird damit erreicht?

1. Globales Bezugssystem „World Geodetic System 1984".
2. Mit diesem System (= Referenzellipsoid bei GPS) wird weltweit eine optimale Anpassung an die reale Form des gesamten Erdkörpers erreicht.

Nr. 102 → S. 184

Wodurch können Radarechos von kleinen Fahrzeugen und Tonnen auf den Sichtschirmen von Radargeräten „verschwinden"?

1. Durch Seegang und/oder Niederschlag,
2. durch falsche Bedienung,
3. durch zu große Entfernung,
4. durch Gieren des eigenen Fahrzeugs bei relativ vorausorientierter Radarstellung (head up).

Nr. 103 → S. 183

Wie kann man mit Radar den eigenen Schiffsort bestimmen?

1. Peilung eines Objektes gibt einen Peilstrahl als Standlinie.
2. Abstandsmessung mit dem VRM (Variable Range Marker) gibt einen Abstandskreis als Standlinie.

Nr. 104 → S. 183

Wie kann man gegebenenfalls verhindern, dass sich Echoanzeigen von Zielen (z. B. 2 Tonnen, 2 Molenköpfe) überlappen?

1. Kurze Impulslänge wählen.
2. Messbereich verkleinern.

Nr. 105 → S. 190

Was bedeutet der Begriff AIS auf See?

AIS bezeichnet das automatische Identifizierungssystem (Automatic Identification System).

Nr. 106 → S. 190

Welche Aufgaben hat AIS?

Alle ausgerüsteten Schiffe senden automatisch (also ohne Aufforderung und menschliches Eingreifen) in regelmäßigen kurzen Abständen ihre Identität und einen schiffsbezogenen Datensatz. Außerdem können bei Bedarf sicherheitsrelevante Nachrichten („safety related messages") von Bord oder von Landstationen gesendet werden.

Nr. 107 → S. 190

Welche Reichweite hat ein AIS-Bordgerät und wovon ist sie abhängig?

Die Reichweite und Ausbreitungsbedingungen entsprechen denen von UKW. Bei Handelsschiffen kann man von 20 bis 30 sm ausgehen. Die Reichweite ist abhängig von der Antennenhöhe.

Nr. 108 → S. 190

Wie kann die Reichweite eines AIS-Bordgerätes landseitig erhöht werden und wie wirken sich dabei Hindernisse (z. B. Berge) aus?

Unter bestimmten Umständen kann die Reichweite heraufgesetzt werden (z. B. mithilfe von „Relaisstationen"), wobei ggf. auch abschattende Hindernisse umgangen werden können.

Nr. 109 → S. 191

Welche AIS-Daten werden von Schiffen aus der Berufsschifffahrt gesendet?

- Statische Daten: ID, Rufzeichen, Länge und Breite des Schiffes u. a.
- Dynamische Daten (i. W. Sensordaten): UTC, Position, Heading, Kurs und Fahrt über Grund, ggf. Rate-of-turn, Fahrtstatus (z. B. Maschinenfahrzeug mit Fahrt durchs Wasser, Ankerlieger, manövrierbehindertes Fahrzeug.
- Reisebezogene Daten: Tiefgang, Zielort (Destination), ETA u. a.

Nr. 110 → S. 192

Wann kann man sich auf die Verfügbarkeit und Anzeige von AIS-Signalen anderer Fahrzeuge verlassen? Nennen Sie die wesentlichen Voraussetzungen!

Andere Fahrzeuge werden nur angezeigt, wenn das Fahrzeug auch sendet, d. h., wenn

1. das Fahrzeug mit AIS ausgerüstet ist,
2. das sendende Fahrzeug AIS nicht abgeschaltet hat (darf der Kapitän allerdings nur bei bestimmten zwingenden Gründen),
3. GPS aktiv ist und
4. aus Kapazitätsgründen (z. B. durch zu viele Schiffe in einem Seegebiet = „target overflow") keine Fahrzeuge ausgeschlossen werden.

Nr. 111 → S. 191

Wie ist die Genauigkeit von AIS-Daten zu beurteilen (Position und manuell eingegebene Daten)?

- Position:
  Mit AIS wird zusätzlich zur GPS-Position eines Schiffes die Information übertragen, ob es sich um einen GPS- oder DGPS-Ort handelt. Ist die GPS-Position eines Schiffes falsch, wird diese falsche Position auf allen anderen Schiffen angezeigt.
- Manuell eingegebene Daten:
  Es muss damit gerechnet werden, dass Zielort, Tiefgang, Fahrtstatus u. a. falsch sind, wenn sie – z. B. aus Nachlässigkeit – nicht von der Schiffsführung aufdatiert werden.

Nr. 112 → S. 192

Welche besondere Bedeutung hat AIS für die Sportschifffahrt im Vergleich mit der Radaranzeige auf anderen Schiffen?

Sportfahrzeuge werden häufig auf den Radargeräten anderer Schiffe nicht sicher angezeigt bzw. die Anzeigen gehen im Seegangsclutter oder in der Informationsfülle unter. Da jetzt auf vielen Schiffen die AIS-Daten zusätzlich im Radar dargestellt werden, besteht die Gefahr, dass Sportfahrzeuge noch weniger auffällig sind, wenn sie nicht selbst mit AIS ausgerüstet sind.

Nr. 113 → S. 193

Welche Navigationsgeräte sollten Sie auf einer Yacht auch bei Kurzfahrten nahe der Küste mindestens an Bord haben?

Steuerkompass, Peilkompass, Lot, Log, Uhr.

Nr. 114 → S. 193

Was gehört zur navigatorischen Mindestausrüstung einer Yacht in Küstengewässern?
Nennen Sie mindestens 6 Beispiele.

1. Steuerkompass,
2. Peileinrichtung,
3. terrestrisches oder satellitengestütztes Funknavigationsgerät,
4. Log,
5. Lot,
6. Fernglas,
7. Barometer,
8. Weltempfänger für Rundfunk,
9. Seebücher und auf den neuesten Stand berichtigte Seekarten für das zu befahrende Seegebiet,
10. Logbuch,
11. Uhr/Zeitmesser.

Nr. 115 → S. 135

Welchen Vorteil hat ein Kugelkompass gegenüber einem Flachglaskompass?

1. Der Kugelkompass kann auch bei größerer Krängung noch als Messinstrument benutzt werden.
2. Die Kugelform verbessert die Ablesbarkeit der Kompassrose (Vergrößerungseffekt).

Nr. 116 → S. 136

Was beeinflusst die Ablenkung eines Kompasses dauerhaft?

Veränderung des magnetischen Zustandes an Bord, z. B. Einbauten und Lageänderung von Ausrüstungsgegenständen.

Nr. 117 → S. 136

Was beeinflusst die Ablenkung eines Kompasses vorübergehend?

Elektronische Geräte (z. B. Radio, Handy), magnetisierte Gegenstände (z. B. Werkzeug, Peilkompass) und Gleichstromleitungen in der Nähe des Kompasses.

Nr. 118 → S. 136

Welchen Abstand muss magnetisierbares Material vom Magnetkompass haben?

Mindestens 1 Meter.

Schifffahrtsrecht

Nr. 1 → S. 195

Was sind „Sicherheitszonen“ im Sinne der Verordnung zu den KVR?

Sicherheitszonen sind Wasserflächen im Umkreis von 500 m um Plattformen, Bohrinseln, Forschungsanlagen u. a., die nicht befahren werden dürfen.

Nr. 2 → S. 218

Die Verordnung zu den KVR verbietet die Führung eines Fahrzeugs, wenn man infolge des Genusses alkoholischer Getränke in der sicheren Führung des Fahrzeugs behindert ist. Welchen örtlichen Geltungsbereich hat die vorgenannte Verordnung?

Die Verordnung gilt auf Seeschifffahrtsstraßen und für Schiffe, die die Bundesflagge führen, seewärts der Begrenzung des Küstenmeeres der Bundesrepublik Deutschland (also weltweit), soweit nicht in den Hoheitsgewässern anderer Staaten abweichende Regelungen gelten.

Nr. 3 → S. 219

Wer darf lt. Verordnung zu den KVR ein Fahrzeug nicht führen oder als Mitglied der Crew eine andere Tätigkeit des Brücken- oder Decksdienstes nicht ausüben (allgemein ohne Zahlen zu beantworten)?

Wer infolge körperlicher oder geistiger Mängel oder des Genusses alkoholischer Getränke oder anderer berauschender Mittel in der sicheren Führung eines Fahrzeugs oder in der sicheren Ausübung einer anderen Tätigkeit des Brücken- oder Decksdienstes behindert ist.

Nr. 4 → S. 219

Welche Atem- bzw. Blutalkoholkonzentration darf lt. Verordnung zu den KVR nicht erreicht werden, damit kein Verbot für ein Führen eines Fahrzeugs oder als Mitglied der Crew für ein Ausüben des Brückendienstes besteht?

0,25 mg/l oder mehr Alkohol in der Atemluft oder 0,5 Promille oder mehr Alkohol im Blut oder eine Alkoholmenge, die zu einer solchen Atem- oder Blutalkoholkonzentration führt.

Nr. 5 → S. 210

Die KVR regeln u. a. das Verhalten der Schiffsführungen bei Kollisionsgefahr. Was ist im Rahmen der Verantwortlichkeit bei der Auslegung und Befolgung der KVR zu berücksichtigen?

Bei der Auslegung und Befolgung der KVR sind stets alle Gefahren der Schifffahrt und des Zusammenstoßes sowie alle besonderen Umstände einschließlich Behinderungen der betroffenen Fahrzeuge gebührend zu berücksichtigen, die zum Abwenden unmittelbarer Gefahr ggf. auch ein Abweichen von diesen Regeln erfordern können (z. B. Abweichen von der Kurshaltepflicht, wenn der Ausweichpflichtige nicht angemessen handelt).

Nr. 6 → S. 210

Welche Grundregeln für das Verhalten im Verkehr verlangen die KVR, die ein Schiffsführer zu berücksichtigen hat, auch wenn keine konkrete Regel anwendbar ist?

Die KVR befreien nicht von den Folgen, die durch unzureichende Einhaltung der KVR oder unzureichende Vorsichtsmaßnahmen entstehen, d. h., allgemeine seemännische Praxis oder besondere Umstände des Falles können über die Mindestanforderungen der KVR hinausgehende Maßnahmen erfordern.

Nr. 7 → S. 212

Was sind Verkehrstrennungsgebiete? Wie sind sie zu befahren?

1. Verkehrstrennungsgebiete sind Schifffahrtswege, die durch Trennlinien oder Trennzonen in Einbahnwege geteilt sind.
2. Diese dürfen nur in Fahrtrichtung rechts der Trennlinie/Trennzone befahren werden, aber unter Nutzung der vollen Breite des Einbahnweges.

Nr. 8 → S. 199

Was ist ein „manövrierunfähiges Fahrzeug“?

Manövrierunfähig ist ein Fahrzeug, das wegen außergewöhnlicher Umstände (z. B. Ruderbruch) nicht regelgerecht manövrieren und daher einem anderen Fahrzeug nicht ausweichen kann.

Nr. 9 → S. 199

Was ist ein „manövrierbehindertes Fahrzeug“?

Manövrierbehindert ist ein Fahrzeug, das durch die Art seines Einsatzes behindert ist (z. B. Bagger, Kabelleger), regelgerecht zu manövrieren, und daher einem anderen Fahrzeug nicht ausweichen kann.

Nr. 10 → S. 199

Nennen Sie mindestens 3 Beispiele für „manövrierbehinderte Fahrzeuge“.

1. Tonnenleger, Kabelleger, Rohrleger im Einsatz,
2. Bagger, Vermessungsfahrzeuge im Einsatz,
3. Versorger im Einsatz,
4. Flugzeugträger im Einsatz,
5. Minenräumfahrzeuge im Einsatz,
6. Fahrzeuge während eines Schleppvorganges, bei dem das schleppende Fahrzeug und sein Anhang erheblich behindert sind, vom Kurs abzuweichen.

Nr. 11 → S. 199

Was ist unter „sicherer Geschwindigkeit“ zu verstehen?

Das Fahrzeug muss jederzeit innerhalb einer solchen Entfernung zum Stehen gebracht werden können, dass ein Zusammenstoß vermieden wird.

Nr. 12 → S. 204

Ab welcher Länge müssen Sportfahrzeuge mit den Lichtern/Signalkörpern ausgerüstet sein, die bei Manövrierunfähigkeit zu setzen sind?

Fahrzeuge ab 12 m Länge.

Nr. 13 → S. 204

Sie sehen in der Dämmerung in der Nordsee in der Zufahrt zur Jade einen großen Tanker mit der üblichen Lichterführung, auf dem kurze Zeit später die Lichter rot-weiß-rot senkrecht übereinander zusätzlich zu den Fahrtlichtern gesetzt werden. Welche rechtliche Bedeutung hat die geänderte Signalgebung für Sie?

Beim Erreichen des Geltungsbereiches der SeeSchStrO kennzeichnet sich der Tanker als Wegerechtschiff, das als manövrierbehindertes Fahrzeug gilt. Diesem so gekennzeichneten Fahrzeug muss im Falle einer Kollisionsgefahr ausgewichen werden.

Nr. 14 → S. 204

Welche Lichter müssen manövrierbehinderte Fahrzeuge (außer Minenräumfahrzeuge) führen

1. ohne Fahrt durchs Wasser (FdW),

2. mit FdW,

3. vor Anker?

1. Ohne FdW: rot-weiß-rot senkrecht übereinander.
2. Mit FdW: rot-weiß-rot senkrecht übereinander und Lichter eines Maschinenfahrzeugs (Topplicht[er]), Seitenlichter, Hecklicht).
3. Vor Anker: rot-weiß-rot senkrecht übereinander und Ankerlicht(er).

Nr. 15 → S. 204

Wie sind manövrierbehinderte und manövrierunfähige Fahrzeuge am Tage bezeichnet?

1. Manövrierbehinderte Fahrzeuge: Ball-Rhombus-Ball senkrecht übereinander.
2. Manövrierunfähige Fahrzeuge: zwei schwarze Bälle senkrecht übereinander.

Nr. 16 → S. 202

Wie müssen Sie Ihr Fahrzeug unter Segel bei Tage und bei Nacht kennzeichnen, wenn Sie gleichzeitig mit Maschinenkraft fahren?

1. Bei Nacht Lichterführung eines Maschinenfahrzeugs entsprechender Größe,
2. bei Tage einen Kegel – Spitze unten – im Vorschiff gut sichtbar.

Nr. 17 → S. 199

Was müssen Sie hinsichtlich der Zeiten der Lichterführung beachten?

Die Lichter müssen geführt werden

1. zwischen Sonnenuntergang und Sonnenaufgang,
2. bei verminderter Sicht auch zwischen Sonnenaufgang und Sonnenuntergang.

Nr. 18 → S. 206

Sie sehen am Tage ein Fahrzeug, augenscheinlich kürzer als 50 m, mit dem Sichtzeichen „schwarzer Rhombus", dahinter in gleichbleibendem Abstand ein weiteres Fahrzeug mit dem gleichen Signalkörper.

1. Worum handelt es sich?

2. Wie sind die Fahrzeuge bei Nacht gekennzeichnet?

1. Es handelt sich um einen Schleppverband länger als 200 m (Heck des Schleppers – Heck des Anhangs).
2. Der Schlepper führt nachts drei weiße Topplichter senkrecht übereinander, Seitenlichter, Hecklicht und das gelbe Schlepplicht über dem Hecklicht. Der Anhang führt Seitenlichter und Hecklicht.

Nr. 19 → S. 206

Man hört bei Nebel folgendes Schallsignal mit der Pfeife – • • (lang-kurz-kurz), unmittelbar gefolgt von – • • • (lang-kurz-kurz-kurz) etwa jede Minute. Worum handelt es sich dabei?

Es ist das Schallsignal eines Schleppverbandes in Fahrt (schleppendes Fahrzeug lang-kurz-kurz; Anhang lang-kurz-kurz-kurz).

Nr. 20 → S. 208

Bei Nebel im Küstenbereich fahrend, hört man etwa jede Minute folgendes Signal: drei Glockenschläge, dann ca. 5 Sekunden lang rasches Läuten einer Glocke, dann drei Glockenschläge. Wer gibt dieses Signal?

Dieses Signal gibt ein Fahrzeug auf Grund unter 100 m Länge.

Nr. 21 → S. 205

Sie sehen ein Fahrzeug mit folgender Lichterführung:

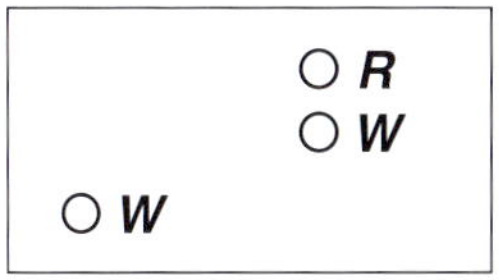

1. Worum handelt es sich?

2. Welches Schallsignal müsste dieses Fahrzeug bei unsichtigem Wetter geben?

1. Treibnetzfischer (Fahrzeug, das nicht trawlt) in Fahrt oder vor Anker mit ausgebrachtem Fanggerät, das waagerecht weiter als 150 m ins Wasser reicht. (Das untere weiße Licht kann auch das Hecklicht sein.)
2. Schallsignal – • • (lang-kurz-kurz) mindestens alle 2 Minuten.

Nr. 22 → S. 204

**Sie sehen nachts auf See 2 rote Lichter senkrecht übereinander:
Worum handelt es sich?**

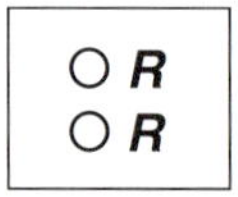

Um ein manövrierunfähiges Fahrzeug in Fahrt ohne Fahrt durchs Wasser.

Nr. 23 → S. 204

Die Lichteranordnung eines Fahrzeugs ändert sich plötzlich von

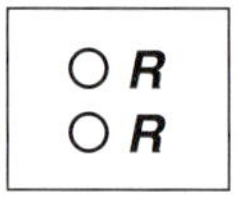

in

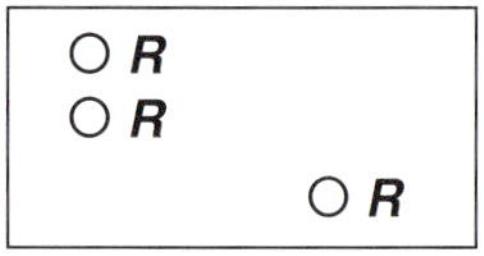

Was schließen Sie daraus?

Ein manövrierunfähiges Fahrzeug in Fahrt ohne Fahrt durchs Wasser (FdW) hat FdW aufgenommen, da man jetzt auch das Bb.-Seitenlicht sieht.

Nr. 24 → S. 215

Was bestimmen die KVR über das Ausguckhalten?

Es muss jederzeit durch Sehen und Hören sowie durch jedes andere verfügbare Mittel gehöriger Ausguck gehalten werden, der einen vollständigen Überblick über die Lage und die Möglichkeit der Gefahr eines Zusammenstoßes gibt.

Nr. 25 → S. 213

Was bestimmen die KVR für das Verhalten von Fahrzeugen von weniger als 20 m Länge oder von Segelfahrzeugen im Fahrwasser einer Seeschifffahrtsstraße?

Fahrzeuge von weniger als 20 m Länge oder Segelfahrzeuge dürfen nicht die Durchfahrt eines Fahrzeuges behindern, das nur innerhalb eines engen Fahrwassers oder einer Fahrrinne sicher fahren kann.

Sie müssen, wenn es die Umstände erfordern, frühzeitig Maßnahmen ergreifen, um genügend Raum für die sichere Durchfahrt des anderen Fahrzeugs zu lassen.

Nr. 26 → S. 212

Was ist eine „Küstenverkehrszone"?

Das Gebiet zwischen der Küste und der landwärtigen Grenze eines Verkehrstrennungsgebietes.

Nr. 27 → S. 212

Welche Fahrzeuge dürfen die Küstenverkehrszone benutzen, ohne einen Hafen innerhalb der Küstenverkehrszone anzusteuern?

Fahrzeuge von weniger als 20 m Länge und Segelfahrzeuge.

Nr. 28 → S. 216

Wie müssen Maschinenfahrzeuge ohne Radar bei verminderter Sicht ihre Fahrweise einrichten?

Maschinenfahrzeuge müssen mit sicherer Geschwindigkeit fahren, die den gegebenen Umständen und Bedingungen der verminderten Sicht angepasst ist.

Nr. 29 → S. 216

Wie müssen sich Segelfahrzeuge ohne Radar bei verminderter Sicht verhalten? Was gehört dabei zu den Regeln guter Seemannschaft?

1. Segelfahrzeuge müssen mit sicherer Geschwindigkeit fahren, die den gegebenen Umständen und Bedingungen der verminderten Sicht angepasst ist.
2. Bei Segelfahrzeugen, die eine Maschine an Bord haben, gehört das Bereithalten der Maschine zu den Regeln guter Seemannschaft.

Nr. 30 → S. 202/216

Wie müssen sich Fahrzeuge ohne Radar bei verminderter Sicht verhalten, wenn sie voraus das Schallsignal eines anderen Fahrzeuges hören?

Jedes Fahrzeug, das anscheinend vorlicher als querab das Schallsignal eines anderen Fahrzeuges hört, muss seine Fahrt auf das für die Erhaltung der Steuerfähigkeit geringstmögliche Maß verringern. Erforderlichenfalls muss es jegliche Fahrt wegnehmen und in jedem Fall mit äußerster Vorsicht manövrieren, bis die Gefahr eines Zusammenstoßes vorüber ist.

Nr. 31 → S. 216

Sie segeln in der Nordsee bei guter Sicht. Ihnen kommt in stehender Peilung ein Maschinenfahrzeug entgegen, das keine Anstalten macht, seiner Ausweichpflicht nachzukommen. Geben Sie in einer sinnvollen Reihenfolge an, was von Ihnen zu unternehmen ist. Welche dieser Maßnahmen sind zwingend vorgeschrieben?

1. Über Funk versuchen, das andere Fahrzeug auf seine Ausweichpflicht aufmerksam zu machen.
2. Schallsignal: mindestens fünf kurze, rasch aufeinander folgende Pfeifentöne geben.
3. Ggf. Ergänzung zu 2.: Lichtsignal von mindestens fünf kurzen, rasch aufeinander folgenden Blitzen.
4. Manöver des sog. „vorletzten Augenblicks" fahren.
5. Manöver des sog. „letzten Augenblicks" fahren.
   Zwingend vorgeschrieben sind die Maßnahmen nach 2. und 5.

Nr. 32 → S. 203

Auf einem Segelfahrzeug unter Motor sieht man nachts fast recht voraus ein näher kommendes Fahrzeug mit folgender Lichterführung: oben ein weißes Licht, seitlich darunter ein grünes Licht, zeitweise rechts von dem grünen Licht auf gleicher Höhe auch ein rotes Licht. Um was für ein Fahrzeug handelt es sich, was ist von Ihnen und was ist auf dem anderen Fahrzeug zu unternehmen?

Es handelt sich um ein Maschinenfahrzeug von weniger als 50 m Länge, das im Seegang oder durch schlechtes Steuern giert. Man muss annehmen, dass sich zwei Maschinenfahrzeuge auf entgegengesetzten oder fast entgegengesetzten Kursen nähern und die Möglichkeit der Gefahr eines Zusammenstoßes besteht. Beide Fahrzeuge müssen den Kurs nach Steuerbord ändern und dieses durch einen kurzen Ton anzeigen.

Nr. 33 → S. 212

Wie muss man sich verhalten, wenn man gezwungen ist, ein Verkehrstrennungsgebiet zu queren?

Kielrichtung (rwK) muss möglichst rechtwinklig zur allgemeinen Verkehrsrichtung zeigen.

Nr. 34 → S. 212

Wie muss man sich verhalten, wenn man einen betonnten Schifffahrtsweg (z. B. in der Ostsee) queren will?

Die Ausweichregeln der KVR beachten.

Nr. 35 → S. 215

Wie ist die Gefahr eines Zusammenstoßes sicher erkennbar?

Wenn die Kompasspeilung zu einem anderen Fahrzeug steht und sie sich einander nähern.

Nr. 36 → S. 215

Wie müssen Sie Ausweichmanöver durchführen?

1. Möglichst frühzeitig,
2. durchgreifend, sodass das andere Fahrzeug rasch meine Absicht erkennen kann, und um sich gut klar zu halten.

Nr. 37 → S. 215

Wie müssen Sie sich verhalten, nachdem Sie ein vorgeschriebenes Ausweichmanöver eingeleitet haben?

Der Erfolg des Manövers ist laufend zu überprüfen, bis das andere Fahrzeug klar passiert ist.

Nr. 38 → S. 202

Sie segeln mit Wind von Steuerbord und sehen nachts in Luv ein einzelnes rotes Licht, das in stehender Peilung näher kommt.

1. **Was ist das für ein Licht?**
2. **Wer muss ausweichen? (Begründung!)**

1. Das Licht ist das Backbordlicht eines Segelfahrzeugs in Fahrt.
2. Das Segelfahrzeug in Luv muss ausweichen, entweder weil es den Wind von Backbord hat oder weil es – wenn mit Wind von Stb. segelnd – luvwärts steht.

Nr. 39 → S. 202

Sie segeln mit Wind von Backbord und sehen nachts in Luv ein einzelnes grünes Licht, das in stehender Peilung näher kommt.

1. **Was ist das für ein Licht?**
2. **Wer muss ausweichen? (Begründung!)**

1. Das Licht ist das Steuerbordlicht eines Segelfahrzeugs in Fahrt.
2. Ihr Fahrzeug muss als leewärtiges Fahrzeug ausweichen, weil Sie (mit Wind von Backbord segelnd) nicht erkennen können, von welcher Seite das andere Fahrzeug den Wind hat.

Nr. 40 → S. 202

Sie segeln nachts mit raumem Wind und machen gute Fahrt. Sie sehen an Steuerbord voraus ein einzelnes weißes Licht in (nahezu) stehender Peilung. Näher kommend verschwindet das weiße Licht gelegentlich und es erscheint stattdessen in etwa gleicher Höhe und links davon ein rotes Licht. Jeweils kurzfristig sind beide Lichter gleichzeitig zu sehen.

1. **Worum handelt es sich bei diesen Lichtern?**
2. **Wer muss ausweichen? (Begründung!)**

1. Man sieht Hecklicht und/oder Bb.-Seitenlicht eines Segelfahrzeugs in Fahrt, das im Seegang giert.
2. Mein Fahrzeug nähert sich aus dem Hecksektor des anderen Fahrzeugs. Es steht eben auf dessen Sektorengrenze und muss als überholendes Fahrzeug ausweichen. Im Zweifel (hier Sektorengrenze!) muss man sich als Überholer betrachten.

Nr. 41 → S. 204

Sie segeln nachts mit raumem Wind und sehen nahezu achteraus ein Fahrzeug mit der Lichterführung rot-weiß-rot senkrecht übereinander, das näher kommt. Zusätzlich sehen Sie neben zwei weißen Topplichtern links ein grünes und rechts ein rotes Licht auf gleicher Höhe.

1. **Was bedeuten diese Lichter?**
2. **Wer muss ausweichen? (Begründung!)**

1. Man sieht ein manövrierbehindertes Fahrzeug mit FdW (Topplichter, Seitenlichter).
2. Dieses Fahrzeug nähert sich im Hecklichtsektor und muss deshalb als Überholer ausweichen.

Nr. 42 → S. 216

Welcher Zeitpunkt ist im freien Seeraum entscheidend für die Verantwortlichkeit (hier = Ausweichpflicht!) der Fahrzeuge untereinander?

Der Augenblick des ersten Insichtkommens. Eine spätere Änderung der Lage der Fahrzeuge zueinander verändert nicht die Verantwortlichkeit.

Nr. 43 → S. 215

Ein anderes Fahrzeug muss Ihnen ausweichen. Welche Verpflichtung nach KVR haben Sie?
Was unternehmen Sie, wenn das andere Fahrzeug nicht ausweicht?

1. Mein Fahrzeug ist „Kurshalter", d. h., es muss Kurs und Geschwindigkeit beibehalten.
2. Mein Fahrzeug darf zur Abwendung eines Zusammenstoßes manövrieren, sobald erkennbar wird, dass das andere Fahrzeug nicht angemessen (= regelgerecht) manövriert („Manöver des vorletzten Augenblicks!").
3. Mein Fahrzeug muss zweckdienlich manövrieren, wenn ein Manöver des Ausweichpflichtigen allein einen Zusammenstoß nicht mehr vermeiden kann („Manöver des letzten Augenblicks!").

Nr. 44 → S. 210

Welchen Fahrzeugen muss ein Segelfahrzeug ausweichen?

1. Einem manövrierunfähigen Fahrzeug,
2. einem manövrierbehinderten Fahrzeug,
3. einem fischenden Fahrzeug,
4. ggf. einem anderen Segelfahrzeug, abhängig von der Segelstellung in Bezug auf den Wind.

Nr. 45 → S. 199

1. **Wie muss sich ein Sportfahrzeug gegenüber einem tiefgangbehinderten Fahrzeug verhalten?**
2. **Schlagen Sie entsprechende Maßnahmen/Manöver vor.**

1. Das Sportfahrzeug muss vermeiden, die sichere Durchfahrt eines tiefgangbehinderten Fahrzeugs zu behindern.
2. Dieses kann durch eine frühzeitige Kursänderung, Geschwindigkeitsänderung oder beides geschehen.

Nr. 46 → S. 212

Wo unterliegt Ihr Segelfahrzeug bzw. Ihre Motoryacht unter 20 m Länge einem Behinderungsverbot?

1. In engen Fahrwassern,
2. auf dem Einbahnweg eines Verkehrstrennungsgebietes (VTG) gegenüber Maschinenfahrzeugen im VTG.

Nr. 47 → S. 207

Welchen Abstand muss man von Minenräumfahrzeugen halten?

Mindestens 1000 m.

Nr. 48 → S. 203

Auf einer Motoryacht A sieht man nachts etwa recht voraus Topplicht und beide Seitenlichter eines Fahrzeugs B. Die Lichter werden rasch heller.

1. **Was ist B?**
2. **Wie ist die Situation zu klären?**

1. B ist ein Maschinenfahrzeug von weniger als 50 m Länge in Fahrt.
2. A und B müssen ihren Kurs so nach Stb. ändern, dass sie einander an der Bb.-Seite passieren. Dabei müssen A und B das Signal „ein kurzer Ton“ geben.

Nr. 49 → S. 203

Auf einer Motoryacht A erkennt man nachts etwa 2 Strich an Bb. folgende Lichter des Fahrzeugs B, die rasch näher kommen.

Die Kompasspeilung zum Fahrzeug B ändert sich dabei nur geringfügig.

1. **Worum handelt es sich bei Fahrzeug B?**
2. **Wer muss ausweichen?**
3. **Was muss Fahrzeug A tun?**

1. B ist ein Maschinenfahrzeug von weniger als 50 m Länge in Fahrt, dessen Stb.-Seite man sieht.
2. B muss ausweichen, weil es die Motoryacht A an seiner Stb.-Seite hat.
3. Die Motoryacht A muss Kurs und Geschwindigkeit beibehalten.

Nr. 50 → S. 214

Welchen Fahrzeugen muss eine Motoryacht ausweichen?

1. Manövrierunfähigen Fahrzeugen,
2. manövrierbehinderten Fahrzeugen,
3. fischenden Fahrzeugen,
4. Segelfahrzeugen,
5. ggf. einem anderen Maschinenfahrzeug.

Nr. 51 → S. 215

Auf einer Motoryacht A sieht man nachts etwa querab an Stb. ein einzelnes weißes Licht in (nahezu) stehender Kompasspeilung. Näher kommend erkennt man unterhalb des weißen Lichtes und etwas rechts davon ein rotes Licht (Fahrzeug B).

1. **Worum handelt es sich?**
2. **Was müssen jeweils beide Fahrzeuge tun? (Begründung!)**

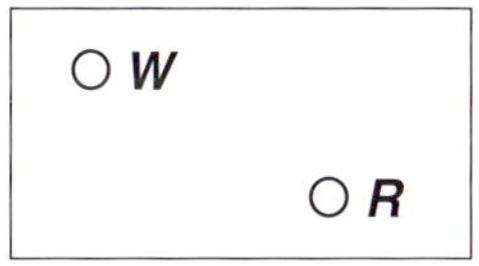

1. Topplicht und später Bb.-Seitenlicht eines Maschinenfahrzeuges B von weniger als 50 m Länge in Fahrt.
2. A muss ausweichen, weil es B an seiner Stb.-Seite hat. A muss das Signal „ein kurzer Ton“ geben.
3. B muss Kurs und Geschwindigkeit beibehalten.

Nr. 52 → S. 218

Eine Motoryacht, Länge 8 m, treibt nachts manövrierunfähig in der Nordsee und sieht ein großes Fahrzeug direkt auf sich zukommen. Welche Maßnahmen hat die Motoryacht zu ergreifen?

Ein Fahrzeug von weniger als 12 m Länge, das die zwei roten Rundumlichter senkrecht übereinander nicht führt, muss folgende Maßnahmen ergreifen:

1. Durch jedes andere verfügbare Mittel anzeigen, dass es manövrierunfähig ist, z. B. über UKW-Sprechfunk oder durch ein Schallsignal oder das Lichtsignal lang-kurz-kurz.
2. Bei weiterer Annäherung das andere Fahrzeug mit einer starken Handlampe anleuchten und so auf sich aufmerksam machen.
3. Führen eines weißen Rundumlichtes, das mit keinem anderen Licht verwechselt werden kann.
4. Abfeuern eines Signals „weißer Stern“ oder „Blitz-Knall“.
5. Sofort bei Eintritt der Manövrierunfähigkeit Verkehrszentrale informieren (wenn vorhanden).

Nr. 53 → S. 212

Wie sind Fahrwasser in der Seeschifffahrtsstraßen-Ordnung im Sinne der KVR eingestuft?

Fahrwasser der Seeschifffahrtsstraßen gelten als enge Fahrwasser im Sinne der KVR.

Nr. 54 → S. 212

Erläutern Sie den Begriff „durchgehende Schifffahrt“ auf einem Fahrwasser einer Seeschifffahrtsstraße.

Die durchgehende Schifffahrt umfasst alle Fahrzeuge, die deutlich dem Fahrwasserverlauf einer Seeschifffahrtsstraße folgen. Dies erlaubt nach allgemeiner Verkehrsauffassung ein Abweichen von höchstens ±10° von der Richtung des Fahrwassers. Dabei ist es gleichgültig, zu welchem Zweck das Fahrzeug betrieben wird.

Nr. 55 → S. 195

Was fordern die Grundregeln für das Verhalten im Verkehr?

Jeder Verkehrsteilnehmer

1. muss die Sicherheit und Leichtigkeit des Verkehrs gewährleisten,
2. darf andere (nicht nur Verkehrsteilnehmer!) nicht schädigen, gefährden oder mehr als unvermeidbar behindern oder belästigen.

Nr. 56 → S. 219

Welche verkehrsrechtliche Verantwortung hat der Schiffsführer?

1. Befolgung der Vorschriften im Verkehr, u. a. KVR, SeeSchStrO.
2. Ausrüstung/Einrichtung seines Fahrzeugs zum Führen und Zeigen von Lichtern und Signalkörpern und Geben von Schallsignalen.

Nr. 57 → S. 197

Was sind Seeschifffahrtsstraßen im Sinne der SeeSchStrO?

Seeschifffahrtsstraßen im Sinne dieser Verordnung sind:

1. Wasserflächen zwischen der Küstenlinie bei mittlerem Hochwasser oder der seewärtigen Begrenzung der Binnenwasserstraßen und einer Linie von drei Seemeilen seewärts der Basislinie,
2. die durchgehend durch laterale Zeichen (Tonnen) begrenzten Wasserflächen der seewärtigen Teile der Fahrwasser im Küstenmeer,
3. Wasserflächen zwischen den Ufern bestimmter Binnenwasserstraßen.

Nr. 58 → S. 197

Was sind Fahrwasser im Sinne der SeeSchStrO?

Fahrwasser sind die Teile der Wasserflächen, die durch Tonnen (laterale Zeichen) begrenzt oder gekennzeichnet sind oder die, soweit das nicht der Fall ist, auf den Binnenwasserstraßen für die durchgehende Schifffahrt bestimmt sind.

Nr. 59 → S. 197

Welche verkehrsrechtlichen Bestimmungen gelten auf deutschen Seeschifffahrtsstraßen?

Auf deutschen Seeschifffahrtsstraßen gelten:

1. die KVR,
2. die Seeschifffahrtsstraßen-Ordnung, ggf. die Bekanntmachungen der Wasser- und Schifffahrtsdirektionen (WSD) Nord und Nordwest,
3. ggf. die Hafenordnungen.

Nr. 60 → S. 197

Wo und unter welcher Bedingung gelten im Geltungsbereich der SeeSchStrO die KVR?

Die KVR gelten im gesamten Geltungsbereich der SeeSchStrO innerhalb und außerhalb der Fahrwasser, soweit die SeeSchStrO nicht ausdrücklich etwas anderes bestimmt (z. B. Vorfahrt, Grundsatz des Vorranges der spezielleren Rechtsvorschrift vor der allgemeineren).

Nr. 61 → S. 214

Wie haben Segelfahrzeuge in einem Fahrwasser der SeeSchStrO untereinander auszuweichen, wenn sie nicht deutlich der Richtung eines Fahrwassers folgen?

Sie haben untereinander nach den Regeln der KVR auszuweichen, wenn sie dadurch vorfahrtberechtigte Fahrzeuge nicht gefährden oder behindern.

Nr. 62 → S. 201

Auf der Elbe hören Sie nachts vor sich von einem Fahrzeug, das zusätzlich zu seinen Fahrtlichtern ein rotes Rundumlicht führt, fortwährend das Schallsignal kurz-lang.
Um welches Schallsignal handelt es sich, wann ist es zu geben und wie verhalten Sie sich?

Es handelt sich um das Bleib-weg-Signal, das von einem Fahrzeug gegeben wird, bei dem bestimmte gefährliche Güter oder radioaktive Stoffe frei werden oder drohen frei zu werden oder es besteht Explosionsgefahr.
Man hat sich mit seinem Fahrzeug möglichst weit von dem anderen Fahrzeug zu entfernen (sicherer Abstand) und darf keine elektrischen Schalter bedienen. Kein offenes Feuer.

Nr. 63 → S. 201

Wann ist von einem Fahrzeug auf einer Seeschifffahrtsstraße das „allgemeine Gefahr- und Warnsignal" zu geben und wie lautet es?

Gefährdet ein Fahrzeug ein anderes Fahrzeug oder wird es durch dieses selbst gefährdet, hat es, soweit möglich, rechtzeitig das Schallsignal zu geben: ein langer Ton, vier kurze Töne; ein langer Ton, vier kurze Töne.

Nr. 64 → S. 225

Nennen Sie die speziellen Verhaltensregeln für Sportfahrzeuge im Nord-Ostsee-Kanal (NOK).

1. Sportfahrzeuge dürfen in der Regel die Zufahrten und den NOK lediglich zur Durchfahrt und ohne Lotsen nur während der Tagfahrzeiten und nicht bei verminderter Sicht benutzen.
2. Sportfahrzeuge müssen ihre Kanalfahrt so einrichten, dass sie vor Ablauf der Tagfahrzeit eine für Sportfahrzeuge bestimmte Liegestelle erreichen können.
3. Bei plötzlich auftretender verminderter Sicht müssen Sportfahrzeuge in den Weichengebieten hinter den Dalben oder an geeigneten Liegestellen festmachen.

Nr. 65 → S. 225

Welche speziellen Fahrregeln haben Sportfahrzeuge im Nord-Ostsee-Kanal (NOK) einzuhalten?

1. Das Segeln ist auf dem NOK verboten.
2. Sportfahrzeuge mit Maschinenantrieb dürfen zusätzlich die Segel setzen.
3. Ein motorbetriebenes Sportfahrzeug darf nur ein Sportfahrzeug schleppen.

Nr. 66 → S. 225

Während der Durchfahrt durch den Nord-Ostsee-Kanal (NOK) wird man auf einem Sportboot von Nebel überrascht. Was ist zu unternehmen?

Schnellstmöglich in einem Weichengebiet hinter den Dalben oder an geeigneten Liegestellen festmachen.

Nr. 67 → S. 225

Sie sehen vor dem Einlaufen in den NOK in Brunsbüttel folgende Lichtsignale:

1. **ein unterbrochenes rotes Licht,**
2. **ein unterbrochenes weißes Licht über einem unterbrochenen roten Licht,**
3. **ein unterbrochenes weißes Licht.**

Geben Sie die Bedeutung dieser Signale an.

1. Einfahren verboten.
2. Freigabe wird vorbereitet.
3. Sportfahrzeuge können einfahren.

Nr. 68 → S. 214

Erläutern Sie den Begriff „Vorfahrt beachten“.

„Vorfahrt beachten“ begründet eine Wartepflicht. Wer die Vorfahrt zu beachten hat, muss rechtzeitig durch sein Fahrverhalten erkennen lassen, dass er warten wird. Er darf nur weiterfahren, wenn er übersehen kann, dass die Schifffahrt im Fahrwasser nicht beeinträchtigt wird. Ggf. hat der Wartepflichtige seinen Kurs und/oder seine Geschwindigkeit zu ändern (gilt rechtlich nicht als Ausweichen!).

Nr. 69 → S. 214

Erläutern Sie den Begriff „Vorfahrt haben“.

„Vorfahrt haben“ gilt nur für ein im Fahrwasser fahrendes oder dem Fahrwasserverlauf folgendes Fahrzeug. Das bedeutet, dass andere Fahrzeuge, die in das Fahrwasser einlaufen wollen, dort drehen oder an- und ablegen wollen, mit diesem Vorhaben warten müssen, bis das vorfahrtberechtigte Fahrzeug vorüber ist. „Vorfahrt haben“ bedeutet aber nicht: Vorfahrt erzwingen! Ggf. muss ein vorfahrtberechtigtes Fahrzeug Maßnahmen zur Verhinderung einer drohenden Kollision ergreifen.

Nr. 70 → S. 214

Wie hat sich ein in das Fahrwasser einlaufendes Fahrzeug gegenüber im Fahrwasser fahrenden Fahrzeugen zu verhalten?

Es muss die Vorfahrt der Fahrzeuge im Fahrwasser beachten, d. h., es muss warten, bis das Fahrwasser frei ist. Es muss rechtzeitig durch sein Fahrverhalten erkennen lassen, dass es warten wird.

Nr. 71 → S. 214

Wie hat sich ein den Ankerplatz oder Liegeplatz verlassendes Fahrzeug gegenüber im Fahrwasser fahrenden Fahrzeugen zu verhalten?

Es muss die Vorfahrt der Fahrzeuge im Fahrwasser beachten, d. h. es muss warten, bis das Fahrwasser frei ist. Es muss rechtzeitig durch sein Fahrverhalten erkennen lassen, dass es warten wird.

Nr. 72 → S. 213

Welche Fahrregeln muss ein Sportfahrzeug beachten, wenn es der Richtung des Fahrwassers folgt?

Beim Fahren im Fahrwasser muss das Sportfahrzeug sich so nahe am äußeren Rand des Fahrwassers an seiner Steuerbordseite halten, wie dieses ohne Gefahr möglich ist.

Nr. 73 → S. 213

Was muss ein Sportfahrzeug in Bezug auf das Fahrwasser beachten, wenn es außerhalb des Fahrwassers fährt?

Außerhalb des Fahrwassers ist so zu fahren, dass klar erkennbar ist, dass das Fahrwasser nicht benutzt wird.

Nr. 74 → S. 214

Wie müssen sich Segelfahrzeuge verhalten, die, dem Fahrwasserverlauf folgend, sich auf (nahezu) entgegengesetzten Kursen begegnen?

Jedes Fahrzeug muss nach Steuerbord ausweichen.

Nr. 75 → S. 214

Was bedeutet „Queren eines Fahrwassers“ im Sinne der SeeSchStrO?

Queren bedeutet deutliches Abweichen vom Fahrwasserverlauf, nach allgemeiner Verkehrsmeinung mehr als 10° (z. B. Kreuzen eines Segelfahrzeuges über die gesamte oder auch nur teilweise Fahrwasserbreite).

Nr. 76 → S. 133

Wie müssen Sie die Geschwindigkeit Ihres Sportbootes einrichten, wenn Sie außerhalb eines Fahrwassers an Stellen mit erkennbarem Badebetrieb vorbeifahren?

Höchstgeschwindigkeit 8 km/h im Abstand von weniger als 500 m vom Ufer.

Nr. 77 → S. 207

Sie sehen auf der Elbe bei Nacht ein Fahrzeug mit der nachfolgenden Lichterführung. Um was für ein Fahrzeug handelt es sich? Was bedeuten die beiden roten und die beiden grünen Lichter senkrecht übereinander?

		○ *W*	○ *R*		
	○ *G*		○ *W*	○ *R*	
	○ *G*	○ *W*	○ *R*	○ *R*	
○ *G*					○ *R*

Manövrierbehindertes Fahrzeug, Länge wahrscheinlich 50 m oder mehr, von vorn mit Fahrt durchs Wasser, das Unterwasserarbeiten ausführt (z. B. baggert). Passierseite an Stb. (zwei grüne Rundumlichter übereinander), Passierbehinderung an Bb.-Seite (zwei rote Rundumlichter übereinander).

Nr. 78 → S. 207

Sie sehen auf der Elbe bei Tage ein Fahrzeug mit den nachfolgenden schwarzen Signalkörpern, dessen Bugwelle man klar erkennen kann. Um was für ein Fahrzeug handelt es sich? Was bedeuten die beiden schwarzen Bälle und die beiden schwarzen Rhomben senkrecht übereinander?

	Ball	
	Rhombus	
Ball	*Ball*	*Rhombus*
Ball		*Rhombus*

Entgegenkommendes manövrierbehindertes Fahrzeug von vorn, mit Fahrt durchs Wasser, das Unterwasserarbeiten ausführt (z. B. baggert).
Passierseite an Bb. des Baggers (zwei schwarze Rhomben übereinander), Passierbehinderung an Stb.-Seite des Baggers (zwei schwarze Bälle übereinander).

Nr. 79 → S. 129

Beim Passieren von Cuxhaven sichten Sie, elbabwärts segelnd, an Ihrer Stb.-Seite die Tonne 32a. Um was für eine Tonne handelt es sich, welche Bezeichnung hat die nächste Tonne an der gleichen Seite?

Es handelt sich um eine Backbordfahrwassertonne; die nächste Tonne hat die Aufschrift 32.

Nr. 80 → S. 206

Welche besondere Lichterführung/Kennzeichnung ist vorgeschrieben, wenn ein Motorsportfahrzeug ein anderes Sportfahrzeug schleppt?

Motorsportfahrzeuge, die andere Sportfahrzeuge schleppen, gelten nicht als schleppende Maschinenfahrzeuge im Sinne der KVR. Daher keine besondere Lichterführung/Kennzeichnung.

Nr. 81 → S. 225

Welche besonderen Bestimmungen gelten auf dem Nord-Ostsee-Kanal (NOK) für Sportfahrzeuge beim Schleppen?

1. Ein motorbetriebenes Sportfahrzeug darf nur ein Sportfahrzeug schleppen.
2. Das geschleppte Sportfahrzeug darf nur eine Höchstlänge von weniger als 15 m haben.
3. Die Mindestgeschwindigkeit beim Schleppen muss 9 km/h betragen.

Nr. 82 → S. 218

Während einer Revierfahrt erkennen Sie ein Signal an Land, jeweils schwarze Signalkörper:

1. **Was bedeutet dieses Signal?**
2. **Welches Signal wird stattdessen nachts gezeigt?**

Ball
Ball
Kegel, Spitze unten

1. Außergewöhnliche Schifffahrtsbehinderung.
2. Nachts: Rundumlichter rot-rot-grün senkrecht übereinander.

Nr. 83 → S. 219

Wer darf lt. SeeSchStrO ein Fahrzeug nicht führen oder als Mitglied der Crew eine andere Tätigkeit des Brücken- oder Decksdienstes nicht ausüben (allgemein ohne Zahlen zu beantworten)?

Wer infolge körperlicher oder geistiger Mängel oder des Genusses alkoholischer Getränke oder anderer berauschender Mittel in der sicheren Führung eines Fahrzeugs oder in der sicheren Ausübung einer anderen Tätigkeit des Brücken- oder Decksdienstes behindert ist.

Nr. 84 → S. 219

Welche Atem- bzw. Blutalkoholkonzentration darf lt. SeeSchStrO nicht erreicht werden, damit kein Verbot für ein Führen eines Fahrzeugs oder als Mitglied der Crew für ein Ausüben des Brückendienstes besteht?

0,25 mg/l oder mehr Alkohol in der Atemluft oder 0,5 Promille oder mehr Alkohol im Blut oder eine Alkoholmenge, die zu einer solchen Atem- oder Blutalkoholkonzentration führt.

Nr. 85 → S. 221

Was müssen Sie beim ersten Anlaufen eines ausländischen Hafens beachten?

Die Einreise-, Gesundheits- und Zollformalitäten sind zu erledigen.

Nr. 86 → S. 220

Was ist ein Flaggenzertifikat? Für welche Fahrzeuge kann es ausgestellt werden?

Vom BSH ausgestellter Ausweis, mit dem das Recht und die Pflicht zum Führen der Bundesflagge nachgewiesen wird. Für Fahrzeuge unter 15 m Lüa = „nicht registerpflichtige Fahrzeuge".

Nr. 87 → S. 220

Was ist das Schiffszertifikat, wer stellt es aus, ab welcher Schiffslänge ist es vorgeschrieben?

Das Schiffszertifikat ist der Nachweis, dass ein Schiff im Seeschiffsregister eingetragen ist. Ausgestellt wird es vom Registergericht. Vorgeschrieben ist es ab 15 m Rumpflänge.

Nr. 88 → S. 197

Was versteht man unter dem Begriff „Küstenmeer"?

Die seewärts der Küstenlinie bei mittlerem Hochwasser oder der Basislinie gelegenen Meeresgewässer bis zu einer Breite von 12 sm.

Nr. 89 → S. 197

Was versteht man unter dem Begriff „innere Gewässer"?

Als „innere Gewässer" bezeichnet man die Gewässer landwärts der Basislinien.

Nr. 90 → S. 197

Was versteht man unter dem Begriff „Basislinie" und wo finden Sie diese?

Als Basislinie bezeichnet man die Grenze zwischen den inneren Gewässern (eines Staates) und dem Küstenmeer. Basislinien sind in Seekarten eingezeichnet.

Nr. 91 → S. 223

Welche Aufgaben hat die Bundesstelle für Seeunfalluntersuchung?

- Amtliche Untersuchung eines schaden- oder gefahrverursachenden Vorkommnisses (Seeunfall) im Zusammenhang mit dem Betrieb eines Schiffes (z. B. Kollision zwischen zwei Fahrzeugen) und Ermittlung der Umstände, durch die es zu dem Seeunfall gekommen ist.
- Herausgabe von Untersuchungsberichten und insbesondere Sicherheitsempfehlungen zur Verhütung von Seeunfällen.

Nr. 92 → S. 222

Wann liegt ein schaden- oder gefahrverursachendes Vorkommnis (Seeunfall) im Sinne des Seesicherheits-Untersuchungs-Gesetzes (SUG) vor? Nennen Sie mindestens 3 Merkmale.

1. Schiffsverlust, Aufgrundlaufen, Kollision eines Schiffes,
2. Tod oder Verschollenheit oder schwere Verletzung einer Person,
3. maritimer Umweltschaden oder sonstiger Sachschaden,
4. Gefahr für einen Menschen oder ein Schiff,
5. Gefahr eines schweren Schadens an einem Schiff, einem meerestechnischen Bauwerk oder an der Meeresumwelt.

Nr. 93 → S. 224

Was müssen Sie nach einem Seeunfall veranlassen? Wie kann es umgesetzt werden?

Den Seeunfall unverzüglich der Bundesstelle für Seeunfalluntersuchung melden. Das kann in einem deutschen Einlaufhafen auch über die Wasserschutzpolizei bzw. im Ausland über die zuständigen Hafenbehörden veranlasst werden.

Nr. 94 → S. 223

Welche Angaben müssen der Bundesstelle für Seeunfalluntersuchung gemeldet werden? Nennen Sie mindestens 5 dieser Angaben.

Es sind folgende Angaben zu melden:

- Name und derzeitiger Aufenthalt des Meldenden,
- Ort (geografische Position) und Zeit des Unfalles,
- Name, Rufzeichen und Flagge des Schiffes sowie Rufnummer des zu diesem Schiff gehörenden mobilen Seefunkdienstes (MMSI),
- Typ, Verwendungszweck,
- Name des Betreibers des Schiffes,
- Name des verantwortlichen Schiffsführers,
- Herkunfts- und Zielhafen des Schiffes,
- Anzahl der Besatzungsmitglieder und weiterer Personen an Bord,
- Umfang des Personen- und Sachschadens,
- Darstellung des Verlaufs des Vorkommnisses,
- Angaben über andere Schiffe, die am Unfall beteiligt sind,
- Wetterbedingungen,
- Darstellung der Gefahr einer Meeresverschmutzung.

Nr. 95 → S. 223

In welcher Vorschrift ist geregelt, welche Angaben der Bundesstelle für Seeunfalluntersuchung bei einem schaden- oder gefahrverursachenden Vorkommnis (Seeunfall) gemeldet werden müssen? Wer ist verantwortlich für die Meldung?

Geregelt in der „Verordnung über die Sicherung der Seefahrt".

Verantwortlich für die Meldung ist der Schiffsführer oder bei dessen Verhinderung ein anderes Besatzungsmitglied bzw. ggf. auch der Betreiber des Schiffes, falls keine der vorgenannten Personen dazu in der Lage ist.

Nr. 96 → S. 224

Was sind Seeämter und was sind ihre Aufgaben?

Seeämter sind bei den Wasser- und Schifffahrtsdirektionen Nord und Nordwest gebildete Untersuchungsausschüsse zur Untersuchung der Frage, ob gegenüber einem Verfahrensbeteiligten ein Fahrverbot ausgesprochen oder ein Befähigungszeugnis bzw. ein amtlicher Führerschein der Sportschifffahrt entzogen werden muss.

Nr. 97 → S. 220

Welche behördlichen Veröffentlichungen für Wassersportler geben Ihnen rechtliche Informationen und Hinweise über das Verhalten auf Seeschifffahrtsstraßen?

„Sicherheit auf dem Wasser, Leitfaden für Wassersportler".

„Sicherheit im See- und Küstenbereich, Sorgfaltsregeln für Wassersportler".

Nr. 98 → S. 224
Sie sehen von Ihrem Sportfahrzeug aus in der Nordsee nördlich von Helgoland eine noch unbekannte Gefahr, z. B. einen treibenden Container. Was haben Sie zu unternehmen?
Man muss dies auf dem schnellsten Weg direkt oder über eine Verkehrszentrale bzw. Küstenfunkstelle dem Maritimen Lagezentrum (MLZ) Cuxhaven als Meldestelle für Unfälle auf See mitteilen.

Nr. 99 → S. 220
Wann und wo wird eine Flagge des Gastlandes gehisst?
Beim Einlaufen in die Küstengewässer des Gastlandes unter der Steuerbordsaling.

Nr. 100 → S. 221
Wann und wo wird die Bundesflagge geführt?
Auf in Betrieb befindlichen Yachten während der Flaggzeit in den Küstengewässern, auf See und im Hafen am Flaggenstock am Heck, auf segelnden mehrmastigen Yachten auch im Topp des hintersten Mastes (nicht am Achterstag).

Nr. 101 → S. 222
Welche Befahrensregelungen gelten für die Schutzzonen I in den Nationalparks im Deutschen Wattenmeer außerhalb der speziellen Schutzgebiete?
Das Verlassen der Fahrwasser zwischen 3 h nach Hochwasser und 3 h vor dem folgenden Hochwasser ist untersagt. In der übrigen Zeit beträgt für Sportfahrzeuge die Höchstgeschwindigkeit außerhalb des Fahrwassers 8 kn und generell im Fahrwasser 12 kn.

Nr. 102 → S. 222
Wo sind die Grenzen der Schutzzonen I und der speziellen Schutzgebiete in den Nationalparks aufgeführt?
In den Seekarten.

Nr. 103 → S. 221
Welchen Zweck soll das MARPOL-Übereinkommen erfüllen?
Das MARPOL-Übereinkommen soll die Verschmutzung der Meere verhindern.

Nr. 104 → S. 221
Was sind Sondergebiete im Sinne des MARPOL-Übereinkommens in Europa?
Ostsee, Nordsee und Mittelmeer.

Nr. 105 → S. 221
Was ist nach dem MARPOL-Übereinkommen für die Sportschifffahrt in Sondergebieten grundsätzlich verboten?
Das Einleiten von Öl, Schiffsabwässern, Schiffsmüll und anderen Schadstoffen.

Nr. 106 → S. 221
Gilt das MARPOL-Übereinkommen grundsätzlich auch für Sportfahrzeuge?
Das MARPOL-Übereinkommen gilt grundsätzlich für alle Schiffe, somit auch für Sportfahrzeuge.

Nr. 107 → S. 221
Woraus können Sie Informationen über Entsorgungsmöglichkeiten in deutschen Sportboothäfen entnehmen?
Aus der Broschüre „Entsorgungsmöglichkeiten für Öl, Schiffsmüll und Schiffsabwässer – eine Übersicht für Sport- und Kleinschifffahrt“ des BSH.

Nr. 108 → S. 221
Wie ist auf Sportfahrzeugen mit ölhaltigem Bilgenwasser zu verfahren, wenn die Bedingungen, unter denen nach MARPOL das Lenzen zulässig ist, nicht eingehalten werden können?
Es muss im Hafen entsorgt werden.

Nr. 109 → S. 221
Was ist hinsichtlich der Entsorgung von Müll in Nord- und Ostsee und im Mittelmeer zu beachten? (Begründung!)
Da Nord-, Ostsee und Mittelmeer Sondergebiete nach MARPOL sind, darf dort kein Müll in die See entsorgt werden.

Nr. 110 → S. 221
Welche Müllanteile dürfen in Sondergebieten nicht auf See entsorgt werden?
Synthetische Seile, Netze, Segel, Kunststofftüten u. Ä., Papiererzeugnisse, Lumpen, Glas, Metall, Steingut, Schalungs- oder Verpackungsmaterial.

Wetterkunde

Nr. 1 → S. 231

Was ist Wind und wie entsteht er?

Wind ist bewegte Luft. Die Bewegung entsteht durch die Druckunterschiede zwischen Hoch- und Tiefdruckgebieten.

Nr. 2 → S. 234

Was ist der Taupunkt?

Der Taupunkt ist die Temperatur, auf die Luft abgekühlt werden muss, damit sie mit Feuchtigkeit gesättigt ist. Es setzt Kondensation (Taubildung) ein.

Nr. 3 → S. 234

In welcher Größe wird in der Schifffahrt die Luftfeuchtigkeit allgemein angegeben?

Relative Feuchtigkeit in Prozent.

Nr. 4 → S. 229

Nennen Sie mindestens 6 Parameter, aus denen sich eine Wetterbeobachtung an Bord zusammensetzt.

Windrichtung, Windstärke, Luftdruck, aktuelles Wetter, Bedeckungsgrad, Wolken, Seegang, Strom, Temperatur und ggf. Luftfeuchte.

Nr. 5 → S. 231

1. **In welcher Maßeinheit wird die Windstärke angegeben?**
2. **In welchen Maßeinheiten wird die Windgeschwindigkeit angegeben?**

1. Nach der Beaufortskala (Bft).
2. In kn, m/s und km/h.

Nr. 6 → S. 231

1. **Wie heißen die Linien gleichen Luftdrucks?**
2. **In welcher Maßeinheit wird der Luftdruck angegeben?**

1. Isobaren.
2. Hektopascal (hPa) oder vereinzelt auch noch Millibar (mb, teilweise auch mbar).

Nr. 7 → S. 250

Welche Gefahren kann ein Gewitter mit sich bringen?

1. Böen bis Orkanstärke,
2. plötzliche Winddrehungen,
3. Regen- oder Hagelschauer mit zum Teil starker Sichtminderung,
4. Blitzschlag.

Nr. 8 → S. 251

Wann entstehen besonders starke Gewitter?

Besonders zum Ende einer hochsommerlichen Schönwetterperiode im Zusammenhang mit Kaltfronten.

Nr. 9 → S. 231

Welche Skala wird verwendet für die Angabe der Windrichtung in Seewetterberichten bei

1. **den Vorhersagen und Aussichten,**
2. **den Stationsmeldungen?**

1. Die 8-teilige mit Auflösung in 45°-Stufen.
2. Die 16-teilige mit Auflösung in 22,5°-Stufen.

Nr. 10 → S. 273

Ab welcher Windstärke werden Orkanwarnungen ausgegeben?

Ab Windstärke 10 Bft, erfahrungsgemäß mit Böen über Bft 12.

Nr. 11 → S. 231, 233

1. **Welche Skala wird für die Schätzung der Windstärke verwendet?**
2. **Was verstehen Sie unter mäßigem Wind, was unter Starkwind?**

1. Die 12-teilige Beaufortskala.
2. Mäßiger Wind bedeutet Stärke 4 der Beaufortskala, Starkwind 6 und 7 Beaufort.

Nr. 12 → S. 265

Welche amtlichen Veröffentlichungen enthalten Sendezeiten und Frequenzen für Seewetterberichte

1. **für Europa,**
2. **Europa und weltweit?**

1. Das „Handbuch Nautischer Funkdienst“ und der „Jachtfunkdienst“.
2. Die „Admiralty List of Radio Signals“.

Nr. 13 → S. 267

Nennen Sie 6 Möglichkeiten, um Wetterinformationen an Bord zu erhalten.

Hörfunksender (UKW, KW, MW, LW), Küstenfunkstellen, Verkehrszentralen, NAVTEX, SafetyNet (Satcom), Online-Dienste (z. B. SEEWIS-Online des Deutschen Wetterdienstes, T-Online), RTTY (Funkfernschreiben), Faksimile (Wetterfax), Faxpolling (z. B. SEEWIS-Fax des Deutschen Wetterdienstes), Telefonabruf, Törnberatung.

Nr. 14 → S. 243

Welche Bedeutung für die Wetterentwicklung hat ein Halo um die Sonne und ein Hof um den Mond?

Wolkenaufzug, meist Cirrostratus.
Ggf. Niederschlag und Wetterverschlechterung.

Nr. 15 → S. 247

Bei welchen Wolkenformen müssen Sie mit erhöhter Böigkeit rechnen?

Bei Haufenwolken, besonders beim Cumulonimbus (Schauer- und Gewitterwolke).

Nr. 16 → S. 237

1. **Welche Formen von Wolken gibt es?**
2. **Nennen Sie 6 der 10 Haupttypen!**

1. Es gibt Haufenwolken und Schichtwolken.
2. Cirrus, Cirrostratus, Cirrocumulus, Altostratus, Altocumulus, Nimbostratus, Stratocumulus, Stratus, Cumulus, Cumulonimbus.

Nr. 17 → S. 238

1. **Welche Höhen unterscheidet man bei Wolken?**
2. **Welche Höhen haben sie etwa in den gemäßigten Breiten?**

1. Tiefe, mittelhohe und hohe Wolken.
2. Tiefe Wolken zwischen 0 und 2 km, mittelhohe Wolken zwischen 2 und 7 km und hohe Wolken zwischen 7 und 13 km.

Nr. 18 → S. 238

Woraus bestehen hohe Wolken?

Aus kleinen Eiskristallen.

Nr. 19 → S. 252

Woran erkennt man bei Wolkenbildung eine kräftige Gewitterentwicklung?

Am Cumulonimbus, wenn er in großer Höhe einen ambossförmigen Schirm hat.

Nr. 20 → S. 251

Welche Wolken kündigen oft schon vormittags kräftige Wärmegewitter an?

Altocumulus castellanus (mittelhohe türmchenartige Haufenwolken).

Nr. 21 → S. 231

Wie verhält sich der Wind in Bodennähe auf der Nordhalbkugel zwischen Hoch- und Tiefdruckgebieten?

Er weht rechtsherum aus dem Hochdruckzentrum heraus und linksherum in den Tiefdruckkern hinein.

Nr. 22 → S. 241

1. **Was ist eine Front?**
2. **Welche Fronten unterscheidet man im Allgemeinen?**

1. Front ist die vordere Grenze einer Luftmasse in Bewegungsrichtung.
2. Warm-, Kalt- und Okklusionsfronten.

Nr. 23 → S. 247

Wie verhält sich typischerweise der Luftdruck

1. **vor,**
2. **während und**
3. **nach dem Durchzug einer Kaltfront?**

1. Der Luftdruck ist gleichbleibend oder fällt nur wenig.
2. Während des Durchgangs der Front erreicht der Luftdruck seinen tiefsten Wert.
3. Der Luftdruck steigt wieder deutlich an.

Nr. 24 → S. 231

Was lässt sich aus der Darstellung der Isobaren in einer Wetterkarte erkennen?

Windrichtung und Druckgefälle; je enger sie liegen, desto größer ist das Druckgefälle und desto stärker ist der Wind.

Nr. 25 → S. 231

Warum weht der Wind nicht parallel zu den Isobaren? (Begründung!)

Durch die Bodenreibung ist der Wind rückgedreht (gegen den Uhrzeigersinn).

Nr. 26 → S. 231

1. **Wie weht der Wind über See in Bodennähe um ein Tiefdruckgebiet?**
2. **Mit wie viel Grad Änderung in der Windrichtung müssen Sie etwa rechnen?**

1. Der Wind weht nicht parallel zu den Isobaren, er ist rückgedreht und weht in das Tief hinein.
2. Ein bis zwei Strich bzw. ca. 10° bis 20°.

Nr. 27 → S. 231

1. **Wie weht der Wind über See in Bodennähe um ein Hochdruckgebiet?**
2. **Mit wie viel Grad Änderung in der Windrichtung müssen Sie etwa rechnen?**

1. Der Wind weht nicht parallel zu den Isobaren, er ist rückgedreht und weht aus dem Hoch hinaus.
2. Ein bis zwei Strich bzw. 10° bis 20°.

Nr. 28 → S. 242

Welche Verlagerungsgeschwindigkeiten haben Tiefdruckgebiete:

1. **schnelle,**
2. **mittlere,**
3. **langsame?**

1. Schnelle: 30 bis 50 kn.
2. Mittlere: 15 bis 30 kn.
3. Langsame: bis 15 kn.

Nr. 29 → S. 241

Wie entstehen Tiefdruckgebiete?

Durch das Aufeinandertreffen von kalten Luftmassen aus hohen Breiten und subtropischen warmen Luftmassen.

Nr. 30 → S. 247

Welche Windverhältnisse herrschen in der Nähe des Zentrums eines Hochdruckgebiets?

Meist schwache umlaufende Winde.

Nr. 31 → S. 231

In welchem Abstand werden Isobaren international dargestellt oder gezeichnet?

Im Abstand von 5 hPa oder im Abstand von 4 mbar.

Nr. 32 → S. 244

Welche Sicht- und Wetterverhältnisse erwarten Sie typischerweise

1. **vor oder nahe der Warmfront,**
2. **im Warmsektor,**
3. **hinter der Kaltfront?**

1. Sichtverschlechterung durch Niederschlag, bedeckt, länger andauernder Regen.
2. Diesig oder mäßige Sicht, Wolkenauflockerung, zeitweise Regen.
3. Sichtbesserung, meist gute Sicht. Schauer mit zum Teil kräftigen Böen.

Nr. 33 → S. 241

Welche Windrichtungen erwarten Sie an den Punkten 1, 2, 3, 4, 5 eines Tiefdruckgebiets auf der Nordhalbkugel?

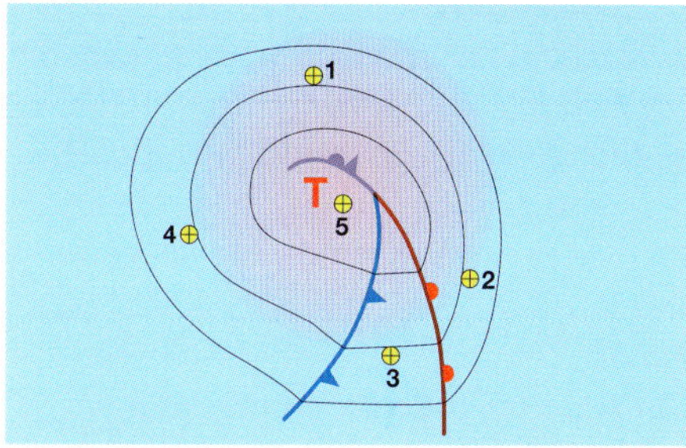

1. Nordost.
2. Süd.
3. Südwest.
4. Nordwest.
5. Umlaufender Wind.

Nr. 34 → S. 242

Um welche Arten von Fronten handelt es sich in der Abbildung, die mit 1, 2 und 3 bezeichnet sind?

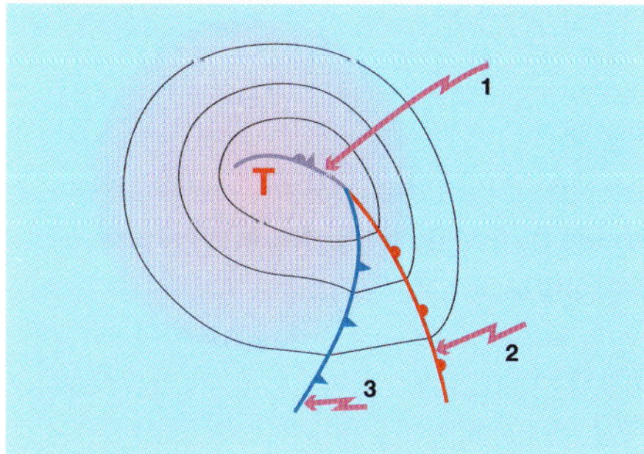

1. Okklusionsfront (Tiefausläufer).
2. Warmfront.
3. Kaltfront.

Nr. 35 → S. 242

1. Was sind Luftmassengrenzen?
2. Welche Luftmassengrenzen kennen Sie? Nennen Sie mindestens 2 Beispiele.

1. Luftmassengrenzen sind Fronten. Sie trennen Luftmassen mit unterschiedlicher Temperatur und Luftfeuchtigkeit.
2. Kaltfront, Warmfront, Okklusion.

Nr. 36 → S. 248

Mit welchen lokalen Windsystemen müssen Sie insbesondere im Mittelmeer rechnen?
Mit der Land-/Seewind-Zirkulation.

Nr. 37 → S. 255

Nennen Sie mindestens 3 regionale Windsysteme im Mittelmeer, die beim küstennahen Segeln im Mittelmeer besonders beachtet werden müssen.

- Mistral,
- Scirocco,
- Bora und
- Etesien/Meltemi.

Nr. 38 → S. 255

Mit welchem regionalen WIndsystem muss in der Adria gerechnet werden?
Mit Bora.

Nr. 39 → S. 257

Mit welchem regionalen Windsystem muss in der Ägäis gerechnet werden?
Mit den Etesien/dem Meltemi.

Nr. 40 → S. 247

Wo bilden sich Tröge um ein Tiefdruckgebiet?
Auf der Rückseite von Tiefdruckgebieten in hochreichender Kaltluft. Ein Trog folgt typischerweise einer Kaltfront.

Nr. 41 → S. 243

Welche Front wird auch als „Ausläufer“ bezeichnet?
Die Okklusion.

Nr. 42 → S. 248

Wodurch und wie entsteht am Tage Seewind?
Das Land erwärmt sich bei Sonneneinstrahlung tagsüber stärker als das Wasser. Über Land steigt die erwärmte Luft auf. Das dabei entstehende Bodentief wird durch Seewind (Wind von See) aufgefüllt.

Nr. 43 → S. 248

Welche Wolkenform zeigt sich am späten Vormittag über Land am Himmel und kündigt Seewind an?
Haufenwolke (Cumulus).

Nr. 44 → S. 250

Welche Windgeschwindigkeiten in Knoten oder Beaufort erreicht der Seewind etwa
1. im Mittelmeer,
2. in Nord- und Ostsee?

1. Bis zu 25 kn oder Bft 6.
2. Bis 15 kn, in Einzelfällen bis 20 kn oder Bft 4/5, in Einzelfällen Bft 5/6.

Nr. 45 → S. 250

Zu welcher Tageszeit müssen Sie mit Seewind rechnen?
Von Mittag bis zum frühen Abend.

Nr. 46 → S. 251

Welche Windänderung kann der einsetzende Seewind bewirken?
Er verändert den vorher wehenden Wind zum Teil erheblich in Richtung und Stärke.

Nr. 47 → S. 248

Wodurch und wie entsteht nachts Landwind?
Das Land kühlt sich bei geringer Bewölkung stark ab. Das Wasser ändert seine Temperatur an der Oberfläche dagegen nur geringfügig. Über dem Wasser steigt daher erwärmte Luft auf. Das dabei entstehende Bodentief wird durch Landwind (Wind von Land) aufgefüllt.

Nr. 48 → S. 250

Welche Windgeschwindigkeiten erreicht nachts der Landwind?
Er weht allgemein schwächer als der Seewind, etwa 1 bis 10 kn oder Bft 1–3.

Nr. 49 → S. 250

Wann müssen Sie im Laufe eines Tages mit Landwind rechnen?
Von Mitternacht bis zum frühen Morgen.

Nr. 50 → S. 233
Im Internet finden Sie auf einer „Wetterseite“ eine Vorhersagekarte mit Windpfeilen. In welcher Höhe über dem Erdboden/der Wasseroberfläche gelten die vorhergesagten Windgeschwindigkeiten?
Meistens etwa 10 Meter über dem Erdboden/der Wasseroberfläche.

Nr. 51 → S. 234
Sie segeln mit Ihrer Yacht „raumschots“. Nach der nächsten Tonne müssen Sie anluven. Wie wird sich die wahre Windgeschwindigkeit auf Ihrem Windmesser/Anemometer entwickeln?
Sie bleibt unverändert.

Nr. 52 → S. 273
Welche Windsituation ist mit der Formulierung „Nordwest 6“ bezüglich
1. **der Schwankungsbreite in Windrichtung und**
2. **der Schwankungsbreite in der Windstärke (Böen) verbunden?**

1. Die Schwankung in der Windrichtung kann bis zu 45° um die Hauptwindrichtung betragen, also von Westnordwest (WNW) bis Nordnordwest (NNW).
2. Es können Böen auftreten, die etwa 1 bis 2 Bft über dem Mittelwind liegen.

Nr. 53 → S. 273
Was ist mit dem Zusatz „Schauerböen“ bei der Windvorhersage verbunden?
Besonders während der Passage und auf der Rückseite von Kaltfronten treten in der näheren Umgebung von Schauern Böen auf, die den Mittelwind um 2 Bft überschreiten können.

Nr. 54 → S. 273
Warum werden Gewitterböen in der Windvorhersage zusätzlich angegeben?
Besonders im Sommer können bei Schwachwindlagen Gewitter mit Böen auftreten, die Sturm- oder Orkanstärke erreichen können.

Nr. 55 → S. 273
Wie ist der Aufbau von Seewetterberichten?
Hinweise auf Starkwind oder Sturm, Wetterlage, Vorhersagen, Aussichten und Stationsmeldungen.

Nr. 56 → S. 273
Welche lokalen Effekte, die das vorherrschende Windfeld stark verändern, können in Seewetterberichten nur eingeschränkt berücksichtigt werden?
U. a. Land-/Seewind-Zirkulation, Düsen- und Kapeffekte.

Nr. 57 → S. 273
1. **Wann werden Starkwindwarnungen verbreitet?**
2. **Welche Bezeichnung hat die Starkwindwarnung im internationalen Sprachgebrauch?**

1. Bei erwarteten oder noch andauernden Windstärken zwischen 6 und 7 Bft.
2. Near-gale warning.

Nr. 58 → S. 273
1. **Wann werden Sturmwarnungen verbreitet?**
2. **Welche Bezeichnung hat die Sturmwarnung im internationalen Sprachgebrauch?**

1. Bei zu erwartenden oder noch andauernden Windstärken von mindestens 8 Bft.
2. Gale warning.

Nr. 59 → S. 261
Welche Wellenhöhe wird bei der Angabe des Seegangs in Seewetterberichten verwendet?
Die kennzeichnende (charakteristische) Wellenhohe.

Nr. 60 → S. 261

1. Wie ist die kennzeichnende (charakteristische) Wellenhöhe definiert?
2. Womit müssen Sie rechnen?

1. Mittlere Höhe der gut ausgeprägten (Mittel des oberen Drittels) – nicht extremen – Wellen.
2. Einzelne Wellen können das 1,5-fache der kennzeichnenden Wellenhöhe erreichen.

Nr. 61 → S. 274

Was bedeutet rechtdrehender bzw. rückdrehender Wind?

Rechtdrehend bedeutet Änderung der Windrichtung im Uhrzeigersinn. Rückdrehend bedeutet Änderung der Windrichtung gegen den Uhrzeigersinn um mindestens 45°.

Nr. 62 → S. 274

Sie hören am Ende eines Seewetterberichts die Stationsmeldungen. Was sagen Windrichtung und Windgeschwindigkeit gegenüber den Verhältnissen auf See aus?

Durch die Umgebung der Wetterstation kann die Windrichtung verfälscht werden. Die Windgeschwindigkeit ist meist reduziert, in Einzelfällen auch erhöht.

Nr. 63 → S. 274

Welche Sichtweiten umfasst der Begriff „diesig“?

Sichtweiten über 1 km bis 10 km (bzw. ca. 0,5 bis 6 Seemeilen).

Nr. 64 → S. 267

Seegebiete sind international festgelegt. In welchen amtlichen Veröffentlichungen können Sie nachlesen, wo sich das Seegebiet „Fischer“ befindet?

Im „Handbuch Nautischer Funkdienst“, im „Jachtfunkdienst für Nord- und Ostsee“ oder in der „Admiralty List of Radio Signals“.

Nr. 65 → S. 267

Sie wollen einen Törn in einem für Sie fremden Küstenrevier fahren. Wie können Sie sich über mittlere Windverhältnisse für bestimmte Jahreszeiten oder Monate informieren?

In den entsprechenden Hafen-, Revierführern. Außerdem z. B. in Monatskarten.

Nr. 66 → S. 245

1. Was für Wetter muss meistens erwartet werden, wenn der Luftdruck über einen Zeitraum von 3 Stunden um 10 hPa fällt?
2. Was muss bei einem an Bord beobachteten starken Luftdruckfall beachtet werden?

1. Schwerer Sturm.
2. Der Kurs und die Fahrt des Schiffes in Bezug auf das Tiefdruckgebiet.

Nr. 67 → S. 245

Wie verändert sich der an Bord beobachtete Luftdruckfall, wenn sich ein Fahrzeug mit Westkurs dem Zentrum eines ostwärts ziehenden Tiefdruckgebiets nähert?

Der Luftdruckfall wird verstärkt.

Nr. 68 → S. 233

Mit welchen Windverhältnissen müssen Sie rechnen, wenn Sie im Hafen liegen und der Wind ablandig weht?

Die im Hafen vorherrschenden Windgeschwindigkeiten entsprechen nicht den Verhältnissen auf der freien See.

Nr. 69 → S. 233

Mit welchen Windverhältnissen müssen Sie rechnen, wenn Sie in einem relativ ungeschützten Hafen liegen und der WInd auflandig weht?

Die im Hafen vorherrschenden Windgeschwindigkeiten entsprechen etwa den Verhältnissen auf der freien See.

Nr. 70 → S. 252

Warum verstärkt sich der Wind in engen Durchfahrten?

Durch den Düseneffekt (Trichtereffekt) in Durchfahrten. Dabei wird die Luftströmung „zusammengepresst“ und beschleunigt.

Nr. 71 → S. 253

Mit welcher Windentwicklung ist zu rechnen
1. in Luv und
2. in Lee von Kaps oder Inseln?

1. Die Windrichtung ändert sich in Luv des Kaps zum Teil stark und verläuft oft parallel zum Kap. Die Windgeschwindigkeit nimmt zu.
2. Die Windrichtung kann bei besonders hohen Gebirgen auch umlaufend werden. Die Windgeschwindigkeit ist meist schwach, kann dafür örtlich aber sehr böig sein (Fallwinde).

Nr. 72 → S. 252

Welche Windverhältnisse erwarten Sie in der Nähe von Steilküsten
1. bei auflandigem und
2. bei ablandigem Wind?

1. Der Wind wird durch Küstenführung zum Teil beschleunigt, wenn er nahezu auflandig oder parallel zur Küste weht.
2. Weht der Wind ablandig, muss örtlich mit umlaufenden Winden und erhöhter Böigkeit (Fallwinden) gerechnet werden.

Nr. 73 → S. 234

Wie wird sich das Wetter wahrscheinlich entwickeln, wenn der Wind am Abend
1. abflaut oder
2. zunimmt?

1. Langsames Abflauen des Windes ist oft ein Zeichen für gutes Wetter.
2. Windzunahme am Abend kündigt häufig Starkwind, Sturm und Regen an.

Nr. 74 → S. 247

1. Womit müssen Sie auf der Nordhalbkugel rechnen, wenn nach Durchzug einer Kaltfront der Wind rückdreht und der Luftdruck wieder fällt?
2. Wie nennt man die Wetterlage?

1. Meist deutliche Wetterverschlechterung mit erneut auffrischendem Wind bis Sturmstärke.
2. Troglage.

Nr. 75 → S. 247

Welche Windverhältnisse erwarten Sie auf der Nordhalbkugel während der unmittelbaren Passage eines markanten Troges?

Der Wind dreht recht, meist über 60 bis 90°. Winde bis Orkanstärke besonders auf der Rückseite eines Troges.

Nr. 76 → S. 235

Wie entsteht Nebel?

Zufuhr von Feuchte, Mischung von Luftmassen mit hoher Feuchtigkeit und verschiedener Temperatur, Abkühlung der Luftmasse.

Nr. 77 → S. 274

Wie ist Nebel definiert?

Sichtweite unter 1000 Meter.

Nr. 78 → S. 237

1. Wie entsteht Kaltwassernebel?
2. Zu welcher Jahreszeit tritt diese Nebelart in europäischen Gewässern bevorzugt auf?

1. Warme und feuchte Luftmassen werden durch den kalten Untergrund (Meer) unter den Taupunkt abgekühlt.
2. Überwiegend im Frühjahr.

Nr. 79 → S. 235

1. Wie entsteht Warmwassernebel?
2. Zu welcher Jahreszeit tritt diese Nebelart in europäischen Gewässern bevorzugt auf?

1. Kalte Luft strömt über warmes Wasser. Durch Verdunstung an der Wasseroberfläche kommt es bei hoher Differenz zwischen der Luft- und Wassertemperatur zur Feuchtesättigung.
2. Überwiegend im Herbst.

Nr. 80 → S. 235

1. Wie entsteht Strahlungsnebel?
2. Wo ist diese Nebelart anzutreffen?

1. Nach Sonnenuntergang kann sich bei klarem Himmel die bodennahe Luftschicht über Land unter den Taupunkt abkühlen.
2. Besonders auf Flüssen und engen Durchfahrten, außerdem durch seewärtige Windverdriftung in Küstennähe.

Nr. 81 → S. 237

Wodurch kann es im Mittelmeerraum in besonderen Fällen zur Sichtreduktion kommen?

Bei bestimmten Wetterlagen kann mit der Luftmasse transportierter Saharastaub die Sicht stark vermindern.

Nr. 82 → S. 259

Woraus besteht Seegang?

Aus Windsee und Dünung.

Nr. 83 → S. 259

Was verstehen Sie unter Windsee?

Seegang, der durch den Wind am Ort oder in der näheren Umgebung angefacht wird.

Nr. 84 → S. 262

Wovon hängt die Höhe der Windsee ab?
Windgeschwindigkeit, Fetch (Windwirklänge) und Wirkdauer des Windes.

Nr. 85 → S. 260

1. **Was verstehen Sie unter Dünung?**
2. **Was kann einsetzende hohe Dünung andeuten?**

1. Seegang, der dem erzeugenden Windfeld vorausläuft, sowie abklingenden (alten) Seegang.
2. Einen eventuell aufziehenden Sturm.

Nr. 86 → S. 259

Was verstehen Sie unter der Wellenhöhe?
Den senkrechten Abstand zwischen Wellenberg und Wellental.

Nr. 87 → S. 259

Was verstehen Sie unter der Wellenlänge?
Den horizontalen Abstand zwischen zwei Wellenbergen.

Nr. 88 → S. 262

Welchen Seegang müssen Sie erwarten, wenn Sie küstennah bei ablandigem Wind fahren?
Der Seegang wird nicht so hoch sein wie auf der freien See, da der Fetch (Windwirklänge) nur sehr kurz ist.

Nr. 89 → S. 262

1. **Welchen Seegang müssen Sie erwarten, wenn Sie küstennah bei auflandigem Wind fahren?**
2. **Welche Gefahr besteht bezüglich der Entwicklung des Seegangs außerdem?**

1. Der Seegang wird ähnlich ausgeprägt sein wie auf der freien See, da genügend Fetch (Windwirklänge) vorhanden ist.
2. Dort, wo das Wasser flacher wird, oder im Bereich von Untiefen muss mit Brechern und Grundseen gerechnet werden.

Nr. 90 → S. 265

1. **Was verstehen Sie unter einer Grundsee?**
2. **Welche Höhen kann sie erreichen?**

1. Meereswellen mit besonders hohen Brechern, die durch Untiefen oder Küstennähe bzw. durch ansteigenden Meeresboden entstehen.
2. Etwa das 2,5-fache der kennzeichnenden (charakteristischen) Wellenhöhe.

Nr. 91 → S. 265

Wie verändert sich Seegang, wenn Wind und Meeresströmungen (z. B. Gezeitenstrom) entgegengesetzte Richtungen haben?
Die Wellen werden kürzer und steiler.

Nr. 92 → S. 265

Wie verändert sich Seegang, wenn Wind und Meeresströmungen (z. B. Gezeitenstrom) die gleiche Richtung haben?
Die Wellen werden länger und flacher.

Nr. 93 → S. 261

1. **Was verstehen Sie unter einer Kreuzsee?**
2. **Geben Sie 3 Beispiele an, wo mit Kreuzsee zu rechnen ist.**

1. Windsee und Dünung laufen aus unterschiedlichen Richtungen heran.
2. Kurz vor und bei dem Durchzug einer Kaltfront oder eines Troges sowie in der Nähe des Tiefkerns.

Nr. 94 → S. 263

Welcher Seegang ist in Lee kleiner Inseln zu erwarten?
Kreuzlaufende See, die meist kurz und kabbelig ist.

Nr. 95 → S. 263

Welche Faktoren können die Länge und Höhe des Seegangs erheblich verändern?
Wassertiefe sowie Meeres- und Gezeitenströmungen.

Nr. 96 → S. 260

Im Internet finden Sie auf einer „Wetterseite“ eine Vorhersagekarte für die Dünung. Können Sie daraus ungefähr den vorherrschenden Wind über See ableiten?

Nein. Dünung kann vorhanden sein, auch wenn kein Windfeld unmittelbar vorhanden ist.

Nr. 97 → S. 233

Mit welchem Messinstrument wird an Bord die Windgeschwindigkeit gemessen?

Mit einem Anemometer.

Nr. 98 → S. 235

Welche Windgeschwindigkeit zeigt das Anemometer an, wenn das Fahrzeug Fahrt durchs Wasser macht?

Die scheinbare Windgeschwindigkeit.

Nr. 99 → S. 229

1. **Warum sollten Luftdrucktendenzen an Bord beobachtet und aufgezeichnet werden?**
2. **In welchem zeitlichen Abstand sollte man den Luftdruck aufzeichnen?**

1. Eventuelle Wetterveränderungen (z. B. Trog, Annäherung eines Tiefdruckgebiets) können registriert werden.
2. Mindestens alle 4 Stunden.

Nr. 100 → S. 229

Mit welchem Messinstrument wird an Bord der Luftdruck gemessen?

Mit dem Barometer oder Barografen.

Nr. 101 → S. 233

1. **Wie bestimmen Sie an Bord die Windstärke, wenn keine Windmessanlage vorhanden ist?**
2. **Wie bestimmen Sie an Bord die Windrichtung, wenn keine Windmessanlage vorhanden ist?**

1. Die Windstärke wird geschätzt mithilfe der Beaufortskala in Anlehnung an das Seegangsbild.
2. Die Windrichtung wird anhand der Verlagerung der Wellenkämme geschätzt.

Seemannschaft I

(Antriebsmaschine und unter Segel)

Nr. 1 → S. 15

Was versteht man im Bootsbau unter Gelcoat?

Die äußere Schutzschicht eines Bauteils aus glasfaserverstärktem Kunststoff.

Nr. 2 → S. 15

Was versteht man beim GFK-Bootsbau unter Sandwichverfahren (GFK = glasfaserverstärkter Kunststoff)?

Zwischen zwei GFK-Schichten wird eine Zwischenlage zur Versteifung einlaminiert, z. B. aus Balsaholz.

Nr. 3 → S. 16

Welchen Vorteil hat die Sandwichbauweise gegenüber der Massivbauweise bei GFK-Yachten (GFK = glasfaserverstärkter Kunststoff)?

Große Steifheit, Verwindungsfestigkeit, geringes Gewicht, gute Isolierung.

Nr. 4 → S. 16

Beschreiben Sie die Vor- und Nachteile von Stahl als Baumaterial für Yachten.

Vorteile: zuverlässiges, problemloses Baumaterial mit sehr hoher Festigkeit und langer Lebensdauer.

Nachteile: hohes Gewicht, Rostanfälligkeit.

Nr. 5 → S. 19

Was bedeutet der Begriff „Kategorie“ im Zusammenhang mit dem CE-Zeichen für Wassersportfahrzeuge?

Mit der Kategorie legt der Hersteller fest, in welchem Fahrtgebiet, bis zu welcher Windstärke und bis zu welcher charakteristischen Wellenhöhe das Fahrzeug sicher betrieben werden kann.

Nr. 6 → S. 19

Welche Kategorien können im Zusammenhang mit dem CE-Zeichen für Wassersportfahrzeuge vergeben werden?

1. A Hochsee,
2. B Außerhalb von Küstengewässern,
3. C Küstennahe Gewässer,
4. D Geschützte Gewässer.

Nr. 7 → S. 19

Was bedeutet die im Zusammenhang mit dem CE-Zeichen für Wassersportfahrzeuge angegebene Kategorie „B Außerhalb von Küstengewässern“?

Das Fahrzeug ist ausgelegt für Fahrten außerhalb von Küstengewässern, in denen Windstärken bis einschließlich 8 Bft und signifikante Wellenhöhen bis einschließlich 4 m auftreten können.

Nr. 8 → S. 33

Beschreiben Sie den Aufbau einer Radsteuerung mit Seilzügen.

Das Rad dreht ein Zahnrad, über das eine Kette in der Steuersäule nach unten verläuft. Die Kette ist mit den Steuerseilen verbunden, welche über Umlenkrollen zum Ruderquadranten führen.

Nr. 9 → S. 37

Wie nennt man die Teile des „stehenden Gutes“, die den Mast nach vorn, achtern und seitlich verankern?

Stagen und Wanten.

Nr. 10 → S. 39

1. **Wozu dienen Backstagen?**
2. **Bei welchen Takelungen werden sie vor allem gefahren?**

1. Zum zusätzlichen Abstagen des Mastes nach achtern.
2. Bei 7/8-Takelung und anderen nicht toppgetakelten Yachten.

Nr. 11 → S. 39

Was ist das „laufende Gut“?

Tauwerk, das zum Setzen, Bergen oder Bedienen der Segel oder anderer Teile der Takelage dient.

Nr. 12 → S. 39

Was gehört zur regelmäßigen Pflege der Segel?

1. Nasse Segel trocknen,
2. Segel vor Sonnenlicht schützen,
3. Salzwasserreste abspülen
4. Beschädigungen umgehend beseitigen.

Nr. 13 → S. 41

Warum sollten Vorsegel für schweres Wetter im Unterliek hoch geschnitten sein?

Damit überkommende Seen nicht ins Segel schlagen und so Rigg und Segel belasten.

Nr. 14 → S. 45

Was ist ein Trysegel und wie wird es gefahren?

Ein Schwerwettersegel, das anstelle des Großsegels mit losem Unterliek gefahren wird.

Nr. 15 → S. 39

Warum soll man das Schlagen eines Segels vermeiden, vor allem bei stärkerem Wind?

Um Beschädigungen zu vermeiden.

Nr. 16 → S. 41

Wozu dienen Segellatten?

Zur Profilierung des Segels, damit das Achterliek nicht einklappt.

Nr. 17 → S. 43

Wozu dient ein „Cunningham-Stropp"?

Zur Regulierung der Vorliekspannung des Großsegels, um es so zu trimmen.

Nr. 18 → S. 41

Welche Segel sollte eine Segelyacht in der Küstenfahrt mindestens an Bord haben?

1. Reffbares Großsegel,
2. reffbare Rollfock oder Vorsegel verschiedener Größen,
3. Sturmfock.

Nr. 19 → S. 41

Wozu dient eine Vorsegel-Rollreffeinrichtung?

Mit ihr wird das Vorsegel um das Vorstag gerollt und kann so stufenlos verkleinert werden.

Nr. 20 → S. 43

Wozu dient eine Großsegel-Rollreffeinrichtung?

Mit ihr wird das Großsegel entweder im Mast oder im Baum aufgerollt und kann stufenlos verkleinert werden.

Nr. 21 → S. 49

Wozu dient der Lenzkorb am Ansaugstutzen einer Lenzpumpe und wie erhalten Sie damit ihre Funktionsfähigkeit?

Der Lenzkorb verhindert Verunreinigungen und Verstopfungen der Lenzpumpe. Er muss regelmäßig überprüft und gereinigt werden.

Nr. 22 → S. 49

Welche Lenzvorrichtungen und -möglichkeiten sollten auf jeder seegehenden Yacht vorhanden sein?

Zwei voneinander unabhängige Bilgenpumpen, von denen eine über Deck und eine unter Deck bedienbar ist, sowie 2 Pützen mit Leinen.

Nr. 23 → S. 108

Warum sollten Sie mehr als einen Anker an Bord haben, möglichst unterschiedlicher Art?

1. Als Ersatz bei Verlust,
2. zum Verwarpen oder Verkatten,
3. um unterschiedliche Ankergründe berücksichtigen zu können,
4. um bei schwerem Wetter oder in Tidengewässern vor 2 Ankern liegen zu können.

Nr. 24 → S. 59

Wie viele Fender und Festmacherleinen sollten Sie mindestens an Bord haben?

4 Festmacherleinen und 4 Fender.

Nr. 25 → S. 59

Was sollte auf jeder Yacht außer Festmacherleinen, Fallen und Schoten an Tauwerk vorhanden sein?

Reservetauwerk, Wurfleine, Schlepptrosse und Ankerleine.

Nr. 26 → S. 49

Für welche unterschiedlichen Reparaturbereiche sollten Sie Ersatzteile und Werkzeug an Bord haben?

1. Segelreparaturen,
2. Reparaturen an Rumpf und Rigg,
3. Motorreparaturen,
4. Elektroreparaturen
5. Reparaturen an Schlauchleitungen.

Nr. 27 → S. 39

Welches Werkzeug sollten Sie zur Segelreparatur an Bord haben?

Segelhandschuh, Segelnadeln, Segelgarn, Wachs, Zange und selbstklebendes Segeltuch.

Nr. 28 → S. 49

Ihr Mast ist gebrochen, eine Bergung ist nicht möglich. Welche Werkzeuge benötigen Sie, um die Takelage zu kappen?

Bolzenschneider, Metallsäge mit Ersatzblättern, Schraubenschlüssel und verschiedene Zangen.

Nr. 29 → S. 50

Welches Kleinmaterial und Kleinwerkzeug muss an Bord jederzeit greifbar sein?

Zeisinge, Bändselwerk, Tape, Reserveschäkel, Schäkelöffner, Bordmesser und Kombizange.

Nr. 30 → S. 49

Womit muss insbesondere eine Yacht mit Radsteuerung zusätzlich ausgerüstet sein, und warum sollten alle Mitsegler mit dieser Einrichtung vertraut sein?

Mit einer Notpinne. Sie muss ggf. in kürzester Zeit einsatzbereit sein.

Nr. 31 → S. 47

Wo finden Sie amtliche Informationen über die Ausrüstung und Sicherheit von Sportbooten, die auch bei der Beurteilung von Sportbootunfällen herangezogen werden?

1. „Sicherheit im See- und Küstenbereich, Sorgfaltsregeln für Wassersportler“, herausgegeben vom BSH,
2. „Sicherheit auf dem Wasser, Leitfaden für Wassersportler“, herausgegeben vom Bundesministerium für Verkehr, Bau und Stadtentwicklung.

Nr. 32 → S. 49

Warum müssen auf Yachten zusätzlich zu elektrisch oder motorgetriebenen Lenzpumpen auch Handlenzpumpen vorhanden sein?

Weil sie auch bei Strom- oder Motorausfall betätigt werden können.

Nr. 33 → S. 33

Warum ist Flüssiggas (Propan, Butan) an Bord einer Yacht besonders gefährlich?

Es ist schwerer als Luft, sinkt nach unten und bildet mit Luft ein explosives Gemisch; es kann sich im Schiffsinneren (z. B. in der Bilge) sammeln.

Nr. 34 → S. 35

Welche 4 Bedienelemente besitzt ein mit Handpumpe betriebenes Bord-WC auf einer Yacht?

1. Seeventil und Spülwasserschlauch (Seewasser),
2. Handpumpe für Toilettenspülung,
3. Hebel zur Unterbrechung der Seewasserzufuhr (Handpumpe dient dann nur noch zum Abpumpen),
4. Abwasserschlauch (via Fäkalientank) zum Seeventil.

Nr. 35 → S. 35

Beschreiben Sie in 5 Schritten die Bedienung eines Bord-WC auf einer Yacht.

1. Seeventil für Seewasserspülung öffnen,
2. Handpumpe betätigen, sodass das Becken gespült wird und gleichzeitig die Fäkalien abfließen – ausgiebig spülen,
3. Seewasserzufuhr unterbrechen (Hebel umlegen),
4. Becken mit Handpumpe leer pumpen,
5. Seeventile für Zu- und Abfluss schließen.

Nr. 36 → S. 17

Was versteht man unter der „Stabilität" eines Schiffes?

Unter Stabilität eines Schiffes versteht man seine Eigenschaft, in aufrechter Lage zu schwimmen und sich aus einer Krängung wieder aufzurichten.

Nr. 37 → S. 18

Wovon hängt die Stabilität eines Schiffes in ruhigem Wasser ab?
Nennen Sie Beispiele für äußere Momente, welche die Stabilität beanspruchen.

Die Stabilität eines Schiffes hängt ab von:

1. seiner Geometrie (Form),
2. der Gewichtsverteilung im Schiff (Ausrüstung, Crew, Ballast).

Beispiele für eine Beanspruchung der Stabilität sind krängende Momente durch Seitenwind, Trossenzug oder Drehkreisfahrt bei schnellen Motoryachten.

Nr. 38 → S. 17

Wovon hängt eine in ruhigem Wasser vorhandene Stabilität zusätzlich in schwerem Wetter ab?

Die Stabilität in schwerem Wetter hängt zusätzlich von Wind und Seegang, besonders von brechenden Wellen ab.

Nr. 39 → S. 17

Was versteht man unter
1. **Formschwerpunkt (F)?**
2. **Massenschwerpunkt (Gewichtsschwerpunkt, G)?**

Welche Kräfte wirken in den beiden Punkten?

1. Im Formschwerpunkt F kann man sich die Masse des vom Schiff verdrängten Wassers vereinigt denken. In F wirkt die Auftriebskraft senkrecht zur Wasseroberfläche nach oben.
2. Im Massenschwerpunkt G kann man sich die Masse des Schiffes einschließlich Ausrüstung und Besatzung vereinigt denken. In G wirkt die Gewichtskraft senkrecht zur Wasseroberfläche nach unten.

Nr. 40 → S. 18

Was geschieht bei einer Neigung des Schiffes, z. B. durch seitlichen Winddruck, solange sich die Lage des Massenschwerpunktes (Gewichtsschwerpunktes) nicht verändert? (Begründung!)

Der Formschwerpunkt F wandert zur geneigten Seite aus, weil dort ein größerer Teil des Bootskörpers unter Wasser gelangt. Die Wirklinie der Auftriebskraft bekommt dadurch einen seitlichen Abstand zur Wirklinie der Gewichtskraft. Es entsteht ein Kräftepaar, der seitliche Abstand zwischen den Wirklinien ist der Hebelarm. Es entsteht ein aufrichtendes Moment, welches gleich dem Produkt aus Gewichtskraft und Hebelarm ist.

Nr. 41 → S. 84

Erklären Sie mithilfe eines Vektorparallelogramms aus „wahrem Wind (wW)", „Fahrtwind (Fw)" und „scheinbarem Wind (sW)", warum beim Einfallen einer Bö (Windzunahme) der „scheinbare Wind" raumt.
Welcher Vorteil ergibt sich dadurch beim Kreuzen?

Verhältnisse vor Einfall der Bö

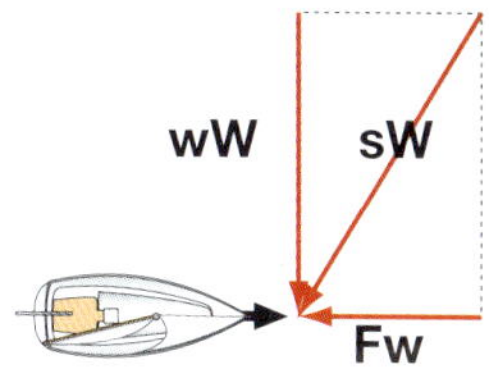

Verhältnisse bei Einfall der Bö:

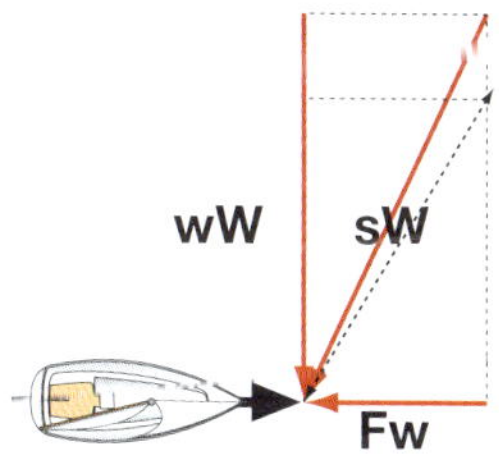

Der „scheinbare Wind" fällt etwas achterlicher ein, er „raumt", und das Segelboot kann etwas höher an den „wahren Wind" gehen.

Nr. 42 → S. 85

Auf Amwindkurs mussten Sie reffen. Ein entgegenkommendes Boot gleicher Größe segelt ungerefft. Wie erklären Sie das?

Der „scheinbare Wind" ist unterschiedlich stark. Er ist auf Amwindkursen stärker und auf Raumschot- oder Vorwindkursen schwächer als der „wahre Wind".

Nr. 43 → S. 11

Warum wird die Versetzung einer Yacht durch den Wind mit zunehmender Krängung größer?

Der Lateralplan wird kleiner, dadurch verringert sich der seitliche Widerstand des Schiffes im Wasser.

Nr. 44 → S. 81

Welchen Einfluss hat zunehmende Krängung auf den Trimm eines Segelbootes? (Begründung!)

Die Luvgierigkeit nimmt zu, weil der Segeldruckpunkt nach Lee auswandert.

Nr. 45 → S. 81

Sie segeln am Wind, Krängung und Ruderdruck nehmen stark zu.

1. **Wie bezeichnet man das Verhalten des Bootes?**
2. **Mit welchen Mitteln können Sie die Krängung und den Ruderdruck vermindern?**

1. Luvgierigkeit.
2. Traveller nach Lee setzen und/oder Großschot (etwas) fieren, Großsegel reffen.

Nr. 46 → S. 83

Welche Funktion hat ein Unterliekstrecker und wie kann mit dem Unterliekstrecker der Trimm des Großsegels beeinflusst werden?

Er reguliert die Spannung des Unterlieks. Je nach Zugkraft wird der untere Teil des Großsegels flacher oder bauchiger.

Nr. 47 → S. 81

Das Vorliek der Fock wirft Falten. Welches ist die häufigste Ursache?

Das Fall ist nicht genügend durchgesetzt.

Nr. 48 → S. 81

Das Unterliek Ihres Vorsegels killt. Was ist die Ursache?

Der Holepunkt der Schot liegt zu weit vorne.

Nr. 49 → S. 81

Das Achterliek Ihres Vorsegels killt. Was ist die Ursache?

Der Holepunkt der Schot liegt zu weit achtern.

Nr. 50 → S. 82

Wozu dienen Windfäden am Segel?

Sie machen den Strömungsverlauf am Segel sichtbar, um das Segel optimal trimmen zu können.

Nr. 51 → S. 83

1. **Wann sollte ein Großsegel flach getrimmt sein?**
2. **Wie kann ein Großsegel flach getrimmt werden?**

1. Bei Starkwind.
2. Dichtholen von Unterliek- und Vorliekstrecker, Dichtholen der Großschot, Durchsetzen des Großfalls, Spannung des Achterstags erhöhen, Traveller nach Lee.

Nr. 52 → S. 82

Mit welchen 6 Teilen des laufenden und stehenden Guts können Sie ein Großsegel trimmen?

Großschot, Traveller, Unterliekstrecker, Cunninghamstrecker, Großfall, Achterliek.

Nr. 53 → S. 16, 58

Wozu dienen „Opferanoden" und wann sollten sie ausgewechselt werden?

Sie dienen dem Schutz gegen Schäden durch Elektrolyse. Verbrauchte Anoden müssen nach einer Saison ersetzt werden, nicht erst wenn sie verbraucht sind.

Nr. 54 → S. 16

Wie schützt man auf Kunststoffyachten den Propeller gegen Elektrolyse?

Durch eine Zinkanode auf der Propellerwelle.

Nr. 55 → S. 25

Welche Sicherheitsmaßnahmen sind vor und beim Tanken von Diesel zu treffen?

1. Maschine abstellen,
2. offenes Feuer löschen (Rauchen einstellen),
3. Maßnahmen gegen Überlaufen treffen.

Nr. 56 → S. 29

Wie können Sie beim Tanken Umweltverschmutzungen vermeiden?

1. Tanköffnung mit Ölbindetüchern umlegen,
2. möglichst an Zapfsäulen mit Zapfhahn tanken,
3. beim Tanken aus Kanistern großen Trichter mit Schlauch benutzen,
4. Nachfüllen aus Kanistern bei Wind und bewegter See möglichst vermeiden.

Nr. 57 → S. 21

Wozu dient das Wendegetriebe eines Motors?

1. Zum Ein- und Auskuppeln des Propellers,
2. zum Umsteuern des Propellers auf Rückwärtsfahrt,
3. zur Drehzahluntersetzung.

Nr. 58 → S. 27

Welche Maßnahmen sind vor dem Anlassen eines eingebauten Motors zu treffen?

1. Hauptstromschalter einschalten,
2. Kraftstoff- und Kühlwasserventile öffnen,
3. Getriebe auf „neutral“ stellen.

Nr. 59 → S. 27

Was sollte nach dem Anlassen der Maschine kontrolliert werden?

1. Kühlwasserdurchlauf,
2. Öldruck und Ladung,
3. Motorengeräusche und
4. Auspuffgase.

Nr. 60 → S. 27

Was können erste Störungsanzeichen im Motorbetrieb sein?

Ungewöhnliche und fremde Motorengeräusche, Vibrationen, Verfärbung der Abgase, Aufleuchten der Ladekontrolle bzw. Öldruckkontrolle und die entsprechenden akustischen Warnungen.

Nr. 61 → S. 27

Wie können Sie einen Dieselmotor abstellen, wenn die vorgesehene Abstellvorrichtung defekt ist?

1. Kraftstoffzufuhr unterbrechen.
2. Verschließen des Luftansaugrohres/der Luftansaugrohre.

Nr. 62 → S. 28

Der Dieselmotor Ihres Bootes startet nicht. Welche Fehler, die Sie selbst überprüfen können, könnten die Ursache sein?

1. Anlasserdrehzahl zu gering (Batterie zu schwach),
2. kein Kraftstoff im Tank,
3. Luft in der Kraftstoffleitung,
4. falsche Bedienung der Kaltstarthilfe (eventuell Vorglühen zu kurz),
5. Anlasser defekt.

Nr. 63 → S. 28

Der Motor Ihres Bootes bleibt beim Einkuppeln stehen. Nennen Sie mögliche Ursachen.

1. Propellerwelle durch Tauwerk o. Ä. blockiert,
2. Schwerlauf des Getriebes wegen defekter Zahnräder, Lagerschaden, dicken Öls
3. verbogene Propellerwelle.

Nr. 64 → S. 28

Während Sie unter Maschine laufen, steigt plötzlich die Kühlwassertemperatur stark an. Ihre Yacht ist mit einem Saildrive-Antrieb ausgestattet.

1. Welche typische Ursache hat der Temperaturanstieg, wenn eine technische Störung unwahrscheinlich ist?

2. Wie können Sie die Störung einfach beheben?

1. Fremdkörper (Folienstücke, Plastiktüten, Pflanzenteile o. Ä.) haben den Kühlwassereinlass verstopft.
2. Mehrmals abwechselnd vor- und zurückfahren, sodass sich die Fremdkörper vom Kühlwassereinlass lösen.

Nr. 65 → S. 23

Welche Propeller werden auf Yachten mit Einbaumotor eingesetzt?

Festflügelpropeller, Faltpropeller, Drehflügelpropeller und Verstellpropeller.

Nr. 66 → S. 23

Was müssen Sie beim Aufstoppen unter Maschine mit einem Faltpropeller beachten?

Der Propeller entfaltet sich eventuell erst bei relativ hoher Drehzahl und der Wirkungsgrad ist geringer als beim Festflügelpropeller.

Nr. 67 → S. 23

Mit welchen 4 Angaben werden Propeller auf Yachten beschrieben?

Anzahl der Flügel, Größe ihrer Fläche, Durchmesser und Steigung.

Nr. 68 → S. 29

Was sollten Sie beachten, wenn Sie den kleinen Außenborder mit eingebautem Tank Ihres Beibootes an Bord verstauen? (Begründung!)

1. Tank und Vergaser müssen leer sein.
2. Lagerung an Deck oder in einer Backskiste mit Außenentlüftung, niemals unter Deck.
3. Restbenzin und entweichende Benzingase bilden mit Luft ein leicht entzündliches Gemisch.

Nr. 69 → S. 25

Wozu dient ein Wasserabscheider in der Kraftstoffleitung?

In ihm sammelt sich das Kondenswasser aus dem Tank; dadurch werden Startschwierigkeiten vermieden.

Nr. 70 → S. 25

Warum sollten Sie bei seltener Motorbenutzung den eingebauten Tank eines Dieselmotors möglichst vollgetankt halten?

Um Kondenswasserbildung zu verringern, was zu Startschwierigkeiten führen kann.

Nr. 71 → S. 30

Welche Motor-Ersatzteile bzw. Schmierstoffe sollten Sie mindestens an Bord haben?

1. Impeller für die Wasserpumpe,
2. Reservekeilriemen,
3. Motorenöl,
4. Dichtungsmaterial.

Nr. 72 → S. 31

1. **Was bedeutet die Angabe einer Batteriekapazität „2 x 60 Ah“? (Begründung!)**
2. **Welche Nettokapazität steht in dem Fall zur Verfügung? (Begründung!)**

1. Es handelt sich um 2 Batterien (Akkus) mit jeweils 60 Amperestunden, insgesamt also 120 Ah Nennkapazität.
2. Dem entspricht eine Nettokapazität von etwa 72 Ah, da ein Akku kaum über 80 % seiner Nennkapazität geladen werden kann.

Nr. 73 → S. 33

Geben Sie die benötigte Strommenge (in Amperestunden) an, um bei einer 12-Volt-Anlage zwei Verbraucher mit je 24 Watt 10 Stunden betreiben zu können (mit Angabe der Berechnung)!

Benötigte Strommenge je Verbraucher: 24 : 12 = 2 Ampere mal Anzahl der Verbraucher mal Stunden ergibt:
2 x 2 A x 10 h = 40 Ah.

Nr. 74 → S. 59

Wie muss Tauwerk beschaffen sein, das für Festmacherleinen, Anker- und Schlepptrossen verwendet wird?

Es muss bruchfest und elastisch sein.

Nr. 75 → S. 60

Wodurch können Sie verhindern, dass Festmacherleinen durch Schamfilen in Klüsen oder an Kanten an der Pier beschädigt werden?

Durch einen gegen Verrutschen gesicherten Plastikschlauch, der über den Festmacher an der Scheuerstelle gezogen wird, hilfsweise mit Tuchstreifen.

Nr. 76 → S. 60

Was müssen Sie hinsichtlich der Festigkeit bedenken, wenn Sie Leinen zusammenknoten?

Beim Knoten können Festigkeitsverluste bis zu 50 % auftreten.

Nr. 77 → S. 60

Wodurch können Sie verhindern, dass bei Tauwerk aus unterschiedlichem Innen- und Außenmaterial die Seele in den Mantel rutscht?

Durch einen genähten Takling.

Nr. 78 → S. 71

Wie sind längsseits liegende Fahrzeuge festzumachen? Ergänzen Sie die Skizze und benennen Sie die Leinen.

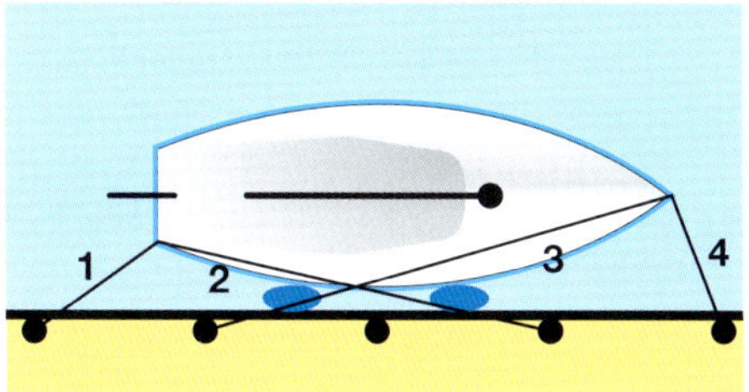

1. Achterleine,
2. Achterspring,
3. Vorspring,
4. Vorleine.

Nr. 79 → S. 71

Wie können Sie mithilfe von zwei Fendern und einem Fenderbrett Ihr Boot festmachen, wenn die Pier mit vorspringenden Pfählen versehen ist? Ergänzen Sie die Skizze mit Leinen.

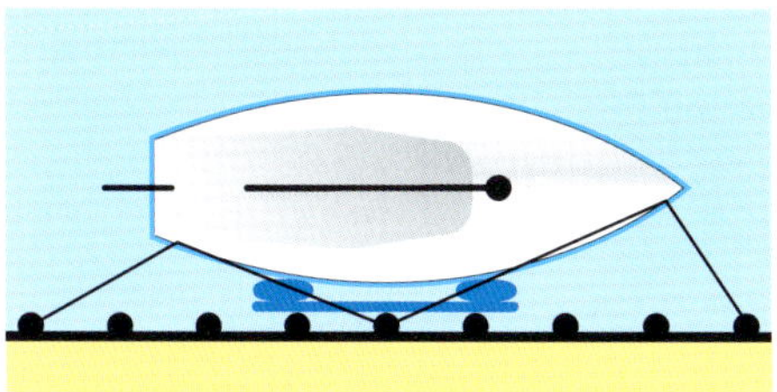

Nr. 80 → S. 58

Was ist an Land beim Reinigen eines mit Antifouling behandelten Unterwasserschiffes zu beachten?

Umweltschutzbestimmungen beachten, d. h., das Schiff nur auf einem entsprechend ausgerüsteten Reinigungsplatz abspritzen und Wasser und Schmutz auffangen, also nicht in die Kanalisation leiten.

Nr. 81 → S. 33

Ein funktionsfähiges elektrisches Gerät arbeitet an Bord nicht. Nennen Sie häufige Ursachen und was kann zur Behebung getan werden?

1. Schlechte Kontakte und Korrosion.
2. Kontakte fest anziehen, korrodierte Stellen mit feinstem Schleifpapier säubern, Kontaktspray verwenden.

Nr. 82 → S. 15

Warum müssen Schäden im Gelcoat unverzüglich beseitigt werden?

Das Laminat unter der Gelcoatschicht nimmt sonst Wasser auf und wird dadurch geschädigt.

Nr. 83 → S. 60

Welche Daten sollten mindestens an Bord im Logbuch dokumentiert werden?

1. Namen und Funktionen der Crewmitglieder,
2. Beginn und Ende einer Fahrt
3. in angemessenen Zeitabständen: Position, Kurs, Geschwindigkeit, Strömung, Wetter, Luftdruck.

Nr. 84 → S. 82

Worauf müssen Sie vor dem Setzen des Großsegels achten? Welche Gefahr besteht nach dem Setzen des Großsegels, solange der Wind von vorne kommt?

1. Großschot und Baumniederholer müssen ausreichend Lose haben.
2. Das Großfall muss frei laufen und darf nicht vertörnt sein.
3. Verletzungsgefahr durch schlagenden Großbaum.

Nr. 85 → S. 56

Was tun Sie, wenn Ihr Großsegel unter der untersten Lattentasche einreißt?

1. Untere Latte entfernen.
2. Segel bis über den Riss reffen.

Nr. 86 → S. 43

Beschreiben Sie die Schritte für den Reffvorgang mit dem Bindereff.

1. Sicherstellen, dass Dirk angeschlagen oder Baum durch stützenden Baumniederholer in der Höhe gehalten wird,
2. Fall fieren und Segel etwas herunterholen,
3. Segelhals in Reffhaken am Lümmelbeschlag einhaken und festsetzen,
4. Fall wieder dichtholen,
5. Segelschothorn (hintere Reffkausch) mit Schmeerreep oder Reffleine nach achtern auf den Baum holen
6. eventuell loses Segeltuch auftuchen und mit Reffbändseln/Reffleine einbinden.

Nr. 87 → S. 88

1. **Wozu dient ein „Bullenstander"?**
2. **Wie wird er gefahren?**

1. Er soll das ungewollte Überkommen des Großbaums bei achterlichen Winden verhindern.
2. Von der Baumnock zum Vorschiff.

Nr. 88 → S. 83

Warum muss beim Segeln vor dem Wind oder mit raumem Wind der Baumniederholer entsprechend der Windstärke durchgesetzt werden?

Um das Steigen des Baumes zu verhindern.

Nr. 89 → S. 71

Wenn gleich große Boote im Päckchen oder in der Box zusammenliegen, kann es zu Berührungen und Schäden in der Takelage kommen. Wie ist das zu verhindern?

Boote versetzt legen, damit Masten nicht auf gleicher Höhe sind oder im Wechsel Heck-Bug zur Pier legen.

Nr. 90 → S. 71

Worauf ist beim Liegen in einer Box in Bezug auf benachbarte Boote zu achten, wenn Schwell in den Hafen läuft?

Dass benachbarte Boote mit ihren Masten versetzt liegen und nicht gegeneinanderschlagen.

Nr. 91 → S. 97

Sie sind mit Ihrer Segelyacht auf See. Was veranlassen Sie bei einem Gewitteraufzug?

1. Vorsegel rechtzeitig verkleinern,
2. Großsegel klar zum Reffen oder Bergen,
3. Schlechtwetterkleidung, Sicherheitsgurte und Rettungswesten anlegen,
4. Position in Karte eintragen.

Nr. 92 → S. 91

Sie übernehmen in einem Hafen eine Ihnen unbekannte Yacht. Wie machen Sie sich zu Reisebeginn mit den Segeleigenschaften vertraut?

Ich fahre diverse Manöver – Wende, Halse, Q-Wende, verschiedene Rettungsmanöver – mit unterschiedlicher Geschwindigkeit und Besegelung.

Nr. 93 → S. 56

Wie verhalten Sie sich nach einem Mastbruch, was müssen Sie veranlassen?

1. Nach Möglichkeit den Mast an Bord nehmen und sichern.
2. Falls nicht möglich, Mast und Wanten kappen, um Rumpfschäden zu vermeiden.

Nr. 94 → S. 94

Von welchen Faktoren ist die Länge eines Nahezuaufschießers zu einer im Wasser treibenden Person abhängig?

Geschwindigkeit, Wind, Seegang, Strömung und Form und Gewicht des Bootes.

Nr. 95 → S. 75

Sie wollen in eine Box einlaufen. Wie bereiten Sie die Achterleinen vor und machen sie fest?

Achterleinen mit Auge versehen (z. B. Palstek), möglichst früh über die Pfähle legen, bei seitlichem Wind zuerst über den Luvpfahl.

Nr. 96 → S. 59

Welche Vorbereitung haben Sie für ein Anlegemanöver zu treffen?

1. Crew für Manöver einteilen.
2. Leinen und Fender bereitlegen.

Nr. 97 → S. 21

Welchen Nachteil hat ein „Saildrive-Antrieb" insbesondere bei Hafenmanövern?

Durch den großen Abstand zwischen Propeller und Ruder wird dieses nicht direkt angeströmt. Das kann die Manövrierfähigkeit beim Anfahren etwas verschlechtern.

Nr. 98 → S. 23

Was ist ein Bugstrahlruder und wozu dient es?

Eine im Bug einer Yacht befindliche Röhre mit einem Propeller, mit dem ein Querschub und damit ein Drehen des Buges bei geringen Vorausgeschwindigkeiten erreicht werden kann.

Nr. 99 → S. 23

Bei welchen Manövern können Sie ein Bugstrahlruder sinnvoll einsetzen?

1. Beim An- und Ablegen.
2. Beim Drehen auf engem Raum.

Nr. 100 → S. 63

Sie liegen längsseits mit der Steuerbordseite an einer Pier. Beschreiben Sie ein Ablegemanöver unter gleichzeitigem Einsatz von Bugstrahlruder und Maschine.

1. Hebel für Bugstrahlruder nach Backbord legen, sodass der Bug von der Pier weggedrückt wird (nach Backbord schwenkt) und gleichzeitig
2. Ruderlage deutlich nach Steuerbord und langsame Fahrt voraus, sodass das Heck nach Backbord ausschwenkt.

So wird das Schiff fast parallel von der Pier abgedrückt.

Nr. 101 → S. 99

Wie können Sie im freien Seeraum auf einer Segelyacht einen Sturm abwettern?

1. Durch Beiliegen; Lenzen vor Topp und Takel, dabei Leinen achteraus schleppen; Liegen vor Treibanker oder
2. unter Sturmbesegelung aktiv segelnd und nach Möglichkeit brechende Seen aussteuernd.

Nr. 102 → S. 98

Warum kann das Anlaufen eines Hafens bei auflandigem Starkwind bzw. schwerem Wetter gefährlich werden?

Gefahr durch Grundseen bzw. Kreuzseen. Möglichkeit von Querstrom.

Nr. 103 → S. 99

Warum kann eine Leeküste bei schwerem Wetter einer Segelyacht gefährlich werden?

Wenn die Yacht sich nicht freikreuzen kann, droht Strandung.

Nr. 104 → S. 88

Mit welchem Manöver können Sie bei Starkwind das Halsen vermeiden (Name)?

Vervollständigen Sie die Skizze durch Einzeichnen der Kurslinie und geben Sie die erforderlichen Manöver an.

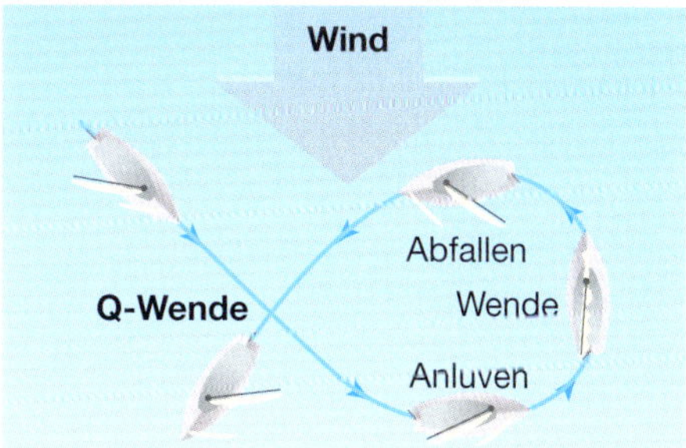

Nr. 105 → S. 99

Was erreicht man mit dem Ausbringen eines Treibankers bei schwerer See?

Man hält bei richtiger Leinenlänge den Bug im Wind und verringert die Driftgeschwindigkeit.

Nr. 106 → S. 71

Worauf müssen Sie achten, wenn Sie in Tidengewässern längsseits einer Pier festgemacht haben?

1. Die Wassertiefe muss auch bei Niedrigwasser ausreichen oder sicheres Aufsetzen muss gewährleistet sein.
2. Die Leinen müssen für den Tidenstieg oder -fall ausreichend lang sein. Bei größerem Tidenhub darf das Fahrzeug keinesfalls unbeaufsichtigt bleiben.

Nr. 107 → S. 98

Sie kreuzen bei frischem Wind und mitlaufendem Strom (Wind gegen Strom) nach Luv auf. Welche Auswirkungen hat ein gegen den Wind setzender Strom auf den Seegang?

Durch den Strom entsteht eine kurze, steile und kabbelige See.

Nr. 108 → S. 181 (Navigation)

Wie wirkt sich mitlaufender Strom auf die Fahrt eines Fahrzeugs und die Loganzeige aus?

1. Der Strom erhöht die Fahrt über Grund.
2. Das Log zeigt dies nicht an.

Nr. 109 → S. 53

Welche Hilfsmittel können Sie einsetzen, um einen Überbordgefallenen an Deck zu bekommen?

Bewegliche (und gesicherte) Badeleiter, eventuell Großschot, beschwerte Trittschlinge, Rettungstalje, Unterfangen mit kleinem Segel, Bergegurt, Dingi.

Nr. 110 → S. 93
Welche Sofortmaßnahmen sind einzuleiten, wenn jemand über Bord gefallen ist?
1. Ruf: „Mensch über Bord!"
2. Rettungsmittel zuwerfen,
3. Ausguck halten, Mensch im Auge behalten,
4. Maschine starten,
5. „Mensch-über-Bord-Manöver" einleiten,
6. Notmeldung abgeben,
7. ggf. Markierungsblitzboje werfen,
8. ggf. MOB-Taste eines satellitengestützen Navigationsgerätes drücken,
9. Bergung durchführen.

Nr. 111 → S. 97
Welche Maßnahmen können gegen das Überbordfallen getroffen werden?
1. Sicherheitsgurte anlegen und einpicken.
2. Anbringen von „Streck"- oder Laufleinen vom Bug zum Heck.
3. Crew auf Befestigungspunkte (Einpickpunkte für Karabinerhaken) hinweisen.

Nr. 112 → S. 93
Nennen Sie die grundsätzlichen Schritte und ihre Ziele zur Rettung einer über Bord gegangenen Person.
1. Maschine starten,
2. Suche, Herstellung eines Sichtkontaktes zur über Bord gegangenen Person,
3. „Mensch-über-Bord-Manöver", Annäherung an die im Wasser treibende Person und Herstellung einer ersten Leinenverbindung,
4. Bergung, sicheres und schnelles Anbordnehmen der Person,
5. Erste Hilfe, Betreuung,
6. ggf. Notalarm abgeben.

Nr. 113 → S. 94
Mit welchen Hilfsmitteln können Sie den Bezugspunkt (internationaler Begriff: Datum) für die Suche nach einem Überbordgefallenen sichern?
1. Markierungsblitzboje,
2. MOB-Taste eines satellitengestützten Navigationsgerätes (z. B. GPS).

Nr. 114 → S. 48
Was gehört u. a. zur Sicherheitsausrüstung z. B. einer 10-m-Yacht? Nennen Sie mindestens 6 Ausrüstungsgegenstände.
1. Lenzpumpen und Pützen,
2. Lecksicherungsmaterial,
3. Feuerlöscher,
4. Werkzeug und Ersatzteile,
5. Seenotsignalmittel,
6. Handlampen,
7. Funkeinrichtung,
8. Anker,
9. Erste-Hilfe-Ausrüstung,
10. Radarreflektor und
11. Rettungsmittel.

Nr. 115 → S. 48
Was gehört zur Sicherheitsausrüstung der Besatzung in der Küstenfahrt?
1. Rettungsweste und Sicherheitsgurt (Lifebelt) für jedes Besatzungsmitglied,
2. Rettungsfloß (Rettungsinsel),
3. Rettungskragen mit Tag- und Nachtsignal und
4. Erste-Hilfe-Ausrüstung mit Anleitung.

Nr. 116 → S. 50
Wie erhalten Sie Kenntnis über das nächste Wartungsdatum eines Rettungsfloßes?
Die runde, auf der Insel klebende farbige Serviceplakette oder das bei der letzten Wartung mitgelieferte Zertifikat geben Auskunft über den nächsten Wartungstermin.

Nr. 117 → S. 47
Worauf müssen Sie bei Ihren Automatikrettungswesten hinsichtlich der Funktionssicherheit achten?
Auf regelmäßige Wartung. Wartungsfälligkeit erkennbar an der farbigen Serviceplakette.

Nr. 118 → S. 97
Was ist auf Deck einer Yacht ein Strecktau (auch Laufleine genannt) und wozu dient es?
Ein neben der Fußreling verlaufender Draht, Gurt oder eine starke Leine zwischen Cockpit und Vorschiff straff gespannt zum Einpicken der Sicherheitsleine (Lifebelt).

Nr. 119 → S. 51

Welche Seenotsignalmittel sollten Sie an Bord haben?
Nennen Sie mindestens 6 Beispiele.

1. Handfackeln, rot,
2. Handraketen, rot,
3. Rauchfackeln oder Rauchtopf, orange,
4. Signalpistole mit Munition,
5. Seewasserfärber,
6. Signalflaggen N und C,
7. Signallampe,
8. Seenotfunkboje.

Nr. 120 → S. 54

Welche Feuerlöscheinrichtungen sollten an Bord vorhanden sein?

1. Feuerlöscher (ABC-Pulverlöscher und eventuell CO_2-Löscher),
2. Pütz zum Löschen von Bränden fester Stoffe,
3. Feuerlöschdecke,
4. Löschdurchlass für geschlossene Motorräume, der das Löschen von Bränden mit CO_2-Löschern ohne Sauerstoffzutritt ermöglicht.

Nr. 121 → S. 54

Welche Feuerlöscharten sind für Sportboote geeignet?
Wie und wo sind sie an Bord unterzubringen?

1. Der ABC-Pulverlöscher, für geschlossene Motorräume der CO_2-Löscher.
2. Der Feuerlöscher muss gebrauchsfertig und leicht erreichbar sein, CO_2-Löscher nicht im Schiffsinneren unterbringen (Erstickungsgefahr bei Leckage).
3. Er soll in der Nähe der Maschinenräume, der Kombüse bzw. der Koch- oder Heizstelle montiert sein.

Nr. 122 → S. 55

Wie wird die ständige Funktionssicherheit eines Feuerlöschers sichergestellt?

1. Durch Einhaltung des vorgeschriebenen Prüftermins, ersichtlich aus der Prüfplakette.
2. Der Feuerlöscher muss vor Feuchtigkeit und Korrosion geschützt werden.

Nr. 123 → S. 55

Wie wird ein Brand an Bord wirksam bekämpft?

1. Alle Öffnungen schließen,
2. Brennstoffzufuhr (Hauptschalter) unterbrechen,
3. Feuerlöscher erst am Brandherd betätigen,
4. Feuer von unten und von vorn bekämpfen,
5. Löschdecke einsetzen,
6. Flüssigkeitsbrände nicht mit Wasser bekämpfen.

Nr. 124 → S. 45

Was ist vor Reisebeginn beim Seeklarmachen zu überprüfen und zu beachten?
Nennen Sie mindestens 6 Beispiele.

1. Seetüchtigkeit der Yacht,
2. Zahl und Zustand der Segel,
3. Treibstoffvorrat,
4. Navigationsunterlagen,
5. Sicherheitseinweisung der Besatzung,
6. Rettungsmittel,
7. Seenotsignale,
8. Trinkwasser- und Proviantvorräte,
9. Funktionsfähigkeit des Motors,
10. Funktionsfähigkeit der elektronischen Navigationsgeräte,
11. Lenzeinrichtungen,
12. Feuerlöscher,
13. Boots- und Personalpapiere,
14. Betriebsfähigkeit der UKW-Seefunkanlage.

Nr. 125 → S. 47

Was gehört zur Sicherheitseinweisung der gesamten Besatzung vor Reisebeginn?
Nennen Sie mindestens 6 Beispiele.

Einweisung in Gebrauch und Bedienung

1. der Rettungswesten und Sicherheitsgurte,
2. des Rettungsfloßes,
3. der Signalmittel,
4. der Lenzpumpen,
5. der Seeventile und des Bord-WC,
6. der Kocheinrichtung,
7. der Feuerlöscher,
8. der Motoranlage,

9. der Elektroanlage,
10. des Rundfunkgerätes und der UKW-Seefunkanlage,
11. Verhalten bei „Mensch-über-Bord“,
12. Erkennen und Verhalten bei Seekrankheit.

Nr. 126 → S. 47
In welche technischen Einrichtungen/Ausrüstungen muss der Schiffsführer die Besatzung vor Reiseantritt unbedingt einweisen?
Nennen Sie mindestens 6 Beispiele.
1. Ankergeschirr,
2. Lenzeinrichtung,
3. Feuerlöscheinrichtungen,
4. Motoranlage,
5. Seeventile,
6. UKW-Seefunkanlage,
7. MOB-Taste vom satellitengestützten Navigationsgerät (z. B. GPS),
8. Seenotsignalmittel,
9. Notrudereinrichtung.

Nr. 127 → S. 58
Welche Sicherheitsmaßnahmen sind vor jedem Auslaufen durchzuführen?
Nennen Sie mindestens 6 Beispiele.
1. Wetterbericht einholen,
2. Kontrolle der Sicherheitsausrüstung,
3. Kontrolle von Motor und Schaltung,
4. Kontrolle der nautischen Geräte,
5. Kontrolle der Bilge,
6. Überprüfen des Wasser- und Kraftstoffvorrats,
7. Kontrolle der Schall- und Lichtsignaleinrichtung,
8. Kontrolle der Navigationslichter,
9. Bereitlegen der aktuellen Seekarten und nautischenVeröffentlichungen.

Nr. 128 → S. 47
Warum sollten alle Crewmitglieder Lage und Funktion sämtlicher Pumpen und Ventile kennen?
Damit sie im Bedarfsfall jeder bedienen kann.

Nr. 129 → S. 35
Warum sollte die Crew in die Funktion des Bord-WC eingewiesen werden?
Weil durch unsachgemäße Bedienung Wasser ins Bootsinnere gelangen kann.

Nr. 130 → S. 106
Warum sollte die Crew vor Reisebeginn in die Funktion des Ankergeschirrs und die Durchführung eines Ankermanövers eingewiesen werden?
Damit jeder den Anker sicher ausbringen und einholen kann.

Nr. 131 → S. 57
Wie verhalten Sie sich, wenn Ihr Schiff leckgeschlagen ist?
1. Meldung abgeben.
2. Je nach Erfordernissen Fahrt aus dem Schiff nehmen.
3. Lenzpumpen betätigen, Lecksuche, Leck mit Bordmitteln abdichten.
4. Küste bzw. flaches Wasser ansteuern.
5. Fahrzeug so trimmen, dass Leckstelle aus dem Wasser kommt bzw. möglichst wenig unter Wasser ist.

Nr. 132 → S. 57
Was tun Sie, wenn Ihr Schiff leckgeschlagen ist und das Wasser im Schiff trotz aller Maßnahmen weiter steigt?
1. Notzeichen geben, Funkmeldung abgeben, ggf. Radartransponder einschalten.
2. Verlassen des Bootes vorbereiten, Rettungs-westen anlegen, Rettungsfloß klarmachen.
3. Wenn möglich, ruhiges Flachwasser anlaufen und Schiff auf Grund setzen.

Nr. 133 → S. 99
Welche Folgen können Grundberührungen und harte Stöße, z. B. bei Anlegemanövern oder Kollisionen mit treibenden Gegenständen, haben?
1. Eine Beschädigung der Bordwand kann eintreten.
2. Es kann Sinkgefahr entstehen.

Nr. 134 → S. 101
Welche grundsätzliche Verhaltensweise sollte beachtet und welche Maßnahmen sollten ergriffen werden, wenn Ihr Schiff in Seenot kommt?
1. Ruhe bewahren und überlegt handeln.
2. Notalarm abgeben, ggf. Radartransponder einschalten.
3. Rettungsfloß klarmachen.
4. Rettungsweste und Sicherheitsgurt anlegen.
5. So lange wie möglich an Bord bleiben.
6. Wärmende Kleidung anziehen.

Nr. 135 → S. 101

Welche Maßnahmen treffen Sie, bevor Sie von Ihrem Fahrzeug in ein Rettungsfloß übersteigen?

1. Rettungsweste und Sicherheitsgurt anlegen.
2. Wärmende Kleidung anziehen.
3. Nach Möglichkeit vorher reichlich warme Flüssigkeit trinken.
4. Soweit noch nicht geschehen, Proviant, Wasser, Seenotsignalmittel und ggf. Seenotfunkbake, Radartransponder und UKW-Handsprechfunkgeräte in das Rettungsfloß bringen.

Nr. 136 → S. 101

Warum sollte ein sinkendes Schiff im Notfall so spät wie möglich verlassen werden?

1. Die Überlebensmöglichkeiten sind auf dem Schiff größer.
2. Ein Schiff ist besser zu orten.
3. Einstieg in das Rettungsfloß und Aufenthalt können sehr schwierig sein.

Nr. 137 → S. 103

Erklären Sie die Handhabung der Hubschrauberrettungsschlinge im Einsatz!

1. Bei offener Rettungsschlinge: zuerst den Karabinerhaken einpicken.
2. Mit dem Kopf und beiden Armen in die Rettungsschlinge einsteigen.
3. Die Arme müssen nach unten gedrückt werden und die Hände sind zu schließen.
4. Das Windenseil muss frei hängen, es darf nicht an Bord befestigt werden.

Nr. 138 → S. 101

Wann dürfen Notzeichen gegeben werden?

Nach Feststellung des Notfalles auf Anordnung des Schiffsführers; bei unmittelbarer Gefahr für das Schiff oder die Besatzung, die ohne fremde Hilfe nicht überwunden werden kann.

Nr. 139 → S. 51

Wann darf ein UKW-Sprechfunkgerät auch ohne entsprechenden Befähigungsnachweis benutzt werden?

In Notfällen.

Nr. 140 → S. 98

Worauf ist zu achten, wenn Crewmitglieder seekrank sind?

1. Aufenthalt im Cockpit beaufsichtigen und Crewmitglieder gegen Überbordfallen sichern,
2. Flüssigkeitsverlust ausgleichen (Wasser),
3. Crewmitglied anhalten, zur Küste oder zum Horizont zu schauen,
4. mit Arbeiten beschäftigen.

Nr. 141 → S. 104

Wozu dient ein Reitgewicht (Gleitgewicht, Ankergewicht) beim Ankern?

Es soll die Ankertrosse auf den Grund ziehen, damit der Anker nicht durch einen zu steilen Winkel aus dem Grund gebrochen wird. Es wirkt ruckdämpfend.

Nr. 142 → S. 104

Warum sollte beim Verwenden einer Ankertrosse ein Kettenvorlauf benutzt werden?

Damit der Zug auf den Anker nicht zu steil wird.

Nr. 143 → S. 103

Welcher Ankergrund ist für die üblichen Leichtgewichtsanker

1. gut geeignet?
2. mäßig geeignet?
3. ungeeignet?

1. Sand, Schlick, weicher Ton und Lehm,
2. harter Ton und Lehm,
3. steinige, verkrautete und stark schlammige Böden.

Nr. 144 → S. 106

Was müssen Sie bei der Auswahl eines Ankerplatzes beachten?

1. Der Ankerplatz sollte Schutz vor Wind und Wellen bieten.
2. Auf ausreichenden Platz zum Schwojen achten.
3. Mögliche Winddrehungen einplanen.

Nr. 145 → S. 103

Welchen Ankergrund sollten Sie nach Möglichkeit meiden?

Steinige, verkrautete und stark schlammige Böden.

Nr. 146 → S. 104

Wie können Sie die Haltekraft eines Ankers erhöhen, wenn Sie auf engem Raum (z. B. zwischen zwei Stegen) nicht die erforderliche Kettenlänge stecken können?

Mit einem Reitgewicht, um so den Anker besser am Boden zu halten.

Nr. 147 → S. 104

Sie ankern in einer Bucht. Wie können Sie bei zunehmendem Wind die Haltekraft Ihres Ankers verbessern?

1. Mehr Trosse oder Kette stecken,
2. Reitgewicht verwenden.

Nr. 148 → S. 103

Sie wollen auf verkrautetem Grund ankern. Ihnen steht ein Leichtgewichtsanker und ein Stockanker zur Verfügung. Welchen benutzen Sie und warum?

Den Stockanker, weil er sich insbesondere auch aufgrund seines höheren Gewichtes besser eingräbt.

Nr. 149 → S. 106

Wozu dient eine Ankerboje?

1. Sie zeigt die Lage des Ankers an.
2. Mit der Trippleine kann das Bergen eines unklaren Ankers unterstützt werden.

Nr. 150 → S. 108

Wie erkennen Sie, ob der Anker hält?

1. Vibration von Kette oder Trosse prüfen,
2. Einrucken des Ankers prüfen,
3. durch wiederholte Peilungen und ggf. Schätzungen des Abstands zu anderen Schiffen oder zu Landmarken,
4. falls GPS vorhanden ist, die Ankeralarmfunktion einschalten.

Nr. 151 → S. 103

Welche Ankerarten finden überwiegend auf Sportbooten Verwendung? Nennen Sie 3.

1. Patentanker,
2. Stockanker (einklappbarer Stock),
3. Draggen (klappbare Flunken),
4. Pflugscharanker.

Nr. 152 → S. 103

Nennen Sie 3 Ankertypen, die vom Germanischen Lloyd als Anker mit hoher Haltekraft anerkannt sind.

Bruce-Anker, CQR-Anker, Danforth-Anker, D'Hone-Anker.

Nr. 153 → S. 105

1. **Welches sind die Vorteile einer Ankerkette gegenüber einer Ankerleine?**
2. **Wie kombiniert man auf Yachten häufig die Systeme?**

1. Die Kette unterstützt das Eingraben, verkleinert den Schwojeraum, wirkt ruckdämpfend, kann nicht an Steinen durchscheuern und erhöht die Haltekraft des Ankers.
2. Es wird zwischen Anker und Leine ein Kettenvorlauf von 3 bis 5 m gefahren.

Nr. 154 → S. 105

1. **Warum soll eine Ankerleine nicht an den Anker geknotet werden?**
2. **Warum muss die Ankerkette mit einem Taustropp am Schiff bzw. im Kettenkasten befestigt werden?**

1. Knoten reduzieren die Bruchlast einer Leine um bis zu 50 %.
2. Damit die Kette im Notfall schnell gekappt werden kann.

Nr. 155 → S. 106

Sie wollen in einer Bucht ankern, in der das (ausreichend tiefe) Wasser unterschiedliche Färbungen zeigt. Wo wählen Sie den Ankerplatz? (Begründung!)

Ich ankere auf hellem Wasser. Begründung: Der Grund ist hier sandig, der Anker hält gut. Dunkler Grund weist auf Bewuchs hin, wo der Anker schlecht hält.

Nr. 156 → S. 108

Warum darf der Anker nicht zusammen mit seiner Leine am Ankerplatz über Bord geworfen werden?

Die Leine könnte mit dem Anker vertörnen und dadurch das Eingraben des Ankers verhindern. Der Anker würde dann nicht halten.

Nr. 157 → S. 111

Was müssen Sie bedenken, wenn ein großes Schiff auf Ihr Sportboot zukommt?

1. Andere Manövrierfähigkeit (größere Drehkreise, längere Stoppstrecken),
2. u. U. eingeschränkte Sicht des anderen Fahrzeugs, insbesondere nach voraus,
3. Möglichkeit des Übersehenwerdens, weil man sich im Radarschatten befindet,
4. Beeinträchtigung durch Bugwellen des großen Schiffes,
5. mögliche Beeinträchtigung der Manövrierfähigkeit des eigenen Bootes durch Windabdeckung.

Nr. 158 → S. 112

Warum sollten Sie nicht zu dicht hinter dem Heck eines vorbeifahrenden Schiffes durchfahren?

Sog und Hecksee können das eigene Boot erheblich gefährden.

Nr. 159 → S. 112

Was müssen Sie beim Passieren eines großen Schiffes bei dessen Kursänderungen, z. B. in einem kurvenreichen Fahrwasser, beachten?

Bei einer Kursänderung schwenkt das Heck deutlich in die entgegengesetzte Richtung aus, also nach Backbord bei einer Kursänderung nach Steuerbord und umgekehrt.

Nr. 160 → S. 112

Mit welchen Stoppstrecken und Stoppzeiten müssen Sie bei großen Schiffen in voller Fahrt rechnen und wovon hängen sie ab?

Abhängig von Schiffstyp und -größe, Beladungszustand und Ausgangsgeschwindigkeit ist mit der 8- bis 12fachen Schiffslänge und bis zu 8 bis 12 Minuten Dauer (z. B. ein 300 m langes Containerschiff voll abgeladen mit 24 kn: Stoppstrecke ca. 2 sm, Stoppzeit ca. 12 Minuten) zu rechnen.

Nr. 161 → S. 113

Wie reagiert ein großes Schiff, wenn bei ca. 20 kn Fahrt ein Ausweichmanöver durch Hartruderlage eingeleitet wird?

Nach welcher Distanz verlässt es in etwa die alte Kurslinie?

Der Steven bewegt sich in Richtung der Hartruderlage, das Heck schlägt relativ weit zur entgegengesetzten Richtung aus. Das Schiff verlässt mit seinem Heck erst nach mehreren Schiffslängen seine bisherige Kurslinie, bewegt sich also zunächst in der alten Kursrichtung fort. Diese Strecke kann bei 300 m langen Containerschiffen 1,5 bis 2,5 Schiffslängen, d. h. ca. 500 bis 600 m betragen.

Nr. 162 → S. 113

Auf vielen großen Schiffen ist die Sicht nach vorne eingeschränkt. Welchen Abstand vor einem Schiff müssen Sie als nicht einsehbar mindestens berücksichtigen?

Sichtbeschränkung nach voraus maximal 2 Schiffslängen oder 500 m.

Nr. 163 → S. 113

Wie können Sie die Wahrscheinlichkeit erhöhen, im Radar von anderen Fahrzeugen gesehen zu werden?

Durch einen möglichst hoch und fest angebrachten passiven Radarreflektor bzw. besser noch durch einen „aktiven“ Radarreflektor.

Seemannschaft II
(Antriebsmaschine)

Nr. 1 → S. 15
Welche Bootsbau-Werkstoffe finden im Sportbootbau für den Rumpf überwiegend Verwendung?
1. GFK = glasfaserverstärkter Kunststoff,
2. Stahl,
3. Aluminium,
4. wasserfest verleimtes Sperrholz,
5. Massivholz.

Nr. 2 → S. 13
Was versteht man unter einem Gleiter (schnelle Schiffe) und welche Fahreigenschaften hat solch ein Motorboot?
Schnelle Schiffe, deren Gewicht überwiegend von Auftriebskomponenten getragen wird (flache und breite Konstruktion) und die auf glattem Wasser bei höherer Geschwindigkeit in Gleitfahrt kommen. Bei Seegang können die Boote hart aufschlagen, sodass die Konstruktionen stark beansprucht werden.

Nr. 3 → S. 13
Was versteht man unter einem „Verdränger“ und welche Fahreigenschaften hat solch ein Motorboot?
Konventionelle Schiffe – unabhängig vom Tiefgang –, deren Gewicht ausschließlich vom hydrostatischen Auftrieb getragen wird und deren Geschwindigkeit dementsprechend beschränkt ist (Rumpfgeschwindigkeit).

Nr. 4 → S. 14
Was versteht man unter einem „Halbgleiter“ und welche Fahreigenschaften hat solch ein Motorboot?
Halbgleiter sind Motorboote mit geringem Tiefgang, sehr hoher Formstabilität und schneller Fahrweise bei starker Motorisierung.

Nr. 5 → S. 15
Was versteht man im Bootsbau unter Gelcoat?
Die äußere Schutzschicht eines Bauteils aus glasfaserverstärktem Kunststoff.

Nr. 6 → S. 15
Was versteht man beim GFK-Bootsbau unter Sandwichverfahren (GFK = glasfaserverstärkter Kunststoff)?
Zwischen zwei GFK-Schichten wird eine Zwischenlage zur Versteifung einlaminiert, z. B. aus Balsaholz.

Nr. 7 → S. 16
Welchen Vorteil hat die Sandwichbauweise gegenüber der Massivbauweise bei GFK-Yachten (GFK = glasfaserverstärkter Kunststoff)?
Große Steifheit, Verwindungsfestigkeit, geringes Gewicht, gute Isolierung.

Nr. 8 → S. 16
Beschreiben Sie die Vor- und Nachteile von Stahl als Baumaterial für Yachten.
Vorteile: zuverlässiges, problemloses Baumaterial mit sehr hoher Festigkeit und langer Lebensdauer.
Nachteile: hohes Gewicht, Rostanfälligkeit.

Nr. 9 → S. 19
Was bedeutet der Begriff „Kategorie“ im Zusammenhang mit dem CE-Zeichen für Wassersportfahrzeuge?
Mit der Kategorie legt der Hersteller fest, in welchem Fahrtgebiet, bis zu welcher Windstärke und bis zu welcher charakteristischen Wellenhöhe das Fahrzeug sicher betrieben werden kann.

Nr. 10 → S. 19
Welche Kategorien können im Zusammenhang mit dem CE-Zeichen für Wassersportfahrzeuge vergeben werden?
1. A Hochsee,
2. B Außerhalb von Küstengewässern,
3. C Küstennahe Gewässer,
4. D Geschützte Gewässer.

Nr. 11 → S. 19
Was bedeutet die im Zusammenhang mit dem CE-Zeichen für Wassersportfahrzeuge angegebene Kategorie „B Außerhalb von Küstengewässern“?
Das Fahrzeug ist ausgelegt für Fahrten außerhalb von Küstengewässern, in

denen Windstärken bis einschließlich 8 Bft und signifikante Wellenhöhen bis einschließlich 4 m auftreten können.

Nr. 12 → S. 33

Beschreiben Sie den Aufbau einer Radsteuerung mit Seilzügen.

Das Rad dreht ein Zahnrad, über das eine Kette in der Steuersäule nach unten verläuft. Die Kette ist mit den Steuerseilen verbunden, welche über Umlenkrollen zum Ruderquadranten führen.

Nr. 13 → S. 49

Wozu dient der Lenzkorb am Ansaugstutzen einer Lenzpumpe und wie erhalten Sie seine Funktionsfähigkeit?

Der Lenzkorb verhindert Verunreinigungen und Verstopfungen der Lenzpumpe. Er muss regelmäßig überprüft und gereinigt werden.

Nr. 14 → S. 49

Welche Lenzvorrichtungen und -möglichkeiten sollten auf jeder seegehenden Yacht vorhanden sein?

Zwei voneinander unabhängige Bilgepumpen, von denen eine über Deck bedienbar ist, sowie 2 Pützen mit Leinen.

Nr. 15 → S. 108

Warum sollten Sie mehr als einen Anker an Bord haben, möglichst unterschiedlicher Art?

1. Als Ersatz bei Verlust,
2. zum Verwarpen oder Verkatten,
3. um unterschiedliche Ankergründe berücksichtigen zu können,
4. um bei schwerem Wetter oder in Tidengewässern vor 2 Ankern liegen zu können.

Nr. 16 → S. 59

Wie viele Fender und Festmacherleinen sollten Sie mindestens an Bord haben?

4 Festmacherleinen und 4 Fender.

Nr. 17 → S. 59

Was sollte auf jeder Motoryacht außer Festmacherleinen an Tauwerk vorhanden sein?

Reservetauwerk, Wurfleine, Schlepptrosse und Ankerleine.

Nr. 18 → S. 47

In welchen Publikationen finden Sie amtliche Informationen über die Ausrüstung und Sicherheit von Sportbooten, die auch bei der Beurteilung von Sportbootunfällen herangezogen werden?

1. „Sicherheit im See- und Küstenbereich, Sorgfaltsregeln für Wassersportler", herausgegeben vom BSH,
2. „Sicherheit auf dem Wasser, Leitfaden für Wassersportler", herausgegeben vom Bundesministerium für Verkehr, Bau und Stadtentwicklung.

Nr. 19 → S. 49

Warum müssen auf Yachten zusätzlich zu elektrisch oder motorgetriebenen Lenzpumpen auch Handlenzpumpen vorhanden sein?

Weil sie auch bei Strom- und Motorausfall betätigt werden können.

Nr. 20 → S. 33

Warum ist Flüssiggas (Propan, Butan) auf einer Yacht besonders gefährlich?

Es ist schwerer als Luft, sinkt nach unten und bildet mit Luft ein explosives Gemisch; es kann sich im Schiffsinneren (z. B. in der Bilge) sammeln.

Nr. 21 → S. 35

Welche 4 Bedienelemente besitzt ein mit Handpumpe betriebenes Bord-WC auf einer Yacht?

1. Seeventil und Spülwasserschlauch (Seewasser),
2. Handpumpe für Toilettenspülung,
3. Hebel zur Unterbrechung der Seewasserzufuhr (Handpumpe dient dann nur noch zum Abpumpen),
4. Abwasserschlauch (via Fäkalientank) zum Seeventil.

Nr. 22 → S. 35

Beschreiben Sie in 5 Schritten die Bedienung eines Bord-WC auf einer Yacht.

1. Seeventil für Seewasserspülung öffnen,
2. Handpumpe betätigen, sodass das Becken gespült wird und gleichzeitig die Fäkalien abfließen – ausgiebig spülen,
3. Seewasserzufuhr unterbrechen (Hebel umlegen),
4. Becken mit Handpumpe leer pumpen,
5. Seeventile für Zu- und Abfluss schließen.

Nr. 23 → S. 17

Was versteht man unter der „Stabilität“ eines Schiffes?

Unter Stabilität eines Schiffes versteht man seine Eigenschaft, in aufrechter Lage zu schwimmen und sich aus einer Krängung wieder aufzurichten.

Nr. 24 → S. 18

Wovon hängt die Stabilität eines Schiffes in ruhigem Wasser ab? Nennen Sie Beispiele für äußere Momente, welche die Stabilität beanspruchen.

Die Stabilität eines Schiffes hängt ab von:

1. seiner Geometrie (Form),
2. der Gewichtsverteilung im Schiff (Ausrüstung, Crew, Ballast).

Beispiele für eine Beanspruchung der Stabilität sind krängende Momente durch Seitenwind, Trossenzug oder Drehkreisfahrt bei schnellen Motoryachten.

Nr. 25 → S. 17

Wovon hängt eine in ruhigem Wasser vorhandene Stabilität zusätzlich in schwerem Wetter ab?

Die Stabilität in schwerem Wetter hängt zusätzlich von Wind und Seegang, besonders von brechenden Wellen ab.

Nr. 26 → S. 17

Was versteht man unter

1. **Formschwerpunkt (F)?**
2. **Massenschwerpunkt (Gewichtsschwerpunkt, G)?**

Welche Kräfte wirken in den beiden Punkten?

1. Im Formschwerpunkt F kann man sich die Masse des vom Schiff verdrängten Wassers vereinigt denken. In F wirkt die Auftriebskraft senkrecht zur Wasseroberfläche nach oben.
2. Im Massenschwerpunkt G kann man sich die Masse des Schiffes einschließlich Ausrüstung und Besatzung vereinigt denken. In G wirkt die Gewichtskraft senkrecht zur Wasseroberfläche nach unten.

Nr. 27 → S. 18

Was geschieht bei einer Neigung des Schiffes, z. B. durch seitlichen Winddruck, solange sich die Lage des Massenschwerpunktes (Gewichtsschwerpunktes) nicht verändert? (Begründung!)

Der Formschwerpunkt F wandert zur geneigten Seite aus, weil dort ein größerer Teil des Bootskörpers unter Wasser gelangt. Die Wirklinie der Auftriebskraft bekommt dadurch einen seitlichen Abstand zur Wirklinie der Gewichtskraft. Es entsteht ein Kräftepaar, der seitliche Abstand zwischen den Wirklinien ist der Hebelarm. Es entsteht ein aufrichtendes Moment, welches gleich dem Produkt aus Gewichtskraft und Hebelarm ist.

Nr. 28 → S. 14

Was verstehen Sie unter „Trimm“?

Der Trimm ist der Unterschied zwischen dem vorderen und dem achteren Tiefgang.

Nr. 29 → S. 14

Nennen Sie mögliche Trimmlagen einer Motoryacht.

Ist der vordere Tiefgang größer als der achtere, ergibt dies einen vorlichen Trimm. Ist der achtere Tiefgang größer als der vordere, ergibt dies einen achterlichen Trimm. Sind beide gleich, liegt eine Yacht auf ebenem Kiel.

Nr. 30 → S. 13

Was verstehen Sie unter „Rumpfgeschwindigkeit“ und wovon ist sie abhängig?

Rumpfgeschwindigkeit ist die rechnerische Höchstfahrt eines Verdrängers. Sie ist abhängig von der Wasserlinienlänge.

Nr. 31 → S. 21

Erklären Sie die wesentlichen Vorteile des Dieselmotors gegenüber dem Benzinmotor.

1. Der zum Betrieb erforderliche Kraftstoff (Diesel) ist weniger feuergefährlich als der für einen Benzinmotor.
2. Er hat einen geringeren Kraftstoffverbrauch.

Nr. 32 → S. 21

Erklären Sie die wesentlichen Nachteile des Benzinmotors gegenüber dem Dieselmotor.

1. Das Benzin-Luft-Gemisch birgt Explosions- und Brandgefahr im Schiff.
2. Die Zündanlage kann störempfindlich gegen Feuchtigkeit und Nässe sein.
3. Der Motor hat einen höheren Kraftstoffverbrauch als der Dieselmotor.

Nr. 33 → S. 21

Wozu dient das Wendegetriebe eines Motors?

1. Zum Ein- und Auskuppeln des Propellers,
2. zum Umsteuern des Propellers auf Rückwärtsfahrt,
3. zur Drehzahluntersetzung.

Nr. 34 → S. 21

Wodurch unterscheiden sich Einhebel- und Zweihebelschaltung?

1. Bei Einhebelschaltung werden Gas und Getriebe gleichzeitig bedient.
2. Bei Zweihebelschaltung werden Gas und Getriebe mit 2 Hebeln getrennt bedient.

Nr. 35 → S. 24

Erklären Sie die Grundstruktur des Zweikreis-Kühlsystems bei der Motorkühlung.

Das Zweikreis-Kühlsystem besteht aus einem geschlossenen inneren Süßwasserkreislauf mit eigenem Kühlwassertank und einem offenen Seewasserkreislauf. Beide Kreisläufe sind in einem thermostatgeregelten Wärmetauscher wärmetechnisch miteinander verbunden. Der innere Süßwasserkreislauf durchfließt den Motor.

Nr. 36 → S. 24

Welchen Vorteil hat die Zweikreis-Kühlung gegenüber der Einkreis-Kühlung?

Im Zweikreis-Kühlsystem wird im inneren geschlossenen Kühlwasserkreislauf Süßwasser gefahren. Dem geschlossenen Kühlwassersystem können Zusätze (z. B. Frostschutzmittel) zugegeben werden. Ablagerungen durch Fremdwasser werden verhindert.
Durch eine thermostatische Regelung des Wärmeaustausches zwischen innerem und äußerem Kreislauf erreicht der Motor schneller seine Betriebstemperatur, diese wird auch konstant gehalten.

Nr. 37 → S. 27

Was sollte nach dem Anlassen der Maschine kontrolliert werden?

1. Kühlwasserdurchlauf,
2. Öldruck und Ladung,
3. Motorengeräusche
4. Auspuffgase.

Nr. 38 → S. 27

Was können erste Störungsanzeichen im Motorbetrieb sein?

Ungewöhnliche und fremde Motorengeräusche, Vibrationen, Verfärbung der Abgase, Aufleuchten der Ladekontrolle bzw. Öldruckkontrolle und die entsprechenden akustischen Warnungen.

Nr. 39 → S. 28

Der Dieselmotor Ihres Bootes startet nicht. Welche Teile der Kraftstoffanlage sollten überprüft werden?

1. Kraftstofffüllung,
2. Kraftstoffabsperrhahn,
3. Kraftstoffschläuche,
4. Kraftstofffilter,
5. Kraftstoffpumpe.

Nr. 40 → S. 28

Der Benzinmotor Ihres Bootes startet nicht. Welche Teile der Kraftstoffanlage sollten überprüft werden?

1. Kraftstofffüllung,
2. Kraftstoffabsperrhahn,
3. Kraftstoffschläuche,
4. Kraftstofffilter,
5. Kraftstoffpumpe,
6. Vergaser.

Nr. 41 → S. 28

Welche Ursachen können zu einer Anzeige eines zu geringen Öldrucks führen?

1. Ein verstopftes Ölsieb (Ölwanne),
2. ein zu geringer Ölstand,
3. ein verstopfter Ölfilter,
4. eine defekte Ölpumpe,
5. ein defektes Öldruckventil,
6. ein defektes Anzeigegerät.

Nr. 42 → S. 28

Welche Ursachen kann das Aufleuchten der Warnlampe der Batterie-Ladekontrolle während des Betriebes zur Folge haben?

1. Die Kabelverbindungen sind unterbrochen (oxydiert, lose oder gebrochen).
2. Der Keilriemen zum Antrieb der Lichtmaschine ist defekt und es erfolgt keine Stromerzeugung.
3. Der Regler oder die Lichtmaschine können defekt sein.

Nr. 43 → S. 27

Welche Fehlerursachen kann eine schwarze Färbung der Auspuffgase haben?

Unvollständige Verbrennung durch:

1. kalten Motor,
2. verschmutzten Luftfilter,
3. schlechte Kraftstoffqualität,
4. verstellte Einspritzpumpe,
5. Überlastung des Motors.

Nr. 44 → S. 27

Welche Fehlerursachen kann eine weiße Färbung der Auspuffgase haben?

Verdampfung von Wasser durch z. B.

1. Kondensat im Auspuffsystem bei noch kaltem Motor,
2. gerissenen Zylinderkopf,
3. defekte Zylinderkopfdichtung.

Nr. 45 → S. 25

Welche Vorsichtsmaßnahmen müssen beim Tanken und Umfüllen von Brennstoffen getroffen werden?

1. Maschine abstellen.
2. Offenes Feuer löschen (Rauchen einstellen).
3. Keine elektrischen Schalter betätigen.
4. Alle Öffnungen schließen.
5. Tragbare Tanks möglichst außerhalb des Bootes befüllen.

Nr. 46 → S. 27

Welche Maßnahmen sind vor dem Anlassen eines Dieselmotors zu treffen?

1. Hauptstromschalter einschalten.
2. Kraftstoff- und Kühlwasserventile öffnen.
3. Getriebe auf „neutral“ stellen.
4. Kühlwasser prüfen (Zweikreis-Kühlsystem).

Nr. 47 → S. 27

Welche Maßnahmen sind vor dem Anlassen eines Benzinmotors zu treffen?

1. Hauptstromschalter einschalten.
2. Motorraum mit Bilge entlüften.
3. Kraftstoff- und Kühlwasserventile öffnen.
4. Getriebe auf „neutral“ stellen.
5. Kühlwasser prüfen (Zweikreis-Kühlsystem).

Nr. 48 → S. 27

Wie kontrollieren Sie den ordnungsgemäßen Betrieb des Motors?

Kontrolle der Anzeigegeräte auf:

1. Öldruck und Öltemperatur,
2. Kühlwassertemperatur,
3. Motorendrehzahl und
4. Batterieladung.

Außerdem auf Motorgeräusche, Vibrationen und Farbe der Auspuffgase achten.

Nr. 49 → S. 24, 29

Welche Maßnahmen treffen Sie nach dem Abstellen des Motors?

1. Kraftstoffventil schließen.
2. Hauptstromschalter (Batterie) ausschalten.
3. Seeventile schließen.

Nr. 50 → S. 28

Während Sie unter Maschine laufen, steigt plötzlich die Kühlwassertemperatur stark an. Ihre Yacht ist mit einem Saildrive-Antrieb ausgestattet.

1. Welche typische Ursache hat der Temperaturanstieg, wenn eine technische Störung unwahrscheinlich ist?

2. Wie können Sie die Störung einfach beheben?

1. Fremdkörper (Folienstücke, Plastiktüten, Pflanzenteile o. Ä.) haben den Kühlwassereinlass verstopft.
2. Mehrmals abwechselnd vor- und zurückfahren, sodass sich die Fremdkörper vom Kühlwassereinlass lösen.

Nr. 51 → S. 27

Welche Fehlerursachen kann eine blaue Färbung der Auspuffgase haben?

Zweitaktmotor: zu fettes Benzin-Öl-Gemisch. Es ist zu viel Schmieröl im Gemisch.
Viertaktmotor: zu viel Schmieröl, Ölabstreifringe bzw. Kolbenringe defekt.
In beiden Fällen verbrennt/verdampft Schmieröl.

Nr. 52 → S. 21

Erklären Sie die Arbeitsweise in Bezug auf die Zündung beim Ottomotor und Dieselmotor.

Beim Ottomotor wird das zündfähige Benzin-Luft-Gemisch im Vergaser durch Einspritzung erzeugt und mit Fremdzündung durch die Zündkerze gezündet.
Beim Dieselmotor wird die angesaugte Luft hoch verdichtet und so erwärmt, dass der eingespritzte Dieselkraftstoff sich durch Eigenzündung in dieser komprimierten Luft entzündet.

Nr. 53 → S. 30

Weshalb sollte dringend vermieden werden, dass beim Dieselmotor der Kraftstofftank leer gefahren wird?

In die Einspritzpumpe/Kraftstoffleitung würde Luft gelangen. Startversuche nach dem Tanken wären erfolglos. Vor dem Tanken müssten die Leitung und die Einspritzpumpe entlüftet werden. Ablagerungen sowie Kondenswasserbildung durch Temperaturschwankungen können entstehen.

Nr. 54 → S. 28

Während der Fahrt lässt plötzlich die Motordrehzahl abrupt nach und der Motor geht beim Zurücklegen des Gashebels gänzlich aus.
Was kann die Ursache sein?

Es ist möglicherweise ein schwimmender Fremdkörper (Leine, Trosse, Plane, Persenning o. Ä.) in den Propeller geraten und behindert bzw. blockiert ihn.

Nr. 55 → S. 31

In welchen Bereichen werden an Bord Batterien eingesetzt?

Zum Starten und für das Bordnetz.

Nr. 56 → S. 31

Was ist beim Laden von Batterien dringend zu beachten?

Die Batteriekästen bzw. -räume müssen ausreichend be- und entlüftet sein.

Nr. 57 → S. 31

1. **Was bedeutet die Angabe einer Batteriekapazität „2 x 60 Ah"? (Begründung!)**
2. **Welche Nettokapazität steht in dem Fall zur Verfügung? (Begründung!)**

1. Es handelt sich um 2 Batterien (Akkus) mit jeweils 60 Amperestunden, insgesamt also 120 Ah Nennkapazität.
2. Dem entspricht eine Nettokapazität von etwa 72 Ah, da ein Akku kaum über 80 % seiner Nennkapazität geladen werden kann.

Nr. 58 → S. 33

Geben Sie die benötigte Strommenge (in Amperestunden) an, um bei einer 12-Volt-Anlage zwei Verbraucher mit je 24 Watt 10 Stunden betreiben zu können (mit Angabe der Berechnung)!

Benötigte Strommenge je Verbraucher:
24 : 12 = 2 Ampere mal Anzahl der Verbraucher mal Stunden ergibt:
2 x 2 A x 10 h = 40 Ah.

Nr. 59 → S. 27

Was könnte zu möglichen Motorschäden bis hin zum Kolbenfresser führen?

- Zu wenig Kühlwasser, Dampfblasen im Kühlwasserschauglas,
- Kühlwassertemperatur zu hoch,
- zu niedriger oder stetig fallender Öldruck,
- zu wenig oder nicht geeignetes Öl,
- fallende Drehzahl, zitternde Nadel im Drehzahlmesser, klopfende Motorgeräusche.

Nr. 60 → S. 59

Wie muss Tauwerk beschaffen sein, das für Festmacherleinen, Anker- und Schlepptrossen verwendet wird?

Es muss bruchfest und elastisch sein.

Nr. 61 → S. 60

Wodurch können Sie verhindern, dass Festmacherleinen durch Schamfilen in Klüsen oder an Kanten an der Pier beschädigt werden?

Durch einen gegen Verrutschen gesicherten Plastikschlauch, der über den Festmacher an der Scheuerstelle gezogen wird, hilfsweise mit Tuchstreifen.

Nr. 62 → S. 60

Was müssen Sie hinsichtlich der Festigkeit bedenken, wenn Sie Leinen zusammenknoten?

Beim Knoten können Festigkeitsverluste bis zu 50 % auftreten.

Nr. 63 → S. 60

Wodurch können Sie verhindern, dass bei Tauwerk aus unterschiedlichem Innen- und Außenmaterial die Seele in den Mantel rutscht?

Durch einen genähten Takling.

Nr. 64 → S. 71

Wie sind längsseits liegende Fahrzeuge festzumachen? Ergänzen Sie die Skizze und benennen Sie die Leinen.

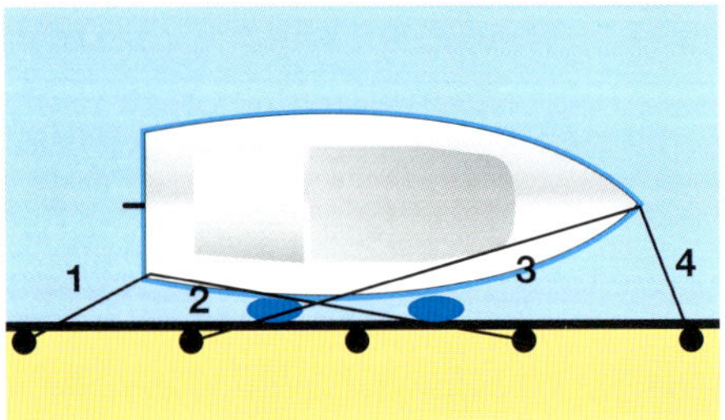

1. Achterleine,
2. Achterspring,
3. Vorspring,
4. Vorleine.

Nr. 65 → S. 71

Wie können Sie mithilfe von zwei Fendern und einem Fenderbrett Ihr Boot festmachen, wenn die Pier mit vorspringenden Pfählen versehen ist? Ergänzen Sie die Skizze mit Leinen.

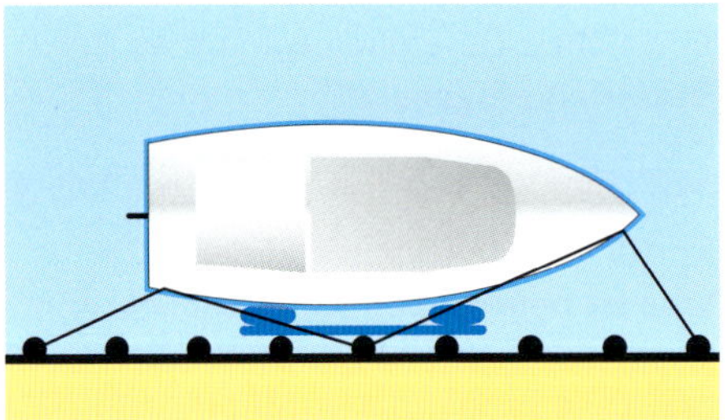

Nr. 66 → S. 58

Was ist beim Reinigen eines mit Antifouling behandelten Unterwasserschiffes zu beachten?

Umweltschutzbestimmungen beachten, d. h. das Schiff nur auf einem entsprechend ausgerüsteten Reinigungsplatz abspritzen und Wasser und Schmutz auffangen, also nicht in die Kanalisation leiten.

Nr. 67 → S. 33

Ein funktionsfähiges elektrisches Gerät arbeitet an Bord nicht. Nennen Sie häufige Ursachen und was kann zur Behebung getan werden?

1. Schlechte Kontakte und Korrosion.
2. Kontakte fest anziehen, korrodierte Stellen mit feinstem Schleifpapier säubern, Kontaktspray verwenden.

Nr. 68 → S. 15

Warum müssen Schäden im Gelcoat unverzüglich beseitigt werden?

Das Laminat unter der Gelcoatschicht nimmt Wasser auf und wird dadurch geschädigt.

Nr. 69 → S. 60

Welche Daten sollten an Bord mindestens im Logbuch dokumentiert werden?

1. Namen und Funktionen der Crewmitglieder,
2. Beginn und Ende einer Fahrt und
3. in angemessenen Zeitabständen: Position, Kurs, Geschwindigkeit, Strömung, Wetter, Luftdruck.

Nr. 70 → S. 49

Welche Sicherheitsmaßnahmen müssen auch bei ruhigem Wetter bei Nachtfahrten beachtet werden?

1. Bei jeder Tätigkeit an Deck Rettungswesten und Sicherheitsgurt tragen.
2. Nur mit am Schiff eingepickter Sicherheitsleine über Deck gehen.

Nr. 71 → S. 23, 63

Was verstehen Sie unter „Radeffekt" des Schiffspropellers (Schraube)?

„Radeffekt" ist die seitliche Versetzung des Hecks durch die drehende Schraube.

Nr. 72 → S. 23

Mit welchen 4 Angaben werden Propeller auf Yachten beschrieben?

Anzahl der Flügel, Größe ihrer Fläche, Durchmesser und Steigung.

Nr. 73 → S. 63

Wie wirkt der rechts- bzw. linksdrehende Propeller auf das Schiffsheck bei Rückwärtsfahrt?

Ein rechtsdrehender Propeller versetzt das Heck bei Rückwärtsfahrt nach Backbord, ein linksdrehender nach Steuerbord.

Nr. 74 → S. 63

1. **Wie drehen bei einem Zweischrauber in der Regel die Propeller?**
2. **Welchen manövriertechnischen Vorteil haben Yachten mit 2 Propellern?**

1. Gegenläufig.
2. Mit 2 Propellern kann man nahezu auf der Stelle drehen, indem man einen Propeller vorwärts und einen Propeller rückwärts arbeiten lässt. Die Manövrierfähigkeit wird dadurch verbessert.

Nr. 75 → S. 63

Warum gibt es bei einem Zweischrauben-Schiff (in der Regel) keinen Radeffekt?

Die Drehrichtungen der Schrauben sind gegenläufig. So heben sich die jeweiligen Radeffekte gegenseitig auf.

Nr. 76 → S. 23

Was ist ein Bugstrahlruder und wozu dient es?

Eine im Bug einer Yacht befindliche Röhre mit einem Propeller, mit dem ein Querschub und damit ein Drehen des Buges bei geringen Vorausgeschwindigkeiten erreicht werden kann.

Nr. 77 → S. 33

Wann sollte aus Gründen der Sicherheit auf Motoryachten der Außenfahrstand besetzt werden?

1. Bei verminderter Sicht zum Wahrnehmen der Schallsignale.
2. Bei Manövern in engen Gewässern zur besseren Rundumsicht.

Nr. 78 → S. 111

Warum empfiehlt sich beim Schleppen die Verwendung einer Hahnepot und wo sollte sie belegt werden?

1. Eine Hahnepot verteilt die Zugkräfte auf mehrere Belegpunkte für die Schleppleine an der Durchführung an Bug und auf den beiden Bootsseiten.
2. Zum Belegen eignen sich zumeist kräftigere Klampen für die Vorspring auf den Bootsseiten.

Nr. 79 → S. 75

Sie wollen in eine Box einlaufen. Wie bereiten Sie die Achterleinen vor und machen sie fest?

Achterleinen mit Auge versehen. Möglichst frühzeitig über die Pfähle legen, bei seitlichem Wind zuerst über den Luvpfahl.

Nr. 80 → S. 63

Welche Vorbereitung haben Sie für ein Anlegemanöver zu treffen?

1. Crew für Manöver einteilen,
2. Leinen und Fender bereitlegen.

Nr. 81 → S. 63

Beschreiben Sie das Fahrmanöver mit einem Zweischrauben-Schiff bei einer Drehung auf engem Raum über Steuerbord.

Ruder hart Steuerbord, Steuerbordmaschine rückwärts, Backbordmaschine voraus.

Nr. 82 → S. 23

Bei welchen Manövern können Sie ein Bugstrahlruder sinnvoll einsetzen?

1. Beim An- und Ablegen.
2. Beim Drehen auf engem Raum.

Nr. 83 → S. 63

Sie liegen längsseits mit der Steuerbordseite an einer Pier. Beschreiben Sie ein Ablegemanöver unter gleichzeitigem Einsatz von Bugstrahlruder und Maschine.

1. Hebel für Bugstrahlruder nach Backbord legen, sodass der Bug von der Pier weggedrückt wird (nach Backbord schwenkt) und gleichzeitig
2. Ruderlage deutlich nach Steuerbord und langsame Fahrt voraus, sodass das Heck nach Backbord ausschwenkt.

So wird das Schiff fast parallel von der Pier abgedrückt.

Nr. 84 → S. 98

Warum kann das Anlaufen eines Hafens bei auflandigem Starkwind bzw. schwerem Wetter gefährlich werden?

Gefahr durch Grundseen bzw. Kreuzseen. Möglichkeit von Querstromwirbeln.

Nr. 85 → S. 98

Sie werden in Küstennähe von einem Sturm überrascht. Wie verhalten Sie sich mit einer Motoryacht?

1. Möglichst rasch versuchen, Hafen oder Landschutz anzulaufen.
2. Ggf. Motoryacht mit langsamer Fahrt gegen die See halten.
3. Sicherheitsmaßnahmen für die Besatzung treffen.

Nr. 86 → S. 71

Worauf müssen Sie achten, wenn Sie in Tidengewässern längsseits einer Pier festgemacht haben?

1. Die Wassertiefe muss auch bei Niedrigwasser ausreichen oder sicheres Aufsetzen muss gewährleistet sein.
2. Die Leinen müssen für den Tidenstieg oder -fall ausreichend lang sein. Bei größerem Tidenhub darf das Fahrzeug keinesfalls unbeaufsichtigt bleiben.

Nr. 87 → S. 98

Sie fahren bei frischem Wind und mitlaufendem Strom (Wind gegen Strom) nach Luv. Welche Auswirkungen hat ein gegen den Wind setzender Strom auf den Seegang?

Durch den Strom entsteht eine kurze, steile und kabbelige See.

Nr. 88 → S. 181 (Navigation)

Wie wirkt sich mitlaufender Strom auf die Fahrt eines Fahrzeugs und die Loganzeige aus?

1. Der Strom erhöht die Fahrt über Grund.
2. Das Log zeigt dies nicht an.

Nr. 89 → S. 14

Welcher Kurswinkel ist bei schwerer See am besten geeignet, das Aufschlagen des Bootes zu verringern?

Ein Kurswinkel von 20 bis 25° bezogen auf die Seegangsrichtung ist am besten geeignet, hartes Aufschlagen zu verringern.

Nr. 90 → S. 53

Welche Hilfsmittel können Sie einsetzen, um einen Überbordgefallenen an Deck zu bekommen?

Bewegliche (und gesicherte) Badeleiter, beschwerte Trittschlinge, Rettungstalje, Bergegurt.

Nr. 91 → S. 93

Welche Sofortmaßnahmen sind einzuleiten, wenn jemand über Bord gefallen ist?

1. Ruf: „Mensch über Bord!“,
2. Rettungsmittel zuwerfen,
3. Ausguck halten, Mann im Auge behalten,
4. Maschine starten,
5. „Mensch-über-Bord-Manöver“ einleiten,
6. Notmeldung abgeben,
7. ggf. Markierungsblitzboje werfen,
8. ggf. MOB-Taste eines satellitengestützen Navigationsgerätes drücken,
9. Bergung durchführen.

Nr. 92 → S. 48

Welche Maßnahmen können gegen das Überbordfallen getroffen werden?

1. Sicherheitsgurte anlegen und einpicken.
2. Anbringen von Strecktau oder Laufleinen von Bug zum Heck.
3. Crew auf Befestigungspunkte (Einpickpunkte für Karabinerhaken) hinweisen.

Nr. 93 → S. 93

Nennen Sie die grundsätzlichen Schritte und ihre Ziele zur Rettung einer über Bord gegangenen Person.

1. Maschine starten,
2. Suche, Herstellung eines Sichtkontaktes zur über Bord gegangenen Person,
3. „Mensch-über-Bord-Manöver", Annäherung an die im Wasser treibende Person und Herstellung einer ersten Leinenverbindung,
4. Bergung, sicheres und schnelles Anbordnehmen der Person,
5. Erste Hilfe, Betreuung,
6. ggf. Notalarm abgeben.

Nr. 94 → S. 94

Mit welchen Hilfsmitteln können Sie den Bezugspunkt (internationaler Begriff: Datum) für die Suche nach einem Überbordgefallenen sichern?

1. Markierungsblitzboje,
2. MOB-Taste eines satellitengestützten Navigationsgerätes (z. B. GPS).

Nr. 95 → S. 48

Was gehört u. a. zur Sicherheitsausrüstung z. B. einer 10-m-Yacht? Nennen Sie mindestens 6 Ausrüstungsgegenstände.

1. Lenzpumpen und Pützen,
2. Lecksicherungsmaterial,
3. Feuerlöscher,
4. Werkzeug und Ersatzteile,
5. Seenotsignalmittel,
6. Handlampen,
7. Funkeinrichtung,
8. Anker,
9. Erste-Hilfe-Ausrüstung,
10. Radarreflektor und
11. Rettungsmittel.

Nr. 96 → S. 48

Was gehört zur Sicherheitsausrüstung der Besatzung in der Küstenfahrt?

1. Rettungsweste und Sicherheitsgurt (Lifebelt) für jedes Besatzungsmitglied,
2. Rettungsfloß (Rettungsinsel),
3. Rettungskragen mit Tag- und Nachtsignal und
4. Erste-Hilfe-Ausrüstung mit Anleitung.

Nr. 97 → S. 50

Wie erhalten Sie Kenntnis über das nächste Wartungsdatum eines Rettungsfloßes?

Die runde, auf der Insel klebende farbige Serviceplakette oder das bei der letzten Wartung mitgelieferte Zertifikat geben Auskunft über den nächsten Wartungstermin.

Nr. 98 → S. 47

Worauf müssen Sie bei Ihren Automatikrettungswesten hinsichtlich der Funktionssicherheit achten?

Auf regelmäßige Wartung. Wartungsfälligkeit erkennbar an der farbigen Serviceplakette.

Nr. 99 → S. 97

Was ist auf Deck einer Yacht ein Strecktau (auch Laufleine genannt) und wozu dient es?

Ein neben der Fußreling verlaufender Draht, Gurt oder eine starke Leine zwischen Cockpit und Vorschiff straff gespannt zum Einpicken der Sicherheitsleine (Lifebelts).

Nr. 100 → S. 51

Welche Seenotsignalmittel sollten Sie an Bord haben? Nennen Sie mindestens 6 Beispiele.

1. Handfackeln, rot,
2. Handraketen, rot,
3. Rauchfackeln oder Rauchtopf, orange,
4. Signalpistole mit Munition,
5. Seewasserfärber,
6. Signalflaggen N und C,
7. Signallampe,
8. Seenotfunkboje.

Nr. 101 → S. 54

Welche Feuerlöscheinrichtungen sollten an Bord sein?

1. Feuerlöscher (ABC-Pulverlöscher und eventuell CO_2-Löscher),
2. Pütz zum Löschen von Bränden fester Stoffe,
3. Feuerlöschdecke,
4. Löschdurchlass für geschlossene Motorräume, der das Löschen von Bränden mit CO_2-Löschern ohne Sauerstoffzutritt ermöglicht.

Nr. 102 → S. 54

Welche Feuerlöscharten sind für Sportboote geeignet?
Wie und wo sind sie an Bord unterzubringen?

1. Der ABC-Pulverlöscher, für geschlossene Motorräume der CO_2-Löscher.
2. Der Feuerlöscher muss gebrauchsfertig und leicht erreichbar sein, CO_2-Löscher nicht im Schiffsinneren unterbringen (Erstickungsgefahr bei Leckage).
3. Er soll in der Nähe der Maschinenräume, der Kombüse sowie der Koch- oder Heizstelle montiert sein.

Nr. 103 → S. 55

Wie wird die ständige Funktionssicherheit eines Feuerlöschers sichergestellt?

1. Durch Einhaltung des vorgeschriebenen Prüftermins, ersichtlich aus der Prüfplakette.
2. Der Feuerlöscher muss vor Feuchtigkeit und Korrosion geschützt werden.

Nr. 104 → S. 55

Wie wird ein Brand an Bord wirksam bekämpft?

1. Alle Öffnungen schließen,
2. Brennstoffzufuhr (Hauptschalter) unterbrechen,
3. Feuerlöscher erst am Brandherd betätigen,
4. Feuer von unten und von vorn bekämpfen,
5. Löschdecke einsetzen,
6. Flüssigkeitsbrände nicht mit Wasser bekämpfen.

Nr. 105 → S. 45

Was ist vor Reisebeginn beim Seeklarmachen zu überprüfen und zu beachten?
Nennen Sie mindestens 6 Beispiele.

1. Seetüchtigkeit der Yacht,
2. Treibstoffvorrat,
3. Navigationsunterlagen,
4. Sicherheitseinweisung der Besatzung,
5. Rettungsmittel,
6. Seenotsignale,
7. Trinkwasser- und Proviantvorräte,
8. Funktionsfähigkeit des Motors,
9. Funktionsfähigkeit der elektronischen Navigationsgeräte,
10. Lenzeinrichtungen,
11. Feuerlöscher,
12. Boots- und Personalpapiere,

Nr. 106 → S. 47

Was gehört zur Sicherheitseinweisung der gesamten Besatzung vor Reisebeginn?
Nennen Sie mindestens 6 Beispiele.

Einweisung in Gebrauch und Bedienung

1. der Rettungswesten und Sicherheitsgurte,
2. des Rettungsfloßes,
3. der Signalmittel,
4. der Lenzpumpen,
5. der Seeventile und des Bord-WC,
6. der Kocheinrichtung,
7. der Feuerlöscher,
8. der Motoranlage,
9. der Elektroanlage,
10. des Rundfunkgerätes und der UKW-Seefunkanlage,
11. Verhalten bei „Mensch-über-Bord“,
12. Erkennen der Seekrankheit und entsprechendes Verhalten.

Nr. 107 → S. 47

In welche technischen Einrichtungen/ Ausrüstungen muss der Schiffsführer die Besatzung vor Reiseantritt unbedingt einweisen?

Nennen Sie mindestens 6 Beispiele.

1. Ankergeschirr,
2. Lenzeinrichtung,
3. Feuerlöscheinrichtungen,
4. Motoranlage,
5. Seeventile,
6. UKW-Seefunkanlage,
7. MOB-Taste vom satellitengestützten Navigationsgerät (z. B. GPS),
8. Seenotsignalmittel,
9. Notrudereinrichtung.

Nr. 108 → S. 58

Welche Sicherheitsmaßnahmen sind vor jedem Auslaufen durchzuführen?
Nennen Sie mindestens 6 Beispiele.

1. Wetterbericht einholen,
2. Kontrolle der Sicherheitsausrüstung,
3. Kontrolle von Motor und Schaltung,
4. Kontrolle der nautischen Geräte,
5. Kontrolle der Bilge,
6. Überprüfen des Wasser- und Kraftstoffvorrats,
7. Kontrolle der Schall- und Lichtsignaleinrichtung,

8. Kontrolle der Navigationslichter,
9. Bereitlegen der aktuellen Seekarten und nautischen Veröffentlichungen.

Nr. 109 → S. 47

Warum sollten alle Crewmitglieder Lage und Funktion sämtlicher Pumpen und Ventile kennen?

Damit sie im Bedarfsfall jeder bedienen kann.

Nr. 110 → S. 35

Warum sollte die Crew in die Funktion des Bord-WC eingewiesen werden?

Weil durch unsachgemäße Bedienung Wasser ins Bootsinnere gelangen kann.

Nr. 111 → S. 106

Warum sollte die Crew vor Reisebeginn in die Funktion des Ankergeschirrs und die Durchführung eines Ankermanövers eingewiesen werden?

Damit jeder den Anker sicher ausbringen und einholen kann.

Nr. 112 → S. 57

Wie verhalten Sie sich, wenn Ihr Schiff leckgeschlagen ist?

1. Meldung abgeben.
2. Je nach Erfordernissen Fahrt aus dem Schiff nehmen.
3. Lenzpumpen betätigen, Lecksuche, Leck mit Bordmitteln abdichten.
4. Küste bzw. flaches Wasser ansteuern.
5. Fahrzeug so trimmen, dass Leckstelle aus dem Wasser kommt bzw. möglichst wenig unter Wasser ist.

Nr. 113 → S. 57

Was tun Sie, wenn Ihr Schiff leckgeschlagen ist und das Wasser im Schiff trotz aller Maßnahmen weiter steigt?

1. Notzeichen geben, Funkmeldung abgeben, ggf. Radartransponder einschalten.
2. Verlassen des Bootes vorbereiten, Rettungswesten anlegen, Rettungsfloß klarmachen.
3. Wenn möglich, ruhiges Flachwasser anlaufen und Schiff auf Grund setzen.

Nr. 114 → S. 99

Welche Folgen können Grundberührungen und harte Stöße, z. B. bei Anlegemanövern oder Kollisionen mit treibenden Gegenständen, haben?

1. Eine Beschädigung der Bordwand kann eintreten.
2. Es kann Sinkgefahr entstehen.

Nr. 115 → S. 101

Welche grundsätzliche Verhaltensweise sollte beachtet und welche Maßnahmen sollten ergriffen werden, wenn Ihr Schiff in Seenot kommt?

1. Ruhe bewahren und überlegt handeln.
2. Notalarm abgeben, ggf. Radartransponder einschalten.
3. Rettungsfloß klarmachen.
4. Rettungsweste und Sicherheitsgurt anlegen.
5. So lange wie möglich an Bord bleiben.
6. Wärmende Kleidung anziehen.

Nr. 116 → S. 101

Welche Maßnahmen treffen Sie, bevor Sie von Ihrem Fahrzeug in ein Rettungsfloß übersteigen?

1. Rettungsweste und Sicherheitsgurt anlegen.
2. Wärmende Kleidung anziehen.
3. Nach Möglichkeit vorher reichlich warme Flüssigkeit trinken.
4. Soweit noch nicht geschehen, Proviant, Wasser, Seenotsignalmittel und ggf. Seenotfunkbake, Radartransponder und UKW-Handsprechfunkgeräte in das Rettungsfloß bringen.

Nr. 117 → S. 101

Warum sollte ein sinkendes Schiff im Notfall so spät wie möglich verlassen werden?

1. Die Überlebensmöglichkeiten sind auf dem Schiff größer.
2. Ein Schiff ist besser zu orten.
3. Einstieg in das Rettungsfloß und Aufenthalt können sehr schwierig sein.

Nr. 118 → S. 103

Erklären Sie die Handhabung der Hubschrauberrettungsschlinge im Einsatz!

1. Bei offener Rettungsschlinge: zuerst den Karabinerhaken einpicken.
2. Mit dem Kopf und beiden Armen in die Rettungsschlinge einsteigen.
3. Die Arme müssen nach unten gedrückt werden und die Hände sind zu schließen.
4. Das Windenseil muss frei hängen, es darf nicht an Bord befestigt werden.

Nr. 119 → S. 101

Wann dürfen Notzeichen gegeben werden?

Nach Feststellung des Notfalles auf Anordnung des Schiffsführers; bei unmittelbarer Gefahr für das Schiff oder die Besatzung, die ohne fremde Hilfe nicht überwunden werden kann.

Nr. 120 → S. 51

Wann darf ein UKW-Sprechfunkgerät auch ohne entsprechenden Befähigungsnachweis benutzt werden?

In Notfällen.

Nr. 121 → S. 98

Worauf ist zu achten, wenn Crewmitglieder seekrank sind?

1. Aufenthalt im Cockpit beaufsichtigen und Crewmitglieder gegen Überbordfallen sichern,
2. Flüssigkeitsverlust ausgleichen (Wasser),
3. Crewmitglied anhalten, zur Küste oder zum Horizont zu schauen,
4. mit Arbeiten beschäftigen.

Nr. 122 → S. 104

Wozu dient ein Reitgewicht (Gleitgewicht, Ankergewicht) beim Ankern?

Es soll die Ankertrosse auf den Grund ziehen, damit der Anker nicht durch einen zu steilen Winkel aus dem Grund gebrochen wird. Es wirkt ruckdämpfend.

Nr. 123 → S. 104

Warum sollte beim Verwenden einer Ankertrosse ein Kettenvorlauf benutzt werden?

Damit der Zug auf den Anker nicht zu steil wird.

Nr. 124 → S. 103

Welcher Ankergrund ist für die üblichen Leichtgewichtsanker

1. gut geeignet?

2. mäßig geeignet?

3. ungeeignet?

1. Sand, Schlick, weicher Ton und Lehm,
2. harter Ton und Lehm,
3. steinige, verkrautete und stark schlammige Böden.

Nr. 125 → S. 106

Was müssen Sie bei der Auswahl eines Ankerplatzes beachten?

1. Der Ankerplatz sollte Schutz vor Wind und Wellen bieten.
2. Auf ausreichenden Platz zum Schwojen achten.
3. Mögliche Winddrehungen einplanen.

Nr. 126 → S. 103

Welchen Ankergrund sollten Sie nach Möglichkeit meiden?

Steinige, verkrautete und stark schlammige Böden.

Nr. 127 → S. 104

Wie können Sie die Haltekraft eines Ankers erhöhen, wenn Sie auf engem Raum (z. B. zwischen zwei Stegen) nicht die erforderliche Kettenlänge stecken können?

Mit einem Reitgewicht, um so den Anker besser am Boden zu halten.

Nr. 128 → S. 104

Sie ankern in einer Bucht. Wie können Sie bei zunehmendem Wind die Haltekraft Ihres Ankers verbessern?

1. Mehr Trosse oder Kette stecken,
2. Reitgewicht verwenden.

Nr. 129 → S. 103

Sie wollen auf verkrautetem Grund ankern. Ihnen steht ein Leichtgewichtsanker und ein Stockanker zur Verfügung. Welchen benutzen Sie und warum?

Den Stockanker, weil er sich insbesondere auch aufgrund seines höheren Gewichtes besser eingräbt.

Nr. 130 → S. 106

Wozu dient eine Ankerboje?

1. Sie zeigt die Lage des Ankers an.
2. Mit der Trippleine kann das Bergen eines unklaren Ankers unterstützt werden.

Nr. 131 → S. 108

Wie erkennen Sie, ob der Anker hält?

1. Vibration von Kette oder Trosse prüfen,
2. Einrucken des Ankers prüfen,
3. durch wiederholte Peilungen und ggf. Schätzungen des Abstands zu anderen Schiffen oder zu Landmarken,
4. falls GPS vorhanden ist, die Ankeralarmfunktion einschalten.

Nr. 132 → S. 103

Welche Ankerarten finden überwiegend auf Sportbooten Verwendung? Nennen Sie 3.

1. Patentanker,
2. Stockanker (einklappbarer Stock),
3. Draggen (klappbare Flunken),
4. Pflugscharanker.

Nr. 133 → S. 103

Nennen Sie 3 Ankertypen, die vom Germanischen Lloyd als Anker mit hoher Haltekraft anerkannt sind.

Bruce-Anker, CQR-Anker, Danforth-Anker, D'Hone-Anker.

Nr. 134 → S. 105

1. **Welches sind die Vorteile einer Ankerkette gegenüber einer Ankerleine?**
2. **Wie kombiniert man auf Yachten häufig die Systeme?**

1. Die Kette unterstützt das Eingraben, verkleinert den Schwojeraum, wirkt ruckdämpfend, kann nicht an Steinen durchscheuern und erhöht die Haltekraft des Ankers.
2. Es wird zwischen Anker und Leine ein Kettenvorlauf von 3 bis 5 m gefahren.

Nr. 135 → S. 105

1. **Warum soll eine Ankerleine nicht an den Anker geknotet werden?**
2. **Warum muss die Ankerkette mit einem Taustropp am Schiff bzw. im Kettenkasten befestigt werden?**

1. Knoten reduzieren die Bruchlast einer Leine um bis zu 50 %.
2. Damit die Kette im Notfall schnell gekappt werden kann.

Nr. 136 → S. 106

Sie wollen in einer Bucht ankern, in der das (ausreichend tiefe) Wasser unterschiedliche Färbungen zeigt. Wo wählen Sie den Ankerplatz? (Begründung!)

Ich ankere auf hellem Wasser. Begründung: Der Grund ist hier sandig, der Anker hält gut. Dunkler Grund weist auf Bewuchs hin, wo der Anker schlecht hält.

Nr. 137 → S. 108

Warum darf der Anker nicht zusammen mit seiner Leine am Ankerplatz über Bord geworfen werden?

Die Leine könnte mit dem Anker vertörnen und dadurch das Eingraben des Ankers verhindern. Der Anker würde dann nicht halten.

Nr. 138 → S. 107

Beschreiben Sie die Vorbereitung eines Ankermanövers.

- Auswählen eines geeigneten Ankerplatzes anhand der Seekarte bzw. des Seehandbuches (Meeresgrund/Wassertiefe geeignet?),
- Ermitteln der Wind- und/oder Stromrichtung und -stärke,
- Klarmachen des Ankergeschirrs und des Ankersignals,
- mit langsamster Fahrt – Kurs gegen Strom bzw. Wind – einen Ankerplatz ansteuern.

Nr. 139 → S. 107

Beschreiben Sie wichtige Elemente eines Ankermanövers.

- Geeigneten Ankerplatz festlegen/planen,
- Ansteuerung planen (in der Regel gegen Wind und/oder Strom),
- bei langsamer Fahrt rückwärts über Grund Anker fallen lassen,
- Kette/Leine in Abhängigkeit vom Wetter/Strom bis auf das 3- bzw. 5fache der Wassertiefe stecken,
- Ankerball/Ankerlicht setzen,
- Ankerposition feststellen, dokumentieren und ausreichend kontrollieren.

Nr. 140 → S. 111

Was müssen Sie bedenken, wenn ein großes Schiff auf Ihr Sportboot zukommt?

1. Andere Manövrierfähigkeit (größere Drehkreise, längere Stoppstrecken),
2. u. U. eingeschränkte Sicht des anderen Fahrzeugs, insbesondere nach voraus,
3. Möglichkeit des Übersehenwerdens, weil man sich im Radarschatten befindet,
4. Beeinträchtigung durch Bugwellen des großen Schiffes,
5. mögliche Beeinträchtigung der Manövrierfähigkeit des eigenen Bootes durch Windabdeckung.

Nr. 141 → S. 112

Warum sollten Sie nicht zu dicht hinter dem Heck eines vorbeifahrenden Schiffes durchfahren?

Sog und Hecksee können das eigene Boot erheblich gefährden.

Nr. 142 → S. 112

Was müssen Sie beim Passieren eines großen Schiffes bei dessen Kursänderungen, z. B. in einem kurvenreichen Fahrwasser, beachten?

Bei einer Kursänderung schwenkt das Heck deutlich in die entgegengesetzte Richtung aus, also nach Backbord bei einer Kursänderung nach Steuerbord und umgekehrt.

Nr. 143 → S. 112

Mit welchen Stoppstrecken und Stoppzeiten müssen Sie bei großen Schiffen in voller Fahrt rechnen und wovon hängen sie ab?

Abhängig von Schiffstyp und -größe, Beladungszustand und Ausgangsgeschwindigkeit ist mit der 8- bis 12fachen Schiffslänge und bis zu 8 bis 12 Minuten Dauer (z. B. ein 300 m langes Containerschiff voll abgeladen mit 24 kn: Stoppstrecke ca. 2 sm, Stoppzeit ca. 12 Minuten) zu rechnen.

Nr. 144 → S. 113

Wie reagiert ein großes Schiff, wenn bei ca. 20 kn Fahrt ein Ausweichmanöver durch Hartruderlage eingeleitet wird?

Nach welcher Distanz verlässt es in etwa die alte Kurslinie?

Der Steven bewegt sich in Richtung der Hartruderlage, das Heck schlägt relativ weit zur entgegengesetzten Richtung aus. Das Schiff verlässt mit seinem Heck erst nach mehreren Schiffslängen seine bisherige Kurslinie, bewegt sich also zunächst in der alten Kursrichtung fort. Diese Strecke kann bei 300 m langen Containerschiffen 1,5 bis 2,5 Schiffslängen, d. h. ca. 500 bis 600 m betragen.

Nr. 145 → S. 113

Auf vielen großen Schiffen ist die Sicht nach vorne eingeschränkt. Welchen Abstand vor einem Schiff müssen Sie als nicht einsehbar mindestens berücksichtigen?

Sichtbeschränkung nach voraus maximal 2 Schiffslängen oder 500 m.

Nr. 146 → S. 113

Wie können Sie die Wahrscheinlichkeit erhöhen, im Radar von anderen Fahrzeugen gesehen zu werden?

Durch einen möglichst hoch und fest angebrachten passiven Radarreflektor bzw. besser noch durch einen „aktiven“ Radarreflektor.